"十二五"国家重点图书
国家出版基金项目

马克思主义基础研究和建设工程

经济学系列

百年论争

——20世纪西方学者马克思经济学研究述要

Debate over the Century

An Overview of Western Scholars' Research on Marxian Economics in the 20th Century

上

主　编　顾海良
副主编　常庆欣

经济科学出版社
Economic Science Press

图书在版编目（CIP）数据

百年论争：20 世纪西方学者马克思经济学研究述要：全 3 册/顾海良主编．—北京：经济科学出版社，2014.7
ISBN 978－7－5141－4840－4

Ⅰ.①百… Ⅱ.①顾… Ⅲ.①马克思主义政治经济学－研究 Ⅳ.①F0－0

中国版本图书馆 CIP 数据核字（2014）第 158346 号

责任编辑：吕　萍　柳　敏　于　源　段小青　于海汛
　　　　　孙丽丽　王　娟　李晓杰　宋　涛
责任校对：杨晓莹　杨　海　徐领柱
责任印制：李　鹏

百年论争（上、中、下册）
——20 世纪西方学者马克思经济学研究述要
主　编　顾海良
副主编　常庆欣
经济科学出版社出版、发行　新华书店经销
社址：北京市海淀区阜成路甲 28 号　邮编：100142
总编部电话：010－88191217　发行部电话：010－88191522
网址：www.esp.com.cn
电子邮件：esp@esp.com.cn
天猫网店：经济科学出版社旗舰店
网址：http://jjkxcbs.tmall.com
北京盛源印刷有限公司印装
787×1092　16 开　105.75 印张　1850000 字
2015 年 1 月第 1 版　2015 年 1 月第 1 次印刷
ISBN 978－7－5141－4840－4　定价：598.00 元（上、中、下册）
（图书出现印装问题，本社负责调换。电话：010－88191502）

编审委员会成员

前　言

编写《百年论争——20世纪西方学者马克思经济学研究述要》，是我们多年来一直努力在做的一项与马克思主义经济思想史教学和研究密切相联系的工作。从2004年开始筹划，到现在已经过去整整10年了！

自19世纪中叶马克思主义经济学形成以后，20世纪是马克思主义经济思想发展经历的第一个完整的世纪。我们可以毫不夸张地认为，在20世纪的经济思想发展中，没有哪一种经济学说，能像马克思主义经济学这样，如此密切地贴近人类经济、政治和社会发展的实际，如此深刻地影响着百年来人类社会经济关系的发展，如此长久地萦绕在经济思想论争和探索的主题之中。回顾百年历史，作为一种指导思想，马克思主义经济学经历过凯歌行进的辉煌岁月，也曾度过如磐风雨摧折的艰难时辰，但却始终保持其强大的生命力和影响力；作为一种经济思想流派，马克思主义经济学既几度辉煌而展示其思想光彩，也受过多方“责难”而被宣布为“过时”的境地，但却一再“复兴”而永葆其思想活力和学术魅力。

在回顾20世纪马克思主义经济学的命运时，不免使人想起20世纪中叶西方一位著名的经济学家（同时也是一位顽固的马克思经济学的反对者）约瑟夫·熊彼特（J. A. Schumpeter），在感慨于马克思经济学的“伟大”时所说的一番话。他谈到：“大多数智力或想象力的创作，经过短的不过饭后一小时，长的达到一个世纪的时间，就永远消失了。但有一些创作却不是这样，它们遭受几度隐没，复又出现，它们不是作为文化遗产中不可辨认的成分而出现，而是穿着自己的服装，带着人们能看到的、摸到的自己的瘢痕而重现。这些创作，我们完全可以称之为伟大的创作——这个把伟大与生命力联结一起的称谓不会不恰当。从这个意义上说，无疑这伟大一词适合于马克思的理论。”① 确实，马克思经济学正是在其曲折的发展过程中，显示其“伟大的”理论的和学术的感召力。

① 熊彼特著，吴良健译：《资本主义、社会主义和民主》，商务印书馆1999年版，第43页。

对20世纪这一百年间马克思经济学的历史发展作出回顾，探寻马克思主义经济思想发展的“历史路标”，对于我们理解马克思经济学的现时代意义是极其重要的。对20世纪马克思主义经济学的历史回顾，显然不能只限于中国学者的理论成就和学术成果，也要关顾国外学者，特别是西方学者的学术探索和理论建树。在我国学术界，马克思主义经济学研究视阈的“盲区”，就在于对西方学者关于马克思经济学的多方面、多视野研究的缺乏和偏见。特别是在经济思想史和马克思主义经济思想史的教学中，缺乏对西方学者研究成果的了解和理解，就难以对20世纪经济思想史和马克思主义经济学发展作出整体的理解，也难以对20世纪马克思主义发展历史作出整体的把握。这就是我们编写《百年论争》的初衷，也是我们力求形成《百年论争》特色的基本设想。

1. 对《百年论争》中涉及的“西方学者”的理解

《百年论争》注重于20世纪“西方学者”对马克思经济思想的研究，这里的“西方学者”，是一个较为宽泛的概念，不仅包括西方国家的马克思主义经济学的赞成者，也包括马克思主义经济学的反对者，还包括那些热心于“沟通”马克思经济学和西方主流经济学的研究者，以及那些自称“价值无涉”的所谓“纯粹学术性”的马克思经济学的研究者。这些由不同学术流派构成的“西方学者”，对马克思经济思想作出的不同方面、不同倾向、不同观点的解说和理解，对20世纪马克思主义经济学的发展起着不同的作用。特别是这些“西方学者”之间在不同方面进行的不同倾向和不同观点的交流、交锋和交融，对20世纪马克思主义经济学的发展更是起着重要的影响。

即使在赞成马克思主义经济学的“西方学者”中，学术倾向也色彩斑斓、学术观点更莫衷一是。如果从他们的政治立场、学术观点和研究方法等差异上来看，大体可以区分出三种主要的理论倾向或者说主要的理论流派的学者。

一是“正统的”马克思主义经济学家。这些学者在政治上大多参加本国的或国际的工人运动组织或类似性质的组织、团体，有的甚至是这些组织、团体的领导人和主要的理论家。在理论研究和学术探讨中，这些学者自视能坚持马克思的唯物史观和剩余价值理论，能坚信资本主义必然灭亡和社会主义必然胜利的历史发展趋势，能在坚守马克思经济学基本原理的前提下研究和探讨问题。但是，在一些重要的理论结论及主要的研究方法上，他们则从属于他们所在的组织、团体的理论上的需要，为他们所在的组织、团体的路线、方针或政策寻求理论根据。如莫里斯·多布（M. Dobb）自20世纪20年代末之后的40余年间，一直是英国共产党的重要理论家；埃内斯特·曼德尔（E. Mandel）在20世纪60年代以后，一直是“第四国际”的重要理论家之一。

二是“激进的”社会主义者或“新”马克思主义经济学家。他们自认为也能够坚持和运用马克思经济学原理，分析和研究当代资本主义和社会主义经济制度和经济关系。在政治上，他们同西方国家的工人运动和政党组织，只在理论研究论题上有着某种联系，在组织上并不相关。他们中的一些人，早年可能参加过某种无产阶级政党或激进的政治组织，但后来就完全与之相脱离了；还有一些人至多只是通过某些“在政治上基本是边缘性的团体”，而同有组织的工人运动保持某些联系。在学术观点上，他们一般都认为：“第二国际和第三国际在理论上的推动力现已耗尽，理论上的停滞只有通过新的探讨才能加以克服，这种新的探讨既包括直接回到马克思那里，也包括直接同资产阶级理论的对抗。”[①] 在研究方法上，他们与西方其他马克思主义经济学家相比较，更强调对马克思经济学的“重新研究”（restudying）和“重新塑造”（reshaping）。他们试图在对当代资本主义社会制度和经济关系的研究中，既主张恢复马克思经济学的“传统”，更倡导“马克思主义必须对世界作出重新解释，并在这一重新解释中，批判它过去已经提出的旧的解释”。[②] 在这一类型的学者中，最有影响的有保罗·巴兰（P. Baran）和保罗·斯威齐（P. M. Sweezy）。

三是“教授的”或“校园的”马克思主义经济学家。他们最大特点在于，自认为是以“纯粹”的学者、教授来看待和研究马克思经济学的。他们与西方国家的任何具有政治性质的组织或团体没有丝毫的联系：在学术探讨上，他们也不打算为认识当代资本主义和社会主义经济关系提供什么新的理论见解和思想基础。他们主张“赞成”（for）马克思经济学的科学成就、“反对”（against）马克思经济学本身的缺损和对马克思经济学的非科学的理解，包括剔除他们认为的马克思经济学中的已经“过时”或者“被扭曲”的成分。持这种倾向的较有影响的学者及著作有：M. C. 霍华德（M. C. Howard）、J. E. 金（J. E. King）及他们合著的《马克思主义经济思想

① 格·哈达赫（G. Hardack）：《社会主义经济思想简史》，伦敦爱德华·安诺出版公司1978年英文版，第60页。

② Sweezy, Paul M., Review of the Month: Marxism and Revolution 100 Years after Marx, *Monthly Review*, Vol. 34, No. 10, March 1983.

史》（两卷本）；安·布鲁厄（A. Brewer）及他的《马克思主义的帝国主义的理论：一个评论性的考察》；查里斯·巴罗纳（C. A. Barone）及他的《马克思主义的帝国主义思想：总结和评论》等。

对“西方学者”中的那些马克思经济学的反对者，从其理论倾向上，也可以作出类似的理解。卡尔·屈内（Karl Kühne）对“学术圈”内马克思经济学反对者的理论倾向分为四类。第一类是那些讨论马克思的著述是为了驳斥马克思并指责他的固有的错误的经济学家，其中重要的有庞巴维克（E. von Böhm – Bawerk）、萨缪尔森（P. A. Samuelson）等。第二类是那些追随罗宾逊（J. V. Robinson）夫人的“著名评论”的经济学家。罗宾逊夫人的“著名评论”就是，“向一个被认为是科学家的经济学家学习，必须把他对经济体系进行的描述中有效的内容和他服务于自己的意识形态而进行的公开的或无意识的宣传区分开来”①。这一经济学家群体在贬斥马克思经济学在社会和政治领域阐述的重要原则的同时，也力求使用马克思经济学思想内涵和结构中蕴含的启发性建议。第三类是接受马克思经济学提出的基本问题，从而也在很大程度上接受马克思主义经济学观点的经济学家，但他们并没有成为真正意义上的马克思主义者，这类经济学家中较为著名的有卡莱斯基（M. Kalecki）、里昂惕夫（W. W. Leontief）等。第四类是那些最初的思想源自于马克思主义经济学的经济学家，随后开始朝着其他的方向发展，有的越来越疏远了马克思经济学，这类经济学家中包括 M. 布朗芬布伦纳（M. Bronfenbrenner）和 R. L. 米克（R. L. Meek）等。

这里所说的“西方学者”，在马克思经济学理论倾向上的这些复杂组合，同20世纪马克思经济学命运的变化有着直接的关系。屈内指出：19世纪末和20世纪初以后的专业经济学家，试图忽视马克思已经不再是荣耀的标志，因为“试图忽视马克思的，并不是由那些真正伟大的经济学家作出的。比如，熊彼特、里昂惕夫和马歇尔（A. Marshall）等都对马克思的成就表示了极大的钦佩”②。屈内特别强调：“必须注意到，马克思的思想曾在保守主义思想界引起过一定的反响。作为重要的保守分子，哈耶克（F. A. Hayek）就曾鼓足勇气承认，通过杜冈 – 巴拉诺夫斯基（M. I Tugan – Bara-

① Joan Robinson, Marx, Marshall and Keynes, Three Views of Capitalism, In Joan Robinson, *Collected economic papers*, Vol. 2, Oxford: Blackwell, 1960. P. 2.

② Karl Kühne, *Economics and Marxism*, Vol. 1, English Translation Edition, Translated by Robert Shaw, Macmillan Press Ltd 1979, P. 43.

nowsky）和施皮特霍夫（A. Spiethoff），他受到过马克思的影响。”[①] 屈内还认为：“马克思主义理论中有一部分就是资本过剩理论，而真正继承了这一理论的，却是一位铁杆保守主义者冯·哈耶克，他略有反常地但却是坦率地承认自己受到过马克思的影响……重要的不只是注意哈耶克的保守主义的结论，而要看到他对繁荣和萧条的原因的分析，这种分析和马克思的分析非常接近。”[②] 即使是庞巴维克，他在强烈地批判马克思经济学理论体系相关内容的同时，仍然承认“在马克思体系的中间部分，逻辑的发展和连结呈现出一种令人赞叹的严密性和内在一致性……以其异乎寻常的逻辑连贯性，永远地确立了马克思作为第一流思想家的声誉。”[③]

2. 对《百年论争》凸显的“马克思经济学”的理解

《百年论争》着力于20世纪西方学者对“马克思经济学”或“马克思经济思想”研究的述评。应该清楚，马克思是马克思主义经济学的创立者，“马克思经济思想”或“马克思经济学”是马克思主义经济学的理论渊源，马克思主义经济学则是“马克思经济学”的理论流域。

“马克思经济学”或“马克思经济思想”的主要内容，就是马克思创立的经济学基本理论。这些基本理论构成马克思经济学体系的主要的和基本的概念、范畴和原理，是马克思实现的经济学科学革命的最显著的标识，也是马克思主义经济学理论体系的基本构件和主要支柱。显然，全面把握“马克思经济学”或“马克思经济思想”的基本原理，是全面理解19世纪40年代及之后40年间马克思实现的经济学科学革命意义的基点，是认识一个半世纪以来马克思主义经济学体现的科学理论和科学精神的基础，也是现时代发展和拓新马克思主义经济学的基础。对“马克思经济学”或“马克思经济思想”基本理论的理解和研究的主要思路和方法之一，就是综合分析国内外学者有关马克思及马克思之后经济学基本理论的研究成果，以及依此而形成的各种理论流派和思潮，特别关注历史上有关的重要理论论争和新的理论探索，评价理论论争各方的主要观点、分析方法和学术背景、论争结果及其影响等。

与“马克思经济学”或“马克思经济思想”相对应的“马克思主义经

---

① Karl Kühne, *Economics and Marxism*, Vol. 1, English Translation Edition, Translated by Robert Shaw, Macmillan Press Ltd 1979, P. 44.

② Karl Kühne, *Economics and Marxism*, Vol. 2, English Translation Edition, Translated by Robert Shaw, Macmillan Press Ltd 1979, pp. 222 –223.

③ Eugen von Böhm-Bawerk, *Karl Marx and the Close of His System*, New York: Augustus M. Kelley, 1949, pp. 88 –89.

济学”，主要是指“把其方法论和研究建立在卡尔·马克思基础上的那些较为近期的经济学家的研究成果”。其中心论题，首先在于认为，“资本主义制度具有本质上的矛盾，这种矛盾指的是由资本主义制度结构产生的根本上的失灵，而不是某些和谐机制上表现出来的‘不完善性’。”其次在于认为，“资本主义制度结构的核心是资本与劳动之间的关系，它在本质上是一种剥削关系。这种在其结构上对资本主义制度产生关键性影响的冲突，在各方面都得到了发展，在技术形式方面已发展到采取国家政策的形式。”再次在于认为，“对作为这一制度动力的资本积累，不能只从量上加以分析，它所引起的经济结构上的变化受到阶级关系的影响，反过来促进阶级关系尖锐化。”最后在于认为，资本主义制度尽管会发生一些变化，但“资本主义的根本逻辑仍然没有改变，它的历史可以区分为以一系列的特殊的阶级关系、技术、国家政策和国际结构为特征的不同阶段”①。这一界说表明，与“马克思经济学”或“马克思经济思想”相联系和区别的是，“马克思主义经济学”是指建立在“马克思经济学”或“马克思经济思想”基础上的、由马克思之后的马克思主义经济学家发展起来的经济学，是对马克思主义经济学派的基本理论取向的统称。

3.《百年论争》选择的十大理论主题的说明

《百年论争》不是依照西方学者所在的不同国家和地区，或者依照西方学者的理论观点、理论流派来展示他们对马克思经济学研究状况的，而是依照“马克思经济学”或“马克思经济思想”基本理论主题来展示西方学者对马克思经济学“论争”主线的。

《百年论争》将“马克思经济学”或“马克思经济思想”的基本理论分为十个主题，即马克思经济思想的历史地位与当代意义，马克思经济学的对象和方法，劳动价值理论，货币理论，剩余价值和利润，转形问题，资本积累和社会资本再生产理论，利润率趋向下降理论，经济危机理论，马克思与凯恩斯、斯拉法的比较研究。选取这十个理论主题的主要原因在于以下几个方面。

第一，这些理论主题构成马克思经济思想的基本原理和主要理论观点。在《百年论争》中涉及的十大主题，如劳动价值理论、剩余价值理论和资本积累理论等，构成了马克思经济学的精髓和理论支柱，这些主题同马克思

① 参见《新帕尔格雷夫经济学辞典·马克思经济学卷》，麦克米伦出版公司1990年版，第274页。

经济学在20世纪的几度“复兴”密切相关，是几次“复兴”的内在理论动因。屈内在对20世纪60年代中期马克思经济学在西方“复兴”原因的分析时认为，马克思经济学中存在着三个对现代经济学的发展可能产生不同影响的因素，是马克思经济学“复兴”的动因。这些因素，一是“马克思为现代宏观经济理论创建了基础”，二是“马克思不只是经济学研究中许多理论的先驱者，而且为继续发展这些理论奠定了基础”，三是“尽管马克思在未来的社会主义社会问题上保持了沉默，但是马克思至少是在《政治经济学批判大纲》中对远至自动化时代的社会制度变革进行了概略的叙述”①。这三个因素涉及的马克思经济学基本理论，就包含在以上提及的十大主题之中。

第二，这些理论主题呈现了20世纪西方经济学界对马克思经济学研究和论争的主要论题和脉络。如“转形”问题（The Transformation Problem），就是20世纪西方各经济学流派，包括西方马克思主义经济学学者和主流经济学学者多次探讨和激烈论争的理论主题。甚至可以说，“转形”问题论争的起伏跌宕，就是20世纪马克思经济学在西方命运多舛的写照，也是20世纪马克思经济学在西方发展的主要线索。

西方学者所谓的“转形”问题，指的是马克思在《资本论》第一卷和第三卷中论及的价值转化为生产价格的理论问题。在马克思经济学中，价值转化为生产价格的理论是劳动价值论和剩余价值论发展的综合成果。一方面，生产价格作为价值的转化形式，对其形成机制和形成过程的理解，是以劳动价值论为基础的，不理解价值实体、价值实现及其转化机制，就不可能搞清抽象层次上的价值向具体层次上的生产价格转化的逻辑过程；另一方面，生产价格中的平均利润是剩余价值的转化形式，离开了剩余价值理论就不可能搞清剩余价值到利润、利润到平均利润的内在转化关系。据此可以认为，转形问题论争实质上就是关于马克思劳动价值论和剩余价值论的地位及其意义的论争。

冯·博特凯维兹（L. von Bortkiewicz）在1906年发表的《关于马克思体系中价值计算和价格计算问题》和1907年发表的《对马克思〈资本论〉第

① Karl Kühne, *Economics and Marxism*, Vol. 1, English Translation Edition, Translated by Robert Shaw, Macmillan Press Ltd 1979, P. 5.

三卷基本理论结构的修正》的文章中，① 试图用一个联立方程组来完善马克思对价值到生产价格的量的转化关系的论述，特别是希望能找到一个数学模型，解决成本价格在按生产价格计算时的这种量的转化关系。博特凯维兹的论文在当时并没有产生什么影响，直到 1942 年保罗·斯威齐在《资本主义发展论》一书中重提博特凯维兹这两篇文章时，② 才引起了西方经济学界的关注。同时，斯威齐也提出一个新的联立方程组，对博特凯维兹的论述作出补充。1948 年 C. J. 温特尼茨（C. J. Winternitz）发表的《价值和价格：所谓转形问题的解决》一文，是英国马克思主义经济学研究者对博特凯维兹的第一次批判；莫里斯·多布 1955 年发表的《关于价值问题的探讨》一文、罗·林·米克 1956 年出版的《劳动价值学说史的研究》一书和同年发表的《关于"转形"的若干问题的探讨》一文，以及塞顿（F. Seton）1957 年发表的《关于"转形问题"》一文，都对转形问题作出了新的论述。这一时期，对转形问题的探讨，大多以"补充"或"完善"马克思既有理论为基本出发点，因而更多的是马克思主义经济学圈子内的有着显著的"学术"取向的论争。

1960 年，斯拉法（P. Sraffa）的《用商品生产商品》的出版，使得转形问题的论争，"开始从对马克思的价值理论构建的技术性批判，转向试图证明对经济分析而言劳动价值论是不必要的，而且应当被抛弃"的论争。③ 西方主流经济学营垒内的新古典综合学派和新李嘉图学派，对转形问题提出了各自富有挑战性的论争。20 世纪 70 年代初，转形问题论争开始围绕价值理论的"可行性和重要性"展开，"参与争论的学者的数目和多样性、以及所考察的理论问题涉及的范围，都使得这次争论成为漫长的经济理论历史上最为显著的争论之一"④。

新古典综合学派的代表人物保罗·萨缪尔森，在 1971 年发表的《理解马克思的剥削概念：马克思的价值与竞争价格间所谓转化问题概述》等文，提出了他的"橡皮擦算法"，认为"马克思对工业再生产的模式的分析确实

---

① L. von Bortkiewicz, *Value and Price in the Marxian System*, International Economic Papers, 2, 1952, pp. 5 – 60; On the Correction of Marx's Fundamental Theoretical Construction in the Third Volume of Capital, In Sweezy (ed.) *Karl Marx and the Close of his System*, pp. 197 – 221.

② P. M. Sweezy, *Theory of Capitalist Development*, New York: Monthly Review Press, 1970; First Published 1942, pp. 112 – 25.

③ Ernest Mandel, Introduction, In Ernest Mandel, Alan Freeman (ed.), *Ricardo*, *Marx*, *Sraffa*: *The Langston Memorial Volume*, Schocken Books, 1985, P. xi.

④ Makoto Itoh, The Value Controversy Reconsidered, In *Radical Economics*, Edited by Bruce Roberts, Susan Feiner, Kluwer Academic Publishers, 1992, P. 53.

是原创性的”，但是，“马克思《资本论》第一卷的劳动价值论似乎是一种迂回，对于理解竞争条件下的资本主义是不必要的。而剩余价值理论对于不完全竞争和垄断竞争这两个重要问题的分析，也几乎或完全没有帮助。”①他在一定程度打破了从庞巴维克开始沿袭下来的认为马克思劳动价值论是错误的观点，转而认为劳动价值论是对于理解生产价格和一般利润率完全是“不必要的多余的。”萨缪尔森的研究同时受到赞成和反对劳动价值论的学者的质疑。1973 年，森岛通夫（M. Morishima）在《马克思的经济学》一书中，主要利用冯·诺依曼（J. Von Neumann）的线性规划技术，强调马克思的生产价格概念只有在产业是“线性相关”的情况下才是有效的，他以异质劳动和联合生产或固定资本时存在的理论上的困难为由，建议放弃马克思劳动价值论，用冯·诺依曼类型的理论模型替代它。1974 年，鲍莫尔（W. J Baumol）《价值转形：马克思的“真实”含义》一文用一种新的形式考察了转形问题，认为马克思转形问题的真实意图是用一个数学模型，说明通过竞争实现剩余在不同形式的资本之间收入分配的问题。② 这样，转形问题似乎成了纯粹的剩余价值的分配问题。

在新李嘉图学派中，1977 年，伊恩·斯蒂德曼（I. Steedman）在《依照斯拉法研究马克思》一书，试图根据斯拉法《用商品生产商品》中提出的基本理论和方法，附和萨缪尔森的观点，认为均衡价格能够按照斯拉法的方法，直接从实物量体系和实际工资的计算中得出，利润率和生产价格的确定，完全不必求助于价值和剩余价值理论，劳动价值论是“多余的”和“不必要的”。对转形问题论争的这些变化，“在年轻的西方学者中产生了一种意想不到的后果，这些学者现在意识到，马克思主义经济理论同新古典和新李嘉图主义经济学一样，可能值得进行数学分析。与此同时，他们被沿着斯拉法相同的思路进行的批判所感染”③。

这一时期的论争，转变为三种理论方法——新古典主义、新李嘉图主义和马克思主义学派的对抗，如伊藤诚（M. Itoh）认为的呈现出“三足鼎立”

① Paul A. Samuelson, Understanding the Marxian Notion of Exploitation: A Summary of the So-Called Transformation Problem between Marxian Values and Competitive Prices, *Journal of Economic Literature*, Vol. 9, No. 2. (Jun., 1971), P. 408.

② Baumol, W. J., The Transformation of Values: What Marx ‘Really’ Meant: An Interpretation, *Journal of Economic Literature*, Vol. 12 (1), March, 1974, pp. 51 - 62.

③ Makoto Itoh, The Value Controversy Reconsidered. In *Radical Economics*, Edited by Bruce Roberts, Susan Feiner, Kluwer Academic Publishers, 1992, P. 59.

的局面[①]。对这三种基本方法、主要观点和根本立场的理解和把握，成为20世纪和21世纪之交探索转形问题的新的论争的关键。

应该看到，类似于转形问题（也包括劳动价值论、剩余价值论）这样的争论，在西方马克思主义经济学的学术氛围中才能出现。在这种氛围下，对马克思经济学基本理论的质疑、反对乃至攻击才可能完全地暴露出来，西方主流经济学娴熟的数理经济方法也能得到广泛运用。这种氛围，在当时苏联和东欧国家的经济学界是不存在的。当马克思经济学受到过多的非学术性的“保护”时，就难以在直面各种理论和学派的交流、交融和交锋中推进自身的发展。当马克思经济学缺乏现代分析手段时，就难以在理论经济学质态研究向量化分析的转变中实现自身的时代化。以西方经济学学术氛围为背景，展示马克思经济学主要论题论争的思想史过程，是切合于这一时期马克思主义经济学的历史发展的。

第三，这些主题突出体现了20世纪西方资本主义经济关系发展对马克思主义经济学提出的新的课题，如利润率趋向下降理论、经济危机理论等研究，都体现马克思主义经济学发展中“回到马克思”、“回到马克思经济学”的趋向。同时，这些主题也比较全面地展现了20世纪西方马克思经济学研究的新的趋势与倾向，如在对马克思与凯恩斯（J. M. Keynes）、斯拉法的比较研究中出现的“沟通”马克思经济学和西方主流经济学的倾向。

马克思经济学与凯恩斯经济学的关系问题，是20世纪60年代马克思主义经济学理论发展的主题之一。霍华德与金在对“凯恩斯是如何看待马克思”问题的阐述中曾经认为，凯恩斯在《就业、利息与货币通论》中三处提到过马克思，其中一处只是简单地承认马克思是“古典经济学”这一术语的首创者[②]；另一处凯恩斯描写了1820年以后李嘉图经济学是如何成功地排除了总需求不足这一观点：“有效需求只能偷偷摸摸地生活在不入流的卡尔·马克思、西尔维·奥·格塞尔（Silvio Geseu）和道格拉斯（Douglas）少校的地下社会之中。”[③] 这显然是对马克思的不敬重、深有偏见的说法。在最后一处，凯恩斯断言，与马克思不同，格塞尔已经明确地否定了“古典假设”（即萨伊（J. B. Say）定律）。格塞尔这样做，就使得

① Makoto Itoh, The Value Controversy Reconsidered, In *Radical Economics*, Edited by Bruce Roberts, Susan Feiner, Kluwer Academic Publishers, 1992, P. 53.

② John Maynard Keynes, *The General Theory of Employment, Money and Interest*, London: Macmillan, 1936, P. 3.

③ 约翰·梅纳德·凯恩斯著，高鸿业译：《就业、利息和货币通论》，商务印书馆1999年版，第37~38页。

马克思本人对古典经济学的批判变成多余的了；格塞尔的论著中包含了“对马克思主义的回答”。凯恩斯以游移不定的口气得出结论：“我相信，在将来，人们从格赛尔那里学到的东西要比从马克思那里学到的为多。”①

在霍华德和金看来，凯恩斯对马克思并非一无所知，也不总是对马克思持蔑视的态度。在1920年和1921年间或者1921年和1922年间，莫里斯·多布在当研究生时，曾在凯恩斯的房间里读到一篇论述马克思与剑桥的政治经济学俱乐部的论文。多布回忆道，凯恩斯很赞许这篇论文，因为“他年轻时在一定程度上也喜欢非正统思想”②。凯恩斯在20世纪20年代以来的文章中，对马克思多有诋毁，提出过诸如“一个如此不合逻辑，如此空洞的教条怎么能对人的思想从而对历史事件有如此强烈和持久的影响”③ 的质疑等。但是，到1933年，大概在斯拉法的影响下，凯恩斯开始对马克思采取比较赞许的态度，在他关于古典货币理论的演讲中，婉转地提到马克思对实现问题的阐述，而且发现马克思和马尔萨斯在有效需求问题上的密切相似之处。

凯恩斯《通论》第一稿写于1933年。在第一稿中，凯恩斯对马克思作了近乎正确的理解。凯恩斯指出：“合伙经济和企业家经济之间的区别，同卡尔·马克思所作的大量观察有某种关系——尽管其后他对这一观察的利用是相当不合逻辑的。他指出，在现实世界中，生产的本质并不像经济学家们通常所认为的那样，如W－G－W′的情形，即把商品（或劳务）换成货币是为了获得另外的商品（或劳务）。这也许是私人消费者的观点，但不是商家的看法，后者认为是G－W－G′的情形，即抛出货币换取商品（或劳务），是为了获取更多的货币。”凯恩斯接着指出，这一观点的意义在于：企业家对劳动力的需求，依赖于生产预期的可获利性，而不取决于对人类需求的直接满足。在一个长脚注中，凯恩斯作了进一步阐述。G′超过G的余额，是马克思的剩余价值的源泉。令人不解的是，在经济理论史上，那些数百年来以这种或那种形式用古典公式W－G－W′反对G－W－G′公式的异教徒们，或者倾向于相信G′总是并且必然超过G，或者倾向于相信G总是并且必然超过G′，这要取决于他们生活的时期哪一种思想在实践中占支配地位。马

① 约翰·梅纳德·凯恩斯著，高鸿业译：《就业、利息和货币通论》，商务印书馆1999年版，第366页。

② Dobb Maurice, Random Biographical Notes, *Cambridge Journal of Economics*, Vol. 2, Issue 2, 1978, P. 117.

③ John Maynard Keynes, *The End of Laissez-faire*, London: Hogarth Press, 1926, P. 3.

克思与那些相信资本主义制度必然具有剥削性的人断言，G′余额是不可避免的；然而，相信资本主义内在地具有通货紧缩和就业不足发展趋势的霍布森（J. A. Hobson）、福斯特、卡钦斯或道格拉斯少校则断言，G 余额是不可避免的。但当马克思补充说 G′持续增加的余额，将不可避免地被一系列日益猛烈的危机或者企业倒闭和未充分就业所打断时，马克思正在逐渐接近不偏不倚的真理，可以推测，在这种情况下，G 一定会有余额。如果能够得到承认，我自己的观点至少可以有助于使马克思的追随者们和道格拉斯少校的追随者这两派达成和解，而不去理会那些不切实际空洞地相信 G 与 G′总是相等的古典经济学家们（按照凯恩斯对这一术语的独特用法，古典经济学家就是指萨伊定律的支持者）。①

但是，凯恩斯对马克思经济学的赞许并没有持续下去。霍华德和金认为，1934 年，凯恩斯又开始嘲笑马克思，认为马克思对资本主义历史命运的描述是不适合当时资本主义现实的。同年 11 月，他在一次广播讲话中指出："如果李嘉图经济学说破产了，马克思主义理论根基的一个主要后盾也将随之坍塌。"在同乔治·萧伯纳（G. Bernard Shaw）的通信中，他还坚持认为，马克思主义理论是建立在李嘉图（D. Ricardo）学说（即萨伊定律起作用）基础之上的。他不屑一顾地把《资本论》比作《古兰经》，认为它们都是无用的教条，并抱怨说人们对于《资本论》的争议是"乏味的、过时的和学究气的"。凯恩斯的结论是："《资本论》在当代的经济价值（排除一些偶然的但却非建设性的和不连贯的思想火花以后）是零。"②

《百年论争》把马克思和凯恩斯、斯拉法的比较研究作为一个专门的主题，就是为了了解 20 世纪西方学者"沟通"马克思经济学和主流经济学的过程和主要论题、基本倾向和取向等问题，拓展对马克思经济学在 20 世纪理论影响的理解。

第四，也许是最重要的，这些理论主题（除去关于"马克思经济思想的历史地位与当代意义"和"马克思与凯恩斯、斯拉法的比较研究"之外），都是马克思《资本论》第一卷到第三卷理论叙述部分的重要问题，甚至《百年论争》各篇的程序，也体现了马克思《资本论》的理论逻辑。在这一意义上，《百年论争》也是对 20 世纪西方学者关于《资本论》研究的

---

① 凯恩斯：《就业、货币和利息通论》1933 年的草稿，转引自霍华德和金：《马克思主义经济学史（1929～1990）》，中央编译出版社 2003 年版，第 92～93 页。

② 凯恩斯：《凯恩斯先生答肖伯纳》，转引自霍华德和金：《马克思主义经济学史（1929～1990）》，中央编译出版社 2003 年版，第 93 页。

主要理论问题的述要。

需要说明的是，《百年论争》编写时间长达10年，期间数易其稿，在内容和结构上都做过许多次变动。为了集中于马克思经济学基本理论的研究，马克思经济学中有关资本主义经济的社会形态和制度、有关未来社会的基本特征及其过渡和转型问题等，都没有列入本书的主题之内。

4.《百年论争》采取“述要”方式的说明

《百年论争》以“述要”的方式，展示20世纪西方学者对马克思经济思想研究的瑕瑜和得失。《百年论争》中的十个主题，涉及西方不同国家的、不同经济学流派的200多位经济学家的近300篇（部）著述中的观点。所谓“述要”，首先强调对不同学者所要论述问题的基本观点的陈述，以及不同学者在对同一理论问题论争中的不同观点及其分歧的陈述；在对这两个方面陈述的基础上作出简要的评论和评价。这样做的目的，主要是为了广大的研究者在进一步研究中有更大的空间，也是为了避免对不同的学术观点流于简单的“贴标签”式的评论。其实，“述要”的基本思路，在对《百年论争》十个主题的确定上，特别是在对每个主题的主要论题的梳理上、在对主要理论观点以及相应著述的选择上，已经得到较为完全的体现了。

总 目 录

第一篇 马克思经济思想的历史地位与现代意义

第 1 章 马克思经济理论在经济思想史中的地位 …………………………… 5

第 2 章 马克思经济理论的当代意义 ………………………………………… 31

第二篇 马克思经济学的对象和方法

第 3 章 生产关系与马克思经济学的对象 …………………………………… 67

第 4 章 马克思经济学方法概述 ……………………………………………… 90

第 5 章 霍奇斯论《资本论》的方法 ………………………………………… 121

第 6 章 马克思的历史方法及其运用 ………………………………………… 129

第三篇 劳动价值理论

第 7 章 劳动价值论在马克思经济学中的意义 ……………………………… 147

第 8 章 对劳动价值论现代意义的理解 ……………………………………… 164

第 9 章 对马克思劳动价值论的“补充”和质疑 …………………………… 193

第 10 章 对劳动价值论在马克思经济学中地位的质疑 ……………………… 219

第 11 章 同质劳动与异质劳动、简单劳动与复杂劳动 ……………………… 257

第 12 章 价值判断和商品拜物教问题论争 …………………………………… 270

第 13 章 价值决定与技术选择和联合生产 …………………………………… 296

第 14 章 劳动价值论的哲学和方法论问题 …………………………………… 303

第四篇 货币理论

第 15 章 阿诺对马克思货币理论形成史的探讨 ……………………………… 349

第 16 章　马克思货币理论在经济思想史上的地位 …… 366
第 17 章　沙姆萨瓦里论马克思货币理论的基础 …… 383
第 18 章　莫里斯论马克思的货币理论 …… 396
第 19 章　希克森论马克思的货币政策理论 …… 411
第 20 章　马克思的货币、信用和资本积累理论 …… 420
第 21 章　马克思的货币、利率及利润率理论 …… 440

第五篇　剩余价值和利润理论

第 22 章　剩余价值理论与剥削 …… 475
第 23 章　罗默论剥削和前资本主义的价值理论 …… 503
第 24 章　马克思的剥削理论与劳动价值论 …… 526
第 25 章　劳动价值论与剩余劳动和同期劳动成本 …… 548
第 26 章　剥削、商品关系和资本主义 …… 567
第 27 章　利润确定模型分析及其相关争论 …… 580
第 28 章　马克思基本定理的研究 …… 596
第 29 章　生产性劳动与非生产性劳动 …… 631

第六篇　转形问题

第 30 章　转形问题研究概述 …… 663
第 31 章　关于转形问题的早期探索 …… 692
第 32 章　博特凯维兹对转形问题的研究 …… 705
第 33 章　转形问题最初解决方法 …… 719
第 34 章　萨缪尔森关于转形问题的观点及论争 …… 731
第 35 章　森岛通夫关于转形问题的解决方法 …… 750
第 36 章　谢赫对转形问题的研究 …… 767
第 37 章　转形问题的“新解决方法” …… 783
第 38 章　转形问题的新的分析和探索 …… 811

第七篇　资本积累和社会资本再生产理论

第 39 章　资本积累理论论争概述 …… 837

第 40 章　资本积累模型探索 …… 858
第 41 章　社会资本再生产理论概述 …… 885
第 42 章　社会资本再生产模型探索 …… 912
第 43 章　谢尔曼论马克思的周期增长模型 …… 934
第 44 章　兰切斯特论资本主义的动态无效性 …… 950
第 45 章　资本主义积累的历史趋势研究 …… 966

第八篇　利润率趋向下降理论

第 46 章　利润率趋向下降规律论争的基本过程 …… 993
第 47 章　利润率趋向下降理论的来源及发展 …… 1003
第 48 章　置盐定理与利润率趋向下降理论 …… 1034
第 49 章　罗默对技术变化与利润率变动的研究 …… 1057
第 50 章　对工资、剥削率与利润率趋向下降关系的探讨 …… 1076
第 51 章　克莱曼对利润率下降的跨期单一体系研究 …… 1096
第 52 章　利润率下降理论的各种观点 …… 1120

第九篇　经济危机理论

第 53 章　危机理论研究的复杂性和论争的主要原因 …… 1155
第 54 章　多布对马克思经济危机理论的理解及其论争 …… 1167
第 55 章　伊藤诚论马克思危机理论的形成 …… 1194
第 56 章　阿特韦尔对马克思之后危机理论论争史的研究 …… 1213
第 57 章　谢赫对危机理论史的研究 …… 1249
第 58 章　赖特对当代资本主义危机特征的分析 …… 1266
第 59 章　阶级斗争和资本主义的危机理论 …… 1292
第 60 章　马克思关于经济危机的类型论和层次论 …… 1308
第 61 章　马克思的危机理论与商业周期 …… 1338

第十篇　马克思与凯恩斯、斯拉法的比较研究

第 62 章　马克思与凯恩斯的主要理论观点的关系 …… 1363
第 63 章　对马克思和凯恩斯理论体系关系的评价 …… 1399

第 64 章　马克思和后凯恩斯主义经济学 …………………… 1423
第 65 章　马克思与凯恩斯理论关系的“百年评价” …………… 1438
第 66 章　斯拉法体系及其评述 …………………………… 1453
第 67 章　对马克思和斯拉法的价值和实际工资理论的比较 ………… 1481
第 68 章　马克思和斯拉法的剩余分析比较及其论争 …………… 1497
第 69 章　马克思与李嘉图、斯拉法的比较研究 ……………… 1533
第 70 章　后斯拉法—马克思的分析及其论争 ………………… 1550

中英文人名对照表 …………………………………… 1593
后记 ……………………………………………… 1605

本册目录

第一篇　马克思经济思想的历史地位与现代意义

第1章　马克思经济理论在经济思想史中的地位 …… 5

1.1　马克思经济学在经济思想史中的地位评价概要 …… 5
1.2　作为“革命家”和“博学的政治经济学家”的马克思 …… 15
1.3　作为经济思想史学家的马克思 …… 17
1.4　多布论《资本论》在经济思想史中的地位 …… 21
1.5　熊彼特对马克思经济学历史地位的评价 …… 24

第2章　马克思经济理论的当代意义 …… 31

2.1　兰格论马克思经济学和现代经济理论 …… 31
2.2　里昂惕夫论马克思经济学对现代经济学的意义 …… 38
2.3　德赛论马克思经济学与当代的关系 …… 43
2.4　斯威齐论《资本论》的当代价值 …… 47
2.5　格利论马克思经济学的贡献及其当代价值 …… 49
2.6　马克思主义和“后马克思主义” …… 54

第二篇　马克思经济学的对象和方法

第3章　生产关系与马克思经济学的对象 …… 67

3.1　社会经济关系在马克思经济学研究中的地位 …… 67
3.2　生产力和生产关系之间的逻辑关系 …… 71
3.3　法因论生产方式的涵义及其意义 …… 81

第4章　马克思经济学方法概述 …… 90

4.1　马克思经济学方法与经济决定论 …… 91
4.2　弗利论马克思经济学的方法 …… 101
4.3　马克思经济学和新古典经济学方法上的区别 …… 107
4.4　马克思经济学和新古典经济学在方法运用上的区别 …… 112
4.5　马克思经济学和新古典经济学方法上的关系及其后果 …… 117

第5章　霍奇斯论《资本论》的方法 …… 121

5.1　研究方法和叙述方法 …… 122
5.2　辩证法 …… 123
5.3　社会学解释的一般原则：历史唯物主义 …… 124
5.4　历史唯物主义在社会学中的应用 …… 125
5.5　计算原则：作为方法论假定的劳动价值论 …… 127

第6章　马克思的历史方法及其运用 …… 129

6.1　逻辑—历史方法 …… 129
6.2　对逻辑—历史解释的批判 …… 133
6.3　马克思的逻辑溯源方法 …… 136
6.4　当前的知识对理解过去的帮助 …… 137
6.5　历史知识的应用 …… 139

第三篇　劳动价值理论

第7章　劳动价值论在马克思经济学中的意义 …… 147

7.1　劳动价值论与马克思经济学的基础 …… 147
7.2　价值体系在马克思经济学中的意义 …… 151
7.3　宇野学派的劳动价值理论 …… 157

第8章　对劳动价值论现代意义的理解 …… 164

8.1　斯威齐论劳动价值论与资本主义发展 …… 164

8.2 布朗芬布伦纳论劳动价值论的现代意义 …… 169
8.3 谢尔曼对劳动价值论和新古典价值理论的比较 …… 179

第9章 对马克思劳动价值论的“补充”和质疑 …… 193

9.1 魏茨泽克对马克思劳动价值论的“补充” …… 193
9.2 哈维对劳动价值论与劳动力价值和工资理论的探索 …… 199
9.3 索厄尔论马克思劳动价值论及其经济学分析框架 …… 212
9.4 关于劳动价值论和自由问题的探讨 …… 216

第10章 对劳动价值论在马克思经济学中地位的质疑 …… 219

10.1 霍奇森所谓“没有劳动价值论的马克思”观点的提出 …… 219
10.2 甘斯曼对“规范的劳动价值论”的探索 …… 225
10.3 吉蒂斯和鲍尔斯对劳动价值论“结构”和“实践”的探讨 …… 235

第11章 同质劳动与异质劳动、简单劳动与复杂劳动 …… 257

11.1 鲍尔斯和吉蒂斯对异质劳动的探讨 …… 257
11.2 麦肯纳对异质劳动理论的评论 …… 266

第12章 价值判断和商品拜物教问题论争 …… 270

12.1 对商品拜物教性质的一般理解 …… 271
12.2 霍奇斯论《资本论》中的价值判断和商品拜物教 …… 272
12.3 莫里斯对霍奇斯关于商品拜物教理解的批评 …… 282
12.4 杜菲尔德从分析方法上对霍奇斯的批评 …… 287
12.5 霍奇斯对杜菲尔德批评的回复 …… 291

第13章 价值决定与技术选择和联合生产 …… 296

13.1 存在技术选择时的价值决定问题 …… 296
13.2 联合生产情况下的价值决定 …… 299

第 14 章　劳动价值论的哲学和方法论问题 …… 303

14. 1　抽象劳动和价值形式 …… 304
14. 2　真实的抽象和异常的假定 …… 309
14. 3　价值形式和资本逻辑 …… 328

第四篇　货币理论

第 15 章　阿诺对马克思货币理论形成史的探讨 …… 349

15. 1　1857 年马克思货币思想的提出 …… 350
15. 2　1859 年马克思货币理论的形成 …… 355
15. 3　马克思货币理论和图克货币理论的关系 …… 360

第 16 章　马克思货币理论在经济思想史上的地位 …… 366

16. 1　萨默维尔论马克思的货币理论 …… 366
16. 2　费瑟尔对马克思货币理论的评价 …… 369
16. 3　拉沃伊关于马克思的非均衡货币理论的评论 …… 372

第 17 章　沙姆萨瓦里论马克思货币理论的基础 …… 383

17. 1　对《资本论》第一卷货币理论基础的探讨 …… 383
17. 2　对马克思和李嘉图货币理论基础的探讨 …… 387
17. 3　对货币本质与职能的辩证思考 …… 392

第 18 章　莫里斯论马克思的货币理论 …… 396

18. 1　熊彼特对马克思货币理论的评价 …… 396
18. 2　马克思商品和货币极化理论探讨 …… 398
18. 3　马克思的金块主义 …… 402
18. 4　价格与生产价格 …… 404
18. 5　马克思的信用观点 …… 408

第 19 章　希克森论马克思的货币政策理论 …… 411

19. 1　马克思货币政策理论的基本框架 …… 412

19.2　货币本质与黄金供给、黄金价格 …… 413
19.3　关于 POMPM 与 GOMPM 的探索 …… 415

第20章　马克思的货币、信用和资本积累理论 …… 420

20.1　海恩论马克思经济学的货币、利率和信用理论 …… 421
20.2　海恩论马克思的货币供给内生论 …… 423
20.3　海恩论马克思关于信用和资本积累的理论 …… 427
20.4　罗切论马克思关于货币与危机过程的探讨 …… 431

第21章　马克思的货币、利率及利润率理论 …… 440

21.1　马克思对利率和利润率关系的分析 …… 440
21.2　利息成本、利润和定价问题 …… 444
21.3　马克思论银行部门和利率 …… 449
21.4　马克思对利率和利润率关系的分析 …… 454

第一篇　马克思经济思想的历史地位与现代意义

对马克思经济思想历史地位与现代意义的评价，是20世纪西方学者对马克思经济学研究的重要课题。这些评价，有对马克思经济学在经济思想史中地位的直接探讨，也有在对各种经济学的比较分析中对马克思经济思想历史地位与现代意义的探讨。这些评价，有来自马克思主义经济学各流派的观点，也有来自西方主流经济学家的观点，还有来自马克思主义经济学和反马克思主义经济学、非马克思主义经济学论争中形成的观点。

马克思经济思想的形成是以19世纪中期西欧经济社会发展为基本历史背景的，但这一经济思想并不局限于对那一时期发生的个别的、局部的问题的解答，所回答的是人类历史发展和资本主义时代发展的重大问题。因此，马克思经济学最本质的部分，是关于人类社会经济关系发展普遍规律、是关于资本主义经济关系发展的根本规律的论述。例如，马克思关于资本主义剩余价值规律、资本积累规律、社会资本再生产规律，以及关于资本主义基本矛盾、资本主义经济危机等理论，最深刻地揭示了资本主义制度的本质特征。这些基本原理，对于整个资本主义时代都是适用的。再如，马克思关于社会存在和社会意识、生产力和生产关系、经济基础和上层建筑的辩证关系的理论，最深刻地揭示了人类历史发展的普遍规律。马克思经济学的这些基本原理，显然适用于人类社会发展的全过程。马克思不仅深入地探讨了资本主义经济关系和资本主义商品经济运动的基本过程、内在规律及其历史趋势，而且还科学地揭示了社会化大生产发展的一些共同规律，以及商品经济发展和市场经济运作的基本特征和一般规律。马克思经济学不仅包含他所实现的科学革命的主要成果，而且也包含他提出的经济科学发展的基本要求和主要方向，这些都为后来的马克思主义经济学的发展提供了广袤的理论空间，也是马克思经济思想历史地位和当代意义的根本所在。

对马克思经济思想历史地位和现代意义的认识，是与马克思经济学自身的理论本质密切地联系在一起的。在马克思看来，经济学作为一门“历史的”科学，其基本原理的科学意义完全根植于社会经济关系变化的现实之中。要从历史、理论和社会经济关系现实变化的结合中，探寻经济科学及其基本原理的时代意义。

在《哲学的贫困》中，马克思在对蒲鲁东非历史的形而上学的方法论批判时指出：“经济范畴只不过是生产的社会关系的理论表现，即其抽象。”“人们按照自己的物质生产率建立相应的社会关系，正是这些人又按照自己的社会关系创造了相应的原理、观念和范畴。”“所以，这些观念、范畴也同它们所表现的关系一样，不是永恒的。它们是历史的、暂时的产物。”① 马克思一直坚持这一建立在唯物史观基础上的根本观点。

在《反杜林论》中，恩格斯关于政治经济学是一门历史科学的阐述，反映了他与马克思在这一根本观点上的完全一致性。恩格斯指出：“人们在生产和交换时所处的条件，各个国家各不相同，而在每一个国家里，各个世代又各不相同。因此，政治经济学不可能对一切国家和一切历史时代都是一样的。”“政治经济学本质上是一门历史的科学。它所涉及的是历史性的即经常变化的材料；它首先研究生产和交换的每个个别发展阶段的特殊规律，而且只有在完成这种研究以后，它才能确立为数不多的、适用于生产一般和交换一般的、完全普遍的规律。同时，不言而喻，适用于一定的生产方式和交换形式的规律，对于具有这种生产方式和交换形式的一切历史时期也是适用的。”② 事实上，一旦作为基本原理基础的社会历史条件发生了变化，对已有的基本原理就要作出新的判断，可能得出的是三种结论：一是基本原理完全适合于社会历史条件的变化；二是基本原理需要根据社会历史条件的变化进一步发展和完善；三是基本原理完全不适合于社会历史条件的变化而已经过时。在马克思看来，在不同的社会历史发展时期，基本原理的适用性将服从于社会历史条件变化本身，而不是倒过来。

在马克思经济学看来，经济范畴和经济规律无非是社会经济关系的理论表现。反映社会经济关系本质的任何一个经济范畴，都只是作为社会经济关系总体中“一个既定的、具体的、生动的整体的抽象的单方面的关系而存

---

① 《马克思恩格斯文集》第1卷，人民出版社2009年版，第603页。
② 《马克思恩格斯文集》第9卷，人民出版社2009年版，第153页。

在"[①]。它们不是永恒的，都只是暂时的历史的产物。社会经济各要素之间有机联系的运动过程，总是与一定的社会发展阶段相联系的。社会的发展程度不仅表现在时间的继起上，而且也表现在空间的转换中。对社会经济关系的研究，一定要同社会经济关系的实际发展阶段联系起来，必须将其置于特定的时间、空间的阶段和位置中。这就是经济范畴和经济规律具体的社会的和历史的规定性。马克思在创立经济学理论中的重要贡献之一，就是对当时主流经济学家否定经济范畴和经济规律的社会性、历史性的观念做了深刻的批判。离开经济范畴和经济规律的社会性和历史性，就可能对马克思经济学的基本原理作出教条式的理解，也就可能窒息马克思经济学及其基本原理的生机活力。

马克思晚年时，俄国的许多社会主义者对他的思想推崇备至，把《资本论》第一卷中的一些重要论断看作是一把"万能钥匙"，认为这些理论结论不管拿到哪个国家或者针对哪种情况都是直接有效的。马克思对此多有异议，特别反对把他的理论观点当作"万能钥匙"的说法。马克思指出："极为相似的事变发生在不同的历史环境中就引起了完全不同的结果，如果把这些演变中的每一个都分别加以研究，然后再把它们加以比较，我们就会很容易地找到理解这种现象的钥匙"；但是，如果"使用一般历史哲学理论这一把万能钥匙，那是永远达不到这种目的的，这种历史哲学理论的最大长处就在于它是超历史的"[②]。马克思认为，假如把他的理论当成一种"历史哲学"，那就会产生很大的误解。"一定要把我关于西欧资本主义起源的历史概述彻底变成一般发展道路的历史哲学理论，一切民族，不管它们所处的历史环境如何，都注定要走这条道路……我要请他原谅。(他这样做，会给我过多的荣誉，同时也会给我过多的侮辱。)"[③]。显然，马克思非常清醒地估价了自己理论的历史地位和社会意义的限界，他极不愿意在得到"过多的荣誉"的同时受到"过多的侮辱"。马克思愿意看到的是，他所提出的经济学理论原理能在各国实际的运用中得以具体化，形成具有国别特色和民族特色的马克思主义经济学具体样式和具体形态。实际上，这正是马克思经济学与时俱进理论品质的根本体现。

① 《马克思恩格斯全集》第46卷上，人民出版社1979年版，第38页。
② 《马克思恩格斯文集》第3卷，人民出版社2009年版，第466~467页。
③ 《马克思恩格斯文集》第3卷，人民出版社2009年版，第466页。

第1章　马克思经济理论在经济思想史中的地位

在20世纪，几乎所有的西方经济学流派都对马克思经济学在经济思想史中的地位做过评价。各种评价上的差异，实际上就是各经济学流派的不同理论趋向的集中体现。本章首先对20世纪一些经济学流派的代表人物对马克思经济学历史地位的评价作出概述，然后对一些学者就马克思作为经济思想史上重要的政治经济学家和经济思想史学家的相关论述作出评述。

1.1　马克思经济学在经济思想史中的地位评价概要

20世纪的不同时期，在大多数著名的经济学家的著作中，如果不是刻意地避免提及马克思，都会或多或少地对马克思经济学作出评价，这些评价由于视角不同，结论可能迥然不同。对马克思经济学的总体评价，是围绕马克思经济学展开的一般性论争的基本出发点。

1.1.1　曼德尔的评价

在《论马克思主义经济学》一书中，比利时著名的马克思主义经济学家欧内斯特·曼德尔，在对马克思经济学成就的评价中，提出以下一些见解：第一，“只有马克思的经济学能够综合人类科学的全部，首先是综合经济史、综合经济理论。同时也只有马克思的经济学说能够和谐地结合微观经济和宏观经济的分析”。马克思的方法同其他经济学派相比较，“其重大的优越性正在于它能动地综合历史和经济理论。这也只有马克思主义的方法才能够做得到。不应该认为马克思的经济理论是过去各种调查研究的最终结果，而应该认为是一种方法的总和”①。第二，马克思经济学的科学成就在

① 曼德尔著，廉佩直译：《论马克思主义经济学》上卷，商务印书馆1964年版，第7页。

于，“发现了剩余价值的实质：剩余价值不过就是社会剩余产品、剩余劳动总的历史特殊范畴的货币的形式罢了”①。马克思发现了剩余价值的社会秘密，即私人占有剩余劳动，占有无偿劳动。曼德尔指出，往往有人责备马克思抱着义愤，从道义出发制订他自己的经济理论，其实，马克思“不过是破天荒头一次通过严密的经济分析，把义愤建立在磐石般的科学基础上面罢了”②。第三，马克思把价值归之为生产价格，从而奠定了“微观经济论和宏观经济论和谐的综合基础”，因为“同一个分析既适用于个体的、每一个商品，也适用于全部社会产品”③。第四，在社会产品流通和再生产问题上，马克思把资本积累视为资本主义社会的原动力，从而“看清楚了资本主义生产方式的原动力”，“从而推测出技术不断革命既富有前途又十分可怕的能动性”④。第五，关于利润率下降趋势的规律，不是马克思第一个提出来的，但是，“马克思则头一个从资本积累的倾向里推论出了利润率下降趋势的规律，并且把这个规律同劳动价值论直接联系起来……唯其如此，微观经济的分析和宏观经济的分析是彼此密切联系着的：正是在商品的秘密里，人们发现了资本主义制度注定灭亡的一切矛盾”⑤。第六，虽然马克思没有用系统的方式研究周期性的危机，但是他“仍不失为第一个经济学家，把周期性危机当作资本主义制度发展规律中的中心问题，并且认识清楚了周期性危机来自资本主义生产的内在矛盾，而并非来自什么外在因素，来自什么偶然的或者是‘自然的’因素”⑥。

1.1.2 罗宾逊夫人的评价

英国主流经济学代表罗宾逊夫人，在论述马克思经济学的著述中指出：马克思经济学和传统的正统派经济学之间的根本区别，“首先在于正统派经济学家认为资本主义制度是永恒的自然秩序的一部分，而马克思则认为它是从过去的封建经济过渡到将来的社会主义经济的一个转瞬即逝的阶段。其次，正统派经济学家主张社会各部分之间利益的调和，而马克思则以为在经济生活中，不从事劳动的财产所有人和不占有财产的劳动者之间的利益是冲突的”⑦。罗宾逊夫人认为，在危机、垄断和失业理论等方面现代学院派经

---

① 曼德尔著，廉佩直译：《论马克思主义经济学》下卷，商务印书馆 1979 年版，第 347 页。

②③④ 曼德尔著，廉佩直译：《论马克思主义经济学》下卷，商务印书馆 1979 年版，第 348 页。

⑤⑥ 曼德尔著，廉佩直译：《论马克思主义经济学》下卷，商务印书馆 1979 年版，第 349 页。

⑦ 乔安·罗宾逊著，纪明译：《论马克思主义经济学》，商务印书馆 1962 年版，第 5 页。

济学要向马克思“学习很多东西”，她同时认为，现代学院派经济学也能向马克思主义者提供一些有用的东西，比如，“用现代分析的更为准确和细致的方法来重新考虑马克思的论点”，可以澄清马克思学说中“许多费解之处，并且有助于显示它的优点和弱点”。①

1.1.3 屈内的评价

德国经济学家卡尔·屈内从不同经济学家对待马克思经济学的态度出发，分析了马克思经济学的历史地位及其理论价值。在1972年出版的《经济学和马克思主义》中，屈内对20世纪60年代末70年代初马克思经济学在西方“复兴”的原因作过分析。他认为，“有三个不同的理由可以说明我们谈论‘马克思主义的复兴’是适当的。第一，在当前，由朋友和敌人围绕马克思展开的一般性辩论更加活跃；第二，‘学术’经济学开始吸收由马克思发展起来的某些思想，特别是有关增长理论的思想；第三，现代经济学中出现的一些新的、非正统的经济学流派开始积极倡导‘更高阶段’（在黑格尔或后马克思主义的意义上）的马克思主义”②。

屈内认为，马克思经济思想本身，存在着三个对现代经济学发展而言具有重要影响的因素：第一，“马克思为现代宏观经济理论创建了基础”；第二，“马克思不只是经济学研究中许多理论的先驱者，而且为继续发展这些理论奠定了基础”；第三，“尽管马克思在未来的社会主义社会问题上保持了沉默，但是马克思至少是在《政治经济学批判大纲》中对远至自动化时代的社会制度变革进行了概略的叙述”。③

屈内在评述对待马克思经济学态度相异的不同的经济学流派时指出，“对马克思的批判的考察表明，拒绝马克思的理论通常不是因为这些理论的经济内容，而是因为这些理论的社会和政治含义。自然地，马克思对经济学的贡献，只是被那些很大程度上处于学术圈以外的人所赞赏，他们知道如何看透马克思的经济原理的内核”④。屈内指出，无论如何，19世纪和20世纪早期的专业经济学家试图忽视马克思，并不是荣耀的标志。“试图忽视马克

① 乔安·罗宾逊著，纪明译：《论马克思主义经济学》，商务印书馆1962年版，第5、2页。

② Karl Kühne, *Economics and Marxism*, Vol. 1, English Translation Edition, Translated by Robert Shaw, Macmillan Press Ltd 1979, P. 3.

③ Karl Kühne, *Economics and Marxism*, Vol. 1, English Translation Edition, Translated by Robert Shaw, Macmillan Press Ltd 1979, P. 5.

④ Karl Kühne, *Economics and Marxism*, Vol. 1, English Translation Edition, Translated by Robert Shaw, Macmillan Press Ltd 1979, P. 42.

思并不是由那些真正伟大的经济学家作出的。比如，熊彼特、里昂惕夫和马歇尔等都对马克思的成就表示了极大的钦佩。”①

屈内根据对待马克思的态度，把经济学家分为四类：第一类是那些讨论马克思的著作是为了驳斥马克思并揭示他的错误之处的经济学家。其中最重要的经济学家包括庞巴维克、帕累托等。第二类由那些认真关注罗宾逊夫人的评论的经济学家构成，罗宾逊夫人的评论指出，“向一个被认为是科学家的经济学家学习，必须把他对经济体系进行的描述中有效的内容和他服务于自己的意识形态而进行的公开的或无意识的宣传区分开来”②。这一经济学家群体，在反对马克思在社会和政治领域表现出来的重要原则的同时，努力去使用从马克思的思想安排和思想结构中产生的启发性的建议。第三类是接受马克思经济学提出的基本问题，从而也在很大程度上接受马克思观点的经济学家，但是他们并没有在适当的意义上成为一个马克思主义者。这类经济学家中比较著名的包括里昂惕夫、克莱因（L. R. Klein）等。第四类经济学家，他们的思想最初源自马克思，但是随后开始在其他方向上发展，从而疏远了马克思，这其中著名的包括布朗芬布伦纳和米克等。

屈内特别指出：“必须注意到，马克思的思想曾在保守主义思想界引起过一定的反响。作为重要的保守分子，哈耶克就曾鼓足勇气承认，通过杜冈－巴拉诺夫斯基和施皮特霍夫，他受到过马克思的影响。”③ 屈内还写道：“马克思主义理论中有一部分就是资本过剩理论，而真正继承了这一理论的，却是一位铁杆保守主义者冯·哈耶克，他有点反常地坦率地承认自己受到过马克思的影响……重要的不只是注意哈耶克的保守主义的结论，而要看到他对繁荣和萧条的原因的分析，这种分析和马克思的分析非常接近。”④ 对马克思经济学的价值，需要认真地加以重新思考。尽管庞巴维克强烈地批评马克思理论体系的相关内容，但他仍然承认，“在马克思体系的中间部分，逻辑的发展和连结呈现出一种令人赞叹的严密性和内在一致性。”“马

① Karl Kühne, *Economics and Marxism*, Vol. 1, English Translation Edition, Translated by Robert Shaw, Macmillan Press Ltd 1979, P. 43.

② Joan Robinson, Marx. Marshall and Keynes: Three Views of Capitalism, In Joan Robinson, *Collected economic papers*, Vol. 2, Oxford: Blackwell, 1960, P. 2.

③ Karl Kühne, *Economics and Marxism*, Vol. 1, English Translation Edition, Translated by Robert Shaw, Macmillan Press Ltd 1979, P. 44.

④ Karl Kühne, *Economics and Marxism*, Vol. 2, English Translation Edition, Translated by Robert Shaw, Macmillan Press Ltd 1979, pp. 222 – 223.

克思体系的中间部分，以其异乎寻常的逻辑连贯性，永远地确立了马克思作为第一流思想家的声誉。"①

1.1.4　霍华德和金的评价

著名经济思想史家霍华德和金，从经济思想和方法的视角评价了马克思的政治经济学。他们在《马克思的政治经济学》一书中，对马克思的政治经济学的"长处、弱点和潜力"② 进行了总体的评价。这种评价是从经济思想历史和方法等方面展开的。

在从经济思想历史角度的评价中，霍华德和金指出，在理论经济学的所有流派中都被认为是重要的某些问题，如均衡价格、就业水平和收入分配的决定等问题，都处于研究的前沿。但是，这些问题的解决，却是在存在着明显区别的不同的概念框架中进行的，这阻碍理论经济学不同研究结果的比较。尽管如此，把一种分析模式转换为另一种分析模式还是可行的。以这样的视角考察经济思想本身的发展也是可能的。霍华德和金认为，以这样的标准来看，"可以给马克思的著作以很高的评价。马克思对古典政治经济学的剖析，他的利润、再生产和危机理论，以及他的周期性增长模式，都包含了缜密的分析并具有原创性和敏锐的洞察力。在马克思那里，也存在许多可以加以批判的地方，但这对所有其他思想巨人来说都是一样的，比如斯密、李嘉图、瓦尔拉斯和凯恩斯，他们的著作和马克思的著作一样，都可以在概念的不精确性和逻辑的缺陷性上作出严肃的质疑"③。霍华德和金指出，这是一种历史意义而不是现代意义上的标准。从这个标准看，马克思的政治经济学在经济思想史上具有重要的地位。马克思的分析中包含的有效的结论可以被接受，这些结论也可以由一种更加精确的方式加以表述。事实上，这种工作已经有人在做了，如新李嘉图主义者或激进凯恩斯主义者就在做这种工作。霍华德和金指出，"为了说明马克思和当前的研究的关联性，只是认识到马克思在一些经济理论的重要问题上是正确的显然是不够的，还必须搞清马克思的著作中也包含了先进的并仍然有效的、而现代经济理论中缺乏的因素"④。

从方法上看，霍华德和金指出，现代经济学家，无论他们坚持什么样的

---

① Eugen von Böhm-Bawerk, *Karl Marx and the Close of His System*, New York: Augustus M. Kelley, 1949, pp. 88 – 89.

②③ M. C. Howard and J. E. King, *The Political economy of Marx*, Longman; 2nd edition, 1985, P. 238.

④ M. C. Howard and J. E. King, *The Political economy of Marx*, Longman; 2nd edition, 1985, P. 239.

经济学思想，他们使用的分析技术都要远优于马克思所使用的。但是，“方法论是一个比逻辑推理技术更为广泛的主题，正是在这个领域，马克思的政治经济学仍然起着非常重要的作用”①。霍华德和金认为，在一定经济主体的社会概念基础上建立经济理论的尝试，马克思是独一无二的。这在当前仍然是非常有意义的，因为“有很好的理由相信，即使不是在马克思的意义上，也必然是在非常重要的程度上，人的情感和行为是由社会决定的。然而，当前流行的经济理论并没有认识到这一点”②。霍华德和金评价西方正统经济学流派，认为“缺乏明确的社会维度，是正统经济学的致命缺陷。无论是它精致优雅的叙述方式还是它严密复杂的逻辑程序，都无法克服这一缺陷。把经济主体同决定并赋予人们的生活以一定含义的环境相分离，并由此去解释和评价人类的情感和行为，这简直是一种愚蠢。”③

霍华德和金指出，总结马克思的政治经济学的现代意义并不容易。这既是由马克思试图构建的理论的本质造成的，也是由我们对自己仍深处其中的人类状况的无知造成的。霍华德和金认为，“马克思主义并不是铁板一块，而是由许多论题和主张构成的一个等级序列。即使是这些论题和主张中有一些被证明是多余的，另外还有一些仍然是有效的。由于那些最有力的特征——人类的本质、自由的概念和对异化的分析——更加抽象也更加根本，所以也具有更强的现代意义。但是，无论对经济理论的构建还是对政治行动来说，它们的具体含义并不那么清晰。在与分析现代资本主义的发展和与有意识地推动社会变迁的比较上，马克思对自己力量的证明，更多地体现在对自由问题的定义上”④。

1.1.5 海尔布伦纳的评价

R. L. 海尔布伦纳从对待马克思应当持有的态度以及如何辨识马克思主义的角度，对马克思经济学作了总体的评价。海尔布伦纳在《马克思主义：赞成和反对》小册子的开篇就指出：“马克思主义是现代世界中一种令人不安的存在，它是充满激情的希望和恐惧、最具矛盾性的愿景的源泉。”⑤ 海

①② M. C. Howard and J. E. King, *The Political Economy of Marx*, Longman; 2nd edition, 1985, P. 239.

③ M. C. Howard and J. E. King, *The Political Economy of Marx*, Longman; 2nd edition, 1985, P. 241.

④ M. C. Howard and J. E. King, *The Political Economy of Marx*, Longman; 2nd edition, 1985, P. 246.

⑤ Robert L. Heilbroner, *Marxism*: *For and Against*, W. W. Norton & Company, 1980, P. 15.

尔布伦纳提出了一个重要的问题，即为什么作为马克思主义来源的马克思的著作，在超过一个世纪之后仍然能产生如此的魅力？或者说，为什么当世界已经变化到从马克思写作的时代看几乎是完全无法认知的时候，我们还要回到马克思去找寻有关当代事物的见解？海尔布伦纳试图对这个用不同方式表述的重大问题作出自己的回答，但是他明确地指出，提出这个问题的关键，在于激起读者的“兴趣”而不是“情绪”。① 这一点是非常重要的，因为在有关马克思经济学的争论中，保持客观的、科学的态度一直都是争论中不同参与者需要把握的重要问题。

海尔布伦纳认为，通过“阐明马克思主义在大量的批判和反驳中继续存在的方式”②，是有可能对上述问题作出回答的。海尔布伦纳的观点非常明确，“回到马克思”，“不是因为他是永远正确的，而是因为他是无法回避的”③。他指出：“每一个打算从事马克思所开启的那种类型的研究的人，都会发现马克思站在他前面，他只能赞同或者驳斥、拓展或者放弃、解释或者消解马克思的思想遗产。”④ 海尔布伦纳对马克思作出了高度的评价，他指出：“马克思的贡献，在某些方面等同于柏拉图和弗洛伊德的贡献，是发现历史表象之下，尤其是资本主义历史时期的表象之下，无法令人质疑的事实。”⑤ 海尔布伦纳指出，马克思创造了一种发现那些被隐藏的事实的研究模式——“社会分析”的模式。

海尔布伦纳指出，这种分析模式说明，“为什么历经沧桑，马克思的《资本论》仍然以一种斯密的《国富论》——尽管两者同样充满了非凡的洞察力——所不具备的方式与现时代发生着密切的关联”⑥。海尔布伦纳认为，这不仅是因为与斯密的著作相比，马克思的著作更具现代性，因为马克思的著作强调了技术和危机以及社会张力。深层次的原因还在于：“《资本论》承担起一种在斯密或是在其他任何人那里并无先例的任务，那就是在《资本论》的副标题中体现出来的任务：政治经济学批判。这种批判从人们对强加在他们身上的体系的误解开始，他们还没有学会透过这个体系的表象去看问题，从而仍然停留在这一个体系的外在表现的层面。马克思的第一个目标是说明我们用来解释社会的日常概念——比如劳动和资本的概念，事实上

①②③④ Robert L. Heilbroner, *Marxism: For and Against*, W. W. Norton & Company, 1980, P. 15.

⑤ Robert L. Heilbroner, *Marxism: For and Against*, W. W. Norton & Company, 1980, pp. 16 - 17.

⑥ Robert L. Heilbroner, *Marxism: For and Against*, W. W. Norton & Company, 1980, P. 17.

只是对具有欺骗性的外在表现的概括，如果我们打算去理解社会存在的真实过程，我们必须学会去穿透这种外在表现。我们阅读《资本论》，不只是为了发现资本主义是如何运作的，在这个问题上，马克思的解释尽管非常精彩，但也必然存在不足，我们是要学习资本主义是什么，这是一个迄今为止仍未被提出，但却被马克思以一种深刻的和令人难忘的方式作出了解答的问题。"①

在作出这样的整体评价以后，海尔布伦纳转向了另一个重要的问题。海尔布伦纳指出，马克思的遗产不只是探索社会时可供选择的出发点。它包括一系列的著作，这些著作的存在是为了支持、补充、在某些情况下甚至是取代马克思本人的著作。这些著作一道构成了马克思主义普遍存在的大部分内容。在这种情况下，有一个问题就变得非常突出，即如何定义马克思主义？海尔布伦纳认为，从一开始，马克思追随者们的著作就是以严重的分歧和对马克思著作相互矛盾的解释为特征的。海尔布伦纳指出："最近一些年来，分歧变得如此明显，解释变得越来越多样化，以至于找到某些因素把它们统一起来变成了一种真正的困难。"②

这种情况，在马克思主义经济学发展的历史上也一直存在，海尔布伦纳指出，今天的一些马克思主义者因为马克思的立场而为马克思的著作进行辩护，另一些马克思主义者则打算对马克思的著作进行几乎是完全的改写；一些马克思主义者认为资本主义本质上仍然是在按马克思所描绘的方式在运行，另一些马克思主义者则认为《资本论》中的分析不再适用于资本主义；一些马克思主义者试图引入宗教和心理分析，另一些马克思主义者则认为这些只是资产阶级式的转向；一些马克思主义者自豪地宣称他们才是马克思主义的正统，另一些马克思主义者则认为马克思主义已经蜕化为一种意识形态，马克思主义本身成了实现人道的社会主义的主要障碍。事实上，存在如此多样化的对马克思主义的解释，以至于像尤金·卡门卡（Eugene Kamenka）这样彻底的马克思主义者也认为："唯一严肃地研究分析马克思主义或社会思想的方法，可能是放弃这样一个概念，即只存在一种可以被称为马克思主义的连贯一致的学说。"哈罗德·拉斯基（Harold J. Laski）在回应对他的著作的批评时指出："您可以以您的方式解释马克思，我将以马克思自己

① Robert L. Heilbroner, *Marxism: For and Against*, W. W. Norton & Company, 1980, P. 18.
② Robert L. Heilbroner, *Marxism: For and Against*, W. W. Norton & Company, 1980, P. 19.

的方式解释他。”①

正是因为上述问题的存在，海尔布伦纳给出了他自己认为的可以用来识别马克思主义的四个共同因素：第一是获得知识的辩证方法；第二是历史唯物主义方法；第三是从马克思的社会分析中开始形成的有关资本主义的一般观点；第四是致力于社会主义。海尔布伦纳认为，以上述四个因素为标准，我们就能够“以相当程度的精确性，把那些可以被称为马克思主义的著作同那些不能被称为马克思主义的著作区分开来”②。

1.1.6　罗默和米尔斯的评价

J. E. 罗默（J. E Roemer）作为分析的马克思主义的主要代表人物之一，对马克思经济学作出了分析的马克思主义的评价。试图为马克思经济学构建一个所谓的“微观基础”，是罗默研究马克思主义经济学的特点之一；用现代经济学工具重新论证或检验马克思经济学的重要观点，则是他研究马克思主义经济学的另一个特点。在《在自由中丧失——马克思主义经济哲学导论》中，罗默指出：“马克思主义是一组思想，从这些思想中产生了研究经济学、社会学、人类学、政治理论、文学、艺术、哲学和历史学的特殊方法。马克思的某些思想如此深入人心，以至于它们不再被认为是专属于马克思主义的，它们已经被社会科学或历史分析所吸收。”③ 罗默对马克思主义在西方经济学界影响较小的两个原因作了说明，一个原因是，“因为西方的经济理论是与论证资本主义秩序的合理性紧密联系在一起的。马克思主义在西方经济学中缺乏影响也许还存在另外一个原因：马克思主义所捍卫的一些关键的经济模型和理论……是完全错误的”④。在两个原因中，第一个非常容易理解，第二个却是发生很多争议的地方。对同一个问题，分析方法的差异会导致不同的结论，而要判断这不同的结论哪一种是正确或科学的，又会把争论者引向一个无法得到最终答案的知识论或认识论层面的问题上。马克思的经济分析中当然有不足和错误之处，但很多时候，直接得出“马克思的关键理论是错误的”这一论断，也许是由于选择了错误的分析框架造成的。

---

① Daniel Bell, The Once and Future Marx, *American Journal of Sociology*, Vol. 83, No. 1, 1977, P. 196.

② Robert L. Heilbroner: *Marxism: For and Against*, W. W. Norton & Company, 1980, P. 22.

③ John E. Roemer, *Free to Lose: An Introduction to Marxist Economic Philosophy*, Harvard University Press, 1988, P. 1.

④ John E. Roemer, *Free to Lose: An Introduction to Marxist Economic Philosophy*, Harvard University Press, 1988, P. 2.

罗默在另一部著作《马克思主义经济分析的基础》中，明确地说明了他对马克思主义经济学研究时方法选择的担心。在他使用均衡分析方法对马克思经济学观点作出分析之前，他提到："我已经为数学模型方法以及微观基础方法作过辩护，而我对于均衡分析方法则没有如此自信。和我同时代的很多经济学家一样，我也深受均衡分析方法之威力的强烈影响：这一方法考察模型处于静态时的情况，即描述模型各部分如何运转的规则同时满足时的情况。""在有些模型的使用中似乎存在着深刻的矛盾，这些模型的主要分析技巧就是假定经济处于某种状态，而这一假定的状态与资本主义经济的最为有趣和重要的方面并不一致，后者则在马克思主义理论中得到了描述——资本主义经济不断的、矛盾的运动。""我还是要使用均衡分析方法，并怀有这样朦胧的想法，那就是二十年后再来读本书这些内容时，这一方法作为模型化工具对马克思理论而言其陈旧和过时性将变得明显。"① 虽然存在上述担心，罗默仍然通过对现代经济学工具的分析，表明马克思的一些关键理论是错误的。即使如此，他还是指出："尽管某些特殊的马克思主义主张作为对资本主义的理论的和抽象的陈述是错误的，但是它们力图强调的那些深刻见解仍然是强有力的，而且这些见解通常可以用当代经济理论的方法来挽救，或者说，至少可以加以认真地检验和对待。"②

约翰·米尔斯（J. Mills）在《一种批判的经济学史》中，对马克思作出了如下的判断："也许，马克思的著作比几乎所有其他任何作家的著作都更可以说是一种集光辉的深刻见解与沉闷的问题风格为一体的混合物，它包含着一种严密的学术性的观念结构，其中大多数观念（至少是就有关经济学来说的大多数观念）都不怎么经得起时间的检验。"③ 米尔斯认为，马克思的大多数观念是错误的判断，是基于马克思的预言和资本主义现实状况的不吻合作出的，而不是基于逻辑分析或理论研究的基础展开的。比如，米尔斯认为，马克思预言的工人的贫困化、资本主义的灭亡都没有实现。在这里，米尔斯本人的判断也需要接受时间的检验。

此外，米尔斯在马克思主义经济学和古典经济学的对比中，分析了马克思经济学的价值，概括了马克思对资本主义制度进行分析时取得的成功：第

---

① 约翰·E·罗默著，汪立鑫等译：《马克思主义经济分析的基础》，上海人民出版社 2007 年版，第 10 ~ 11 页。

② John E. Roemer, *Free to Lose: An Introduction to Marxist Economic Philosophy*, Harvard University Press, 1988, P. 2.

③ John Mills, *A Critical History of Economics*, Palgrave Macmillan, 2002, P. 90.

一，“马克思把精力集中在资本主义制度内部的权力分配问题上，这是一个古典经济学完全忽视了的问题，它对不受约束的自由企业明显存在的不公正性未置一词”①。第二，“马克思集中精力批判了资本主义制度造成的收入和财产的不平等分配，这个问题是古典经济学没有对其正当性给出令人信服的辩护的又一个问题”②。第三，“马克思集中论述了资本主义制度的不稳定性及其固有的易于产生危机的趋势”，“古典经济学又一次犯了错误，宣称这种制度具有一种自动的、及时地自我纠正的能力”。③ 第四，“对资本主义生产制度所具有的那种越来越走向集中和垄断的趋势所做的批判”④。米尔斯指出：“马克思力图指出经济关系对现行思想观念有着重大影响。这是一种具有原创性的、特别重要的观念，它不仅完全经得起时间的检验，而且现在已经成了主流思想的一个组成部分。”⑤

1.2 作为“革命家”和“博学的政治经济学家”的马克思

在对待马克思经济学历史地位的判断上，一些西方学者认为，把马克思仅仅看作是一位“无产阶级革命的理论家”的观点是片面的。1973 年，罗宾逊夫人在《社会科学家》杂志发表的《今日马克思经济学》一文中提到：“有学者谴责我把马克思看作‘博学的政治经济学家’而不是‘无产阶级革命的理论家’，我认为，任何人只要稍加浏览《资本论》或《剩余价值理论》后，都不会否认马克思是一位政治经济学家。”⑥ 罗宾逊夫人认为，马克思从哲学的立场出发研究政治经济学是非常必要的，在这样的研究中，马克思对政治经济学作出了“巨大的原创性贡献”⑦。如果现代的马克思主义者不再对政治经济学感兴趣，并且不想去努力理解马克思的政治经济学，那么，几乎就没有任何领域可以讨论政治经济学了。基于上述判断，罗宾逊对马克思经济学作了自己的解释，提出了她所认为的马克思经济学的价值。

罗宾逊夫人的评价是从马克思的价值理论开始的。她首先提出以下几个问题：一般剥削率即剩余与工资之间的比率，是由什么因素决定的？剥削率在不同的经济体之间，为什么会有差异？这种利润率的差异，是如何随着时

---

①② John Mills, *A Critical History of Economics*, Palgrave Macmillan, 2002, P. 91.
③④ John Mills, *A Critical History of Economics*, Palgrave Macmillan, 2002, P. 92.
⑤ John Mills, *A Critical History of Economics*, Palgrave Macmillan, 2002, P. 93.
⑥⑦ J. Robinson, Marxian Economics Today, *Social Scientist*, Vol. 1, No. 8, 1973, P. 43.

间而变化？决定特定商品的相对价格的因素是什么？罗宾逊夫人认为，前两个问题是马克思为“革命的无产阶级”提供的有关资本主义的基本分析。最后一个问题在罗宾逊夫人看来并不特别重要。她认为，在《资本论》第一卷中，马克思认为商品是按照与它们的劳动价值相对应的价格进行交换的；在《资本论》第三卷中，马克思提出在资本主义竞争的条件下不同部门之间的利润率趋于平均化。从李嘉图开始，只有在所有生产部门资本有机构成相同的情况下，商品的价格既可以与劳动价值相对应，也可以与统一的利润率相对应，这是广为人知的事实。罗宾逊夫人提出的问题是：那么，为什么围绕这个简单的分析性问题产生了这么多的争论呢？

罗宾逊夫人分析了马克思的价值理论、实际工资理论和利润率下降理论。罗宾逊夫人认为，马克思在试图表明一定商品的价值和价格之间的关系时犯了一个小的错误，即马克思忘记了进入生产过程的不变资本是根据价格而不是价值进入价值计算过程的。这个错误也总被学者们提及。“这使得资产阶级经济学家否定整个劳动价值概念，认为这一概念是毫无意义的。”①资产阶级经济学家坚持价格是由供给和需求决定的。罗宾逊夫人认为，斯拉法的《用商品生产商品》展示了如何正确地说明从价值到价格的转型问题。给定生产的技术关系，对于任何一种剥削率（剥削率决定了净产出市场价值中的利润份额），只存在一种可能的统一的利润率和一套商品价格体系，包括构成不变资本的商品和工资商品的价格。罗宾逊夫人认为，在《资本论》第一卷中，用商品衡量的工资被认为在长期保持恒定。当资本积累和技术变革增加了用商品衡量的每个工人的产出时，剥削率将会上升。这个过程会由于产业工人阶级的革命而终止，然后剥夺者将会被剥夺。在《资本论》第三卷中，马克思的论点有所变化。由于对剥削率上升的限制的存在，当剥削率保持稳定而每个工人的产出上升时，用商品衡量的工资就会上升。“现在，在发达的资本主义国家，《资本论》第三卷的预测被证明是正确的，用商品衡量的工资在明显上升，尤其是在战后的经济奇迹年代更是如此。”②在讨论利润率问题时，罗宾逊夫人认为，“只要投资保持增长，没有理由认为发达工业化国家的利润率在下降”③。

罗宾逊夫人分别研究了马克思的三种理论，并用现实材料对这些理论进行经验性的考察。她指出，把马克思的方法用于不同国家不同的历史时期，

①② J. Robinson, Marxian Economics Today, *Social Scientist*, Vol. 1, No. 8, 1973, P. 45.
③ J. Robinson, Marxian Economics Today, *Social Scientist*, Vol. 1, No. 8, 1973, P. 48.

“要求的不仅仅是引证马克思的著作”，“马克思主义不仅仅是经济学，如果不理解马克思主义运用于其中的社会的经济关系，那么它就没有任何意义”。[①]

罗宾逊夫人的观点试图表明，马克思经济学在分析她所处的那个时代的资本主义问题时，仍然是非常有用的，她坚持认为马克思是一位“博学的政治经济学家”。值得注意的是，作为20世纪最有影响的西方主流经济学家，罗宾逊坚持认为，虽然马克思的某些观点可能会与社会经济特定的发展阶段的现实不相吻合，甚至马克思的理论本身可能存在某些缺陷，但马克思对资本主义社会经济关系分析的价值是巨大的。

1.3 作为经济思想史学家的马克思

1979年，金在《政治经济学史》杂志第3期上发表了《作为经济思想史学家的马克思》一文[②]，对T. W. 哈奇森（T. W. Hutchison）的相关理论作了批判。之前，针对马克思1873年撰写的《资本论》第一卷《第二版跋》中对科学的政治经济学与庸俗的政治经济学的评论，哈奇森曾提出了三点异议：第一，马克思和马克思主义者将李嘉图归为“阶级利益对立”论者，只代表了他们自己而非李嘉图的信念；实际上，在李嘉图的信念中，居压倒性地位的是阶级利益和谐；第二，马克思将1830年作为政治经济学发展史上的一个分水岭，是具有欺骗性的，因为至少在李嘉图写作的年代，阶级对抗就已经十分尖锐了；第三，马克思在批判庸俗政治经济学时，过分“诉诸动机和偏见”，而没有精确分析过由这些动机和偏见所产生的“经验上无效或者逻辑上错误的观点”。哈奇森提出的这三点异议是相互关联的。他认为，马克思选择1830年作为分水岭、诉诸动机和偏见，以及曲解李嘉图，是为了“将其主要理论来源（即李嘉图）的合法性同其理论的独特地位巧妙地联系起来”。针对哈奇森的观点，金认为，“马克思对政治经济学说史最系统的揭示和批判出现在《剩余价值理论》中”[③]。马克思用了大量

---

① J. Robinson, Marxian Economics Today, *Social Scientist*, Vol. 1, No. 8, 1973, P. 48.

② J. E. King, Marx as an Historian of Economic Thought, *History of Political Economy*, 1979, Vol. 11 (3), pp. 382 – 394. In J. Cunningham Wood (ed), *Karl Marx's Economics: Critical Assessments*, Vol. I. P. 383.

③ J. E. King, Marx as an Historian of Economic Thought, *History of Political Economy*, 1979, Vol. 11 (3), pp. 382 – 394. In J. *Cunningham Wood* (ed), *Karl Marx's Economics: Critical Assessments*, Vol. I. p. 384.

篇幅，对“经验上无效或者逻辑上错误的观点”展开艰辛的考察。在马克思对经济学说史的考察中，“诉诸动机和偏见”只起着微小的作用。

金认为，不可否认的是，马克思在对某些政治经济学的前辈进行批判时，确实运用过“控诉”的方式，特别是在对马尔萨斯批判时更为明显。马克思对马尔萨斯（T. R. Malthus）的典型描述是：“一个一心想为地主贵族的地租收入、游手好闲、贪婪浪费和冷酷无情提供经济学辩护的谄媚者。”① 毫无疑问，马克思对马尔萨斯的深深敌意，很大程度上源自后者令人生厌的政治立场。

但是，上述观点还必须作以下三方面的补充：第一，马克思蔑视马尔萨斯还有其他原因，即后者是一个“剽窃者”（剽窃安德森和唐森牧师的地租理论以及西斯蒙第（J. C. Sismondi）的经济危机理论）；第二，马克思确实十分细致地分析了马尔萨斯的经济理论，并谴责他向“让渡利润”理论的倒退，以及在价值定义中错误地沿用了斯密的“支配的劳动”（或称“购买的劳动”）尺度。马克思还在一定程度上批判了马尔萨斯对“萨伊定律”的攻击，认为马尔萨斯的工资理论混淆了微观与宏观经济关系。由此，对马尔萨斯动机方面的攻击，只是补充而非取代马克思对马尔萨斯理论缺陷的细致考察；第三，对马尔萨斯的蔑视并没有妨碍马克思对马尔萨斯理论中的某些有价值成分的认可，即使与李嘉图相比也是如此。实际上，在马克思的分析中，诉诸“动机与偏见”的程度很少达到他在对待马尔萨斯时的那种水平。马克思对贝利和理查德·琼斯的分析就是两个很好的例证。显然，马克思在批判其前人时并没有依赖于“对偏见的控诉”，对某些前人的政治立场的反感并不一定排斥对他们经济学研究上的肯定。

金认为，马克思在区分“科学的”（或古典的）和“庸俗的”政治经济学时，并没有将辩护性动机作为唯一的划分标准。二者的区别还在于方法论方面。马克思攻击庸俗经济学是以商人的眼界试图用对商业活动表象的描述取代对科学真理的探索。这样，粗劣的供求价格理论便取代了价值规律，“三位一体”的收入分配公式便取代了剥削理论。对马克思来说，科学研究必须深入到表象内部，系统分析内在的规律。庸俗经济学背离了这一目标，因此必然沦为资本家阶级的辩护士。

---

① J. E. King, Marx as an Historian of Economic Thought, *History of Political Economy*, 1979, Vol. 11 (3), pp. 382 – 394. In J. *Cunningham Wood* (*ed*), *Karl Marx's Economics*: *Critical Assessments*, Vol. I. p. 384.

庸俗政治经济学在动机上和方法论上的二元特征，还体现在马克思关于庸俗经济学历史起源的分析中。金认为，“马克思对古典经济学的庸俗化过程做出了两种解释：其一，庸俗化始于资产阶级及其辩护士们有意调和阶级斗争的动机。这一解释见诸 1873 年的《第二版跋》；其二，庸俗经济学是对古典政治经济学自身理论缺陷和逻辑矛盾的一种反应。特别是因为李嘉图不能正确区分劳动和劳动力，从而无力形成一个逻辑一致的剩余价值理论。马克思并不认为辩护性动机是庸俗经济学产生和传播的充分条件。就此而言，1873 年的《第二版跋》对我们理解马克思的观点极具误导性”①。

金进一步指出，马克思曾认为，“庸俗政治经济学是与科学政治经济学同时产生的；虽然庸俗政治经济学在某些时期比另外一些时期得到了更高的发展和更广泛的接受，但它并非仅限于后李嘉图主义时期”②。除马尔萨斯之外，萨伊也多次被马克思斥责为将斯密庸俗化的著述者；马克思还指出，“工资基金”这个庸俗概念的始作俑者是边沁（J. Bentham）；劳德戴尔则早在 1804 年便对利润作出了辩护性论证；西尼尔（N. W. Senior）“节欲论”也曾被马克思评价为“节欲一词是新的，但伎俩却是老一套”，这一谬论早在加尼尔——“那个浅薄的法国人”——1796 年和 1802 年的作品就出现了。马克思对其前人的攻击，“经常（或者一般性地）集中于他们的理论缺陷而非政治动机”。甚至一些最伟大的古典经济学家也难免生出一些庸俗的谬论。例如，斯密既使用了“内在观察法”，也使用了“外在观察法”；在斯密的劳动价值论，如购买劳动决定价值以及与之密切相关的不成熟的剩余价值论中，马克思发现了萨伊“三位一体”学说的理论渊源；“李嘉图有时也会倒退到这样一种庸俗观点……利润是在商品价值基础上加价出售的结果。”③

金赞同霍奇森的第二点异议。金认为，“虽然马克思确实认为李嘉图去世后庸俗经济学越发处于支配地位，但《第二版跋》将 1830 年确定为‘决定性危机’与马克思在其他地方更详细的分析并不兼容和协调。金认为古典学说庸俗化的作者活跃于世纪之交；作为李嘉图论敌的庸俗经济学家活跃于 19 世纪 20 年代；而科学的经济学研究在 1830 年之后还在继续。因此，

① J. E. King, Marx as an Historian of Economic Thought, *History of Political Economy*, 1979, Vol. 11 (3), pp. 382 – 394. In J. Cunningham Wood (ed), *Karl Marx's Economics: Critical Assessments*, Vol. I. P. 386.

②③ J. E. King, Marx as an Historian of Economic Thought, *History of Political Economy*, 1979, Vol. 11 (3), pp. 382 – 394. In J. Cunningham Wood (ed), *Karl Marx's Economics: Critical Assessments*, Vol. I. P. 387.

1873 年的《第二版跋》至多代表了马克思在评论经济思想演变时的一个相当粗糙简化的观点”①。理查德·琼斯（主要的著作发表于 1830 年、1833 年和 1852 年）、拉姆赛（主要的著作发表于 1836 年）和舍尔比利埃（主要的著作发表于 1840 年），都不同程度地得到过马克思的赞扬。马克思对待约翰·穆勒（J. S. Mill）的评价也是两重性的。

金认为，马克思对李嘉图的态度也远非我们从 1873 年《第二版跋》中得到的结论那样简单。在某种意义上，正如哈奇森所言，李嘉图理论是马克思经济学理论的“主要来源”。但必须强调的是，马克思从李嘉图理论所获得的消极方面的影响同其积极方面的启示至少一样多。马克思考察并矫正了李嘉图理论和方法论两方面的错误，从而形成了自己的政治经济学。马克思认为，甚至马尔萨斯在某些方面都比李嘉图更可取。例如，马尔萨斯更清楚地认识到剩余价值的来源，并且不屈从于李嘉图关于“固定工作日”的错误假设。

哈奇森认为，在马克思主义经济学说史上，李嘉图是作为阶级利益对抗论者而享有绝对重要地位的，但是，在马克思看来，这种观点包含了某种夸张和误解。马克思认为，李嘉图绝不是唯一承认阶级冲突的人，马尔萨斯也是非和谐论者。哈奇森关于李嘉图“绝对地相信阶级利益和谐”的观点并不具有很强的说服力。“从李嘉图的论述中的确可以找到支持哈奇森观点的段落，但这只能说明李嘉图关于和谐和冲突问题存在不一致性，马克思唯一的失误就在于没有分辨出这种不一致性，而不在于篡改李嘉图的观点。”②

马克思认为，资本主义造成的生产力的发展能够为社会主义革命创造条件，这就是资本主义具有的深远的历史进步意义。因此，资本主义在一定意义上代表整个人类的进步。这也正是马克思对李嘉图的“愤世嫉俗”和“冷酷无情”予以褒扬，并力图使之免于反动的“慈善的”批判的原因所在。与李嘉图“科学上的诚实”精神相反，马尔萨斯试图通过压制资本主义的发展来维护土地所有者的利益，从而遭到了马克思极大的蔑视。即便如此，马克思仍然认为，马尔萨斯的这种动机，只有在“扭曲了他的科学结论”，使之成为一个“反科学的恶棍”时，才是重要的。马克思在评价经济

① J. E. King, Marx as an Historian of Economic Thought, *History of Political Economy*, 1979, Vol. 11 (3), pp. 382 – 394. In J. Cunningham Wood (ed), *Karl Marx's Economics: Critical Assessments*, Vol. I. P. 388.

② J. E. King, Marx as an Historian of Economic Thought, *History of Political Economy*, 1979, Vol. 11 (3), pp. 382 – 394, In J. Cunningham Wood (ed), *Karl Marx's Economics: Critical Assessments*, Vol. I. P. 389.

理论的合理性时并没有将“动机和偏见”作为一项标准，它们在马克思分析经济学理论的错误根源时，只起到微不足道的作用。

金认为，1873 年《第二版跋》不能为马克思关于经济学说史的观点提供一个恰当的总结，马克思在《第二版跋》中批判庸俗政治经济学时，夸大和扭曲了动机因素的作用；1873 年的《第二版跋》将 1830 年作为经济思想史“决定性危机”的观点几乎不能得到马克思更早著述的支持；《第二版跋》关于李嘉图阶级对抗理论的分析，虽然自身有很大的合理性，但不能代表马克思对李嘉图的全部评价和分析。《第二版跋》的缺点部分来源于过分简化。马克思关于政治经济学说史复杂精微的分析，不可能在这样简化的总结中得到正确的反映。此外，晚年马克思（至少 1860 年之后）在经济思想史上的“创造力”远逊于青年或成熟时期的马克思，这是产生这种缺憾的另一个重要原因。

1.4 多布论《资本论》在经济思想史中的地位

《资本论》是马克思花费毕生精力和心血写成的马克思主义经典著作，也是马克思毕生从事经济学科学研究的主要著作。在这部著作中，马克思不仅深入地探讨了资本主义经济关系和资本主义商品经济运动的基本过程、内在规律及其历史趋势，而且也科学地揭示了社会化大生产发展的一些共同规律，以及商品经济发展和市场经济运作的基本特征和一般规律。在这部著作中，马克思不仅展示了他在经济学上实现的科学革命的主要成果，而且也提出了经济科学发展的基本要求和主要方向，为政治经济学的发展提供了广袤的理论空间。

1967 年，多布在《科学与社会》杂志上发表的题为《〈资本论〉及其在经济思想中的地位》一文，集中评价了《资本论》在经济思想史上的地位。多布认为，《资本论》也许是百年以来最具争议的政治经济学著作。争议的问题甚至比李嘉图的《政治经济学及赋税原理》更多、更尖锐，“与其他同类著作相比，受到的极端的赞誉和极端的诋毁也更为广泛”①。

多布认为，在马克思经济思想中，两个概念一直处于争议的中心，一是财产收入被当作剩余价值或当作剥削果实的概念；二是资本主义向社会主义

① Maurice Dobb, Marx's ‘Capital’ and Its Place in Economic Thought, *Science & Society* Vol. 31, No. 4, 1967, P. 527.

转变的历史发展的概念。[①] 对这两个概念的正确理解，依赖于对政治经济学研究范围的界定。多布对19世纪最后25年以来现代经济分析的趋势作了概述。他认为，现代经济学已局限于对交换过程的集中研究，即局限于各种假设条件下的市场均衡研究。为力求表达的精确性，研究范围和限度大大缩小。生产条件已被缩小，并假设生产要素的供给（或供给条件）与技术系数或所谓生产函数都是既定的。对于任何一种生产过程说来，它都同样包含着原来的生产要素转化为最终消费品的单向流量。同财产所有权关联的任何事物或有产者和无产者之间的任何区别，都被归为社会因素或社会学的范畴，并把它们从经济理论固有的领域中排除了出去，而且它们也不再影响理论形式的结构，可能只影响对所包含的某些变量的评价。

多布认为，理论模型设想的形式，本来就是对所研究的事实和事件的一种选择；因此，无论它的逻辑怎样无懈可击或怎样精致，它可能表现出来的也许只是人们对现实世界的歪曲的看法。经济理论日益形式化的结果，已使得市场均衡的理论分析几乎完全数量化，而很少或没有考虑质的差异和社会经济性质的差异。在这种背景下，下述看法就不足为怪了，即“剥削”关系或收入作为“剩余”的特性，从理论上说都不会具有任何意义，甚至会把剥削和剩余价值观念，作为冒充经济范畴的道德评价加以摒弃。

多布指出，马克思的政治经济学范围更为广泛。在马克思看来，政治经济学既包括对“社会生产关系”的研究，也包括对“生产力”和交换条件的研究。“这是从他对资本主义生产分析的历史研究方法，以及从他把生产方式作为一定社会的基础和一切历史的真正根源及活动场所的历史概念中推演出来的。”[②] 对各种关系本质特征的表述，同价值数量问题和对由价值派生出价格的分析具有同样的重要性。从因果关系看，特别是从运动和变化的观点看，这种特征表述是根本的。多布认为，马克思经济学分析的首要任务，就是透过外在的假象，深入到市场现象背后的资本主义生产过程的内在本质和内部形式中去。

多布指出，如果把“剥削”和“无偿劳动”这些术语看作是对一种社会经济关系的描述，那么就会明白为什么它们的正确性会引起争论。“那些经济学家们借助于各式各样的‘生产力’学说企图否认这样一个命题，他

① Maurice Dobb, Marx's ‘Capital’ and Its Place in Economic Thought, *Science & Society* Vol. 31, No. 4, 1967, pp. 527－528.

② Maurice Dobb, Marx's ‘Capital’ and Its Place in Economic Thought, *Science & Society* Vol. 31, No. 4, 1967, P. 529.

们把机器的活动或土地的化学特性归因于碰巧成为这些财产所有者的消极食利者的身上，这难道不是文字游戏者和愚昧主义者吗？”①

价格结构可以由生产条件派生出来的观点，引起主观学派或效用学派经济学家们的强烈反对。正是对马克思证明的这个论点的极力指责，使得马克思的主要批评者奥地利学派的庞巴维克自负地宣称“马克思体系的终结”，并由此给从效用观点出发来解释价格和收入留下空间。多布认为，在《资本论》第一卷中，马克思是根据商品按其价值相交换的假定来处理剩余价值问题。在这一阶段，马克思的分析只关心资本主义最一般性的特征。用现代经济学术语来表述，可以认为马克思在这一阶段的分析，表现出一种接近于最高层次的宏观分析。此时的马克思，不关心个别产品和个别产业，他关心的是决定从整体上看的总产品在各阶级之间怎样分配的“社会生产关系”。在《资本论》第三卷中，在接近分析的更具体的阶段，马克思才对更多的细节加以考察，他引进了影响着不同部门间关系的条件，更接近于从微观层次考察显然更为重要的差异性。马克思特别注意到各种技术条件和不同生产行业的资本有机构成的差别，这些差别是与统一的资本利润率的必要性（各部门之间资本流动性的条件已给定）分不开的。在这样的条件下，作为产品进行交换的正常价格（或长期均衡价格）的“生产价格”是同价值相背离的；通过剩余价值总量在不同产业部门之间的再分配过程，利润被平均化。

多布认为，后来的马克思的评论者，注意力多集中在《资本论》第三卷的生产价格和第一卷的价值之间的关系上。剩余价值理论是建立在商品按照其价值相交换的假定条件之上的；可是在《资本论》第三卷却发生了资本主义社会的交换不是根据价值而是根据背离了价值的生产价格进行的。那么，剩余价值理论及其附属的一切还留下什么呢？按照庞巴维克的说法，留下的只能是“重大的矛盾”，他认为这个矛盾击中了马克思体系的要害，而且是马克思的体系必然瓦解的根源，认为“马克思的体系有它的过去和现在，但是没有永恒的未来”②。如果第二阶段的分析不可能从第一阶段的分析中推论而来，那么谈两种分析水平，或两个分析阶段，又有什么用处呢？依照马克思所指示的方式，这是不可能做到的。如果办不到，那么马克思的

① Maurice Dobb, Marx's 'Capital' and Its Place in Economic Thought, *Science & Society* Vol. 31, No. 4, 1967, P. 532.

② Eugen von Böhm-Bawerk, *Karl Marx and the Close of His System*, New York: Augustus M. Kelley, 1949, P. 117.

理论既未提出利润理论，也未提出价格理论；这就必须另外寻找对利润和价格的解释。

多布在对上述问题分析后得出结论：马克思假定生产价格作为资本主义经济竞争的实际“均衡价格”，决定于生产条件和生产关系，而后者包括用价值表示的剩余价值率这一基本剥削率。多布认为，在这一方面，马克思是完全正确的。经过一个世纪激烈的、有时甚至是尖锐的、但通常根本不理解马克思本意的批评之后，马克思关于资本主义生产的逻辑结构，以及从《资本论》第一卷的价值理论直到《资本论》第三卷的生产价格理论这一分析的展开，一直是完整无缺的。在对资本主义社会本质及其推动力的本质特征的表述上，马克思的分析提供了其他学派的经济著作未曾提供过的洞察力，这也是毫无疑义的。

多布认为，在《资本论》中，马克思的兴趣和目的主要是理论上的，但马克思把理论归纳和抽象推理同最具体的、详尽的历史资料相结合。显然，这是《资本论》的主要意图，是完全符合马克思理论联系实际的总的看法的。理论联系实际足以揭示特殊中的一般，并用来描述现实生活的本质，而不是生活的抽象。

1.5 熊彼特对马克思经济学历史地位的评价

因为马克思经济学的典型特征，西方主流经济学研究领域对待马克思的态度甚为清晰，大多数经济学家只是攻击、毁谤它；只有少数经济学家给予它高度的评价，但是同时又会指出他的基本理论中存在的所谓“缺陷”与“不足”，熊彼特属于第二种类型。熊彼特早期所处的知识环境，以及对马克思著作的涉猎，使得他对马克思的经济学的评价不同于其他的一些西方主流经济学家。

熊彼特对马克思的评价是独特的，这种独特性有其客观的基础，熊彼特一方面承袭了近代资产阶级经济学家庞巴维克、瓦尔拉斯（L. Walras）、马歇尔等人的理论；另一方面又与早期社会党人有过密切的关系。这是理解“熊彼特的哲学观点、政治见解和经济学说渊源的重要依据”①。此外，“熊彼特不仅对马克思本人的著作有渊博的知识，而且对后来的马克思主义思想

① 熊彼特著，吴良健译：《资本主义、社会主义与民主》，商务印书馆1999年版，第3页。

家们的最重要的著作也有渊博的知识，在经济学领域更是如此”[①]。多布认为，尽管西方经济学家对马克思的经济理论有着“强烈的反感”，然而还是有人作出了“清醒的评价”。[②] 在多布眼中，熊彼特就是一位“清醒地评价”马克思的学术贡献的评论家。多布指出：“约瑟夫·熊彼特在他的不朽的《经济分析史》中讲到马克思，‘作为一个整体，他的见解的完整性在每一个细节上，都表现其正确，并明显地成为所有从事研究他的朋友和敌人领受智慧魔力的源泉’；另一处又说，‘在他的《资本论》第一卷问世时，在德国没有人在思想魅力或理论知识上衡量自己能够与他匹敌’。”[③] 可以认为，熊彼特区别于一般常见的资产阶级经济学家，他不是在反感的驱使下对马克思的经济学进行研究和评价，而是在充分了解的基础上对马克思的经济学进行分析和评述。正因为如此，熊彼特对马克思的这些评价需要认真地进行分析。

第一，熊彼特由衷称赞了马克思在经济学研究上的博学多才和献身精神。在《资本主义、社会主义和民主》开篇的“经济学家马克思”一章中，他指出：“作为一个经济理论家，马克思首先是十分博学的人。……但在马克思的经济学中，没有什么缺点可归结为他在理论分析技术中缺乏学识和训练，他是个诚实的读书人和不倦的工作者。他很少遗漏有意义的文献。他读什么消化什么，仔细考虑每一个事实或每一个论点，热情地深入细节，这对于一个目光习惯地环绕整个文化和长期形势发展的人来说是极不寻常的。不论是批判、反对、或是接受、同意，他总要把每一个问题理解彻底。这一点的突出证明是他的著作《剩余价值学说史》，这是一本热情研究理论的不朽之作。……对他强大的智力来说，对作为问题来研究的问题的兴趣是最最重要的，是不由他自主的；不管他把他研究的最后结果的意义看得怎么大，当他工作时，他主要关心的是淬砺他那由时代科学所提供的分析工具，解决逻辑上的困难，和在这些成就的基础上建立起在性质上和意向上都是真正科学的理论，不管它可能有什么缺点。”[④]

熊彼特对马克思的研究态度极为赞赏，在《经济分析史》中，熊彼特说：“一个人无论怎样也不会了解马克思和他的著作，如果他不去适当地重视这种著作中所包含的渊博学问——这是无休止的劳动的成果，这种劳动从

---

① 博托莫尔著，顾海良、张雷声译：《现代资本主义理论》，北京经济学院出版社1989年版，第43页。

②③ Maurice H. Dobb, Creative Marxism in Political Economy, *Science and Society*, Fall 1964.

④ 熊彼特著，吴良健译：《资本主义、社会主义与民主》，商务印书馆1999年版，第66~67页。

他早年主要是对哲学和社会学方面感到兴趣开始，随着时间的推移而日益集中于经济学，直到他的工作时间几乎全部被经济学独占为止。他的头脑也不是那样一种头脑，在其中学问的煤会把火焰扑灭：对于每一个事实，对于在他的阅读中所碰到的每一种议论，他都要用那样洋溢的热情去与之搏斗，以致他不断地脱离了他的主要前进道路。这一点，我是十分坚决主张的。如果我要写一部‘马克思学’，这个事实就是我的中心题目。”①

第二，熊彼特高度赞扬了马克思理论的独特的重要性和伟大的生命力。在《资本主义、社会主义与民主》的序言中，熊彼特说：第一篇“概述了我对马克思主义学说这个主题一定要说的意见——事实上也是我已经教授了几十年的见解……我这个非社会主义者相信马克思主义道理具有的独特重要性，这种重要性完全与你接受它或拒绝它无关”②。

熊彼特在上述第一篇中，首先对马克思的智力创作进行了总体的评价：无疑伟大一词适合马克思的理论……我们不一定要相信，一个伟大的成就必然是光明的来源，或者根本主旨或细节上必然毫无缺陷。相反，我们可以相信它是黑暗的力量，我们可以认为它是根本错误的，或者不同意它的一些特殊论点。就马克思的理论体系而言，这样的反面评价甚至正确的驳斥，不但不会给予它致命的伤害，只会有助于显示出这个理论结构的力量。”③

第三，熊彼特对马克思的理论体系的基本价值作出了高度的评价。熊彼特在《经济分析史》中论述“马克思的体系”时说，对于马克思来说，“把他的体系分解成为许多组成的命题分别给予每一命题一个适当的地位，我们就会失去对于了解他所必不可少的某种东西……因为他的看法的总和，作为一个总和，是贯彻在每一个细节之中的，对于每一个研究他的人，不论是朋友还是敌人，这正是使之在心智上感到迷人的源泉”④。在作为《经济分析史》基础的1914年的文章、后来独立出版的《经济学说与方法史略》⑤一书中，熊彼特写道：“对我们，马克思作为经济学家才是最重要的。如果们想确定他的思想基础，我们理解他的主观的独创性的伟大可以与任何人相比。他的前人的重要性与他们对他的重要性相同，因为他具有同样的才能而

---

① 熊彼特著，杨敬年译，《经济分析史》第二卷，商务印书馆1992年版，第14页。

② 熊彼特著，吴良健译：《资本主义、社会主义与民主》，商务印书馆1999年版，第10页。

③ 熊彼特著，吴良健译：《资本主义、社会主义与民主》，商务印书馆1999年版，第43页。

④ 熊彼特著，杨敬年译：《经济分析史》第二卷，商务印书馆1992年版，第9页。

⑤ Grundriss der Sozialökonomik, I. Abteilung, Wirtschaft und Wirtschaftswissenschaft, pp. 19 – 124, published by J. C. B. Mohr (Paul Siebeck), Tübingen, 1914; 2nd ed. 1924. Joseph A Schumpeter, *Economic Doctrine and Method: An Historical Sketch*, Translated by R. Aris, Oxford University Press, 1954.

且在他自身内具有他们的成就的因素。在能够否认任何人的独创性的意义上，才能否认马克思的独创性。他不仅具有独创性而且具有高级的科学才能……理论分析对他是第二天性并且从来不厌求详。这一点也促成了他在德国的成功。”熊彼特提出：“甚至今日，每位经济学的教师都知道，一些以马克思作为他们模型的学生较一些没有理论兴趣的学生相比的优秀之处……从而，马克思必定成为一个先生，甚至许多学生不是社会主义者。”①

熊彼特对马克思理论图式的一般特征给予了高度评价，他指出，“对经济学的历史解释”的两个主要命题是：“（1）生产形式或条件是社会结构的基本决定因素，而社会结构则产生各种态度、行动和文化。（2）生产方式本身有它们自己的逻辑；也就是说，它们根据内在的必然性而变化，以致只凭它们自己的作用就产生它们的继承者。”②“这两点无疑包含大量真理，在我们以后的叙述中它们还要出现多次，它们是非常宝贵的假设。大部分流行的反对意见全都彻底失败。”③

第四，熊彼特对马克思有关经济过程的思想给予极高的评价。在《经济发展的理论》日文版序言中，熊彼特写道：“开始时我不清楚，但对读者来说很快就会看清，这些思想、这些目标（熊彼特本人的）和构成马克思的学说的思想和目标是完全一致的。事实上把马克思和他同时代的以及他以前的经济学家区别开来的正是有关把经济演化作为一种独特的过程的观点，这种过程是由这个经济制度自身引起的。在其他的所有方面马克思只是使用和改造李嘉图经济学的概念和观点，但是关于经济演化的概念（马克思把它放在不必要的黑格尔的背景中）却完全是他自己的。这可能是一代又一代经济学家总是重新提起他的原因，虽然他们可以在马克思那里找到许多可以批评他的地方。”④

在《经济分析史》中，熊彼特在论述“古典的”经济发展概念时，研究了三种有关经济前途的想象，他指出：“第三种关于经济前途的想象和相应的经济发展理论是由马克思一个人提出来的。马克思的这种理论所依据的是对19世纪40年代和50年代的社会状况所作的诊断，这种诊断……错误地预言人民大众将日益贫困化，尽管如此，马克思的理论却是最强有力的。

---

① Joseph A. Schumpeter, *Economic Doctrine and Method: An Historical Sketch*, Translated by R. Aris, Oxford University Press, 1954, pp. 120 - 121.

② 熊彼特著，吴良健译：《资本主义、社会主义与民主》，商务印书馆1999年版，第53~54页。

③ 熊彼特著，吴良健译：《资本主义、社会主义与民主》，商务印书馆1999年版，第54页。

④ Joseph A. Schumpeter, *Ten Great Economists: From Marx to Keynes*, Routledge, 1997, P. XIV.

在他的一般思想图式中，发展与那个时期的所有其他经济学家所理解的发展——即经济静态学中的一个附属品——不同，它乃是中心论题。而且马克思把他的分析力量集中使用在这样一项任务上，即证明由于自身内在逻辑而不断变动的经济过程是如何不断地改变着社会结构——事实上是整个社会。我们已经谈到过这种构想的伟大。”①

在分析马克思的经济理论时，熊彼特指出过马克思的理论技术上的不足，对马克思而言，“在审理理论技术的法庭上，裁决必定是不利的”②。但是，“有一个真正伟大成就可以抵消马克思理论上的轻微过失。通过他分析中的有缺点甚至是非科学的全部东西，贯穿着一个没有缺点也不是非科学的根本观念——一种理论观念，不仅是无数不连接的各别模式，也不仅是一般性经济数量的逻辑，而是那些模式或经济过程的实际序列，它在历史进程中以自身的动力前进，每时每刻产生由本身决定下一个状态的状态。因为，这位有许多错误观念的作者也是想象出即使在今天仍可算是未来经济理论的第一人，为了这个经济理论，我们正在慢慢地、吃力地积累石块和石灰、统计资料和函数方程式”③。

在分析马克思的理论的特点时，熊彼特说：“马克思的理论有两个超越于技术之上的特点。而这两个特点是不受时代限制的。一个是他的‘经济表’。……另一个特点更为重要。马克思的理论具有一种为其他经济理论所没有的意义，即它是进化的：它企图揭示这样一种机制，仅仅由于这种机制的作用，不借外部因素的助力，就会把任何一定的社会状态转变为另一种社会状态。”④

第五，熊彼特对马克思的理论和历史相结合的研究方法给予了极高的赞扬。对马克思的研究方法，熊彼特说：“有一件对经济学方法论极端重要的事情实际上是他完成的。”⑤熊彼特所说的这种方法论就是理论和历史相结合的一种方法论。熊彼特指出：“经济学家总是或者自己写经济史或者利用别人所写的经济史。可是经济史中的事实都被放置在单独的分开的地方。如果它们进入理论，仅仅担任说明问题的角色或者可能担任证明结论的角色。它们与理论只是机械地混合。可是马克思的混合是一种化学结合；也就是说，他引用事实进入产生结论的论据之中。他是系统地看到和教导他人经济理论

① 熊彼特著，杨敬年译：《经济分析史》第二卷，商务印书馆1992年版，第300～301页。
② 熊彼特著，吴良健译：《资本主义、社会主义与民主》，商务印书馆1999年版，第95页。
③⑤ 熊彼特著，吴良健译：《资本主义、社会主义与民主》，商务印书馆1999年版，第96页。
④ 熊彼特著，杨敬年译：《经济分析史》第二卷，商务印书馆1992年版，第20页。

如何可以进入历史分析和历史叙述，如何可以进入历史理论的第一个一流经济学家。”①

在《资本主义、社会主义和民主》的第3章中，就资本主义理论而言，在几个重要的方面，熊彼特是赞成马克思的。首先，熊彼特强调了马克思关于资本主义是一种动态过程的观点的价值，熊彼特指出：“马克思比他同时代任何经济学家都更清楚地看到了这个产业变化的过程，更充分地认识到它的关键重要性。”② 其次，熊彼特证明了马克思关于资本集中的理论，尽管存在着某些不妥当之处，但是还是正确地预言了大企业的出现，并察觉到它的某些后果；再次，在熊彼特看来，虽然马克思“没有什么明确的关于单纯的经济周期的理论”③，而且从马克思的资本主义过程的“规律”中也不能逻辑地引申出这个理论。但是，可以发现，在马克思的著作中，“凡在认真分析经济周期中曾加以考虑的所有因素，基本上很少错误”④；最后，在怀疑马克思“所据的事实和所作的推理”的同时，熊彼特仍然赞成马克思得出的如下结论是正确的：“资本主义发展将毁灭资本主义社会基础。”⑤

熊彼特对马克思和马克思经济学的评价看起来充满矛盾，他既在不同的地方高度评价马克思的贡献，又在某些场合极力地贬斥马克思的理论。博托莫尔指出，熊彼特在《资本主义、社会主义和民主》的第一篇专门对马克思主义理论的基本因素作了明了的解释，对“马克思作为经济学家和社会学家的成就作了大肆吹捧，而同时对马克思的许多详细论证作了严厉地批判”⑥。这种表面上的矛盾在一定程度上是一种客观事实，因为作为一个经济学家的马克思的具体理论不可能在任何情况下都是正确的；另一个原因可能和熊彼特的研究取向有关。熊彼特曾指出：“关于批评马克思与拥护马克思的文献非常丰富。但是只有很少数的批评者深入到他的思想结构的最深处。”⑦ 熊彼特自己想成为一个深入到马克思的“思想结构的最深处”的批判者。

---

① 熊彼特著，吴良健译：《资本主义、社会主义与民主》，商务印书馆1999年版，第96~97页。
② 熊彼特著，吴良健译：《资本主义、社会主义与民主》，商务印书馆1999年版，第81页。
③ 熊彼特著，吴良健译：《资本主义、社会主义与民主》，商务印书馆1999年版，第90页。
④ 熊彼特著，吴良健译：《资本主义、社会主义与民主》，商务印书馆1999年版，第92页。
⑤ 熊彼特著，吴良健译：《资本主义、社会主义与民主》，商务印书馆1999年版，第95页。
⑥ 博托莫尔著，顾海良、张雷声译：《现代资本主义理论》，北京经济学院出版社1989年版，第43页。
⑦ Joseph A. Schumpeter, *Economic Doctrine and Method: An Historical Sketch*, Translated by R. Aris, Oxford University Press, 1954, P. 122.

根据帕尔曼（M. Perlman）的观点，熊彼特在《十大经济学家》一书中论马克思一文的目标，是分辨和甄选出马克思的体系中有价值的内容，或者说是对马克思的体系进行“去芜存菁”① 的研究。在马克思经济学中，熊彼特以及先前的一些批判者，的确发现了大量他们认为是没有价值的内容。但是，帕尔曼认为，真正让人感到惊讶的是两件事情：“第一，熊彼特的确在马克思的体系中发现了一些很有价值的内容；第二，尽管他发现了更多无价值的东西，但熊彼特（和他的读者）还是在一定程度上认为他们是马克思的学生。”② 在帕尔曼看来，熊彼特对马克思的评价表明，熊彼特可能是第一个强调“成为马克思的学生并不必然意味着成为一个马克思主义者”③。虽然熊彼特“一般性地批判了马克思的思想中的不完善之处，但事实上他几乎总是批判马克思主义者的观点”④。而在这种“去芜存菁”的研究中，熊彼特更多的批判可能是基于对一些后来的马克思主义者的观点的不满而得以加深的。

①②③④ Joseph A Schumpeter, *Ten Great Economists: From Marx to Keynes*, Routledge, 1997, pp. xvii - xviii.

第 2 章　马克思经济理论的当代意义

马克思经济思想形成和发展于 19 世纪 40 年初到 80 年代初，20 世纪是马克思经济思想传播和传承的第一个完整的世纪。在这一世纪中，关于马克思经济学的现时代意义的论争持续百年，绵延不断、众说纷纭，成为 20 世纪西方学者关于马克思经济学探索和研究的最基本的也是最重要的问题。不可否认，对马克思经济学说当代意义的阐述和理解，是对马克思经济学基本原理和科学价值判断与认识的基本的出发点和归宿点。

2.1　兰格论马克思经济学和现代经济理论

1933 年，柴田敬（K. Shibata）在日本《京都大学经济评论》上发表的题为《马克思的资本主义分析与洛桑学派的一般均衡理论》的论文，试图对马克思经济学和现代经济均衡理论各自的优势作出比较研究。柴田敬认为，在洛桑学派的著作中得到精确和完整表述的一般均衡理论，“无论在对当代资本主义社会结构还是对其发展规律方面清晰、系统的解释上，都是不成功的”①。马克思经济学“虽然现在看起来存在一些缺陷，但是，它却提出了旨在系统地、清晰地阐明当代资本主义社会结构及支配其发展的规律的理论，或者说马克思主义政治经济学与上述两个问题有着不可分割的、必然的联系”②。柴田敬试图分析，是什么使得马克思经济学成为一种理解资本主义一般现象如此有力的工具，而一般均衡理论则显得苍白无力。1935 年，兰格（O. Lange）在《经济研究评论》杂志上发表的《马克思经济学和现代经济理论》论文，对柴田敬的观点作了中肯的评价，并提出了自己对马克思经济学和现代经济理论各自优势的判断。

---

① Kei Shibata, Marx's Analysis of Capitalism and the General Equilibrium Theory of the Lausanne School, *The Kyoto University Economic Review*, July 1933, P. 107.

② Kei Shibata, Marx's Analysis of Capitalism and the General Equilibrium Theory of the Lausanne School, *The Kyoto University Economic Review*, July 1933, P. 108.

兰格认为，柴田敬对马克思经济学的优越性的判断有点奇怪，因为“事实上，马克思经济学使用很多早已过时的概念，并且忽视了自李嘉图以来的整个经济学理论的发展”①。柴田敬认为一般均衡理论的贫乏，在于它的复杂和高度抽象使得它无法被应用于现实问题。马克思经济学则不同，它更关注总体和平均问题，而不是关注资本主义生产组织的个体的心智结构，因此它更加适宜于直接的应用。兰格认为，柴田敬对马克思经济学相对于资产阶级经济学的优越性的分析，并没有触及问题的本质。兰格打算讨论两个问题：第一，马克思经济学的优越性到底是什么？第二，这种优越性是由马克思所使用的经济学概念造成的，还是由对构成资本主义社会经济运行框架的资本主义制度的详细说明导致的。

马克思主义者在论述自己的经济理论的优越性时指出，资产阶级经济学完全无法解释资本主义体系发展的基本趋势。这些基本趋势包括：日益扩大的大规模生产取代小规模生产，以及由此导致 19 世纪的自由竞争资本主义向垄断资本主义的转变，用干预主义和“计划”取代自由放任；在国际关系中，从自由贸易向高度保护和经济民族主义转变；资本主义生产方式向非资本主义国家的持续扩张等。兰格赞同上述观点，他认为，资产阶级经济学不能解释这些趋势。资产阶级经济学家最终无法解释这些趋势，“这从一个事实可以明显看出来，他们中的许多人否认上述发展趋势的存在，这些现象是如此明显地存在，而这些职业经济学家却是最后认识到这些趋势存在的人”②。对这种趋势的存在持否定的态度是有据可证的。在 20 世纪初至 1929 年之前，资产阶级经济学家认为资本主义经济的稳定性在增加，商业波动变得越来越不剧烈。对资本主义体系的演化趋势，资产阶级经济学家要么否定这种趋势的存在，要么即使对这些趋势作了思考，也往往是不成功的，因为他们从来没有用连贯一致的经济演化理论去解释这些趋势，通常只是提供历史性的描述。马克思主义经济学断言资本主义经济学家无法把握资本主义体系演化趋势的判断，显然是正确的。马克思主义经济学能够正确地预见到这些趋势，从理论上去考察这种演化的因果机制并解释这些趋势的不可避免性。

兰格认为，需要特别指明的是，职业经济学家缺乏对资本主义演化现象的理解，并不能证明他们科学研究上的失败，只是表明他们对资产阶级社会

①② O. Lange, Marxian Economics and Modern Economic Theory, *The Review of Economic Studies*, Vol. 2, No. 3, 1935, P. 189.

的忠诚产生的个人的失败。要说明这一点，可以考察两种类型的学者：一种是只通过奥地利学派、帕累托和马歇尔来学习经济学，几乎从来没有看过或听到过马克思及其门徒们的任何一句话；另一种则恰恰相反，完全是通过马克思和马克思主义者来学习经济学的，从来没有思考过在马克思学派之外还有其他的经济学家。哪一种类型的学者能很好地解释资本主义演化的基本趋势，“提出问题的同时就回答了它”①。兰格在这里所做的区分，显然过于绝对化，但是他的确指出了一种现象，经济学家个人由于必然地受到一定的经济地位、阶级利益和意识形态的影响和制约，从而使得非马克思主义经济学和马克思主义经济学之间缺乏交流，使得非马克思主义经济学家通常无法认识到马克思主义经济学的价值，从而无法正确地解释和理解资本主义的基本趋势。兰格指出，在这一方面，马克思主义经济学的优越性是显而易见的，但在其他一些问题上，马克思主义经济学却是无效的，比如在解释垄断价格，在提供有关货币和信贷理论的基本问题上等。

兰格认为，“显然，马克思经济学和现代‘资产阶级’经济学之间的相对优势属于不同‘层面’。马克思经济学可以把资本主义社会的历史演变，纳入前后统一的理论分析之中，而‘资产阶级’经济学则没有对历史展开进一步的分析。另一方面，‘资产阶级’经济学能抓住资本主义经济日常生活中的现象，在这一点上，它胜过马克思经济学。另外，这两种类型的经济学做出的预测，处于不同的时间范围。如果人们想预测资本主义的长期发展趋势，马克思的理论会比维克塞尔、庞巴维克、帕累托或者马歇尔的理论更有效（尽管马歇尔的理论在这方面表现得要好一些）。但是马克思经济学在管理中央银行或预测贴现率变化的结果方面，却有点力不从心”②。

在兰格看来，马克思经济学和资产阶级经济学在价值解释上的差别，更易于说明现代经济学的本质特征。现代经济学理论，本质上是一种经济均衡的静态理论，它分析的是处于特定制度背景下的经济运行过程，以及商品的价格和数量根据某些制度自行调整的机制。这些数据可以是心理上的（消费者偏好）、技术上的（生产函数）和制度上的（生产要素所有权的构成和分配，货币和银行体系等），而制度上的数据通常处于经济理论研究范围之外。对这些数据的研究只被看作是描述的和统计调查的问题，对这些数据变

① O. Lange, Marxian Economics and Modern Economic Theory, *The Review of Economic Studies*, Vol. 2, No. 3, 1935, P. 191.

② O. Lange, Marxian Economics and Modern Economic Theory, *The Review of Economic Studies*, Vol. 2, No. 3, 1935, pp. 191 - 192.

化的研究也被认为是经济史研究的领域。理论的制度数据没有作出特别的说明。在这种情况下，经济均衡理论只是一种稀缺资源在不同使用主体之间的分配理论，从而完全不需要什么制度数据。“相关的思考可以从鲁滨逊·克鲁索的例子中推断出来，在这种程度上经济学不是一门社会科学。”① 所有的假设都只是表明，存在使交换经济发挥功能的制度，而很少顾及把资本主义同其他类型的交换经济区分开来的额外的制度数据。马克思经济学把区分资本主义和其他交换经济类型的特定制度的详细说明作为分析的基石，从而发现了资本主义不同于其他交换经济类型的线索。

马克思经济学的另一个特征是，它不仅提供了一种经济均衡理论，而且提供了一种经济演化理论。马克思经济演化理论得以建立的基本论点在于：在特定的情况下，可以推断出特定经济数据变化的必要性和方向，在某种意义上，这些变化是资本主义社会经济运行机制的后果。根本变化发生在生产过程中，这种变化的必要性只能从资本主义特定的制度框架中推断出来。兰格认为，“从马克思主义者的理论中得到的对未来进程的预期，不是纯粹经验趋势的机械推断，而是一种建立在对资本主义发展规律的认识的基础之上的预期，在某种有保留的程度上可以说，这种预期在某种特定情况下同以经济静态均衡理论为基础的预期相比，对价格的上升导致的商品需求数量的下降要求的条件不会更为严格。”②

兰格提出，那些局限于静态均衡理论的经济学家，通常否定经济演化理论的可能性。他们认为，现象往往异常复杂，以至于无法用理论去描述，或者无法用一种单一的原理去说明。他们争辩说，在研究经济演化时，如此多的因素需要考察，从本质上说，只能历史地描述经济演化，而不能纳入某种过度简化的，从而也是错误的理论。兰格认为，这种论点几乎没有说服力，这种观点的逻辑很像历史学派反对静态经济理论时表现出来的同样的逻辑。“历史学派和纯粹制度经济学家认为，价格问题是如此的复杂，以至于不能被单一的原理所解释（边际效用），而只能用历史地和统计地方式加以描述，从而可以对影响商品价格的所有适当的因素加以描述。”③ 另一种观点认为，从原则上说，即使可能存在经济演化理论，但它却不属于经济学领域。如果这个观点只是认为经济演化理论要求存在比包含在经济均衡理论中

① O. Lange, Marxian Economics and Modern Economic Theory, *The Review of Economic Studies*, Vol. 2, No. 3, 1935, P. 192.

②③ O. Lange, Marxian Economics and Modern Economic Theory, *The Review of Economic Studies*, Vol. 2, No. 3, 1935, P. 193.

更多的假定，那么，这个观点明显是正确的。因为如果经济均衡理论已经包含了所有假定，那么，它显然能够得到演化的进程而不仅仅是均衡的状态。“是否把从特定原理推出特定数据的变化称为经济理论只是一个术语问题。”① 需要注意的是，在马克思经济理论中，这种数据的变化是从利润最大化的原理推断出来的，这个原理在经济均衡中居于基础地位，与这个原理相联系的现象，被古典经济学家视为经济理论的传统。解释特定数据变化的经济演化理论，是资本主义社会经济过程的结果，因此应当属于经济科学的范围。

兰格指出，马克思经济学优越性的真正根源，在于它解释和预见经济演化的过程；不是马克思使用的特定经济学概念，而是他对资本主义社会经济运行过程中的制度框架的详细说明，使得建立一种不同于历史描述的经济演化理论成为可能。然而，很多马克思主义者认为，他们在理解资本主义演化上的优越性，在于他们所使用的经济学概念，比如劳动价值论。兰格指出：“马克思主义者认为放弃古典劳动价值论而转向边际效用理论，这应当是资产阶级经济学无法解释资本主义演化的基本原因。”② 兰格认为，这些马克思主义者的观点是错误的。为此，他试图阐明劳动价值论的真正含义。他认为，“劳动价值论只是一种静态的一般均衡经济理论”③。在一个以分工为基础的个体交换经济中，没有中央权威去指挥生产哪种商品以及生产多少，该问题是通过竞争自行解决的，通过竞争使得生产性资源在不同产业之间得到配置，不同产业的商品的价格与生产所需要的必要劳动时间保持一定的比例关系。“同现代经济中的均衡理论一样，这本质上是静态的，因为它在特定数据假设的基础上解释价格和生产均衡。”④ 劳动价值论并不是建立在比现代经济均衡理论更加特别的制度假设之上的，它不仅存在于资本主义经济中，而且存在于所有自由竞争的交换经济中。兰格认为，劳动价值论并不比现代经济学中的均衡理论更加优越，它只是后者的初级形式。“事实上，对过时的经济均衡理论形式的坚持，正是马克思主义经济学在许多领域存在不足的原因。”⑤

通过对商业周期理论的分析，兰格再次指出，马克思经济学和资产阶级经济学各自都无法给商业周期问题提供一个完整的解释。通过对劳动价值论

---

①②③④　O. Lange, Marxian Economics and Modern Economic Theory, *The Review of Economic Studies*, Vol. 2, No. 3, 1935, P. 194.

⑤　O. Lange, Marxian Economics and Modern Economic Theory, *The Review of Economic Studies*, Vol. 2, No. 3, 1935, P. 196.

和商业周期的分析，兰格强调，马克思经济学的独特价值，在于它对资本主义制度框架提供了详细的分析，而不是由于它所使用的特定的经济学概念。

兰格认为，马克思经济学对资本主义分析的基石，在于把这一制度中的人口分成两个部分：一部分拥有生产资料，另一部分只拥有劳动力。显然，只有通过这种制度分析，利润和利息才能够作为一种区别于工资的收入。没有人否定这种制度分析的社会学含义。但是，问题在于，这些制度分析与经济理论是否有什么关系。许多现代经济理论隐含地假定或者明确地否定这种关系的存在。人们通常认为，资本主义的概念无论如何重要，它也只具有社会学或经济史意义，对经济学理论是不必要的。因为资本主义经济过程的本质与其他交换经济体系类型的经济过程本质，并无实质的差异。兰格认为，就经济均衡理论本身而言，上述判断无疑是正确的。但是，就经济演化理论而言，马克思对资本主义背后的制度分析的基本意义就凸显出来。只有对与经济运行有关的制度框架作出详细假定，经济演化理论才得以确定。兰格认为，“马克思经济演化理论的基础是生产技术的不稳定性，这种不稳定性只有在特定的制度框架下才是不可避免的”。“当然，某些技术进步存在于任何类型的人类社会，但是，只有在资本主义社会，技术进步才表现为资本主义制度得以维持的必要条件。”①

在兰格看来，马克思经济学所表明的是，只有技术进步，资本主义利润和利息才能存在，由此推论技术进步对维持资本主义制度的必要性。马克思区分了劳动力价值与工人生产的产品价值之间的差别，从而解释了资本主义企业家的利润、资本的利息。根据劳动价值论，劳动力的价值是由再生产劳动力的成本决定的。然而，在马克思主义者的理论中，关键之处在于劳动价值论在工资决定中的应用。例如，如果棉花的市场价格超过了它的“自然价格”，资本和劳动会流向棉花产业从而增加了棉花的供给，直到棉花的市场价格开始和它的“自然价格”相一致。劳动价值论的基础是均衡机制，但是，同样的机制却无法应用于劳动力市场。如果工资升高到超过劳动力的“自然价格”从而威胁到雇主攫取利润时，资本和劳动不可能从其他产业中转移出来，从而增加劳动力的供给。因此，为了表明工资不能超过一定的最大的限度，不能影响利润，一个新的作用机制必须引入，它不同于使市场价格趋向“自然价格”的普通机制。古典经济学家从人口原理中寻找这种机

① O. Lange, Marxian Economics and Modern Economic Theory, *The Review of Economic Studies*, Vol. 2, No. 3, 1935, P. 198.

制。他们认为，工人处于一种恶性循环中，工资上升、人口增加，人口增加、工资下降。马克思反对这种观点，认为即使没有这种古典经济学家所认为的反应机制，工资也无法上升到可以威胁到利润程度。资本主义通过技术进步创造出它自己的过剩人口（产业后备军）。由于技术进步产生的过剩人口，使得工资无法上升到足以威胁到利润的程度。兰格认为，马克思经济学就是这样得出经济演化理论的必要性的。劳动节约型技术进步不能从经济理论中推断出来，在这种意义上，经济演化理论的必要性无法被证明。“马克思主义经济学不是试图去证明这种观点，马克思经济学确立的观念是资本主义体系没有这种技术革新就无法维持自身。”①

兰格认为，十分明显的是，资本主义体系下经济演化的必然性，在整体上是由资本主义与小商品生产的制度的区别决定的，经济演化不能在第二种类型的交换经济中存在。资产阶级经济学家忽略了对资本主义制度的说明，从而不能建立一种经济演化理论，“因为这种理论不能从一般意义上的交换经济的宽泛假设中发展出来”②，由于宽泛的假定产生的结果如此一般，以至于无法用于特定的问题，资产阶级经济学家把更多的精力投向对与货币和银行体系等相关的更加狭窄的特定制度框架进行研究。“在第一种特别宽泛的制度数据的和第二种非常狭窄的制度数据之间存在一个缝隙，即区分资本主义与小商品生产的制度数据。正是这些数据代表了经济演化理论的基本意义。”③

兰格认为，通过对资本主义经济制度框架的详细说明，马克思主义经济学能够建立一种经济演化理论，在这种理论中，特定的数据是从经济制度内部的因素发展出来的，但是并非所有的数据都可以通过马克思理论加以解释。经济制度内部数据的变化会影响一定的超经济因素，比如国家政策、政治和社会观念等，这些因素也会反作用于经济制度。兰格认为，“一定的经济数据影响超经济因素，而超经济因素又反作用于经济制度的内部数据，这种因果关系并不是经济学研究的主题，而是属于旨在阐明经济演化和作为整体的社会演化之间的因果关系的历史唯物主义理论。因此，资本主义演化的全部内容无法单独用经济演化理论解释，只有把经济理论和历史唯物主义理论相结合才能解释资本主义演化。后者是马克思的资本主义分析不可分割的

① O. Lange, Marxian Economics and Modern Economic Theory, *The Review of Economic Studies*, Vol. 2, No. 3, 1935, P. 199.

②③ O. Lange, Marxian Economics and Modern Economic Theory, *The Review of Economic Studies*, Vol. 2, No. 3, 1935, P. 200.

一部分”①。

兰格的文章从对柴田敬的观点的评价开始，以马克思的价值、周期和工资理论为例，提出了他自己认为的马克思经济学的核心特征，比较了马克思经济学和西方现代经济学的区别。他的观点可以概括如下：马克思经济学在分析资本主义时具有的优越性，不在于马克思使用过的经济学概念，而在于对资本主义与一般性的交换经济相区别的制度分析作出的准确、详细的说明。对制度分析的详细说明，要求建立一种经济演化理论，从这种理论中，资本主义体系的某种必然趋势可以被推断出来。与历史唯物主义结合在一起，这种经济演化理论可以对资本主义体系发生的实际变化作出说明，并成为预见资本主义未来趋势的基础。总体上说，兰格对马克思经济学持肯定的态度，并把它视为一种经济演化理论。兰格对劳动价值论的认识存在一定偏颇，但他对唯物主义和马克思经济学与现代经济学区别的分析，具有重要的借鉴意义。

2.2 里昂惕夫论马克思经济学对现代经济学的意义

1938年，里昂惕夫在《经济研究评论》杂志上发表了《马克思经济学对现代经济理论的重要意义》一文，该文首先扼要地分析了马克思经济学对现代经济学价值理论具有的意义；接着回顾并探讨了诸如商业周期和经济进步的理论前沿问题；最后，里昂惕夫提出了与马克思经济学相关的一些方法论问题。

里昂惕夫指出：“现代价格理论与马克思版本的古典劳动价值论没有什么关系，现代价格理论不可能从任何调和或者沟通这两种方法的尝试中获益。”② 里昂惕夫认为，一些自认为属于马克思主义学派的经济学家会持同样的立场，里昂惕夫提出，“在进一步强调这点之前，我会被认为正在破门而入的是一扇已经打开的门”③。

里昂惕夫认为，在价值争论中，有一点显然没有引起足够的重视。在《资本论》第一卷的开头几页，马克思指责庸俗经济学家的商品拜物教观

① O. Lange, Marxian Economics and Modern Economic Theory, *The Review of Economic Studies*, Vol. 2, No. 3, 1935, P. 201.

②③ Wassily Leontief, The Significance of Marxian Economics for Present-Day Economic Theory, *The American Economic Review*, 1938, P. 1.

点。庸俗经济学家不是去寻找价格的最终的深层次的决定因素，而是使用肤浅的、虚构的供给和需求、货币成本等概念去研究价格。所有这一切，只是“一些纯粹虚构的关系”①。在里昂惕夫看来，在今天，这些庸俗经济学家指的就是现代的正统的或新古典经济学家。里昂惕夫提出的问题是，马克思从对商品拜物教的批判中得出的理论结论是正确的吗？如果马克思是正确的，他的批判就不只适用于与马克思同时代的穆勒、西尼尔和马尔萨斯，在更大程度上也适用于现代价格理论者。

里昂惕夫认为，现代价格理论是由两个完全独立的、根本不同的分析类型构成。第一，现代价格理论根据单个企业和家庭自己的经济动机探讨其行为，并用他们自己的概念——个体的需求计划和货币成本曲线等——来解释他们的行为；第二，现代价格理论对这些个体的行动，是如何独立地决定他们的理性意愿与需求——成本曲线的形状和位置作了说明，这些曲线的形状和位置是不受这些个体的意识支配的。

在经济理论分析的第一阶段，现代新古典理论家只是再现了企业家对利润最大化的理性思考，并描述了消费者寻求最大可能的满足时的反应。原则上，个体都能理解这部分经济理论并根据这种原则采取行动。“对理论家而言，在他们分析的这一阶段，除了主宰实际生产者和消费者的头脑的概念，不容许引入其他的概念。现代经济学家用行为人自己的信念甚至是盲目崇拜来解释他们的行动。”②

经济理论分析的第二阶段的情况恰恰相反，这一阶段可以称为外部相互依赖理论。这个阶段开始分析完全独立于自己的主观态度的个体活动者的客观反应。事实上，这一个阶段的理论分析，在很大程度上是建立在假定相关的经济个体并没有意识到对他们自己的活动存在的客观反应。如果行为人考虑到了这一点，那么他们的行为将会发生根本性的变化，而我们的理论体系也将会被证明是错误的。只有当经济理论分析把对自己的行为存在的客观反应视为生产者、工人和消费者的一个特征时，“理论家才真正地除去了主观表现的面纱，相应地开始放弃借助于主观动机和信仰解释经济个体的行动，开始使用客观的行动和反应去解释这些信仰和动机”③。

---

① Wassily Leontief, The Significance of Marxian Economics for Present-Day Economic Theory, *The American Economic Review*, 1938, P. 1.

②③ Wassily Leontief, The Significance of Marxian Economics for Present-Day Economic Theory, *The American Economic Review*, 1938, P. 2.

里昂惕夫试图揭示马克思对资产阶级经济学商品拜物教进行批判的真正意图。他指出："如果马克思只是想说明第二阶段的理论解释构成对第一阶段理论解释的必要补充，那么，现代理论家应当由衷地赞同马克思，并指出瓦尔拉斯一般均衡理论和新近出现的垄断竞争理论是这种分析类型中两个杰出的典型。"① 但是，如果马克思的拜物教理论，只被理解为对现代经济理论分析第一阶段的直接谴责，那么，马克思的反对意见就会被认为存在着根本性的错误。

对于商业周期理论，里昂惕夫指出："不像现代价格理论，当代的商业周期理论分析明显地受惠于马克思经济学。"② 里昂惕夫认为，在回避理论首创权归属问题的情况下，可以毫不夸张地认为，三卷《资本论》比任何其他单一的著作，都更有助于把商业周期问题的经济学讨论推向前沿。但是，搞清楚马克思究竟对商业周期问题的解决作出了多大贡献，却是一个相当困难的问题。里昂惕夫指出，经过多年的激烈争论，这个问题仍然没有解决。

里昂惕夫认为，在对商业周期或者经济危机进行理论解释时，马克思主义者主要有两种类型，"一种是建立在著名的利润率下降规律之上的投资不足理论，另一种是消费不足理论。这两种理论都包含着一些真理的成分"③。此外，里昂惕夫认为，阅读马克思的著作时，很容易发现，这些著作中已经大量预见到现代商业周期理论发展的线索和因素。马克思在1873年5月31日给恩格斯的信中提到："为了分析危机，我不止一次地想计算出这些作为不规则曲线的升和降，并曾想用数学方式从中得出危机的主要规律。"④ 里昂惕夫认为，这就说明马克思确实预见到统计和数学方法在商业周期分析中的应用。里昂惕夫指出，马克思经济学对现代商业周期理论具有的重大意义，并不在于试图直接给这个问题提供最终解决办法，而在于《资本论》第二卷和第三卷中包含的解决这个问题的主要准备工作。

里昂惕夫认为，无论从理论上解决这一问题的最终线索是什么，对经济波动的明智的讨论，都必须建立在能够揭示现存经济体制基本结构特征的某种模型之上。在这个领域，后来的马克思主义经济学作出的原创性贡献基本

---

① Wassily Leontief, The Significance of Marxian Economics for Present-Day Economic Theory, *The American Economic Review*, 1938, P. 2.

②③ Wassily Leontief, The Significance of Marxian Economics for Present-Day Economic Theory, *The American Economic Review*, 1938, P. 3.

④ 《马克思恩格斯文集》第10卷，人民出版社2009年版，第389～390页。

是靠不住的。一方面，有一些是瓦尔拉斯模型，在这一模型中，有 m 个家庭和 n 个个体，每个人都售出一定的产品给他人，并从他人那里购买产品。可以确定的是，这种极端一般化的框架很难对经济波动的过程进行充分真实的描述。另一方面，广为人知的庞巴维克商品和服务流动的简单线性模型，可以追溯到只有劳动和土地被使用并出清，经过了或大或小的中间阶段之后，生产出一定量的最终商品。这种框架不缺乏具体性，不幸的是，这种具体化是错误的。里昂惕夫认为，当前的经济体制的结构决不是线性的。就庞巴维克的模型而言，尤其重要的是，它“只使用最初的生产要素的第一阶段并不存在，如果庞巴维克的确在寻找这种假定中的第一阶段，那么他会发现自己仍然在路上”①。

争论中的问题并不是不重要，它甚至影响到一个相对简单的问题，比如，机器对劳动的替代问题。例如农民使用生产工具的问题，根据前一种模型，如果使用马的成本相对于使用拖拉机的成本上升，农民就会使用拖拉机替代马，那么对马的需求会下降。如果马能够而且愿意接受更低的草料水平，那么价格差异将会消失，就会在更低的价格水平上达到充分就业，否则严重的失业将不可避免。当然，如果用“工人”替代“马匹”，用“工资率”替代“草料率”，用“企业家”替代“农民”，那么，机器对劳动的替代问题就有一个清晰的描述和解释。在补偿理论家（compensation theorist）看来，一开始拖拉机和马之间的相对价格就不会变化。根据庞巴维克的垂直结构，在他著名的“第一阶段”，所有机械工具都只是由劳动和土地制造的，从而劳动价格的增加必然引起拖拉机价格同等程度的增加。

里昂惕夫总结说：“如果不完善的经济体系的结构图景，在讨论相对简单的理论问题时就产生混乱，那么，在分析更加复杂的周期性商业波动问题时引起的简直就是灾难。”② 里昂惕夫认为，马克思对一种描述消费品和资本品行业相互关系的基本框架作了阐释，这个框架仍是大多数商业周期理论的重要参考之一。他特别提到，甚至是哈耶克教授，也在忙于重建他自己的三角投资图，里昂惕夫认为，不需要先知也可以预测，哈耶克早晚将会为我们提供一个类似于正统马克思主义类型的循环图式。里昂惕夫指出，看起来似乎要获得一个美好结果的争议，突然把争论的双方都置于矛盾的境地。资

---

① Wassily Leontief, The Significance of Marxian Economics for Present-Day Economic Theory, *The American Economic Review*, 1938, P. 4.

② Wassily Leontief, The Significance of Marxian Economics for Present-Day Economic Theory, *The American Economic Review*, 1938, P. 5.

产阶级经济学家强调把所有的资本品从理论上化约为纯粹劳动的问题，而令人畏惧的劳动价值论的支持者反对他们对固定资本独立重要功能的辩护。

里昂惕夫指出，无论这些技术性的贡献对经济理论进步来说多么重要，在现代，对马克思主义者成就的评价，都被马克思对资本主义体制长期趋势进行的精彩分析遮蔽了。在这一方面，马克思的贡献令人印象深刻：财富集中程度的增加、中小企业的消失、对竞争越来越多的控制、永不停息的技术进步和越来越重要的固定资本等。

马克思的这些成功预测，对现代经济理论具有什么重要意义呢？有的评论者认为，对马克思的著作需要补充的是全面的、令人印象深刻的模型。从而，“马克思经济学对现代经济理论的意义就成了一个方法论问题”①。里昂惕夫认为，一旦涉及这个问题，就进入了一个令人困惑的领域。这种困惑，不是因为马克思或者他的追随者在方法论问题的争论上发表的见解太少，而是争论太多；同时，也不是因为具体的建议使学者们难以走出不同翻译和解释的迷宫。里昂惕夫认为，大体上说，马克思的方法论问题可以分为两大类：一类是马克思对方法论的一般性思考，这种思考从哲学或知识社会学的角度理解非常有趣，但是，从实践性科学工作的视角看，这种一般性思考完全不具可操作性。这种认识可能是正确的，比如说，资产阶级经济学家由于他们的社会和经济立场，从本质上看无法认识资本主义社会的推动力，不能辨别引起资本主义社会兴衰的基本关系。另一类是包含了一些值得严肃和认真对待的更加具体的原则和概念。里昂惕夫在这里主要通过对兰格文章中的某些观点的说明做出评价。在这些具体的原则中，首先是表现出质的特征的经济理论的制度假设。“马克思经常嘲弄与他同时代的古典经济学家，因为他们无法明确、详细地说明他们的理论的制度背景，马克思无疑是正确的，同样的批评完全可以很好地应用在现代经济学家的身上。”②

里昂惕夫认为，与方法论冲突相关的另一重要问题，是现代经济理论把它们自己限制在非常狭窄的问题范围内，而马克思主义经济学涵盖的范围则更加广泛。里昂惕夫指出，从方法论的含义上理解，在任何时候，对理论体系进行的任何有效扩展，使之超越原有边界的努力，都代表着一种真正的科学进步。为了避免误解，里昂惕夫指出，必须意识到这种扩展完全不可能导

① Wassily Leontief, The Significance of Marxian Economics for Present-Day Economic Theory, *The American Economic Review*, 1938, P. 5.

② Wassily Leontief, The Significance of Marxian Economics for Present-Day Economic Theory, *The American Economic Review*, 1938, P. 7.

致对原有自变量的彻底清算。它只是意味着一套数据对另一套数据的替代。例如，如果把政府行为作为因变量纳入经济理论体系中，政府开支的大小和进口关税的高低就不得不被认为是其他经济变量的一个函数，这种函数与在竞争性市场中根据通行的市场价格确定厂商产出的生产函数并无本质上的不同。显然，与第二种关系相比较，第一种关系的特征不是那么清晰。里昂惕夫认为，“这就是为什么现代经济学家使用同样的框架讨论这两类关系时会犹豫不决的原因”①。

里昂惕夫认为，无论是从分析的层面取得的成就，还是从有可能是正确的马克思主义的方法论所具有的优越性出发，都无法解释马克思对资本主义做出的正确预言。马克思主义的力量在于它有关资本主义体制真实的、经验的知识。对现代经济学而言，马克思的重大意义在于他为进行直接观察提供了不竭的源泉。许多现代经济理论纯粹是派生的、间接的理论。“我们经常对其进行理论化的不是商业企业、工资或者商业周期，而是其他人的利润理论、工资理论和商业周期理论。在试图做出任何一种解释之前，如果一个人想知道利润、工资和资本主义企业到底是什么，他能从三卷本《资本论》中获得比他希望从连续十期《美国统计普查》、一打论述当代经济制度的教科书，甚至还敢说，加上凡勃伦的论文集，获得更多、更真实、更有用的一手信息。”②

2.3 德赛论马克思经济学与当代的关系

德赛（M. Desai）对马克思经济学与当代关系的论述，是以巴兰和斯威齐的《垄断资本》为中介进行的。他提出了评价马克思经济学的一个重要问题，这就是，如何依据马克思的理论考察当今时代不断变化的现实。在接受并尝试从不同角度对马克思理论进行改造后形成的理论研究成果，可能激发起人们对马克思主义的兴趣，也有可能在实质上偏离马克思主义的本质，对马克思主义造成伤害。

德赛在1974年出版的《马克思的经济理论》③ 一书中指出，在讨论马

① Wassily Leontief, The Significance of Marxian Economics for Present-Day Economic Theory, *The American Economic Review*, 1938, P. 8。

② Wassily Leontief, The Significance of Marxian Economics for Present-Day Economic Theory, *The American Economic Review*, 1938, P. 9.

③ M. Desai, *Marxian Economic Theory*, London: Gray Mills, 1974.

克思经济理论与当代问题的关系时，尚未完成的研究领域多于意见取得一致的领域。很多活跃的社会主义者和热心的辩论者，依据马克思的理论考察了他们所处时代的现实，接受并尝试从不同角度改造马克思的理论，运用马克思的分析并由此得出实际的经验结论。从1883年马克思逝世直到大约1928年苏联的辩论结束前，有关马克思主义著作的不断涌现。这其中，许多人既不是马克思主义者也不是社会主义者，但他们出于学术上的好奇心，参与了有关马克思主义的辩论。在这40年间，有关经济危机理论的研究出现并得以发展，但是，并没有得出令人满意的结论。有关危机理论的研究，是马克思提出很多见解但并没有提供完整理论的课题。

德赛认为，在英语国家，马克思主义从来没有成为一种非常有影响的知识力量，在经济理论上遵循的完全是杰文斯—瓦尔拉斯传统。即使当经济学理论发生革命性变化的时候，也与马克思主义没有多大的关系。比如，在德赛看来，凯恩斯革命的发生与马克思毫无关系，尽管在20世纪30年代，很多年轻的经济学家企图在马克思经济学和凯恩斯经济学之间进行各种比较和沟通，试图用一方解释另一方；甚至宣称凯恩斯证明马克思是对的，凯恩斯为社会主义提供了最好的理论基础。德赛认为，第二次世界大战结束后，在英语国家，人们对马克思主义经济理论的兴趣才缓慢回复。20世纪50年代以后，“新左派”在欧洲的出现、北美和欧洲的学生运动、殖民地解放运动等，都有助于马克思经济学的“复兴”。

德赛指出，在了解马克思的理论要点和关于过去的争论与难题方面，每一代人都花费了巨大的力量，但重要的问题始终是，马克思经济理论对当代资本主义的分析是否恰当。1867年《资本论》第一卷德文第一版出版以后的一百多年间，资本主义发展出现了许多新的变化。1945年以后，资本主义经历了一段充分就业、高生活水平和相对和平的发展时期。在20世纪50年代和60年代，大多数人都这样认为：要求更高的生活水平的愿望，特别是要求新的耐用消费品的愿望，已消磨掉工人阶级的斗志。许多人甚至怀疑阶级社会概念的真实性。经济活动似乎摆脱了危机，人们有关经济政策目标的意见非常一致。凯恩斯革命显然为马克思分析过的资本主义的弊端提供了一剂解药。

德赛指出，后来，由于通货膨胀和不稳定的国际货币流动的问题，很多经济学家和政治家开始逐渐宣告凯恩斯理论的衰亡。尽管凯恩斯开始黯然失色，但他对马克思提出的挑战仍然存在，凯恩斯以后的资本主义的成就，改变了马克思对资本主义进行批判的根据。以前，资本主义受到批评，是因为它未能实现它全部的生产潜力，日益增多的永久性的失业后备军，使得生产力和生产关系之间的矛盾特别突出。现在，批评则主要针对资本主义的浪费展开。有研究指出，凯恩斯之后的繁荣是建立在以军备和奢侈品的浪费性支出的基础之上的。这种支出通过缓解实现问题而确保了私人经济的高利润率，因为没有创造可供出售的产品，军工这个“第三部类”创造了收入。可是，这样的浪费无法为资本主义问题的解决提供永恒办法，矛盾迟早会以更有力的形式出现并吞没资本主义制度。

德赛指出，他的上述评论，可以以巴兰和斯威齐的《垄断资本》一书为例进行说明。在德赛看来，在《垄断资本》一书中，巴兰和斯威齐完全没有运用价值体系，并用剩余上升规律取代利润率趋向下降规律。他们分析的依据是统计资料（这些统计资料是按照交换关系——工资、利润、成本等来表示的）所证明的价格关系。巴兰和斯威齐证明，马克思的结构对于自由竞争资本主义是有效的。但是，在垄断资本主义阶段，价值结构特别是剩余价值概念已不再适用。他们强调，需要一种新的理论研究“在垄断资本主义条件下剩余的产生和吸收”①。

巴兰和斯威齐把“经济剩余”定义为：“一个社会所生产的产品和生产它的成本之间的差额。剩余的大小是生产能力和财富的指标，是一个社会享有多大自由来完成它给自己树立的任何目标的指标。剩余的组成部分表明一个社会是怎样利用这种自由的：它在扩大它的生产能力上投资多少，它以各种形式消费多少，它浪费多少，是怎样浪费的。”② 巴兰和斯威齐阐明了剩余的两种趋势：一种趋势是国民生产总值中的剩余份额的上升；另一种趋势是作为剩余的一部分的财产收入（他们认为，这种收入与马克思的剩余价值是一致的）的下降。在巴兰和斯威齐看来，剩余的不断增长的规模和它不断增长的份额，说明一个社会收入不合理利用的部分。虽然这种增长的剩余可以潜在地被用于平等主义的目的，但它并未被这样利用。对剩余的分析和计量，成了对垄断资本主义的不合理性和浪费进行批判的工具。

① Paul A. Baran and Paul M. Sweezy, *Monopoly Capital: An Essay on the American Economic and Social Order*, Monthly Review Press, 1966, P. 8. 参见巴兰、斯威齐著，南开大学政治经济系译：《垄断资本》，商务印书馆 1977 年版，第 13 页。

② Paul A. Baran and Paul M. Sweezy, *Monopoly Capital: An Essay on the American Economic and Social Order*, Monthly Review Press, 1966, pp. 9 – 10. 参见巴兰、斯威齐著，南开大学政治经济系译：《垄断资本》，商务印书馆 1977 年版，第 14 ~ 15 页。

按照巴兰和斯威齐的看法，“垄断资本主义是由巨型公司组成的一种制度”①。垄断组织势必通过互相勾结的协议来定价。公司之间相互竞争的压力，使得公司通过采用新的技术革新来降低成本带来的压力，于是导致垄断利润增长的趋势。“成本降低的全部动力是增加利润，而市场的垄断结构使公司能够直接以更大利润的形式把生产率日益增长的成果的最大份额据为己有。这就是说，在垄断资本主义条件下，成本的不断降低意味着利润边际的不断扩大。而利润边际的不断扩大又意味着利润总额不仅在绝对量上，而且在所占国民产值的份额上都在增长。我们暂时使利润总额同社会的经济剩余相等，我们就可以把剩余随着这个制度的发展而在绝对数上和相对数上增长的倾向表述为垄断资本主义的一个规律。”②

但是，当垄断资本产生剩余的增长时，并没有能提供投资的渠道，或者没有能提供资本家消费的渠道来吸收剩余。于是巴兰和斯威齐把广告开支、政府不断增加的开支和军备的增长作为吸收剩余，以保持资本主义制度持续的经济增长和避免经济停滞的浪费的渠道。

德赛认为，巴兰和斯威齐完全放弃价值结构，他们不把剩余价值与国民收入的各种范畴（例如利润、利息和地租）等同起来，并避免了对这个概念的使用。马克思主义价值分析中未能解决的问题仍未解决。他们的分析利用的是马歇尔传统的新古典经济理论，如同琼·罗宾逊在她的《不完全竞争经济学》和张伯伦在他的《垄断竞争理论》中所做的那样。他们使用的都是与需求曲线和成本曲线类似的那一套工具，与剩余价值理论毫无关系。

巴兰和斯威齐极力主张全部放弃价值结构，然而他们却没有在马克思的结构中用一种新的理论去替换价值结构。他们对公司行为的分析紧紧追随着加尔布雷思（J. K. Galbraith）的《新工业国》中的理论，他们对剩余的统计调查是用传统的宏观经济学来预测的。巴兰和斯威齐的分析是不存在完全竞争假定的情况下新古典微观经济学和正统的宏观经济学的结合。德赛认为，如果通过阅读《垄断资本》，思考马克思经济理论是否与当代资本主义相关的问题，是很容易做出否定回答的。

---

① Paul A. Baran and Paul M. Sweezy, *Monopoly Capital*: *An Essay on the American Economic and Social Order*, Monthly Review Press, 1966, P. 52. 参见巴兰、斯威齐著，南开大学政治经济系译：《垄断资本》，商务印书馆 1977 年版，第 55 页。

② Paul A. Baran and Paul M. Sweezy, *Monopoly Capital*: *An Essay on the American Economic and Social Order*, Monthly Review Press, 1966, pp. 71－72. 参见巴兰、斯威齐著，南开大学政治经济系译：《垄断资本》，商务印书馆 1977 年版，第 73 页。

2.4　斯威齐论《资本论》的当代价值

1983年3月，为纪念马克思逝世100周年，《每月评论》主编保罗·斯威齐撰写了题为《马克思逝世后一百年的马克思主义和革命运动》的社评。这篇社评，包含了对一百多年间马克思主义经受的实践检验过程的考察，也包含了对马克思主义遭遇到的挑战的描述。重要的是，斯威齐在说明马克思主义遇到的历史和现实难题之后，指出了现时代发展马克思主义，继续完成解释和改造世界双重任务时努力的方向和重点，对马克思主义的发展仍然充满信心。

斯威齐首先对马克思主义进行了整体性的评价。他指出，马克思主义的独创性，并不在于对德国哲学、法国社会主义和英国政治经济学这三种思潮都给予了自己的解释和修改，而在于把这三者结合起来，形成了一个整体，而这个整体是全新的、前所未有的，它的影响是震撼世界的。

斯威齐强调，马克思主义从一开始就具有两重性："一方面它是一门社会的和历史的科学；而另一方面它更是一个改变世界的纲领。"[①] 斯威齐在概述并回顾马克思和恩格斯关于解释世界和改变世界之间关系的观点的形成和发展之后指出，马克思和恩格斯对解释世界和改变世界之间关系的观点，在他们的一生都是基本不变的。在马克思的巨著《资本论》中，在理论上对这个观点作了极其详尽和深入的论述；而且在实际上，这个观点是他们在国际工人协会（第一国际）工作的前提，他们毕生的任务是给社会主义政党和社会主义运动当顾问。

斯威齐认为，在这种两重性的结合中，历史唯物主义和无产阶级革命之间的联系，始终是马克思主义的一个决定性问题。同样，无产阶级的革命使命成了马克思、恩格斯传给他的追随者的一条重要的马克思主义原则。从历史的角度考察，无产阶级作为变革的承担者和动力的信念是如何经受考验的？这就成为判断马克思主义价值的一个标准。

斯威齐指出，从马克思逝世后100年的历程看来，无产阶级作为革命变革的承担者和动力的这个信念，没有很好地经受住考验。作出这种判断的重要根据在于，在发达资本主义国家并没有发生革命，尽管《资本论》关于

① 斯威齐：《马克思逝世后一百年的马克思主义和革命运动》，引自《现代国外经济学论文选》第十二辑，商务印书馆1987版，第1页。

资本主义发展理论推论出资本主义国家是会发生革命的。斯威齐认为，出现这种情况的主要原因是清楚的：自1850年以后，工人的实际工资逐渐增加了；阶级斗争的目标已越来越降低到在资本主义制度内部争取工人生活条件的改善，而不是推翻整个制度的革命。这样，在19世纪末以前，曾一直宣称要献身革命目标的马克思主义政党和同业工会，实际上已经变成改良主义组织。

斯威齐指出，尽管存在上述问题，但马克思主义不仅生存下来了，而且在马克思逝世100年后，马克思主义已经变得比人类历史上任何其他世俗的或宗教的思想更具有真正广泛的号召力，为更多的人所接受。对这种情况需要作出解释。

在对这些情况的解释中，斯威齐指出，我们必须把注意的中心从西欧发达资本主义国家转移到世界资本主义体系。这个体系虽然深深地扎根于16世纪到18世纪的重商主义年代，只是到19世纪后期和20世纪初期才进入繁荣时期，形成了整个体系的各个不同的部分以及它们彼此之间的关系，成为一种决定性的势力。虽然，马克思从来没有否认或忽视资本主义跨民族的性质，但是马克思也没有打算详细阐述资本主义制度作为一个整体作用的理论。斯威齐认为，19世纪末成为正统的马克思主义观点，实际上是以对发达国家中资本主义的发展（正如在《共产党宣言》和《资本论》中作了十分清楚的阐述的那样）概括为一般性结论的简单设想，绕过了对全世界资本主义制度整体问题的阐述。根据这种观点，在西方已经出现或可能正在出现的过程中的一系列阶段，也必将在世界的其他地方同样重复出现：封建社会、资产阶级革命、工业化、阶级两极分化、无产阶级革命、社会主义。这种从对发达资本主义国家到全世界资本主义的注意中心的转移，被变成是一个似乎不需要在理论上修改或修正的问题。

但是，资本主义从中心地区发展到外围地区，不是采取简单的扩展形式。确切地说，中心地区利用它在经济、政治、军事方面的优势，使外围地区服从于它，并且把一些经济关系和组织机构强加给外围地区，目的是为使中心地区及其统治集团受益。斯威齐认为，随着资本主义在外围地区的发展，随之而来的马克思主义的发展，就不存在什么疑问了。随着资本主义的外围扩展到全世界每一个偏僻的角落，马克思主义具有的广泛号召力，也就不再是什么难以理解的事情了。斯威齐指出，这些发展，对19世纪40年代马克思主义创始人构想的马克思主义的本质，并没有提出怀疑。马克思主义依旧要承担解释世界和改造世界的双重任务，新的发展情况只是使这两项任务的范围大小和复杂程度发生了很大的改变。

马克思逝世100年来，由于世界无产阶级革命运动出现新情况和新问题，马克思主义必须对世界做出重新解释。在这种重新解释中，斯威齐特别指出了三个重要的观点和问题：第一，新的无产阶级为革命变革提供动力的资格是无容置疑的；第二，在讨论世界变得更好的时候，仍存在很多有问题的领域。其中，必须首先考虑的问题包括：20世纪的革命所创建的，实际上是什么类型的社会？这些社会，在什么程度上是经典的马克思主义意义上的社会主义社会？在何种程度上，这些社会是带有他们自己特色和发展规律的新的阶级社会？第三，历史表明，至少到现在和不远的将来，资本主义体系内部的革命潜力是存在于外围地区的，而不是像马克思原先认为的那样是在中心地区。

斯威齐在社评中指出了另外一个问题，他认为，20世纪的革命历史已经充分证明：那些宣称信奉马克思主义的革命领导人转变为脱离进行革命战斗的群众，成为高踞群众之上的工人贵族的这种倾向，毫无疑问，这样会出现与马克思主义相对立的灾难性后果——马克思主义的信誉在群众中完全丧失。斯威齐认为，解决这个问题的关键在于，忠实的马克思主义领导不只把革命作为自己的目标，而是把不断革命作为自己的目标。斯威齐在社评的结尾指出："马克思和恩格斯的马克思主义、列宁和毛泽东的马克思主义仍然会继续生存下去，并且将继续鼓舞着人类最伟大的解放运动向前发展。"①

2.5 格利论马克思经济学的贡献及其当代价值

J. G. 格利（J. G. Gurley）1984年在《美国经济评论》上发表了《马克思的贡献及其当代价值》一文，对马克思经济学的主要贡献作了阐述。他认为，马克思经济学的主要贡献，至少可以概括为以下七个方面：

第一，马克思为分析经济、社会和政治的长期变化提供了一个历史唯物主义框架。格利指出，马克思证明，一个社会的阶级关系最终会成为社会生产力进一步发展的障碍。为了创造生产力进一步发展的条件，与经济的扩张相联系的处于上升状态的阶级，总是寻求以这种或那种方式推翻与旧的生产力形式相联系的阶级。这种分析框架的最终结论是，"包括资本主义在内的

① 斯威齐：《马克思逝世后一百年的马克思主义和革命运动》，引自《现代国外经济学论文选》第十二辑，商务印书馆1987版，第11页。

所有阶级社会都是过渡性的”①。

第二，马克思对工业资本主义的生产过程和流通过程进行了深入分析。通过创立劳动价值理论和剩余价值理论，马克思揭示了剥削和剩余价值的来源；发现了资本家剩余价值增殖的方法，以及价格体系在资本家分割剩余价值过程中的作用。马克思的结论是，相对于财富的不断增加，工人阶级必然日益贫困化，有时甚至是绝对贫困化。

第三，马克思研究了资本主义社会资本积累的过程——投资、增长和周期。马克思的分析表明，在资本积累过程中，存在着利润率趋向下降的强大趋势，这种趋势迟早会阻碍资本的进一步积累。随之而来的衰退，为再度繁荣创造条件，包括为资本主义生产重新补充失业后备军，资本的力量通过兼并进一步加强，消除过剩的资本品等。从长期看，资本积累的过程既创造了财富也创造了贫困。从这些研究中，马克思得出的结论是，如同自然界的季节变化一样，周期性的商业周期是资本主义的痼疾；在资本主义内部不可能找到疗救之法；商业周期同时也具有暂时性地延续资本主义生命的功能。

第四，马克思建立了一种关于国家的经济理论。一方面，他非常怀疑国家的经济政策在治理商业周期方面的功效，虽然他承认有某些短期效果；另一方面，他认为国家立法能够有效地帮助资产阶级抵抗工人阶级力量的不断壮大，或者能够防止资本家为了获取更大的利润，过度延长劳动时间、恶化劳动条件，从而摧毁资本主义赖以存在的劳动力基础。

第五，马克思解释了资本主义制度下工人是如何被资本主义体制所迷惑、在生产空间中被异化和解决问题的方式所误导的。马克思断言，资本主义以一种“扭曲的方式”呈现出一种经济“幻觉”，资本主义的内在本质并不是它表面现象所显示的那样。这种扭曲，导致了对资本主义的幻想，这种幻想反过来被资产阶级思想家利用，资产阶级思想家编织成的“神秘的大网”，笼罩了整个资本主义生产方式，模糊了人们对其真实本质的认识；此外，外在于工人阶级的资本力量，自然必然性的奴役、人际利益冲突和无法完全发挥自身的本质力量，使得工人阶级必然被异化，从而丧失作为人的完整性、自由和对自己身处其中的社会的理解；最后，工人阶级不断地被各种无政府主义、改良主义和假社会主义运动引入歧途，为了一个虚假的目标枉费时间和精力。

---

① J. G. Gurley, Marx's Contributions and their Relevance Today, *American Economic Review*, Vol. 74 (2), 1984, P. 110.

第六，马克思探究了全球资本主义和社会主义发展的未来进程，考察了资本主义扩张对欠发达国家的影响。马克思一再修改的主要结论包括：资主主义将从欧洲蔓延到世界其他地方；资本主义扩张既是残酷的，又具有进步意义；无产阶级革命会首先在最发达的资本主义国家爆发；世界其他地区最终也将逐步走向社会主义。

第七，马克思简要描述了未来社会主义和共产主义的一般特征。首先，马克思预见到，在通过革命推翻资本主义之后，要经历一个过渡时期。这一时期的特征是：无产阶级专政；生产资料掌握在工人阶级手中；计划取代无政府主义的市场；生产力得到巨大的发展。完全的共产主义实现后，生产力极其发达；包括国家和政党在内的阶级制度同阶级一道消失；商品与货币被全部按照计划生产与分配的产品所取代；按需分配；每个人全面自由地发展。马克思还预言，国家主义和超自然主义将在社会主义—共产主义社会消失，每个人将享有超越阶级的真正的民主。总之，人类将进入真正的“自由王国”。

在分析了马克思经济学的贡献之后，格利提出，如果马克思“复活”了，并对我们所处的现代世界的理论和实践进行了研究，他将如何评价他的政治经济学贡献与现时代的关系呢？格利自己的回答如下：

第一，马克思将发现，他得出的资本主义具有暂时性的结论在当代得到了确证。占世界面积和人口约1/3的地区已被马克思主义所征服，马克思将看到革命的社会主义在世界范围内不断取代资本主义的大量证据。然而，格利指出，马克思也将发现，很难用历史唯物主义的框架分析上述事实。因为在今天，社会主义仅仅取代了那些不发达的资本主义甚至是前资本主义社会，而对那些最成熟的资本主义国家的打击甚微——后者正是马克思预计无产阶级革命将首先爆发的地方。社会主义的贫困和不发达，也会对马克思的结论构成挑战。马克思还会发现，与其阶级分化预期相悖的证据，即尽管剥削依然存在，但无产阶级的物质福利水平却在不断提高，新的中产阶级已经形成。此外，他还将发现，他的历史唯物主义对现代经济学家是缺乏吸引力的。他们仍然皈依于“哲学上的唯心主义”，而这种哲学与他和恩格斯在《德意志意识形态》中所批判的那种哲学非常相似。那就是，观念不是来自于真实世界，恰恰相反，观念是改变世界的重要力量。马克思将会发现，很多经济学家并没有受到他的观点的吸引，即现实世界才是观念的来源，改变现实世界的主要力量不是观念而是阶级斗争，而阶级斗争是从社会生产力的发展中产生的。马克思会说，这些经济学家支持唯心主义，是因为唯心主义能够服务于资产阶级的利益，是因为唯心主义能够通过把注意力从现实世界的阶级对抗转移到观念的领域，从而斗争看起来似乎不是发生在相互竞争的阶级之间，而是发生在相互竞争的观念之间。从这个意义上讲，过去的一个多世纪中，资本主义世界几乎没有发生什么本质性的改变。

第二，如果马克思“复活”，他必然会相信，今天的工人阶级在生产领域仍在继续遭受剥削，产出中的巨大份额仍然被资本品的拥有者所攫取，纯粹的所有权仍然具有生产能力。格利指出，虽然这样，马克思将会发现，今天的经济学家却完全摒弃了劳动价值论和他对剥削的分析。他将会发现，今天的经济学家依然在强调改良而非革命，强调利益最大化的个体而非敌对的阶级，强调消费者与生产者而非工人阶级与资本家阶级，强调一般均衡与和谐而非不均衡与混乱，强调相对稀缺而非残酷的剥削，强调个体理性与秩序而非神秘化与无政府主义。他将会发现，今天的资产阶级经济学家依然将资本主义真实的生产关系遮蔽在市场表象之下。他不会认为自己的劳动理论已经无效，相反，他相信他关于“统治阶级与统治思想”相互联系的观点正好在今天得到了确证。

第三，如果马克思“复活”，他将发现，他关于资本积累过程的大部分论述依然有效，尽管有凯恩斯主义经济政策、微调和自动稳定器，但资本主义的商业周期依然存在。而且许多分析家也像马克思本人那样，认为经济周期对于延续资本主义的存在来说是必要的。马克思还会得出这样的结论：资本主义依然要依靠产业后备军来调节工资和雇佣工人的其他要求。在当今的工业资本主义世界，依然存在3400万的失业者，在马克思逝世后，不发达地区的廉价劳动供给，支撑着资本主义的繁荣。此外，马克思还将注意到，随着自由劳动者的锐减和雇佣劳动者的激增，发达资本主义世界的劳动者——正如他所预计的那样——在一个多世纪中不断被无产阶级化。不过，阶级结构比马克思预言的要复杂得多，马克思的理论面临着严峻挑战。

第四，当今世界，国家在稳定经济方面的巨大作用、巨大的政府支出以及金融制度，在抵御金融风暴方面能力的不断增强，都会使马克思感到震惊。他无疑会将这些变化归结为资本主义为应对日益严峻、频繁爆发的经济周期而做出的反应。不过，马克思关于资本主义内在不稳定性和政府政策无济于事的信念不会因之而动摇。他会认为，凯恩斯主义者的信念以及自由放任主义者的信念都是天真的。

第五，如果马克思回到当今的世界，他会认为，如同他所生活的那个时代一样，资本主义不仅在工人中制造出异化和幻觉，而且也制造出各种能够与马克思主义展开成功竞争的无政府主义、社会主义和改良主义等。格利认为，马克思究其一生，大部分时间都在试图消除上述障碍，以使工人能够正确理解他们在资本主义中面临的难题以及解决这些难题的办法。马克思认为，工人们之所以误入歧途，一定程度上是因为他们处于异化的状态，他们觉得自己没有能力在正确的方向上利用自己的内在力量，一定程度上是因为他们被资本主义的表面现象所误导，无法辨别出剥削性的阶级关系才是他们苦难的根源，一定程度上是因为他们的时间和精力，被特定资本主义发展方式所创造出来的错误教条引向了死胡同。格利指出，如果马克思“复活”了，他会发现，所有这一切在阻碍发达资本主义国家无产阶级革命上仍在发挥作用。

同时，格利指出，马克思将对越来越强大而且在不断上升的国家主义、对有意识的持续存在的宗教对工人阶级影响、对工人仍然在热切地欢迎资产阶级民主的诱饵会深感失望。当代工人阶级的处境，可能使马克思会对现代经济学中流行的理性假设感兴趣。在这一方面，马克思可能会关注以下几位学者的观点：凯恩斯对风险承担者动物精神的分析，熊彼特对企业家严格的理性计算能力的不信任，凡勃伦对消费者主权和理性选择的质疑。毫无疑问，马克思对弗洛伊德也会感兴趣。最终，对于如何改变资本主义世界存在的大量的困惑者，马克思找不到出路，但他会扪心自问：为什么生产力的持续增长和他假定的工人阶级理解力的上升，没有有效地削弱制约他们的非理性的桎梏呢?

第六，马克思关于资本主义将从欧洲蔓延到世界其他地区的预测显然没得到证实。在这些地区，许多国家都跨越了资本主义阶段，直接从不成熟的资本主义或前资本主义走向社会主义；即使是其他那些没有走向社会主义的地区，也不是按照发达资本主义的模式，而是沿着各种不同的路径来发展资本主义。要想充分解释这一现象，马克思就必须了解更多的事实。

格利认为，马克思关于无产阶级革命将首先在最发达的资本主义国家爆发的预言，也是完全错误的。要想理解所发生的一切，马克思必须了解列宁所了解的一些东西，特别是全球殖民扩张为资本主义生产力的发展创造了巨大空间；这一过程所产生的巨额剩余价值可用来贿赂工人阶级，并且同时提高其他人的生活水平。马克思还必须知道，工人的斗争已赢得了资本家阶级及其国家的妥协，生产力的膨胀不断创造着新的相对保守的中产阶级。因此，社会并没有像马克思预测的那样分裂成两个完全敌对的阶级，而是演变成一个复杂得多的阶级结构。

格利指出，马克思会认为他自己关于资本主义扩张既是破坏性的又是创造性的结论是正确的，然而，他关于在最发达资本主义国家爆发革命之后，其他国家必将逐渐走向社会主义的论断，不过是前面两个错误结论的必然结果，因而也是完全错误的。

发达和欠发达地区的发展将迫使马克思对自己的唯物史观做出重新评价。他的历史理论必须考虑到资本主义生产在全球范围内的增长、资本主义生产和交换关系的调整将适应而不是窒息生产力发展，以及资产阶级思想观念在工人阶级中渗透的作用。

第七，如果马克思“复活”，他不大可能承认他所说的社会主义已在世界的某个地方实现。那些建立在物质贫困基础上的社会主义，对马克思来说是难以置信的。在任何发达的工业经济中，他也不会发现他所说的社会主义，因为他将意识到，在这些社会中，政治权力依然掌握在资产阶级手中，市场、商品和金钱比以前更加重要；无产阶级的国际主义运动荡然无存；工人阶级依然屈从于资产阶级舆论，依然处于国家主义、超自然主义和其他不良思想的摆布之下。

格利的结论是：“当马克思认真审视了这个世界之后，他显然会认为，资本主义和社会主义的大部分困难，根源于他们各自缺少一个强有力的领导阶级。”同时，“马克思会发现，用他自己的分析框架解释这些历史的结果时，将不会太困难。但是，一旦他决定承担起这个任务，你可以用你的生命打赌，马克思将开始组织无产阶级。”①

格利上述的这些论述，是在20世纪80年代初提出来的，离现今已经过去了近30年。20世纪80年代末90年代初国际社会主义运动的深刻变化、20世纪90年代后期以来经济全球化背景下国际金融危机的发生和深化，对马克思主义经济学的发展提出了更多的、更为复杂的类似于格利的问题和诘难。“马克思经济学的贡献及其当代价值”的论争，必然会产生新的话题，也必然会有新的探索和新的结论。

2.6 马克思主义和“后马克思主义”

R. D. 沃尔夫（R. D. Wolff）和 S. 库伦博格（S. Cullenberg）1986 年在

① J. G. Gurley, Marx's Contributions and their Relevance Today, *American Economic Review*, Vol. 74 (2), 1984, P. 115.

《社会文本》（Social Text）杂志上发表的《马克思主义和后马克思主义》一文，集中探讨了与所谓“后马克思主义”（Post-Marxism）有关的三个问题：第一，“后马克思主义”在很大程度上是为了澄清那些以马克思本人的著作和马克思主义传统为基础所作的值得怀疑的解释；第二，呼吁对真正意义上的马克思原创性的内容进行重新研判，从而既避免忽视马克思传授给大家的关键性训诫，又避免浪费巨大的精力去“重新发现”马克思早已发现的内容；第三，通过集中关注一种特定类型的马克思主义者的理论，说明他们有关“后”马克思主义的观点。其实，这里涉及的中心问题就是，怎样理解马克思思想，特别是马克思经济思想的当代价值。

在人文社会科学的文本中，“后马克思主义”这一用语颇为流行。沃尔夫和库伦博格认为，这一用语通常是指，“马克思和马克思主义因为历史的变化或理论的发展或两者的共同作用而被取代或被拒绝”①。人们很少区分马克思的著作和传统马克思主义之间的区别，所以无论基于何种立场，对马克思主义的反对，通常起到的都是反对马克思的作用。沃尔夫和库伦博格认为：“把马克思和马克思主义合二为一，是‘后马克思主义’的一个标志，从而也成为对‘后马克思主义’进行批判性考察的基础”②。

马克思在世时就意识到，他的著作和他的追随者的马克思主义通常并不一致，马克思的著作和他的追随者之间的理论必然存在差异。因此，任何自称为“后马克思主义”的学者，必须仔细地描述到底什么是马克思所坚持的，什么是追随马克思传统的人发挥而来的。沃尔夫和库伦博格指出：“成熟的认识论的自我意识，不是‘后马克思主义’的品质”，“后马克思主义”并不关心对马克思和传统马克思主义的阅读和解释，“‘后马克思主义者’通过把马克思主义简约为一种单一的理论——他们反对的理论——而放弃马克思主义，而不是对那些包含着差异甚至是经常发生理论冲突的马克思主义传统进行探索或与之争论”③。

沃尔夫和库伦博格首先列举的经济学方面的例子是鲍尔斯（S. Bowles）。鲍尔斯指出，对于“后马克思主义”来说，“在理论方法上、经济的概念上和对结构变化的分析上，可能既不同于古典马克思主义的经济模型，也不同于新古典方法”④。这种反对的见解，通常也波及到马克思本人的著作。沃

①②③ R. D. Wolff, S. Cullenberg, Marxism and Post-Marxism, *Social Text*, No. 15, 1986, P. 126.

④ S. Bowles, Post-marxian Economics: Labour, Learning and History, *Social Science Information*, (Sage: London, Beverly Hills and New Delhi), 24 (3), 1985, pp. 507-528.

尔夫和库伦博格指出："我们对马克思和马克思主义的阅读可以发现，他们是截然不同的，他们不能被互相化约为对方，或者被化约为任何单一的理论。"① 沃尔夫和库伦博格认为，马克思形成了一些原创性的理论见解，这些理论见解对19世纪欧洲资本主义存在的革命性思维做出了独特的贡献。马克思主义理论最终被欧洲激进分子所接纳，并传播到全世界，但他们的理论通常是折中性的，融合了前马克思主义和马克思主义者的观点。

沃尔夫和库伦博格以阶级概念为例，对上述观点作了进一步说明。阶级概念通常被认为是马克思的著作和马克思主义的核心概念。但是，马克思独特的阶级理论却因为后来的传统马克思主义的解释而失去了意义，"准确地说，它被前马克思主义概念取代了"②。把社会分为不同的群体，在马克思之前已有很长的历史，古希腊和罗马通过把人口分为不同的群体（有时称为阶级）来分析社会。这个时候，阶级往往是以拥有或者不拥有财产来区分的：有产者对无产者、富裕者对贫穷者、有土地者对无土地者。这种两分法，伴随着以改变财产分配的革命策略，在后来许多世纪的阶级分析中一再出现。问题在于："马克思从来没有提出财产的阶级概念或对这一含义上的阶级概念做出什么贡献。"③ 同样地，也可以回到古代，找到很多和第二种类型的阶级概念相关的例子，这种阶级概念和权力相联系，以权力的阶级概念为基础，分析社会时讨论的往往是统治阶级和被统治阶级，这种情形下的革命性思维，聚焦于改变现有的权力分配或尽可能使权力分配民主化。马克思也没有提出过权力的阶级概念。

沃尔夫和库伦博格认为，马克思有时候在财产的意义上使用阶级概念，有时候在权力的意义上使用阶级概念，"马克思对阶级概念做出的独特的理论贡献在于，他把不同的阶级概念结合在了一起"，马克思的原创性在于，他把阶级定义为一种生产和分配剩余价值的过程。④ 建立在财产基础上的阶级分析和建立在权力基础上的阶级分析，既相互区别又不同于建立在剩余生产基础上的阶级分析。财产所有者不必也是权力的操纵者。许多现代公司理论的研究者赞同这一点。政治和经济权力并不是以一种简洁的方式和财产所有权联系在一起的：正如公司内的官僚一样，国家层面的官僚操纵权力，尽管他们并不拥有财产。同样地，从生产性劳动者那里攫取剩余劳动的人，可能既不需要拥有大量的财产，也不需要操纵社会中存在的各种类型的权力。

①②③④ R. D. Wolff, S. Cullenberg, Marxism and Post-Marxism, *Social Text*, No. 15, 1986, P. 127.

从而不同的阶级概念，塑造了既定社会中不同的有关阶级结构的观念，以及不同类型的值得期待的阶级结构和实现它们的策略。

沃尔夫和库伦博格的上述分析，不在于说明马克思那里存在的复杂的阶级分析。他们想强调的是，存在多种多样相互替代的马克思主义的阶级概念。一些马克思主义者强调以财产和权力的分配来定义阶级，一些马克思主义者把阶级概念化为是由坚持某种自我意识决定的。沃尔夫和库伦博格认为，在“后马克思主义者”对马克思主义阶级分析进行的比较有影响的批判性研究中，很少展示出对传统马克思主义中丰富的、多样化的阶级概念的区分和认识。“对许多作者来说，远离马克思主义的需要可能压倒了他们对传统马克思主义中丰富多样的理论构成部分进行详细区分的愿望。”① 事实上，马克思之后的马克思主义者对大量的阶级概念或理论进行了阐述，他们各自使用不同的阶级概念或理论分析了不同类型的社会状况。比较典型的有，斯威齐使用的是有关财产的阶级概念②，厄尼斯特·拉克劳（E. Laclau）和鲍勃·雅索普（B. Jessop）使用的是有关权力的阶级概念，尼科斯·普兰查斯（N. Poulantzas）提出了多元决定的阶级概念，把权力、意识形态和剥削纳入一个复杂整体中定义多样化的阶级③。如普兰查斯把社会阶级定义为：“社会阶级是这样一个概念，它表示结构的整体，表示一种生产方式或一种社会形态的模式对承担者——他们构成社会阶级的支持者——所产生的影响：这个概念指示出社会关系领域内全部结构所产生的影响。”④ 普兰查斯还认为，在马克思主义的社会阶级决定中，“在一种生产方式或社会形态中，经济方面的确起着决定性的作用，然而政治方面和意识形态（上层建筑）方面有同样的作用。事实上，当马克思、恩格斯、列宁、毛泽东在分析社会阶级时，他们并不只局限于经济的标准，他们明确地提到了政治和意识形态的标准”⑤。汤普森（E. P. Thompson）主要从“觉悟”（consciousness）的角度突出阶级的定义，他指出：“我说的阶级是一种历史现象，它把一批各各相异、看来完全不相干的事结合在一起，它既包括在原始的经历中，又包括在

① R. D. Wolff, S. Cullenberg, Marxism and Post-Marxism, *Social Text*, No. 15, 1986, P. 128.

② P. Sweezy, *The American Ruling Class*, *in The Present as History*, New York: Monthly Review, 1953, P. 124.

③ Laclau, *Politics and Ideology in Marxist Theory*, London: New Left Books, 1977, P. 106; Jessop, The Political Indeterminacy of Democracy, in Allen Hunt, ed. , *Marxism and Democracy*, London: Lawrence & Wishart, 1980, P. 63;

④ 尼科斯·普兰查斯著，叶林等译：《政治权利与社会阶级》，中国社会科学出版社 1982 年版，第 64 页。

⑤ Poulantzas, *Classes in Contemporary Capitalism*, London: New Left Books, 1978, P. 14.

思想觉悟里。我强调阶级是一种历史现象，而不把它看成一种‘结构’，更不是一个‘范畴’，我把它看成是在人与人的相互关系中确实发生（而且可以证明已经发生）的某种东西。”“当一批人从共同的经历中得出结论（不管这种经历是从前辈那里得来还是亲身体验的），感到并明确说出他们之间有共同利益，他们的利益与其他人不同（而且常常对立）时，阶级就产生了。”①

沃尔夫和库伦博格指出，就阶级分析来说，“后马克思主义”者要求对阶级理论进行多方面的批判，并废弃多样化的马克思主义阶级理论，“后马克思主义”希望在此基础之上，阐发他们自己的阶级概念，与马克思主义的阶级概念形成对抗，但是他们没有能够达到这一目标。在这一意义上，“后马克思主义”并没有什么进步意义。

沃尔夫和库伦博格的第二个例子是罗宾逊夫人对马克思主义经济学的理解。罗宾逊夫人在她的一篇有关马克思经济学的论文中提出，应当把马克思的著作中令人感兴趣和有价值的东西，从马克思不幸坚持的形而上的而且难以成立的劳动价值论中解脱出来。自从罗宾逊夫人提出这种观点，一些赞同这种认识的学者已经形成了一个可以被称为“后马克思主义政治经济学”的学派②。这个学派中有人认为，在认识论的某种绝对意义上，马克思的价值理论是错误的，如果要把马克思著作中有价值的部分解救出来，就要抛弃劳动价值论。考虑到许多马克思的观点建立在劳动价值论的基础之上，并同劳动价值论一起发挥作用，这种观点在最起码的意义上是在主张“超越马克思”。③

沃尔夫和库伦博格认为，这个例子实际上同对阶级概念的讨论是一样的。这些“后马克思主义者”拒绝思考和面对存在于马克思主义中的不同的价值概念。在某种意义上，这是一个认识论的问题，沃尔夫和库伦博格认为：“这些‘后马克思主义者’在经济研究活动中使用‘一损俱损’的方式进行思考，而不是使用不同的理论模式进行思考。”④ 他们不理解真理的多样性，一旦他们拒绝了马克思主义中的一种真理，他们就认为没有必要去探

---

① Edward Palmer Thompson, *The Making of the English Working Class*, New York: Vintage, 1963, Preface, P. 9.

② 沃尔夫和库伦博格认为两个典型的例子是：Ian Steedman, *Marx after Sraffa*, London: Monthly Review Press, 1977; Samuel Bowles and Herbert Gintis, The Labor Theory of Value and the Specificity of Marxian Economics, in Resnick and Wolff, eds., *Rethinking Marxism: Struggles in Marxist Theory*, New York: Autonomedia, 1985, pp. 31–44.

③④ R. D. Wolff, S. Cullenberg, Marxism and Post-Marxism, *Social Text*, No. 15, 1986, P. 129.

询传统马克思主义中存在的其他具有真理性的概念。也就是说，许多“后马克思主义者”反对或者超越了传统马克思主义中的某个特定理论，而没有对这个传统中的其他理论进行重新认识或批判性考察。沃尔夫和库伦博格认为，“后马克思主义者”的这种做法，是“把婴儿和洗澡水一起倒掉了，或者说更具讽刺性的是，那些被‘后马克思主义者’忽视的传统马克思主义中的理论，被‘后马克思主义者’作为自己的理论创新而被‘重新发现’了”①。

沃尔夫和库伦博格指出，传统马克思主义是一个丰富而复杂的理论网络。在不同的理论结合中，这些理论既反映了马克思的原创性质，也反映了前马克思主义的激进观点。事实上，所有非马克思主义者的话语，也影响了马克思主义的理论构成。“不幸的是，在美国，马克思主义的丰富性和多样性仍然没有被充分的认识和讨论。”②

沃尔夫和库伦博格指出，不管“后马克思主义”怎么流行，“后马克思主义”这个用语更像是对试图去发展某种非马克思主义理论进行刻画的精确术语。我们反对“后马克思主义”，是因为“它把对马克思主义的不同概念的讨论预先排除出去了，而这些不同的概念代表着一种巨大的，仍未得到完全利用的激进观点的源泉，因为这些不同的概念有助于当前走向社会主义和民主的策略”③。

沃尔夫和库伦博格也对“分析的马克思主义”作了讨论，也就是说对埃尔斯特（Elster）和罗默的“后马克思主义”的观点进行了评价。埃尔斯特认为，马克思缺乏一个适当的方法论基础，他的解决方法是这样一种学说，“全部社会现象——它们的结构和变化——原则上只是以涉及个体（他们的特征、目标、信念和行动）——的方式解释的”，马克思主义理论应当吸收方法论个人主义的立场，并把它“作为还原论的一种的形式”④。罗默正是在这种哲学思想的指导下，开始重建马克思主义经济学的。沃尔夫和库伦博格认为，在埃尔斯特和罗默写作的年代，对马克思主义中存在的功能论（functionalist）和目的论（teleological）的解释模式的不满在不断扩大。埃尔斯特关注到这种趋势，并明确表示：“通过吸收功能主义社会学的原理，并用黑格尔的传统加以强化，马克思主义者在社会分析中得到了

①②③　R. D. Wolff, S. Cullenberg, Marxism and Post-Marxism, *Social Text*, No. 15, 1986, P. 130.

④　Jon Elster, *Making Sense of Marx*, Cambridge: Cambridge University Press, 1985, P. 5.

一种明显有力的理论，但事实上这种理论鼓励了懒惰和无摩擦的思考。相反地，几乎所有的马克思主义者都反对一般意义上的理性选择理论和特殊意义上的博弈论。然而，博弈论对于分析有关剥削、斗争、结盟和革命的历史过程而言，是非常宝贵的”①。沃尔夫和库伦博格对马克思主义中存在的功能论和目的论解释的不满表示赞同，他们强烈反对埃尔斯特提出的把对社会现象的解释建立在个人的特征、目标和信念的基础之上，因为“很难发现这种化约如何避免各种不值得期待的神学和意识形态的基础”②。

沃尔夫和库伦博格认为，“分析的马克思主义”的做法并不存在什么新颖之处。在埃尔斯特之前的很长一段时期，传统马克思主义的一些文献已经试图以非功能主义和非化约论的方式来发展马克思主义理论。卢卡奇（Lukács）、阿尔都塞（Althusser）、阿多诺（Adorno）、霍克海默（Horkheimer）、辛德斯（Hindess）、赫斯特（Hirst），都曾经呼吁发展与传统马克思主义中存在的功能主义解释相对应的马克思主义。但在埃尔斯特的《理解马克思》中，并没有提到这些作者。

此外，埃尔斯特非常认可把社会分析中的个人主义方法，作为重建马克思主义的基础，而这种个人主义方法实际上是前马克思主义者早已有过的观点。埃尔斯特完全没有理会马克思在《〈政治经济学批判大纲〉导言》中对个人主义方法论的嘲讽。埃尔斯特试图引进前马克思主义者社会分析中的个人主义方法论，并把它作为后马克思主义者对马克思主义中存在的错误进行矫正的基础。罗默则认为，马克思主义中之所以存在错误，是因为马克思主义在对资本主义的经济和社会进行宏观说明时缺乏一个微观基础。罗默在方法论个人主义的基础上，使用各种新古典经济学的理论工具，证明他自己的后马克思主义的阶级和剥削理论。

沃尔夫和库伦博格指出：“埃尔斯特、罗默和其他一些后马克思主义者奇妙的著作中存在着一个严重的问题，那就是这些著作产生了一种危险的倾向，读者们可能接受这种对马克思的著作进行的复杂难懂的拒绝，从而回到各种各样的前马克思主义和非马克思主义的立场，进而明确地‘超越’马克思主义的传统。随后，这些读者可能会丧失理解马克思的著作中存在的许

---

① Elster, Marxism, Functionalism and Game Theory: The Case for Methodological Individualism, *Theory and Society*, 11, 1982, P. 453.

② R. D. Wolff, S. Cullenberg, Marxism and Post-Marxism, *Social Text*, No. 15, 1986, P. 131.

多原创性的、独特的理论贡献的机会。”①

沃尔夫和库伦博格最后结论就是，对“后马克思主义”的简单研究表明：“‘后马克思主义’理论更像是早期的马克思主义理论的反对者”。他们认为：“真正的‘后马克思主义者’应当在对传统马克思主义丰富的、复杂的理论进行深入钻研的基础上，创造出新的、重要的分析社会变迁的理论。为了实现这个目标，我们需要等待，直到我们中的大多数人开始花费时间，开始担当分析上的困难，去学习、去批判，进而提供出超越传统马克思主义的东西。”②

①② R. D. Wolff, S. Cullenberg, Marxism and Post-Marxism, *Social Text*, No. 15, 1986, P. 133.

第二篇　马克思经济学的对象和方法

1843年年底，马克思一开始研究经济学时，就意识到这门科学所包含的强烈的社会性质，就力图把对资本主义私有财产关系的批判，作为经济学研究的主题。他在《1844年经济学哲学手稿》中就提出，要用异化劳动和私有制这两个范畴阐明国民经济学的一切范畴。19世纪40年代后半期，马克思对经济学对象有了深入的理解。19世纪50年代后半期，在对经济学的深入研究中，马克思进一步阐明了经济学对象，提出了关于经济学对象的科学理论。

马克思对经济学对象的理解，是建立在对社会运动整体关系的系统把握之上的。在对唯物史观基本原理的阐述中，马克思对社会运动整体的系统关系，即社会生产关系与生产力、经济基础与上层建筑之间的相互制约关系进行了全面的论述。马克思认为，在社会运动整体的系统关系中，生产力和生产关系是“原生”关系，国家形式、法的关系和家庭关系等是“非原生”，或者“第二级和第三级”的关系。物质生产决定艺术生产的发展，决定文化、宗教和政治的发展等。但是，物质生产在社会生活中的决定作用并不排除艺术和文学这样一些上层建筑要素的相对独立性。不能把上层建筑对经济基础的依赖关系简单化。生产力与生产关系、经济基础与上层建筑之间的相互制约关系表现在：“人们在自己生活的社会生产中发生一定的、必然的、不以他们的意志为转移的关系，即同他们的物质生产力的一定发展阶段相适合的生产关系。这些生产关系的总和构成社会的经济结构，即有法律的和政治的上层建筑竖立其上并有一定的社会意识形式与之相适应的现实基础。物质生活的生产方式制约着整个社会生活、政治生活和精神生活的过程。”①

马克思所构思的社会运动的基本动态模型就是：“社会的物质生产力发

① 《马克思恩格斯文集》第2卷，人民出版社2009年版，第591页。

展到一定阶段，便同它们一直在其中运动的现存生产关系或财产关系（这只是生产关系的法律用语）发生矛盾。于是这些关系便由生产力的发展形式变成生产力的桎梏。那时社会革命的时代就到来了。随着经济基础的变更，全部庞大的上层建筑也或慢或快地发生变革。”① 任何一种社会形态，在它所能容纳的全部生产力还没有发挥出来以前，是不会灭亡的；而新的更高级的社会生产关系，在它的物质存在条件还没有在旧的社会形态中成熟以前，是不会产生的。

马克思对作为经济学对象的社会生产关系的内在结构，即社会生产关系运动中生产和分配、交换、消费之间的辩证关系作了深入分析。马克思明确指出，经济学所研究的物质生产，都是“一定社会性质的生产”，也就是说，不同社会形态的生产有某些“共同标志”、“共同规定”，即都表现为劳动者通过有目的的活动，改变自然界的物质形式，以适合人们某种需要的过程，即物质资料的生产过程；但在任何条件下，生产又都是社会的生产，人们只有结成一定的经济关系，才能同自然界进行斗争。② 生产和分配、交换、消费这四个环节，“构成一个总体的各个环节，一个统一体内部的差别。”生产和分配、交换、消费之间存在着辩证关系。生产是社会经济运行过程中的决定性因素。“一定的生产决定一定的消费、分配、交换和这些不同要素相互间的一定关系。”③

马克思关于经济学对象的理论，在《资本论》中得到最为成功的运用。在《资本论》第一卷德文第一版“序言”中，马克思明确提出：“我要在本书研究的，是资本主义生产方式以及和它相适应的生产关系和交换关系。”④ 这里所说的“生产方式”，实际上就是指劳动者与生产资料的结合方式和方法。由于在不同的社会形态下，实行劳动者与生产资料的结合方式和方法具有特殊性，社会结构必然被区分为各个不同的经济时期。《资本论》所研究的正是资本主义经济特有的雇佣劳动和资本结合的特殊生产方式，以及与这一方式相适应的生产关系和交换关系。

马克思对经济学的方法，主要如唯物辩证法、抽象上升到具体的方法、研究方法和叙述方法等作了探讨和运用。唯物辩证法是探索资本主义生产方式运动规律的根本方法。唯物辩证法从根本上不同于黑格尔的辩证法。黑格

---

① 《马克思恩格斯文集》第2卷，人民出版社2009年版，第591～592页。
② 《马克思恩格斯文集》第8卷，人民出版社2009年版，第5～6页。
③ 《马克思恩格斯文集》第8卷，人民出版社2009年版，第23页。
④ 《马克思恩格斯文集》第5卷，人民出版社2009年版，第8页。

尔的辩证法是唯心主义的辩证法，它颠倒了思维与存在、精神与客体之间的关系，认为外界存在的东西都是观念的产物。马克思唯物辩证法的精髓则在于：辩证法在对现存事物的肯定的理解中同时包含对现存事物的否定的理解，即对现存事物的必然灭亡的理解；辩证法对每一种既成的形式都是从不断的运动中，因而也是从它的暂时性质方面去理解；辩证法不崇拜任何东西，按其本质来说，它是批判的和革命的。运用唯物辩证法探索资本主义生产方式运动规律可以看到，资本主义社会的发展同样是一个辩证的运动过程，在对资本主义社会肯定的理解中，也同时包含着对它否定的理解。资本主义社会的内在矛盾导致周期性经济危机的爆发，必然导致资本主义走向灭亡。

抽象上升到具体的方法，是马克思在对资本主义生产方式运动规律的探索中建立理论体系的方法。抽象上升到具体的方法，是在理论的逻辑结构中再现现实经济运动的方法，也即运用经济范畴、概念建立理论体系的方法。抽象和具体之间的关系反映的是生产关系方面的各个经济范畴之间的关系，是经济范畴的简单规定性和复杂规定性之间的关系；抽象上升到具体则是由简单的经济范畴上升到复杂的经济范畴的逻辑发展过程，“只是思维用来掌握具体、把它当做一个精神上的具体再现出来的方式”①。

研究方法和叙述方法也是政治经济学研究中的科学方法。研究方法就是在占有大量的经济生活实际资料基础上，运用人脑的抽象思维能力即抽象力，排除各种外在的、非本质的东西，抽取某种共同的、本质的东西，即去粗取精、去伪存真、由此及彼、由表及里，揭示出经济过程发展变化的必然性和规律性。马克思认为，对资本主义生产方式运动规律进行探索时，“既不能用显微镜，也不能用化学试剂。二者都必须用抽象力来代替”②。叙述是把研究的结果用一定的方法在理论上再现出来。“在形式上，叙述方法必须与研究方法不同。研究必须充分地占有材料，分析它的各种发展形式，探寻这些形式的内在联系。只有这项工作完成以后，现实的运动才能适当地叙述出来。”③ 马克思对错综复杂的资本主义经济现象背后的规律的研究，以及以《资本论》理论体系的形式对资本主义经济结构及其运动规律的揭示，正是对研究方法和叙述方法的运用。

① 《马克思恩格斯文集》第 8 卷，人民出版社 2009 年版，第 25 页。
② 《马克思恩格斯文集》第 5 卷，人民出版社 2009 年版，第 8 页。
③ 《马克思恩格斯文集》第 5 卷，人民出版社 2009 年版，第 21 ~ 22 页。

马克思经济学有其特定的对象和科学的方法。20 世纪西方国家马克思经济学的研究者，对马克思经济学的对象和方法的看法和评价多有不同。在差异中既存在着某些共同的或接近的地方，也存在着某些基本理论观点上的严重对立。通过对这些研究者不同的或相似的观点的分析，我们既可以理解近一个世纪来在马克思经济学对象和方法上发生的理论论争的要义，也可以理解因马克思经济对象和方法认识的差异而引起的基本理论取向上的分歧和对立。

第3章 生产关系与马克思经济学的对象

“我要在本书研究的，是资本主义生产方式以及和它相适应的生产关系和交换关系。”① 马克思的这一论断，不仅对理解《资本论》的对象，而且对理解马克思经济学的对象同样具有重要的意义。这里所说的生产关系和交换关系，是指在资本主义直接生产过程和交换（流通）过程中，资本主义雇佣劳动和资本的特殊结合的性质。马克思经济学的对象，实质上就是资本主义经济关系，也就是反映资本主义经济全过程的广义的生产关系，这种广义的生产关系有时也简称为生产关系。

3.1 社会经济关系在马克思经济学研究中的地位

马克思经济学强调的是人们之间的社会关系，特别是在资本主义社会中人们之间的社会经济关系。马克思以商品为出发点，开始他对资本主义社会经济关系的分析。霍奇森在1982年出版的《资本主义、价值和剥削》一书中指出：“商品是一种为了交换而生产出来的货物或者服务，这种交换包含着一种特殊的社会关系的制度。”②

斯威齐在1942年出版的《资本主义发展论》中认为，正是在对商品生产的社会性质的分析、而不是什么主观成见或伦理原则的分析中，马克思才能把劳动看作是价值的实体，正是“一切经济范畴都必须表现社会关系，这个要求直接地把马克思引到劳动，即引到‘隐藏在其中的商品价值’上来”③。按照马克思的观点，抽象劳动等于“劳动一般”，它是一切人类生产活动所共有的东西。在这一点上，马克思认为他与斯密、李嘉图是一致的。

---

① 《马克思恩格斯文集》第5卷，人民出版社2009年版，第8页。

② Geoff Hodgson, *Capitalism*, *Value and Exploitation*: *A Racial Theory*, Martin Robertson & Company Ltd., 1982, P. 38.

③ 保罗·斯威齐著，陈观烈、秦亚男译：《资本主义发展论》，商务印书馆1997年版，第45页。

斯威齐认为，马克思是以古典经济学派有关劳动这一基本概念为起点的，但与古典经济学派不同的是，马克思“以准确而明白的表述加以发挥，并以他自己的独创的、精辟的风格，用它来分析社会关系”①。揭示价值背后隐藏的社会经济关系的本质，是马克思劳动价值论的重要贡献，也是马克思对经济学对象的准确把握。

斯威齐指出：“诚然，在古典政治经济学的巅峰标志——李嘉图的价值和分配理论中，对资本主义生产关系的一个理性的观点，已经奠立。但是，李嘉图本人始终未能使自己超出狭隘的有限的视野；而他的信徒，则被所解释的前景吓住了，很快地就退回到他几乎已为他们留了逃路的幻想世界中去。此后，只有像马克思这样对现存社会秩序进行批判的人，才敢于在李嘉图止步的地方接踵而起，暴露商品生产形式下的真正社会关系。”② 按照斯威齐的理解，“在交换价值问题上，既有如亚当·斯密所见到的产品数量关系；又有马克思首先发现的另一种关系，即隐藏在数量关系背后的一种特定的、由历史条件决定的生产者之间的关系”③。斯威齐明确指出：“马克思的价值理论的伟大创见，就在于它认识到本问题的这两个方面，并试图在一个单独的概念体系中同时加以探讨。”④

斯威齐认为，对于马克思所指出的这种“社会关系的物化”带来的影响，至少在两个重要方面深刻地影响着传统的经济思想：第一，如果把资本主义经济的一些范畴——价值、地租、工资、利润、利息等，看作好像是一般经济生活都不可避免地具有的范畴，就可能掩盖各种社会形式之间的根本区别，助长一种非历史的和无益的分类法，从而产生使人误解的、有时甚至是荒唐的判断。根据斯威齐的研究，“近代经济学一贯走这条路子，这就是它屈从于商品生产所固有的拜物教的最好证明”⑤。第二，赋予物以独立力量的说法，最清楚地莫过于把“生产要素”分为土地、劳力和资本的传统分类法。斯威齐指出，实际上，“只有通过某种对商品生产的批判性分析，即透过表象而分析它下面的人与人关系，我们才能看清资本主义的正义和资本主义的法律的历史相对性，正如我们只有通过这种分析才能看出资本主义本身的历史性质一样”。所以“拜物教学说的含义远超过经济学和经济思想

---

① 保罗·斯威齐著，陈观烈、秦亚男译：《资本主义发展论》，商务印书馆1997年版，第48页。

②⑤ 保罗·斯威齐著，陈观烈、秦亚男译：《资本主义发展论》，商务印书馆1997年版，第56页。

③④ 保罗·斯威齐著，陈观烈、秦亚男译：《资本主义发展论》，商务印书馆1997年版，第42页。

的寻常界限”。[①]

米克在《劳动价值论研究》一书中，对马克思经济学分析中的生产关系问题提出了自己独特的观点。他认为，“就马克思的方法来说，研究的出发点必须是贯穿这一整个时期的、人们以商品生产者资格所结成的基本关系，研究它的一般抽象的形式。所以首要的任务必须是分析这一基本生产关系的性质，概括地说明它在一切商品生产社会中如何‘决定消费、分配和交换的（形式）’”[②]。米克也指出：“价值作为物化劳动的概念，实际上表明了马克思的这个观点，即经济过程应当从人们在商品生产中结成的社会关系中去分析。”[③]

米克认为，马克思对社会关系分析的主要目的在于，了解资本主义商品生产的发生，究竟怎样限制了商品生产条件下人们的基本生产关系对交换关系所能起的作用。换句话说，本来在简单商品生产和资本主义商品生产条件下，人们以商品生产者资格所结成的基本关系（这种关系在商品生产的整个时期一直存在），“都是通过使商品交换比率成为物化劳动比率的函数而对交换关系发生作用的”。米克在这里使用“函数”这一术语，指的是它在数学上的意义，比如当人们说 x 是 y 的函数时，意思就是 x 和 y 有这样的关系，即 x 决定于 y 并随 y 而变化，这一相倚关系的特性是用函数的形式来说明的。[④] 但是，一旦由简单商品生产过渡到资本主义商品生产以后，这种生产方式的变化就改变了人与人之间的社会经济关系，正是由此马克思才精辟地指出了资本主义利润的来源就在于资本家使用雇用工人生产所创造的剩余价值。

这就是说，马克思在此明确区分了两种不同生产条件下劳动过程，一是一般商品生产中的“劳动过程”，它只生产使用价值；另一是资本主义经济中劳动过程所采取的特殊形式、即“生产过程”，其目的在于创造一个包含了更多价值的价值。显然，这也界定了资本主义生产的特征。这就如谢赫（Shaikh）指出的；“能够把产品（被生产出来的东西）转化为商品（被买卖的东西）的，是一套特殊的社会结构，它围绕着为了交换而生产来组织

① 保罗·斯威齐著，陈观烈、秦亚男译：《资本主义发展论》，商务印书馆 1997 年版，第 57～58 页。

② Meek，R.，*Studies in the Labor Theory of Value*，Lawrence & Wishart，London，1956，pp. 152－153.

③ Meek，R.，*Studies in the Labor Theory of Value*，Lawrence & Wishart，London，1956，P. 164

④ Meek，R.，*Studies in the Labor Theory of Value*，Lawrence & Wishart，London，1956，P. 155.

整个社会的生产活动（劳动）。”① 米克认为，对资本主义来说，马克思经济学的“首要的任务必须是分析这一基本生产关系的性质”②。这样一来，马克思在《资本论》中所表述的各种经济范畴，就必然是现实资本主义社会生产关系在理论上的抽象。

霍奇森对此的解释是：“马克思主义经济学之所以被认为是科学的，其基础就在于，它的中心范畴是对在资本主义生产方式中发现的真实的社会关系的抽象表现。只要这些关系还存在，这些范畴就会继续起作用”③。他认为，“马克思在《资本论》的开头几页上就清楚地表明，他只打算对一个特殊的社会进行分析研究。换句话说，《资本论》并不是离开社会关系和历史阶段去研究抽象的‘经济’，而是研究资本主义经济及其固有的社会关系”④。所以，在霍奇森看来，“马克思主义经济理论是依据一个实际的对象——资本主义生产方式建立起来的”⑤。

考斯塔（G. C. Costa）认为，“马克思用人与人之间的社会关系来解释历史的发展，而新古典学派却使用物与物之间的关系；也就是说，后者用的是人与自然、技术之间的关系，而前者描述的则是‘人与人在组织生产中结成的社会关系’”。他指出：“但事实上，主要是由人与人之间的社会关系解释和决定着人类历史的发展，因此，生产并不能定义为投入与产出之间的技术关系。”⑥

在与现代西方主流经济学的比较中，斯威齐指出，新古典经济学完全抛弃了生产和分配中人与人之间的社会关系，所研究的只是“一个与世隔绝的人（如鲁滨逊）是怎样在创造实际收入和享受闲暇之间分配其时间”的问题。也就是说，“经济理论工作，主要的被看作是概念的构想和联结过程，而这些概念的特定社会内容，则已被他们抽掉了”⑦。

---

① Shaikh, A., Marx's theory of value and the ‘transformation problem’, In Schwartz, J. Edited, *The Subtle Anatomy of Capitalism*, *Santa Monica*, Ca: Goodyear Publishing Co., 1977, P. 111.

② Meek, R., *Studies in the Labor Theory of Value*, Lawrence & Wishart, London, 1956, P. 153.

③ Geoff Hodgson, *Capitalism*, *Value and Exploitation*: *A Racial Theory*, Martin Robertson & Company Ltd., 1982, P. 33.

④ Geoff Hodgson, *Capitalism*, *Value and Exploitation*: *A Racial Theory*, Martin Robertson & Company Ltd., 1982, P. 32.

⑤ Geoff Hodgson, *Capitalism*, *Value and Exploitation*: *A Racial Theory*, Martin Robertson & Company Ltd., 1982, P. 22.

⑥ G. C Costa, *Production*, *Prices and Distribution*, University of Bombay Press, Bombay, 1980, pp. 253 - 254.

⑦ 保罗·斯威齐著，陈观烈、秦亚男译：《资本主义发展论》，商务印书馆 1997 年版，第 18～19 页。

斯威齐以“工资”为例，认为这个独特的概念存在于所有的现代经济理论之中，通过考察它的含义就可以清楚地提示新古典脱离社会关系的技术分析的性质了。斯威齐指出，“工资”这一名词，是从日常用语中借用而来，指的是雇主每隔一个短时期支付给雇用的工人的货币总额，在资本主义社会，它体现的是资本家与雇用工人之间的社会经济关系。但是，在新古典经济理论中，“工资”的这一社会经济关系内容已被抽象掉，重新有了一个定义，认为它是以价值形式或实物形式表现的产品，并起源于一般生产过程的人类劳动。这样，鲁滨逊、独立手工业者、小自耕农，就和资本家工厂的劳动者一样，挣得的都是这种意义上的工资。换言之，“‘工资’变成经济生活（克服匮乏的斗争）中的一个通用的范畴，而不是一个与某一特定社会历史形式有关的范畴……但是，隐藏在这个形式背后的，却是一种从生产率定理推导出来的东西，它的社会内容完全消失，从这一点出发，就可以轻易地和自然而然地把工资看成是‘真正的’或‘实质上的’边际劳动生产率，并且把表现在现实的工资支付上的雇主和工人的关系，看成是偶然的、本身没有什么特殊意义的东西”①。斯威齐还指出，如果我们对新古典经济学中的其他重要概念，如地租、利息、利润、资本等作类似的考察，可以得出大体相同的结果，即“在每种情况下，概念都是从日常用语中借用得来的，社会内容则被抽去，而由此得出的一般范畴，则无差别地适用于各种经济制度”②。因此，尽管社会关系是人们普遍认为与经济问题密切相关的、因而是嵌入日常经济生活之中的，但是新古典经济学家们用斯威齐所提示的方法，避开了对特定的资本主义社会关系进行系统的研究，因而需要“另辟一条研究经济问题的途径，这就是一条和卡尔·马克思的名字相联系的途径”③。

3.2　生产力和生产关系之间的逻辑关系

1970年4月，日本学者出口雄三（Y. Deguchi）在《京都大学经济学评论》上发表了题为《生产力和生产关系之间的逻辑关系》的文章，阐述了他对生产力和生产关系之间关系的理解。出口雄三认为，关于生产力和生产关

① 保罗·斯威齐著，陈观烈、秦亚男译：《资本主义发展论》，商务印书馆1997年版，第20~21页。

②③ 保罗·斯威齐著，陈观烈、秦亚男译：《资本主义发展论》，商务印书馆1997年版，第22页。

系的辩证法，许多人都认为是唯物史观的一个常识，无需多作解释。出口雄三认为，这两个概念之间的逻辑结构其实并没有被彻底地、充分地加以澄清。鉴于此，他从如何把握辩证推理入手，对日本一些学者关于生产力和生产关系之间逻辑关系的理论研究作出周详的评价，并提出自己对这个问题的认识。

出口雄三论述的生产力和生产关系之间的逻辑关系，实际上是对马克思经济学对象的深入分析，特别是对作为马克思经济学对象的生产关系理论的厘清，也是对在生产力和生产关系之间关系各种模糊认识的澄清。

3.2.1 如何把握辩证推理的问题

出口雄三指出，马克思经济学的思想方法以思维中的辩证法为特征。出口雄三认为，有两种定义“辩证逻辑”的方式：一种定义是“对立面的统一”；另一种定义是“正题—反题—合题”或“肯定—否定—否定之否定”。日本学者北川（Sozo Kitagaw）对“这两种定义中哪一种是正确的”这个问题进行了研究，认为第一种定义是正确的。出口雄三赞同这种观点。但是，他不赞同北川认为的“这两种思维方式是相互排斥的”观点①。

在出口雄三看来，这两种不同的思维方式，是从不同视角提出的辩证逻辑的两种定义的必然结果。第一种定义与第二种定义相比更基础、更本源。一般说来，辩证逻辑是用来说明历史现实的普遍结构的一般概念，试图以一种简单的方式表达普遍结构，自然导致“对立面的统一”概念的出现。但是，正是因为现实的历史本质，要求必须以一种动态的方式表达这种普遍结构，在这样做的时候，辩证逻辑就以一种三分法的方式加以表达。因此，“认为辩证逻辑的结构从根本上看应当以‘对立面的统一’的方式加以说明是正确的，因此，第二种定义可以被视为它的必然的结果”②。出口雄三认为，把两种定义彼此对立起来并不准确。

出口雄三对“对立面”和“统一”的概念进行了讨论。

关于对立，出口雄三探讨了关于对立或对立面在辩证逻辑中的三种含义：第一种是相反对立（contrary opposition），相反对立可以通过一个例子来理解，比如我们设想红色与白色相对的颜色领域，当红色和白色这两种极端情况存在时，相反对立就产生了。可以有一系列的存在于这两种极端情况之间的中间的杂色。也就是说，红色是一个极端，白色是另一个极端，在这

①② Y. Deguchi, Logical Relationships Between Productive Powers and the Relations of Production, *Kyoto University Economic Review*, Vol. 40 (1), 1970, P. 3

两个极端之间存在诸如粉红、深红等颜色。其他杂色只不过是两种极端颜色的混合。我们可以说，接近红色的颜色是由红色的肯定和白色的否定构成的，相应地，接近白色的颜色是有对白色的肯定和红色的否定构成的。因此，相反对立只是在某种条件下才可能存在的对立，是一种相对对立。如果条件稍加改变，它就有可能不复存在，也正是因为这种原因，相反对立也是一种抽象对立。

第二种是矛盾对立（contradictory opposition）。它是由相互对立的两极之间的竞争引起的，只有两极中的一极能够确保自己的存在。这种对立以两极整体的而不是部分程度的相互反对、相互否定为特征，因为没有足够的空间能够用来承认并肯定对立的另一极。体育比赛大多数属于这种情况。但是，我们也会发现，在某些场合下，这种对立也会不复存在。比如，一场摔跤比赛，完成比赛后在庆祝宴会上，对手之间也会真诚地称赞对方。因此，矛盾对立也是在一定条件下成立，并且在某些情况下将不再存在，从这种角度看，矛盾对立也是一种相对对立。通常，当人们谈论一个特定的社会矛盾时，指的就是这种矛盾对立。当人们注意到从社会结构或社会运动中产生的各种各样的对立时，人们会认为它们分别是一种特定类型的矛盾对立。当人们努力从逻辑上去理解社会结构或社会运动时，如果聚焦于这种“事物之间的对立”，模糊的东西就会变得清晰起来。我们可以通过“对立联系”、“对立关系”等概念理解社会结构，社会现实将通过“对立逻辑”来加以分析。但是，为了做到这一点，我们必须理解“对立”的本质。

第三种是辩证对立（dialectical opposition）。当矛盾对立的两极处在相互否定的特殊情况下，这种对立可以存在，这种对立意味着矛盾对立的两极互相需要对方的存在。尽管如此，我们仍说它们“相互对立”，是因为它们彼此反对对方，视对方为一种滋扰。此外，对立的两极处于这样一种状态，它们之间肯定的关系和否定的关系实质性地结合在一起，不能彼此分离。这种对立，不是相对对立而是绝对对立。这种对立是“辩证对立”。两极之间的内在矛盾是通过“辩证否定”实现的，两极之间的复杂关系可以被称为“辩证对立”，在现实中，有很多其他表达同样含义的说法，比如“不和谐、冲突、紧张、相互排斥、对立、争执、极化、比例失调等”①。

关于“同一（identity）”或“统一（unity）”，出口雄三认为，辩证对

① Y. Deguchi, Logical Relationships Between Productive Powers and the Relations of Production, *Kyoto University Economic Review*, Vol. 40 (1), 1970, P. 8.

立是“事物在特殊状态下矛盾对立的两极相互否定”的对立。这意味着一极的存在是另一极存在的必要条件。矛盾对立的两极互相否定，又互为存在条件，在一种不可分离的状态下共存。黑格尔（G. Hegel）把“同一”改为“不可分离的状态”，列宁认为后一个表述更好。出口雄三指出，在这里特别提醒注意这一事实，是希望能够避免因“统一”这一概念所导致的肤浅的理解。在常见的情况是，“统一”的概念被广泛使用。在这些情况下，“统一”似乎意味着两个对立的机体通过联合在一起而融入彼此，因此，和谐和和平将会在新生实体内产生。此外，因为“统一”会提出一些实用的功能，如控制和监督，从辩证逻辑和人们的实践行动之间存在必然的联系的立场看，“统一”这个术语更受欢迎。同样，当使用“综合（synthesis）”这个词时，人们可以避免这种思维倾向。其他诸如“妥协（折中）”、“共同存在”、“平行”等与“统一”类似的概念，同样会不断产生误解。重要的是，两极的对立存在提供了彼此存在的必要条件，可以用“相互依存”来表达这种关系，但是，这并不是一个很好的表达，因为这可能意味着两极之间存在某种因果关系。事实上，两极之间的“同时存在”比两极之间的“因果关系”更重要。“两极之间主要是一种本体论关系，在这种本体论关系基础之上，产生了认识论层面的关系。”①

关于对立面的同一（identity），出口雄三认为，对立面的同一显示了辩证逻辑的结构。事物的状态应该从两方面把握，如果仅看到对立的一面，就会失去对和平状态的理解，如果从同一的一面把握事物的全部，就会失去对对立的理解。但是，当我们打算进行解释时，我们不得不从两个方面中的一个方面开始。从而，这两种解释，事实上只是从不同的角度对辩证结构进行的解释。通常谈及辩证同一时，指的是对立两极之间存在“相互作用”的状态，但这不是对事物真实状态的彻底把握。比如，有学者认为，逻辑决定就是一种否定。一极对另一极的否定，必然在相反的方向上引起另一极的否定。同时，对两个否定过程的认识意味着“否定之否定”，可以表达为事物的“统一”或“合一”的状态，结果导致用“相互性”来刻划事物的状态。但仅靠“相互性”这个范畴，谈论“对立面的同一”是不可能的，相互性只不过是相互作用的一种统一的状态。可以把“相互性”看作是一种循环运动，或者更准确地说，看作是一系列的循环运动。这些运动，对辩证

① Y. Deguchi, Logical Relationships Between Productive Powers and the Relations of Production, *Kyoto University Economic Review*, Vol. 40 (1), 1970, P. 9.

逻辑的结构而言是重要的，当然也是必要的，然而，那些认为辩证结构能够通过“相互性”范畴表现出来的人，对于对立面另一个因素的存在肯定一无所知。在辩证领域内，对立或矛盾具有非常复杂的性质，一个矛盾对立自身可以包括另一个矛盾对立。

另一种思维方式认为，辩证逻辑无非是一种主体与客体之间实际关系在思想上的升华。出口雄三指出，认为辩证法是一种对人类实践活动的逻辑认知是正确的。因此，如果主体采取某些行动，而且客体一定程度上被否定了，被比作两极的话，就产生了以“影响（to make）”和“被影响（to be made)”的形式存在的一种关系，从认知的角度看，这是一种逻辑关系，因此，我们可以直接看到辩证逻辑的存在。因为主客体之间的相互影响，使得客体自身成为主体认知活动的基础，结果就很容易理解动态的历史过程了。也可以说，在这种观念中，历史的逻辑就成了一个名副其实的概念了。但必须非常谨慎的一点是，主体与客体在一开始都是独立存在的，逻辑上的反映是从两者之间的实际影响开始时出现的。这样，一种思维方式容易导致形成这样一种观念，即使没有任何实质性的联系，主体和客体也是可以存在的。如果形成了这样的观念，将无法确定辩证结构真正地被认识，因为这样一种观念只是关注通常意义上的实践理论。

3.2.2　如何理解生产力和生产关系的辩证关系

在对上述问题作出论述的基础上，出口雄三对生产力和生产关系之间关系作了探讨。出口雄三作了四个方面的分析和论证。

第一，对旧有的思考方式的回顾。出口雄三认为，马克思发展了社会基本结构的观念，他从生产力和生产关系这两种事物的状态去理解社会的基本结构，通过运用经济结构或社会体制的概念，把生产力和生产关系统一于生产方式。马克思在“价值形式”的标题下作出了下面的陈述：“相对价值形式和等价形式是同一价值表现的互相依赖、互为条件、不可分离的两个要素，同时又是同一价值表现的互相排斥、互相对立的两端即两极；这两种形式总是分配在通过价值表现互相发生关系的不同的商品上。”[①] 出口雄三认为，这一陈述对价值表现进行了解释，它对相对价值形式和等价形式之间辩证对立真实的一面作了最充分的说明。但是，他指出：“许多人会理解这个

① 《马克思恩格斯文集》第5卷，人民出版社2009年版，第62~63页。

说明后半部分的意思，但是很少有人充分地理解这个说明的前半部分。”① 因此，对价值的两种形式彼此之间存在的紧密联系——虽然那两种商品恰好成为这里的两极具有偶然的性质——难以作出更加充分的理解，结果这种状况导致了对对立因素的过分认知。比如，直到对前半部分的不可分性和后半部分的矛盾对立都有了充分的理解，我们才能够准确地理解黄金的社会含义。黄金作为一种货币形式，一方面是使用价值和交换价值的统一；另一方面，它是一种被人们盲目崇拜的有着特殊的自然形式的劳动产品。否则，就无法充分理解货币以及黄金只是一种社会表达，从而导致了只对它们进行纯粹技术性的解释，把黄金只视为一种方便交易的手段，从而产生了曾经存在过的错误观点，即认为如果其他物品取代黄金成为货币，资本主义的一切矛盾都可以解决的错误观点。

第二，对马克思叙述的探究。马克思在《雇佣劳动与资本》中指出：“资本以雇佣劳动为前提，而雇佣劳动又以资本为前提。两者相互制约；两者相互产生。”② 马克思认为，“断言资本的利益和工人的利益是一致的，事实上不过是说资本和雇佣劳动是同一种关系的两个方面罢了。一个方面制约着另一个方面，就如同高利贷者和挥霍者相互制约一样”③。雇佣劳动和资本代表了资本主义社会的生产力和生产关系，它们之间是一种辩证关系，相互之间既不可分离，又相互对抗。马克思指出：“增加劳动的生产力的首要办法是更细地分工，更全面地应用和经常地改进机器。”④ “生产方式和生产资料是如何通过这种方式不断变革，不断革命化的；分工如何必然要引起更进一步的分工；机器的采用如何必然要引起机器的更广泛的采用；大规模的劳动如何必然要引起更大规模的劳动。这是一个规律，这个规律一次又一次地把资产阶级的生产抛出原先的轨道，并且因为资本已经加强了劳动的生产力而迫使它继续加强劳动的生产力；这个规律不让资本有片刻的停息，老是在它耳边催促说：前进！前进！”⑤ 出口雄三认为，这些判断，一是意味着生产力是分工的结果；二是虽然生产力和生产关系总是一起存在，但是后者

---

① Y. Deguchi, Logical Relationships Between Productive Powers and the Relations of Production, *Kyoto University Economic Review*, Vol. 40 (1), 1970, P. 14.

② 《马克思恩格斯文集》第1卷，人民出版社2009年版，第727页。

③ 《马克思恩格斯文集》第1卷，人民出版社2009年版，第728页。

④ 《马克思恩格斯文集》第1卷，人民出版社2009年版，第735~736页。

⑤ 《马克思恩格斯文集》第1卷，人民出版社2009年版，第737页。

总在加速生产的进行，换句话说，“生产关系支配着生产力”①。另一方面，马克思又认为，“必须考虑到，新的生产力和生产关系不是从无中发展起来的，也不是从空中，又不是从自己产生自己的那种观念的母胎中发展起来的，而是在现有的生产发展过程内部和流传下来的、传统的所有制关系内部，并且与它们相对立而发展起来”②。这里意味着，生产力和生产关系之间的同一性关系具有历史的性质。各种所有制关系（或财产关系）“只是生产关系的法律用语”③。出口雄三认识到，人们可能会认为把各种所有制关系视为生产关系是不正确的，虽然它们有时候在内容上是相同的。他对此作了辩解，“在社会科学中，一些概念——即使使用相同的表达——被用于特定的学科时，这种词汇会以一种特定的方式被加以解释，以至于在某种程度上，显示出区别于这个词汇常规含义的意义，比如权利和义务，价值和利益”④。出口雄三的观点是，把生产关系转换到特定形式的生产资料所有制关系下的生产过程，观察到的人类关系将不存在错误。

因此，如果从它们的社会属性的角度表达生产力和生产关系，它们应当被表达为劳动分工和所有制关系。分工指的是人类劳动功能和物质生产能力的状态，所有制关系指的是生产能力所有权的状态。这两种状态是生产力发展的两种动机，两种状态之间并不具有这样的本质联系，即分工必须先于所有制关系存在，或者说，除非所有制关系首先建立起来，否则无法实现分工。相反地，也不存在这种本质联系，即在不存在分工的情况下，所有制关系就建立起来，或者分工在所有制关系建立之前就形成了。出口雄三的结论是：“认为应当决定分工和所有制关系之间的序列关系，不是对马克思思想的正确理解。”⑤

出口雄三认为，有了这些基本的理论认识，就可能更好地理解马克思所阐述的生产力和生产关系之间动态关系的论述。马克思指出：“社会的物质生产力发展到一定阶段，便同它们一直在其中运动的现存生产关系或财产关系（这只是生产关系的法律用语）发生矛盾。于是这些关系便由生产力的

---

① Y. Deguchi, Logical Relationships Between Productive Powers and the Relations of Production, *Kyoto University Economic Review*, Vol. 40 (1), 1970, P. 16.

② 《马克思恩格斯全集》第46卷上，人民出版社1979年版，第235页。

③ 《马克思恩格斯全集》第13卷，人民出版社1962年版，第9页。

④ Y. Deguchi, Logical Relationships Between Productive Powers and the Relations of Production, *Kyoto University Economic Review*, Vol. 40 (1), 1970, P. 16.

⑤ Y. Deguchi, Logical Relationships Between Productive Powers and the Relations of Production, *Kyoto University Economic Review*, Vol. 40 (1), 1970, P. 17.

发展形式变成生产力的桎梏。那时社会革命的时代就到来了。”[①] 出口雄三担心，人们可能会把马克思关于生产力和生产关系之间的辩证对立的论述理解为矛盾对立的论述。出口雄三认为，正是这种类型的错误理解，导致对马克思思想的错误认知。他还指出，在这个问题，马克思本人也负有一定的责任，这部分是因为马克思使用许多类比来表达自己的这一思想。在《政治经济学批判大纲》（《1957～1958 年经济学手稿》）中，马克思指出：“财富的一切条件，或者说，财富的再生产即社会个人的富裕发展的最重大的条件，或者说，资本本身在其历史发展中所造成的生产力的发展，在达到一定点以后，就会不是造成而是消除资本的自行增值。超过一定点，生产力的发展就变成对资本的一种限制；因此，超过一定点，资本关系就变成对劳动生产力发展的一种限制。一旦达到这一点，资本即雇佣劳动同社会财富和生产力的发展就会像行会制度、农奴制、奴隶制同这种发展所发生的同样的关系，就必然会作为桎梏被打碎。”[②] 在《资本论》第一卷中，马克思用资本主义的“外壳”这个术语来指称生产关系。马克思指出：“生产资料的集中和劳动的社会化，达到了同它们的资本主义外壳不能相容的地步。这个外壳就要炸毁了。资本主义私有制的丧钟就要响了。剥夺者就要被剥夺了。”[③] 在《资本论》第三卷中，马克思指出：“就劳动过程只是人和自然之间的单纯过程来说，劳动过程的简单要素是这个过程的一切社会发展形式所共有的。但劳动过程的每个一定的历史形式，都会进一步发展这个过程的物质基础和社会形式。这个一定的历史形式达到一定的成熟阶段就会被抛弃，并让位给较高级的形式。分配关系，从而与之相适应的生产关系的一定的历史形式，同生产力，即生产能力及其要素的发展这两个方面之间的矛盾和对立一旦有了广度和深度，就表明这样的危机时刻已经到来。这时，在生产的物质发展和它的社会形式之间就发生冲突。”[④] 在这里，生产力被表述为“劳动过程的物质基础”，生产关系被表述为“生产的社会形式”，在特定历史阶段的生产力及其发展和生产关系之间，产生了物质生产发展及其社会形式之间的冲突。出口雄三认为，如果有人就此把生产力和生产关系错误地理解为物质概念和社会概念或者内容和形式的关系，这种思维方式是一种误解。

---

① 《马克思恩格斯文集》第 2 卷，人民出版社 2009 年版，第 591～592 页。
② 《马克思恩格斯全集》第 46 卷下，人民出版社 1980 年版，第 268 页。
③ 《马克思恩格斯文集》第 5 卷，人民出版社 2009 年版，第 874 页。
④ 《马克思恩格斯文集》第 7 卷，人民出版社 2009 年版，第 1000 页。

3.2.3 对生产力和生产关系之间关系多种解释的评述

出口雄三首先对普列汉诺夫（G. V. Plekhanov）的理论作了评价。普列汉诺夫的成熟思想体现在《马克思主义的基本问题》中。普列汉诺夫认为，"生产力的发展归根到底决定着一切社会关系的发展，而决定生产力的发展的则是地理环境的性质。但是，某种社会关系一旦发生以后，它本身对于生产力的发展就给予很大的影响。这样，起初是结果的东西，现在又变成原因了；在生产力发展和社会制度之间发生了相互影响，这种相互影响在不同的时代带着各种不同的形式"①。"我们需要注意的主要的东西，就是……财产关系在生产力发展到一定的阶段上形成以后，在相当时期内是帮助这种生产力进一步发展的，但是后来它又开始阻碍生产力的发展了。"② 普列汉诺夫把经济历史发展阶段划分为前后两个阶段，前一阶段是生产力发展阶段，后一阶段是对生产力发展产生阻碍的阶段。出口雄三指出，把经济组织的历史变化分为两个阶段并不是没有意义，但是，仔细考察就会发现，生产力和生产关系之间既是辩证对立的关系，也是相互依赖的关系。因此，生产在任何阶段的发展，都是加速向前的。如以资本主义经济组织为例，甚至在矛盾对立非常严重的时期，也仍然有大量的例子表明生产力在不断发展，生产力的发展并没有完全受到阻碍。出口雄三认为，"必须承认，这一时期资本和劳动之间的矛盾非常严重，但是，认为矛盾如此严重以至于不再存在生产力的发展则是错误的。甚至在战争爆发时，科学的进步以及它的应用都仍然在取得巨大的进步。任何不承认这一事实的理论都只是抽象的理论。唯一有问题的地方在于，当前资本主义体制下生产力的发展不是为了人类解放的利益，而是为了资本的利益，由于资本的约束，生产力的发展使人类异化的程度越来越深入，使得人类本质的实现偏离了健全的方向"③。总之，在出口雄三看来，生产力在任何阶段都在加速发展，即使在资本主义矛盾非常尖锐的时候，生产力被资本推动也会继续加速发展。只看到资本和劳动之间的矛盾在资本主义国家的加剧，而看不到生产力的任何发展是错误的。

出口雄三对另一种认识生产力和生产关系的观点进行了评价。栉田（Tamizo Kushida）把生产关系称作"产生于劳动分工和私有财产的经济关

① 《普列汉诺夫哲学著作选集》第3卷，三联书店1962年版，第167页。
② 《普列汉诺夫哲学著作选集》第3卷，三联书店1962年版，第179页。
③ Y. Deguchi, Logical Relationships Between Productive Powers and the Relations of Production, *Kyoto University Economic Review*, Vol. 40 (1), 1970, P. 20.

系”，把生产力视为“自然力、人力和技术的社会运用”。他在批评川上（Kawakami）认为两者的“彼此都是对方的原因”时指出，应当用“相互调节”（mutually mediating），而不是“原因”这个术语描述两者之间的关系。栉田和川上都把辩证对立视为一种“相互作用”。两人都把关注的焦点指向了与生产关系相比，生产力是否是“更具支配性的动机”。川上虽然认为生产力比生产关系“更具影响力”，但并未对此进行证明；此外，他对两者之间对立关系的解释也是不充分的。川上用身体和衣服作为类比解释生产力和生产关系之间的关系，这可能是受马克思“外壳”这个名词的影响，但川上并没有说明任何超越类比层面的逻辑结构。因此，出口雄三认为，川上并没有完全理解什么是辩证认识。

3.2.4 出口雄三对自己观点的阐述

出口雄三认为，马克思思想的基础是生产方式，包括生产力和生产关系。生产力表示人类制造过程中与主客体相联系的各种有效的条件，如土地和地下资源、人的身体、人造工具或器械、科学的能力等。从生产力包含的内容看，构成生产力的要素可以是物质的也可以是非物质的。“制造”（making）是古希腊思想中“做”（poiesis）的英文翻译。把构成生产力的各种要素统一在一起的能力被视为是生产能力。这些能力用“具体的有用劳动”来代表，这种劳动通过分工或协作而使自身具体化。

出口雄三认为，生产关系指的是总体意义上的人类关系，这种关系源自“人类行动”（human acting）产生的生产力的所有制形式。“行动”（acting）一词是古希腊思想中“实践”（praxis）的含义，用在这里区别于“制造”。行动能力是由“抽象的人类劳动”来代表的。当和人类动机与目的联系起来时，行动就开始具有具体化的本质了。

出口雄三强调，“制造”和“行动”会相互重叠。人类行为必须在这种两重性中加以考察。“生产力所有”指的是生产得以进行的社会条件，根据生产力所有形式的不同，生产的社会条件有所不同。人类行为有“制造”和“行动”两个阶段。它们之间既不是目的和手段的关系，也不是内容和形式的关系。它们独立存在，发挥各自独特的意义，正是因为这个原因，它们分别作为一极彼此对立，而不是彼此包含。简单地说，制造和行动构成了辩证对立的关系。如果构成生产力的要素作为“制造”的要素独立出来，它就完全无法工作或无法有效地发挥作用。构成生产力的要素在劳动过程中统一在一起发挥作用。另一方面，如果我们把生产力作为“行动”的要素，它们就或者被集体所有或者被个体所有。我们就有了不同的所有制关系。因此，生产力和生产关系各自有不同的具体存在形式，彼此不包含对方。然而，它们又不是以两种不同的状态存在。正是在这个意义上，从主体的视角看，“制造”就是“行动”，从客体的视角看，“行动”就是“制造”，因此，生产力和生产关系是同一个劳动过程的两个状态，两个彼此对立的状态，虽然生产力和生产关系是一种二元结构，但它们是同一个社会现实，处于同一个动态状态中。在这种意义上，生产力和生产关系即是两个事物，又是同一个事物，换句话说，“它们处于‘辩证对立’的关系中”①。

3.3　法因论生产方式的涵义及其意义

马克思在多重意义上使用生产方式的概念，这是大多数西方经济学的研究者都赞同的事实。对于生产方式，“马克思并没有从任何单纯的、一贯的意义上使用过这一术语。不过，这个术语从马克思使用以后起，却被阐述为一种对历史进行系统的说明的核心要素，即认为历史是由不同的生产方式组成的一个连续的过程”②。这种对生产方式概念一般意义上的使用，为经济分析提供了极大的便利，人们可以很方便地说，“封建主义生产方式”、“资本主义生产方式”、“生产方式的典型特征”等。但是，在这种一般性的使用中也可能存在混淆或遮蔽，比如，生产方式和社会形态之间是什么样的关系？在谈论资本主义生产方式时，指的是一般意义上的资本主义，还是特定形式的民族国家资本主义？一般性的概念明显无法排除可能存在的问题，因此对生产方式的涵义及其意义进行研究成了一个必然的课题。在这方面，法因（B. Fine）和哈里斯（D. J. Harris）进行了研究。他们使用广义的生产方式概念，对生产方式和社会形态之间的区别与联系进行了讨论，解释了生产方式的阶段划分原则，分析了同一种生产方式内不同阶段之间的转变和一种生产方式向另一种替代性的生产方式转变之间的差异。

3.3.1　法因论广义生产方式概念

法因和哈里斯非常关注的问题是“什么是资本主义生产方式?”，或者

---

① Y. Deguchi, Logical Relationships Between Productive Powers and the Relations of Production, *Kyoto University Economic Review*, Vol. 40 (1), 1970, P. 27.

② *A Dictionary of Marxist Thought*, Second Edition, Edited by Tom Bottomore, Blackwell Publishers Ltd, 1991, P. 379.

说“一种生产方式是否是资本主义的?”① 他们在《重读〈资本论〉》开篇就明确提出：“在这本书里，我们陈述并参与了马克思主义者之间关于资本主义生产方式研究的争论。这种生产方式是马克思成熟著作（特别是《资本论》和《剩余价值理论》）的对象，他运用特定的唯物主义方法研究了它。”②

法因和哈里斯追随阿尔都塞和巴里巴尔（E. Balibar）以及普兰查斯，采用一种广义的生产方式概念。在《读〈资本论〉》中，阿尔都塞指出，马克思提出“生产方式这一关键性概念，因此他能够说明生产对自然物质加工的不同水平，‘人与自然’之间的统一的不同方式以及这种统一的各个发展阶段。但是，由于马克思同时向我们揭示了考察生产的物质条件的理论意义，生产方式的概念也就向我们揭示了另一个起支配作用的，同‘人—自然’的统一的发展阶段相应的现实：生产关系……由此我们可以看到，人—自然统一的发展阶段所表示的这种统一同时也就是人—自然的关系与生产借以进行的社会关系的统一。因此，生产方式概念是这种双重的统一的统一概念。”③ 阿尔都塞在讨论经济的概念时认为，“马克思通过他的概念来规定经济的时候（我们暂时用空间的比喻来说明他的思想），他不是在同质的平面空间的无限性中，而是在区域结构所规定的、并且是总的结构的组成部分的特定领域中来说明经济现象的。因此他是把经济现象看作是一个复杂和深刻的空间，而这个空间又是另一个复杂而深刻的空间的组成部分……从严格意义的经济学角度来看，构成和决定经济学对象结构的是下述结构，即生产力和生产关系的统一。这个结构的概念不能在生产方式的总结构概念范围之外来说明……必须为每一种生产方式建立经济概念，正像必须为生产方式的每个其他‘层次’如政治和意识形态等等建立概念一样”④。也就是说，在《读〈资本论〉》中，阿尔都塞和巴里巴尔认为，经济、政治和思想意识这些层次是构成特殊的实践的层次，而所有的层次结合在一起构成了一个结构的总体，生产方式包含不同的层次，如政治和意识形态的层次。在阿尔都塞

① 本·法因、劳伦斯·哈里斯著，魏埙等译：《重读〈资本论〉》，山东人民出版社1993年版，第11页。

② 本·法因、劳伦斯. 哈里斯著，魏埙等译：《重读〈资本论〉》，山东人民出版社1993年版，第3页。

③ 路易·阿尔都塞、艾蒂安·巴里巴尔著，李其庆等译：《读〈资本论〉》，中央编译出版社2001年版，第201~202页。

④ 路易·阿尔都塞、艾蒂安·巴里巴尔著，李其庆等译：《读〈资本论〉》，中央编译出版社2001年版，第212~213页。

和巴里巴尔看来，生产方式是由两套关系或“联系”构成的：“对自然的真正的利用的关系”和“对产品的占有的关系”。阿尔都塞和巴里巴尔的认识和马克思在《〈政治经济学批判〉序言》中的分析存在一定的冲突。

普兰查斯在分析“生产方式和社会形态中的阶级”时，专门说明了“与某一特定生产方式及其由历史决定的社会形态相联系的社会阶级”① 有关的问题。他指出了生产方式和社会形态之间的区别，“当我们像《资本论》所表示的那样，从理论上探讨‘纯粹的’生产方式，例如，探讨‘纯粹的’资本主义生产方式时，我们看到它对支持者的影响表现在两个阶级的区别上，即资本家阶级和雇佣劳动者阶级的区别上。然而，社会形态包括若干生产方式交迭在一起，其中一种起着支配作用，因此，它比‘纯粹的’生产方式代表着更多的阶级”②。在谈到《资本论》的分析时，普兰查斯认为：“由于资本主义生产方式的特点是各种环节有其特殊的独立性，所以政治法律和意识形态环节没有像经济环节——这是它研究的中心——那样，在同样的基础上加以分析。”③ 尽管普兰查斯的分析中心是阶级问题，但是很明显从引文中可以看出，他坚持的也是一种关系的生产方式概念。

法因和哈里斯指出：“马克思在几种意义上使用了生产方式这个概念。有时是特指生产，有时指整个经济过程，有时指包括政治、意识形态以及经济关系的所有社会关系”④。法因和哈里斯在另外一个地方又指出，“政治的和思想意识关系必然作为自身与经济相联系的特殊构成而包括在资本主义生产方式之中。”⑤ “生产方式是指既有差别又相对统一的政治、意识和经济水平所构成的社会整体。”⑥ 从法因和哈里斯的理论来源和他们自己的解释可以看出，他们所说的广义的生产方式，指的是一种包含丰富内容的生产方式概念。

---

① 尼克斯·波朗查斯著，叶林等译：《政治权力与社会阶级》，中国社会科学出版社 1982 年版，第 66 页。

②③ 尼克斯·波朗查斯著，叶林等译：《政治权力与社会阶级》，中国社会科学出版社 1982 年版，第 67 页。

④ 本·法因、劳伦斯·哈里斯著，魏埙等译：《重读〈资本论〉》，山东人民出版社 1993 年版，第 11～12 页。

⑤ 本·法因、劳伦斯·哈里斯著，魏埙等译：《重读〈资本论〉》，山东人民出版社 1993 年版，第 102 页。

⑥ 本·法因、劳伦斯·哈里斯著，魏埙等译：《重读〈资本论〉》，山东人民出版社 1993 年版，第 16 页。

3.3.2 法因论生产方式和社会形态的区别

法因和哈里斯认为：就生产方式而言，“不论是狭义的还是广义的概念，重要的是马克思把它作为一个非常抽象的概念。我们生活在其中的社会自身不是一种生产方式，它也不能在生产方式这个概念的所有复杂性中再生产出来。反之，我们实际生活在其中的社会的概念，是诸如‘1978 年的英国’一样的某种特殊的社会形态，而资本主义生产方式则是一个更一般和更抽象的概念”①。也就是说，法因和哈里斯在生产方式和社会形态之间进行了区分。他们指出，资本主义生产方式是以生产手段的分配和控制为特征的，即生产手段和劳动产品的所有者不是工人，而工人只拥有作为商品的劳动力。法因和哈里斯认为，在这些概念的基础上，马克思提出了资本主义生产方式的理论，并揭示了资本主义发展规律。他们以英国为例，说明了资本主义生产方式和社会形态的不同，资本主义生产方式的发展规律与英国的历史也是不同的。至少有两个事实可以说明这一点：第一，资本主义生产方式是关于两个阶级即资产阶级与工人阶级（资本所有者和劳动所有者）之间关系的理论，而社会形态在其中也包含了其他阶级，例如小资产阶级和农民；第二，社会形态的历史是按照一定的年代和一定的顺序展开的，这个顺序使一个资本主义社会形态与另一个社会形态区别开来。“资本主义生产方式的发展规律与任何时间序列无关，而是普遍适用的。”②

既然生产方式和社会形态之间存在区别，那么两者之间是什么关系呢？法因和哈里斯对两者的关系进行了进一步的考察。法因和哈里斯认为，“任何特定的社会形态是不同生产方式的结合”③。他们认为，一种社会形态是一个完整的社会实体，这个实体是几种生产方式、更多的基本社会总体相互连结起来的产物。资本主义社会形态是资本主义生产方式支配其他组成方式的产物。

法因和哈里斯在论及《资本论》的结构和对象时指出，对生产方式来说，“最重要的是，它是一个非常抽象的概念。因此，马克思并不是要提出关于某一特殊社会（如 19 世纪中叶的英国和欧洲）的理论，而是揭示在所有资本主义社会形态中支撑和决定其经济过程的一般规律（尽管这些规律

①② 本·法因、劳伦斯·哈里斯著，魏埙等译：《重读〈资本论〉》，山东人民出版社 1993 年版，第 12 页。

③ 本·法因、劳伦斯·哈里斯著，魏埙等译：《重读〈资本论〉》，山东人民出版社 1993 年版，第 13 页。

的表现形式在不同社会形态中有所不同……在资本主义的不同阶段也有所不同)”①。也就是说，法因和哈里斯认为，生产方式是抽象程度更高的概念，但是，把两个概念中的任何一个作为社会整体单独地确定概念都是不正确的，把它们作为两种抽象水平的东西相互对立起来也是错误的。

法因和哈里斯使用广义的生产方式概念，并对生产方式和社会形态进行区分，是与他们自己的研究重点密不可分的。他们的著作“把阐明现代资本主义的运行作为最终目标”，他们的研究兴趣，主要在于“国家所发挥的日益增大的经济作用以及同资本国际扩张的关系”②。因此，他们从“生产方式入手建立资本主义国家的理论，同时抽象掉民族国家……首先在资本主义生产方式（资本主义民族国家间的关系）的层次上，然后在资本主义与其他生产方式（不平衡发展）之间关系的层次上展开研究”，同时还要对“资本主义生产方式是一个历史过程，它可以划分为若干阶段”进行研究，而且“即使从生产方式角度研究国家”，“也必须把适用于这种生产方式的一切阶段的特征与只适用于该生产方式的特定阶段的特征区分开来”。③

《重读〈资本论〉》的分篇充分体现了法因和哈里斯对“生产方式”研究的思路。《重读〈资本论〉》一书分为两篇，第一部分讨论了《资本论》的方法与结构，价值、价格和转形问题，生产性劳动和非生产性劳动，利润率趋向下降的规律和危机理论；第二部分分析了资本主义国家，资本主义的分期、国家垄断资本主义，生产方式、民族国家和帝国主义。在他们看来，第一部分事实上是对资本主义生产方式高度抽象的研究，第二部分事实上是对资本主义生产方式的具体研究，或者说是对资本主义生产方式不同阶段的研究；在该书的序言中，法因和哈里斯指出：“为了分析具体问题，资本主义生产方式理论是高度抽象的。但是……它对于向着较少抽象分析的进展来说是必要的基础。”④

3.3.3　法因对生产方式阶段划分的探讨

很多学者都同意，当代资本主义在很大程度上不同于早期资本主义。现

① 本·法因、劳伦斯·哈里斯著，魏埙等译：《重读〈资本论〉》，山东人民出版社1993年版，第16～17页。

② 本·法因、劳伦斯·哈里斯著，魏埙等译：《重读〈资本论〉》，山东人民出版社1993年版，第91页。

③ 本·法因、劳伦斯·哈里斯著，魏埙等译：《重读〈资本论〉》，山东人民出版社1993年版，第92页。

④ 本·法因、劳伦斯·哈里斯著，魏埙等译：《重读〈资本论〉》，山东人民出版社1993年版，第1页。

阶段的资本主义被赋予了不同的称谓，例如晚期资本主义、垄断资本主义、帝国主义、国家垄断资本主义等，甚至是最新的国际垄断资本主义。不少作者在这些名目下，对与资本主义社会有关的许多方面进行了具体的分析，提出了很多有价值的见地。但是法因和哈里斯认为，“很少发现他们对生产方式阶段的涵义的任何考察”，在有关研究中，“所看到的只是运用于具体的社会形态的阶段概念，因而把概念同它运用于其中的社会的具体历史区别开来是困难的”①。

对于生产方式是否可以划分为阶段的问题，存在着多种意见。比如普兰查斯认为，只有具体的社会形态，才能被认为其历史可以划分为若干阶段。普兰查斯指出：“我们的分期直接地包含一系列的认识论前提。分期应该在社会形态的层次上进行，例如生产方式存在的形式，在资本主义的例子中：分期不是从假想的生产方式本身的‘趋势’中推知的，那仅仅是一个抽象的东西。只有社会形态能够被分期，因为阶级斗争正是在社会形态中显现出来的：生产方式仅仅存在于经济的、政治的和思想意识的具体条件下，这些条件决定了生产方式的确立和再生产。”② 法因和哈里斯则认为，“这样的研究总是遭受不能区别历史分期的两种方法之苦。其一是认为阶段是高度抽象的概念，是生产方式的阶段；其二是把阶段视为异常复杂的概念，是社会形态的阶段”③。法因和哈里斯的观点是，“社会形态的运转只能理解为方式或生产方式发展的具体结果。同样地，社会形态的历史进步也只能理解为生产方式变革的产物。这种变革既包括一种方式对另一种方式的替代，不同生产方式在转变过程中的连接，也包括同一生产方式内一个阶段到另一个阶段的转变”④。

法因和哈里斯提出生产方式阶段的概念，以及生产方式变化的三种形式（替代、连接、转变），是服务于他们研究“资本主义生产方式从一个阶段到另一个阶段的运动”的，因为“不对此进行研究，就不可能考察资本主义发展的一般规律，马克思主义者将会一味地研究特定的资本主义社会是怎样获得发展的，而不能把这些发展奠基于一般规律之上”，此外“除非能够表明生产方式的规律产生不同的阶段而非连续的趋势，否则我们就根本没有

①③ 本·法因、劳伦斯·哈里斯著，魏埙等译：《重读〈资本论〉》，山东人民出版社 1993 年版，第 101 页。

② Nicos Poulantzas, *Classes in Contemporary Capitalism*, Translated from the French by David Fernbach, NLB, 1975, P. 48.

④ 本·法因、劳伦斯·哈里斯著，魏埙等译：《重读〈资本论〉》，山东人民出版社 1993 年版，第 101 ~ 102 页。

任何理由把社会形态的历史划分为不同阶段”①。法因和哈里斯以英国为例，说明划分生产方式阶段的必要性，“如果被问及为什么说英国社会处在国家垄断资本主义阶段，我们所能回答的将仅仅是说英国的具体历史表明其在不同时期明显不同。然而，我们可以像资产阶级教科书所做的那样，根据统治君主的姓名（英国的维多利亚）或是最新运输方式（铁路时代）来区别不同的时期，而不涉及马克思主义的资本概念”②。

法因和哈里斯在一定程度上，正确地指出了当代资本主义研究中存在的一些问题。如果忽视对生产方式阶段的研究，将难以说明资本主义发展“奠基于一般规律之上”，即使大多数研究都明确指出资本主义发展仍然遵循着马克思所分析的一般规律，但因为缺乏对这个规律自身的具体研究，而是习惯性地转向对资本主义社会技术或社会关系特征的刻画，从本质看这样的研究和资产阶级经济学无甚差异，因为它们不一定“涉及马克思主义的资本概念”。

那么，法因和哈里斯是如何划分生产方式的阶段的呢？他们指出，“尽管生产方式是根据特定的关系而进行定义的，但这并不表明一个生产方式内部不会发生任何变化。这些变化的存在是把生产方式划分为不同阶段必不可少的先决条件”③。但是，他们认为，在生产方式阶段定义上存在两个主要问题：“第一，在由一个阶段到另一个阶段的转变中发生的是哪种变化？它们如何与由一种方式到另一种方式转变中发生的变化相区别；第二，是原因问题，即由一个阶段到另一个阶段的背后的推动力量是什么？”④ 法因和哈里斯的结论是，对第二个问题的回答部分地阐明了第一个问题，尤其是“资本主义生产方式内的变革，无论其是否定义为不同阶段之间的运动，都可以在所使用的生产方式概念（与社会形态相对）的抽象层次上加以分析”⑤。

法因和哈里斯的真实意图是，扩大生产方式概念的内涵，或者说使用他们所说的“广义的生产方式”的概念，从而消除对资本主义发展阶段研究中存在的一些难题。这点可以在他们对从自由放任资本主义到垄断资本主义转变的分析中体现出来。法因和哈里斯指出，在《资本论》中，马克思的分析是从生产方式的角度进行的，社会形态（19 世纪的英国）仅仅是作为

---

①②③　本·法因、劳伦斯·哈里斯著，魏埙等译：《重读〈资本论〉》，山东人民出版社 1993 年版，第 102 页。

④⑤　本·法因、劳伦斯·哈里斯著，魏埙等译：《重读〈资本论〉》，山东人民出版社 1993 年版，第 103 页。

一种例证被加以介绍的；另外，即使是采取这种生产方式的分析角度，阶级斗争仍然被引入，其基础亦被加以分析。法因和哈里斯引用马克思的分析，解释说："马克思认为阶级斗争的形式——在此是关于工作日的斗争——是从高度抽象的生产方式角度对这些关系或生产进行分析的必然结果。"① 通过上述分析，法因和哈里斯的结论就变得非常容易理解了，他们认为"资本主义关系以及与此相联系的阶级斗争之下的积累就是决定资本主义生产方式从一个阶段到另一个阶段转变的基本力量"②。法因和哈里斯认识到他们的这种分析种隐含的一个重大问题，这种陈述太笼统，因为很明显的，积累和阶级斗争在总体上决定了资本主义制度内部的发展，也决定了资本主义向社会主义生产方式的过渡，那么他们对生产方式阶段转变基本力量的分析，无助于区分新阶段和新方式之间的不同，无助于区分一种生产方式内部的不同阶段。也就是说，只达到上述认识无法区别生产方式的分期和社会形态的分期。

法因和哈里斯意识到上述问题的存在，为了区分两种分期，他们把生产力和生产关系发展的后果加入到分析中。"我们知道那种与新生产方式变化相一致的后果——它们包含了生产关系方面的基本变化"，他们指出："新生产方式的特征不是生产关系再生产藉以进行的那种形式的单纯变化（例如合法的），而是生产阶级和非生产阶级对生产资料占有与控制的变化。"③ 而与方式变化相联系的变化相对照，"生产力和生产关系发展对一个方式内社会关系形式的影响规定了由生产方式的一个阶段到另一阶段的转变"④。

法因和哈里斯认为，他们的分期原则产生于生产方式本身的客观发展。比如，对资本主义的分析表明资本主义极大地促进了作为社会主义历史先决条件的生产社会化的发展。而对资本主义社会进行分期的依据，正是社会关系发展中对这一点的反映。同时，这样一种分期会在占有、控制剩余价值方法的变动中表现出来，这一点还会在分配和交换的经济关系中得到反映。法因和哈里斯以他们对资本主义进行分期的方法与马克思对封建主义进行分期的方法是一致的为例进一步解释了他们的生产方式分期原则。他们指出："由于封建主义通过自身的发展历史地为资本主义创造了前提条件，就按照生产关系所表现出来的日益提高的私有化（向私有财产发展）和分配上表

①② 本·法因、劳伦斯·哈里斯著，魏埙等译：《重读〈资本论〉》，山东人民出版社 1993 年版，第 104 页。

③④ 本·法因、劳伦斯·哈里斯著，魏埙等译：《重读〈资本论〉》，山东人民出版社 1993 年版，第 105 页。

现出的日益提高的社会化（商品交换）而把封建主义划分为几个连续的阶段。因此，采用的是对生产方式进行分期的一般方法——按照它们向新方式的客观发展而进行分期。”① 以这种原则理解封建主义的阶段划分，分别是徭役地租、实物地租和货币地租三个阶段，这三个阶段表现为不同阶段上借以吸取剩余劳动的制度安排上的差异。法因和哈里斯在分析封建主义分期时一段话具体、清晰地阐释了他们的上述分期原则，“照马克思看来，封建生产方式在其向资本主义转变的运动中经历了三个阶段。与每种地租形式变换相联系的是一种新的社会关系结构，这种社会关系结构是社会再生产的基础。这些关系包含了基本的封建生产关系的新形式，这些形式维护基本关系却也同样地促发了阶级斗争的新形式。顺便说一句，应该看到阶级斗争产生了新目标，在不同的阶段，这些新目标不是推动向下一阶段的转变（例如从超经济强制中产生的经济自由的要求）就是导致同生产关系本身的对抗。”②

法因和哈里斯对生产方式进行的上述探讨有着一定的理论价值，比如能够更好地说明资本主义发展一般规律在不同时期的具体展现，能够更加本质性地分析资本主义的发展阶段，也有助于解释现实中出现的一些难题，比如为什么革命在落后的俄国成功了而在先进的德国却失败了。然而，他们对广义生产方式概念的研究，深受阿尔都塞和巴里巴尔以及普兰查斯对生产方式、社会形态和阶级探讨的影响，毫无疑问，对前三位学者的批评在一定程度上也适用于他们。

① 本·法因、劳伦斯·哈里斯著，魏埙等译：《重读〈资本论〉》，山东人民出版社 1993 年版，第 106 页。

② 本·法因、劳伦斯·哈里斯著，魏埙等译：《重读〈资本论〉》，山东人民出版社 1993 年版，第 108 页。

第4章　马克思经济学方法概述

从根本上看，马克思经济学方法论的基本原则，就是马克思创立的唯物辩证法和唯物史观。马克思在对自己经济学方法论的理解中强调：首先，马克思的唯物辩证法和黑格尔的唯心主义辩证法是截然相反的。在黑格尔看来，人的观念、思维过程创造了现实事物本身，即现实事物只是思维过程的外部表现。黑格尔的辩证法笼罩着唯心主义的神秘外壳，马克思的观点和黑格尔的观点正相反，马克思认为："观念的东西不外是移入人的头脑并在人的头脑中改造过的物质的东西而已。"①

其次，马克思经济学中的辩证法是对黑格尔辩证法的继承和发展。马克思斥责了德国资产阶级哲学家对黑格尔辩证法的嘲弄和贬损。马克思公开承认他是大思想家黑格尔的学生。在《资本论》第一卷中，特别是在论述价值形式的第一章中，马克思充分有效地运用了黑格尔所有的表达方法。尽管马克思在19世纪40年代初就已批判了黑格尔辩证法的神秘外壳，但是，马克思也充分肯定黑格尔第一个全面地有意识地叙述了辩证法的一般运动形式的历史地位。马克思将黑格尔的倒立着的辩证法颠倒过来，抛弃黑格尔的唯心主义的神秘外壳，批判地继承并发展了其中的合理内核，从而建立起马克思主义的唯物辩证法和唯物史观。

最后，马克思经济学中唯物辩证法的精髓在于："辩证法在对现存事物的肯定的理解中同时包含对现存事物的否定的理解，即对现存事物的必然灭亡的理解；辩证法对每一种既成的形式都是从不断的运动中，因而也是从它的暂时性质方面去理解；辩证法不崇拜任何东西，按其本质来说，它是批判的和革命的。"② 在运用唯物史观分析资本主义社会时，可以看到，资本主义社会的发展同样是一个辩证的运动过程，在对资本主义社会肯定的理解中，也同时包含着对它否定的理解。资本主义社会的内在矛盾导致资本主义周期性的经济危机的爆发，尽管这种危机还处在"预备阶段"，但是，资本

①② 《马克思恩格斯文集》第5卷，人民出版社2009年，第22页。

主义社会内在矛盾的发展必然引起资本主义的普遍危机，必然导致资本主义社会的灭亡。

4.1 马克思经济学方法与经济决定论

1982 年，D. 霍奇斯（D. Hodges）和 R. 甘迪（R. Gandy）在《激进政治经济学评论》杂志上发表了《马克思与经济决定论》一文[①]。他们认为，无论是马克思的敌人还是朋友，都夸大了马克思对历史的经济解释，把马克思在《〈政治经济学批判〉序言》中著名的论述当作对历史具有普适意义的解释。霍奇斯和甘迪认为，实际情况并非如此。通过历史案例，可以看到马克思是如何应用他自己的经济变量——技术、生产力和生产方式——理解社会演化的。霍奇斯和甘迪的论述，主要围绕以下一些问题展开：马克思是一个技术决定论者吗？马克思认为的“归根到底”（in the last analysis）经济基础决定上层建筑到底意味着什么？马克思的经济变迁模型，能够帮助我们理解远古文明史吗？历史唯物主义范畴究竟是一种理论还是一种方法？显然，霍奇斯和甘迪提出的这些问题，对理解和研究马克思经济学方法乃至马克思经济学全部理论都具有重要的意义。

4.1.1 经济决定论及其三种类型

《〈政治经济学批判〉序言》（以下简称《序言》）是马克思对自己的唯物史观的精确表述。马克思指出：“社会的物质生产力发展到一定阶段，便同它们一直在其中运动的现存生产关系或财产关系（这只是生产关系的法律用语）发生矛盾。于是这些关系便由生产力的发展形式变成生产力的桎梏。那时社会革命的时代就到来了。随着经济基础的变更，全部庞大的上层建筑也或慢或快地发生变革。”[②] 霍奇斯和甘迪提出：“全世界的读者引用并研究这个重要的段落，因为它被认为是对马克思有关世界历史思想的总结。”[③] 正是在对这段表述的理解上，马克思的历史观被看作是技术决定论的历史观。工具和生产技术的发展对解释社会其他方面的变化起着基础性的

---

① D. Hodges and R. Gandy, Marx and Economic Determinism, *Review of Radical Political Economy*, Vol. 14 (1), 1982, pp. 33 - 41.

② 《马克思恩格斯文集》第 2 卷，人民出版社 2009 年版，第 591 - 592 页。

③ D. Hodges and R. Gandy, Marx and Economic Determinism, *Review of Radical Political Economy*, Vol. 14 (1), 1982, P. 33.

作用，这些社会变化包括新的所有制形式、不同形式的阶级关系、国家形式的改变、哲学风尚的转换、神学方面的新变动等。霍奇斯和甘迪认为，“技术决定论的历史观考虑的是技术、社会和政治制度之间互为因果的关系”①。但是，技术决定论要表达的只是这样一种因果模式，即人们使用工具和操作机器的方式对社会行为的其他方面产生的影响，与其他方面对工具的使用和机器的操作产生的影响相比，具有更大的影响。在这种因果模式中，技术是引起社会变化的诸多因素中的一种独立变量，从而“对变量赋予的独立程度上的差异，产生了‘弱的’或‘强的’版本的技术决定论”②。

霍奇斯和甘迪认为，近一个世纪以来，“关于‘决定论’的激烈争论，玷污了马克思的历史观。为了清除笼罩在马克思的历史观上的迷雾，我们需要考察一个马克思从来没有使用过的术语——经济决定论，经济决定论包括技术决定论、生产力决定论和生产方式决定论”③。霍奇斯和甘迪认为，经济决定论的这三种类型，马克思都做过不同程度的阐述。

关于技术决定论，马克思在《哲学的贫困》中作过经典论述，他提出：“手工磨产生的是封建主为首的社会，蒸汽磨产生的是工业资本家为首的社会。人们按照自己的物质生产的发展建立相应的社会关系，正是这些人又按照自己的社会关系创造了相应的原理、观念和范畴。”④ 关于生产力决定论，马克思在《〈政治经济学批判〉序言》作过经典论述，《序言》认为，生产关系与“社会的物质生产力发展到一定阶段相适应”。从《资本论》第一卷第五章中可以知道生产力包括土地、劳动力和生产工具，工具的另一种说法是技术，因此技术是一种生产力。生产关系与这些生产力相对应。马克思对生产方式决定论的经典论述，也出现在《序言》中，马克思指出：“物质生活的生产方式制约着整个社会生活、政治生活和精神生活的过程。”生产方式既包括生产力也包括与生产力相对应的生产关系，生产关系的总和构成“社会的经济结构，即有法律的和政治的上层建筑竖立其上并有一定的社会意识形式与之相适应的现实基础”⑤。

霍奇斯和甘迪认为，这三种类型的经济决定论可能采取或弱或强的形式。如果经济变量被赋予的权重和范围较大，这种形式的决定论就是“强”版本的决定论。马克思的“弱”版本的决定论，可以在1857年的《〈政治

①②③ D. Hodges and R. Gandy, Marx and Economic Determinism, *Review of Radical Political Economy*, Vol. 14 (1), 1982, P. 33.

④ 《马克思恩格斯全集》第4卷，人民出版社1965年版，第144页。

⑤ 《马克思恩格斯文集》第2卷，人民出版社2009年版，第591页。

经济学批判〉导言》、1859 年的《〈政治经济学批判〉序言》和恩格斯晚年论历史唯物主义的信件中发现。在 1857 年的《导言》中，马克思把经济变量限制在政治经济学的范围内，生产关系决定了交换和分配关系，生产、交换、分配、消费相互联系、相互作用，构成一个有机整体。在 1859 年的《序言》中，马克思提出生产方式决定了整个政治转型和文化转型。他并没有分析对转型起决定作用的具体因素。马克思并不认为奴隶制的兴起总是带来神权政治，向封建主义的转变必然产生君主政体，或者说资产阶级革命肯定镌刻有共和的印记。在论述历史唯物主义的一封信中，恩格斯认为，“归根到底”只有经济因素才能解释政治、法律和文化的转变。“强”版本的经济决定论在《德意志意识形态》的开始部分提到。马克思和恩格斯指出：“我们的出发点是从事实际活动的人、而且从他们的现实生活过程中我们还可以揭示出这一生活过程在意识形态上的反射和回声的发展。甚至人们头脑中模糊的东西也是他们的可以通过经验来确定的、与物质前提相联系的物质生活过程的必然升华物。因此，道德、宗教、形而上学和其他意识形态，以及与它们相适应的意识形式……没有历史，没有发展。”[①] 霍奇斯和甘迪认为，这种“强”版本的经济决定论，是马克思和恩格斯早期在与唯心主义作斗争时比较夸张的说法。为了嘲笑黑格尔主义者而夸大了唯物主义的主题，这种版本的决定论意味着，在经济和意识形态之间不存在相互反应。“强”版本的决定论，倾向于对历史事件作出机械论的解释。

霍奇斯和甘迪区别了经济决定论和哲学意义上的唯物主义。他们认为：“经济决定论建立在马克思的唯物史观基础之上，而哲学意义上的唯物主义则建立在马克思对精神和物质问题进行的唯物主义解释之上。”[②] 马克思的经济决定论，坚持以社会的经济基础对历史事件作出广泛的解释。而他的唯物主义哲学则认为，物质条件决定了“社会意识的一定形式”。这种唯物主义出现在 1859 年的《序言》中，在那里，马克思指出：“不是人们的意识决定人们的存在，相反，是人们的社会存在决定人们的意识。”[③]

霍奇斯和甘迪认为，这两种唯物主义在逻辑上是独立的。一个人可以不赞同哲学上的唯物主义，但却可以坚持对历史的经济解释，就像拉丁美洲的牧师也接受马克思主义一样。或者一个人可以断言物质是第一位的，但却可

① 《马克思恩格斯全集》第 3 卷，人民出版社 1960 年版，第 30 页。

② D. Hodges and R. Gandy, Marx and Economic Determinism, *Review of Radical Political Economy*, Vol. 14 (1), 1982, P. 35.

③ 《马克思恩格斯文集》第 2 卷，人民出版社 2009 年版，第 591 页。

以在象牙塔里讲授观念是历史的发动机。霍奇斯和甘迪指出，在19世纪，马克思和恩格斯试图为他们自己的经济社会学建立一个框架，用以同一些新观念作斗争，并第一次提出他们自己的概念。在那个时期的著作中，的确缺乏清晰的定义。但是，如果混淆了上述两种唯物主义，“我们就不能认为马克思主义的奠基者应当为这种分类学上的难题负责，马克思晚年曾警示马克思主义者没有充分理解他的历史思想”①。

4.1.2 经济决定论对世界历史解释的意义

1877年，马克思在给《祖国纪事》的信中，抱怨米海洛夫斯基“一定要把我关于西欧资本主义起源的历史概述彻底变成一般发展道路的历史哲学理论”②。霍奇斯和甘迪指出，现在，马克思主义者把1859年《序言》核心段落中的模糊命题，应用于从廷巴克图到卡拉马祖，从罗马帝国到美帝国、从古代印度到现代墨西哥的社会。威廉·肖、约翰·麦克默特里和杰拉德·柯亨（G. A. Cohen）三个受到新左派影响的哲学家，出版了把《序言》核心段落的决定论应用于世界历史的学术著作③。普列汉诺夫、布哈林和斯大林在早期的著作中，也同样是这样做的，他们建立了一种理论传统，至今仍然影响着国际共产主义运动。

霍奇斯和甘迪指出：“马克思的诠释者们脱离马克思的思想轨道差不多已经有一个世纪了，只有对1859年的《序言》进行新的探察，才能使诠释学的机车重新开回到马克思思想轨道上来。”④ 霍奇斯和甘迪认为，为了理解马克思《序言》中论述的真正含义，就要对马克思的政治经济学研究过程作出考察。马克思对政治经济学的研究始于1844年，马克思自己提到，在1845年他得出了“一般见解”，这种一般见解成为他进一步进行经济学研究的“指导线索”。马克思在《序言》的结尾说道：“以上简短地叙述了自己在研究政治经济学方面的经过，这只是要证明，我的见解，不管人们对它怎样评论，不管它多么不合乎统治阶级的自私的偏见，却是多年诚实研究

---

① D. Hodges and R. Gandy, Marx and Economic Determinism, *Review of Radical Political Economy*, Vol. 14 (1), 1982, P. 35.

② 《马克思恩格斯文集》第3卷，人民出版社2009年版，第466页。

③ William Shaw, *Marx's Theory of History* (Stanford: Stanford University Press, 1978); John McMurtry, *The Structure of Marx's World View* (Princeton: Princeton University Press, 1978); Gerald Cohen, *Karl Marx's Theory of History: A Defense* (Princeton: Princeton University Press, 1978).

④ D. Hodges and R. Gandy, Marx and Economic Determinism, *Review of Radical Political Economy*, Vol. 14 (1), 1982, P. 35.

的结果。”①

霍奇斯和甘迪认为，马克思在《序言》的核心段落中提供的，不是走出一般历史迷宫的指导线索，而是理解政治经济学历史的关键。在马克思时代，政治经济学是对西欧盛行的经济制度的研究，马克思认为这种制度不是永恒的，它有一个兴衰的过程，并会通过革命最终让位于新的制度。“《序言》的核心段落就直达社会革命的主题，即告诉我们这种革命的条件，它是如何开始的，它是什么样的革命。这意味着，马克思提供的是关于西欧如何通过革命使资本主义取代封建主义、资本主义如何产生共产主义的指导原则。”② 马克思《序言》关注的焦点，是政治经济学及其与资本主义研究相关的问题。马克思在《资本论》第一卷序言中指出：“我把这部著作的第一卷交给读者。这部著作是我 1859 年发表的《政治经济学批判》的续篇。初篇和续篇相隔很久，是由于多年的疾病一再中断了我的工作。”③ 正是基于这一点，霍奇斯和甘迪认为，马克思 1859 年的《政治经济学批判》第一分册是《资本论》的真正的第一篇，这意味着《序言》是《政治经济学批判》的“序言”，也是《资本论》的间接的“序言”。“但是，《资本论》是对西欧资本主义时代的研究，而不是对世界历史的研究。”④

在《序言》的核心段落，马克思谈到，社会发展到一定阶段，生产力和生产关系之间就开始发生矛盾。围绕这一观点，后来的诠释者们开始了无休止的争论。霍奇斯和甘迪提出了一个问题，在马克思认为的社会革命中，生产力和生产关系之间矛盾的加剧究竟意味着什么？这种观点，第一次出现在恩格斯 1844 年的《国民经济学批判大纲》（以下简称《大纲》）中。《大纲》在描述资本主义时写道：“生产力大大过剩，结果，广大人民群众无以为生，人们纯粹由于过剩而饿死。长期以来，英国就处于这种荒诞的状况中，处于这种极不合理的情况下。如果生产波动的比较厉害——这是这种状态的必然结果，那么就必然会出现繁荣和危机”，“最后，必定引起一场社会革命”。⑤ 马克思在一个很长的时期内认为，社会革命将很快会爆发，恩格斯的话就是对即将到来的革命的解释。生产力与社会经济结构之间发生冲

---

① 《马克思恩格斯文集》第 2 卷，人民出版社 2009 年版，第 594 页。

② D. Hodges and R. Gandy, Marx and Economic Determinism, *Review of Radical Political Economy*, Vol. 14 (1), 1982, P. 35.

③ 《马克思恩格斯文集》第 5 卷，人民出版社 2009 年版，第 7 页。

④ D. Hodges and R. Gandy, Marx and Economic Determinism, *Review of Radical Political Economy*, Vol. 14 (1), 1982, P. 36.

⑤ 《马克思恩格斯文集》第 1 卷，人民出版社 2009 年版，第 77、75 页。

突，生产过剩引起了持续的危机和毁灭。

4.1.3 经济决定论与古代社会的历史研究

霍奇斯和甘迪认为，1859 年《序言》的核心内容，首先就在于对世界革命、对 1789 ~ 1814 年欧洲大陆的动荡和即将到来的波及整个欧洲的革命的解释。马克思在《序言》中指出："无论哪一个社会形态，在它所能容纳的全部生产力发挥出来以前，是决不会灭亡的；而新的更高的生产关系，在它的物质存在条件在旧社会的胎胞里成熟以前，是决不会出现的。"① 霍奇斯和甘迪的疑问是，马克思的这一论断是否适用于建立在亚细亚生产方式和地中海奴隶制基础之上的社会形态，或者说这两种生产方式是否也遵循了马克思提出的这一原理。霍奇斯和甘迪注意到，在把上述原理应用于亚细亚生产方式时，建立在亚细亚生产方式基础之上的社会形式从来没有在革命中消亡。它们没有消亡，是因为它们所容纳的生产力虽然有发展的空间，但却没有得以发展。为什么这种类型的社会形态陷入停滞的状态，一直是马克思思考的问题。霍奇斯和甘迪认为，马克思把世界历史上几乎所有的非欧洲的社会都归入了亚细亚生产方式，因为在马克思看来，这些社会形态都表现出停滞的特征。几千年来，大多数文明都是剩余较少的农业社会，剩余被少数统治阶级占有。而在另外一些社会形态中，存在工匠和少量有劳动分工的工场，但是他们的生产活动只是为少数精英阶层服务的奢侈品贸易。这些社会不存在现代意义上的经济增长的特征，统治阶级对经济增长不感兴趣，甚至不理解经济进步的概念。"只有到了现代西欧社会，我们才发现'进步的观念'和经济发展的社会，毫无疑问，在马克思看来，许多社会形态的发展历史是以停滞为特征的。"②

一些社会学家、经济学家、人类学家和哲学家，试图用马克思的亚细亚生产方式去解释历史上存在的欧洲以外的社会的历史。霍奇斯和甘迪认为，这种研究古代史的方法是错误的，因为虽然这些社会形态中不存在现代意义上的经济增长，但它们却经历过社会和文化的演进。任何研究过古代墨西哥文明兴衰的学者都知道，它们不是静态的社会，它们允许有少量的土地私有产权存在，对经济发展产生一些物质激励。

① 《马克思恩格斯文集》第 2 卷，人民出版社 2009 年版，第 592 页。

② D. Hodges and R. Gandy, Marx and Economic Determinism, *Review of Radical Political Economy*, Vol. 14 (1), 1982, P. 37.

马克思和恩格斯从来没有写过文章解释古代奴隶生产制度为什么会衰落，而不是被一种更高级的经济制度形式取代。对这个问题，马克思和恩格斯要么从来就没有触及过，要么认为奴隶制走进死胡同是显而易见的事情。在罗马帝国时代，成千上万的廉价的奴隶可以由战争获得，在这种情况下，提高简单的技术水平是不必要的。另外，马克思在《资本论》中注意到，由于奴隶通过破坏工具进行间接的反抗，奴隶主开始给奴隶使用笨重的、不易被破坏的工具。因此，奴隶制是一种与技术进步过程相悖的生产制度。奴隶制也是一种浪费的制度，它浪费了大量的生命，许多奴隶在年轻的时候就死去了。一旦部分奴隶死去了，又会有一批新的俘虏补充进来。自由人不愿从事体力劳动，认为体力劳动是奴隶们做的，从事体力劳动是一种耻辱。自由的穷人从来无法变成获取工资的无产阶级，因为他们轻视劳动，而愿意加入军队或靠救济生活。罗马的许多自由民认为体力劳动是肮脏的，他们宁愿挨饿也不愿从事体力劳动。在这样的经济体制中，一种新的、更高级的生产关系存在的物质条件不可能成熟。这种体制就逐渐衰落了。霍奇斯和甘迪认为，马克思并没有告诉人们这种体制为什么会衰落。他们认为，马克斯·韦伯（M. Weber）提供了对这种体制衰落的解释。马克斯·韦伯认为，奴隶制的衰落是因为奴隶供给的下降。随着几个世纪无休止的帝国扩张，战争中俘虏的供给得以持续，但在奥古斯都时代帝国走到了极限，接下来的两个世纪，奴隶的数量逐渐减少了。在第二个世纪的中期，奴隶严重缺乏，使罗马不得不通过法律，认定奴隶主杀死奴隶是一种犯罪。奴隶的寿命比较短，他们不能养育后代，新的奴隶的供给也就枯竭了。罗马最后用完了奴隶，开始步入农业社会，人们开始为了自己使用而进行生产。

霍奇斯和甘迪认为，马克思可能会赞同韦伯提出的罗马文明的衰落是由于它耗尽了推动经济发展的人力资源的假定。罗马的衰落的观点和马克思1859年《序言》中的核心观点是一致的。但是《序言》中没有任何一点内容是用来解释罗马衰落的，《序言》中的核心段落是用来解释其他事情的，解释“社会革命造成的封建制的解体，以及它被资本主义所取代，和即将到来的共产主义革命的条件”①。在《序言》的核心段落中有许多概念：生产力、生产关系、生产方式、经济基础、政治上层建筑、意识形态的形式和社会形态，这些概念“可以用于研究世界历史的任一阶段，但是《序言》

① D. Hodges and R. Gandy, Marx and Economic Determinism, *Review of Radical Political Economy*, Vol. 14 (1), 1982, P. 37.

使用这些概念只是为了提出有关近代西欧社会革命的命题"[①]。

4.1.4 经济决定论的方法论意义

霍奇斯和甘迪认为，马克思并没有提出一个普适的历史理论。马克思提供的只是用来对西欧进行历史解释的概略的指南。当然，马克思提出了可以用于整个世界历史的概念，但是他只是给出了如何使用它们的线索，而把使用和展开这些概念的工作留给了他的追随者。唯物史观不是一个宏大的由历史规律堆砌而成的哲学建构，它不能被用于所有的文化演进，它只是有助于指导进一步研究的一组范畴。霍奇斯和甘迪以奴隶社会为例指出，马克思的概念不是关于古代奴隶社会如何以及为何形成和消失的理论。

在这一点上，恩格斯有关唯物史观的观点已经表达得很清楚，恩格斯在1890年6月5日致恩斯特的信中提到："如果不把唯物主义方法当作研究历史的指南，而把它当作现成的公式，按照它来剪裁各种历史事实，那末它就会转变成为自己的对立物。"[②] 在1890年8月5日致施米特的信中，恩格斯又提到："我们的历史观首先是进行研究工作的指南。"[③] 1892年3月16日，恩格斯在给倍倍尔（A. Bebel）的信中评价梅林（F. Mehring）的作品时提到："二十年来唯物史观在年轻党员的作品中通常不过是响亮的辞藻，现在终于开始得到恰当的应用——作为研究历史的引线来应用。"[④] 在1895年3月11日致桑巴特（W. Sombare）的信中，恩格斯认为："马克思的整个世界观不是教义，而是方法。它提供的不是现成的教条，而是进一步研究的出发点和供这种研究使用的方法。"[⑤]

霍奇斯和甘迪评价了威廉·肖、约翰·麦克默特里和杰拉德·柯亨三个人的著作。认为他们三个人的著作，把《序言》核心段落中的陈述，"当成一种分析文明的兴衰、思想的变化和展现世界历史全景的理论"[⑥]。这三个哲学家梳理了马克思的著作，寻找支持生产力决定论适用于早期时代的表述。他们找到了适合他们需要的段落，但是仔细检视被他们引用的段落，就

---

① D. Hodges and R. Gandy, Marx and Economic Determinism, *Review of Radical Political Economy*, Vol. 14 (1), 1982, P. 37.

② 《马克思恩格斯全集》第37卷，人民出版社1971年版，第410页。

③ 《马克思恩格斯全集》第37卷，人民出版社1971年版，第432页。

④ 《马克思恩格斯全集》第38卷，人民出版社1972年版，第310页。

⑤ 《马克思恩格斯全集》第38卷，人民出版社1972年版，第406页。

⑥ D. Hodges and R. Gandy, Marx and Economic Determinism, *Review of Radical Political Economy*, Vol. 14 (1), 1982, P. 38.

会发现这些段落不外乎两种类型的内容。绝大多数是和现代西欧相关的内容，剩下的是在《德意志意识形态》中找到的。霍奇斯和甘迪明确表明了他们自己的态度：“如果一条线索指向了错误的方向，我们最好忘掉它。”①

霍奇斯和甘迪认为，代表性的马克思主义历史学家不会把决定论作为指导思想，他们不会认为技术或者生产力是理解历史的万能钥匙。马克思在《雇佣劳动与资本》的开始就指出：“我们听到了各方面的责难，说我们没有详述构成现代阶级斗争和民族斗争的物质基础的经济关系。我们只是当这些关系在政治冲突中直接表现出来的时候，才有意地讲到过这些关系。”②霍奇斯和甘迪认为，马克思的这一解释表明，他关注的是当前历史中的阶级斗争问题。

有些读者指责马克思在分析1848年和1849年法国革命的第一篇文章中，没有运用他的经济观点。马克思在他重要的历史著作《法兰西阶级斗争》和《路易波拿巴的雾月十八日》中，实际上并没有经济决定论的任何内容。霍奇斯和甘迪提出了一个问题：为什么在这些著作中马克思忽视了技术变迁和经济演化呢？霍奇斯和甘迪认为，这些著作的时间跨度不足三年，在对政治史的描述中，经济因素只有在很长一段的时期内才会发挥相应的作用。“我们认为，即使有半个世纪之长，也不足以考虑技术因素和生产力因素。”③那么，在何种意义上，技术决定论或生产力决定论才和现代史写作是相关的呢？霍奇斯和甘迪指出，也许在论及一个世纪之久的政治史时，技术决定论和生产力决定论才有其相关性。比如，在《共产党宣言》的开头对资产阶级兴起的论述，可以算作这种情况的例证。霍奇斯和甘迪认为，在《共产党宣言》的论述中可以看到，对以世纪来考察的长时期而言，生产力的变化要快于所有制关系和社会政治制度的变化。社会大变革部分程度上是对生产力变革的一种反应。

霍奇斯和甘迪认为，技术决定论在现代经济史研究中可能相关性更大。这一点可以从《资本论》研究两个时期的经济史的例子中看出：一是对建立在劳动分工基础上的对手工业时期的分析；一是对建立在机器基础上的现代工业的研究。“技术决定论和生产力决定论与短期现代史的写作没有什么相关性，很可能也不适宜应用于一般历史研究。”④

---

①③④　D. Hodges and R. Gandy, Marx and Economic Determinism, *Review of Radical Political Economy*, Vol. 14 (1), 1982, P. 38.

②《马克思恩格斯全集》第6卷，人民出版社1961年版，第473页。

霍奇斯和甘迪通过对《序言》中段落的引用和评价，认为马克思可以算是一种类型的生产力决定论者。恩格斯在1890年9月21～22日致布洛赫的信中说："根据唯物史观，历史过程中的决定性因素归根到底是现实生活的生产和再生产。无论马克思或我都从来没有肯定过比这更多的东西。"[①] 霍奇斯和甘迪指出，"这种决定论可能并不适用于一般历史研究，而且对现代史而言它也只是在'归根到底'的意义上是适用的。"[②]

社会大变革在一定程度上是对生产力变革的反应吗？霍奇斯和甘迪认为，回答这个问题需要对马克思关于生产力的观点有所理解。生产力包括原材料、机器、技术、技能、知识、工作关系、职业专门化和协作模式。霍奇斯和甘迪赞同，在过去的两到三个世纪间，生产力的变革要快于社会政治制度的变革。一些马克思主义者把社会政治制度的变革是对生产力构成因素变化的一种反应视为合理的理论假设，另一些马克思主义者可能会认为这样一个理论假设是不值得期待的。霍奇斯和甘迪认为，对后一种类型的马克思主义者而言，他们是不是会放弃生产方式决定论呢？霍奇斯和甘迪指出："不，他们不会放弃，他们仍会将马克思的生产方式决定论作为他们研究的指南。"[③] 这种决定论的经典表述出现在《序言》中，在那里，马克思提出物质生活的生产方式制约着整个社会生活、政治生活和精神生活的过程。社会的经济结构，是有法律和政治上层建筑竖立其上并与一定形式的社会意识相适应的现实基础。在《资本论》第一卷论述商品拜物教的结尾部分，马克思在一个脚注中引用了《序言》中的上述论述，并认为它们也可以应用于古代世界和中世纪。在《序言》中马克思的结论是："亚细亚的、古代的、封建的和现代资产阶级的生产方式可以看作是社会经济形态演进的几个时代。"[④]

霍奇斯和甘迪认为，贯穿于整个历史的，是生产方式调节着整个上层建筑，经济结构是基础，上层建筑必须与它相适应。在《资本论》第一卷的一个脚注中，马克思对这种生产方式决定论作出了一个注解："地产的历史构成罗马共和国的秘史"[⑤]。凯撒建立罗马帝国，取代了共和国，霍奇斯和甘迪认为："凯撒扭转了历史的车轮，使它改变了方向。历史的车轮又碾碎了他。凯撒仍然是一个未能盖棺论定的历史人物，有关他的历史著作可以堆

---

① 《马克思恩格斯全集》第37卷，人民出版社1971年版，第460页。

②③ D. Hodges and R. Gandy, Marx and Economic Determinism, *Review of Radical Political Economy*, Vol. 14 (1), 1982, P. 40.

④ 《马克思恩格斯全集》第13卷，人民出版社1965年版，第9页。

⑤ 《马克思恩格斯文集》第5卷，人民出版社2009年版，第100页。

满整整一个图书馆。我们如何理解凯撒发起的革命的必然性呢？只有通过对土地占有关系和长达一个世纪之久的生产方式转型的研究才能理解它。”①

4.2 弗利论马克思经济学的方法

邓肯·弗利作为西方著名的马克思主义经济学家，对马克思经济学作出了长期的严谨的学术探讨。在《睿智》一书中，弗利对马克思经济学作出下述总体评价：“虽然马克思热情地倡导全世界无产阶级革命，以建立一个社会主义社会，但他在经济学方面的大多数理论工作都涉及资本主义制度，从根本上来说，马克思作为一名研究资本主义体系的理论家，其在政治经济学领域的研究成果，在今天仍然占据重要的地位”②。在对马克思的货币理论评价时，弗利认为：“马克思的货币理论是其一般商品理论的一部分。马克思对商品理论和货币理论的统一，是他对政治经济学所做的最深层次也最具独创性的贡献。”③ 对马克思的批判方法，弗利认为：“马克思是一个批判天才，他敏锐地把古典政治经济学转换到社会变革学说上来，是 19 世纪政治经济思想中极富远见的重要的里程碑。” “正如其他著名的思想家一样，他不应该为在其去世以后以他的名字命名的思想的所有功过负责任。在马克思的理论中，有太多值得研究的东西。”④

早在 1986 年，弗利就出版了《理解〈资本论〉》一书，对马克思经济学方法论作出研究。弗利认为，许多读者不很熟悉马克思分析经济问题时经常使用的哲学和方法论假定，这种不熟悉导致对马克思很多不必要的误读。因此，在《理解〈资本论〉》一书的第一章中，弗利专门对马克思的思维方法和马克思著作具有的一些重要特征作了阐述，以纠正对马克思的误读。

第一，历史的和变化的现实。马克思把社会现实视为“对自身内部矛盾做出反应的演化的过程”⑤。也就是说，对马克思讨论的现象的理解，不

---

① D. Hodges and R. Gandy, Marx and Economic Determinism, *Review of Radical Political Economy*, Vol. 14 (1), 1982, P. 40.

② 邓肯·K·弗利著，温涌译：《睿智——亚当谬论及八位经济学巨人的思考》，上海财经大学出版社 2010 年版，第 69 页。

③ 邓肯·K·弗利著，温涌译：《睿智——亚当谬论及八位经济学巨人的思考》，上海财经大学出版社 2010 年版，第 83 页。

④ 邓肯·K·弗利著，温涌译：《睿智——亚当谬论及八位经济学巨人的思考》，上海财经大学出版社 2010 年版，第 71 页。

⑤ Duncan. K. Foley, *Understanding Capital Marx's Economic Theory*, Harvard University Press, 1986, P. 1.

能脱离这些现象产生的历史条件。这种方法同认为对现象的研究可以无视它们存在的历史背景的方法，形成鲜明的对比。弗利认为，马克思“把他自己研究的关系视为一种持续变化的过程，而不是不变要素的某种重新安排”①。弗利指出，马克思的目标，“不是去说明能够一劳永逸地解释人类和社会互动的一般原则，而是去理解支配特定社会形态发展变化的规律”②。在弗利看来，那些可以归因于“人的本质”以及“现有的人类的生存状况”的人类生活的一般特征，在马克思那里只具有次等的重要性。

第二，人类知识的生产。弗利认为，马克思有关人类知识的观点，影响了他的经济学方法。在马克思看来，人类关于社会现实的知识是人类自己的产物，不可能外在于人类活动而存在。在马克思看来，人们试图通过改变和控制世界来了解世界，而不是通过抽象推理来了解世界。弗利指出，这种“把知识视为是历史的、变化的观点，赋予批判的方法——筛选、质疑和纠正现存的知识——以重要的功能”③。马克思试图找到他人构建的知识中存在的合理内核，因此，在这一意义上，“马克思的批判是积极的——尽管有时候他采用了不屑的腔调，马克思相信在某种层次上、在每一种被系统地加以表述的思想中，都存在真理的成分，问题是发现哪些内容是真理以及它们所处的层次”④。

第三，知识的结构。弗利指出，知识结构的基本要素，是马克思所说的抽象或规定（abstraction or determinations）。抽象在社会科学中十分常见，尽管有时候特定的抽象方法被认为更加合理，在不同的理论传统中抽象的内容有很大的区别。比如，“马克思把‘价值’、‘劳动’、‘货币’和‘商品’视为对理解特定的资本主义生产历史具有重要作用的基本抽象，而新古典经济学则把‘偏好’、‘技术’、‘资源’和‘市场’视为理解人类任何社会形态都十分有用的基本抽象”⑤。

第四，规定的层次（the layering of determinations）。弗利指出，马克思特别强调理论中抽象或规定的层次或序列。在马克思看来，知识是一种由基本抽象或规定构成的分析性的智力建构。这些抽象，是以一种特定的序列被阐述和表述的，这些抽象结合在一起，就在思维中再现了现象的真实的重要

---

①② Duncan. K. Foley, *Understanding Capital Marx's Economic Theory*, Harvard University Press, 1986, P. 1.

③ Duncan. K. Foley, *Understanding Capital Marx's Economic Theory*, Harvard University Press, 1986, P. 2.

④⑤ Duncan. K. Foley, *Understanding Capital Marx's Economic Theory*, Harvard University Press, 1986, P. 3.

特征。马克思在《〈政治经济学批判〉导言》中指出："从实在和具体，从现实的前提开始，因而，例如在经济学上从作为全部社会生产行为的基础和主体的人口开始，似乎是正确的。但是，更仔细地考察起来，这是错误的。""因此，如果我从人口着手，那么，这就是一个关于整体的浑沌的表象，并且经过更切近的规定，我就会在分析中达到越来越简单的概念；从表象中的具体达到越来越稀薄的抽象，直到我达到一些最简单的规定。于是行程又得从那里回过头来，直到我最后又回到人口，但是这回人口已不是关于整体的一个浑沌的表象，而是一个具有许多规定和关系的丰富的总体了。""具体之所以具体，因为它是许多规定的综合，因而是多样性的统一。""在第一条道路上，完整的表象蒸发为抽象的规定；在第二条道路上，抽象的规定在思维行程中导致具体的再现。"①

弗利认为，"在马克思的著作中，这种双重运动极为常见"②。在此基础上，弗利对《资本论》作出自己的理解。他认为，"《资本论》可以被看作在思维中重建资本主义社会关系复杂总体的运动，这种运动从最简单的抽象——商品、价值和货币——开始，最终到达最复杂和被扭曲的形式，比如股票市场和危机"③。

第五，出发点的重要性。弗利指出，由于马克思对规定的序列的认同，所以分析的出发点的选择，对确立理论的内涵就具有重要的作用。同样的规定，可能出现在不同的理论中，而且可能具有不同的内涵，因为它们和整个抽象的结构有着不同的关系。比如，资本主义竞争时的投资，在不同生产部门的资本的利润率趋于平均化，这是一种在新古典经济学和马克思经济理论中都存在抽象形式。但是，在这两种理论中，这种趋势的内涵却存在着重大的差别。在马克思经济学中，利润率的平均化说明了商品的货币价格偏离它的劳动价值，同时也是通过这种交换关系进行剩余价值再分配的重要构成部分。而在新古典经济学中，利润率平均化是竞争性市场配置资源的效率概念的核心。

第六，基本规定因其他规定引起的修改。弗利指出，在马克思经济学中，构成思维的不同层次的规定，在再现具体现象的过程中，可能潜在地存在两种误解：一种是，更高层次的规定的引入，在表面上可能会产生与基本

① 《马克思恩格斯文集》第8卷，人民出版社2009年版，第24~25页。

②③ Duncan. K. Foley, *Understanding Capital Marx's Economic Theory*, Harvard University Press, 1986, P. 4.

规定相矛盾的现象。比如，在交换中剩余价值的再分配导致的利润率平均化这一更高层次的规定，就掩盖了劳动创造价值以及剩余价值来源于无酬劳动这一基本规定，因为在更高层次的规定中，个别企业占有的剩余价值可能和这个企业从本企业内劳动者那里剥削到的剩余价值并不对应。但是，这种类型的矛盾是明显的，只要叙述和思维结构相一致，原先对基本规定的阐述仍然是有效的，而且基本规定在更加复杂的情况中仍然发挥着作用。这就是说，如果取消了更高层次的规定，基本规定仍然可以无条件地发挥作用。比如，我们不会把建筑物没有倒塌这一事实，当作与万有引力定律是相矛盾的，因为恰恰是万有引力定律使得我们能够理解，为什么横梁的物理特征能够支撑起整个建筑，而且如果这些物理特征改变了，万有引力定律就可能在建筑物的倒塌中重现自己的作用。另一种是，基本规定通常是在总量或一个系统的平均行为意义上展现自身的。因此，弗利认为，当我们关注资本主义的个别具体企业时，无酬劳动形式作为剩余价值源泉的规定并不十分明显，但当我们关注资本主义所有企业时，这一点就表现得十分清晰。弗利指出，基本原则通常以一种可以应用于整个系统的守恒原则的形式出现的。劳动价值论在整个商品生产系统的层面上，就表现为这样一种守恒原则，即价值由劳动创造，并在交换中保持不变。这种原则意味着，支配价值生产的因素完全不同于支配价值分配的原则。弗利指出，马克思经常通过讨论构成一个系统的典型的或平均的因素，来解释系统的总体行为。比如，在《资本论》第一卷的前三章，马克思讨论的是与适用于典型的或平均意义上的商品相联系的规律。这些规律通常适用于所有的社会商品的规定，但不适用于任何特定的个别商品，因为与特定的个别商品相联系的还有许多其他特殊的、更高层次的规定。

第七，自我规定与同义反复。弗利指出，在马克思看来，构成思维的抽象彼此互相定义。“脱离由全部抽象构成的系统，就无法理解特定的个别的抽象。”[①] 比如，价值的思维就包含许多方面的内容，包括交换价值、货币和抽象劳动。弗利指出，当我们问什么是价值时，马克思告诉我们：它是商品生产社会的一种劳动形式；当我们问什么是抽象劳动时，马克思告诉我们：它是商品生产社会的创造价值劳动的一个方面。在某些人看来，这似乎的一种是循环论证和同义反复。事实上，“认识到在马克思的思维方式中，

① Duncan. K. Foley, *Understanding Capital Marx's Economic Theory*, Harvard University Press, 1986, P. 6.

并不存在不合理或者不恰当的地方非常重要”①。理论要能够被检验，概念的衔接就必须是前后一贯和合乎逻辑的，概念的发展不能是武断的和特殊的。即使是很好地被构建的理论，也必须接受进一步的检验，也就是说，理论中概念在实际上的自主衔接，能够和一些真实的现象相对应，并能够说明这些相应的真实现象。马克思可以合乎逻辑地（或辩证地）说明，在商品生产中，价值关系、交换价值和劳动必然呈现出某种形式。然而，我们要说清楚，我们所研究的社会，事实上是一种商品生产或资本主义生产社会。如果我们从马克思的理论中得到的叙述存在内在矛盾，或者说是错误的、无用的，那么我们就有理由提出，我们事实上研究的商品生产并不是马克思设想的商品生产。弗利认为，“只有在面对真实存在的异常情况时，我们开始援引特殊的原则去挽救基本规定时，理论才变成一种同义反复”②。弗利特别指出，事实上，所有的理论，包括物理学中的理论，都具有自我决定的特征。比如，在牛顿力学中，力和质量概念的定义就不可分割地相互依存在一起。“关于世界的最重要的科学陈述，既不是同义反复也不是对经验事实的描述，而是一种有用的理论关系，这种关系具有自我决定的特征，同时能够说明世界上存在的基本关系。”③

第八，按规定的序列进行解释。弗利认为，基本的科学活动就是对现象的解释。在马克思的术语中，一个好的解释就在于能对现象和构成思维的有序规定的集合之间的关系作出说明。构成思维的规定是以这样一种方式提出来的，即在最基本的规定仍然发挥作用的基础上，通过组合思维的规定再现现象。马克思对资本主义生产和剩余价值的源泉的解释，不仅要求有关商品和价值的一般理论原则在资本主义生产中成立，而且要求对剩余价值的表现能够作出解释。马克思对利息和利息率的解释，必须把整个资本主义生产和剩余价值理论作为基础，并说明利息率是如何从资本主义追求利润的过程中产生的。

第九，解释、决定和预先决定。弗利指出，在马克思看来，当研究具体现象时，我们应该能够解释它，也就是说，能够说明它同抽象的有序结构之间的关系。在事实可以用科学思维解释的意义上，马克思相信现实是被决定的。此外，思维的基本抽象，如果是正确的，只要正在被研究的现象仍然保持它的本质特征，那么它就会持续地发挥作用。马克思有时候把这种持续性

---

① Duncan. K. Foley, *Understanding Capital Marx's Economic Theory*, Harvard University Press, 1986, P. 6.

②③ Duncan. K. Foley, *Understanding Capital Marx's Economic Theory*, Harvard University Press, 1986, P. 7.

称为“必然”（inevitability）。弗利指出，重要的是要认识到，无论是这里的“决定”还是“必然”，甚至它们结合在一起，都不意味着具体的未来是“预先决定的”（predetermined）。在某些事情发生后，所有有关这件事情的规定事实上都已经发生了，我们才有机会去准确地弄清楚这件事情是什么。但是，即使我们的确相信我们知道其中的一些规定，我们无法知道在未来将要发挥作用的所有那些规定。从而，真实发生的事情“必然”遵循某些基本规定。这种知识非常有用，但却使我们无法预测未来，从而也不意味着未来是预先决定的。

第十，规律和趋势。马克思用“规律”和“趋势”的术语指称思维的基本规定。价值规律指的是价值、劳动和货币之间的必然关系，以及源自这些关系的守恒原则。资本主义经济中的利润率下降趋势，是通过生产力和技术知识发展的资本积累的反映。显然，我们不应当期望在每一个具体的例子中，规律能够在经验中加以验证，因为可能存在更高层次的规定的影响，这种影响可能会证明或者甚至是逆转较低层次上的趋势。但这并不意味着潜在的趋势消失了，或因更高层次的规定的存在而被否定了。比如，利润率下降趋势即使因为从殖民地攫取的剩余价值的增加而被抵消，利润率下降趋势的基本规律的意义并没有因此而改变。

第十一，不同等的规定。在新古典经济理论中，隐藏在现实情况背后的规定，通常被认为是同时发生作用的。也就是说，所有的规定，在最终结果的产生上发挥着同等重要的作用。一个典型的例子是一般均衡理论。根据这种模型，在定义竞争性均衡时，市场出清同时产生的所有条件之间，存在着完全的对称性。弗利指出，这种思维方式对马克思来说是十分生疏的。马克思经常从与最简单或最基本的规定相应的最初的近似开始，然后调整解决问题的方法，逐渐地展开分析。弗利认为，马克思的方法在对转形问题的分析中表现得十分突出。然而，对这个问题的现代分析，却总是运用解联立方程的方式进行，而马克思只是分析了利润率平均化时产生的最初层次的结果，并没有考虑价格的变化对资本估价造成的影响。弗利指出，马克思有时候只完成最初层次的近似的研究，在没有相应地引入更高层次的规定时，就结束了自己的分析。但是，“通过规定的持续的序列，马克思得到结果的清晰程度——与同时决定的方法得到的必然十分模糊的结果相比——是一个重大的科学进步”①。

① Duncan. K. Foley, *Understanding Capital Marx's Economic Theory*, Harvard University Press, 1986, P. 10.

第十二，模型和思维。弗利认为，马克思把思维视为一个复杂的总体，视为理解世界的由抽象的有序结构构成的一种方式。一方面，思维本身是一个矛盾的整体，因为任何思维内部都包含着思维自身发生转变的萌芽，思维本身包含的潜在的矛盾的展开，将为新的理解开辟道路；另一方面，在作为思维的代表的模型中，通常为了方便用数学工具表述有关观点，思维自身包含的矛盾因素被取消。模型是对思维而不是对现实的简化。每一个思维都可以产生大量的模型，每一个模型都可以宣称自己代表了思维的某个方面，但是没有任何一个模型是和思维完全相一致的。事实上，没有哪个模型能够和它代表的思维精确地相一致，因为模型取消了在思维中具有真实的生命的矛盾。这种方法也与新古典经济学的方法论实践形成了鲜明的对照，在新古典方法中，主要的精力放在研究抽象模型的特征上，而且模型同现实之间的关系起着重要的作用。

第十三，辩证法。弗利认为，在马克思的思考和写作中，辩证法的因素以两种方式表现出来。一是马克思总是致力于把思维的重要转变的辩证过程叙述清楚，这是他丰富的理论著作具有的典型特征。然而，许多理论家隐藏了他们得出的概念的过程，这个过程必然包含对现存概念的辩证改造，马克思总是把这个过程放在他著作的最突出的位置。比如，在货币理论研究中，马克思不是简单地列出他对货币理论思考的结论，而是试图再现一种辩证运动，这种运动把我们从商品概念带到货币概念。这主要是一种文风和叙述方式问题。二是表现在他对现实的本质和知识的本质的理解上。马克思把现实视为一种变化着的矛盾过程而不是既存实体的静态安排，这对马克思的思想产生了最深刻的辩证影响。同样，马克思认为人类知识作为人类建构的结果，同样具有运动和变化的特征。“马克思的思想具有的这些特征，使那些把知识视为真理的汇聚、而且一旦被发现或揭示出来就不再发生变化的人，感到不安和困惑。”①

4.3 马克思经济学和新古典经济学方法上的区别

自马克思经济学和新古典经济学开始并存以来，两者之间就存在冲突或交流，这始终是经济学思想研究中的一个重大问题。大部分时间，两种理论

① Duncan. K. Foley, *Understanding Capital Marx's Economic Theory*, Harvard University Press, 1986, P. 11.

的坚持者分别站在自己的立场上，对对方进行根本性的批判，有时争论和冲突甚至超越了科学研究的范围，成为意识形态的斗争。有时候一些学者会主张“沟通”两者，通过分别引入两种理论中科学的成分去重建经济学，但这种尝试往往不会取得实质性的进展。其原因是这两种理论之间存在着根本性的区别。因此，对马克思经济学和新古典经济学进行比较研究，既有助于理解两者之间经常发生争论的根本原因，也有助于在比较中充分认识两者的科学价值。在这一方面，沃尔夫（R. D. Wolff）和雷斯尼克（S. A. Resnick）的著作《经济学：马克思与新古典》特别值得关注。沃尔夫和雷斯尼克重点分析了马克思经济学和新古典经济学之间的关系，以及两种理论之间是否存在某种能够作出科学选择的标准。

沃尔夫和雷斯尼克在《经济学：马克思与新古典》的开篇指出：“这本书对比两种截然不同且存在冲突的经济学。一种通常被称为新古典经济学，一种是马克思经济学。两者都是理解经济是如何运行以及经济和作为整体的社会是如何相互影响的独特的方式。换句话说，它们代表了理解社会的经济方面的不同理论。”① 沃尔夫和雷斯尼克对这种比较的目的作了说明。他们认为：“我们写作这本著作，是因为学生们需要知道，对经济学内容来说，存在的不只是当前占据主导地位的新古典理论。我们认为，学生需要知道这两种理论是如何相互区别的。最重要的，我们想表明，建立在不同理论基础上的理解，将如何导致个体、家庭、政府和社会沿着不同的方向发展”②。

沃尔夫和雷斯尼克认为，马克思经济学和新古典经济学的重大区别，主要表现在研究对象的不同和使用的分析逻辑的不同。

4.3.1 新古典经济学理论的对象及其逻辑

新古典经济理论把大部分注意力放在一些独特的对象上。最突出是个体、市场、商品、技术和价格，以及货币、收入、储蓄和投资。在对这些对象的阐述时，新古典经济学理论定义并关注了其他一些对象，主要包括个体偏好、效用、供给、需求、生产、分配、劳动、资本、增长、GNP、利息率和不确定性等。在新古典理论构建社会如何运行的总体图景的经济部分，上述特殊的对象起着重要的作用。在新古典经济学家看来，社会是个体的集合。个体的需要、思想和行为一起形塑了整个社会。理解一个经济体，就是

①② Richard. D. Wolff and Stephen. A. Resnick, *Economics: Marxian versus Neoclassical*, The Johns Hopkins University Press, 1987, P. 1.

理解个体需要和行动造成的整体后果。新古典理论是通过说明个体如何利用他们自己拥有的资源和可用的技术，在市场交易中最大化他们自己的物质利益，来达到这一点的。

此外，新古典理论的独特性还在于，它所使用的是把不同的对象联系起来的因果概念。新古典经济学的因果关系，通常指的是几个对象结合在一起引出其他对象。新古典经济学用“因变量”表示结果，用“自变量”表示原因。这种因果关系的概念，“在哲学家那里，被称作‘本质论’或‘决定论’已经有很多年了，近来，用‘还原论’来指称这种因果关系变得非常流行”①。这些称谓指的是这样一种假定，即存在与任何一个事件的发生有着本质联系的一定的原因或决定因素。本质论（决定论或还原论）的推理过程如下：一是当事件A在社会上发生时，大量的其他事件也在同时发生，而且在这些事件发生以前，还有大量的其他事件已经发生了；二是假定大量其他事件中的一些事件，是事件A发生的关键的、主要的、决定性的或本质的原因；三是理论工作就在于把本质（决定性的）原因同那些非本质性（非决定性的）原因区分开来。这样做的结果就是对A的一种解释，事件A发生的原因被还原为它的最终决定因素。

沃尔夫和雷斯尼克认为，从整体上看，新古典理论是还原论式的。在最一般的层面，经济发展可以被还原为一种最终的决定因素，即个体自我利益的追求。在一些具体的层面也是如此，比如市场价格的形成也有其最终的原因——供给和需求。利润率的形成也被认为存在着最终的原因，即资本对生产和产出的边际贡献。新古典经济学家也会为他们理论对象的精确原因或本质性的决定因素而发生争论。但是，他们从来不质疑或争论他们的共同之处——还原论。他们假定，就好像这种假定是自然的，即每个事件的本质——一个最终的决定性原因——都是存在的，需要的只是通过适当的理论过程去发现它。

4.3.2 马克思理论的对象及其逻辑

马克思的理论有其独特的对象。沃尔夫和雷斯尼克认为，首先就是阶级，他们把阶级定义为：“人们之间的关系，在这种关系中，一些个体为其

① Richard. D. Wolff and Stephen. A. Resnick, *Economics*: *Marxian versus Neoclassical*, The Johns Hopkins University Press, 1987, P. 15.

他个体工作但却得不到任何回报。”① 其次是剩余，剩余指的是社会中的一些人生产出来的商品和服务的数量大于他们能够保留的商品和服务的数量。当社会中发生剩余的生产和分配时，阶级关系就产生了。除了阶级和剩余外，马克思理论集中关注的对象还有，比如资本、劳动、劳动力、商品、价值、生产和分配、资本积累、危机和帝国主义等。

沃尔夫和雷斯尼克指出，马克思赋予理论对象不同的性质和限定条件。比如，剩余价值生产和分配存在着不同的类型及关系。事实上，阶级关系的不同性质，被马克思主义者用于划分人类社会发展的不同阶段。马克思也分别赋予理论对象以不同的性质，比如劳动和资本就分为“生产性的”和“非生产性的”劳动、“绝对的”和“相对的”剩余价值等。

从对象的角度已经能看出马克思经济学和新古典经济学的显著差异。“尽管在词汇和用语上，两种理论中存在着重叠，但是一种理论中存在的基本对象，在另一种理论中可能只具有次等的重要性，或者干脆完全不存在。自我利益最大化的个体，在马克思那里几乎不存在，而新古典理论则没有剩余劳动。在马克思理论中具有重要意义的对象的性质或限定条件——生产性、非生产性，相对的、绝对的，在新古典理论中几乎没什么意义。同样，马克思理论中没有新古典理论中应用的形容词‘自变的’或‘因变的’。”②

沃尔夫和雷斯尼克指出，这种对象上的差别具有重大的意义。我们需要认识到，“所有的理论，不仅用不同的方式解释世界，而且也使我们看到了需要加以解释的世界的不同。当人们试图对不同理论的理解进行交流时，他们面临的困难在一定程度上是由他们看到的并不是同一个世界造成的。要进行成功的交流，双方都需要认识到，他们的差异不只在于如何解释世界，而且也在于他们认为这个世界是什么样的世界”③。

除了阶级剥削的概念，马克思理论的另一大特色，在于它独特的因果概念。沃尔夫和雷斯尼克对马克思主义理论反对任何经济事件存在本质原因的假定作了专门研究。马克思不可能使用新古典经济学的“自变量”和“因变量”或“原因和结果”的术语。马克思之所以不会这么做，是因为马克思认为“每个事件总是同时被理解为既是原因（它对所有其他事件的发生产生了自己的影响）又是结果（它自身的存在是其他事件对它产生综合影

①② Richard. D. Wolff and Stephen. A. Resnick, *Economics: Marxian versus Neoclassical*, The Johns Hopkins University Press, 1987, P. 17.

③ Richard. D. Wolff and Stephen. A. Resnick, *Economics: Marxian versus Neoclassical*, The Johns Hopkins University Press, 1987, P. 18.

响的结果)"[①]。沃尔夫和雷斯尼克指出，在传统马克思主义中，这种逻辑经常被称为"辩证推理"。沃尔夫和雷斯尼克习惯于用"多元决定（overdetermination)"[②] 来替代辩证法。原因在于："'多远决定'为马克思主义的因果概念提供了一个更加精确的定义，同时避开了有着复杂的思想史的辩证法的定义。"[③] 沃尔夫和雷斯尼克用经济衰退的发生为例，说明这种"多元决定"的概念。他们指出，经济衰退不应当被认为是由高利率、政府开支、对外贸易或诸如此类的因素造成的。相反，在马克思的观点中，衰退不仅可以由这些因素，而且还可以由我们的世界中存在的其他因素造成。气候和土壤的变化、投票和法制模式方面发生的政治变化、宗教和性取向上的文化变迁等，这些以及许多其他和这些因素类似的因素在形成和影响衰退的产生上发挥了作用。沃尔夫和雷斯尼克认为，对马克思理论来说，这些因素中的任何一个都不能单独列出来作为衰退的原因，它们中的每一个都以自己特殊的方式发生影响。事实上，"'多元决定'这个术语中，前缀'多元'是一种向读者表明这个事件（衰退）是由源自所有这些因素的影响（多元）决定的。"[④] 多元决定的观点，会引起一个疑问，如果世界是无限复杂的，如果每一件事情都是由所有其他事情引起的，那么我们是否还能够解释任何一件事情？沃尔夫和雷斯尼克对马克思主义者是如何应对这一困境的进行了分析。马克思主义者的回答是"没有任何一种解释，无论是何种理论做出的这种解释，永远是完整的、全面的或终极性的"[⑤]。就如同人们无法完全理解一件艺术品一样，人们也无法彻底地解释一个事件。从而"马克思主义者坚持他们自己如同所有其他人一样，只是在提供他们自己独特的、部分的解释。关键在于马克思主义的解释不同于非马克思主义的解释，两种类型的解释都是局部的。事实上，把马克思主义者和其他人区别开来的是，他们总是把理论和解释视为是局部的，这其中包括他们自己的理论和解释，而新古典理论家假定事件的最终原因是存在的，他们的理论能够而且将会以一种最终的和完整的解释发现这些原因"。[⑥] 沃尔夫和雷斯尼克认为，马克思理论

---

① Richard. D. Wolff and Stephen. A. Resnick, *Economics*: *Marxian versus Neoclassical*, The Johns Hopkins University Press, 1987, P. 20.

② 有关"多元决定"，参见路易·阿尔都塞著，顾良译：《保卫马克思》，商务印书馆 1984 年版，第 67 ~ 106 页有关"矛盾与多元决定（研究笔记）"的内容。

③④⑤ Richard. D. Wolff and Stephen. A. Resnick, *Economics*: *Marxian versus Neoclassical*, The Johns Hopkins University Press, 1987, P. 20.

⑥ Richard. D. Wolff and Stephen. A. Resnick, *Economics*: *Marxian versus Neoclassical*, The Johns Hopkins University Press, 1987, P. 21.

具有“反本质论和反还原论”（antiessentialist and antireductionist）的特征。

沃尔夫和雷斯尼克认为，马克思主义理论注重阶级分析，是建立在两个基础之上的：“一是阶级是社会生活中被忽视的方面；二是对阶级的忽视阻碍人们创造马克思主义者渴望看到的社会。”① 马克思主义者坚持认为，强调社会结构和历史变迁的阶级的理论，有助于纠正对阶级剥削的忽视，特别是新古典理论对阶级剥削的忽视。马克思主义者想把注意力引向阶级，是因为他们明白阶级是社会生活的一部分，如果想实现社会正义，阶级关系必须发生改变。“必须引起注意的是，他们集中关注阶级的理由，不是在主张阶级是历史变化的最终决定因素，而是在提供一个判断，一个关于如何分析能够而且应当致力于达到这样的社会目标的判断。”②

4.4 马克思经济学和新古典经济学在方法运用上的区别

马克思经济学和新古典经济学的区别还体现在方法的运用上，沃尔夫和雷斯尼克对这一区别作了详细的分析。

4.4.1 分析出发点的不同

沃尔夫和雷斯尼克认为，马克思理论把阶级概念作为分析的出发点。马克思用阶级这个初步的概念，组织起对他们所遇到的客体（主题）的理解。新古典理论的分析出发点，一是自利的概念，效用最大化的个体；二是这个个体拥有生产性资源；三是这些个体具有使用这些资源和可得的技术改造自然的内在能力。新古典理论用这些概念来说明客体的含义。从这一点可以清晰地看到，马克思理论和新古典理论在如何构造和理解社会生活上存在着明显的区别。不同的出发点的选择，形成对经济关系和事件的不同的理解和解释。这同样意味着，两种理论的实践者，在他们的生活中会采取不同的行动。

① Richard. D. Wolff and Stephen. A. Resnick, *Economics*: *Marxian versus Neoclassical*, The Johns Hopkins University Press, 1987, pp. 21 –22.

② Richard. D. Wolff and Stephen. A. Resnick, *Economics*: *Marxian versus Neoclassical*, The Johns Hopkins University Press, 1987, P. 22.

4.4.2 分析对象的不同

沃尔夫和雷斯尼克认为，不同的出发点，使用的逻辑不同，马克思主义者和非马克思主义者对“资本主义”概念进行了不同的解释。从这种意义上说，马克思经济学和新古典经济学有着不同的分析对象。“两种理论都认为它们的分析对象是‘资本主义’或‘经济’，但是，这些词汇代表着对这些对象概念化上的不同。”① 有时候，为了突出自己理论的独特含义，理论家会尝试使用新的概念。比如，马克思使用“剩余价值”把他自己的阶级概念和其他类型的阶级概念区别开来。新古典理论家使用“边际效用”把他们有关人类选择的概念和其他类型的概念区分开来。但是，这样就会出现一个新的问题，如果同样的术语在两种不同的理论中代表的内涵存在着根本的差异，那么哪一种内涵是正确的呢？是马克思理论对“资本主义”的分析还是新古典理论对“资本主义”的分析是正确的？沃尔夫和雷斯尼克认为，回答这个问题非常困难。这个问题涉及有关真实、知识和真理的理论。

4.4.3 价值理论的不同

沃尔夫和雷斯尼克对马克思经济学和新古典价值理论之间的不同的解释，集中体现在表4-1中。在出发点这一列中，分别是两种理论中具有组织作用的概念（organizing concepts）。在对象一列中，尽管两种理论都使用了价格和收入，但是对这两个概念的解释是不同的。两种理论之间逻辑上的区别，分别用单向箭头和双向箭头表示。即在新古典理论中，出发点决定了对象，在马克思理论中，“多元决定”把出发点和对象彼此联系在一起。新古典理论详细说明了欲望和稀缺性是如何结合在一起决定了价格和收入的。马克思理论把它们视为众多非阶级过程（nonclass process）中的两个，它们和阶级过程$\left(\frac{S}{V}\right)$相互作用，多元地决定了价格和收入。

① Richard. D. Wolff and Stephen. A. Resnick, *Economics: Marxian versus Neoclassical*, The Johns Hopkins University Press, 1987, P. 242.

表4－1　　价值理论①

理论	出发点	逻辑	对象
马克思主义	阶级（$\frac{S}{V}$）	↔	价格和收入
新古典主义	欲望（U） 稀缺（技术和资源禀赋）	→	价格和收入

沃尔夫和雷斯尼克指出，在两种理论中，“欲望”和“稀缺”具有不同的内涵。在马克思理论中，它们是被其他一些非阶级和阶级过程多元决定的。在新古典理论中，它们具有特定的、固定的内涵。

4.4.4　两种理论在分析结论上的差异

人们使用的理论，影响他们解决问题的行动。不同的理论造就了不同的行为。沃尔夫和雷斯尼克在一些具体问题分析的结论上，对马克思理论和新古典理论的差异作了论述。第一个问题是，为什么有些人相对贫困而有些人相对富裕？或者说，如何解释收入及收入的分配差距？对个问题做出的不同回答，有意识地或无意识地形成了人们看待贫穷和富裕的基本态度。“在新古典理论看来，个体、群体和国家的财富是由各个主体作出的选择、技术以及可以用来把自然转化为有用的物品和服务的生产性资源结合在一起的结果。从而，富裕和贫困被理解为个体、群体和国家的所作所为的结果和责任。”② 在新古典理论中，每个个体都在实践他自己的自由意志，他可以自由地决定如何牺牲当前的消费以获得未来的收入，他可以自由地决定如何牺牲当前的休闲以获得更大份额的收入。总之，新古典理论断定：“没有哪个人的财富是另一个人贫困的结果。”③ 我们得到什么、得到多少，是由我们的选择决定的，这种选择反映了根植于人类的本质中的偏好。

第二个问题涉及对“资本主义”的认识。新古典理论认为，“资本主义”社会的建立将为所有市民实现财富的最大化。新古典理论所说的建立资本主义，指的是建立两种基本的社会制度。“一是所有资源和生产的产品

---

① 转引自 Richard. D. Wolff and Stephen. A. Resnick, *Economics: Marxian versus Neoclassical*, The Johns Hopkins University Press, 1987, P. 243。

② Richard. D. Wolff and Stephen. A. Resnick, *Economics: Marxian versus Neoclassical*, The Johns Hopkins University Press, 1987, P. 245.

③ Richard. D. Wolff and Stephen. A. Resnick, *Economics: Marxian versus Neoclassical*, The Johns Hopkins University Press, 1987, P. 246.

由自由的和完全竞争的市场决定，在这个市场上，没有哪个个体可以控制价格；二是依法强制实施私人产权制度，这种制度包括资源的所有权和资源的所有者拥有以自己选择的方式自由地处置这些资源的权力。”① 新古典理论认为，资本主义是一种最优的社会制度，因为它能够最利于我们去做我们想做的：为我们自己积累财富。资本主义的基本制度能够同时确保生产者的利润最大化和消费者的效用最大化。“这种结论首先由斯密得出，随后帕累托以数学的形式对它进行了新的表述，最近由德布鲁给出了正式的‘证明’。”② 资本主义也是一种内在和谐的经济制度，生产者和消费者追求他们自己的利益，从而自发地实现了他人的利益。对新古典理论而言，上述结论具有其他的引申意义：一是应当尽可能快地在世界上所有地方都建立资本主义制度，在新古典理论看来，贫穷国家更应当认识到，资本主义是实现富裕的道路；二是资本主义奖励勤劳和个人储蓄。个体对生产作出的贡献越大，他们的收入就越高，个体的储蓄越多，他们就能得到越多的利润收入；三是在既定的欲望和资本主义制度下，财富是通过资源生产率的提高获得的。

第三个问题是围绕贫困展开的。按照新古典收入分配理论和资本主义经济制度理论，贫困主要是由三个方面原因造成的：第一方面原因是存在着阻碍个体在社会上以一种理性方式实践他们的选择的障碍。新古典文献提到了的障碍有三类，一是源自人类的弱点，比如，个体试图控制市场、垄断资源或产品的愿望，这些愿望通过索取垄断价格改变了消费者的选择；二是源自人类的自然缺陷，比如，人类无法预见未来。决策中的不确定性可能影响未来的生产和消费，从而阻碍了生产效率最大化和消费者满足程度最大化的实现；三是和人类的本质无关而与某些生产结束的特征相联系，比如规模经济。第二方面原因是个体自由选择的结果。人们选择休闲而不是去努力工作，他们更喜欢消费而不是储蓄。第三方面的原因是生产率的水平。所有造成贫困的原因促使新古典理论得出了一个具有广泛意义的政策药方，即“一个理性的社会，必须认识到并尽力去消除阻碍私人财产所有者进行自由市场决策的障碍”③。

沃尔夫和雷斯尼克认为，在上述所有问题上，马克思理论的分析结论与

---

①② Richard. D. Wolff and Stephen. A. Resnick, *Economics: Marxian versus Neoclassical*, The Johns Hopkins University Press, 1987, P. 247.

③ Richard. D. Wolff and Stephen. A. Resnick, *Economics: Marxian versus Neoclassical*, The Johns Hopkins University Press, 1987, P. 249.

新古典理论存在着根本的差异。他们指出，马克思理论是运用阶级的观点来研究个体参与收入分配的问题。为了理解收入分配，马克思理论研究了在资本主义社会货币工资收入的相对大小是如何决定的。熟悉马克思的工资理论的人都会认识到，马克思理论不是通过新古典关于工资的两个决定因素——个体劳动者在工作和休闲之间的选择以及个体劳动者的边际生产力——来解释工资收入的。“马克思理论认识到个体选择和边际生产力在工资收入决定中发挥的作用，但是它并没有忽视所有其他的决定因素。马克思理论强调工资的多元决定，而新古典理论聚焦于许多决定因素中的两个因素。”① 沃尔夫和雷斯尼克指出，马克思理论认识到，社会中还可能存在其他一些阶级的或非阶级的收入产生过程。个体参与到其中的一个过程，就可以获得收入。从而“社会中市民之间的收入分配，取决于这个社会中存在的各种阶级或非阶级的收入产生过程，取决于不同个体是如何参与到这些过程中的。马克思对收入分配的分析，必然是对所有社会过程的研究，包括文化的、自然的、政治的和经济的（包含阶级的）的研究，这些社会过程决定了市民是如何参与到社会上存在的不同的收入产生过程中去的。不存在把这种复杂性简化为新古典的理论主张的方式，即收入分配只取决于选择、技术和资源禀赋”②。总之，在沃尔夫和雷斯尼克看来，阶级概念提供了区分马克思理论和新古典理论的显著标志。

4.4.5 两种理论在政治后果上的区别

这两种存在根本区别的理论，在现代世界互相冲突。新古典理论的重要之处及其目的，在于试图根本否定马克思理论所主张的内容，即阶级剥削是收入分配的一个决定因素。而马克思理论的重要之处及其目的，则在于否定新古典理论所主张的内容，即人类选择和技术决定了社会收入分配。不同的政治目标和政治取向既是这两种理论的原因，也是这两种理论的结果。在美国，新古典理论启发了大多数自由主义者和保守主义者的政治议题，促使他们关注消除所有的市场缺陷，因为这些缺陷会阻碍每个个体作出能够得到自己想要得到的和应该得到的相匹配的收入的决策。马克思理论启发了马克思主义者的政治议题。对马克思来说，一个主要的政治目标就是对现存社会作出根本的改变，从而迈向一个更加公正的社会。这些根本性的改变，会消除

①② Richard. D. Wolff and Stephen. A. Resnick, *Economics: Marxian versus Neoclassical*, The Johns Hopkins University Press, 1987, P. 251.

现代社会的阶级剥削。马克思理论寻求的是："紧随阶级结构改变而发生的收入的再分配，而不是消除市场缺陷导致的收入的再分配。"①

理论的区别具有深远的含义。在马克思理论看来，即使是市场缺陷依据新古典主义者的纲领被根本性地消除了，阶级剥削也不会消失。即使新古典主义实现了充分就业、根除垄断、完美地传递信息、终结基于种族和性别的市场歧视的目标，阶级剥削仍然会继续甚至进一步扩大。沃尔夫和雷斯尼克指出，马克思可能会赞同新古典主义纲领中提出的为消除市场缺陷而进行的一定程度的制度改变。历史地看，马克思经常和受新古典主义理论激励的群体一道推动制度变迁。但是，在马克思主义者看来，即使新古典主义的纲领获得了成功，也不会触动资本主义社会的阶级结构、社会不公正、广泛的苦难以及与资本主义相联系的社会矛盾的局面。总之，"新古典理论看到的是以私有制为基础的私营经济，其中竞争性市场把以最优化作为目标的生产者和消费者联系在一起；马克思的理论看到的是一种特殊类型的阶级结构，在这种结构中剥削被再生产出来，并产生了灾难性的社会后果。"②

4.5　马克思经济学和新古典经济学方法上的关系及其后果

既然存在这两种相互对立的理论，那么当分别致力于这两种理论的人们开始相互交流时，会出现什么情况呢？沃尔夫和雷斯尼克作出了他们的判断。他们认为，总体看来，这两种理论的交流可能会有三种后果。交流的第一种后果可能是，一方会让位给另一方，当用一种方式思维的人们开始决定作出改变，并用另一种方式进行思维时，"思想的交流"就发生了，这时候，基本的分歧让位于相互一致。交流的第二种后果可能是，在每一方都提出自己一方的知识和理论后，没有任何一方会放弃自己的立场。双方都用他们自己的方式，对他们之间的差异进行思考并作出反应。交流的第三种后果可能是，人们会主张一种关于世界如何运行的特殊的理论，这个理论会得到一种结论，认为其他一些理论会造成危险的社会后果，因为那些相信这种理论的人会以一种危险的方式采取行动。结果，讨论就演变成语言上的和

① Richard. D. Wolff and Stephen. A. Resnick, *Economics: Marxian versus Neoclassical*, The Johns Hopkins University Press, 1987, P. 253.

② Richard. D. Wolff and Stephen. A. Resnick, *Economics: Marxian versus Neoclassical*, The Johns Hopkins University Press, 1987, P. 256.

（或）肢体上的战斗，因为坚持这两种理论的人都试图去控制、限制，有时候甚至是消除另一方。实际上，新古典理论和马克思理论之间交流的情况如何，在沃尔夫和雷斯尼克看来，要取决于决定交流的各种社会条件。“在过去一百年间，上述三种交流，在新古典经济学和马克思经济学之间都经历过。更常见的是，在美国，两者之间的交流充满了敌意和怀疑，这种敌意和怀疑是如此之多，以致相互之间认为从对方那里没有什么可以学习的。因为马克思主义者通常被排除在大学和其他一些可以展示他们的理论并进行一般性讨论的场合之外，大多数美国人很少有机会接触到马克思理论或同马克思主义理论家进行沟通。这对大多数新古典主义者和少数马克思主义者产生了消极的影响。”①

到底选择哪一种理论呢？在现实世界中共存的这两种理论之间存在如此大的差异，我们如何在这两种理论之间作出选择呢？沃尔夫和雷斯尼克从不同的判断标准上，探讨了这个问题。

首先，沃尔夫和雷斯尼克从我们选择的理论可能给我们的生活带来不同影响上作了探讨。一个人意识到社会上存在剥削而且认为自己受到了剥削，他会选择马克思经济学而不是新古典经济学。一个人坚持多元决定论而不是本质论的，他会选择马克思经济学而不是新古典经济学。一个人可能因为新古典理论塑造了允许并事实上促进个体去努力实现自己的潜力、追求更多的财富的社会制度，他会选择新古典理论。总之，以理论造成的后果或影响作为理论选择的标准时，并不存在一个统一的标准。沃尔夫和雷斯尼克指出：“事实上，稍加思索就会明白，一个人偏好于一种而不是另一种理论，受到一系列个人和社会因素的影响。”② 对理论选择产生影响的其他因素，包括家庭背景、受教育程度、宗教信仰、年龄、性别、当前的家庭状况、就业情况、政治态度等。由于这些影响会随着时间的变化而变化，个人甚至在不同的时期会倾向于不同的理论选择。

沃尔夫和雷斯尼克进一步讨论了基于某种绝对的标准进行理论选择的情况。人们对不同理论的选择，可能建立在这样一个基础之上，即一种理论与另一种理论相比更接近于真理。这就把理论选择问题的讨论引向认识论问题，即关于思维和真理以及它们之间的关系的研究。对马克思经济学和新古

① Richard. D. Wolff and Stephen. A. Resnick, *Economics: Marxian versus Neoclassical*, The Johns Hopkins University Press, 1987, P. 23.

② Richard. D. Wolff and Stephen. A. Resnick, *Economics: Marxian versus Neoclassical*, The Johns Hopkins University Press, 1987, P. 260.

典经济学来说，它们可以具体化为几个不同的标准。

第一种是经验主义的标准。沃尔夫和雷斯尼克指出，有一种有关真理的或认识论的理论，把真理定义为观念同真实之间的对应。经验主义是一种在今天仍然发挥着广泛的影响的认识论。对于相信经验主义的个体来说，在新古典理论和马克思理论之间进行选择，似乎就是建立在一种真理的绝对标准的基础之上的。这个标准就是“与事实相对应”①。许多新古典经济学家相信这种认识论，他们在实在论的基础上为新古典理论进行辩护。他们反对马克思理论，因为在他们看来，马克思理论无法解释真实世界的经济事实或指导经济决策者。许多马克思主义者也坚持同样的认识论，他们认为马克思理论与现实之间存在更好的对应关系。因此，有时候两种理论之间发生的争议，变成了围绕统计数据和统计方法展开的争论。总之，经验主义也无法为理论的选择提供一个统一的标准。

第二种是理性主义的标准。沃尔夫和雷斯尼克指出，另一种有关真理的理论认为，外在的真实世界能够通过思想，也就是说通过逻辑推理加以认知。这种观点的关键之处在于，假定世界有其内在的逻辑或秩序，这种逻辑或秩序只能被人类的理性所掌握。这种认识论应用于经济学时，意味着经济中的因果关系不能通过我们的感官观察揭示出来，因为我们的感觉受到大量其他印象的影响。理性主义者坚持，任何理论的核心——它的逻辑或理性——不是理论的支持者有选择性地搜集和提供的特殊的事实。理性主义者支持的是，理论的逻辑结构能够最好地与假定的经济现实所具有的内在逻辑秩序相一致。理性主义者相信，最好的理论的逻辑是对现实的内在逻辑的镜像，这种理论能够最好地选择与要解释的真实的经济事件相联系的事实。对这样一种理论选择标准，沃尔夫和雷斯尼克指出：“一些新古典主义和马克思主义经济学家赞同理性主义的方法，但是他们或者意识到或者没有意识到他们正在采取一种具有党派属性的认识论立场。”② 用这种标准作为理论选择的基础，新古典主义者和马克思主义者都主张，他们自己的理论的逻辑和经济现实的真理是一致的，都主张他们自己的理论是人类经济思想发展的最高阶段。

第三种是选择经济理论和选择认识论的标准。沃尔夫和雷斯尼克提醒人

① Richard. D. Wolff and Stephen. A. Resnick, *Economics: Marxian versus Neoclassical*, The Johns Hopkins University Press, 1987, P. 262.

② Richard. D. Wolff and Stephen. A. Resnick, *Economics: Marxian versus Neoclassical*, The Johns Hopkins University Press, 1987, P. 264.

们注意这样一种认识论，这种认识论既不赞同经验主义，也不赞同理性主义。这种认识论坚持，我们的感觉影响了我们所相信的理论，并受到我们所相信的理论的影响。而且这种认识论也主张，无论是思想还是感觉，都受到我们生活的其他方面的影响。换句话说，“我们的感觉和我们的思想是多元决定的”①。

通过以上分析，沃尔夫和雷斯尼克认为，理论是不同的真理，真理是多元的。因此，在认识论或真理的标准的层面，无法得出选择新古典主义经济学还是选择马克思经济学的指导意见。但是，在现实的层面，他们还是指出：“解决长期存在的经济问题，往往要求我们尝试用不同的方式思考这些问题，这要求我们努力把握不同的理论。马克思经济学不同于今天在美国盛行的正统的新古典主义，马克思经济学是对资本主义经济进行的一种严谨的、合乎逻辑的、本质上的思考。马克思经济学的批判性和革命性力量，以一种可以理解的方式影响了许多人，并使其自身显得与众不同。正是这些品质，使马克思经济学能够对美国经济作出分析，这种分析不仅区别于新古典经济学的分析，而且具有明显的独创性，能够使人豁然开朗。如果我们对马克思理论关于资本主义经济的结构、动力学和其中存在的问题的解释继续视而不见，我们将得不到什么，但却会失去很多。”②

---

① Richard. D. Wolff and Stephen. A. Resnick, *Economics*: *Marxian versus Neoclassical*, The Johns Hopkins University Press, 1987, P. 265.

② Richard. D. Wolff and Stephen. A. Resnick, *Economics*: *Marxian versus Neoclassical*, The Johns Hopkins University Press, 1987, P. 267.

第5章　霍奇斯论《资本论》的方法

1967年，在《资本论》第一卷德文第一版发表100周年之际，霍奇斯（D. C. Hodges）在《科学与社会》杂志第四期上发表了《〈资本论〉的方法》一文。霍奇斯指出，马克思《资本论》的确是一部伟大的著作。虽然其中许多基本原理和结论，今天在某种意义上说已经过时了，但是正如恩格斯所说的，马克思最重要的贡献在于他研究社会现象的方法。在这一意义上，我们仍需“在作为一种研究指南，而不是在研究资本主义发展的已经完成的理论的意义上，重新评价《资本论》”①。

霍奇斯对马克思在对社会具体研究的方法论上的贡献作了论述。首先，霍奇斯认为，马克思方法的辩护者经常把部分理解为整体，在一般的读者中，最常见的误解表现为将《资本论》方法等同于辩证法，但辩证法只是马克思科学方法高度专门化的概括。有些学者显然忽视了科学的经验论和理论模型构建，也是马克思社会研究方法的基础。有些马克思的批评者也易于“弱化马克思在阐述的逻辑和叙述方法上的贡献”②。事实上，马克思的方法不仅包括辩证方法，而且包括研究方法和叙述方法。其次，在马克思主义研究中，一些自称为马克思主义的学者，把关注的焦点集中于马克思的辩证唯物主义和历史唯物主义，甚至把它们变成了一种对历史，包括工业、农业、贸易等历史不作深入的研究的方法。霍奇斯指出，马克思的历史唯物主义是由没有经过完全检验的大量的概括构成的，这些概括在社会研究的不同领域中，主要是作为具有可操作性的假设前提加以运用的。在历史还只呈现为各种错综复杂的事件时，这些假设前提力图构建出一种简洁而又具有概括性的历史发展模型，因此，它们当然是值得怀疑的。在马克思看来，哲学不只是

---

① D. C. Hodges, The Method of Capital, Science and Society, Vol. 31 (4), 1967, pp. 505 - 514. In *Karl Marx's Economics: Critical Assessments*, Edited by John Cuningham Wood, Volume Ⅱ, P. 116.

② D. C. Hodges, The Method of Capital, Science and Society, Vol. 31 (4), 1967, pp. 505 - 514. In*Karl Marx's Economics: Critical Assessments*, Edited by John Cuningham Wood, Volume Ⅱ, P. 116.

理论智慧和审美欣赏的源泉，而且也是改变世界的杠杆。因此，霍奇斯认为，《资本论》以及《〈政治经济学批判〉导言》中的许多哲学概括，基本上是方法论的，而不能认为是理论本身。最后，霍奇斯指出，《资本论》中的劳动价值论，由于包括一系列纯粹的方法论的前提和假设，因此，他所起的作用只是作为构建理论的手段而非理论本身。霍奇斯认为，既然许多为价值理论认可的方法，在分析上都可看作是一种劳动的计算法或社会的计算法，那么我们就需要仔细区分什么是某种理论的理论上的贡献和方法论上的贡献。①

5.1 研究方法和叙述方法

马克思在《〈政治经济学批判〉导言》中详尽阐述了经济学的科学方法。霍奇斯认为，在《导言》中，马克思对古典政治经济学家和早期经济社会学家两者的方法作了区分。后者的研究，是从对人口、国家、土地等整体因素的分析开始的，这些分析本身不甚清晰，仅仅是观念中有关整体的一种混沌的表象，但是，最终总是能从整体的分析中发现一些具有决定意义的抽象的一般的关系，这些不那么复杂的因素和关系构成了整体，比如商品、交换等。直到这些个别要素一旦多少确定下来和抽象出来，或者说完成了对这些个别要素最初分析，各种从诸如商品和交换等相对简单概念开始的系统的政治经济学文献才开始出现。最后再得出关于人口、国家和世界市场等结论。然而，这时的概念已经不是关于整体的一种混沌的表象，而是一种具有许多规定和关系的丰富的总体。马克思采用的就是抽象上升到具体的方法，它是从将商品作为市民社会的经济细胞开始的。这是一种为了阐明有关资本主义生产整体的宏观社会学理论而从微观社会学分析出发的方法。

理解马克思唯物辩证法的实质，首先要理解叙述方法和研究方法的关系。研究方法就是充分地占有材料，深入地分析它的各种发展形式，探寻这些形式的内在联系。叙述方法就是在一定的理论体系中，把研究的结果在观点上再现出来。显然，叙述方法是研究方法的继续，而研究方法则是叙述方法的基础。如果割裂了研究方法和叙述方法的这种有机联系，观念上反映现实运动的理论体系，就似乎成为一个先验的结构了。

---

① D. C. Hodges, The Method of Capital, Science and Society, Vol. 31 (4), 1967, pp. 505 - 514. In*Karl Marx's Economics: Critical Assessments*, Edited by John Cuningham Wood, Volume Ⅱ, P. 117。

霍奇斯对马克思经济学的研究方法和叙述方法作了分析。他认为，马克思在《资本论》第一卷《第二版跋》中提出的“研究方法”和“叙述方法”表明，研究是从感性的原始材料和未加分析的数据开始的，通过对这些材料和数据的分析得出一些抽象的规定，通过更切近的规定在分析中达到越来越简单的概念，这就是从表象中的具体到越来越抽象的概念。叙述方法始于研究方法结束的地方，从那里再回过头来，抽象规定在思维行程中导致具体的再现，经过一个从抽象到具体的、越来越接近综合的过程，逐渐地回到一个完整的多样的感性世界。

霍奇斯认为，正是在上述方法论的指导下，《资本论》第一卷似乎是在真空的条件下，以高度抽象和简单的、纯粹的方式描述了资本主义的生产过程。在这一卷，马克思假设，所有商品以它们劳动时间所决定的生产成本相交换、完全不存在垄断、利润全部归产业资本家阶级所有、整个社会日益分裂为资本家和工人两大阶级等等，这些与现实情况不尽一致。直到《资本论》第三卷，通过不断接近实际的、复杂多变的经济现实，这些简单的假设才被逐渐舍弃。

5.2 辩　证　法

霍奇斯肯定了辩证法在《资本论》中的作用。作为一种研究方法，辩证法意味着“把科学方法应用于解决与工人阶级密切相关的问题”①。马克思在《资本论》第一卷《第二版跋》中明确指出，辩证法着力于对导致社会冲突和革命性变革因素的考察。具体地说，辩证法的功能在于揭示那些打破现有社会秩序的运动规律或社会发展趋势。因此，斗争、冲突和对抗成为研究的基本主题。这就是为什么马克思认为辩证法本质上是批判的和革命的原因。作为一种叙述方法，辩证法的贡献主要体现在，它“强调不同社会阶级之间的利益冲突和社会中占支配地位的趋势与相反趋势之间的冲突”②。

霍奇斯认为，运用辩证法的结果之一就是，纠正了理论社会学家们带有偏见和偏颇的分析。这些理论社会学家试图调和不可调和的矛盾，着重强调均衡、稳定、连续及其他一些有利于社会和谐的因素。事实上，马克思在辩证法中吸收了理论社会学有关社会解体的研究成果和传统智慧，有助于形成

---

①② D. C. Hodges, *The Method of Capital*, Science and Society, Vol. 31 (4), 1967, pp. 505 - 514. In *Karl Marx's Economics: Critical Assessments*, Edited by John Cuningham Wood, Volume Ⅱ, P. 118.

更为准确的、更为全面的关于社会发展的观点。

霍奇斯认为，不管怎样，辩证法不是一种经验理论而是一种方法。严格地说，《资本论》中并没有什么辩证法规律，有的只是一种辩证研究模式。尽管恩格斯将辩证法等同于有关一般发展规律的理论，但是他又补充说，辩证法本身是一种关于思维过程规律的学说，换句话说，是一种方法论。霍奇斯认为，辩证法是一种关于如何发现自然和社会之中存在的内在联系的理论，而不是有关这些联系的科学本身。因此，讨论辩证法在历史领域的应用是极具误导性的，仿佛辩证法是某种能够确保社会主义最终胜利和无阶级社会必然到来的规律。

霍奇斯还指出，马克思在《资本论》中提到的各种规律作用的发挥，受到许多简单的假设条件的限制，这些规律只是一种发展着的、被各种相反的影响因素制约的趋势，“它们无法直接应用于对经济行为的研究”①。正如马克思在《资本论》第一卷论述资本积累的一般规律时指出的：“像其他一切规律一样，这个规律的实现也会由于各种各样的情况而有所变化。”② 因此，在任何经验的意义上，规律只是推理过程的理论结论。

5.3 社会学解释的一般原则：历史唯物主义

在《〈政治经济学批判〉序言》中，马克思论述了他的研究工作是如何一步步深入下去，并达到关于人类社会结构和人类社会发展的一般结论的。马克思把这些结论，作为后来的研究工作的主线或者说指导原则。正如许多批评者指出的那样，这里有一系列以无条件命题形式表现自身的假设，这些假设构成了有关社会的一般理论而不是一种由假设构成的体系。然而，在一个适用于所有社会形态的科学理论出现以前，必须对这种理论适用于每一种社会形态进行充分的证明，马克思持有与此相同的观点。因此，马克思认为自己的研究，限于提出一种在简单商品生产的一般理论基础之上发展起来的有关资本主义生产和分配的理论。霍奇斯认为，既然马克思明确地反对构筑一种关于历史和社会的一般理论，那么，历史唯物主义理论就成了一种方法论原则或假设的汇总，而不是一系列经过充分检验的理论命题。因此，除非

① D. C. Hodges, The Method of Capital, Science and Society, Vol. 31 (4), 1967, pp. 505 - 514. In*Karl Marx's Economics: Critical Assessments*, Edited by John Cuningham Wood, Volume Ⅱ, P. 119.

② 《马克思恩格斯文集》第5卷，人民出版社2009年版，第742页。

应用于特定的历史现象，否则就无法判断这些方法论原则或假设是对的还是错的。

霍奇斯对马克思历史唯物主义的特征作了简要的分析。首先，霍奇斯认为，随着生产力的发展，社会发展达到一定的阶段，技术对商品的交换、剩余价值的大小和分配、社会阶级的划分等产生了影响；其次，随着生产力的变化特别是技术的变迁，社会生产关系和整个政治结构以及文化制度都或多或少地发生了迅速的改变；再次，技术水平或生产能力的发展程度成为解释社会特征、阶级关系以及文化现象唯一重要的因素；最后，紧随生产力和技术水平，社会生产关系决定了特定的阶级结构，阶级结构成为解释政治、法律、哲学、宗教和艺术的重要因素。霍奇斯指出，这些解释具有唯物主义的涵义，是因为这些解释突出了对经济基础的分析。历史唯物主义不是经济决定论的一种表达方式，它只是一种方法论而不是一种既成的理论，更不是论述历史必然性的形而上学。

5.4　历史唯物主义在社会学中的应用

霍奇斯认为，马克思把历史唯物主义的基本原则应用于三个重要的领域。在《德意志意识形态》中，马克思和恩格斯在知识社会学领域对这些原则作出了经典的应用；在《共产党宣言》中，他们在政治社会学领域，重新表述了这些原则；在《〈政治经济学批判〉序言》中，马克思把这些原则应用于经济社会学研究中。①

霍奇斯认为，《德意志意识形态》是一部批判青年黑格尔派哲学的著作。它从人们的思想、观念等都是现实世界运动过程的反映这一前提出发，认为宗教、艺术、哲学等，既非生而存在，亦非永存不变，而是要由人们生活的社会经济条件来说明。既然人的物质生活的存在，是对文化和文明有决定性影响的因素，那就可以得出，占统治地位的思想在任何时候都是统治阶级的思想，更进一步可以得出，统治阶级为了使他们的统治能够永远地延续下去，会将他们的自己利益说成是公共利益。所谓的公共利益实际上并不是公共生活中利益的表达，至少在阶级社会是如此。既然每一个为政治权力而斗争的阶级，必须将自己的利益说成是全体利益，那么民主和独裁、自由和

① D. C. Hodges, The Method of Capital, Science and Society, Vol. 31 (4), 1967, pp. 505 – 514. In*Karl Marx's Economics*: *Critical Assessments*, Edited by John Cuningham Wood, Volume Ⅱ, P. 120.

专制之间为权力而进行的斗争，都只不过是一种表达和争取阶级物质利益的虚幻的形式。因此，可以得出结论，意识的一切形式和产物不是可以用精神的批判来消灭的，也不是可以通过把它们消融在“自我意识”中或化为“幽灵”、“怪影”、“怪想”等来消灭的，而只有实际地推翻这一切唯心主义谬论据依产生的现实的社会关系，才能把它们消灭。

霍奇斯认为，《共产党宣言》的首要前提表明，马克思和恩格斯特别关注的不是对知识的而是对政治行为的解释。《共产党宣言》指出，全部人类的历史都是压迫者与被压迫者之间的阶级斗争的历史。过去的一切运动都是少数人的或者为少数人谋利益的运动。政治权力是一个阶级压迫另一个阶级的组织力量。随着国家内阶级对抗的消失，国家与国家之间的敌对也将消失。如果无产阶级迫于环境压力而在政治上组织起来反对资产阶级，或者更进一步，如果通过成功的革命废除剥削的条件，那么，就为无阶级社会形式创造了可能。霍奇斯认为，《共产党宣言》第一部分不是一篇理论社会学的文章，而是一个经受了一定程度的检验的从先前的研究中得出的政治结论。为了政治运动的目的，这些结论被作为理解时代特征和时代趋势的指南。但是很明显，这些结论并未经过马克思或恩格斯的充分检验。它们不仅是暂时性的，而且是建立在简单假设基础之上的。这些结论一经放进马克思后来的历史著作中检验，就会进一步表明了马克思当时并没有意识到这些结论的暂时性。

霍奇斯认为，在《〈政治经济学批判〉序言》中，马克思对历史唯物论作了最终的表述。《序言》中最初的基本假定是，社会生产关系与物质生产力的一定发展阶段相适应。然后，进一步详尽阐述了有关这两个概念之间的关系的假定：在一定的社会发展阶段，生产力与现存的生产关系（即财产关系）发生矛盾，从生产力的发展出发，这些生产关系成了生产力发展的桎梏，因此导致社会革命；没有哪种社会形态会在它所能容纳的全部生产力发挥出来以前灭亡，也没有哪种新的生产关系会在它们的物质存在条件成熟以前出现。据此，可以得到这些生产关系的总和形式——社会经济结构和现实基础的概念。主要社会经济结构或社会形态被划分为亚细亚的、古代的、封建的和现代资产阶级的几种形式。这种排列方式表明，资产阶级的生产关系是社会生产过程中最后一个对抗形式。资产阶级社会中正在发展着的生产力提供了最终解决这种对抗的物质条件。这些假设之间的联系现在变得很清楚了，它们不是试图以社会生产关系的形式来解释思想和政治行为，而是试图从生产力的角度解释生产中的社会关系。换句话说，“无论是要进行解释的行为还是解释这些行为的基本原则都是经济的，或者说主要是与经济社会学相联系的”①。

5.5 计算原则：作为方法论假定的劳动价值论

霍奇斯认为，批评者们不仅误解了马克思的辩证法和历史唯物主义，把它们视为一种理论而不是启发式的主张（heuristic assertion），而且也误解了马克思的劳动价值论。除了辩证法和历史唯物主义之外，“劳动价值论也是一种纯粹的方法论假定而不是一种理论”②。这些假定首先包括，在生产领域内，商品的价值由生产该商品的一般劳动时间决定。按简单的、抽象的含义，也就是由社会必要劳动时间决定。其次，在流通领域内，商品的交换比率等同于生产商品的劳动比率。霍奇斯指出，批评者认为这两个观点反映的是一种经验上的联系或规律，因此从经验证据的角度看，它们都是错误的。然而，事实上，前一个假定只是定义性的，等价交换也只是一种假定而不是规律。

霍奇斯分析了马克思的前一个假定，认为如果抽象掉商品的使用价值、几何物理特性以及生产商品的某种特别劳动的有用性，那么就会得出同马克思一样的结论，商品价值只能是一个社会必要的、平均的、抽象的劳动量。既然“价值”一语是社会必要蒙幼或抽象劳动的简略表述，那么说商品的价值由一般劳动时间决定，就不是在强调一种因果依赖关系。霍奇斯认为，在这里，重要的问题不是马克思如何使用“价值”这一术语，而是为什么从商品中抽象出生产商品的社会必要劳动。如果考虑到马克思使用的一般劳动时间（standard man-hours）这一概念，答案就一目了然了。这一术语是衡量剥削量和剥削率的指标，是“对马克思的整个剩余价值理论和资本主义发展规律而言具有基础性作用的计算原则（principles of accounting）”③。尽管独立的货币计算单位也能用来度量剥削，但是，由于货币账户上全部利润与工资之间的比率无法从市场条件中抽象出来，因此，也就无法提供生产领域内有关剥削的准确指标。货币计算单位混淆了产业内部的剥削和通过贸易进行的剥削（或者说商业剥削）。甚至也不能衡量产业内部的人力成本，不

① D. C. Hodges, The Method of Capital, Science and Society, Vol. 31 (4), 1967, pp. 505 – 514. In *Karl Marx's Economics: Critical Assessments*, Edited by John Cuningham Wood, Volume Ⅱ, P. 121.

②③ D. C. Hodges, The Method of Capital, Science and Society, Vol. 31 (4), 1967, pp. 505 – 514. In *Karl Marx's Economics: Critical Assessments*, Edited by John Cuningham Wood, Volume Ⅱ, P. 122.

能衡量劳动力的损耗。霍奇斯认为，把马克思的理论目的限制在为产业内部的人力成本提供一个货币等价物，以及为劳动力的产出和收入之间的差异提供一个具体的度量指标，是有益处的。在这一基础上，霍奇斯认为，“准确地说，劳动价值论不是一种科学的理论，而是一种社会计算方法”①。

霍奇斯分析了马克思的后一个假定，认为它表面上看与科学规律相类似，但是既然马克思花费了很大篇幅最终说明商品实际上并不是按照它们的价值进行交换的，那么这一假定就不能被认为是一种规律。正是因为商品不是按它们的价值进行交换的，我们才发现了与生产领域中的资本主义剥削相并行并成为其补充形式的流通领域中的剥削形式。如果没有等价交换，也就不存在商业中的剥削。马克思认为，流通中的剥削源于生产领域的剥削。霍奇斯认为，很明显的是，马克思的后一个假定的功能，主要是为了弱化价格波动对估算工厂内部剥削程度的影响。事实上，在《资本论》第三卷中，马克思为了解释市场中存在的剥削，已经明确地舍弃了这一假设。

霍奇斯认为，马克思的批判者们混淆了马克思的价值规律和商品按价值交换的原则。马克思的价值规律不是为了表明一种相等关系，而是为了说明一种因果联系。也就是说，总价格是受用一般劳动时间计算的总的劳动成本调节的，总价格与总价值相等这一原则受到完全竞争市场条件的限制，这本身“只是一种假定，是不能被应用于现实经济条件中的”②。

霍奇斯对马克思在《资本论》中提出的有关方法论的内容作了如下概括：第一，通过对科学方法的辩证运用，在革命的含义上为工人阶级揭示和论证了资本主义的运动规律和一般趋势；第二，通过在资本主义生产的含义上对资本主义交换和分配过程的解释，检验了历史唯物论的基本假设；第三，上述两个任务的完成，是在努力应用相关的社会计算原则评价人类社会剥削程度的基础上实现的。一方面，这包括在剩余价值生产中对支配剥削量和剥削率的规律进行的辩证研究；另一方面，也包括对价值规律作用的发挥的精确解释，也就是说生产领域内的剥削是如何受到分配过程的影响的。总之，霍奇斯认为，“要说明马克思的方法的特征，而没有全面考虑上述相互联系的三点，就等于错过了马克思著述中所洋溢的革命力量”③。

---

① D. C. Hodges, The Method of Capital, Science and Society, Vol. 31 (4), 1967, pp. 505 – 514. In *Karl Marx's Economics: Critical Assessments*, Edited by John Cuningham Wood, Volume Ⅱ, P. 122.

②③ D. C. Hodges, The Method of Capital, Science and Society, Vol. 31 (4), 1967, pp. 505 – 514. In *Karl Marx's Economics: Critical Assessments*, Edited by John Cuningham Wood, Volume Ⅱ, P. 123.

第6章　马克思的历史方法及其运用

马克思的“历史方法（historical approach）”及其本质问题，是20世纪马克思经济学研究的重要内容，也是研究中多有困惑的问题。R. A. 诺达尔（R. A. Nordahl）在1982年《政治经济学史》杂志第三期上发表的《马克思论历史在资本主义分析中的运用》①，试图对这一问题作出回答，他着重阐明马克思是如何借助“历史”去理解资本主义的；历史知识（historical knowledge）、前资本主义制度的知识（knowledge of pre-capitalist systems）、资本主义制度知识是如何形成的，对理解资本主义生产方式有何重要意义；马克思是如何运用历史事实来阐明资本主义生产方式理论的。

6.1　逻辑—历史方法

诺达尔认为，为了理解资本主义生产方式，马克思在《资本论》中一步步地阐明了概念的和理论的逻辑发展。诺达尔对《资本论》三卷中概念的和理论的逻辑发展作了如下概述：马克思从最简单和最基本的形式——商品——开始，分析了商品的双重本质：使用价值和交换价值，然后考察了商品之间的交换关系。在这一考察过程中，马克思提出了劳动价值论，并对货币的本质作了探讨。马克思继续分析了商品的交换过程，他使用的术语是“简单商品生产”（为买而卖）。随后，他对简单商品生产和较发达的资本主义商品生产（为卖而买）作了比较研究。为了回答资本家的利润问题，马克思离开了流通领域开始分析生产领域。他讨论了资本家和工人之间的社会关系，分析了这种关系是如何使得资本家从生产者那里占有剩余价值的。然后，马克思对资本家提高剩余价值率的方式进行了较长篇幅的讨论。绝对剩

① R. A. Nordahl, Marx on the Use of History in the Analysis of Capitalism, *History of Political Economy*, Vol. 14（3）, 1982, pp. 342 – 365. In *Karl Marx's Economics*: *Critical Assessments*, Edited by John Cuningham Wood, Volume Ⅰ, pp. 513 – 534.

余价值通过延长工作日的长度而获得，相对剩余价值通过提高劳动生产率而获得。对剩余价值生产的讨论是同对资本家与工人之间的阶级斗争的描述结合在一起的。随后，马克思讨论了资本积累的过程和资本积累对工人造成的影响。紧接着，马克思讨论了原始积累问题，尤其是无产阶级的产生问题。在《资本论》第二卷中，马克思主要分析了资本循环的过程，包括对循环时间及其对生产的影响的讨论，并对著名的再生产图式进行了讨论。《资本论》第三卷主要对剩余价值在不同类型的资本家之间的分配问题作了探讨，第三卷的有些篇章对经济危机问题作了探讨。

在此基础上，诺达尔指出，恩格斯在马克思《政治经济学批判》第一分册的一篇书评中，已经注意到马克思对经济理论的阐述既是逻辑的，又是历史的。“一般地说，马克思提出资本主义的范畴和理论的发展（即逻辑叙述）的顺序与资本主义经济形式发展的真实历史是相一致的。”① 在《资本论》中，马克思一边撰写他的经济史，一边构建他的资本主义生产方式理论。

诺达尔提出，要从“逻辑—历史”解释的视角，理解《资本论》中逻辑和历史的平行性，以此建立一种马克思对资本历史的合理的、有说服力的阐释。在马克思看来，商品交换从共同体交换他们各自的剩余产品开始；随着贸易的发展，交换变得越来越系统化，产品交换比率开始变得差不多与生产它们所耗费的劳动量相一致，从而使交换中一般等价物的产生成为需要，进而货币产生了。随着封建经济秩序的衰落，在许多西欧国家，简单商品生产成为一种占主导地位的生产方式。自由民和城市手工业者生产商品，以求在市场上换到货币，从而购买生活必需品。也有一些主要是国际间的商人和高利贷者从事经济活动，他们试图使自己的货币增殖，有些大商人逐渐地在经济上支配了小商品生产者，最后先前独立的手工业者开始在商人开办的工厂里工作，成为雇佣劳动者。一部分从事小商品生产的农民也成为资本家，同时许多独立的农民失去了他们的土地，被迫加入无产阶级的行列。资本家永恒的目标是提高剩余价值率。在资本主义早期，剩余价值率的提高是通过延长工作日的长度进行的；而在后期阶段，剩余价值率的提高主要是通过劳动生产率的提高进行的。资本家之间的竞争，使得个别资本家持续地采取现

① R. A. Nordahl, Marx on the Use of History in the Analysis of Capitalism, *History of Political Economy*, Vol. 14 (3), 1982, pp. 342 – 365. In *Karl Marx's Economics*: *Critical Assessments*, Edited by John Cuningham Wood, Volume Ⅰ, P. 514。

代化的方式，扩大他们企业的规模。工厂内部的分工完成了，在某个特定的阶段引进了机器。在这种体系内，工人和资本家之间的阶级斗争在资本主义后期变得越来越剧烈，部分的是对周期发生的经济危机的反应。到一定的时候，工人们开始在政治上组织起来，并在未来夺取国家政权，建设社会主义社会。“这种历史的素描和概念的逻辑叙述之间的平行性，在《资本论》中是显而易见的。”①

在讨论马克思的逻辑—历史方法时，恩格斯曾指出，“历史常常是跳跃式地和曲折地前进的”②，而不是以直线性或逐渐进步的方式发展的。比如，商品生产在古希腊和意大利的某些地方得到相当充分的发展，但在中世纪却急剧地衰落。按照恩格斯的观点，《资本论》中的历史叙述，是对真实的经济形式历史发展过程的“修正”，这种历史叙述排除了历史发展的曲折性。经济形式的历史发展，被表述为从简单的和最初的形式，一步步地演进到复杂的和发达的形式。恩格斯强调，“修正的反映与历史发展的整个过程仍然是相一致的”③。这是因为，在恩格斯看来，“这种反映是经过修正的，然而是按照现实的历史过程本身的规律修正的，这时，每一个要素可以在它完全成熟而具有典型性的发展点上加以考察”④。

诺达尔认为，“如果逻辑—历史的解释是正确的，那么，有关历史过程的知识明显的有益于理解成熟的资本主义制度。对经济形式发展的历史回溯——假定避免曲折性——会产生一种对资本主义制度的理论理解”⑤。诺达尔认为，曼德尔在《论马克思主义经济学》两卷本中坚持的正是这种方法。曼德尔认为，这种历史方法是完全必要的，“因为任何‘范畴’的秘密决不能揭示出来，如果不去同时考察这个‘范畴’的根源和发展”⑥。

诺达尔用两个例子说明这种情况。一个例子是商品形式和作为一般等价物的货币。诺达尔认为，从发达资本主义经济体制的视角理解商品和货币的范畴非常困难。商品拜物教遮蔽了劳动价值论。商品生产者之间的真正的关系（用交换比率表达），采取了一种物与物之间——商品与商品之间——关系的外在表现形式。货币似乎是具有魔力的东西，这种魔力源自它是“黄金”（或者说源自构成它的自然物质）。一旦对商品形式进行历史的考察，这种拜

①③⑤ R. A. Nordahl, Marx on the Use of History in the Analysis of Capitalism, *History of Political Economy*, Vol. 14 (3), Fall 1982, pp. 342 - 365. In *Karl Marx's Economics*: *Critical Assessments*, Edited by John Cuningham Wood, Volume Ⅰ, P. 515.

②④ 《马克思恩格斯文集》第2卷，人民出版社2009年版，第603页。

⑥ 曼德尔著，廉佩直译：《论马克思主义经济学》上卷，商务印书馆1964年版，第7页。

物教式的幻觉就会消失。商品交换是从原始社会交换剩余产品发展起来的，这些产品具有使用价值是因为其他部落需要这种产品。产品的相对价值——用其他产品表示的它的价值——最初具有随意性。但是，一旦不同部落之间的交换变得经常化，交换中的产品的相对价值将大致上是由生产它们时所花费的劳动时间决定的。在交换关系发展到一定时候，就产生了对交换中一般等价物的需要，一种特定的用来表示所有其他商品的价值的商品，进而，这种商品成为交换的媒介。一般等价物或货币的魔力来自它在交换中发挥的功能。它自身的价值的决定同其他商品一样，是由生产它所花费的劳动时间决定的。对商品形式和货币进行历史的研究使这些道理变得非常明显。按照这样的解释，“就能够对资本主义体制中商品和货币的本质有一个理论层面的理解”①。

另一个例子是关于剥削问题。马克思认为，理解资本主义制度和资本主义剥削的本质，关键在于理解资本家和工人之间的社会关系的本质。工人没有生产资料，被迫向资本家出售自己的劳动能力。拥有生产资料使得资本家能够利用工人的劳动能力创造出比资本家支付给工人的价值更大的价值。这种剥削关系的本质在发达资本主义形式中被隐藏了起来。从资本主义体制的视角看，工人为资本家工作是非常“自然的”。交换关系本身掩盖了社会关系的本质。工人是自由的（不像封建农奴），他们自愿为资本家工作。从表面上看，他的工资等于他的劳动力创造的价值。对资本主义起源的历史研究把焦点放在资本家工人之间的社会关系的独特本质上，从而有助于消除那种在发达资本主义形式中自然而然地产生的幻觉。可怜的商品生产者丧失了对生产资料的控制，为了生存不得不出卖自己的劳动能力。那些积累了大量货币资本的资本家能够购买到生产资料并雇用贫困者为他们工作。这种不对等的权力关系使得资本家能够剥削雇用劳动者。根据这种逻辑—历史的解释，“无产阶级形成的知识，给我们提供了一种理解资本家和工人之间社会关系本质的理论”②。

---

① R. A. Nordahl, Marx on the Use of History in the Analysis of Capitalism, *History of Political Economy*, Vol. 14 (3), Fall 1982, pp. 342 – 365. In *Karl Marx's Economics*: *Critical Assessments*, Edited by John Cuningham Wood, Volume Ⅰ, P. 516.

② R. A. Nordahl, Marx on the Use of History in the Analysis of Capitalism, *History of Political Economy*, Vol. 14 (3), Fall 1982, pp. 342 – 365. In *Karl Marx's Economics*: *Critical Assessments*, Edited by John Cuningham Wood, Volume Ⅰ, P. 517.

6.2 对逻辑—历史解释的批判

诺达尔认为，在“逻辑—历史”解释中存有一些根本性的难题。首先，马克思非常清楚，在他自己的理论著作中，概念和理论的叙述顺序是由资本主义制度的逻辑决定的，这和历史现象以及经济形式的发展是不同的。在《资本论》第一卷中，马克思从简单商品开始，不是因为简单商品在历史上最先出现，而是因为它是资本主义生产方式的细胞、基本因素。资本主义是最高形式的商品生产，我们理解资本主义不能不从商品的本质开始。为了分析商品，马克思暂时没有考虑诸如资本家和工人的关系、商品生产者之间的竞争、商品市场价格的波动等非本质的因素。这种商品不是历史上最先出现在原始氏族之间的交换中的商品，而是资本主义生产方式下充分发展了的商品。只有在资本主义生产方式（即存在生产资料商品的生产，而且可以自由地进入所有的商品生产领域）下价值规律才能充分发挥作用。商品交换的比率在最开始的时候是随意确定的，甚至在中世纪也没有哪一个国家存在一般利润率。

诺达尔认为，马克思在阐明了存在于资本主义生产方式中的商品的本质之后，开始分析货币的本质及其必然性。一旦存在一般的商品生产，就必然存在货币形式，马克思的“叙述方式是逻辑分析式的（logical-analytical），而不是历史溯源式的（historical-genetical）”①。在《资本论》第一卷中，随着分析的深入，马克思一步步地考察更加复杂的因素，从而对资本主义生产方式作出了完整的描述。在对货币作出解释后，马克思继续考察商品的交换过程。马克思采用抽象的简单商品生产模型进行研究。资本主义生产和获得货币，有着必然的联系。马克思引入了资本家和工人之间的关系，并表明这种关系是如何使得资本家拥有占有剩余价值的能力。诺达尔指出：“值得注意的是，马克思讨论的不是资本主义社会关系之前的商品生产，因为简单商品生产先于资本主义并演化成为资本主义商品生产，这再次说明马克思叙述的顺序是由解释资本主义所需的逻辑决定的。”② 在这一阶段的分析中，《资

① R. A. Nordahl, Marx on the Use of History in the Analysis of Capitalism, *History of Political Economy*, Vol. 14 (3), Fall 1982, pp. 342 – 365. In *Karl Marx's Economics: Critical Assessments*, Edited by John Cuningham Wood, Volume Ⅰ, P. 517.

② R. A. Nordahl, Marx on the Use of History in the Analysis of Capitalism, *History of Political Economy*, Vol. 14 (3), Fall 1982, pp. 342 – 365. In *Karl Marx's Economics: Critical Assessments*, Edited by John Cuningham Wood, Volume Ⅰ, P. 518.

本论》中的简单商品生产是从发达资本主义制度的要素中构建出来的。在西欧，随着封建制的衰落，出现了所谓独立的农民的小商品生产，它不同于马克思在《资本论》中分析的简单商品生产。这是因为在这种社会形态中，不存在自由的进入或退出生产。大量的农民进行的生产活动是为自己或家庭的消费而进行的生产。

诺达尔指出，直到《资本论》第三卷，马克思才开始讨论商业资本、借贷资本和地租。为了服务于分析的目的，在《资本论》第一卷和第二卷中，马克思假定不存在商业资本家、借贷资本家和地主，剩余价值来自生产领域。《资本论》第一卷分析了剩余价值的创造和占有过程。在这一阶段的分析中，如果对商业资本和借贷资本、地租等问题作出分析，就会不适当地使分析的问题复杂化并令人疑惑。到了《资本论》第三卷，马克思才开始讨论剩余价值在产业资本家、商业资本家、货币借贷资本家和地主之间的分配。诺达尔认为，“需要强调的是这种叙述的顺序，是由资本主义生产方式的逻辑决定的。剩余价值的生产先于剩余价值的分配。马克思自己注意到这种逻辑溯源式的顺序与历史发展过程是相反的”①。诺达尔对此作了进一步的解释。在历史上，势力强大的国际性商人比产业资本家出现要早得多，它们实际上也是资本主义发展的工具。在资本主义产生之前，某些形式的货币资本（如高利贷）早就存在了，在资本主义社会关系形成的过程中也起到了一定的作用。但是，“根据马克思的观点，所有的生产方式包括资本主义生产方式，都是一种结构总体”②。这就意味着，许多重要的因素总是结合在一起，而且在某种程度上这些因素是相互制约的。比如，资本主义所有权关系制约着雇佣劳动和商品交换，地租在资本主义采取了特殊的形式，反映了资本主义特殊的结构特征。总之，作为构成不同经济体制的重要因素，地租、商业利润、货币利息在不同经济体制中是存在差异的。对马克思来说，这种历史结构主义视角意味着，资本主义制度（或者其他任何类型的经济制度）只能够用反映这种经济制度独特结构的范畴和理论来加以理解。《资本论》中的分析性范畴，包括它们的叙述顺序反映了资本主义的结构特征。“范畴和理论并不是用来反映一般意义上的经济生活的，叙述它们的顺序也不是用来反映经济形态的历史的。显然，能够从马克思的历史结构主义的方

①② R. A. Nordahl, Marx on the Use of History in the Analysis of Capitalism, *History of Political Economy*, Vol. 14 (3), Fall 1982, pp. 342 – 365. In *Karl Marx's Economics: Critical Assessments*, Edited by John Cuningham Wood, Volume Ⅰ, P. 518.

法中得出的结论是，逻辑—历史的解释是非历史性的。当前的经济范畴（比如发达商品生产）被投射到过去，然后这种重建的过去再被用来解释现在。”①

诺达尔认为，即使“逻辑—历史”方法是正确的，在预先不存在有关资本主义的理论知识时，在如何应用经济形态的历史发展的知识去获得对当前的资本主义经济体制的理解上仍然是存在困难的。因为如果不是这样，研究就迷失自己的目标。前资本主义经济形态有多种多样的形式，它们中的大多数和理解资本主义无关（除了进行比较的需要）。在把研究者引向与资本主义相关的形态时，有关资本主义的知识是必要的。

诺达尔认为，在“逻辑—历史”方法中，存在着与马克思历史唯物主义相反的目的论的暗流。这样一来，历史就成了迈向自由共产主义社会的经济形态的发展过程，当前包含过去的“种子”，早期商品形式的发展导致了货币在历史上的出现，货币的逻辑发展导致资本主义在历史上出现，资本主义的逻辑发展导致社会革命等。最发达的历史和逻辑的研究方法，是由黑格尔提出的。在黑格尔那里，历史的发展被等同于概念的逻辑发展。马克思对黑格尔的唯心主义和研究历史的抽象方法，进行了严厉的批判。从那时开始，马克思就开始发展自己的历史唯物主义方法，马克思强调历史不能通过诸如“绝对精神”等抽象的、唯心主义构建的概念来加以解释，而应当通过具体的人们进行的生产活动去理解。马克思明确地反对历史有一个内在的目标的观点。共产主义不是历史的目的，而是资本主义雇佣劳动者具体的历史目标，这种目标是应对在资本主义遭遇到的问题而发展出来的。诺达尔认为，对马克思而言，历史并不是一个预先被决定了的发展过程。

此外，非黑格尔式的机械的历史决定论，也有别于马克思的思想。诺达尔认为，在马克思看来，过去的原始共产主义社会的结构中，并不存在什么东西规定它必然演化成古代社会。事实上，在《政治经济学批判大纲》中，马克思就注意到原始共产主义社会的发展可以有不同的方式，而古代奴隶社会只是其中的一种。封建社会也并不会自发地从它自身的结构中产生资产阶级社会。向资本主义的转变牵涉到许多因素（一些是外生于封建社会的经济体制的），是一个非常复杂的现象。诺达尔认为，马克思清楚地意识到，

① R. A. Nordahl, Marx on the Use of History in the Analysis of Capitalism, *History of Political Economy*, Vol. 14 (3), Fall 1982, pp. 342 – 365. In *Karl Marx's Economics: Critical Assessments*, Edited by John Cuningham Wood, Volume Ⅰ, P. 519.

理解特定的生产方式与理解这种特定生产方式的形成是明显地不同的。前者需要研究这个制度的构成因素，以及这些因素是如何发生相互关联的；后者则要分析这些因素以及它们的结合是如何形成的。显然，“逻辑—历史的解释是无法认识到这种区别的”①。

6.3 马克思的逻辑溯源方法

马克思强调了理解资本主义制度时溯源分析（genetical analysis）的重要性。许多学者经常批评资产阶级经济学家没有使用这种分析，从而掩盖了资本主义制度的本质特征。在对资本主义制度进行分析时，诺达尔认为，对“溯源”这一术语而言，马克思使用的不是许多评论者认为的那种历史溯源（historical-genetical）的方法，而是一种逻辑溯源（logical-genetical）的方法。

马克思的逻辑溯源方法以及他对没有使用这种方法的经济学家的批评，在他对货币形式的分析中得到很好的体现。马克思认为，许多经济学家错误地认为，黄金货币有价值是因为它的内在属性，是因为它是黄金；另外一些经济学家如休谟，则错误地把货币看作只是一种符号。“货币的本质是通过一步步的逻辑分析揭示出来的，开始是简单的商品形式，然后发展到货币形式。这一过程表明货币是一种商品，它的权力在于它在交换体系中充当一般等价物的作用，马克思的分析是‘溯源’式的，因为他从货币起源的最基本的分析形式（简单商品形式）开始，一直到货币的发展的形式，揭示了货币的本质。”②

诺达尔认为，在马克思看来，李嘉图缺乏逻辑溯源分析，错误地认为发达资本主义制度下商品是按照它们的价值出售的。按照马克思的观点，资本主义竞争导致商品不是按照它们的价值出售，而是按照它们的生产价格出售。资本有机构成在所有生产领域并不是一致的。通过资本主义竞争机制，有机构成低的部门创造的价值被转移到有机构成超过平均有机构成的部门。价值规律仍然在发挥作用，但是是以一种曲折的方式发挥作用。李嘉图不能

① R. A. Nordahl, Marx on the Use of History in the Analysis of Capitalism, *History of Political Economy*, Vol. 14 (3), Fall 1982, pp. 342 – 365. In *Karl Marx's Economics*: *Critical Assessments*, Edited by John Cuningham Wood, Volume Ⅰ, P. 520.

② R. A. Nordahl, Marx on the Use of History in the Analysis of Capitalism, *History of Political Economy*, Vol. 14 (3), Fall 1982, pp. 342 – 365. In *Karl Marx's Economics*: *Critical Assessments*, Edited by John Cuningham Wood, Volume Ⅰ, P. 521.

理解这一点，是因为他缺乏逻辑溯源的方法。他认为既然价值规律是有效的，那么它就会直接表现自己，即以商品按照它们的价值出售的形式表现自己。相反，马克思遵循他自己的逻辑溯源的方法，一步步地回溯价值从最初在生产领域中的形成到它被竞争性的私人资本家占有的过程。在阐述的第一阶段，马克思作了一些简单的假定，为了便于理解商品形式，马克思撇开了商品交换、剩余占有和资本循环过程，假定商品是按它们的价值出售的。一旦这些基本问题被理解了，马克思才开始继续讨论其他问题，比如资本主义竞争、一般利润率的形成，以及剩余价值在不同类型资本家之间的分配等。在《资本论》第三卷，马克思在对这些问题的讨论中，放弃了商品是按照它们的价值出售的假定。马克思表明，考虑到资本主义的竞争，商品不再按它们的价值出售。

诺达尔指出，有些评论者（包括恩格斯在内）认为，马克思提出的商品按它们的价值出售的历史，要先于资本主义经济制度并存在于早期资本主义阶段，并不存在于发达资本主义阶段，这是错误的理解。在《资本论》阐述的简单商品生产体系中，商品的确是按照它们的价值出售的，但是“这种简单商品生产在历史上并不先于资本主义经济制度，它只是马克思在讨论问题的某个阶段引入的基于发达资本主义生产方式一定特征基础之上的简单的抽象模型”①。因此，诺达尔认为，那些以为《资本论》第一卷讨论的是商品按照它们的价值出售、《资本论》第三卷讨论的是商品按照它们的生产价格出售，所以两者之间存在矛盾的观点是错误的。诺达尔强调，“对马克思逻辑溯源方法的理解，能够避免这种误解”②。

6.4 当前的知识对理解过去的帮助

在诺达尔看来，马克思借助对资本主义制度的结构分析（structural analysis），获得了对资本主义制度的理论理解。这种理论，反映了资本主义生产方式特定的社会—历史逻辑（socio-historic logic）。马克思认为，这种有关资本主义制度的理论有助于理解过去。马克思也相信，来自于资本主义制度的一些概念和理论，可以充分应用于对资本主义制度的分析，也有助于对前资本主义制度的理解。比如，理解资本主义制度中货币的本质和功能，

①② R. A. Nordahl, Marx on the Use of History in the Analysis of Capitalism, *History of Political Economy*, Vol. 14 (3), Fall 1982, pp. 342 –365. In *Karl Marx's Economics: Critical Assessments*, Edited by John Cuningham Wood, Volume Ⅰ, P. 522.

就有助于历史学家理解，为什么是这种商品而不是其他商品发展为货币形式、铸币作为价值的象征是如何形成的等问题。

理解社会的正确方法（马克思称为历史唯物主义），是在资本主义制度兴起后和在试图理解这种制度时被发现并加以阐发的。以抽象劳动为例，劳动一般概念（相对于特定形式的劳动）是资产阶级经济学和马克思经济学中一个极为基本的概念。根据劳动价值论，商品的价值是由物化在它们中的社会必要劳动时间决定的。在价值形成中，具体劳动形式的差异无关紧要。诺达尔强调，“马克思认为，在相当发达的资本主义经济出现之前，这种抽象劳动的概念不可能被发现”①。在马克思看来，劳动一般给我们提供了理解生产一般本质的线索。显然，生产的基础是人类劳动，这就开辟了用劳动过程中的劳动本质去理解社会生产过程的道路。同时，也就打开了历史本身就是劳动过程的视界，人们通过一系列生产性活动改变了世界。

诺达尔认为，在马克思的理解中，资本主义的发展和历史唯物主义的发现之间，有着内在的联系。资本主义的发展从不同方面，有助于理解物质生产过程对社会——包括所有的制度而不仅仅是资本主义制度——其他方面的决定性影响，经济活动的重要性在资本主义社会比在前资本主义社会要更为明显。一般说来，资本主义社会的物质生产与明确的政治结构之间发生了分离，从而显得更加“独立”，然而在封建社会，政治和经济结构是紧密交织在一起的。此外，社会结构中各种因素（尤其是经济因素）之间的内在联系，在资本主义社会变得更加明显。资本主义企业渗透到社会的各个领域，资本、劳动和商品在国家范围内的自由流动。在前资本主义社会，经济活动更多地具有自给自足的特征。为了解释资本主义经济活动（不管是如何的不充分），资产阶级经济学家必须说明重要的经济现象——利润、地租、经济竞争等——之间的联系。在这样做时，他们也必须像马克思那样，把社会视为一个结构性的整体。

通过上述分析，诺达尔认为，马克思相信历史唯物主义起源于资本主义时代，“历史唯物主义诞生于资本主义时代。历史唯物主义可以应用于对前资本主义制度的研究，但在资本主义出现之前历史唯物主义是不可能形成的”②。推动历史唯物主义形成的许多因素，出现在资产阶级时代许多著述

① R. A. Nordahl, Marx on the Use of History in the Analysis of Capitalism, *History of Political Economy*, Vol. 14 (3), Fall 1982, pp. 342 – 365. In *Karl Marx's Economics*: *Critical Assessments*, Edited by John Cuningham Wood, Volume Ⅰ, P. 524.

② R. A. Nordahl, Marx on the Use of History in the Analysis of Capitalism, *History of Political Economy*, Vol. 14 (3), Fall 1982, pp. 342 – 365. In *Karl Marx's Economics*: *Critical Assessments*, Edited by John Cuningham Wood, Volume Ⅰ, P. 525.

中。马克思把历史理解为劳动过程显然受到黑格尔的影响。古典政治经济学家试图从理论上理解资本主义制度，阐述劳动一般的概念。诸如此类的因素，成为马克思和恩格斯阐述历史唯物主义方法的构件。当然，马克思坚信，有关过去的制度的知识，在推动历史唯物主义的形成方面是很重要的；而历史唯物主义一旦形成，也可以用它来更好地理解过去。

6.5 历史知识的应用

诺达尔认为，马克思相信资本主义制度像其他社会经济制度一样，构成历史的特定的结构总体。这个制度只能通过这种结构的特定的社会—历史本质去理解。比如，如果没有理解工人在资本主义制度中独特的社会—历史本质，就无法理解资本主义剥削。马克思认为，在资产阶级经济中，雇佣劳动通常是和其他生产要素结合在一起进行生产活动的，资本主义剥削被掩盖在这种一般性的劳动过程中。对雇佣劳动本质的理解，会把问题分析的核心引向资本家和工人之间的阶级关系。对劳动力的控制权，赋予资本家从生产者那里榨取剩余价值的权力。例如，马克思强调，如果不理解资本主义模式的独特特征，就无法理解生产过剩的危机，就会犯许多古典经济学家犯的错误，即认为一般性的生产过剩是不可能产生的。这些经济学家把资本主义生产看成是一般意义上的经济生产，事实上，资本主义生产有它独特的性质，资本主义生产是为了利润而生产交换价值。获取利润的驱动力，导致资本主义制度生产能力的极度扩张。社会消费能力的形成滞后于生产能力的扩大，社会上大部分是雇佣劳动者。他们的消费能力严格地受资本主义阶级关系本质的制约，他们相对较低的工资使他们无法在市场上购买足够多的消费品，结果就是生产过剩的危机。

诺达尔强调，马克思认为历史知识有助于理解资本主义独特的特征。马克思经常使用前资本主义制度的例子，说明资本主义独有的特征。在马克思看来，资本主义的许多特征有助于掩盖它的阶级和剥削特征。比如，劳动者和资本家之间自愿的合同关系，不再直接使用政治的、军事的力量去占有剩余价值，这就掩盖了资本主义剥削的实质。相对地，在封建主义制度中，生产者用一周中的一部分时间来为自己生产，一部分时间为地主生产，生产者所受到的剥削表现得十分明显。因此，诺达尔指出："关于封建主义的知识，有助于弄清楚剥削的一般特征，从而使得我们能够看透资本主义商品模式制造的扭曲效应。”①

诺达尔还认为，马克思认为有关资本主义起源的知识，有助于我们消除对资本主义的幻想。比如，无产阶级形成的过程有助于理解资本家和工人之间社会关系的本质。对于前资本主义制度的历史理解和对资本主义制度起源的理解，表明资本主义经济形式决不是天生的。在封建主义制度中，劳动者（农奴）拥有他们自己的原材料和生产资料，他们自己参与直接的生产过程。但是，他们被限制在土地上，并且被迫把他们的一部分经济产出交给地主。这种形式的劳动，用封建主义的逻辑来看是非常合理的。如同雇佣劳动者在资本家的视角看来是非常合理的一样。“用历史的视角看资本主义，它就不再是一种用技术—经济术语去理解的一般性生产制度，而是需要从社会—政治角度去理解的阶级剥削的历史特定形式。这样的理解，为革命性变革开辟了道路。”②

总之，诺达尔认为，按照马克思的“历史方法”，对资本主义社会结构的理解，只能运用历史的特定方式。对经济形态的历史追溯无法提供理解资本主义的理论。理解资本主义的理论只能通过对构成资本主义生产方式的因素（包括它们之间的相互关系）的分析去获得。在这种分析中，逻辑溯源的方法是一种基本方法。有关过去的社会制度的知识和资本主义制度起源的知识，有助于解释资本主义方式的逻辑，也有助于理解资本主义制度特定的历史形式。“应当辩证地对待马克思的历史方法，历史知识有助于我们对资本主义的理解。相应地，对资本主义生产方式的理解和在试图理解资本主义的发展过程中，发现和阐发的历史唯物主义方法也能增进我们对前资本主义制度和资本主义制度形成的理解。”③

---

① R. A. Nordahl, Marx on the Use of History in the Analysis of Capitalism, *History of Political Economy*, Vol. 14 (3), Fall 1982, pp. 342 – 365. In *Karl Marx's Economics*: *Critical Assessments*, Edited by John Cuningham Wood, Volume Ⅰ, P. 526.

② R. A. Nordahl, Marx on the Use of History in the Analysis of Capitalism, *History of Political Economy*, Vol. 14 (3), Fall 1982, pp. 342 – 365. In *Karl Marx's Economics*: *Critical Assessments*, Edited by John Cuningham Wood, Volume Ⅰ, P. 528.

③ R. A. Nordahl, Marx on the Use of History in the Analysis of Capitalism, *History of Political Economy*, Vol. 14 (3), Fall 1982, pp. 342 – 365. In *Karl Marx's Economics*: *Critical Assessments*, Edited by John Cuningham Wood, Volume Ⅰ, P. 529.

第三篇　劳动价值理论

劳动价值论是马克思和恩格斯对资本主义生产方式及其运动规律和历史趋势探讨的基础，也是马克思在经济学上实现科学革命的最辉煌的成果之一。

科学的劳动价值论是由马克思在批判地继承资产阶级古典政治经济学相关理论基础上建立起来的。从17世纪中叶到19世纪初，劳动价值论成为资产阶级，特别是产业资本家阶级发展社会生产力、反对封建贵族阶级的理论武器。"劳动决定商品价值，劳动产品按照这个价值尺度在权利平等的商品所有者之间自由交换，这些——正如马克思已经证明的——就是现代资产阶级全部政治的、法律的和哲学的意识形态建立于其上的现实基础。"① 适应这一需要，一大批杰出的古典政治经济学家在劳动价值论的研究中取得了瞩目的成就。特别是在大卫·李嘉图那里，劳动决定价值的命题已被看作是"政治经济学上的一个极端重要的学说"，劳动价值论已被发展到资产阶级限界内可能达到的最高成就。但是，由于阶级局限性及历史观和方法论上的缺陷，李嘉图的劳动价值论存在着严重的失误。1823年李嘉图逝世后，他在理论上的失误，一方面成为劳动价值论反对者攻击劳动价值论的有力"论据"，另一方面也成为李嘉图学派辩护者理论研究的"热点"。

19世纪40年代前半期，马克思开始研究政治经济学时，就涉及劳动价值论这一当时经济学理论的"热点"问题。但是，马克思最初对劳动价值论基本持否定态度。他曾认为，"把生产费用作为决定价值的唯一因素来描述时，穆勒——完全和李嘉图学派一样——犯了这样的错误：在表述抽象规律的时候忽视了这种规律的变化或不断扬弃，而抽象规律正是通过变化和不

① 《马克思恩格斯全集》第21卷，人民出版社1965年版，第210页。

断扬弃才得以实现的"[①]。实际上，马克思这时注意的还只是资本主义竞争前提下价格的波动问题，还没有从价格这一现象形态中分析出价值这一本质规定性。之后不久，马克思在与恩格斯合著的《神圣家族》中，对劳动价值论的看法发生了重要的变化。19 世纪 40 年代后半期，随着唯物史观的创立，马克思对社会物质资料生产是社会存在和发展的基础的原理有了透彻的理解。这样，在经济学理论研究中，承认劳动价值论，肯定李嘉图的价值理论是对"现代经济生活的科学解释"，自然是顺理成章的。马克思在这一时期与恩格斯合著的《德意志意识形态》手稿中已经指出：在竞争的领域中，面包的价格是由生产成本决定的，而不是由面包师任意决定的。金属货币的价值，也"完全是由生产成本即劳动所决定的"[②]。在 1847 年发表的《哲学的贫困》中，马克思进一步认识到劳动就是产品价值的源泉，也强调指出李嘉图犯有"把资产阶级的生产关系当作永恒范畴的一切经济学家的通病"[③]。马克思确信，价值、货币这一类经济范畴是一种社会关系，这种关系只是其他经济关系的整个锁链中的一个环节，并且是和一定的生产方式相适应的。

在马克思所处的那个时代，当古典的劳动价值论被当时的经济学界宣布为"过时"和"失灵"时，马克思敏锐地发现了蕴含在这一理论内部的科学价值。以劳动价值论为政治经济学理论研究的起点这一"古典"方法，在马克思政治经济学研究中获得了新的生命。19 世纪 50 年代初，马克思在《伦敦笔记》中，对价值和货币理论作了深入钻研。马克思不仅阅读了几乎所有的有关价值货币理论的重要文献，而且还密切注意着当时理论界关于价格、货币理论的论战。货币理论，特别是当时银行学派和货币学派的货币理论，成为马克思深入研究劳动价值论的主要内容。正是在对货币理论的深入研究中，马克思才可能进一步完成劳动价值论上的科学革命。

19 世纪 50 年代后半期以后，马克思从写作《1857 ~ 1858 年经济学手稿》、《政治经济学批判》（第一分册）和《1861 ~ 1863 年经济学手稿》，一直到出版《资本论》第一卷德文第 1 版，在这长达 10 年的科学研究中，对劳动价值论研究实现了新的理论突破，建立了科学的劳动价值论体系。资产阶级古典经济学家历来把使用价值和交换价值说成是"价值"的两重属性，

① 《马克思恩格斯全集》第 42 卷，人民出版社 1979 年版，第 18 页。
② 《马克思恩格斯全集》第 3 卷，人民出版社 1960 年版，第 466 页。
③ 《马克思恩格斯全集》第 4 卷，人民出版社年 1958 年版，第 186 页

忽视了“价值”所具有的物质性，否定了“价值”所特有的社会性。马克思在价值理论研究中，运用唯物辩证法，剔除了价值理论研究中的唯心主义、形而上学的倾向。在《1857～1858年经济学手稿》中，他已敏锐地觉察到，在“价值”概念研究中，“有必要对唯心主义的叙述方法作一纠正，这种叙述方法造成一种假象，似乎探讨的只是一些概念的规定和这些概念的辩证法。因此，首先是弄清这样的说法：产品（或活动）成为商品；商品成为交换价值；交换价值成为货币”①。因此，马克思在价值理论研究中，首先从价格的现象形态中揭示出价值的本质，从交换价值的外在形态中揭示出价值的内容；并在阐明使用价值是交换价值的物质承担者的基础上，明确了使用价值和价值都是商品这一物质存在和社会产物的两个因素。在《资本论》第一卷中，马克思循着这一思想轨迹，以商品为研究的出发点，再逐次展开对交换价值、价值、价值量等等问题的分析。直到马克思晚年，他在说明自己的价值理论的特色时还认为：“我不是从‘概念’出发，因而也不是从‘价值概念’出发……我的出发点是劳动产品在现代社会所表现的最简单的社会形式，这就是‘商品’。”②

一旦商品这一用作交换的劳动产品成为研究的出发点，生产商品的劳动的性质就成了马克思探讨的另一个重要问题，由此而创立了劳动二重性学说。在《1857～1858年经济学手稿》中，马克思在对商品二因素的分析中指出：“商品不是只存在于想象之中的一般劳动时间的物化（它本身只是和自身的质相分离的、仅仅在量上不同的劳动），而是一定的、自然规定的、在质上和其他劳动不同的劳动的一定结果。”③ 马克思这时已阐明商品生产中的劳动所具有的二重性质，一种是抽象的、质上相同只是在量上不同的劳动；另一种是自然的、在质上不相同的劳动。在这里，马克思用较浓厚的哲学语言，阐明了劳动二重性的基本内容。接着，在《政治经济学批判》（第一分册）中，马克思进一步指出：“生产交换价值的劳动是抽象一般的和相同的劳动，而生产使用价值的劳动是具体的和特殊的劳动。”④ 最后，在《资本论》第一卷中，马克思系统地阐述了劳动二重性学说。马克思十分珍重自己的这一理论创见，认为“商品中包含的劳动的这种二重性，是首先

---

① 《马克思恩格斯全集》第46卷上，人民出版社1979年版，第97页。
② 《马克思恩格斯全集》第19卷，人民出版社1963年版，第412页。
③ 《马克思恩格斯全集》第46卷上，人民出版社1979年版，第88页。
④ 《马克思恩格斯全集》第13卷，人民出版社1962年版，第24页。

由我批判地证明的"[①]。而且，还是他政治经济学理论中"最好的地方"[②]。由于劳动二重性理论的提出，使"劳动创造价值"这一古老命题从此有了崭新的含义。"劳动创造价值"已精确为抽象劳动创造价值；而且，在社会商品再生产过程中，进一步精确为抽象劳动创造新价值和具体劳动创造使用价值并转移所消耗的生产资料中的旧价值这样两重性。这样，长期以来困扰劳动价值论发展的理论障碍已被排除，劳动二重性成了理解政治经济学的枢纽，成了马克思剖析资本主义经济关系的最重要的理论武器之一。

马克思在劳动价值理论研究中的另一新的突破，就是提出了"商品拜物教"理论。19世纪40年代，马克思主要从异化理论的角度，提出了"商品拜物教"的基本思想。他在1843年撰写的《论犹太人问题》一文中指出："钱是从人异化出来的人的劳动和存在的本质；这个外在本质却统治了人，人却向它膜拜。"[③] 19世纪50年代后半期以后，马克思在劳动价值论的基础上，对"商品拜物教"的性质和实质作了深入的阐释。在《1857～1858年经济学手稿》中，马克思指出了"商品拜物教"产生的现实根源和理论根源："经济学家们把人们的社会生产关系和受这些关系支配的物所获得的规定性看作物的自然属性，这种粗俗的唯物主义，是一种同样粗俗的唯心主义，甚至是一种拜物教，它把社会生产关系作为物的内在规定归之于物，从而使物神秘化。"[④] 然而，在资本主义商品经济中，商品拜物教取得了它的最高形式——资本拜物教。马克思在《政治经济学批判》（第一分册）考察了货币拜物教之后，在《1861～1863年经济学手稿》中就进一步指出了资本拜物教的实质。马克思认为，在资本主义经济中，"社会劳动的生产力和社会劳动的特殊形式，表现为资本的生产力和形式，即物化劳动的，劳动的物的条件（它们作为这种独立的要素，人格化为资本家，同活劳动相对立）的生产力和形式。这里，我们又遇到关系的颠倒，我们在考察货币时，已经把这种关系颠倒的表现称为拜物教"[⑤]。马克思的商品拜物教理论彻底克服了资产阶级古典经济学价值理论中非社会性和非历史性的致命弱点，揭示了价值的社会性和历史性。马克思对商品拜物教、货币拜物教和资本拜物教转化序列的分析，揭示了资本和雇佣劳动之间物化的外在化关

---

① 《马克思恩格斯文集》第5卷，人民出版社2009年版，第54～55页。
② 《马克思恩格斯全集》第31卷，人民出版社1972年版，第331页。
③ 《马克思恩格斯全集》第1卷，人民出版社1956年版，第448页。
④ 《马克思恩格斯全集》第46卷下，人民出版社1980年版，第202页。
⑤ 《马克思恩格斯全集》第48卷，人民出版社1985年版，第36页。

系的实质，表明“资本不是物，而是一定的、社会的、属于一定历史社会形态的生产关系，后者体现在一个物上，并赋予这个物以独特的社会性质”①。

在经济学说史上，价值形式理论是由马克思首先发现并作了全面阐述的。这一理论是科学的劳动价值论中具有决定意义的内容。马克思本人在谈到价值形式理论时曾认为：“劳动产品的价值形式是资产阶级生产方式的最抽象的、但也是最一般的形式，这就使资产阶级生产方式成为一种特殊的社会生产类型，因而同时具有历史的特征。”② 因此，只有在认识到资本主义生产方式不是永恒而是历史的社会形式时，才可能在对价值形式历史发展的序列研究中，揭示出货币的全部奥秘。在《1857～1858年经济学手稿》中，马克思在说明货币本质时，首次提到价值形式理论。马克思指出：“金作为货币所表现的根本不是价值，而是自身物质的一定量，它在自己额头上标明的，是自己的量的规定性。”③ 这已说明，金作为货币实际上是在自身的一定量的物质形式上表现了商品世界其他一切商品的价值。接着，马克思从分析“最原始的物物交换”出发，探讨了货币的本质规定性。他认为：“产品作为交换价值的规定，必然造成这样的结果：交换价值取得一个和产品分离即脱离的存在。同商品界本身相脱离而自身作为一个商品又同商品界并存的交换价值，就是货币。”④ 马克思的这一初步的、但却蕴含了深邃思想的论述，在《政治经济学批判》（第一分册）中得到进一步的发挥。在那里，马克思第一次按价值形式发展的序列，简要地探讨了商品价值关系中所包含的价值表现是怎样从简单的最不显眼的样子，一直发展到炫目的货币形式。但是，马克思还没能创立与这一崭新理论相适应的一系列专门的科学术语。最后，在《资本论》第一卷德文第1版中，才在历史和逻辑的统一上，在创立了一系列专门的科学术语的基础上，系统地论述了价值形式理论。

价值形式理论也是唯物史观和辩证法在政治经济学理论研究中运用的辉煌成果。马克思对价值形式所作的抽象的、有时甚至好像是纯粹演绎式的叙述，实际上是以商品生产和商品交换发展史的大量实际材料为依据的。马克思所阐述的相对价值形式和等价形式两极的矛盾运动，正是对价值形式自身在历史上辩证运动的逻辑再现。价值形式理论确实证明，马克思把黑格尔辩证法的合理形式运用于政治经济学。

---

① 《马克思恩格斯文集》第7卷，人民出版社2009年版，第922页。
② 《马克思恩格斯全集》第44卷，人民出版社2001年版，第99页。
③ 《马克思恩格斯全集》第46卷上，人民出版社1979年版，第76页。
④ 《马克思恩格斯全集》第46卷上，人民出版社1979年版，第89～90页。

劳动价值论是马克思经济学的基石，也是马克思主义政治经济学最重要的基础理论之一，而以此为基础所创立的剩余价值理论，更是马克思主义经济学不同于以往所有古典经济学理论的核心问题。马克思经济学从根本上不同于古典经济学的特点，如霍华德和金所认为的，体现在像劳动价值论这样一些政治经济学概念上，“在斯密和李嘉图那里，有助于一个竞争性资本主义的建立；而在马克思那里，则要揭示资本主义发生、发展、直到最终灭亡的客观规律。”① 正因为这一特点，劳动价值论自然就成为20世纪马克思经济学论争中最重要的理论问题，也是论争最为激烈的理论问题。

① Howard, M. C. and J. E. King, *The Political Economy of Marx*, 2nd, Longman, London, 1985, P. 85.

第7章　劳动价值论在马克思经济学中的意义

劳动价值理论是马克思经济学整体研究的分析基础，正是在劳动价值论的基础上，马克思对于资本主义经济关系的本质是剩余价值生产和资本对剩余价值的占有的说明，对于资本主义经济的内在矛盾和不可避免的经济危机的阐释，对于资本主义经济的历史局限性和向社会主义经济过渡的必然性的科学阐述才得以建立和发展。劳动价值论也是马克思经济学区别于其他各种经济学流派的最重要的特征，因而对马克思经济学的论争，往往是以对劳动价值论的意义的理解为基本问题的。

7.1　劳动价值论与马克思经济学的基础

西方国家的许多经济学家认为，马克思继承了李嘉图关于价值和分配的基本理论框架，而其中肯定“劳动决定价值”的原理是这一理论继承的核心。在分析了抽象劳动这一价值的质的规定之后，马克思在对价值的量分析中引入了劳动时间。马克思认为，形成价值实体从而决定价值量的劳动并不是个别劳动，而是“相同的人类劳动”，是同一的人类劳动力的耗费，即“体现在商品世界全部价值中的社会的全部劳动，在这里是当作一个同一的人类劳动。只要它具有社会平均劳动的性质，起着这种社会平均劳动的作用，从而在商品的生产上，只使用平均必要劳动时间或社会必要劳动时间”①。因此，在马克思那里，决定商品价值量的不是个别劳动时间，而是社会必要劳动时间。马克思定义“社会必要劳动时间”为：“在现有的社会正常的生产条件下，在社会平均的劳动熟练程度和劳动强度下制造某种使用

① Howard, M. C., and J. E. King, *The Political Economy of Marx*, 2nd, Longman, London, 1985, P. 85.

价值所需要的劳动时间。”① 由此可见，只有社会必要劳动量或生产使用价值的社会必要劳动时间，才决定该使用价值的价值量。不过，这里应该注意的是，“社会必要劳动”这一概念，仅仅同所完成的劳动数量有关，丝毫不涉及使用价值或效用。“完全不同的劳动所以能够相等，只是因为它们的实际差别已被抽去，它们已被化成作为人类劳动力的耗费，作为抽象的人类劳动所具有的共同的本质。”②

马克思对古典学派劳动价值理论的继承方面，既保持了明显的连续性，也存在着根本的差别性。李嘉图认为，劳动本质上是一种价值标准，它能把劳动和资本作为生产费用的基本成分来进行一般的计算；而马克思则认为，劳动是价值，就其本质来说，价值这一范畴具有社会性、客观性和历史的相对性。价值具有社会性，因为它取决于每一个生产者（在资本主义条件下，就是单个厂商或工厂）劳动量变化的总的结果。价值具有客观性，因为一旦某一商品被生产出来，它就有其价值，而且完全不受市场上某些顾客个人（或集体）评价的影响。价值还具有历史的相对性，因为它会随着某个特定生产部门（包括农业或运输业）平均劳动生产率的重要变化（发展或退步）而发生变化。

当然，这并不意味着马克思的价值理论与消费毫无联系，而只是说明消费者的行为和意愿总是通过生产中劳动投入的变化对价值产生反馈。劳动可分为“活劳动”和“死劳动”（“过去的劳动”，即物化在工具和原材料中的劳动）。市场发出信号，生产单位作出反应。价值的变化只会发生在这些反应之后，而不会在此之前。当然市场价格的变化可能先于价值的变化。事实上，市场价格的种种变化也是一些重要的信号，它们会导致劳动在不同生产部门间配置的变化，即生产既定商品的必要劳动量的变化。然而马克思认为，价格基本上是由价值决定的，中长期的价格更是如此。在较短的时期内，价格围绕着价值这一轴心波动。马克思从未想否定市场规律和供求规律在影响价格短期波动中发挥的作用。

实际上，整个20世纪有关劳动价值论和剩余价值论的论争持续不断，一方面，西方主流经济学家认为劳动价值论只是一种古典价值理论，剩余价值理论早已“过时”；另一方面，有些马克思主义经济学家在与否定劳动价

① 《马克思恩格斯文集》第5卷，人民出版社2009年版，第52页。

② Howard, M. C. and J. E. King, *The Political Economy of Marx*, 2nd, Longman, London, 1985, P. 85.

值论的经济学家进行论战时，时时造成劳动价值论理解上新的混乱。有些马克思主义经济学家则认为，劳动价值论在对生产关系本质属性的分析方面，有着独特的优势，是商品经济和资本主义经济关系的客观反映。

20 世纪 70 年代初，以萨缪尔森为首的劳动价值论的反对派，在《经济学文献杂志》上同以鲍莫尔为首的赞成派之间的争论①，是 20 世纪围绕劳动价值论展开的较为激烈的论争之一，但论争双方都是非马克思主义经济学家。反对派对劳动价值论的批评主要认为，劳动价值论不能用来解释商品之间相对价格的决定问题。森岛通夫和凯特福斯（G. Catephores）认为，马克思的劳动价值论包括价值体系和价格体系两个方面，面临着两种不同类型的困难；一是商品的价值体系如何调节价格体系，在经济学文献中被称为“转形问题”；二是价值体系内部各范畴与子系统之间在逻辑上能否保持一致的问题，这一问题有可能导致对马克思价值定义的否定或重新考虑。

价值体系内部的问题往往被看作是异质劳动还原为同质劳动的问题，即复杂劳动如何还原为简单劳动的问题。然而进一步的研究表明，在存在联合生产（joint production）和技术（生产）选择问题时，劳动价值论会遇到更为重大的挑战的困难。这些困难导致像斯蒂德曼这样的斯拉法主义经济学家断言：“如果说对资本主义社会进行唯物主义的分析还依存于马克思的价值理论的话，那只能是从否定的意义上来理解的，即继续依附于后者只是前者发展的一个主要桎梏。这种说法一点都不过分。”②

1960 年，斯拉法的《用商品生产商品》一书提出用生产的技术条件和工资决定利润率和生产价格的观点后，很多学者开始尝试用斯拉法的理论来重建没有劳动价值论的马克思的经济学体系。金③用图 7－1 来表示劳动价值论是“多余的弯路”的观点。他甚至认为，即使是这条“弯路”，也要在

① 萨缪尔森在如下杂志上的争议性的文章主要有：（1）Understanding the Marxian Notion of Exploitation：A Summary of the So-Called Transformation Problem Between Marxian Values and Competitive Prices，1971 年第Ⅳ期，No. 2 第 399～443 页。（2）The Economics of Marx：An Ecumenical Reply，1972 年第Ⅹ期，6 月号第 51～57 页。（3）Reply on Marxian Matters，1973 年第Ⅺ期，第 64～63 页。（4）Insight and Detour in the The ory of Exploitation：A Reply to Baumol，1974 年第Ⅻ期，第 3 月号第 62～70 页。（5）Rejoinder：Merloin Unclothed，A Final Word，1974 年 3 月号，第 75～77 页。鲍莫尔，The transformation of Value：What Marx ‘Really’ Meant（an interpretation）1974 年第Ⅻ期 3 月号，第 51～62 页。鲍莫尔，Comment，1974 年 3 月号，第 74～75 页。

② 扬·斯蒂德曼著，吴剑敏、史晋川译：《按照斯拉法思想研究马克思》，商务印书馆 1991 年版，第 181 页。

③ Ian Bradley and Michael Howard，*Classical and Marxian Political Economy*，The Macmillan Press Ltd，1982，P. 173.

非常严格的假设下才走得通。这一观点为许多西方学者所接受。有的认为，马克思的劳动价值论只是在单一生产过程和单一产品产出假定下才能成立。一旦放弃这两个假设，引进存在技术选择和联合生产的情况，特别是引进存在固定资本的条件时，劳动价值论这条“弯路”要么走不通，要么需要被迫对最初的劳动价值定义作出修改；要么承认零价值或负价值的存在，要么承认总价值不等于总生产价格等。

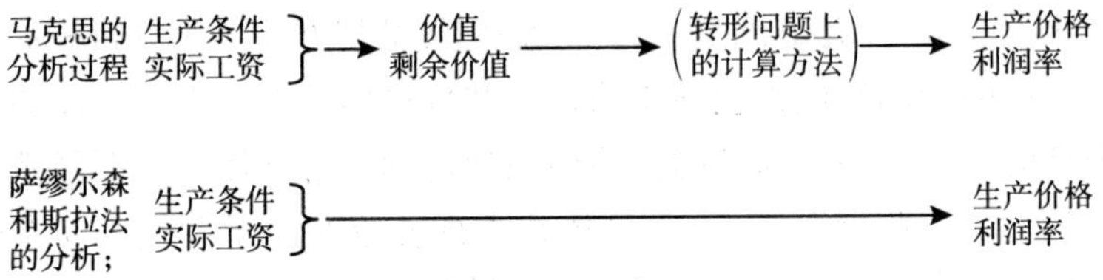

图7-1　劳动价值论“弯路”示意图

西方的一些马克思主义经济学家，在维护劳动价值论时，强调的是价值范畴所反映的生产关系的性质。德赛认为：“马克思的劳动价值学说不是一个有关相对价格或资源配置的理论，在他的学说里面价值是一种社会关系。”① 米克也持有相同的观点，他强调，马克思的《资本论》就是要透过异化背后的物与物的关系这个“神秘的幕”，揭示人与人的关系。他认为：“只从质的方面或者从社会学方面来这样作是不够的：因为在商品生产制度之下，‘事物之间的社会关系’反映了它后面的‘个人间的社会关系’，它采取的是一种价格或价值关系的形式，因此还必须从量的方面来进行分析。当然，正是从这里，马克思的劳动价值学说才作为传统意义上的价格学说出现。在商品生产制度下，这种学说实际上是说物与物之间的价格关系所反映的是人与人之间的生产关系。因为后者是以人们在他们的商品中所具体化的不同的劳动量表达出来的”② 对劳动价值论的质的意义，即在揭示物与物背后的人与人之间的生产关系的意义的肯定，是赞成马克思劳动价值论的学者的主要取向。

在数学方法盛行的今天，许多质疑劳动价值论的经济学家认为，只要知道了用数量关系表示的生产条件，例如，一定的投入—产出矩阵，在一定的实际工资水平下，就可计算出商品的相对价格和利润率。价格和利润不必从

① Meghnad Desai, *Marxian Economic Theory*, Gray-Mills Publishing LTV, 1974, pp. 3-4.
② 米克著，陈彪如译：《劳动价值学说的研究》，商务印书馆1979年版，第16～17页。

价值推算出来。在量的方面，劳动价值论不能说明商品与商品之间的相对价格。正是围绕劳动价值论，坚持量的分析和坚持质的分析的经济学家之间的争论，使得本·法因评价说，劳动价值论论争中对立的两派之间展开的讨论，如同聋子之间的对话一样①。

7.2　价值体系在马克思经济学中的意义

20世纪30年代初的经济“大萧条”，引发了20世纪马克思经济学在西方国家的第一次“复兴”。当时，崭露头角的英国马克思主义经济学家多布在《价值理论的必要条件》、《古典经济学和马克思》（1937年）等文章中，为马克思劳动价值论作出辩护，成为那一时期马克思经济学“复兴”的重要观点。

在当时的西方经济学界，马克思劳动价值论不仅受到边际主义和各种主观价值论的攻击，还受到倡导经验价格、取消任何价值理论的思潮的冲击。多布认为，要真正地理解劳动价值论并对各种各样的所谓新观点进行批判，首先应清楚地认识经济学的体系结构同价值理论之间的关系。多布指出，任何科学理论体系的建立，都是从一种比较模糊的、未加区分的领域内的事物的“描述与分类”开始的，进而才能在以后的分析中，得出适合这一科学理论体系的“普遍原则”，它对整个理论体系的构造起着决定性的作用。在政治经济学中，能够起这种“普遍原则”作用的首先是价值理论。放弃价值理论的这种独特地位，政治经济学体系结构就无法建立起来。②

其次，多布认为，在政治经济学中，只有劳动价值论才是唯一的“充分的”价值理论，可以完成上述“描述和分类”的功能。基于此，多布从形式和内容上论证了劳动价值论具有的这种“充分性”。

从形式上看，在政治经济学体系的“方程组”中，充分的价值理论必须处在起关键性作用的“自变量”的地位。这种“自变量”要具备两个充分调节：第一，在解开整个方程组的过程中，这种“自变量”在任何特殊的情况下都不能依赖其他自变量得出自己的解；第二，这种自变量必

---

① Ben Fine edited: *The Value Dimension: Marx Versus Ricardo and Sraffa*, Routledge and Kegan Paul, 1986, P. 7.

② 道布著，松园等译：《政治经济学与资本主义》，三联书店1962年版，第4页。

须表现出某种数量关系，但是这种数量不能是价值本身。① 多布认为，只有劳动价值论才能成为起关键性作用的自变量，才能解开整个政治经济学的方程组。

从内容上看，充分的价值理论，必须具备能预测现实世界的“实在性”的如下特征：

第一，对于充分的价值理论来说，价值必须转化为实际的维度，这些实际维度在事实上是能够加以理解和认识的。各种主观价值论中作为“非实际”的决定因素，只是主观的心理欲望这一类因素，而劳动价值论中作为“实体”的劳动因素，才是一种“生产活动中的客观因素”，并且具有实际的维度。

第二，作为充分的价值理论，不仅在政治经济学理论的抽象层次上是正确的，而且在不断接近于现实世界的具体层次上，在经过适当的修正之后也应该是正确的。多布认为，只有马克思的劳动价值论才能做到这一点。

第三，充分的价值理论还必须像政治经济学中的其他理论原理一样，根植于人们为取得自身生存资料而同自然进行斗争的不同的生产方式中。也就是说，价值规定必须和获取物质生活资料的生产方式相联系。显然，这种联系只能是劳动的。因此，只有劳动价值论才是政治经济学理论体系中唯一的、“充分的”价值理论。②

20 世纪 60 年代中期，在西方国家发生了马克思经济学在 20 世纪的第二次“复兴”。R. 萨傲（Sau）认为，马克思经济学的这一次“复兴”，与如下三个方面的重要事件有关：一是“20 世纪 60 年代和 70 年代为世界所见证的东南亚国家的历史转型及资本主义国家严重的经济危机”的发生；二是“大部分一直不被英语世界的读者所接触的马克思著作的大量翻译”，拓展了人们对马克思理论的认识视野；三是“斯拉法的原创性著作引发的有关资本理论的激烈讨论，扩展到马克思经济学”③。萨傲 1978 年在《社会科学家》杂志上发表的《论马克思的经济学》一文，对马克思劳动价值论及其他理论的当代意义，以及马克思经济学的发展趋向作了探讨。

萨傲在《论马克思的经济学》中指出，资本积累是资本主义的原动力，

① 道布著，松园等译：《政治经济学与资本主义》，三联书店 1962 年版，第 8 页。
② 道布著，松园等译：《政治经济学与资本主义》，三联书店 1962 年版，第 16 ~ 17 页。
③ Ranjit Sau，On Marxian Economics，*Social Scientist*，Vol. 7，No. 5，1978，P. 3.

资本家带着一定量的货币进入市场，购买生产资料和劳动力。在把生产出来的商品出售后，得到更大的货币量，在把其中的一部分用于消费后，把剩余的部分重新投入生产中去。资本家以最大可能的比率去扩张自己的资本，这是资本家的内在动力。因此，资本主义的主要特征可以概括为：（1）资本家以尽可能快的速度积累资本。在这一过程中，资本家追求预付资本的利润最大化。（2）在这样做的过程中，资本家把资本投向不同部门，从而在不同部门之间形成统一的利润率。（3）资本家总是选择给定产出下生产成本最小的生产技术。（4）在能够提高利润率的情况下，资本家进行创新，并引进新技术。[①] 资本家通过市场进行上述活动，当资本家发挥他自己资本积累的基本功能时，引发了如下一些现象：商品的价格由市场决定；产业后备军的扩大；资本有机构成上升，利润率趋于下降。萨傲指出，如果上述就是马克思所说的关于资本主义的全部情况。那么，“他的模型只能被看作是古典的、凯恩斯主义的、新古典的或新新古典的增长模型的某一个变种。因为对任何一个非马克思模型稍加修改，就可以得到上述命题，因此，有些人就认为马克思是一个多余的包袱”[②]。

萨傲认为，“剩余价值概念是马克思的资本主义经济学的标志”[③]。无论是古典的、新古典的或者是后来的所谓“新李嘉图主义模型”都不承认这个概念。“由于没有认识到这一点，导致了关于‘按照斯拉法思想研究马克思’的讨论中产生的大量混乱的现象。”[④] 萨傲进一步指出：“的确，在马克思经济学中存在着一些错误的近似，也有很多例子可以被认为过于简化。但是，这些错误——如果被认为是错误的话——对于马克思经济学来说并不奇怪，因为这是经济学这个学科的本质特征。这些问题可以在所有其他类型的模型中发现。尽管一些错误还仍旧存在，但一些错误已经或正在被纠正。近来关于资本理论的讨论，清除了很多笼罩马克思经济学领域的某些迷雾。这是一个值得欢迎的迹象。”[⑤]

萨傲认为，马克思的资本主义理论存在三个体系。第一，生产和再生产中的物质关系构成的数量体系（quantity system，Q），里昂惕夫投入产出模型通常被认为是对这个体系很好的近似；第二，商品间的交换关系构成的价格体系（price-system，P）；第三，由价值、剩余价值和剥削率这些变量之间内在关系构成的价值体系（value-system，V）。萨傲指出，“所有这些体系都是真实的，它们中的每一个都有助于理解资本主义现实的不同方面，从这

①②③④⑤　Ranjit Sau，On Marxian Economics，*Social Scientist*，Vol. 7，No. 5，1978，P. 4.

种意义上说，它们都是必不可少的"①。萨傲提出，认为Q在逻辑上先于P，P先于V，是没有意义的，这三者构成了一个有机的整体，相互作用。那种认为"工资率和Q体系是给定的，然后主张P在逻辑上先于V"的观点是不合理的。②

萨傲认为，对马克思的批评，大体可以分为以下几类：（1）价格体系在物质体系和工资率给定的情况下，可以与价值体系无关，从而V对于价格决定而言是多余的；（2）在价格体系和价值体系之间没有逻辑上的对应性；（3）马克思设计的价值体系是错误的，其中充满矛盾。需要注意的是，假定批评（3）是正确的，那么（2）必然是正确的，如果（3）是无效的，那么（2）仍然可能是正确的。对里昂惕夫模型有基本了解的人都会赞同，在生产技术和工资率给定的情况下，价格可以被决定。也就是说，在这一意义上，（1）是真实的。（2）则建立在下述论点之上：一是价格利润率（用体系P计算的利润率）不必等于价值利润率，它们可以以任何方式相区别；二是其他条件相同的条件下，随着工资的改变，资本有机构成的部门排序可能不会保持不变。其排序方式可能多种多样；三是在选择生产方法时，实际工资率和剥削率不必存在反向关系；四是考虑到上述主张，在商品的价格和价值之间没有系统的联系；五是固定资本或纯粹联合生产的存在可能会导致负的商品价值或剩余价值。从上述条件看，"对马克思的破坏是彻底的"③。在对上述问题作出回应之前，萨傲首先从经济研究方法论的角度作了说明。

任何理论都需要一定程度的抽象。现实异常复杂，体系中比较次要的特征就被舍象掉，只有重要的因素才予以考察。萨傲认为，抽象的理论模型并不能完美地反映现实。"马克思的经济模型并不是对世界范围内任何一种资本主义经济的完美描述"④，它并没有包含任一资本主义国家生产过程的所有要素，这可以从里昂惕夫投入—产出框架看出来。古典经济学家、凯恩斯、斯拉法或者任何其他学派的模型，都同样具有这种特征。

萨傲指出，可供使用的分析工具，如代数学、微积分或者其他相关的数学分支如统计学等，在很大程度上决定了模型作出的简化或近似的类型。里昂惕夫技术矩阵就受到一定的数学限制。至于斯蒂德曼，"他非常了解，当两种商品在一个活动中被联合生产出来时，分别给单独的一种商品赋予劳动内容是没有意义的，然而他选择了一个例子，两种活动分别联合生产两种商

①② Ranjit Sau, On Marxian Economics, *Social Scientist*, Vol. 7, No. 5, 1978, P. 5.
③④ Ranjit Sau, On Marxian Economics, *Social Scientist*, Vol. 7, No. 5, 1978, P. 6.

品，他通过解一组分别由两个方程构成的方程组得到了一个负剩余价值的数字结果。这完全是一派胡言”①。

萨傲提出了另外一个与固定资本相关的例子。萨傲认为，固定资本毫无疑问是一种重要的生产资料。如果把部分被使用的机器，当成一个既定生产过程中的产出，那么，这就假定为一种联合生产的形式。事实上，市场分配给一台旧机器的价格可能是零，或者是负的。但是，一台旧机器的价值是多少？也就是说，制造一台旧机器的社会必要劳动时间是多少？根据定义它不可能是零。然而，斯蒂德曼得出了一个负解。他的例子是这样的，机器有两年的使用期，他的体系中有三个过程：一种是三单位的谷物和三单位的劳动制造三台新机器；第二种是三台新机器和 49 单位谷物以及 30 单位的劳动制造 88 单位的谷物和 3 台一年期的老机器作为联合产品；第三种是 3 台老机器，3 个单位的谷物和 30 单位劳动制造 30 单位谷物。斯蒂德曼通过解一组分别有三个联立方程组计算出单位谷物、一台新机器和一台旧机器的单位价值或劳动内容。结果是谷物的价值是 1，新机器的价值是 2，老机器的价值是 1。萨傲认为，“在第三个过程中固定资本的价值（三单位谷物和三台老机器）恰恰等于零”②。

萨傲认为，马克思绝不会使用这种方法，因为在任何情况下，这种方法都是错误的。在萨傲看来，按照马克思的方法，问题应该这样解决：在机器的整个生命周期内考察机器的使用，在第一年，三台机器在其他投入的帮助下增加了一定量的产出，在第二年它们又增加了一定的产出，把两年放在一起考察，也就是把上述例子中的第二和第三个方程加总在一起，那么就只有两个方程用来解机器和谷物的单位价值。从而可得谷物的价值是 1，机器的价值是 2。至于旧机器的价值，则“是一个折旧计算的问题，没有任何一个经济学派令人满意地解决了这一问题”③。

要发挥市场的功能，旧机器和新机器必然赋以价格，因为资本家之间在市场上的交易需要每个商品都有价格，从本质上看这是一个 P 体系问题。V 体系中的直线折旧方法与其他任何处理折旧计算不可测量问题时的方法表现得同样好。这使得我们思考一个更加基本的问题，即宏观经济的微观基础问题，“这在非马克思经济学中仍是一个黑箱问题”④。从单个公司的生产函数引出加总生产函数和基于个体偏好序构建社会福利函数时存在的问题，是投

① Ranjit Sau, On Marxian Economics, *Social Scientist*, Vol. 7, No. 5, 1978, P. 6.
②③④ Ranjit Sau, On Marxian Economics, *Social Scientist*, Vol. 7, No. 5, 1978, P. 7.

资项目回报率可能有很多解，或者是负解。但是，这些都不足以影响凯恩斯基于边际效率建立他的宏观经济模型。“不能否认的是，马克思的模型的宏观和微观之间的缺口仍需进一步的弥合，也必然有各种各样的异常例子，可以用来攻击马克思经济学的这个或那个部分。尽管如此，斯蒂德曼在这方面进行的尝试是完全不成功的。”①

在分析了联合生产问题后，萨傲转向了他认为的更加基本的问题，即部门资本有机构成随着工资的变化而逆转的可能性。斯拉法认为：“两种产品的相对价格的变动，不但取决于它们各自生产时所使用的劳动对生产资料的‘比例’，并且取决于这些生产资料本身被生产时所使用的‘比例’，还取决于这些生产资料的生产资料被生产时所使用的‘比例’等。其结果是，两种产品相对价格变动方向，随着工资的下降，也许和我们根据它们各自‘比例’所期望的相反；此外，它们各自的生产资料的价格可以这样变动，以至完全改变这两种产品较高和较低比例的次序，并且还产生了更加复杂的情形。”② 萨傲认为，斯拉法的观点和马克思的观点存在明显的区别。马克思认为，如果工资上升，拥有平均社会有机构成的商品的生产价格不会变化，有机构成低的商品的生产价格上升，有机构成高的商品的生产价格下降。这些变化的情况都不和利润率成比例。“马克思所描绘的清晰的图景被斯拉法打乱了。”③

萨傲对价格利润率和价值利润率作了分析。他认为，用价格和价值衡量的利润率之间的可能的差别，引发了关于马克思转形问题的争论。马克思使用价值利润率把价值转化为价格，一些学者认为马克思错了，谢赫和森岛通夫认为马克思的解决方法只是不完整而已④。萨傲赞同这两位学者的观点，认为“这只是一个程度差别问题，而不是一个基本错误”⑤。

萨傲最后特别提到了价值体系存在的意义。他认为，斯拉法和新李嘉图主义的追随者提出的挑战非常有趣，但是却错误地理解了马克思经济学。如果市场能够在价格体系下单独发挥作用，而且价格可以不参考价值就很好地计算出来，为什么需要价值体系呢？这是很多对马克思持批判态度的学者经常产生的疑问，而且被频繁地用于否定价值理论。“事实上，这正是马克思

① Ranjit Sau, On Marxian Economics, *Social Scientist*, Vol. 7, No. 5, 1978, P. 8.

② 斯拉法著：《用商品生产商品》，商务印书馆1991年版，第21页。

③ *Ranjit Sau*, *On Marxian Economics*, *Social Scientist*, Vol. 7, 5. , 1978, P. 7, P. 9.

④ A Shaikh, *Marx's Theory of Value and the Transformation Problem*, New York, 1976; M. Morishima, Marx in the Light of Modern Economic Theory, *Econometrica*, July 1974.

⑤ Ranjit Sau, On Marxian Economics, *Social Scientist*, Vol. 7, No. 5, 1978, P. 10.

的基本贡献。"[①] 价值体系表明，即使价值等于价格，仍然有剩余价值被剥削。马克思的剩余价值理论表明，资本主义利润的根源在于无偿劳动，而不是资本家的节欲，或资本的边际生产力。正是在上述意义上，马克思经济学需要一个价值体系。

通过对斯拉法和斯蒂德曼等新李嘉图主义者的观点和马克思观点之间差异的分析，以及对一些在马克思经济学讨论中著名学者的观点的概括和评析，萨傲充分展示了劳动价值论在马克思经济学中的独特价值。

7.3　宇野学派的劳动价值理论

宇野弘藏（Kozo Uno）对马克思经济理论的辩证体系作了阐释，被称为资本的辩证法，成为宇野学派理论的重要组成部分。他也提出了宇野学派关于劳动价值理论的基本观点。但是，关于什么是宇野学派的价值理论，这一学派的成员并没有达成一致意见。关根隆（Sekine）1978 年在《宇野学派的价值理论研讨》中对有关劳动价值论的十个问题的阐述和概括，可以看作是对宇野学派价值理论作出的较为准确的说明。[②]

7.3.1　什么是价值？"价值"是"交换价值"的简称吗？

交换价值仅仅是价格或表达价值的价值形式，但它本身并不是价值。价值指的一种商品在质上与另一商品相同，但在量上却与它相区别的属性。关根隆认为，虽然在《资本论》第一卷的开头部分，马克思按照古典经济学的惯例，坚持使用价值和交换价值是商品的两种要素，但是在论述几页之后，马克思就认为这种观点是不恰当的，而建议用"价值"代替"交换价值"。然而，这种修正的重要性，却经常为人们所忽视。

模糊的正统用法强化了价值和价格之间的混乱。比如，"价值和分配"只是"产出和投入定价"的另一种说法。德布鲁（G. Debreu）的《价值理论》（1954）仅仅讨论了一般均衡"价格"是怎么形成的，并没有说明价值与价格的区别。因此，大多数自称为劳动价值论的批评家，事实上是不知不觉地在批判劳动价格论（劳动价格论假定均衡相对价格与物化劳动量成比

① Ranjit Sau, On Marxian Economics, *Social Scientist*, Vol. 7, No. 5, 1978, P. 11.

② T. T. Sekine, An Uno School Seminar on the Theory of Value, *Science & Society*, Vol. 48, No. 4, Winter, 1984/1985, pp. 419 -432.

例），而这种理论“是一种资本的辩证法不需要对其负责的错误的理论”。①

对资本主义制度来说，至关重要的一点是，商品被作为价值而不是作为使用价值来生产。也就是说，它们被当作与其使用价值关系不大的交换载体（而不是消费对象）来生产的。确实，“价值”一词的首要意义，就是“与使用价值无关”。尽管商品作为使用价值在物质上是异质的，但是，它们作为价值在社会意义上却是同质的。任何商品都必须通过另一商品的使用价值量，也就是价格来表达其价值。所有资本主义社会中生产的商品之所以都有经济意义上的价格，就是因为它们都是有价值的物品。当然，某些商品形式恰巧表现为诸如艺术品、个人服务，甚至是荣誉和自豪等，它们的价格就不表示任何（经济）价值。但是这类商品的价格比较随意，因为它们并不像真正的商品的均衡价格一样，反映潜在的社会资源配置。

宇野学派的价值理论坚持认为，价值是商品的真正的特性，与商品的使用价值无关，价值反映了商品生产真正意义上社会成本的耗费。

7.3.2 价值形式理论指的是什么？

一种商品只能通过另一种商品（称为等价物）使用价值的确定量，来表示其价值。由于可以表达其他商品的价值，等价物具有一种直接的购买力。价值形式理论所做的，就是撇开等价物商品的性质和数量限制，挑出一种特殊的商品作为一般等价物或货币，用这种特殊的商品可以表示所有其他商品的价值。这就意味着，表示商品“内在”价值的需求，使得货币成为反映价值的物品，成为价值的“外在”表现。价值形式理论就使得价值——商品的一种无形性质，变为有形——表现为货币商品（比如黄金）的数量。

7.3.3 什么是“货币的价值尺度职能”？在“衡量”价值时是不是也能“决定”价值？

出现在市场上的所有商品，其卖主（所有者）都会暂定一个价格来表达其价值。因为这些是货币价格，所以，拥有货币的人只要愿意，就可以在市场上买任何商品。给商品定价的供应者只是作出计划，但只靠他们自己并不能完成交易。他们只有根据市场的反应修正价格，才能及时地并以高价出

① T. T. Sekine, An Uno School Seminar on the Theory of Value, *Science & Society*, Vol. 48, No. 4, Winter, 1984/1985, P. 420.

售自己的商品。货币所有者代表市场的需求力量，如果价格低，他们就会立即购买；如果价格高，他们就会推后购买。这就迫使卖主调整供应价格，以便与需求价格相适应。这样，通过一次次买卖，货币就衡量出商品的价值，就确立了一个表示商品价值的一般价格。

因此，当货币作为购买中介时，就对价值做出了衡量。商品出售的价格每次都不同，但是最终停留在一个一般水平上。关根隆认为，通常所说的一般价格，实际上就是均衡价格。如果商品以一般价格进行交易，这就意味着既不存在生产过剩，也不存在生产不足。这也就说明，这一商品的生产消耗的社会资源数量适当。这就是为什么说一般价格反映了商品的价值。但是，迄今为止，并没有说商品价值与一般价格是成一定比例的。关根隆认为，这就需要阐明价值的实质。

7.3.4　价值的实质是什么？有没有一个非劳动价值论？

资本主义生产与简单商品生产的区别在于：前者将劳动力转变为商品，与具体使用价值的生产是根本不同的。与小商品生产者不同，资本家不只是投资于某种特殊商品。换句话说，只要有利可图，资本会生产任何商品。资本只生产作为价值的商品，而不关心其使用价值。

生产使用价值（用来使用或消费的物品）的劳动，被认为是生产性的。劳动力是进行生产性劳动的能力，在具体意义上是有用的劳动，在抽象意义上是人类劳动。古典经济学派因为对生产性劳动二重性的理解非常模糊，所以其劳动价值论也是不确定的。马克思在对这种二重性作了清楚的辨析后，澄清了劳动价值论。在所有社会中，生产性劳动都具有抽象的人类劳动的一面，这在原则上使得劳动力成为一个非特定的生产要素。这就意味着劳动可以从一种具体的有用形式转变为另一种形式。因此，资本一旦购买了劳动力商品，就可以生产任何商品，而不管其使用价值如何。

关根隆认为，当商品以社会必需的数量生产出来时，也就是既没有生产过剩也没有生产不足时，可以说生产它们消耗了“社会必要劳动”。因此，劳动价值论的准确表达是社会必要劳动构成了商品价值的实质。这就是说，商品价值的大小由包含在其中的社会必要劳动数量决定。

7.3.5　价值规律的必然性是什么？

价值规律说的是，只要劳动价值理论成立，资本主义社会就是可行的。如果一个社会的直接生产者保证可以得到他们的必要劳动的产品，那么这个社会就是可行的，因为这样直接生产者可以再生产其劳动力。所以如果工人得到的货币工资，能够使他们买回足够的商品以维持和再生产劳动力，资本主义就是可行的。“必须明白，这种可行性条件与劳动价值论是一致的。”①

为了使劳动价值论有效，在所有商品的生产中只能应用社会必要劳动，所有商品必须按照社会必要数量生产。这进一步意味着，所有商品的生产必须是利润相等的，所以资本家就不会关心使用价值的生产。利润率的平均化意味着，所有商品只能由社会必要劳动生产出来。这种必然关系被称为价值规律的必然性。

7.3.6 如何在数量上确定价值和价格？

关根隆是用一个只包含一种资本品、一种工资品和一种奢侈品的模型进行价值和价格计算的。他认为，这种模型可以很简单地扩展到复杂的情形（比如，包括多种商品的情形，存在固定资本和资本周转率不同的情形等）。他的基本模型的假定包括：（1）所有商品可以归为三大类：资本品、工资品和奢侈品；（2）技术的复杂性局限于给定的经济活动水平，这意味着技术是狭义上的技术而且资本的配置是均衡的；（3）产出在生产周期结束时出现，而投入在开始时出现；（4）不能满足所有资本品自我替代条件和剩余价值率必须为正的条件的复杂技术，不能适应资本主义运转；（5）基本约束条件——总工资与生产出来的工资品的货币价值相等——对于价格体系的解而言是至关重要的，特别是在存在不只一种工资品的情况下。

7.3.7 什么是转形问题？其经济学意义是什么？

关根隆强调存在两种转形问题：价值转化为价格，剩余价值转化为利润的辩证（质的或概念的）转形问题。在这种转形中，不存在逆转化问题；另一种是价值转化为价格，剩余价值率转化为利润率的数学（量的或形式逻辑的）转形问题，这种情况下，逆转形是问题的一部分。

关根隆认为，在辩证转形中，体现的是综合逻辑，同一个概念以不同的名称重复出现多次。“这种转形就像灰姑娘的故事。人没有变，但是环境改变了，所以就需要她相应地改变其装扮和行为。”② 从生产学说到分配学说，

---

① T. T. Sekine，An Uno School Seminar on the Theory of Value，*Science & Society*，Vol. 48，No. 4，Winter，1984/1985，P. 426.

② T. T. Sekine，An Uno School Seminar on the Theory of Value，*Science & Society*，Vol. 48，No. 4，Winter，1984/1985，P. 429.

就会看到价值转形为价格。按照生产学说，商品生产被严格地看作是价值的生产，但是在分配学说中，却明确地考虑了资本主义市场中使用价值的差别。

7.3.8 平均利润规律是什么?

当价值和价格在数量上得以确定时，可以发现，它们一般情况下并不成比例。但是，均衡价格对价值的偏离绝不是随意的。平均利润规律说明，均衡价格（生产价格）偏离价值的程度，是由生产每一个作为使用价值的商品时的技术可变性预先决定的，所以均衡价格受到价值的限定。换句话说，“平均利润规律通过资本主义市场中的价格运动限定了价值规律的具体实施方式”。

然而，平均利润规律往往被描述为更详细的形式，比如，“如果社会总产品的价格等于其价值，那么以高于社会一般价值资本构成生产出来的商品的价格就会超过其价值，反之亦然”①。严格地说，这种陈述适用于不存在固定资本或只存在一种资本品的情况。在其他的情况下，就需要做出细微的改动。关根隆将这种表述称为第一平均利润规律。关根隆指出，马克思也提出了一种类似的论述：当工资上涨时，那么以高于（低于）社会一般价值资本构成生产出来的商品的生产价格就会下降（上涨）；当工资下降时，情况相反。关根隆将后一种表述成为第二平均利润规律。

关根隆认为，我们很容易得出如下结论：如果假定剩余价值率为零，那么价值和价格是成比例的。当然这种情况对于资本主义生产来说是毫无意义的，因为零剩余价值率就意味着零利润率。但是当利润率为零时，价格与价值成比例，实际工资在理论上达到最大值。从这一点开始，若降低工资，则产生了利润。这时价格开始在第一平均利润规律指定的方向上偏离价值；工资降低得越多，剩余价值率增加得越多。这就是第二规律的意思。实际上它合并了第一规律和李嘉图定理——在给定技术的条件下，利润率上升会降低实际工资。

7.3.9 市场价值规律怎样补充了平均利润规律?

迄今为止，一直假定某种特定商品的生产只存在一种技术，但这是不现

① T. T. Sekine, An Uno School Seminar on the Theory of Value, *Science & Society*, Vol. 48, No. 4, Winter, 1984/1985, pp. 429 – 430.

实的。同一使用价值往往由不同的技术生产出来，所以在同一行业有些企业利润高于平均利润，有些则相反。但是，这种技术的多样性并不意味着劳动价值论的失效。我们只需考虑市场价值规律，就可以了解实际情况。

假定在生产某种商品时，同时应用了两种技术。事先并不知道会采用哪一种技术，或者合并哪些技术以应对自发的需求变化。当需求增加时，可能应用其中的一种或者合并两种技术来供给额外的需求。

关根隆在这里强调的是，在所有资本主义企业中，只有资源可以自由流动时，价值和均衡价格才是有意义的概念。如果当需求从 A 企业移向 B 企业时，足够的资源就要从 A 企业移向 B 企业，调整产出以适应需求，这样，价值规律就得以维持。但这并不是说，所有当前使用的资源都必须能在企业 A 和 B 之间自由移动。随着劳动的专业化，资本主义的发展可以保证足够的资源流动性，以适应产出的边际调整。即使在不同的行业内部存在固定的或非竞争的因素，价值规律仍然有效。这些因素就导致了“虚假社会价值”和剩余利润。考虑到这些偶然事件的价值规律被称为市场价值规律。它和平均利润规律一起描述了价值规律的具体实施模式。

7.3.10　地产的存在与资本主义社会通过价值规律的调节有何关系？

地产通过收取不同的租金补充资本。土地的不同肥沃程度是自然赋予的，并不会因为资本的竞争而消失。因此，小麦的市场调节价值和生产价格应该等于最贫瘠土地上收获的小麦的个别价值和生产价格。

当地产收取绝对地租时，情况就完全改变了。通过限制农用地的供给，地主可以将农产品的价格提到生产价格之上，因此，在资本家分配平均利润之前，在农业中就已经产生了部分剩余价值。因为农业中的资本价值构成要低于社会平均资本构成，所以农产品的生产价格低于它们的价值，这就意味着剩余价值会从农业部门转向非农业部门。现在，以绝对地租形式出现的农业剩余价值确实减少了平均利润，但是却没有改变剩余价值从农业部门（或资本有机构成低的部门）流向非农业部门（资本有机构成高的部门）的趋势。

但是，地主极力限制土地的供给，将农产品的市场价格提升至其价值之上是有可能的。在这种情况下，除了绝对地租之外，地主还赚取了垄断地租，而这种做法会破坏平均利润规律。由于剩余价值会从资本有机构成高的行业流向资本有机构成低的行业，这与平均利润确定的剩余价值分配原则恰恰相反。如果这种情况发生，价值规律所执行的资本主义调节作用就会暂时失效，也就出现了被视为荒诞不羁的马尔萨斯的消费不足论。但是，在真正的资本主义社会中，资本与地产共存，地主满足于不断增加的财富，顽固地拒绝接受资产阶级的最大化嗜好。

第 8 章　对劳动价值论现代意义的理解

马克思的劳动价值理论在 19 世纪中期形成以来，已经历了一个半世纪多的历程。其间，世界发生了翻天覆地的变化，马克思经济学说特别是其劳动价值理论是否还有其生命力、是否还有其现代意义，一直是有关马克思经济学论争的焦点问题。马克思经济学的反对者们一次次地宣告劳动价值论已经"过时"，而马克思主义经济学家又一次次地为马克思劳动价值论进行"保卫"、作出"辩护"。劳动价值论作为马克思经济学最基本的原理，时时给当代人带来各种启示。在各种纷繁复杂的理论观点中，斯威齐、布朗芬布伦纳和谢尔曼这三位学者，在 20 世纪 40 年代、60 年代、70 年代分别对马克思劳动价值论现代意义进行的不同解说，可以看作是这一时期在对这一问题理解上的基本的、也是影响较大的理论观点。

8.1　斯威齐论劳动价值论与资本主义发展

在讨论资本主义经济危机问题时，斯威齐对劳动价值论的现代意义作出说明。在 1942 年出版的《资本主义发展论》中，斯威齐把经济危机理论分成两大类：利润率下降危机论和实现问题（商品销售问题）危机论。他不同意当时众多的马克思主义者所主张的利润率下降危机论，而在实现问题中以一种新的方法来论证消费不足的危机理论。

斯威齐认为，消费不足论的分析对象，是资本主义对工人工资的限制以及由此而来的对工人消费的限制，与剩余价值转化为新投资这种不断努力所造成的生产力增长之间的矛盾。这个矛盾，表现为两个方面：一是生产能力充分运用时大量商品的积压、价格的下降和生产过剩危机的爆发；二是生产能力闲置时长期的萧条和经济的停滞。

斯威齐认为，要研究的主要问题是起反作用的各种因素是制止还是实际上引起了这种消费不足危机的产生。斯威齐指出了两类起反作用的因素：一是一些在短期内可减缓新投资增长从而减缓生产力增长的因素；二是消费需求在工人那儿受到限制，而其他一些新因素的出现却使其有所提高，包括人口增长、非生产性消费的增多以及政府开支的增大等。消费需求新因素中的非生产性消费，指的是商业部门和服务部门雇员的非生产性开支。这些人的收入是资本家剩余价值中的一部分。这部分剩余价值本来准备用于新的投资，新的投资可形成新的更高的生产能力，现在用来支付商业部门与服务行业的工资，直接形成新的消费需求而不是新的生产能力。同样，消费需求新因素中政府开支的增加，也可起到限制生产能力增长和促进消费能力增加的作用。这就是政府对消费不足所起的干预作用。斯威齐把国家看成是避免消费不足危机的因素，认为垄断组织具有两重性：一方面，垄断组织榨取高额利润，把消费者的收入转化为投资者的收入，从而加剧了消费不足的危机；另一方面，垄断组织为了吸引消费者采购买它们的产品，花了大量的人力财力去做广告和推销产品。这就又开辟了新的行业，创造了新的就业机会与新的消费需求。

在1979年《每月评论》上发表的《马克思的价值理论和危机》一文中，斯威齐提出："价值论与危机之间，或某些人想用以取代价值论的价格理论与危机之间，并不存在直接的联系。"① 马克思主义者通常在广义上用的"危机"一词，指的是一类极为复杂的现象，这些现象彼此之间是如此不同，以致带有普遍性的理论——简单的理论就更不用说了——也只能为分析任何一个给定的危机局面提供初步的线索。然而，不管怎么说，只有结合资本主义积累过程的性质及功能的总的理论来看待危机，才有可能正确地理解危机。

斯威齐赞成价值是这种总体理论得以建立的唯一基础，或者应该说，价值理论是目前这种总体理论得以建立的唯一可用的基础。斯威齐认为，斯蒂德曼等人想要彻底甩掉劳动价值论。他们一方面承认价值理论提供了一种分析方法，从而保证了马克思对积累过程的理解；另一方面却仍然不认为价值理论是理解积累过程所必需的。他们说，可以像斯拉法那样用价格理论取而代之，而不妨碍人们对所关心的问题的研究，沿着马克思主义的路线做进一步的探索。斯威齐认为，当提到马克思的"价值数量分析"时，斯蒂德曼的意思可能是指存在着另外一种价值分析，即定性的价值分析，这种分析关心的是社会关系，而非经济数量关系；这种分析会有助于而非妨碍"对资

① Sweezy, P. M., Marxian value theory and crises, In Ian Steedman edited: *The Value Controversy*, Verso, 1981, P. 20.

本主义社会的唯物主义研究”。斯威齐认为，如果是这样，他会对斯蒂德曼表示赞同。但是，即便如此，斯威齐认为，还是应相信，定性和定量分析的有机结合才是马克思的最成功之处；将二者割裂开来是危险的。①

斯威齐认为，大体上，《资本论》第一卷的前两篇加上第三篇前三章的大部分内容（大约占《资本论》第一卷篇幅的1/4）主要是定性的，也就是说集中在确定和阐明一般商品社会和特殊的资本主义社会中的基本关系上。在此之后，包括《资本论》第二卷和第三卷，更偏重于将这些关系定量化，或者说偏重于阐述表现这些关系的经济变量及其相互联系。但是，纵观三卷《资本论》，全部论证都是依据价值论进行的，并且无意在价值的定性和定量两方面划上一条明显的界限。在马克思看来，定性渗透于定量之中，而定量表现出定性。

斯威齐指出：这种分析方式的优点在于，它使我们对于资本主义的历史过程有一个清楚的、连贯的认识。资本主义的早期历史不再被看作（或仅仅看作）是一个充满劫掠和暴力的混沌世界，而被视为是独具特色的资本主义生产方式诞生的过程。在这个过程中，一种新型阶级社会中的资本与劳动的关系，取代了领主与农奴的关系成为主要的剥削关系。每一种阶级社会的特点都是将必要劳动和剩余劳动分开，因而不言而喻都存在着某种程度的剥削。但是，只有在资本主义社会，所有这些都采取价值形式，而剥削程度则表现为剩余价值率。与斯蒂德曼及其他一些经济学家不同的是，马克思认为，是剩余价值率而不是利润率才是关键性的变量，由此才使马克思牢牢地把握了资本主义的历史。②

斯威齐认为，马克思在对资本积累过程的进一步讨论中证明：第一，在劳动供求规律起作用的过程中，劳动后备军（或相对过剩人口）发挥了关键性枢纽作用，因此，按劳动力价值调整的机制，明显不同于其他商品的价格按价值调整的机制；第二，资本积累如何造成了贫富两极分化；第三，为什么资本积累过程总是呈现起起伏伏周期性循环的方式，而非线性渐进；第四，通过资本积聚和资本集中，竞争肯定会导致对其否定（即垄断）。

斯威齐指出：“马克思通过运用定量和定性相结合的价值论，清晰地阐

---

① Sweezy, P. M., Marxian value theory and crises, In Ian Steedman edited: *The Value Controversy*, Verso, 1981, P. 21.

② Sweezy, P. M., Marxian value theory and crises, In Ian Steedman edited: *The Value Controversy*, Verso, 1981, P. 22.

明了在他身前身后的理论家们都无法看清的资本主义发展史。”① 斯威齐通过援引熊彼特的话来证明他自己的观点，并认为尽管熊彼特是马克思的劲敌，但他对马克思意图的理解却要胜于大多数自我标榜的马克思主义者。斯威齐提到熊彼特《资本主义、社会主义和民主》一书中的一段论述，认为熊彼特用一套十分不同的术语表达了他认为的马克思的成就。熊彼特认为，“有一件对经济学方法论极端重要的事情实际上是他完成的。经济学家总是或者自己写经济史或者利用别人所写的经济史。可是经济史中的事实都被放置在单独的分开的地方。如果它们进入理论，仅仅担任说明问题的角色或者可能担任证明结论的角色。它们与理论只是机械地混合。可是马克思的混合是一种化学结合；也就是说，他引用事实进入产生结论的论据之中。他是系统地看到和教导他人经济理论如何可以进入历史分析和历史叙述，如何可以进入历史理论的第一个一流经济学家”②。

斯威齐指出，“很难期待熊彼特会赞成马克思的价值论是他探索成功的关键，但是无论是他还是其他任何人，都很难否认正是价值论引导马克思步步前进的。同样地，在马克思之后，也很难找出一位不需要价值论而又取得可与马克思相比拟的成就的理论家。同样地，我也根本不相信任何遵从斯蒂德曼、罗宾逊等人的建议，为迎合斯拉法式的价格理论而砍掉价值理论的人，会对解决所谓马克思的‘难题’做出什么有意义的贡献”③。

斯威齐认为，对价值理论的批判中最根本的对立观点，与现实世界中经济数量是通过生产价格，而不是通过价值得以表现的紧密相关。从马克思主义者的观点来看，这样一个事实本身的存在，不但不能说明理论本身存在弱点或谬误，而恰恰相反，现实是由现象和本质构成的。生产价格属于现象范畴，而价值属于本质范畴。除非能沟通二者，否则的话，充其量不过对资本主义有一点肤浅的表面认识，但是，反对劳动价值论的学者批判道，马克思主义者们只有依赖非常特殊的假定，才能在二者之间搭起桥来；如果去掉这些假定，就会深深陷入迷途。

斯威齐认为，斯蒂德曼的论证思路，集中表现在《按照斯拉法思想研究马克思》一书的一张图表中。在这张图表上，左边有一个标着“实物生

① Sweezy, P. M., Marxian value theory and crises, In Ian Steedman edited: *The Value Controversy*, Verso, 1981, P. 23.

② 约瑟夫·熊彼特著，吴良健译：《资本主义、社会主义与民主》，商务印书馆1999年版，第96~97页。

③ Sweezy, P. M., Marxian value theory and crises, In Ian Steedman edited: *The Value Controversy*, Verso, 1981, P. 24.

产和工资数据”的方框；从这个方框出发有两个箭头（a）和（b），（a）指向右上方的标着“全部价值量”的方框，（b）指向右下方的标着“利润和价格”的方框。在右边的价值方框和价格方框之间，有一虚线而又间断的箭头（c），即一般地讲不能从总的价值理论出发根据价值量来解释利润和价格……因此，不得不使理论结构在图形上表现为‘叉状’，一个叉道（a）指向价值，一个叉道（b）指向利润—价格。总的说，“从一个叉道到另一个叉道并没有联通的途径”①。斯威齐认为，这就是斯蒂德曼要抛弃他所谓的价值数量分析的全部原因。

斯威齐对斯蒂德曼的回应很简单。他认为，不管斯蒂德曼怎么讲，从价值“叉道”到价格—利润“叉道”，的确存在着一般性的方法。在马克思主义文献中，这些方法一般通称为转形问题。斯威齐认为，马克思本人所提出的方式是有缺陷的，但是，还是存在逻辑上更完善的其他方法。一般地讲，在逻辑上较完善的对转形问题的解法，与马克思使用的不完善解法相比较，两者所得的结果在某些方面是不同的。全部价格不再等于全部价值，价格利润率也不再和价值利润率相等。但是，这些不同仅仅是度量上的不同，而不是实质上的不同；没有理由认为在价值基础上分析积累过程所得出的结论，由于转向价格而有任何重大的改变。

斯威齐回答了大多数人可能会产生的一个疑惑，即现实是价格在起作用，既然也能依据价格进行分析，为什么还要探讨什么价值的“实质”，绕那么大的圈子再将其转形为价格？斯威齐认为，他并没有说可以依据价格来对现实世界进行分析：他说的是分析的结果转向价格时不会有重大的改变。斯威齐说：“我不相信根据价格就能够进行此种分析，其原因就在于分析中的关键性概念和变量，决定一切的重心是剩余价值率，而依据价格所做的分析中，消失得无影无踪的恰恰是这个剩余价值率。”②

斯威齐认为，和剩余价值率相比，利润率不仅是第二级的概念，而且其本身极易引起拜物教式的思维方式。他认为与剩余价值率不同，利润率作为一种“可实际运用”的概念可使资本家据以做出决策的想法，是完全没有根据的。资本家们并不了解整个利润率是多少，因而只能依据自己个别的利润率做出各自的决策。

---

① 扬·斯蒂德曼著，吴剑敏、史晋川译：《按照斯拉法思想研究马克思》，商务印书馆1991年版，第34页。

② Sweezy，P. M.，Marxian value theory and crises，In Ian Steedman edited：*The Value Controversy*，Verso，1981，P. 26.

8.2　布朗芬布伦纳论劳动价值论的现代意义

1967年是《资本论》第一卷德文第一版出版一百周年。在这一百周年纪念之际，马克思主义经济学家和资产阶级经济学家之间的“交流”似乎更加困难。布朗芬布伦纳1965年在《科学与社会》杂志上发表的《论现代人眼中的〈资本论〉》一文，是当时试图用学院经济学家可以理解的术语，以“交流”、“沟通”的方式，比较简短地、恰当地解释马克思体系的少数几篇文章之一。他在该文中提出，“对《资本论》的大量解释，多少弄成简单化的、干瘪的和庸俗化的学院经济学。有些解释在意向上是马克思主义的，有些是怀有敌意的，有些像本文一样则是折衷主义的”①。布朗芬布伦纳关注的是以下三个问题：第一，《资本论》值得关注的是它的宏观经济学（总量经济学，收入和就业理论）而不是它的微观经济学（个别商品的价值和价格）；第二，马克思最早提出的许多分析和思想，其功绩一直未被承认，在马克思逝世50年后，大学教师们才得出这些分析和思想（可能是独自得出的）；第三，马克思体系可以毫不费力地变换成一个相应的瓦尔拉斯一般均衡体系。按代数方程式重新表述，体系的方程数目等于它的未知数数目，这就避免了马克思经济理论推理中的循环性和不一致性。布朗芬布伦纳特别提到：“我们的目的在于解释而不是评论，在于增进‘资产阶级’经济学家和马克思主义经济学家之间的相互了解而不是彼此斥责。我们既不知道也不很关注这样做是否会形成‘意识形态的共处’。”② 布朗芬布伦纳“沟通”马克思主义经济学和西方主流经济学的意向，也是第二次世界大战以后马克思经济学在西方国家的新的境遇。

就马克思经济思想总体而言，布朗芬布伦纳认为，马克思的经济学理论体系可以被看作是一个小于充分就业的动态均衡体系。在这方面，马克思的体系是先于凯恩斯的。他的体系作为研究随时恶化的就业状况也胜过凯恩斯。布朗芬布伦纳认为，在马克思的资本主义模型中，如果作出正确解释的话，结果肯定就是，找不到任何一个利润率，使这个利润率会高到足以避免资本家方面感到出现支付“危机”或贮藏“危机”（经济萧条），而同时又

---

①② M. Bronfenbrenner, Das Kapital for the Modern Man, *Science and Society*, Vol. 29 (4), pp. 419 – 438. In *Karl Marx's Economics: Critical Assessments*, Edited by John Cunningham Wood, Volume Ⅱ, P. 76.

低到足以容许这个制度的生产品主要由工人们来实现即购买，没有生产过剩的或实现的“危机”以及失业的进一步增加。驱使资本主义制度达到停滞和最终崩溃两难处境的就是，它陷入了一方面是“利润率下降”、另一方面又是“生产过剩”的两种趋势。像许多马克思主义者已经认为的那样，没有必要特别肯定一方面而排除另一方面，其实，这种两难处境，是资本主义经济的“运动规律”和“资本主义矛盾”在经济方面的反映。这是布朗芬布伦纳对马克思资本主义运动规律的理解。

8.2.1 劳动价值论：方程组Ⅰ和方程组Ⅱ

布朗芬布伦纳指出，为了论证而不只是叙述劳动价值论，就需要从选择何种单位来计量资本主义制度下的全部产出和全部投入开始。马克思依照英国古典经济学的传统，选择“价值”作为他的计量尺度。“马克思的价值单位是一般劳动或非熟练劳动的‘社会必要劳动’小时，这种计量单位完全比得上现代学院经济学家们的‘工资单位’、‘效率单位’以及‘生产力单位’。”①

布朗芬布伦纳认为，马克思和他的前辈都不曾成功地说明个别商品的实际价格全然地同它们的每单位价值成比例。他认为：“在总量水平上，所谓价值和价格之间的‘转形’问题是毫无意义的了。几乎没有什么资本主义制度演变的重要原因取决于‘转形’问题。既不必在乎劳动价值论作为相对价格理论的弱点，也不必详细论述这些弱点来对马克思的结构提出深刻的批评。”②

马克思把整个经济划分为生产资本品的第Ⅰ部类和生产消费品的第Ⅱ部类。马克思假设第Ⅰ部类生产的总价值为 W_1，价值按劳动小时计量，不能与单位数量同质资本的价值或价格相混淆。马克思把 W_1 划分为三个部分。第一部分 C_1 为不变资本，表示涉及生产 W_1 时耗费的原料的价值和固定资本设备折旧的价值。第二部分 V_1 为可变资本，表示生产中所消耗的直接劳动力。可变资本 V_1，即劳动力工资的价值，当按照劳动时间计量时，它小于工人实际的劳动时间。其差额是 S_1，即剩余价值。它表示以劳动时间计量的支付给从事脑力劳动的薪水阶层和财产所有者的一切报酬的价值。S_1 +

①② M. Bronfenbrenner, Das Kapital for the Modern Man, *Science and Society*, Vol. 29 (4), pp. 419 – 438. In *Karl Marx's Economics: Critical Assessments*, Edited by John Cunningham Wood, Volume Ⅱ, P. 77.

V_1 的总和近似于学院经济学家所说的第Ⅰ部类的增加值，但这里是以劳动小时计量的。

马克思认为，如果个别商品的价格和它们的价值不成比例，只要社会创造的全部商品价值总和等于所有商品价格总和，就没有影响。用 p_1 和 p_2 表示每一部门的价格对价值的平均比率，而不是每一部类的平均价格。于是，马克思的价值总和等于价格总和的可由下述代数式表示：

$$W_1 + W_2 = p_1 W_1 + p_2 W_2$$

布朗芬布伦纳表示的马克思劳动价值论的简单轮廓，可以体现在下面的方程组中。其中的三个定义性方程叫做方程组Ⅰ：

$$W_1 = C_1 + V_1 + S_1$$

$$W_2 = C_2 + V_2 + S_2$$

$$W_1 + W_2 = p_1 W_1 + p_2 W_2$$

但是，除非平均工作日和周时、工资率以及利润率在两部类都相同，否则这一模型就会失去均衡。如果劳动时间和工资率（两者都用劳动小时计量）都不相同，工人就会从工时长和工资低的部类转移到工时短和工资高的部类，改变 W_1 和 W_2 的相对量及其内部构成。

在竞争性均衡的情况下，两大部类的劳动周时将是相同的（比如说一周劳动50小时），而普通劳工的一般周工资将足够获得比如说30小时价值。借用马克思的话，这个差数（20小时）是由周劳动创造的剩余价值，而工人能获得的30小时价值则是他的劳动力的价值或可变资本。把剩余价值S用可变资本V的百分比来表示，则得到剩余价值率，有时也叫剥削率。马克思表示剩余价值率的英文符号是 S'，它等于 $\frac{S}{V}$，这个比率在两部类之间趋于相等——每人日、每人周或每人月及总量。

如果这里解释为包括行政管理和脑力工作者在内的资本在两部类之间获得不同的报酬率，那么资本会自由流动。当资本家在两大部类之间转移资本时，他们势必降低他们正打算离开的那个部类的特定工资和设备价格，提高他们转移到其中去的那个部类的特定工资和设备价格。在竞争性均衡情况下，资本在两个部类间获得相同的利润率，不再有资本转移的动力。马克思称这个一般利润率为 P'，它的分子像 S' 一样是全部剩余价值即S。可是，它的分母则包括不变资本费用C以及工资V在内的全部成本（成本中不包括剩余价值即S）在均衡情况下，P' 和 S' 一样在两部类之间趋于相等。

用符号说明，剩余价值率 S′等于$\frac{S}{V}$，而利润率 P′等于$\frac{S}{C+V}$。用 V 同时除以分子和分母，P′就变成为$\frac{S'}{\left[1+\frac{C}{V}\right]}$。但是，如果每一部类的 S′必须相同从而避免工人的大量转移，那么，怎样使 P′也相同并避免资本的大量转移呢？显然，马克思称为资本"有机构成"的$\frac{C}{V}$项也必须在每一部类相同，可是在现实生活中，它明显地并不相同——当生产过程不同时，为什么资本有机构成应该相同呢？布朗芬布伦纳认为："这种在较次一级总量水平上的表面不一致之处，被奥地利经济学家庞巴维克称为马克思体系的'重大矛盾'。但是，如果正确地理解马克思，他借助于他的价格—价值比率 p_1 和 p_2 就能避开这个结果。"①

布朗芬布伦纳接着研究了由四个方程组成的新的方程组Ⅱ，使马克思体系中的两大部类的剩余价值率和利润率相等。这一方程组中的两个方程关系到剩余价值率，两个方程关系到利润率。方程组Ⅱ（四个方程）：

$$S' = \frac{S_1}{V_1} = \frac{S_2}{V_2}$$

$$P' = \frac{S_1 p_1}{S_1 + V_1} = \frac{S_2 p_2}{C_2 + V_2}$$

第二对方程在用相应的 V 项去除分子和分母并依照第一对方程使这两部类的 S′的相等以后，可以写成：

$$P' = \frac{S' p_1}{1 + (C_1/V_1)} = \frac{S' p_2}{1 + (C_2/V_2)}$$

这就证明了关于在两部类之间补偿较高资本有机构成的较高价格—价值比率。

8.2.2 供给与需求：方程组Ⅲ

布朗芬布伦纳认为，"虽然那些彻头彻尾的马克思主义者可能攻击供给与需求公式是一种对价格理论或价值理论的肤浅替代，可是，马克思从来没有忽略供给和需求是经济均衡的必要条件。实际上，根据马克思的手稿，恩

① M. Bronfenbrenner, Das Kapital for the Modern Man, *Science and Society*, Vol. 29 (4), pp. 419 – 438. In *Karl Marx's Economics: Critical Assessments*, Edited by John Cunningham Wood, Volume Ⅱ, P. 79.

格斯把《资本论》第二卷的较大部分专门用于探究马克思体系内的供给和需求的各种情况”①。

首先考察第Ⅰ部类（资本品）。根据方程组Ⅰ，可以看到，全部供给等于 $C_1+V_1+S_1$。至于需求，并不清楚。其中，C_1+C_2 代表对生产过程中消耗掉的不变资本的补偿。如果没有更多的不变资本，那就是马克思所说的“简单再生产”，它相当于英国古典学派经济学家的“不变状态”，在简单再生产或不变状态下，第Ⅰ部类的均衡条件是：

$$C_1+V_1+S_1=C_1+C_2 \quad 或简化为 \quad V_1+S_1=C_2$$

但是，最常见的情况是“扩大再生产”，即现代经济学中的经济增长。在扩大再生产的情况下，剩余价值的一部分花费在第Ⅰ部类内部，以增加社会的生产能力。布朗芬布伦纳用一个增长系数 g 表示在第Ⅰ部类内所花费的剩余价值。在扩大再生产的情况下，第Ⅰ部类的需求由两部分构成。其均衡条件是：

$$C_1+V_1+S_1=C_1+C_2+g(S_1+S_2)$$

这个方程可以简化为：

$$V_1+(1-g)S_1=C_2+gS_2 \quad 方程组Ⅲ$$

在简单再生产的特殊情况下，g 为零，而方程组Ⅲ则简化为如下等式：

$$V_1+S_1=C_2$$

在资本磨损或损耗后无法补偿的经济衰退的情况下，可以被看成存在一个负数的 g。上述分析一直没有考虑第Ⅱ部类：第Ⅱ部类怎么样？消费品怎么样？布朗芬布伦纳认为，许多卓越的马克思主义理论家（如罗莎·卢森堡）都曾对以下命题表示过怀疑：如果不存在向国外倾销“剩余”消费品，扩大再生产在马克思的模型中是完全行得通的。可是，实际情况是，第Ⅱ部类供求的均衡条件与已从第Ⅰ部类推导出来的条件相同，只是“需求”换成了“供给”。一个市场的均衡包含着另一市场的均衡。两个均衡方程并不是彼此独立的。在现有的体系中包括这两个方程，肯定是错误的。

先考察简单再生产。用对第Ⅰ部类的论证类推，供给是 $C_2+V_2+S_2$，工人和资本家消费了所有他们的净收入，可得：

$$C_2+V_2+S_2=V_1+V_2+S_1+S_2 \quad 或 \quad C_2=V_1+S_1$$

① M. Bronfenbrenner, Das Kapital for the Modern Man, *Science and Society*, Vol. 29 (4), pp. 419-438. In *Karl Marx's Economics: Critical Assessments*, Edited by John Cunningham Wood, Volume Ⅱ, P. 80.

相同的答案适用于扩大再生产，这里第Ⅱ部类生产所花费的剩余价值的比例由“1”变为（1 - g）。这个更一般的情况是：

$$C_2 + V_2 + S_2 = V_1 + V_2 + (1 - g)(S_1 + S_2)$$

$$C_2 + gS_2 = V_1 + (1 - g)S_1$$

这恰好是方程组Ⅲ。据此，布朗芬布伦纳的结论是：“无论怎样，在均衡条件下，马克思显然是正确的。”①

8.2.3　技术必要条件：方程组Ⅳ

布朗芬布伦纳转而考察各个未知数和方程。就每个部类说来，未知数W，C，V，S，P共有十个。此外，不知道整个体系的剩余价值率S′和利润率P′，而且又引进了一个未知数净投资系数，即经济增长系数g，它是剩余价值的一部分。这样，未知数共有十三个。抵消这些未知数，而方程组Ⅰ、Ⅱ、Ⅲ的个数分别是三个、四个和一个，共有八个方程。这种体系仍然是不确定的；推论要么是循环式的，要么就是不完备的。布朗芬布伦纳认为，“不论马克思是否意识到他的资本主义模型形式上的循环问题，他似乎都采取了措施去解决它。他所利用的方法主要的是技术上的。在这方面，马克思不仅强调生产关系的首要地位，而且预见到里昂惕夫的投入—产出分析与托尔斯坦·凡勃伦（T. B. Veblen）和他的门徒克莱伦斯·艾尔斯（C. Ayres）的技术统制的制度学派理论”②。

布朗芬布伦纳把三种技术关系归入方程组Ⅳ。在每个部类内，资本有机构成$\frac{C}{V}$是一个常数，可以把它写为k。在任何时候，这个常数在技术上是由“工艺状态”来决定的。特别是，它独立于价格—价值比率p之外，“它必须是这样，否则劳动价值论就会陷入险境或遭受损害”③。

不清楚的是第三个比率，它是两大部类所生产的总价值W_1与W_2之间的比率，写为h。由于技术一经确定（若干消费品就要求有若干资本），这个比率就不仅独立于相对价格，而且也独立于利息率、时间偏好，以及学院经济学的其他专门分析工具。

---

① M. Bronfenbrenner, Das Kapital for the Modern Man, *Science and Society*, Vol. 29 (4), pp. 419 - 438 . In *Karl Marx's Economics: Critical Assessments*, Edited by John Cunningham Wood, Volume Ⅱ, P. 81.

②③ M. Bronfenbrenner, Das Kapital for the Modern Man, *Science and Society*, Vol. 29 (4), pp. 419 - 438. In *Karl Marx's Economics: Critical Assessments*, Edited by John Cunningham Wood, Volume Ⅱ, P. 82.

方程组Ⅳ的代数式中，每个方程包含一个被当成已知的技术常数，因此，没有未知数被追加到经济体系中。但是三个另外附加的方程还没有使方程数和未知数的数目相一致。由下面方程Ⅳ的三个方程，现在共有十一个方程，但是有十三个未知数。

$$\frac{C_1}{V_1}=k_1$$

$$\frac{C_2}{V_2}=k_2 \quad \text{方程组Ⅳ}$$

$$\frac{W_1}{W_2}=h$$

8.2.4　增长函数和失业函数：方程组Ⅴ

布朗芬布伦纳认为，接近马克思体系的各种关系之一就是增长函数，利用它便可确定方程组Ⅲ的系数 g。布朗芬布伦纳使 g 取决于利润率 P'、投入—产出技术系数 h 和全部消费品 W。用函数关系表示如下：

$$g=g\ (P',\ h,\ W_2)$$

所有导数都是正数。较高的利润率、较高的投入—产出系数，或者更大的最终消费量都可以各自提高增长系数 g 的均衡值。

另一个函数（实际上是定义加函数）要求把马克思的体系同失业率相联系。虽然马克思的体系是一个均衡体系，可是马克思的模型先于凯恩斯及其追随者，因为马克思的模型不仅通过扩大再生产引起了增长，而且还否认了充分就业是均衡的一个特征（马克思认为，促使工资降低的是失业而不是人口增长）。到这里，还没有谈马克思的“失业后备军”。如果就业（按可变资本价值而不是按已就业人数来计量）是（V_1+V_2），但可供利用的劳动的最大量是 V，那么用 U 表示的失业比率可以按下面的公式得出：

$$U=\frac{V-(V_1+V_2)}{V}=1-\frac{V_1+V_2}{V}$$

需要注意的是，这个表达式给马克思的体系增加了一个新的未知数 U（失业率），因为它是同这个体系的其余各项一起被确定的。但是，可利用的可变资本总量 V 是由人口统计给定的。

马克思是把失业率 U 首先同剩余价值率 S'相联系的，虽然失业率也取决于每个部类的资本有机构成这类“已知数”。折衷主义者也可以追加那些直接地影响 V，V_1，V_2 的其他变量（人口，工资率，资本存量，等等）。可是，不仅马克思主义者，而且其他有关经济萧条、生产过剩、消费不足或分配失当等问题的理论，都假定失业与剥削或与利润之间存在着简单关系。英国的霍布森和费边社会主义者、美国的新政，以及整个资本主义世界的工联主义，都进行过类似的论证。马克思本人没有用下面的函数，但是它好像蕴含在他的部分思想中。一个直接的表述是：

$$U = U(S')$$

这种关系当然是直接的关系。资本有机构成既定，失业就会随着剩余价值率上升而上升，随着剩余价值率下降而下降。这个假设可以按照任何一方面或两个方面来加以解释。依据劳动市场的需求方面的解释是，高的剩余价值率使物价相对于群众的购买力提高，从而降低产量和就业。这个解释是从 S'向 U 展开。在马克思的体系中同样重要的另外一个解释是，在失业者后备军增加时，资本家从无产阶级当中能够榨取比失业后备军减少时更高的剩余价值率。这个供给方面的解释接近于工资谈判理论，并涉及从 U 推论到 S'的因果关系。

最后，对失业函数，可以用符合从 U 推论到 S'的因果关系重新表述，使失业率成为自变量：

$$S' = U^{-1}(U)$$

这个关系仍是直接的，在任何时点上，S'和 U 都一起升降。马克思自己绝没有使用“反函数”这种数学表述法，可是他的一些结论中似乎暗含着这个反函数。“无论如何，我们不认为这与马克思所说的东西不相契合，或者是曲解了他的原意”①。

通过上述拓展，独立方程的个数增加到同未知数的个数相等（都是 14 个）。显而易见，这个体系本身并不矛盾，它达到了一般均衡。

$$G = g(P', h, W_2)$$

$$U = 1 - \frac{V_1 + V_2}{V} \quad \text{方程组 V}$$

$$U = U(S')$$

8.2.5 上述模型的动态含义

布朗芬布伦纳指出，“无论是均衡体系还是非均衡体系，逻辑上是否一

① M. Bronfenbrenner, Das Kapital for the Modern Man, *Science and Society*, Vol. 29 (4), pp. 419 - 438. In *Karl Marx's Economics: Critical Assessments*, Edited by John Cuningham Wood, Volume Ⅱ, P. 84.

致，马克思的经济静态在它的原始形式或解释中，都没有发挥巨大的神奇吸引力。它的吸引力是由这个体系的动态延伸，即马克思的‘资本主义运动诸规律’产生的”①。

马克思坚持认为，随着资本主义发展和资本积累的实施，资本的利润率势必下降，贫困势必增加，购买力将长期不足，这势必阻碍价值的“实现”，“危机”频繁而严重地发生，资本主义制度终将崩溃。布朗芬布伦纳试图重新系统表述的，有时候甚至是试图重新解释的就是这些结论。布朗芬布伦纳的讨论仅限于对一国内“封闭经济”的考察。

布朗芬布伦纳列出的关键性方程是使两大部类的利润率相等的方程。在方程组Ⅱ中展开这些方程：

$$P' = \frac{S_1 p_1}{C_1 + V_1} = \frac{S_2 p_2}{C_2 + V_2} \quad 或\ P' = \frac{S' p_1}{1 + (C_1/V_1)} = \frac{S' p_2}{1 + (C_2/V_2)}$$

既然$\frac{C}{V}$是由技术决定的资本有机构成k，于是得出：

$$P' = \frac{S' p_1}{1 + k_1} = \frac{S' p_2}{1 + k_2}$$

这意味着：

$$\frac{1 + k_1}{P_1} = \frac{1 + k_2}{P_2}$$

可以认定这个公约值1 + k，因为确定了k作为合并的两大部类即整个经济的资本有机构成。将1 + k代入利润率的表示式，得到：

$$P' = \frac{S'}{1 + k}$$

另一表达式可用失业函数的逆式表示：

$$S' = U^{-1}(U)$$

由此得出：

$$P' = \frac{U^{-1}(U)}{1 + k}$$

就动态情况来看，资本家不断地进行储蓄、投资和积累资本。资本积累就是动态地节省劳动的技术改进的体现。资本积累和技术改进的结合，意味着资本有机构成的提高。如果没有技术进步，除了各部门间的系数h的变化

---

① M. Bronfenbrenner, Das Kapital for the Modern Man, *Science and Society*, Vol. 29 (4), pp. 419 - 438 . In *Karl Marx's Economics: Critical Assessments*, Edited by John Cuningham Wood, Volume Ⅱ, P. 85.

之外，有机构成 k 就会无限期地保持不变，而如果没有某种技术进步，前者的变动是难以设想的。①

如果 k 随时在提高，那么 S′必定提高，P′必定下降。而且，如果假定的失业函数正确地代表了马克思的想法，那么，S′一提高，U 就必定作为 S′提高的结果或原因而上升。对马克思的动态体系的合理的解释，会碰到不同程度上发生的所有这些情况。P′下降趋势有时被称为“马克思的规律”，虽然马克思本人比他的门徒更加谨慎，他容许例外情况的出现。S′和 U 的上升趋势也许构成马克思所说的“日益贫困化”部分的或全部的内容。

在马克思看来，利润率下降是资本主义的最大弊病。如果 P′降到某一极小的但为正值的比率 P″以下，资本家就将更大限度地减少他们的消费支出，减少他们的储蓄和投资。换句话说，他们将既不再投资，也不消费他们所得到的全部剩余价值。他们反而将追求流动性（货币的）资产量的增大，即追求贮藏。他们的收入愈高，贮藏愈多。当资本家既不在第Ⅰ部类也不在第Ⅱ部类花费他们的剩余价值时，方程Ⅲ的供求方程便无法保持，均衡就中断了。整个静态体系偏离了 U 在初始水平时的均衡状态，而如果完全恢复均衡的话，那就恢复到较低的收入、就业和剩余价值水平上。这种萧条，无论是暂时的还是永久的，都可以称为“清偿”危机或“贮藏”危机。像莫里斯·多布那样的马克思主义的著述家们，从利润率下降上看到了资本主义崩溃“更主要的方式”，他们预料这样的危机正日益增多和严重化。更为普遍的是，马克思主义的著述家们从利润率下降方面看出了改良主义工会或政府政策可能得到的惩罚。例如，如果集体谈判或工资与工时立法以利润作为代价而有效地提高工资，这样不就是在全然加速利润率下落而促使资本主义崩溃吗?②

布朗芬布伦纳在另一极端假定，有一个庞大的全国范围的卡特尔组织，即利益集团，财阀或“一个既得利益者大联盟”，它努力通过提高剩余价值率以维持或增大利润率。这样就可能防止利润率下降，但是，在马克思的体系中，这只是以另一种危机为代价取得的。当剩余价值率提高时，在那种图式下实际聚集的或实现的全部价值（$W_1 + W_2$）或 W，可能由较小部分的劳

① M. Bronfenbrenner, Das Kapital for the Modern Man, *Science and Society*, Vol. 29 (4), pp. 419 – 438 . In *Karl Marx's Economics*: *Critical Assessments*, Edited by John Cuningham Wood, Volume Ⅱ, P. 86.

② M. Bronfenbrenner, Das Kapital for the Modern Man, *Science and Society*, Vol. 29 (4), pp. 419 – 438 . In *Karl Marx's Economics*: *Critical Assessments*, Edited by John Cunningham Wood, Volume Ⅱ, P. 87.

动力生产出来。当失业上升时，我们当然会碰到实现的、生产过剩的或分配失当的危机。罗莎·卢森堡和保罗·斯威齐等从生产过剩趋势方面得出了马克思资本主义衰退模型的主要推动力，他们预料这样的危机正日益增多和严重化。

布朗芬布伦纳的解释，在于把这些片面的见解结合起来。在他看来，一方面，在剩余价值率不变的情况下，资本有机构成的长期提高意味着利润率下降，后者最终将达到临界最低点 P''，并爆发“清偿”危机。另一方面，保持利润率不变将导致剩余价值水平和失业水平的上升，并导致更严重的“实现”的危机。实际事件和政策也许在这两个极端之间变动，并产生这两种类型的危机。

布朗芬布伦纳从不认为他自己是一位马克思主义者，他总是自认为是一位非马克思主义的折衷主义者。他在解释自己对马克思经济学研究的这一立场时说：“这与其说是挑剔一百多年前造成疏忽的马克思，而勿宁说是指责他的门徒，他们听任许多疏忽但并不加以改正。马克思的体系没有政府部分，因此没有公共收入和支出以及公债政策。它没有金融制度，因此没有金融政策。创新的论述似乎是粗略的和零碎的，特别是关于节约资本的创新而不是节约劳动的创新的论述更是这样。人口增长影响的论述更加粗略，也更加不完整。同样的批评多少适用于那部未完成的杰作《资本论》。”①

8.3　谢尔曼对劳动价值论和新古典价值理论的比较

谢尔曼（H. Sherman）在 1970 年《科学与社会》杂志秋季号上，发表了《马克思价值理论的再思考》一文。该文首先简要回顾了古典经济学家、马克思和作为 19 世纪新古典经济学代表人物马歇尔的价值论的相关内容。文章的主要部分，试图联系并比较马克思和新古典经济学的价值理论。谢尔曼首先把马克思价值理论作为新古典价值理论的一个特殊例子，然后把新古典价值理论作为马克思主义政治经济学的一个特殊例子。对新古典经济学的比较研究，是以马歇尔的有关理论为基础的，“因为马歇尔明确地提到马克

① M. Bronfenbrenner, Das Kapital for the Modern Man, *Science and Society*, Vol. 29 (4), pp. 419 – 438. In *Karl Marx's Economics: Critical Assessments*, Edited by John Cunningham Wood, Volume Ⅱ, P. 88.

思，由于马克思产生的持久的影响，马歇尔对马克思作出了回应”①。谢尔曼也对现代新古典方法作了考察，还对马克思之后的马克思主义经济学的观点作了考察，并对马克思主义的教条主义者和修正主义者作出区分。最后，还对各种学派关于剩余价值问题的观点作了简要讨论。

8.3.1 古典方法

亚当·斯密认为：“劳动……是商品交换价值的真实尺度。任何事物的真实价格，即希望得到它的人真实花费的，是得到它的辛劳。”② 李嘉图用了相似的说法，认为“商品的价值或者它能交换到任何其他商品的数量，取决于生产它所必需的相对劳动数量，而不是取决于或大或小的对劳动进行的补偿”③。谢尔曼认为，斯密提出了与劳动价值论有关的其他一些理论，但李嘉图从来没有完成对劳动价值论逻辑上前后一致的表述。

在谢尔曼考察的经济体系中，每个生产者都是独立的生产单位，自己从事自己的工作，不雇用其他人，也不被他人雇用。他可能生产农产品，打猎或者制作手工艺品。古典经济学认为，生产物的价值（它的价格）是由投入到它当中的劳动决定的（它的成本）。或者说“物品交换的比率由投入到物品中的劳动的比率所决定”④。谢尔曼认为，在上述描述的最简单的例子中，“产品根据它们的劳动成本交换差不多就是一种陈词滥调”⑤。谢尔曼指出，古典经济学一般使用物物交换的例子，因为他们觉得货币产生之后，经济的运行变得不太明显，但是，其本质并没有什么的变化。在经常使用货币的社会中，具体地说，在资本主义经济中，存在生产资料的私人所有制，生产的目标是私人利润，工人被雇用或者被解雇。在这种例子中，资本家以工厂和设备的形式供给资本，工人供给生产需要的劳动力（撇开地主和土地因素）。最终产品被售出的价格必须等于投入到它之中的劳动总量，包括投入到工厂和装备中的在生产进程中被耗尽的劳动。如果资本家试图以高于商品中所包含的劳动的相对价格出售商品，其他人会自己生产或者与原来的资

---

① H. J. Sherman, The Marxist Theory of Value Revisited, *Science and Society*, Vol. 34 (4), Fall 1970, pp. 257 – 292. In *Karl Marx's Economics*: *Critical Assessments*, Edited by Cunningham Wood, Volume Ⅲ, P. 145.

② Adam Smith, *The wealth of Nations*, New York, 1937, P. 30.

③ David Ricardo, *Principles of Political Economy and Taxation*, Edited by Sraffa and M. Dobb (Cambridge, 1953 first published in 1821), P. 5.

④⑤ H. J. Sherman, The Marxist Theory of Value Revisited, *Science and Society*, Vol. 34 (4), Fall 1970, pp. 257 – 292. In *Karl Marx's Economics*: *Critical Assessments*, Edited by Cunningham Wood, Volume Ⅲ, P. 146.

本家竞争。或者说，如果价格高于劳动价值，就会得到高于平均利润的利润，其他资本就会流入到这个产业从而增加供给，直到竞争使得价格下降到总价值的（劳动）水平。相反的过程，可以用同样的逻辑来解释。

8.3.2 马克思经济学的方法

谢尔曼认为，“马克思对探索资本主义社会和制度基础非常感兴趣”①。但马克思接受了古典经济学的范畴，并把它作为一种便捷的分析工具。因此，像古典经济学一样，马克思讨论了交换关系，但他经常提到的是，交换关系本质上反映了生产中人与人之间的关系。马克思指出，资本主义经济中商品的价值是由凝结在商品中的劳动量（包括凝结在工厂、设备和在生产过程中消耗掉原材料中物化的劳动量）决定的。谢尔曼认为，马克思没有证明以上陈述，因为马克思同意古典学派的论据，“如果竞争使得长期供给和长期需求相等，这时，商品的交换价值必然是由凝结在商品上的劳动总量决定的”②。马克思经常强调，从长期供给等于长期需求开始，从而价值等于劳动数量，“价值和价格是同样的东西。”③

谢尔曼认为，马克思注意到了价值规律发生作用的一些一般性条件。第一，价值规律只适应于当前正常条件下的劳动花费。如果一个人用手工做了一辆汽车，那么产品的价值仍然只等于正常大规模生产进程中所必需的劳动；第二，产品必须有效用。虽然效用对任何价值都是必须的，但它并不决定生产出的价值的数量。效用是决定需求的一个因素，但是如果假定供给和需求是平衡的，那么价值的数量必须是由其他东西决定的，即花费的劳动。“换句话说，在这种假定之下，需求将决定劳动或每种产品数量的分配，但是它不能影响相对价格或产品交换比率。”④ 第三，熟练劳动可转化为倍加的平均水平劳动。在谢尔曼看来，这是因为花费在“培养”（教育）熟练工人要比“培养”一般工人花费更多的劳动，因此，在单位时间内熟练劳动转移到产品中取得价值更多。

马克思对利润（或马克思所称的剩余价值）和工资（马克思称为可变资本）这一关键问题作了讨论。他指出，古典学派方法的混乱之一在于，如果所有的产品，包括劳动，根据它们的价值被买或者卖，那么利润从哪里

①②③④ H. J. Sherman, The Marxist Theory of Value Revisited, Science and Society, Vol. 34 (4), Fall 1970, pp. 257 – 292. In *Karl Marx's Economics: Critical Assessments*, Edited by Cunningham Wood, Volume Ⅲ, P. 147.

来呢？马克思坚决地支持古典学派的劳动价值理论，不认为资本家的利润是靠欺骗消费者或欺骗工人得来的。马克思的观点建立在一个很简单的区别之上，即“在工人能够生产的价值和工人劳动能力（worker's own power to labor）（或者工人的劳动力（labor-power））的价值之间的区别”①，他认为这个区别被亚当·斯密和很多的古典经济学家忽视了。工人的工资，或者劳动力的价值，是由花费在制造工人必须生活资料上的劳动决定的。这种劳动包括食物、服装、住所、教育及其家庭所需要的上述东西所包含的劳动。而“工人在一天中制造的价值大于维持工人所必须支付的工资”。两者之差就是剩余价值。

马尔萨斯认为，人口会随着工资的上升而上升，随着工资的下降而下降。马克思认为，这种理论是对人类的侮辱。马克思认为，失业后备军的存在会压低工人的工资。由于技术提高减少了对劳动力的需求，这种后备军得以保持。但是，存在一些相反的因素使得工资上升，比如工会活动、对产品需求的急剧上升和政府干预等。谢尔曼认为，“由于迅速的技术进步，美国克服了马尔萨斯所说的人口压力问题，也在某种程度上克服了上面提到的相反的力量所引起的马克思长期技术性失业”②。因此，随着生产率的上升，美国工人的工资也在增加。从而，谢尔曼认为，应当在某种程度上修改劳动价值论中有关工人价值的部分。因为马克思没有预测长期工资水平的绝对下降，虽然他预测了在萧条时期工资的下降，一方面是资本家阶级财富迅速提高，另一方面则是工人长期的相对贫困。

8.3.3 马歇尔的新古典经济学方法

马歇尔是第一位试图综合古典生产成本理论和早期新古典经济学边际效用理论的经济学家。但是，马歇尔不赞同马克思版本的古典理论，并且直接抨击马克思的结论。马克思发展了“长期”和“短期”分析。在短期内，生产受限于当前的生产能力，因为时间太短而无法形成新的投资去生产更多可用的资本和更大的生产能力。在长期，新的资本品可以调整，从而扩大生产能力。

---

① H. J. Sherman, The Marxist Theory of Value Revisited, Science and Society, Vol. 34 (4), Fall 1970, pp. 257－292. In *Karl Marx's Economics: Critical Assessments*, Edited by Cunningham Wood, Volume Ⅲ, P. 148.

② H. J. Sherman, The Marxist Theory of Value Revisited, Science and Society, Vol. 34 (4), Fall 1970, pp. 257－292. In *Karl Marx's Economics: Critical Assessments*, Edited by Cunningham Wood, Volume Ⅲ, P. 149.

马歇尔认为，从长期看，价格等于生产成本。与李嘉图一脉相承，马歇尔认为，在长期商品会按照它们的生产成本（包括一个平均利润）出售。如果由于高价格超过平均利润，资本将会流动到这个产业，竞争加剧，商品价值逐渐降低，直至它们等于成本。如果由于较低价格低于平均利润，资本将会流出这个产业，供给相对减少，从而导致价格上升，直到等于其成本。在马歇尔的方法中，长期成本是由劳动的长期价格加上折旧资本和消耗的原材料的长期价格，加上正常的或平均的利润。什么决定劳动的长期价格？马歇尔赞同马克思的观点，像资本主义社会中的许多其他商品一样，劳动的长期价格是由它的长期生产成本决定。另外，完全竞争经济中的每个产业必须有同样的长期平均利润率，不然的话，资本就会流出或者流入，直到重新恢复均衡。马歇尔把这种平均利润当成长期成本的一部分，因为资本家的等待是一种主观努力。在这里，谢尔曼提到一个有趣的问题，他认为马歇尔使用“等待”而不是“节制”，这可能是由于对马克思的嘲笑而做的调整，马克思把“节制”看成是对利润的辩解。在非常短的时期内，供给和成本是一个固定量，它不会改变。在这种情况下，在私人经济中，消费者基于对商品效用的主观评价形成了对商品的需求，该需求决定了价格。谢尔曼认为，马歇尔的总体判断是：“在短期，价格是由需求和成本条件决定的，在非常短的时期价格是由需求单独决定，而在长期，价格只由成本决定。”①

8.3.4 马克思和新古典理论的比较

谢尔曼从历史背景上，从对马克思的攻击，从修正主义者的理论以及现代发展的马克思主义者的理论等角度，对马克思的和新古典的价值理论作了比较研究。

谢尔曼认为，在李嘉图时代，劳动价值论占据统治地位，随后劳动价值论受到批评者的挑战，并被劳动价值论的“支持者”自己所削弱。在19世纪四五十年代，穆勒可以被认为是劳动价值论的支持者。随后，穆勒把注意力放在了静态分析中的微观问题上，远离了古典经济学对作为整体的经济演化的关注。19世纪70年代新古典革命开始了，杰文斯（W. S. Jevons）、门格尔（C. Menger）和瓦尔拉斯强调边际效用理论排斥了其他的理论。边际

---

① H. J. Sherman, The Marxist Theory of Value Revisited, Science and Society, Vol. 34 (4), Fall 1970, pp. 257 - 292. In *Karl Marx's Economics: Critical Assessments*, Edited by Cunningham Wood, Volume Ⅲ, P. 147.

主义者把经济问题看作是，在给定劳动和资源数量及技术条件情况下，生产者和消费者的最优问题，从而开始分析消费者对商品的心理反应，放弃了对人与人之间关系的分析。“事实上，有些人有意识地把目标定为取代影响逐渐增大的马克思上。”①

1894 年，《资本论》第三卷出版以后，当时的一些著名经济学家开始攻击马克思。最有影响的批判来自庞巴维克。庞巴维克认为，边际效用理论是唯一有效的价值理论，劳动价值论与相对价格的事实相矛盾，马克思《资本论》第三卷中价值向生产价格的转形与《资本论》第一卷中的价值论完全相矛盾。马克思主义者对庞巴维克的批判作了回复，这种回复主要来自20 世纪初的奥地利马克思主义者希法亭和俄国的一些正统马克思主义者。谢尔曼认为，“这些马克思主义者什么问题都没有回答，只是挑战了庞巴维克的每一个论点”②。一方面，这些马克思主义者认为，《资本论》第一卷中马克思的价值理论是对第三卷中的价格理论完美的、合理的“逼近”，《资本论》第三卷中的价格理论更符合经济现实；另一方面，这些马克思主义者基于不同的理由攻击了边际效用理论。首先，他们攻击了边际效用理论提出的动机，声称他们只是为了反驳马克思；其次，他们攻击了边际效用理论的社会学和伦理学的内涵及其推论，即是为资本主义和私人利润辩护；最后，他们批评了边际主义者的方法论，认为它是一个主观的理论，缺乏对劳动耗费的客观度量。但是，这对微观经济问题是重要的吗？边际理论是一个正规的技术模型，远离了对真实的政治经济学问题的分析。谢尔曼指出，上述所有的批评，并不意味着他们反击了早期的边际理论，更不要说反击现代的正规的边际理论了。

第一个修正主义者伯施斯坦（E. Bernstein）认为，劳动价值论和边际效用理论都很抽象，都远离了经济生活的现实。他认为，剩余价值比价值更加抽象，虽然它与劳动价格和其他成本要素更为近似。他认为，最好的方法是在经验的基础上只观察对劳动剥削的事实，不用对它进行理论的解释，然后基于伦理的理由谴责它。正统马克思主义者认为，这种对理论的抛弃是庸俗的和肤浅的异端主义。其他一些修正主义者接受了庞巴维克对劳动价值理论

---

① H. J. Sherman, The Marxist Theory of Value Revisited, Science and Society, Vol. 34 (4), Fall 1970, pp. 257 – 292. In *Karl Marx's Economics: Critical Assessments*, Edited by Cunningham Wood, Volume Ⅲ, P. 147.

② H. J. Sherman, The Marxist Theory of Value Revisited, Science and Society, Vol. 34 (4), Fall 1970, pp. 257 – 292. In *Karl Marx's Economics: Critical Assessments*, Edited by Cunningham Wood, Volume Ⅲ, P. 153.

的反对意见，并转而支持边际效用理论。他们认为，在边际效用的基础上可以得出马克思经济学的结论（正统马克思主义者认为，劳动价值理论是所有马克思经济学结论的精粹）。在某种程度上，这些修正主义者只是重复了庞巴维克对价值理论的论点。

谢尔曼认为，“马克思主义经济学讨论的主要路线，首先是由奥地利左翼社会主义者所决定的，然后是由更加激进的列宁主义者所决定，在1910年至1920年间，讨论离开了价值理论转向了对垄断和帝国主义的分析，在20世纪30年代大萧条和苏联计划经济的影响下，马克思主义者讨论转向了更加具体的价值和周期的问题”①。谢尔曼认为，现代的修正主义趋势可能开始于兰格。兰格试图从本质上调和边际效用理论和劳动价值理论。兰格的主要论点是两种理论属于不同的、独立的领域。新古典理论主要适用于短期、静态分析和微观问题。马克思理论主要适用于分析基本制度和作为整体的经济动态，在理解诸如商业周期和资本主义长期演化的宏观经济问题中非常有用。正统马克思主义者也反对这种方法，在他们看来，任何试图融合劳动价值论和边际效用论的都被视为“修正主义”。由于这两种方法之间的对立，很少有机会在两者之间进行富有成果的讨论，双方都没有用开放的态度去对待另一方。谢尔曼认为，正是这种传统使得正统马克思主义者的立场更加教条化，另一方面马克思主义也一直被美国经济学忽视。

谢尔曼的判断是：“大多数保守的新古典经济学家继续坚持认为，马克思主义是错误的，是与新古典经济学完全矛盾的。同样，大多数保守的马克思主义者继续认为，新古典经济学是错误的，而且完全和马克思主义经济学相矛盾。”② 许多自由的新古典经济学家认为，马克思主义经济学是新古典经济学框架中一个非常特殊的情形，它的价格理论和非常严格假设下的新古典理论是一致的。另一方面，大多数进步的马克思主义者认为，新古典经济学是马克思主义的一个技术的附属物，有着非常狭窄的视角。谢尔曼认为，这两种观点并不必然矛盾，“一个人可能会认为新古典价格和分配理论是对资本主义政治经济演化持有广泛视角的马克思主义观点的一个有用的附属物，然而，同时他仍然会认为马克思对价格理论的陈述代表了新古典价格理

①② H. J. Sherman, The Marxist Theory of Value Revisited, Science and Society, Vol. 34 (4), Fall 1970, pp. 257 – 292. In *Karl Marx's Economics: Critical Assessments*, Edited by Cunningham Wood, Volume Ⅲ, P. 154.

论中特定的和受到限制的情形”①。

8.3.5 作为新古典特例的马克思的价格理论

谢尔曼认为，马克思的价格理论可以被看作是新古典价格理论在一定假设下的特例。在对这些假设的分析中，包含了他对马克思经济学中一些重要内容的理解。

一是纯粹和完全竞争问题。谢尔曼认为，马克思是在完全竞争的假设条件下开始对价值和剩余价值进行研究的。在完全竞争条件下，商品必须按照它们的价值（包括平均数量的利润）出售，因为高的价格往往会增加供给，而低的价格会导致供给的下降。在这种情况下，马克思的理论不是指出准确的价格是什么，而是指出价格围绕价值偏离的方向。谢尔曼认为，和古典经济学家一样，马克思认识到更大程度的垄断意味着对生产的限制更多、价格更高，但并没有提供更为精确的分析工具。劳动价值论无助于分析任何类型的垄断价格，无论这种垄断是否是由资本集中或资本积聚所导致。谢尔曼认为，马克思是第一个预测到垄断和经济集中出现的主要的经济学家。谢尔曼认为，借助技术进步和大规模企业的术语，马克思彻底地剖析了垄断形成的原因，并进一步指出了垄断对阶级之间收入分配的影响，以及垄断势力对社会和政治方面的巨大影响。

二是长期均衡问题。在新古典分析中，短期和长期之间存在着明显的区别。在短期，价格由通过需求反映的效用和通过供给反映的成本共同决定。在长期，价格只是由供给的成本决定，需求只影响实际的销售量。如果所有的成本可以被分解为劳动成本，那么长期的情况就和马克思的分析相适合，任何商品的价格都仅仅由物化在商品中的劳动决定。谢尔曼认为，“马克思并没有明确地把他的价值理论限制在长期的时间框架中，但在马克思的论述中这是理所当然的”②。谢尔曼认为，马克思经常表明他的基本分析只和供给等于需求的情况相关，这种表述清楚地表明这是长期供给和长期需求。谢尔曼建议“马克思主义者最好承认马克思没有关于公司水平的短期价格和产出的理论，因为马克思对这些问题不感兴趣。当然，这也意味着马克思没

① H. J. Sherman, The Marxist Theory of Value Revisited, Science and Society, Vol. 34 (4), Fall 1970, pp. 257 - 292. In *Karl Marx's Economics: Critical Assessments*, Edited by Cunningham Wood, Volume Ⅲ, P. 155.

② H. J. Sherman, The Marxist Theory of Value Revisited, Science and Society, Vol. 34 (4), Fall 1970, pp. 257 - 292. In *Karl Marx's Economics: Critical Assessments*, Edited by Cunningham Wood, Volume Ⅲ, P. 156.

有给局限于公司生产能力的社会主义企业管理者提供指导，同样地，它也意味着马克思没有给任何有效的计划提供教条式的束缚”①。谢尔曼认为，马克思对短期需求的讨论总是和总量问题联系在一起。马克思解释了总的短期价格在萧条和通货紧缩的情况下总是低于总价值，在通货膨胀时又高于总价值，同样地，在讨论总的分配问题时，马克思考虑为什么短期工资会暂时地高于或低于工人劳动力的价值。

三是社会必要劳动和技术问题。谢尔曼认为，马克思的劳动价值论明确的技术要求条件是必须采用最好的可以获得的技术。假定所有其他的公司用机械化方法生产手表，但是一个公司使用手工生产同样的产品，那么这个公司的产品的交换价值将不会比其他公司更高，因为它耗费的劳动超过了目前的社会必要水平。

四是需求、效用和“社会必需”问题。谢尔曼认为，马克思很少讨论需求在决定个别价格时所起的作用。但是，马克思的确对总需求在决定总产出和价格水平时所发挥的作用进行了详细的讨论。马克思没有否认需求在决定价格和产出时的作用，马克思仔细地表明商品必须有使用价值（或效用），不然的话，它在市场上就不会有交换价值。如果没有需求，价格将会是零。在长期，虽然需求确定了产出和资源配置，但它不会影响价格。事实上，马克思认为使用价值是价值的必要条件，认为社会主义的目标是为人类生产使用价值。谢尔曼认为，把上述各方面结合在一起，就使得一些东欧经济学家认为在计划中广泛使用供给和需求以及（边际）效用概念是适当的。

在分析长期价格时，马克思展示了需求在分配资本和劳动中的作用。马克思提出了更为明确的限定条件，只有社会必要劳动的花费才生成价值。作者认为，马克思在两种意义上使用“社会必要劳动”这个术语。在一定的意义上，这个术语表明只有使用当前社会现有技术的劳动才决定交换价值。另一种意义上，马克思使用“社会必要劳动”表明劳动价值是由用于与社会对各产业的需求成比例产品的生产上的劳动决定的。也就是说，谢尔曼认为马克思考虑的资源配置依赖于需求的模式。这点和斯威齐对研究这个问题时所下的判断相同，斯威齐认为：“竞争性的供给和需求的价格决定理论不仅与劳动理论相连贯的，而且它组成了劳动理论必不可少的，有时候没有被

① H. J. Sherman, The Marxist Theory of Value Revisited, Science and Society, Vol. 34 (4), Fall 1970, pp. 257 - 292. In *Karl Marx's Economics: Critical Assessments*, Edited by Cunningham Wood, Volume Ⅲ, P. 156.

认识到的一部分。”[①] 斯威齐相信，马克思并没有展开他的基于消费者的欲望的资源配置理论，这是因为马克思认识到在资本主义情况下，有效需求更多地受到收入分配而不是消费者欲望的影响。谢尔曼认为，马克思的理论研究表明“社会必需是资源配置的一个决定因素，但不是长期价格或价值的决定因素”[②]。

五是熟练劳动和非熟练劳动问题。马克思把所有的劳动成本归纳为平均非熟练劳动或平均工作时间的倍数。谢尔曼认为，对马克思总体分析的目标而言，这种简化是非常合理的。但是在更加细致的对工资和价格进行的微观分析中，谢尔曼认为，需要对不同层次的技术劳动甚至是特定类型的自然资源的影响进行考察。因此，谢尔曼赞同在这种情况下，相对成本在很大程度上依赖于对特定类型的劳动和资源的需求。

六是生产价格问题。从亚当·斯密时代的经济学家开始，就认识到竞争在长期会导致所有产业资本有一个统一的利润率。理由是资本会从利润低的行业流向利润高的行业。马克思在《资本论》第一卷中，对劳动价值论只是做了简单版本的、近似的描述。在《资本论》第三卷中，马克思对有些论述作了调整，这同他原来的论述并不矛盾。当竞争使各行业的利润率趋于一致时，各行业的价格就等于生产成本加上平均利润率。成本包括工资加上厂房、设备和耗用的原材料的价值。这时候的价格被称为生产价格。根据马克思的说法，只有资本有机构成与行业平均资本有机构成相同时，产品的生产价格才会等于价值。马克思认为，从所有行业来看，生产出来的总价值等于总价格，生产出来的总剩余价值等于总利润。

只要总劳动耗费保持不变，生产出的总价值和总剩余价值就不会变化。竞争只是把剩余价值在不同产业之间作了重新分配，直到所有的资本有一个相同的利润率。谢尔曼认为，根据马克思自己的观点，在这里价值和剩余价值的劳动理论只对总产品而言是成立的。庞巴维克所做的著名的批判强调这种加总的价值是毫无意义的，因为经济理论只与交换中的商品的相对价值有关。谢尔曼不赞同这种观点，因为“庞巴维克只思考了价格和配置问题，而不是整个范围的凯恩斯式的总量问题，总价值不仅是有用的，而且是必要

① Paul M. Sweezy, The Theory of Capitalist Development, New York, 1942, P. 47.

② H. J. Sherman, The Marxist Theory of Value Revisited, Science and Society, Vol. 34 (4), Fall 1970, pp. 257 - 292. In *Karl Marx's Economics: Critical Assessments*, Edited by Cunningham Wood, Volume Ⅲ, P. 159.

的"①。

谢尔曼认为，两个总量相等表明生产价格超过价值和生产价格低于价值的行业的数量必须相互抵消。这只在一种商品没有进入另一种商品的生产中时才是成立的。在更一般的情况下，资本品会被用于其他商品的生产，资本品的价格也会偏离它们的价值。在这种更加复杂的模型中，谢尔曼认为，可以证明两个总量相等的公式只有一个可以成立，只有在非常特别和偶然的条件下，两个等式才可能同时成立。也就是说，"如果我们希望承认总剩余价值等于总利润，我们必须承认产品的总价格偏离了总价值"②。

谢尔曼认为，个别价格甚至总价格对个别价值和总价值的偏离并没有表明劳动价值理论是无效的，虽然这必须对简单的版本做出某些调整。"如果我们试图寻找相对个体价格理论，这种条件使得劳动理论在实际应用方面变得非常的复杂，也是相对的笨拙。如果我们关注的是马克思总体的经济推论，那么这个问题就可以忽略，对后果没有什么影响。"③

8.3.6　作为马克思经济学特例的新古典经济学

新古典经济学花了很大精力讨论企业的价格、投入和产出。马克思主义者承认，新古典关于资源配置理论，在资本家经理如何使资源有效配置并使利润最大化方面，是有很大贡献的，这也可以被用于社会主义计划者实现整个社会资源有效配置以追求最大化的社会福利。然而，稀缺资源配置问题是建立在微观价格基础之上的，这并不是经济学的全部内容，更不是政治经济学的全部内容。马克思从来不认为资源配置问题是经济学的基本问题。在资本主义情况下，这一问题主要表现为单个公司的技术—经济问题，是一个微观问题。对资本主义企业的微观问题，马克思不是太感兴趣，他感兴趣的是作为一个整体的政治经济学问题，即所谓的政府或整个国家中的阶级的战略性宏观问题。谢尔曼认为，虽然马克思花费了一定精力讨论个别商品的价值问题，但他不是用它来帮助公司解决如何生产、生产多少的问题。基于价值理论，马克思建立了一个对政治经济学宏观问题进行研究的分析框架，比如国民收入在不同阶级之间的分配，或由于萧条和通货膨胀导致的总价值的变

---

① H. J. Sherman, The Marxist Theory of Value Revisited, *Science and Society*, Vol. 34 (4), Fall 1970, pp. 257－292. In *Karl Marx's Economics: Critical Assessments*, Edited by Cunningham Wood, Volume Ⅲ, P. 160.

②③ H. J. Sherman, The Marxist Theory of Value Revisited, *Science and Society*, Vol. 34 (4), Fall 1970, pp. 257－292. In *Karl Marx's Economics: Critical Assessments*, Edited by Cunningham Wood, Volume Ⅲ, P. 161.

化，资本主义制度的长期演化。马克思对宏观理论的关注使得他的分析与诸多社会主义者所关注的问题关联不大。因此，后来的马克思主义者无法扩展马克思的理论来分析重要的社会主义计划问题，因为这些问题无论是在微观企业层面还是在宏观经济层面，都是与资源的有效配置的微观问题相关。“马克思对这些问题贡献很少，是因为他认为把时间花费在未来社会主义经济的细节问题上是毫无意义的，也是空想。”① 谢尔曼认为，马克思和凯恩斯一样，不能因为他们忽略了资源配置的微观问题而受到指责，因为他们的兴趣在于探讨资本主义整体的演变问题。

谢尔曼认为，马克思主义者可能会使用粗糙的价格理论，但是，与新古典经济学抽象狭窄的世界相比，政治经济学的范围要宽广得多。马克思指出，资本主义社会面临的独特的新问题在先前的社会是未曾听说过的，即它不是资源和产出的稀缺问题，而是相对于货币有效需求而言生产和资源的过剩问题。这一问题开辟了经济学的新领域。谢尔曼认为，许多新古典分析把自己局限在特定企业活动和企业之间的相互关系上，很少有新古典经济学家把分析指向总体的经济事件，而马克思则对这个领域进行了详细的和全面的研究。另外，新古典经济学的价格理论通常把自己局限在静态的图景中，漠视了时间因素。在最好的情况下，新古典比较了两个不同的静态图景，而马克思总是关注运动。最后，新古典理论总是在技术经济层面研究问题，关注商品的价格和生产之间的关系。马克思关注的是人与人之间的关系，探究资本主义的基本制度。新古典经济学坚持一个基本的信念——在没有政府干预的情况下经济会运行良好，除此之外，它对政府的作用乏善可陈。谢尔曼认为，“现代凯恩斯经济学使人们认识到资本主义社会政府干预的技术可能性，但是，马克思比他走得更远，他讨论了凯恩斯所没有认识到的资产阶级政府的问题”②。

8.3.7 有关利润或剩余价值的相互冲突的观点

谢尔曼认为，围绕价格理论展开热烈讨论的主要原因之一在于，这种理论为收入在工资和利润之间分配的不同观点提供了分析框架。谢尔曼对不同观点的差异作了研究。

① H. J. Sherman, The Marxist Theory of Value Revisited, *Science and Society*, Vol. 34 (4), Fall 1970, pp. 257 – 292. In *Karl Marx's Economics*: *Critical Assessments*, Edited by Cunningham Wood, Volume Ⅲ, P. 163.

② H. J. Sherman, The Marxist Theory of Value Revisited, *Science and Society*, Vol. 34 (4), Fall 1970, pp. 257 – 292. In *Karl Marx's Economics*: *Critical Assessments*, Edited by Cunningham Wood, Volume Ⅲ, P. 164.

从分析的差异角度出发，谢尔曼认为，马克思劳动价值论和新古典边际效用理论之间的差异，可以通过它们对成本的解释很好地加以说明。问题的关键是，利润到底是成本还是支付劳动和材料成本之后的剩余。撇开租金，假定没有资本借贷，那么，在这种情况下，资本的回报就是自有资本的利息，或者说是利润而不是利息。由此可以区别出四种关于利润的观点：一些早期边际理论家，尤其是奥地利学派的观点；马歇尔和盎格鲁—美国学派的边际效用的观点；修正的马克思主义者的观点；正统或教条的马克思主义者的观点。奥地利新古典经济学家把所有成本简化为机会成本，即劳动者放弃休闲获取工资和资本家节制当前的消费以获得投资回报。从此意义上讲，所有的成本都是主观的。马歇尔用"等待"代替"节制"，这不仅仅是用词的差别问题。使用节制的人认为，为了投资需要牺牲当前的消费；马歇尔强调了等待投资回报的时间因素，这也就意味着，要在由于利润增加导致的未来更大的消费和当前更小的消费之间的权衡。在利润观点中的另一极端上，原教旨主义马克思主义者认为，产品价值的增殖完全是由工人花费在产品上的劳动造成的。剩余价值是由工人制造的产品价值和工人劳动力价值（工资）之间的差额造成的。修正的马克思主义者[①]遵循马克思的精神，而不总是墨守马克思的语言，他们使用了更加一般和抽象的劳动价值理论观点。他们认为，劳动价值论是历史唯物主义在经济上的表述。在这种解释中，劳动价值论意味着所有产品的源泉，最终都是人类劳动作用于自然的结果。修正的马克思主义者在解释利润时强调，在马克思关于"资本家阶级垄断了生产资料、而工人只拥有自己的劳动力"的假定中，资本家必然得到利润，否则他们就不会进行投资。这不是一个价格和工资的数量确定的经济理论，而主要是一个资本主义历史的或政治经济学本质的关系问题。

从伦理的差异出发，谢尔曼认为，马克思主义者和新古典经济学的差异首先表现为术语的差异。马克思认为是价值的地方，马歇尔称为长期价格。马克思使用剩余价值或剥削代替了正常利润或"等待"的回报。谢尔曼认为，"语义学上的差别并不必然意味着分析和观点的真正差异。事实上，在把术语转化为普通语言之后，我们可以认为在对现实进行的功能性分析上，两者之间并无明显的差异，尽管在强调的重点和抽象的层次上存在差异"[②]。

① 谢尔曼在此处使用两个词汇，修正的或创造的。

② H. J. Sherman, The Marxist Theory of Value Revisited, *Science and Society*, Vol. 34 (4), Fall 1970, pp. 257 – 292. In *Karl Marx's Economics: Critical Assessments*, Edited by Cunningham Wood, Volume Ⅲ, P. 167.

谢尔曼认为，语义学的差异表明，在对政策有关的经济事实的伦理评价上，马克思主义和新古典经济学存在着深刻的差异。显然，剩余价值或剥削与等待的回报之间存在非常大的差异。谢尔曼指出，“劳动价值论意味着资本家没有任何道德上的权利去获得产品的任一部分，然而等待理论的确意味着资本家享有这种权利”①。

谢尔曼最后指出，资本主义经济是一种资本由私人提供、配置和获得回报的经济，社会主义经济是一种资本由政府提供和配置，回报由政府（或工人集合体）获得的经济。资本提供和收入分配的方法是与制度机能的其他方面密不可分的。从伦理方面，对竞争性的经济制度的全面评价也必须考虑失业的数量、总收入的增长率和每个制度的社会和政治效果。谢尔曼认为，“我们可能会注意到马克思是以一种实际的、科学的方式分析了经济进程，但他忽略了他的著作中经常包含的情感的和伦理的意蕴。伦理因素是重要的，因为在我们加入一些伦理标准之前，对所谓事实上的剥削，社会主义者并不总是提供了最好的、切实可行的解决方法。修正主义者流派独特之处在于，他们事实上认为，劳动价值论不是一种经济分析方法，而是一种正确的伦理理论。与之不同，马克思首先给出了资本家剥削进程的科学分析，随后为了表示对社会主义的支持，他增加了（也隐含着）一种伦理标准”②。

---

① H. J. Sherman, The Marxist Theory of Value Revisited, *Science and Society*, Vol. 34 (4), Fall 1970, pp. 257 – 292. In *Karl Marx's Economics: Critical Assessments*, Edited by Cunningham Wood, Volume Ⅲ, P. 167.

② H. J. Sherman, The Marxist Theory of Value Revisited, *Science and Society*, Vol. 34 (4), Fall 1970, pp. 257 – 292. In *Karl Marx's Economics: Critical Assessments*, Edited by Cunningham Wood, Volume Ⅲ, P. 168.

第 9 章　对马克思劳动价值论的“补充”和质疑

以所谓“补充”的方式对马克思劳动价值论作出探讨，是 20 世纪西方学者对马克思经济学论争的重要取向之一。这些“补充”探讨的主要特点在于：第一，探讨者以对马克思经济学“中立”的观点，对马克思经济学不抱有阶级立场上的褒贬来论述和探讨马克思的价值理论，在很多场合还寻找马克思经济学与西方主流经济学之间的“沟通”和“对话”；第二，以“学术性”的研究为特征，更多地运用一些现代方法论，其中包括许多现代的非经济学的方法论来寻求对马克思价值理论的新的见解。其中，也有运用现代西方主流经济学的方法和理论来“重新理解”马克思的价值理论；第三，关注与马克思劳动价值论相关的一些理论，如工资、家庭劳动、自由时间等问题，试图以此对马克思劳动价值论作出一些适合现代社会需要的新的见解。

9.1　魏茨泽克对马克思劳动价值论的“补充”

冯·魏茨泽克（C. C. von. Weizsacker）在 1973 年发表在《经济学杂志》上的《森岛通夫论马克思》一文，标榜以相对“中立”和“客观”的立场，对森岛通夫关于马克思劳动价值理论的五个相关问题作出分析和评论。通过对这五个方面问题的分析和评论，魏茨泽克倾向于接受森岛的观点，肯定在数理经济学上马克思与瓦尔拉斯具有同等重要的地位。魏茨泽克还希望通过这些分析和评论，能引出正统经济学家和马克思主义经济学家之间在这些问题上的富有成果的对话和讨论。

魏茨泽克首先对 20 世纪 60 年代中期以后马克思范式再次盛行的现象作了分析，他认为，“马克思的范式是以其引人入胜的科学体系和政治的个人伦理的双重性质，吸引了年轻的知识分子”①。在“真理”被“假定”所取

① C. C. von. Weizsacker, Morishima on Marx, *The Economic Journal*, Vol. 88, No. 332, 1973, P. 1245.

代，在无所不包的思想体系被公理方法和特殊的“模型”逐出学术领域之后，学术世界成了一个没有目的的真空。在这种背景下，黑格尔—马克思辩证法的魔力，许诺实现从资本主义的黑铁时代，转向社会主义的白银时代和无阶级社会的黄金时代，这为那些在严肃的正统社会和经济科学的教育中找不到“圣地”的人们提供了希望。

在上述背景下，魏茨泽克认为，到了正统经济学家以一种非肤浅的方式理解马克思的范式的时代了。他认为，“森岛通夫论马克思的著作是那些有数学取向的经济学家从事这个工作的一个极好的指南”①。“由于森岛对马克思持有相当同情的观点，因而他避免了正统经济学家在解释马克思理论时常犯的错误”②。森岛在对马克思的论述中，极力想说服正统经济学家，让他们相信“在数理经济学史上，马克思应该与瓦尔拉斯享有同等重要的地位”③。

森岛通夫的文章分五个部分依次分析了劳动价值论、剥削理论、转形问题、再生产图式和“资本与价值”。前四个部分主要强调马克思对经济理论作出的积极的贡献，最后一个部分给出了森岛通夫反对劳动价值论的理由。在评价森岛通夫的著作时，魏茨泽克没有详述森岛著作的内容，而是从正统经济学的视角提出了几个重要的问题，从而试图为正统经济学家和马克思主义者之间进行富有成效的对话做出一些贡献。

9.1.1 无产阶级的存在是正的利润率的必要条件吗？

森岛提出的一般均衡模型是一个稳态经济，模型描绘的是一个非资本主义社会，假设工人无成本地获得生产资料，且必须按原样交还。森岛引入消费者偏好，并指出“在所有的商品价格与生产它们所必需的劳动量成比例的情况下，这种稳态经济能达到瓦尔拉斯均衡”。随后他论证道：“如果工人们没有将他们的劳动力卖给生产资料的所有者，利润就不会产生。”魏茨泽克认为，“森岛从一个简单再生产的一般均衡模型中得出的这个结论是无效的”④。

魏茨泽克认为，森岛的计算是正确的，但是，“他的模型的假设条件太严格，以至于无法让人相信他的结论”⑤。这些假设条件包括：将特定的消费效用与预算约束最大化，即工资率乘以工人们的劳动供给必须等于家庭一

---

①②③ C. C. von. Weizsacker, Morishima on Marx, *The Economic Journal*, Vol. 88, No. 332, 1973, P. 1245.

④⑤ C. C. von. Weizsacker, Morishima on Marx, *The Economic Journal*, Vol. 88, No. 332, 1973, P. 1246.

揽子消费的市场价值；不存在“跨期决策”等。魏茨泽克假定，在一个农业社会，“每一个农民都有一定的生产资料，商品自由交换，法律和惯例禁止任何人购买劳动或借钱或借商品而收取利息，土地充足、交易自由，人口规模稳定，已知的生产技术也不会改变”。并假定这个农业社会只生产小麦和葡萄酒。在早期的“黄金时代”，每个人一直满足于一个固定的消费量，“均衡就会在价格等于商品包含的劳动时实现。假设该均衡意味着消费者将预算的50%用于小麦、50%用在葡萄酒上。”接着，魏茨泽克假定，在白银时代，引入时间偏好，葡萄酒的生产商更喜欢现在消费更多的商品而在将来少消费些，因此要卖出非成品酒，从而减少了他们的生产资料。由于假定葡萄酒商的人数和葡萄酒储存年份结构不变，这就意味着，处于不同酿酒期的葡萄酒的库存将比黄金时代的少，每年可用于消费的葡萄酒的产量一定更少。“白银时代均衡价格体系是不同的。成酒的均衡价格比小麦的高。因此，那些生产葡萄酒的人比生产小麦的人获得更多的净收入。如果需求随价格改变的话，白银时代对成酒的需求比黄金时代的要少。”于是，“生产酒的劳动部分转向生产小麦，酒的价格随着年限以几何级的增长向成酒靠近。另外，无论何时，当第二年的相对增值比例比这些最大的增值率小时，以最大的相对增值率买进不同酿酒期的酒，卖出非成品酒，就会盈利。在葡萄酒市场上，这将不是一个均衡状态”。由此，魏茨泽克得出结论：“白银时代的价格体系包含了对生产资料收取的利息。即使劳动没有作为商品交易，也不存在没有生产资料而必须将劳动力投入到社会有用劳动的阶级，即使没有资本主义，资本家的收入也是可能的。”魏茨泽克同时表示，他假定的故事，并没有揭示出真实历史发展的线索，他的观点是纯逻辑上的，是为了反驳森岛的观点，即无产阶级的存在是资本有正的回报率和市场价格与商品的价值存在差异的必要条件。

9.1.2　马克思的价值理论是就业乘数吗?

从庞巴维克开始，资产阶级经济学家对马克思经济学的批评，一个重要原因在于他们很难理解马克思经济学体系中价值和价格的区别。魏茨泽克认为，如果关注到马克思将其价值称为“交换价值”的事实，这个困惑就迎刃而解了。[①] 森岛认为，马克思的劳动价值理论至少在三个方面具有直接的

① C. C. von. Weizsacker, Morishima on Marx, *The Economic Journal*, Vol. 88, No. 332, 1973, P. 1248.

意义，即在就业乘数、经济中剥削率量化和为加总问题提供稳定的权重。魏茨泽克对作为就业乘数的价值问题作了探讨。

魏茨泽克认为，在马克思经济学中，对价值的计算主要有两种方法：价格法和数量法。魏茨泽克对这两种方法作了评介。

一是关于价格法。假设在一个有稳定的投入产出体系中，A 是物质投入需求系数的里昂惕夫矩阵，a_0 是劳动投入需求系数的矢量，q 是马克思劳动价值的矢量，就可以得出等式：

$$q = a_0 + qA$$

这就意味着：

$$q = a_0(I + A + A^2 + A^3 + \cdots) = a_0\ (I - A)^{-1}$$

q 的解是不包含利息的成本价格体系。价格法强调其交换价值。

二是关于数量法。净产量矢量 c，是该稳定系统要求产出的量，投入要求是：

$$c = Ax$$

$$x = (I + A + A^2 + \cdots)c = (I - A)^{-1}c$$

所需的劳动量 L 是：

$$L = a_0(I - A)^{-1}c$$

矢量 $a_0\ (I - A)^{-1}$可以视作就业乘数的矢量，该乘数使人们可以就任何给定的净产出矢量 c 计算出 L。数量法强调价值要对应生产商品所需的社会劳动时间。可以看出，这些价格乘数与用价格法计算的交换价值是一致的。

但森岛的论点建立在所考虑数量体系的假设是不变的，这等同于假设存在着资本零回报率。所以，魏茨泽克认为，如果在资本主义体系中，利润率是正的，则实际的交换价值不再与马克思的交换价值相符。

魏茨泽克认为，价格矢量是由下列公式确定：

$$p(r) = (1 + r)a_0[I - (1 + r)A]^{-1}$$

其中，r 是利润率，价格取决于利润率，相应于消费量矢量 c（t）在时间 t 是：

$$L(t) = (1 + g)a_0[I - (1 + g)A]^{-1}C(t) = p(g)c(t)$$

魏茨泽克得出如下结论：呈指数增长体系的就业乘数矢量，对应于按等于该体系增长率的利润率确定的价格。所以，以任何给定的利润率确定的价格，可以理解为就业乘数或体系中的社会必要劳动量，在该体系中，增长率等于利润率。

9.1.3 正的剥削率是正的利润率的必要条件吗？

魏茨泽克认为，森岛提出了这个马克思经济学的“马克思基本定理”，但利润率和剥削率是不同的概念。“剥削率（程度）是价值体系的概念，而利润率是价格体系的概念。”因为“森岛所做的最关键的假设是生产技术长期不变，如果我们承认技术进步，情况就大不一样。而马克思认为技术进步是必要的”。为此，魏茨泽克假设，在一个存在技术进步的经济体系中，“劳动生产率以几何率 r 速度稳定增长，劳动力和‘资产阶级’经济学家所称的资本—产出率保持不变，资产阶级不消费，工人们不储蓄”。

在价值体系中，“按照特定的假设，因为劳动力不增加，‘资本有机构成’不变，按马克思价值计算的资本存量（可变资本和不变资本）不变。而另一方面，会计等式（按价值）是：剩余价值 = 净积累（按价值计算）+ 资本家个人消费价值”。在上式中，通过假设右边是零，按照马克思的定义，剥削率才为零。“另一方面，‘资产阶级’的增长理论告诉我们，在上述条件下，利润率等于该体系的增长率，即 r。因此，基本的马克思主义定理不适用。”

魏茨泽克指出：“我们对森岛的批评不是说它是错误的，仅仅说明它不像森岛认为的那么重要。”①

9.1.4 马克思的价值是有效的加总器吗？

森岛认为，马克思的价值在行业加总方面具有比价格更稳定的权重。魏茨泽克对森岛的命题多有质疑，因为“考虑到具有一个稳定利润率的价格可以作为具有与这个利润率相等的增长率体系中的劳动需求或就业乘数”②。一般而言，不存在适合每一个利润率加总的价格等式。“森岛表示，给定部门混合产出中的相对行业权重，就存在决定由部门生产的合成商品的马克思价值的结构性等式。”森岛认为，“价格的结构等式存在于总计水平上，即使只包括那些具有相同的资本价值构成的部门”。所以，森岛有关加总的价值等式的结果也支持任何给定利润率的价格等式。但是，由于工业产出的相对价格随着利润率变化而变化，所以无法找到独立于利润率的价格等式模型的参数。

---

① C. C. von. Weizsacker, Morishima on Marx, *The Economic Journal*, Vol. 88, No. 332, 1973, P. 1250.

② C. C. von. Weizsacker, Morishima on Marx, *The Economic Journal*, Vol. 88, No. 332, 1973, P. 1251.

魏茨泽克指出，如果各部门工业产出的组成不是固定的，则森岛通夫关于价值等式的加总就不再有效。虽然森岛通夫详细地调查了被加总的行业具有相同的资本构成的条件，但不大清楚的是，森岛是如何能宣称这个条件足以为得到各部门加总的价格等式提供了可能。即使按传统定义的两大部类有一个相同的价值构成，这也不是一个在可变利润率条件下，它们有一个不变的产出价格比的充分条件。因此，魏茨泽克认为，森岛的参数不能证实马克思的价值理论在加总中有特殊的作用。因为从加总理论中得知真正的加总条件太严格，以至在大多数情况下没有多大作用。

9.1.5 资本积累是否不稳定?

马克思和马克思主义者相信资本主义积累过程极不稳定。魏茨泽克对森岛的差分等式中讨论的资本主义积累模式进行分析。森岛通夫的差分方程是：

$$Y(t) = Ay(t+1) + By(t)$$

Y(t) 是表示产出水平的矢量，这一等式是在给定的 Y(t) 下，计算出所有 $t<T$ 时的产出水平。魏茨泽克认为，该方程的经济学道理太简单，且没有考虑到模式中类似收费公路类的财产给任何一个 Y(t) 的初始不平衡，都会被不断增加的 t 放大，而且很快导致 Y(t) 为负。他认为，这不足以说明资本主义稳定或不稳定，不同的给定的初始 Y(t) 没有更深的经济意义。“模型中没有包括任何描述资本家投资和生产决策是如何取决于价格和期望的等式，因此它不足以描述资本主义的运动。”同时，他表示对这一模型的驳斥不是等于说资本主义积累是个稳定的过程，我们需要更复杂的模型。

最后，魏茨泽克认为，“我们应该重视价值的二元性……对于现代经济学家而言，马克思的方法显得笨拙，但它在讨论诸如剥削类问题时具有优势，而在瓦尔拉斯结构中则更困难”①。他赞同森岛通夫的建议，“我们应该重读19世纪我们这个领域伟大作家的作品，其中马克思不虚其位”。在这一方面，“与我们大多数同行在未作严肃认真努力理解马克思之前就批评他相比较，森岛的态度要好得多”。但他同时也认为，森岛“有时好像也忽略了资产阶级对马克思批评的某些正确的观点”。

① C. C. von. Weizsacker, Morishima on Marx, *The Economic Journal*, Vol. 88, No. 332, 1973, P. 1253.

9.2 哈维对劳动价值论与劳动力价值和工资理论的探索

1983年，哈维（P. Harvey）在《社会研究》第二期上发表的《对马克思劳动力价值理论的评论》一文，认为马克思劳动价值论在应用于劳动力和工资之间的交换时，有自相矛盾之处。他认为，“如果劳动是价值唯一的资源，那么，一定数量的劳动应该拥有同样的价值，不管它是否以工资的形式直接被购买，或者已经物化于一个商品中”①。在资本主义社会，用来支付一定量的劳动的工资必少于劳动物化于其中的商品的价值，否则的话，既没有利润也没有租金能够存在。

早先的古典经济学家，在对工资计算理论的论述中，放弃了劳动价值理论。作为替代，他们用人口统计学中的供给—需求模型来解决这个问题。马克思将此看作是他们研究中的失败，并认为在他自己的价值理论中，可以由劳动力价值理论成功地系统阐述工资和剩余价值理论，这一理论和劳动价值论有严格的逻辑一致性。哈维认为，马克思对这个问题的解决并不成功，一方面，马克思把他的工资理论归于他的一般价值理论之下是不合适的，这是因为与劳动价值理论相一致的调节其他商品生产的竞争体制，在劳动力问题上是不存在的；另一方面，马克思在劳动力价值决定中，对无报酬的家务劳动的处理，也存在逻辑上的不一致性。

马克思在劳动力价值论述中是否真的存在着与家务劳动论述逻辑上不一致的地方吗？哈维认为，除非搞清楚马克思是如何论述这些问题的本意的，否则就无法下此定论。在缺乏对于马克思工资理论完整的、清晰的分析的情况下，是不可能认识马克思劳动力价值理论的所有细节的。哈维试图对这些问题作出自己的解答。

哈维认为，马克思工资理论比一般所认为的更为复杂。这种复杂性，使得这一理论能够非常灵活地应对大多数逻辑的和经验的批评，但是也给这一理论带来了一些自相矛盾的特质。哈维认为，马克思在对工资理论的说明中，存在着三种明显不同的形式。第一种形式是，在马克思最初的陈述中，以一种简单的劳动价值理论的扩展去分析工资合约，这是马克思经常采用的

① P. Harvey, Marx's Theory of the Value of Labor Power: An Assessment, *Social Research*, Vol. 50 (2), pp. 305 – 344. In *Karl Marx's Economics: Critical Assessments*, Edited by Cunningham Wood, Volume Ⅲ, 1983, P. 1021.

一种形式；第二种形式是马克思根据劳动力价值取决于生产成本而不是它的劳动内容的论述得出的。哈维认为，马克思把第二种形式等同于第一种形式，但是在逻辑上它们是完全不同的。随着马克思论述的展开，可以看到，在稳定劳动力价格措施中，劳动内容和生产成本都起不到最终控制的作用。在一定程度上，劳动力价格是阶级斗争力量对比的结果。从而可以推断，马克思最终阐述了劳动力价值的阶级斗争理论。哈维认为，这就是马克思所称的劳动理论，同时也赋予它以一种生产成本的正式的理论结构。

在对马克思工资理论作出上述分析的基础上，哈维认为，马克思理论的第一种形式和第二种形式，确实易于受到批评；第三种形式则不易受到攻击。因此，哈维认为，"马克思的劳动力价值理论被认为是部分正确的，但不是在马克思自己论述中所选择使用的理论术语的意义上"①。

9.2.1 马克思劳动力价值理论中的劳动与生产成本

哈维认为，马克思劳动力价值理论是以古典学派的对这一主题的处理方法为出发点的，尽管古典理论的某些要素被马克思所否定，如古典学派关于人口增长作为劳动价格的控制器的要素。但古典学派的其他一些要素，有为马克思所接受的，如古典学派关于"劳动价值"或"自然价格"的定义。古典学派认为，劳动价值是由劳动者再生产的成本所决定的。李嘉图是这样表述的："劳动的自然价格是使劳动者一个接一个能够生存和保持他们的种族所必需的价格，既不多也不少。"这个必需的价格由劳动者的生存成本所决定，"劳动的自然价格，取决于满足劳动者和他的家庭需要的食物、必需品以及公共设施的价格"，这些生存所要求的必需品是在社会意义上而不是在生物意义上加以定义的。② 哈维认为，马克思接受了上述表述的实质，只是在表述的术语上有所差别。"古典学派把它理解为一种劳动价值理论，马克思则视之为劳动力价值理论。在马克思看来，这种差别不仅仅是名义上的，马克思认为他的表述与劳动价值论是相一致的，而古典学派的表述与劳动价值论则是相抵触的。"③

---

① P. Harvey, Marx's Theory of the Value of Labor Power: An Assessment, *Social Research*, Vol. 50 (2), pp. 305 – 344. In *Karl Marx's Economics*: *Critical Assessments*, Edited by Cunningham Wood, Volume Ⅲ, 1983, P. 1022.

② David Ricardo, *Principles of Political Economy and Taxation*, Harmondsworth: Penguin, 1971, P. 115, 118.

③ P. Harvey, Marx's Theory of the Value of Labor Power: An Assessment, Social Research, Vol. 50 (2), pp. 305 – 344. In *Karl Marx's Economics*: *Critical Assessments*, Edited by Cunningham Wood, Volume Ⅲ, 1983, P. 1023.

哈维认为，马克思的理论创新在于对劳动价值论的直接扩展。马克思认为：“同任何其他商品的价值一样，劳动力的价值也是由生产从而再生产这种独特物品所必要的劳动时间决定的。就劳动力代表价值来说，它本身只代表在它身上对象化的一定量社会平均劳动。”① 但是，劳动力生产所需的必要劳动时间是什么？哈维认为，在回答这一问题时，马克思沿用了古典学派的生产成本理论，宣称它同以上的劳动价值论是一致的。就如马克思所说的：“生产劳动力所要求的劳动时间，可以归结为生产这些生活资料所必要的劳动时间，或者说，劳动力的价值，就是维持劳动力占有者所必要的生活资料的价值。”②

哈维认为，这两种表述实际上是不同的。“生存方式指的是劳动力的生产方式。它们在被转移到劳动力商品中之前，必须生产性地消耗掉一定量的活劳动或直接劳动。”③ 所有这些劳动都是劳动力生产所必需的，就如同在制造其他商品时，对生产资料的生产性消费需要一定的活劳动一样。哈维认为，如果说劳动力价值等于劳动者必需的生活资料的价值，那就等于说，在其他商品条件下，商品的价值等于创造它所需的生产资料的价值，而没有活劳动或直接劳动所赋予它的价值。

哈维指出，当认为间接劳动不是作为劳动者的货币等价物出现时，马克思第二种劳动力价值理论表现为一种生产成本理论的判断就更为清晰了。不是所有的生活资料都是购买的，有一些是在家庭中生产出来的。哈维认为，“一个周全的劳动力劳动价值理论必然计算所有的这些劳动，而不管它发生在哪里，也不论它是否或怎样被补偿的”④。

哈维回顾了对马克思工资理论中的这种逻辑缺陷所进行的讨论，认为这引出了马克思主义分析框架内的一个分支，即如何定义资本主义社会中妇女的地位问题。如本斯顿（Benston）认为的，在马克思的工资理论中，家务劳动“仍停留在前资本主义状态”，家务劳动还只生产使用价值而不是交换价值。莫通（P. Morton）则认为，这样的劳动不应该被认为仅仅只生产使用

① 《马克思恩格斯文集》第5卷，人民出版社2009年版，第198页。

② 《马克思恩格斯文集》第5卷，人民出版社2009年版，第199页。

③ P. Harvey, Marx's Theory of the Value of Labor Power: An Assessment, *Social Research*, Vol. 50 (2), pp. 305 – 344. In *Karl Marx's Economics: Critical Assessments*, Edited by Cunningham Wood, Volume Ⅲ, 1983, P. 1023.

④ P. Harvey, Marx's Theory of the Value of Labor Power: An Assessment, *Social Research*, Vol. 50 (2), pp. 305 – 344. In *Karl Marx's Economics: Critical Assessments*, Edited by Cunningham Wood, Volume Ⅲ, 1983, P. 1024.

价值，因为它们也有助于“劳动力的维持和再生产”。克斯塔（D. Costa）坚持认为，在工资中，家务劳动生产的不只是使用价值，其本质是剩余价值的生产。这些论述，对后来的研究者深有启发。这一讨论，对不付报酬的家务劳动在劳动力价值决定和剩余价值生产中的作用问题给予充分的关注。布洛克（Bullock）、高迪纳（Gardiner）、赫梅韦特（Himmelweit）和马克托斯（Mackintosh），以及吉蒂斯和鲍尔斯等人则认为，对马克思劳动力的劳动价值理论补救是没有用的。他们提出，要认识劳动力的价值不是像其他商品那样由它的劳动内容所决定的，而是由一个工人必须购买的以再生产他或她的劳动力的商品的价值决定的。

哈维认为，马克思采用了相同的态度，抛弃了他的劳动力劳动价值理论而赞同古典学派的生产成本理论。当注意到马克思明确反对在家庭中进行的“免费”劳动增加劳动力价值这一观点时，上述观点进一步得到证实。

9.2.2 劳动力价值的决定因素

马克思基于生产成本形成了他的劳动力价值理论，但他没有到此停止，而是把研究继续深入下去。马克思确认，在测量劳动力再生产必要的生活资料的数量时，必须考虑三个因素。它们分别是工人自己的基本生存需求、工人家庭的生存需求和培训工人的成本。马克思在随后的分析中，又确认了两种附加要素，即工作日的长度和劳动的强度。除了这五个决定工人必要的生存资料的要素外，马克思还提出了通过决定生存资料的价值进而影响劳动力价值的第六个要素，即劳动生产率。

哈维指出，在对马克思所说的这些要素考察时，应当集中于马克思自己所强调的那些问题上。“首先，制约每个要素的社会经济进程是什么？其次，这些作为资本主义发展进程结果的进程（以及它们制约的要素），随着时间推移所展示的发展趋势是什么？最后，随着时间的推移，每个要素对劳动力的最终影响是什么？通过回答这些问题，我们将看到，在马克思的分析中，最终决定劳动力价值的是什么。”①

一是生存需求。马克思认为，劳动者所需的生存必需品数量的最低限

① P. Harvey，Marx's Theory of the Value of Labor Power：An Assessment，*Social Research*，Vol. 50（2），pp. 305 – 344. In *Karl Marx's Economics*：*Critical Assessments*，Edited by Cunningham Wood，Volume Ⅲ，1983，P. 1026.

度，是由一个“自然规则”来调节的。也就是说，它是由“劳动者的劳动力转化和再生产所必需的生存资料的物质最小量”所决定的。马克思认为，在一定程度上，必要的最小量，也能反映“历史的和道德的要素”，后者取决于一个“国家的文明程度”。

那么，决定一个国家“文明程度”的是什么？在这一点上，资本主义发展进程可能的影响又是什么？马克思对于这些问题的阐述很少。他在他未发表的笔记本中把“文明影响”归于资本主义，但是，在《资本论》第一卷中，他将注意力集中于资本主义的非人性的趋势上。

二是工人家庭和劳动力的价值。除了劳动力自己的生存需求外，马克思认为，他们子女的生存需求也必须反映在劳动力价值中，否则劳动力作为商品就不能在连续的基础上再生产。

哈维认为，马克思是从妇女和孩子作为雇佣劳动者被雇佣的角度来分析劳动力价值的，马克思注意到这种雇佣通过转移“在家的免费劳动”，使维持一个家庭的货币成本增加。由于家务劳动，如缝纫和修理，必须由购买进行替换，因此，伴随家庭劳动支出减少的是货币支出的增加。马克思注意到大量家庭成员外出工作用以支付这些成本，但他认为，“在他全家的基础上延伸一个人的劳动力价值，那么将会造成他的劳动力贬值”。换句话说，这两种趋势的净效果是减少一个个人劳动力的价值，即使整个家庭的劳动力总价值是增加的。

关于资本主义发展和妇女、儿童作为劳动者被雇佣程度之间的关系及其与劳动力价值的关系问题，马克思的观点是什么呢？哈维认为，可以肯定的是，马克思将资本看作总是试图扩大雇佣劳动从而减少劳动力价值的。同样清楚的是，工人阶级可以限制这种趋势。这一领域阶级斗争的历史，就是由客观条件的变化而对阶级斗争双方力量的相对变化造成的。

三是教育成本。马克思提到的作为进入劳动力价值决定的第三个要素，就是特定的劳动力发展技能的费用。这项成本费用根据技能复杂性而变化，对简单劳动而言它是很小的，对复杂劳动而言它可能会非常大。因此，一种特殊形式的劳动力的价值，将根据生产它的成本费用加以调整。

哈维认为，在这里，再一次遇到马克思对他自己理论双重表述中出现的逻辑问题。技能获得中的所有劳动花费，都被计算进劳动力价值，或者只是工人花费的那些货币等价物才计算进劳动力价值。“马克思再次在后一种假设的基础上，将之理解为教育培训的‘成本’和‘支出’，而不是它的劳动内容。"① 一方面，马克思认为，分工和生产过程中机器使用的延伸，将会降低大多数雇佣劳动者需要的平均技能水平，并因此引发劳动力价值下降；另一方面，他也说明，这种趋势的一个例外是，劳动过程的分解产生新的综合的功能。他也断定，持续变化的现代工业技术所需要的劳动变化程度、功能完备和世界范围内的流动性，为单个工人能力的全面发展提供了基础。换言之，工人所需的教育水平的普遍提高，意味着再生产他们劳动力的教育成本的普遍提高。

四是工作时间长度。马克思认为劳动力价值是由它的再生产成本所决定的，因此，他断定工作时间长度的变化，只要它影响到再生产成本，就可能影响劳动力价值。但是，决定工作时间长度的是什么呢？马克思的答案是，等价的交易法则只意味着工作时间长度的最大值和最小值的变化范围。在这一范围内，阶级斗争的状况，决定了工作日的具体长度。

五是劳动强度。根据马克思的论断，劳动强度是用来衡量包含在一个既定时间长度中的劳动量，强度较大的劳动被认为是"浓缩的"强度较小的劳动。当马克思认为商品价值的大小由生产它所需的劳动时间决定时，强度较大的劳动时间是倍加的强度较小的劳动时间。因此，尽管劳动强度的增加，意味着每个单独的商品需要比以前较少的时间进行生产，但马克思仍然坚持认为"每个商品消耗了与以前一样多的劳动"。换句话说，劳动强度的变化，对一定数量的商品的价值，如对劳动者必需的生存资料的价值，没有影响。这就意味着，在马克思看来，劳动强度的变化与前面已论述的那些因素相似，它只是通过影响劳动者必需的生存资料商品的构成数量来影响劳动力价值。

马克思将劳动强度描述为资本持续追求的另一个目标。哈维认为，马克思解释了现代工业如何削弱了工人阶级的抵抗，从而建立了劳动过程中资本的统治权。与马克思的工作时间长度斗争论述相反，马克思认为工人阶级在缩短劳动时间的斗争中的暂时成功，结果是使资本家进一步增加劳动强度。因此，工人阶级抵抗的日渐增强，不能有效地制止资本统治权增强的趋势。换句话说，马克思相信工人阶级可能在部分领域取得阶级斗争的相当大的成功，但他相信，工人阶级不会在所有领域轻而易举地获得同样的成功。马克

① P. Harvey, Marx's Theory of the Value of Labor Power: An Assessment, Social Research, Vol. 50 (2), pp. 305 – 344. In *Karl Marx's Economics*: *Critical Assessments*, Edited by Cunningham Wood, Volume Ⅲ, 1983, P. 1030.

思认为，工人阶级抵制资本家增加劳动强度趋势的唯一防御措施，就是进一步缩短工作日。

六是劳动生产率。在马克思的论述中，劳动生产率只影响一定量的生活资料的价值。马克思认为，劳动力价值是由一定量的生活资料的价值决定的，这些生活资料的价值会随着劳动生产率的变化而变化。如果劳动生产率的变化影响生产生存资料的产业，那么生产一个工人的生存资料的劳动数量及生存资料的价值将会改变。劳动生产率和劳动力价值之间是一种反向关系。劳动生产率越高，物化在工人生存资料中的劳动数量就会减少，生存资料的价值就会下降，从而劳动力的绝对价值就将下降。劳动力的相对价值也将会降低，因为工作日中生产剩余价值的部分将增加。如果生产率的变化没有引起生产生存资料的产业或者为生存资料生产生产资料的产业的劳动生产率的变化，那么劳动力的绝对或相对价值就不会发生变化。就生产率的变化而言，马克思没有提到工人阶级斗争的作用。在马克思看来，劳动生产率的提高，主要来源于生产资料的引入，在这一点上，资本处于实质性的绝对控制地位。哈维认为，在马克思看来，在这个领域工人阶级不可能产生更大的影响。

哈维指出，我们已经了解到马克思的分析中劳动力价值的六个决定性因素。在马克思的理论框架中，劳动力价值将随着六个因素中任何一个因素的变化而改变。马克思不但察觉这些因素是可变的，而且还看到资本主义发展进程必然引发它们的变化。这些变化没有被看作是可预测的，因为它们最终取决于不确定的阶级斗争的进程。“在马克思的分析中，是阶级斗争最终决定了劳动力的价值。”① 一方面，马克思认识到了资本主义发展进程的必然趋势，这些趋势将使资本以一种减少劳动力价值的方式运动；另一方面，马克思认识到工人阶级有组织的反抗是必要的抗衡力量。马克思基于他写作的时代谨慎地推断出了这一斗争的进展和结果，但是马克思并没有说明斗争的未来进程，以及这种进程对劳动力价值可能会产生的影响。资本对工资水平内在的负面影响和工人阶级对此的反对之间的矛盾稳定发展，对劳动力价值产生影响。这种影响在资本主义的不同时期和资本主义世界的不同地方是不同的，这与上述理论完全一致。

---

① P. Harvey, Marx's Theory of the Value of Labor Power: An Assessment, *Social Research*, Vol. 50 (2), pp. 305 – 344. In *Karl Marx's Economics*: *Critical Assessments*, Edited by Cunningham Wood, Volume Ⅲ, 1983, P. 1035.

在表9－1中，哈维对马克思劳动力价值决定的分析作了简要概述，马克思所确定的劳动力价值决定的六种要素在第1列中。在第2列中记录了在劳动生产率既定时，第1列的六种要素是如何影响劳动力价值的；第3列表明马克思所确认的六个要素的潜在的社会经济情况。

表9－1　　劳动力价值的直接决定因素和它们所反映的社会情况①

1. 劳动力价值的决定因素	2. 怎样影响劳动力价值	3. 每个决定因素反映的社会经济条件
工人阶级必需的生活资料	影响劳动者所必需的生活资料的数量	生理需求和历史上形成的道德标准
维持劳动力家庭所需费用	影响劳动者所必需的生活资料的数量	家庭结构和作为劳动力的妇女、儿童的雇佣程度
教育成本	影响劳动者所必需的生活资料的数量	工资劳动者所需技能的一般水平和种类
工作日长度	影响劳动者所必需的生活资料的数量	工人阶级的实力，反映在法律或习俗对工作日长度的限制
劳动强度	影响劳动者所必需的生活资料的数量	劳动过程的性质和工作日的长度
劳动生产率	影响构成生活资料的商品的价值	技术状况，机器的可获得性，土地肥沃程度，等等

在表9－2中，第4～6列概括了资本对劳动力价值的影响。在第4列中，根据马克思的理论，说明源自资本的与每个要素相关的发展趋势。换句话说，这些是马克思认为的将会在资本主义经济发展过程中显示出来的趋势，无论何时何地资产阶级都可以不受法律和（或）习俗的限制。在第5列和第6列中记录的是这些趋势的影响，将减少劳动力的绝对价值，甚至减少它的相对价值。

① P. Harvey，Marx's Theory of the Value of Labor Power：An Assessment，*Social Research*，Vol. 50（2），pp. 305－344. In *Karl Marx's Economics*：*Critical Assessments*，Edited by Cunningham Wood，Volume Ⅲ，1983，P. 1036.

表 9－2　　资本主义发展进程对劳动力价值的影响*①

4. 归因于资本主义发展的趋势	5. 对劳动力价值绝对大小的影响	6. 对劳动力价值相对大小的影响
工人生存需求的不确定性	不确定	不确定
作为工资劳动者的妇女和儿童的雇用增加	减少劳动力价值	减少劳动力相对价值
工人技能平均水平的降低	减少劳动力价值	没有影响
延长平均工作日长度	增加劳动力价值（可能是微弱的影响）	减少劳动力相对价值（强有力的影响）
增加劳动强度	增加劳动力价值（可能是微弱的影响）	减少劳动力相对价值（强有力的影响）
提高劳动生产率	减少劳动力价值	减少劳动力相对价值

注：* 表示撇开工人阶级组织的影响。

在表 9－3 中，第 7～9 列概括了马克思关于英国工人阶级在与上述 3 列中的趋势对抗所取得的成就的论述。斗争的综合成果被记录在第 7 列中，它在劳动力绝对价值和相对价值上的混合影响被记录在最后两列中。值得注意的是，马克思没有提出这些趋势是不可改变的，也没有说它们耗尽所有工人阶级成功的可能性。

表 9－3　　劳动力价值决定中工人阶级运动的角色*②

7. 归因于英国工人阶级的趋势	8. 劳动力价值绝对大小的影响	9. 劳动力价值相对大小的影响
没有传统生存需求的影响被记录	没有被记录	没有被记录
妇女和儿童工资雇用的限制的获得	趋于增加它的绝对大小	趋于增加它的相对大小

① P. Harvey, Marx's Theory of the Value of Labor Power: An Assessment, Social Research, Vol. 50 (2), pp. 305－344. In *Karl Marx's Economics*: *Critical Assessments*, Edited by Cunningham Wood, Volume Ⅲ, 1983, P. 1037.

② P. Harvey, Marx's Theory of the Value of Labor Power: An Assessment, *Social Research*, Vol. 50 (2), pp. 305－344. In *Karl Marx's Economics*: *Critical Assessments*, Edited by Cunningham Wood, Volume Ⅲ, 1983, P. 1038.

续表

7. 归因于英国工人阶级的趋势	8. 劳动力价值绝对大小的影响	9. 劳动力价值相对大小的影响
工人阶级赢得获取更多教育的早期趋势	趋于增加它的绝对大小	趋于增加它的相对大小（假设增加的教育不是劳动过程所要求的）
工作日缩短的获得	趋于减少它的绝对价值（可能是很微弱的影响）	趋于增加它的相对大小（强有力的影响，但被劳动强度的增加所抵消）
允许通过缩短劳动时间增加劳动强度	趋于增加它的绝对价值（可能是微弱的影响）	趋于减少它的相对大小（强有力的影响，但被劳动时间缩短所抵消）
劳动生产率的影响没有被记录	没有被记录	没有被记录

注：* 马克思的论述是根据1867年之前英国工人阶级在这一领域取得的进展作出的。

哈维指出，“值得注意的是，考虑到阶级斗争在马克思劳动力价值理论中所起到的最终的决定性的作用，马克思坚持的根据劳动内容和（或）劳动力生产成本进行的分析导致了一种循环论证”①。哈维认为，马克思可以更简单地说劳动力价值是直接由阶级斗争所决定的，然后对阶级斗争进行分析。马克思的六要素影响劳动力价值的重述将仍然有效，但是与作为一个工人生存资料的价值和数量的可能的客观决定因素的列表相比，它更是进行阶级斗争分析的一个框架。“当然，马克思没有在他的理论中用这些术语去表述他的理论，是因为他坚持劳动价值理论高于一切。然而，不久将会看到，马克思自己也发现，这种对劳动价值论的坚持，在某些地方限制了他的分析。”②

9.2.3 工资合同不是等价交换

在《资本论》第一卷第六篇《工资》中，马克思对工资合同进行了详细的论述。他观察到，当一个工人得到一份工作时，表现为一种劳动与等价物（工资）的交换。马克思认为，事实并不是这样，被购买的不是活劳动，仅仅是进行劳动的能力，也就是马克思所说的劳动力。马克思认为，真正的

① P. Harvey, Marx's Theory of the Value of Labor Power: An Assessment, *Social Research*, Vol. 50 (2), pp. 305 – 344. In *Karl Marx's Economics*: *Critical Assessments*, Edited by Cunningham Wood, Volume Ⅲ, 1983, P. 1037.

② P. Harvey, Marx's Theory of the Value of Labor Power: An Assessment, *Social Research*, Vol. 50 (2), pp. 305 – 344. In *Karl Marx's Economics*: *Critical Assessments*, Edited by Cunningham Wood, Volume Ⅲ, 1983, P. 1037 – 1038.

工资合同的“本质”与它的“表面形式”不同。在这一篇的其后几章中，马克思又转过头论述这一论题，对劳动市场中现实和表象之间的矛盾进行了分析。哈维认为，工资合同作为等价交换缺乏真正的现实性，是马克思早期的特点。马克思认为，在将资本主义视作连续的社会再生产系统，而不是作为商品生产和交换的一系列独立行为时，劳动市场表现出来的第二层次的矛盾就被揭示出来。

哈维认为，作为辩证法学家的马克思可以毫无困难地赞同某一事物同时既“是 A”又“非 A”的理论陈述。工资合同既是等价交换，又不是等价交换。但是，为了分析资本主义生产方式的目的，哪一种方式更加准确和富于成效地刻画了它的特征呢？马克思当然会认为，接受两个特征中的一个而放弃另一个是错误的。哈维的疑问是，“这是辩证法的有效运用吗？或者，马克思只是简单地使用辩证法论去调和其逻辑矛盾，该矛盾源自他对立的、两种不同的理论使命：一方面是作为劳动价值理论；一方面是作为阶级分析理论。”①

9.2.4　劳动力如何成为一种商品？

哈维认为，马克思不愿把他的分析仅仅局限于所谓的等价交换的分析框架内的另一个方面在于，马克思对劳动力如何成为商品的说明。按照一般的说法，商品是用来交换的产品。根据这种定义，劳动力在同工资进行交换时，自然就成为了一种商品，需要解释的是这种交换所赖以发生的环境。从这些术语来看，马克思关于劳动力是如何成为商品的解释是非常清楚的。

马克思认为，一个工人必须在“双重意义”上，是“自由的”，即“一方面，工人是自由人，能够把自己的劳动力当做自己的商品来支配，另一方面，他没有别的商品可以出卖，自由得一无所有，没有任何实现自己的劳动力所必需的东西”②。换句话说，工人之所以出卖劳动力，是因为他们别无选择。“工人在法律上是自由的，但经济上处于依附地位，他们要么出售他

① P. Harvey, Marx's Theory of the Value of Labor Power: An Assessment, *Social Research*, Vol. 50 (2), pp. 305 – 344. In *Karl Marx's Economics: Critical Assessments*, Edited by Cunningham Wood, Volume Ⅲ, 1983, pp. 1039 – 1040.

② 《马克思恩格斯文集》第 5 卷，人民出版社 2009 年版，第 197 页。

们的劳动力，要么挨饿。”①

资本主义生产方式一旦确立，一无所有的工人阶级被再生产出来，由此保证了劳动力源源不断地出现在市场上。正如马克思在原始积累的论述中所说，这是一个非自愿的、具有强制性特征的过程：“资本主义生产过程在本身的进行中，再生产出劳动力和劳动条件的分离。这样，它就再生产出剥削工人的条件，并使之永久化。它不断迫使工人为了生活而出卖自己的劳动力，同时不断使资本家能够为了发财致富而购买劳动力。现在已经不再是偶然的事情使资本家和工人作为买者和卖者在商品市场上相对立。过程本身必定把工人不断地当做自己劳动力的卖者投回商品市场，并把工人自己的产品不断地转化为资本家的购买手段。实际上，工人在把自己出卖给资本家以前就已经属于资本了。”②

哈维认为，值得注意的是，马克思再次回避了基于等价交换规律的解释，而赞同基于阶级斗争的解释。他把工人提供他们的劳动力用以销售的行为，描述为一种可计算的经济动机及行为，与其他商品生产者将他们的产品投入市场的所有方面基本类似。这一推理允许劳动力的生产和销售与其他商品的生产和销售，以本质上相同的方式被调节。

哈维认为，马克思回避这一推理的事实，引出了另一问题。如果劳动力的生产和销售与其他商品的生产和销售的调节方式不同，那么，它又是如何被调节的呢？又是什么证明马克思所说的劳动力价格实际上是由它的价值调节的假设呢？

哈维认为，问题在于对马克思劳动力价值理论批评的两条主要线路。第一个注意到这个问题的是博特凯维兹。他指出，认为劳动力价值和其他商品的价值以同样的方式被决定，是不符合逻辑的。博特凯维兹认为，竞争使不同的产业部门，为利润最大化（资本家）或收益最大化（独立的商品生产者）而进行经济资源的流动。没有这样的调节机制，就没有与劳动价值论相一致的相对价格均衡的产生。根据马克思的理论，劳动力首要的特征是它的生产者不能选择生产其他的东西。因此，劳动力价格偏离了它的价值，而且没有明显的机制，使之能够依靠商品的供给自动调节，消除价格对价值的偏差。

---

① P. Harvey, Marx's Theory of the Value of Labor Power: An Assessment, *Social Research*, Vol. 50 (2), pp. 305 – 344. In *Karl Marx's Economics: Critical Assessments*, Edited by Cunningham Wood, Volume Ⅲ, 1983, P. 1040.

② 《马克思恩格斯文集》第5卷，人民出版社2009年版，第665～666页。

对这一问题的进一步的讨论，集中于马克思分析中是否存在一种机制，这种机制能够保证工资不至于涨到足够高，以至于削减了利润。兰格、斯威齐和米克都认为，在资本主义积累的进程中，这一点是通过对劳动后备军的增减达到的。熊彼特和沃夫森（Wolfson）认为，这回避了提供一种"与利润相兼容的劳动力价值静态的均衡理论"。

沿着博特凯维兹的思路，吉蒂斯和鲍尔斯认为，劳动价值论的逻辑本身不能对下述问题提供充分的解释：（1）为什么劳动力供给总是有剩余，而不是像其他商品一样经历剩余和短缺相互交替的时期；（2）劳动市场中长期存在的剩余为什么不能使得工资减少到零；（3）劳动力持续生产，为什么决定其生产的所有者没有权利要求得到该商品最终销售收入，因此，他们也就没有再生产劳动力的明显的经济动机。

马克思认为，像其他商品一样，劳动力价值受供给和需求力量的影响。此外，马克思确认的影响劳动力需求的因素——积累率和资本技术构成的变化，与出现在他的一般商品需求变化中的因素相同。马克思认为，劳动力商品独特之处在于劳动力供给的决定方面。在他看来，劳动力的供给不是由理性的生产者的经济决策——利润或收益最大化——所决定的。事实上，他将劳动力供给，看作是由那些一无所有的、除了通过工作获取工资之外别无选择的那些人口数量的因素决定的。这些因素包括原始积累进程、围绕妇女、儿童工资雇佣展开的斗争，以及资本主义竞争对传统生产方式的破坏。这些因素中没有一个对工资率高于或低于劳动力价值是敏感的。因此，劳动力供给的自动调节不能指望用来确保劳动力价格与劳动力价值之间有决定性关系。

哈维认为，马克思的假定是，除了罕见的情形之外，一般情况下劳动力供给将超过劳动力需求。他一方面将这归因于劳动力需求的循环本质，资本在特定时期会间歇性地吸收全部劳动力；另一方面归因于资本有机构成的变化，即资本有机构成的变化毁掉比它所创造的更多的工作机会的趋势。如吉蒂斯和鲍尔斯所记录的，劳动市场中劳动力供给的持续过剩将使工资降低到或低于物质生存水平。在马克思看来，阻止了这一情况发生的因素是什么呢？哈维认为，马克思的答案是工人阶级有组织的抵抗。这能保证劳动力价格与劳动力价值之间有决定性关系吗？只有假定承认劳动力价值本身是由阶级斗争所决定时，才存在这种决定关系。

哈维认为，真正的劳动力价值的劳动理论的构想在逻辑上充满困难，马克思事实上只是对表面的一些东西作了论述。① 哈维认为，就其形式而言，马克思详细阐述的工资理论，实际上是一种生产成本理论。这种工资理论定义了决定劳动力再生产所需购买的投入数量的五个要素，第六个要素决定了这些投入的价值。这个正式的框架是欺骗性的，因为它假设一个技术层面的思考，起到了劳动力价值决定的关键性作用。哈维认为，"这不是马克思分析中的情形。事实上，阶级斗争扮演了关键性作用，它是最终决定劳动力价值和价格的因素。在资本主义剥削理论基础的分析中，马克思也借助于阶级斗争来说明劳动市场中的非等价交换，而不是等价交换"②。

哈维认为，马克思既没有构建一种劳动理论，也没有构建一种生产成本理论，而是构建了一个劳动力价值和价格的阶级斗争理论。"给这个理论一个与阶级斗争的真实特征相关的正式框架，一方面将清除当前困扰这一理论模式的模糊性；另一方面也将消除它易于继续遭受它曾经受到的批评的特性。"③

哈维认为，在这些术语的基础上重塑马克思的工资理论，将对他经济学的其他部分产生很重要的影响。最大的问题是，分解出这种变化对马克思价值理论的其他部分所造成的影响。马克思的剥削理论与劳动价值论脱节大大降低了后者的吸引力，但是，即使是劳动价值理论的辩护者，也应该可以接受这种变化。在任何情况下，真正重要的是什么是可供选择的，马克思从未真正地有过一个真实的劳动力价值的劳动理论，也很难看到他如何接受工资的生产成本理论。

9.3 索厄尔论马克思劳动价值论及其经济学分析框架

1963 年，T. 索厄尔（T. Sowell）在《经济学》8 月号上发表的《马克思价值理论的再思考》一文认为，虽然人们日益认识到马克思的"价值"理论不是价格理论，但是就其真正含义及其在马克思经济学总体分析框架中的作用，还是存在一些疑问。有些人推测，劳动价值论只是试图建立一种产

---

①② P. Harvey, Marx's Theory of the Value of Labor Power: An Assessment, *Social Research*, Vol. 50 (2), pp. 305 – 344. In *Karl Marx's Economics*: *Critical Assessments*, Edited by Cunningham Wood, Volume Ⅲ, 1983, P. 1043.

③ P. Harvey, Marx's Theory of the Value of Labor Power: An Assessment, *Social Research*, Vol. 50 (2), pp. 305 – 344. In *Karl Marx's Economics*: *Critical Assessments*, Edited by Cunningham Wood, Volume Ⅲ, 1983, P. 1043.

量指数，而另外有些人则认为，劳动价值论不过是将工人阶级描述为“受剥削阶级”的宣传工具。①

索厄尔认为，这两种推测都站不住脚。用劳动时间衡量的价值是最糟糕的产量指数之一，特别是在马克思的非常强调节省劳动的创新体系中。这会引起一些自相矛盾的结果，比如逐渐下降的工资（以价值衡量）购买越来越多的商品。至于对工人阶级的剥削，这并不是指对一种生产要素支付不足意义上的剥削。马克思主义的“剥削”，指的是人对人的剥削，而不是一种生产要素对另一种生产要素的剥削。

9.3.1 马克思关于经济学的定义

像其他许多经济学家一样，马克思也有自己的经济学定义。索厄尔认为，要理解马克思经济学的定义，必须先理解他的大量的有关论述。马克思认为，经济学并不是研究一些客观的量与量之间的关系——比如，利润、产出、价格等等，而是研究生产过程中人与人之间的关系。马克思认为，“古典经济学”侧重于社会生产关系的研究，“庸俗经济学”集中于市场现象的研究。在这两种经济学中，马克思认为，前者是更为基本的研究，但它却将社会关系的概念与市场关系的概念混为一谈；马克思并不完全拒绝后者。马克思专门将资本主义社会“本质”的讨论（《资本论》第一卷），同由其引发的经济“现象”的讨论区别开来。价值和剩余价值在《资本论》第一卷中出现，是马克思概念分析的基本工具，在《资本论》第三卷中才系统地论及交换价值（价格）。

9.3.2 价值规律

索厄尔认为，马克思经济学中的“价值理论”，实际上是整个社会的劳动分配定律。价值规律并不是强调定义的价值与经验的价格之间相一致的定律，相反它主张二者必须不同，这首先是因为非计划经济制度中固有的非均衡，其次是因为价格和价值之间的均衡值之差。价值理论“可以在混乱的生产无规则变动下保持社会生产均衡”。非均衡时价格的波动就是价值规律作用的方式。

马克思坚决反对所有通过政府授权确定商品劳动价值的社会主义方案，

① T. Sowell, Marxian Value Reconsidered, *Economica*, New Series, Vol. 30, No. 119 (Aug., 1963), pp. 297 – 308.

价格波动的分配作用正是他反对的基础。在马克思经济学体系中，并不是实际耗费的劳动（“具体的”、“定性的”、“个人”劳动）构成了价值，而是在给定技术条件和商品需求的情况下应该耗费的劳动（“抽象的”、“定量的”、“社会”劳动）决定价值。

9.3.3 价格和危机

价格波动在马克思经济学体系中非常重要，这不仅因为其分配功能，而且因为时常发生的价格波动会引发剧烈的价格波动，而剧烈的价格波动又会导致经济危机和经济萧条。尽管各个经济部门通过竞争过程趋于均衡，但是“这个过程本身的连续性同样也会经常产生不均衡”。在《资本论》第一卷对这一观点作出论述的20年前，马克思在1847年就隐约地提出了这一观点。这是马克思从早年到去世一直坚持的观点之一。关于“只有”价格波动促进危机来临的主张，甚至是马克思经济萧条理论的一部分。在静态情况下，人们认为价格波动将停止于生产成本水平上，但是，马克思认为，资本主义原本是动态的——各种商品的生产成本会不规则地下降，产出的比例也会不断改变。他早期认为，与已知的需求大体相适应差不多就有一个比较固定的产出。但是后来，按照马克思的观点，与市场上不断增加的供给相一致，预期需求不断增加。伴随着这样的产出，预期错误不断出现。

索厄尔认为，马克思虽然没有一套完整的商业周期理论，但他在危机理论的论述中强调，正是固定的供求关系链条的中断，使得比例失调和与之相伴的价格波动促进了危机的来临。生产过剩的公司和工厂发现利润下降到了预期水平以下，而“固定的费用……仍然是一样的，部分是无法支付的。这样就发生了危机”。但是，这并不是说任何偏离均衡的部门都会发生危机。

索厄尔认为，一旦发生了危机，即使那些没有生产过剩的经济部门，“现在也突然陷入相对生产过剩，因为购买它们的手段，以及对它们的需求都是签订了合同的。尽管在这些部门没有生产过剩，但是现在它们也生产过剩了”。因此，“在整个生产过剩时期，某些领域的生产过剩往往是商业中主导商品生产过剩的结果……”马克思没有进一步阐述有关“每一件商品”都被生产得过多的粗略理论。他比较随意地使用“生产过剩”一词，大概是为了强调它与消费不足的区别。但是，这种“生产过剩”实际上只是生产不均衡。这只是对一种古典观点的重述——生产在总量上并不过剩，只是其内部比例失调，与古典经济学家不同，他们将这种失调看作是政府干涉或者从战争恢复到和平的偶然结果。相反，马克思将其看作不断增长的资本主义经济的内在特征，这就使得生产者不能发觉各种商品的均衡数量。

从应用的意义上来看，马克思认为，生产过剩和消费不足不仅仅是对同一个事物的不同命名。马克思关于消费不足的讨论，指的是社会主义的消费不足——工人未被付给足够的工资去购买所有的国民产出。马克思坚决反对将消费不足看作是促成危机的因素，恩格斯在《反杜林论》中也表达了同马克思类似的观点：群众的消费不足，“自从有了剥削和被剥削阶级以来，这种现象就存在着……如果说消费不足是数千年来的经常的历史现象，而由生产剩余所引起的、爆发于危机中的普遍的商品滞销，只是最近50年来才变得明显”①。

索厄尔指出，马克思反复强调消费在危机即将来临之前是趋于增加的，以此反对消费不足论者。但他也认为，“所有真正的危机的最后一个原因，往往是贫穷和群众受到限制的消费”。尽管社会意义上的消费不足不被认为是危机的促成因素，但是它还是被看作危机可能发生的因素，“如果生产过剩只发生在所有社会成员最基本的需求被满足之后，那么，在资产阶级社会到目前的历史中，不仅全面的生产过剩而且局部的生产过剩都不可能发生”。

斯威齐为了论证马克思是消费不足论者，曾经推测如果马克思本人完成《资本论》三卷的话，他一定会对消费不足理论作出全面论述。斯威齐宣称：“但是，这并不一定意味着产量下降必须首先发生在消费品部门，马克思在这个问题上沉默不语，只说明他对‘消费不足’理论没有做出详尽论述。”索厄尔认为，关于危机是否必须爆发于消费商品部门，马克思并没有完全保持沉默。事实上，他发表了完全相反的意见，认为危机并不是首先爆发于涉及直接消费的零售业，而是爆发于批发业和银行业。在马克思经济学体系中，关于“危机是由比例失调引起的”的假设和“危机是由消费不足引起的”的其他观点之间，不存在任何妥协折衷之处。马克思清楚地表明，消费不足是所有危机的“最后的原因”，而不是最直接的原因。

索厄尔认为，马克思坚信的资本主义经济“崩溃”的设想，他的著作并没有论证。马克思认为危机是“短暂的”和“瞬时的”现象，认为“没有永久的危机”。因为危机可以引起革命，所以危机在马克思的整个观点中是非常重要的。这样，马克思就可以说，资本主义通过其自身的内在矛盾破

① 《马克思恩格斯文集》第9卷，人民出版社2009年版，第302页。

坏了自己。“矛盾”一词被引用来支持马克思经济学的“崩溃”理论，但是马克思用的“矛盾”一词有其特殊的黑格尔含义，矛盾是一种导致变革而不是陷于绝境的内部冲突的力量。

9.4 关于劳动价值论和自由问题的探讨

嘉莉·马特哈伊（J. Matthaei）在《东部经济学杂志》1983 年第二期上发表的《马克思经济学中的自由与非自由》① 一文认为，马克思的劳动价值论是与“选择”概念相对的“反题”，从而不能从理论上说明自由，即经济当事人在市场上选择消费组合和劳动的行为。马特哈伊认为，马克思的理论无法令人满意地处理不同消费模式和劳动阶级中存在的与各种政治和文化身份相关联的现象。马特哈伊认为，只有在放弃马克思劳动价值论的情况下，这些现象才能得以研究。阿玛尔戈里（J. Amariglio）和克拉雷（A. Callari）发表于 1986 年的《马克思经济学和自由：一个评价》② 一文，对马特哈伊的观点进行了评价。他们指出，“我们赞赏马特哈伊把马克思的理论和上述现象概念化结合在一起的尝试，但是，与他的观点不同，我们坚持马克思的价值理论与市场中的选择和不同的政治文化身份是完全相兼容的”③。

的确，有些马克思主义者没有对经济代理人的政治和文化身份进行令人满意的分析。然而马特哈伊没有注意到，一些关于马克思价值理论的新文献的出现，这些文献开始讨论劳动阶级中的差异。另外，马特哈伊没有理解马克思理论提供的讨论市场行为的可能性，可能是因为马特哈伊没有把马克思理论的结构和概念同新古典理论的结构和概念区别开来。阿玛尔戈里和克拉雷提出，“如果马特哈伊认为马克思的理论在范式上和新古典的选择概念是不相容的，我们不会有什么反对意见，但是，我们完全不赞同认为马克思理

---

① Matthaei, Julie, Freedom and Unfreedom in Marxian Economics, *Eastern Economic Journal* XI (2): 72 – 78, In *Karl Marx's Economics: Critical Assessments*, Edited by Cunningham Wood, Volume V, 1983, pp. 182 – 192.

② J. Amariglio and A. Callari, Marxian economics and freedom: a commenteastern, *Economic journal* Vol. xii, no. 2, January/march 1986, pp. 73 – 78. In *Karl Marx's Economics: Critical Assessments*, Edited by Cunningham Wood, Volume VI, pp. 315 – 320.

③ J. Amariglio and A. Callari, Marxian economics and freedom: a commenteastern, *Economic journal* Vol. xii, no. 2, January/march 1986, pp. 73 – 78. In *Karl Marx's Economics: Critical Assessments*, Edited by Cunningham Wood, Volume VI, P. 315.

论无法处理选择问题的指责”①。

马特哈伊认为，在马克思的理论中，劳动力价值（或工资）是由被假定的工人消费的用于生存的一篮子商品的价值所决定的，这是一种给定工资的假定，排除了工人选择生存商品篮子的内容。马特哈伊注意到马克思的理论中，工资商品束的构成在不同的工人之间并不是统一的。按照马特哈伊的看法，既然一个模型假定了不同群体的工人消费不同的工资商品束（由于伦理背景、年龄、职业或阶级斗争中的成功），那么选择仍然不是有效的。马特哈伊认为，引入选择的唯一方法是假定支付给工人的是货币工资，然后允许他们把工资花费在他们选择的任何商品上。马特哈伊认为马克思的理论不能在没有相应给定的工资商品束时假定一个货币工资，因为在马克思的理论中，货币工资只能是预先给定的消费篮子的价值表达。

阿玛尔戈里和克拉雷指出：“在马克思的理论中，给定工资商品束的假定是与模型构造有关的问题，而不是证明历史上工资商品束如何被决定的问题。对马克思理论来说，马特哈伊不明白市场上工人实际的、历史的行为并不会受到建模方法的约束。”② 马特哈伊的主要问题在于混淆了新古典经济学的选择概念与马克思对工人的分析。“就工人市场选择行为而言，马克思理论没有讲什么东西，这是因为马克思认为不能把这种选择行为仅仅归结为经济理性，而应该在某种程度上，或者说很大程度上是非经济力量（制度的、文化的、心理的、政治的）作用的结果。”③ 阿玛尔戈里和克拉雷认为，在一篇短论文中无法全面探讨马克思的市场行为的概念及其优点与缺陷，但是却能够回答为什么马克思可以无视“消费者经济理性概念”及其由此产生的理论上的影响，因为“这肇始于我们的价值论和一般经济理论到底要求什么样的概念”④。

围绕斯拉法对新古典分配理论展开的讨论清楚地表明，古典价值/价格决定模型逻辑上独立于作为整体的经济产出水平的决定，也独立于任何特定的概念，这些概念主要是关于在特定市场数量调整如何使得市场价格趋于自

① J. Amariglio and A. Callari, Marxian economics and freedom: a commenteastern, *Economic journal* Vol. xii, no. 2, January/march 1986, pp. 73 – 78. In *Karl Marx's Economics: Critical Assessments*, Edited by Cunningham Wood, Volume Ⅵ, P. 315.

② J. Amariglio and A. Callari, Marxian economics and freedom: a commenteastern, *Economic journal* Vol. xii, no. 2, January/march 1986, pp. 73 – 78. In *Karl Marx's Economics: Critical Assessments*, Edited by Cunningham Wood, Volume Ⅵ, P. 316.

③④ J. Amariglio and A. Callari, Marxian economics and freedom: a commenteastern, *Economic journal* Vol. xii, no. 2, January/march 1986, pp. 73 – 78. In *Karl Marx's Economics: Critical Assessments*, Edited by Cunningham Wood, Volume Ⅵ, P. 317.

然（长期）价格的概念。在新古典理论中，效用函数是必需的，因为均衡价格和均衡数量需要同时决定，或者说，均衡价格的决定是正统经济学对经济问题概念化的结果，这种概念化使用理性经济主体行为这种术语。在马克思经济模型中不需要引入消费者偏好，因为在缺少经济理性概念时，价格的决定和产出大小、构成的决定的分离是可能的。阿玛尔戈里和克拉雷认为，"马克思关于交换的概念从来不能被归结为纯粹的经济范畴"①。就是因为这个理由，马克思认为市场上发生的交易不仅仅表示给定的、非文化、非政治的经济理性。马克思之所以不从消费者偏好开始讨论，之所以被认为缺乏选择理论，是因为在"马克思的话语中，工人消费束之间存在的差别，必须从影响不同工人群体的不同的文化、政治、制度和历史力量的视角加以解释。这些差别可以作为数据引入到价值/价格关系模型中。如果像马特哈伊那样，从其他角度解释这些差异，把这种差异解释为经济当事人基于经济理性的行为结果，这样做的意图就是要剥夺马克思主义作为社会理论的一种批判力量"②。

---

① J. Amariglio and A. Callari, Marxian economics and freedom: a commenteastern, *Economic journal* Vol. xii, no. 2, January/march 1986, pp. 73 – 78. In *Karl Marx's Economics*: *Critical Assessments*, Edited by Cunningham Wood, Volume Ⅵ, P. 318.

② J. Amariglio and A. Callari, Marxian economics and freedom: a commenteastern, *Economic journal* Vol. xii, no. 2, January/march 1986, pp. 73 – 78. In *Karl Marx's Economics*: *Critical Assessments*, Edited by Cunningham Wood, Volume Ⅵ, P. 319.

第 10 章　对劳动价值论在马克思经济学中地位的质疑

20 世纪的很长一个时期，在对马克思劳动价值论的论争中，无论是马克思经济学的反对者还是马克思经济学的赞成者都会认为，马克思的分析是以劳动价值论为基础的；如果没有劳动价值论，马克思的整个经济学体系将不复存在。这两者的基本共识就是，劳动价值论对于《资本论》来说是必不可少的。整个 20 世纪，马克思经济学的反对者断言，马克思的劳动价值论是错误的，并由此而宣称马克思经济学分析体系特别是《资本论》体系的"崩溃"。与此同时，绝大多数的马克思经济学的拥护者，则为劳动价值论作出多方面的"辩护"、"捍卫"。

20 世纪 80 年代初，G. 霍奇森（G. Hodgson）提出了一种"没有劳动价值论的马克思"的"新奇"的观点，认为在舍去劳动价值论之后，《资本论》的分析不仅仍然很丰富，而且还使分析得以增强和改进。他认为，马克思《资本论》出版后的一个多世纪以来，没有人做过这样的研究，这就表明几乎没有经济学家提出过"如果除去劳动价值论，马克思《资本论》中的经济分析还剩下什么"的疑问，表明从来没有经济学家以这种新的见解来研读马克思的《资本论》。关于劳动价值论的争论要求所有的经济学家重新研读马克思著作，并提出相应的问题。由此而引起的论争，构成 20 世纪最后 20 年间关于马克思劳动价值论研究的重要话题。

10.1　霍奇森所谓"没有劳动价值论的马克思"观点的提出

1982 年，霍奇森在《激进政治经济学评论》第二期上发表的《没有劳动价值论的马克思》一文认为，许多学者在研究《资本论》第一卷的前几章时，有一个疑问：如果撇开劳动价值论，马克思经济学还剩下什么？霍奇森相信，他们结果会发现剩下一个在近期文献中未曾引起重视的复杂的概念结构，该概念结构可以在没有劳动价值论的情况下解释复杂的劳动过程，并为“剥削”概念提供根据。霍奇森自认为他撰写该文的目的，不是对劳动价值论提出另一种批判，而是建议以上述方法重新理解和“研读”《资本论》和马克思经济学。①

霍奇森在先前的研究中，已经证明马克思有关货币的思想并不会因为移去劳动价值论而受到不良影响。② 在《没有劳动价值论的马克思》一文中，霍奇森集中关注的是出现在《资本论》第一卷前几章中的劳动过程、生产和剥削等问题。他试图证明在《资本论》中有一种“不依赖于马克思的物化劳动价值量的剥削理论”③。霍奇森反复强调的是，他的这种研究不构成对劳动价值论的另一种批判，他关注的只是在移去劳动价值论后其他一些重要的概念能够自然成立。

在霍奇森的研究中，首先需要说明劳动价值论的含义是什么，然后才能弄清楚是什么理论要素从《资本论》中移去了。霍奇森认为，马克思的劳动价值论不只是一种相对价格理论，它有着许多其他含义。

10.1.1 对劳动价值论的理解

霍奇森提出，必须明确“劳动价值论”的含义，才能清楚从《资本论》中将舍去的是什么基本原理。霍奇森声言，他在这里并非要批评劳动价值论，而仅仅是想要考察除去劳动价值论之后其他的关键概念是否可以独立存在。他认为，马克思的劳动价值论不仅仅是一种相对价格理论，而且还有许多其他的含义。

霍奇森声明，马克思非常信任古典经济学家特别是继承了李嘉图的利润和相对价格的分析。马克思从来没有解释过劳动价值论的含义，因此很难确定劳动价值论的准确含义。霍奇森假定，劳动价值论包含以下几点内容：一是在某些条件（比如，供求平衡时）下，商品的相对价格取决于生产该商品的直接或间接需要的社会必要劳动量；二是剩余产品的货币价值（在同类限制条件下）由剩余劳动量决定；三是以上第一点中劳动量与由其决定

---

① G. Hodgson, Marx Without the Labor Theory of Value, *Review of Radical Political Economics*, Vol. 14 (2), 1982, pp. 59 –65.

② Geoff Hodgson, *Capitalism*, *Value and Exploitation*, Oxford: Martin Robertson, 1981.

③ Geoff Hodgson, Marx without the Labor Theory of Value, *Review of Radical Political Economics*, 1982, 14: 59, P. 59.

的价格呈正相关，因此，以上第二点中利润与剩余劳动也呈正相关。[1]

10.1.2　对使用价值和效用的不同理解

霍奇森认为，尽管马克思同他之前的斯密和李嘉图一样，用使用价值一词代替效用。但是，古典学派和马克思的使用价值概念，与1870年后杰文斯、马歇尔、瓦尔拉斯等人采用的新古典主义效用概念，存在很大的区别。这一点，对于有关生产和剥削的讨论是非常重要的。

霍奇森认为，按照马克思的观点，物品的使用价值并不纯粹存在于消费者和所有者的想象中，物品本身也有外部形式。这与新古典主义的只同主观满意程度相关的效用概念是矛盾的。马克思认为，使用价值作为一个客观的概念，它们的性质是不同的。这与效用形成鲜明对照，效用是用同质的数量——用序数或者基数来衡量的。

马克思同斯密和李嘉图一样，认为使用价值是物品对于社会的有用性。这又同效用这一个人主义概念不同。另外，马克思清楚地表明，社会对于某种特定物品的需求受生产方式的制约。因此，在描述商品的社会有用性时，不应牵扯道德判断。一个商品的使用价值，描述了它满足一定社会的人们需求的能力，而不是通过消费使个人得到满足。

总之，在马克思看来，使用价值是客观的、定性的、社会的概念；而新古典主义的效用概念则是主观的、同质的和个人的概念。效用并不包含商品的内在的、本质的特性；它只是一个主观满足指标。相反，使用价值只是商品在给定社会环境下的有用性。使用价值存在于任何形式的人类社会，而不是依靠某种特殊的社会关系而存在。相反，交换价值仅与商品生产社会有关，资本主义是商品生产社会的一种特定形式。

10.1.3　对劳动和劳动力的理解

霍奇森认为，在《资本论》第一卷第一章中，马克思主要讨论的是交换价值和使用价值问题，在转到《资本论》第一卷第四章第3节“劳动力的买和卖”和第五章“劳动过程和价值增殖过程”时，即使撇开劳动价值论，这两部分仍然有很多真知灼见。马克思认为，劳动力指的是人的脑力和体力的总和，指在任何时候生产任何一类使用价值的能力。显然，劳动力存

---

① G. Hodgson, Marx Without the Labor Theory of Value, *Review of Radical Political Economics*, Vol. 14 (2), 1982, pp. 59 – 65.

在于任何生产性人类社会，而不仅仅是资本主义社会。劳动与劳动力有所区别，马克思定义劳动为人与自然之间的活动，指人类通过自己的行为调节、管理、控制人与自然之间关系的活动。[①] 霍奇森指出，如果认为劳动是资本主义社会生产关系设定的一种活动的总称，那么，根据这个有别于马克思的定义，劳动就不应该存在于非资本主义生产方式中。

根据马克思《资本论》的方法，探讨与特定的生产方式无关的劳动的特殊性质，并不是不合理的。[②] 马克思在《资本论》的不同的章节中对此作过讨论，包括著名的关于人类建筑师、蜘蛛和蜜蜂的形象类比的讨论。马克思指出，蜘蛛织网与织工的行为相似，蜜蜂建筑的蜂巢会使人间的许多建筑师自愧不如。但是，最蹩脚的建筑师与最灵巧的蜜蜂的区别在于，建筑师用蜂蜡建筑蜂房之前，已经在自己的头脑中有了轮廓。[③] 因此，在马克思看来，劳动是有目的的活动，这就将其与动物的行为及无目的的人类活动区分开来。

10.1.4 对劳动过程的理解

霍奇森认为，“劳动过程”这一概念比较复杂，其涵义并不是一目了然的。马克思认为劳动过程包括如下组成部分：（1）有目的的活动，就是劳动本身；（2）劳动对象；（3）劳动工具。像劳动和劳动力一样，劳动过程也是一个一般范畴，与某一特定的生产方式并无特殊的关系。但是，一般来说，马克思著作中的劳动过程却有不同的涵义，它指的是特殊的资本主义生产关系。马克思将资本主义生产方式特有的那些要素加入其中，修改了对劳动过程的一般或“简单”描述：如果劳动过程是资本家消费劳动力的过程，那么，它就具有以下两个特征：第一，工人在资本家的监督下劳动，工人的劳动属于资本家；第二，产品属于资本家而不属于工人。劳动过程仍然是“人与自然之间相互作用的一般情况”，但是现在它却发生在资本主义生产关系下。

图 10－1 和图 10－2 显示的，就是一般社会中的劳动过程与资本主义生产关系下的劳动过程的区别。

---

① 《马克思恩格斯文集》第 5 卷，人民出版社 2009 年版，第 207～208 页。

② G. Hodgson, Marx Without the Labor Theory of Value, *Review of Radical Political Economics*, Vol. 14 (2), 1982, pp. 59－65.

③ 《马克思恩格斯文集》第 5 卷，人民出版社 2009 年版，第 208 页。

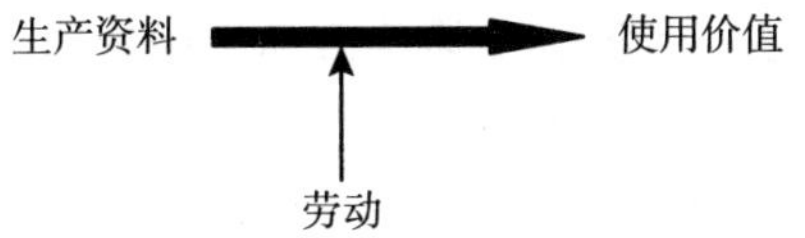

图 10－1 存在于所有生产方式中的劳动过程

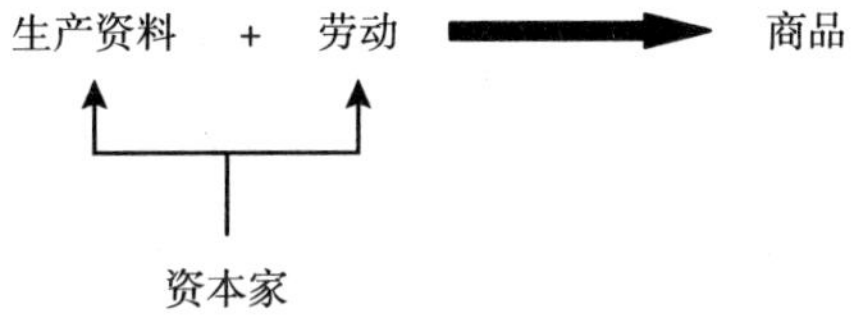

图 10－2 存在于资本主义生产方式中的生产过程

在图 10－1 中，劳动是起积极作用的力量；在图 10－2 中，资本家是起积极作用的力量。而在图 10－1 中，生产资料是被动消极的因素；在图 10－2 中，生产资料和劳动是被动消极的因素。粗体箭头代表物质材料的转变。其他箭头表示控制或者影响。

在认识论上，这两幅图的地位是很不一样的。图 10－1 代表的是对所有生产方式中都存在的过程的真实抽象。图 10－2 代表的是在资本主义社会结构中盛行的资本主义生产过程。

10.1.5 对资本主义生产过程的理解

自然，资本主义生产的目的不仅仅是生产使用价值。马克思明确指出，资本家“要生产使用价值，是因为而且只是因为使用价值是交换价值的物质基质，是交换价值的承担者。我们的资本家关心的是下述两点。第一，他要生产具有交换价值的使用价值，要生产用来出售的物品，商品。第二，他要使生产出来的商品的价值，大于生产该商品所需要的各种商品即生产资料和劳动力——为了购买它们，他已在商品市场上预付了宝贵的货币——的价值总和，他不仅要生产使用价值，而且要生产商品，不仅要生产使用价值，而且要生产价值；不仅要生产价值，而且要生产剩余价值”①。霍奇森认为，如果不是以劳动价值论来理解，以上内容会更正确一些。如果将价值定义为某种形式的均衡价格，剩余价值为剩余产品的均衡价格，那么，以上内容则更有意义。非常清楚的信息就是，资本主义生产关系强加给资本家一些附加

① 《马克思恩格斯文集》第 5 卷，人民出版社 2009 年版，第 217～218 页。

目的。这些目的与商品同时拥有交换价值和使用价值的特性有关。

在作了上述论述之后，马克思进一步指出，劳动过程只是资本主义生产过程的一个方面：由于商品本身是使用价值和价值的统一体，所以生产过程必定是劳动过程和价值创造过程的统一。霍奇森认为，使用价值有其客观形式，劳动过程也是如此。但是，在资本主义制度中，它们均被表象所掩盖。一方面，使用价值被主观主义的概念和价格所遮掩。另一方面，劳动过程却由于资本家被升格为生产的积极力量，工人却被降级为被动的“生产因素”而受到遮掩。劳动价值论和具体劳动的概念妨碍了人们澄清这些错误的概念。

霍奇森认为，马克思关于生产过程概念双重性的重要意义在于：无论是什么特殊生产方式，在使用价值的生产中，劳动都是起积极作用的因素。虽然资本主义关系对于生产利润来说是必需的，但是劳动者并不需要资本家生产使用价值。很明显，这就在没有劳动价值论时，直接引出了剥削的概念，如果劳动在使用价值的生产中是积极因素，那么在有阶级划分社会的剩余产品生产中，劳动也是积极因素。按照马克思劳动过程的概念，资本家并没有对使用价值生产作出额外的贡献，即使他们提供了一个特定经济制度中生产必需的社会条件。简而言之，资本家并没有劳动，但他们却占有了剩余产品。

霍奇森认为，有一点特别需要强调：得出这一结论不需要任何定量的价值理论，包括劳动价值论。因此，马克思的劳动价值论同他对剥削理论的论证毫无关系。[①] 霍奇森指出，在舍去劳动价值论后，对马克思《资本论》第一卷的考察可以发现，深藏于《资本论》第一卷第五章劳动过程概念与许多文献中的解释有很大区别。这就给不依赖劳动价值论的剥削概念提供了基础。这一观点一旦确立，就可以进一步证明劳动价值论是多余的。

没有劳动价值论的马克思的观点，其实质很多情况下是用一些其他类型的非正统经济学取代马克思经济学，或者干脆用正统经济学理论取代马克思经济学，或者是发展出一些新的理论取代马克思主义经济学。前者如斯蒂德曼，使用被正统经济学放弃的物质剩余方法取代马克思的劳动价值论，后者如罗默，干脆用新古典经济学建立一种非劳动价值论的剥削理论，霍奇森尽管没有明确提出一种剥削理论，但是以剥削理论为例说明可以得到没有劳动

① G. Hodgson, Marx Without the Labor Theory of Value, *Review of Radical Political Economics*, Vol. 14 (2), 1982, pp. 59 - 65.

价值论的马克思。

应该说，这些研究在推动澄清马克思的重要概念上产生了一定的作用，但是这种取向基本上是难以成功的，这不仅是因为马克思主义者的强烈反对，主要是因为马克思自己的理论体系是一个完整的整体，尤其是劳动价值论作为马克思经济学的核心理论，放弃它事实上意味着放弃了马克思的经济学。如果认为保留马克思使用的重要概念，比如价值、剥削、劳动过程、阶级等，就如同马克思本人思想已经在长期的发展中成为经济学科的基本常识，那么这可以在一定意义上认为是对马克思进行的现代发展，但是要始终意识到，这种现代发展在严格的意义上和马克思的经济学是存在区别的，在何种意义上这种现代发展意味着立足于马克思的基本原理，结合变化的现实对当代资本主义经济进行研究，在何种意义上这种现代发展意味着一定程度的破坏是需要加以认真分析的。一些学者正是从这个视角出发，对没有劳动价值论的马克思这种研究取向进行了评价。

10.2　甘斯曼对“规范的劳动价值论”的探索

在一些著名经济学家参与到劳动价值论争论中之后，越来越多的经济学家，甚至是很大一部分马克思主义者，也开始相信作为一种束缚马克思主义经济学发展的“桎梏”，必须放弃劳动价值论。为了澄清这种认识中存在的问题，甘斯曼（H. Ganssmann）对“没有劳动价值论的马克思”问题进行了研究。尽管大量文献都反对“没有劳动价值论的马克思”的主张，但是许多论证只不过是回到类似上文的价值形式的研究中去，强调价值分析的重要性、整体性、社会性、历史性等。而甘斯曼对这个问题的回应，在对马克思的方法的详细讨论中，既对新古典方法、斯拉法主义方法，也对价值形式观点进行了分析。

甘斯曼首先提出了在经过长期争论后大家形成的对“规范的劳动价值论”（也就是现代的、形式化的劳动价值论）[①] 的理解，以及有关这种“规范的劳动价值论”的重要的批判观点，在上述基础上，甘斯曼考察了“规范的劳动价值论”对马克思的劳动价值论的偏离，以发现这些批判是否适用于马克思。甘斯曼的观点是：“通过放弃马克思的劳动价值论去‘拯救’

① Heiner Ganssmann. Marx without the Labor Theory of Value? *Social Research*, Vol. 50 (2), Summer 1983, P. 280.

马克思的观点难以令人信服。社会劳动概念是统一马克思的思想的根源。如果放弃它，马克思理论结构的系统性将会瓦解”①。

10.2.1 规范的劳动价值论

在甘斯曼的分析中，规范的劳动价值论指的是使用现代经济学工具对马克思的劳动价值论进行的重新表述。萨缪尔森、森岛通夫、斯拉法、斯蒂德曼等都对这种规范的劳动价值论作出了阐述。一般说来，在规范的劳动价值论中，存在一个任意大但有限的商品的种类和同等数目的产业，每个产业生产一种商品。对这种生产而言，技术是给定的，每一种商品（数量可能为正或零）都和劳动一道作为生产其他商品的生产资料。劳动是用时间单位度量的简单的、同质的劳动。不存在固定资本，除劳动外不存在非生产出来的生产资料，这意味着只要给定所要求的劳动数量和作为投入的产出，任意数量的所有产出都可以生产出来。所有生产过程一道构成了能够再生产的体系。这种体系在它们只使用能够保证替代消费的生产资料，而且有至少由一种类型的商品构成的正数量的剩余的意义上被称为生产性的。在上述模型中，给定既定生产技术的有效应用，劳动价值作为决定进入一单位每种产出的直接和间接劳动数量的系数被决定下来。明显地，对于间接劳动数量决定而言存在一定的困难，但是，“把物质生产资料转化为‘凝结的’劳动数量在理论上是可能的”②。因此，可以认为，规范的劳动价值论是一种高度内部“自洽”的理论。

10.2.2 对新古典经济学的批评

甘斯曼认为，把生产体系中的所有要素表示为劳动的数量的解释性价值，除了可能对古典政治经济学的一些命题作出形式上的理解外，对此感兴趣的只是经济思想史学家。因此，规范的劳动价值论遭到一些批评。甘斯曼指出，在劳动是第一位的生产要素的假定下，把所有商品表示为劳动数量将能够表达这些商品的“真正的社会成本”。③

因此，与劳动价值成比例的交换比率能够满足新古典主义的效率条件，

① Heiner Ganssmann. Marx without the Labor Theory of Value? *Social Research*, Vol. 50 (2), Summer 1983, P. 280.

② Heiner Ganssmann, Marx without the Labor Theory of Value? *Social Research*, Vol. 50 (2), Summer 1983, P. 282.

③ Robert Dorfman, Baul. A. Samuelson, and Robert M, Solow, *Linear Programming and Economic Analysis*, Dover Publication INC, P. 224.

即相对价格等于边际替代率。[①] 任意两种商品之间的交换比率，将准确反映生产给定数量商品所必需的牺牲和努力。在新古典主义理论中，作为完全竞争结果的均衡中的交换比率具有这些特征。因此，甘斯曼认为，这就意味着“劳动价值和相对价格之间的比例性，只在一个特别简单的经济系统的均衡状态下存在。因此，许多必须在一般均衡理论中加以分析的问题通过假设被消除了”[②]，这些问题中比较重要的包括固定资本，纯粹的联合生产，多于一种初级生产要素（比如有限的自然资源）的存在等。

也就是说，甘斯曼认为，对于新古典经济学家来说，根据一般均衡理论的目标，劳动价值论只是分析了一种特殊的情况。对这种特殊的情况而言，除了上面提到的对生产结构的严格假设，这种特殊情况还对分配的本质做出了一个极端的假设：全部净产品作为生产中唯一的稀缺要素劳动的报酬——工资被占有。也就是说，按照均衡时的劳动价值进行交换的体系中没有利润的存在。这些假定的本质使得得到的理论显得非常狭隘。这是很多新古典经济学认为劳动价值论意义不大，只有经济思想史学家们会对它们感兴趣的主要原因。比如，阿罗（K. J. Arrow）和哈恩（E. H. Hahn）在结束他们对简单里昂惕夫体系等同于劳动价值模型的讨论时，给出了如下的判断：“如果除了它有助于我们理解一些早期的理论，比如劳动价值论，不考虑其他原因，我们可以判断里昂惕夫经济是一种有趣的构建，但是，看起来一种纯粹的‘生产成本理论’不大可能充分地反映现实世界的复杂性。”[③] 在规范的劳动价值论把劳动价值解释为一般均衡理论的一种特例时，很明显，在有了较为完善的一般均衡理论后，劳动价值论自然就成了“多余”的了。这既是用现代经济学工具研究劳动价值论时经常得到的结论，也是主张“没有劳动价值论的马克思”的一个基础。

10.2.3　基于斯拉法的批评

对劳动价值论进行的第二种重要的批判源自斯拉法的《用商品生产商品》。斯拉法主义者赞同一般均衡论者的观点，认为劳动价值论在经济思想史研究方面确实是有其意义的。甘斯曼引用了克鲁兹（H. Kruz）和卡姆巴克（P. Kalmbach）的意见说明了这一点，克鲁兹和卡姆巴克指出：“劳动价

①② Heiner Ganssmann, Marx without the Labor Theory of Value? *Social Research*, Vol. 50 (2), Summer 1983, P. 284.

③ Kenneth J. Arrow and F. H. Hahn, *General Competitive Analysis*, San Francisco: Golden-Day, 1971, P. 47.

值论并不是古典方法中一个必需的要素。它的历史角色是它是一种辅助性的构建：它必须提供一种独立于分配的估算体系，使得利润率不再被循环决定。”①

劳动价值论被认为是古典经济学家工具箱中一件不锋利的工具，它被用于为“自然价格”决定问题提供一步步解决方法。自然价格是表达生产的技术条件和工资与利润之间分配均衡的均衡价格。这种价格的决定以统一的利润率为先决条件，统一利润率可以在给定实际工资的情况下由生产的技术条件得到。甘斯曼指出，“遗憾的是，古典经济学家包括马克思，没有充分掌握解决同时决定的方程体系的数学工具，因此，他们不得不绕一些弯路，通过劳动价值去处理自然价格和统一利润率的决定问题。劳动价值特别适合于作为这种程序的出发点，因为它们能够使得对商品的估算独立于分配和需求的变化”②。

然而，从单纯由生产过程决定的价值出发会导致一些问题，即随着严格假设的一步步消除，统一利润率和自然价格不再能以马克思所期望的方式得到。“使用劳动价值作为计算自然价格的基础的尝试将导致著名的转形问题的死胡同”③。甘斯曼指出，在斯拉法主义者的观点中，转形问题的存在，在于马克思坚持了错误的观点，即认为生产价格（自然价格）必须从劳动价值中得到。撇开马克思给出的不完整的解决方法不谈，斯拉法主义者认为马克思严重低估了这样一种推导自然价格的方式存在的逻辑障碍。甘斯曼用一个马克思的批判者常用的比喻说明了这个问题。马克思把转形问题看做是把给定数量的液体（死劳动和活劳动）从一定大小、形状和数量的瓶子中倒入另一种大小、形状和数量不同的瓶子中。“然而，实际上需要处理的，不是给定的总体不变的数量的形式变化问题，而完全是一种新的测度运算，虽然测度的对象仍然是同一物质生产体系”④。而根据这种新的测度运算，总的劳动数量和它在商品与产业之间的分配变得不再重要。根据这种批评，马克思的尝试是错误的，尤其是他用价值加总的比率（总剩余价值与总资本的比值）计算平均利润率并使用这种比率计算生产价格。

---

① Heiner Ganssmann, Marx without the Labor Theory of Value? *Social Research*, Vol. 50 (2), Summer 1983, P. 285.

② Heiner Ganssmann, Marx without the Labor Theory of Value? *Social Research*, Vol. 50 (2), Summer 1983, pp. 285 -286.

③④ Heiner Ganssmann, Marx without the Labor Theory of Value? *Social Research*, Vol. 50 (2), Summer 1983, P. 286.

甘斯曼认为，考虑到规范的劳动价值论潜在的预先假定，对马克思的这一反驳是正确的。对斯拉法主义者来说，对劳动价值论的主要反对意见，不只是它给出了不正确的解决方法（统一利润率的错误计算），而且还因为它是多余的。人们能够直接从生产的物质结构和实际工资数据中推导出自然价格和统一利润率，而不需要绕道劳动价值。

10.2.4　对“规范的劳动价值论”的三个判断

如果上述批判都是正确的话，是不是意味着它们摧毁了规范的劳动价值论呢？进一步，是不是意味着也摧毁了马克思的劳动价值论呢？这里再次提出了一个在20世纪90年代和21世纪初得到较为充分发展的跨期单一体系（Temporal Single System，TSS）学派提出的重要的问题：它们批判的对象是他们自己构建出来的，并不符合马克思的原意。

甘斯曼的观点是，“规范的劳动价值论是为了随后放弃它而首先被创造出来的。然而，这种观察并不是认为这些批判对马克思主义价值理论争论而言是无关紧要的，从而放弃关注这些批判的理由”①。

真正考虑这些批判的理论含义，需要对规范的劳动价值论和马克思劳动价值论之间的关系进行进一步的思考。存在三种支持规范的劳动价值论是对马克思的价值理论的充分再表述的观点，从上述讨论出发，甘斯曼对这个问题进行了阐述。第一种主张认为，规范的劳动价值论不只是是对马克思的价值理论的形式化处理，而且也是对它的合理重建，从而使它与最初的版本相比满足更高的逻辑一致性标准；第二，许多马克思主义理论家赞同规范的劳动价值论对古典和马克思的价值理论的理解，因此，他们在坚持对劳动价值论的普遍认识的前提的同时，因为规范的劳动价值论所具有的含义而反对它时，处于一种尴尬的境况；第三，必须考虑到，在现代经济理论和马克思主义传统之间，不存在一种表述清晰而且被广泛接受的模型，这种模型使得两者之间可以保持同等程度的联系和相互启发。

一是规范的劳动价值论是不是对马克思的价值理论的合理重建。关于马克思价值理论是否是合理重建的判断。甘斯曼的第一个判断就是，规范的劳动价值论不仅是马克思价值理论的形式化，而且也是马克思价值理论的合理重建。因此，它比原来的劳动价值论更能满足逻辑一致性的标准。必须承认

① Heiner Ganssmann，Marx without the Labor Theory of Value? *Social Research*，Vol. 50（2），Summer 1983，P. 287.

规范的劳动价值论确实是内部自洽的，而且在一些方面与最初的劳动价值论相比，在逻辑上更少产生异议。但是，认为它是对马克思的价值理论的合理重建不能只依赖于它逻辑一致性问题，还要看“它事实上是否保留了马克思的问题和研究目标”①。尤其是考虑到规范的劳动价值论的价值概念偏离了马克思的价值概念，规范的劳动价值论没有使用马克思强调的具体劳动和抽象劳动之间的重要区别，它包含了与马克思不同的社会必要劳动时间的定义，价值形式分析和马克思对资本主义批判的货币的方面也被忽视了。上述怀疑可以被归纳为一个主要的反对意见，即“在马克思政治经济学批判的研究目标与新古典和斯拉法理论研究目标之间，存在着本质的不同”②。甘斯曼特别指出，不应认为这种本质上的不同是马克思试图提出一种革命的理论的思想造成的，因为这种观念不被常规科学所共享。它们之间的区别，应该从什么样的特征构成“资本主义经济”这个研究目标出发加以判断。甘斯曼认为，私人处置自己拥有的生产资料并决定自己的消费、分权化的决策机制、通过市场中价格机制进行的调节（包括劳动力市场）等，毫无争议都是资本主义经济的特征。“这些特征在不同的经济思想分支中都被明确地考察过，而且被认为能够和处于均衡状态的无货币经济的相兼容，而均衡状态下的无货币经济构成了新古典、斯拉法和规范的劳动价值论中价格决定的基础”③。

甘斯曼认为，价格计算只在均衡状态下是可能的观点，并不是反对这些模型的充分的、有力的基础。对这些模型的批判应当超越认为均衡状态是不现实的理想化这种认识。甘斯曼认为，上述模型的关键问题在于，在均衡中计算价格所要求的假设，一开始就破坏了研究的目标——资本主义经济。在这些假设中，甘斯曼主要强调了那些消除了市场行为主体的无知和不确定性的假设，这些假设要么完全忽视了市场行为存在的问题，要么仅仅把无知和不确定性看成是搜寻和信息成本。另外，在标准的新古典主义、斯拉法主义和规范的劳动价值论模型中，不需要货币的存在，货币只是被认为是方便会计核算工作的工具。“相对价格理论和货币理论之间的二分在新古典、斯拉法方法和规范的劳动价值论中一直存在，因此认为资本主义经济中货币关系

---

① Heiner Ganssmann, Marx without the Labor Theory of Value? *Social Research*, Vol. 50 (2), Summer 1983, P. 288.

② Heiner Ganssmann, Marx without the Labor Theory of Value? *Social Research*, Vol. 50 (2), Summer 1983, pp. 288 – 289.

③ Heiner Ganssmann, Marx without the Labor Theory of Value? *Social Research*, Vol. 50 (2), Summer 1983, P. 289.

的内在必然性在这些理论流派中消失了是合理的"①。这种情况造成的结果不只是马克思经常关注的货币问题，在斯拉法主义理论和规范的劳动价值论中消失了。由于系统地排除了货币问题，研究目标上的根本的区别出现了，这种区别是如此之大，以至于马克思的目标和学院派经济学（包括规范的劳动价值论）之间几乎没有什么重叠之处了。

从上述意义上理解，新古典和斯拉法主义的作者把劳动价值论视为是他们自己的模型的不发达的形式，对劳动价值论进行的批判并不会真正的触及马克思，或者说，如果马克思提出的价值理论和货币理论之间的共生关系被证明是成立的，那么这些批判就不会触及马克思。甘斯曼的这种观点，和一些马克思主义者认为的，价值和货币理论的统一构成解释马克思的焦点是一致的。

二是关于价值理论的客观性问题。甘斯曼认为，应该抛弃对马克思的价值理论的"客观主义"的理解，构成这种理解的主要要素包括：第一，价值的客观性不是社会过程的结果，而是来自生产的物质特征；第二，价值作为物化劳动的数量在原则上是可测量和可计算的，劳动的形式是不重要的；第三，在不考虑主观的前提条件和人类行为对经济体系造成的不确定的后果的情况下，价值和价格与其他因素一道只由经济体系的均衡状态决定；第四，边际效用理论和劳动价值论之间的对立，被理解为是一种主观和客观价值论之间的对立，这种对立被认为与资产阶级经济学和马克思主义经济学之间的对立相一致。

甘斯曼认为，在某些情况下，对马克思的这种"客观主义"的解释失败了。但是，更重要的是，客观主义的解释不能抓住马克思的论断的双重本质。② 价值形式分析只是马克思货币理论的产物，这个理论从简单价值概念开始一直到资本主义生产过程的分析。马克思在价值形式分析中展示的简单价值概念的内在矛盾和它的结果被忽视了，也就是说，把价值是物化劳动的观念从形而上学的指责中解救出来的唯一方式，是建立价值和货币之间坚实的联系。如果没有一个当事人会或者能够通过比较物化劳动的数量去进行交易，那么由物化劳动时间的大小决定的交换关系，又是如何在一个由独立的私人生产者组成的社会中发挥统治作用的呢？甘斯曼认为，马克思使得古典

① Heiner Ganssmann, Marx without the Labor Theory of Value? *Social Research*, Vol. 50 (2), Summer 1983, P. 290.

② Heiner. Ganssmann, Marx Without the Labor Theory of Value, *Social Research*, Vol. 50 (2), Summer 1983, pp. 278 – 304.

交易概念确立了由劳动价值决定的可行性的前提，这一前提就是货币的使用。

甘斯曼认为，这样一种对马克思价值理论的客观主义理解的替代说明，还没有详细到严格的、精确的分析程度。市场不会产生用劳动时间大小来衡量的标准和信号。马克思从古典价值概念开始了他的分析，由此，使得他对资产阶级经济学范畴的系统阐述成为可能，揭示了这些范畴与资产阶级行为的规范的意识形态规则相对应。根据这些规则，财产由劳动构成，自由和平等与财产权伴随在一起。自由与平等都连同资产一起成为分析问题的假设。马克思接受这些规则的有效性，从而需要分析的问题是私有财产和私人劳动，进而是形式上的自由和形式上的平等，马克思表明根据这些规范产生的行为将会系统地产生一种与这些规范相矛盾的结构。在社会学中，这被称为系统整合和社会整合之间的冲突。甘斯曼认为，规范指导的行为和系统结构之间的矛盾，无法通过一种方式来把握，这种方式认为暂时的意识形态规范与严峻的资本主义生产和分配的现实相对应并随之而做出调整。此处发挥作用的渠道是：意识形态短暂的规则被调整，以与资本主义生产和分配的残酷的现实相一致。矛盾的两方面持续地重建并且彼此互为先决条件。这一矛盾不断导致资本主义发展过程中的危机。甘斯曼在此论述的观点，是针对传统客观主义的观点提出一种可选择的解释。这种可选择的解释，可以根据模型结构的分析工具来进行详细说明。这样一来，就可以使大家相信它不会使资本主义经济模型像规范的劳动价值论或斯拉法模型那样简单。

三是关于马克思的学术复兴问题的判断。支持对规范的劳动价值论的批判的第三种论点认为，对马克思的主要命题和问题的数学上的重新表述(代表性人物是森岛通夫)，是学术领域马克思经济学复兴的一部分。其结论是不能被忽视的。比如，认为现代经济学的解释目标和研究对象与马克思经济学之间的区别，并不能保护马克思的一些定理免受被认为是错误的批判。比如，在对马克思的利润率趋于下降的规律的论争中，人们认识到，这一规律的成立依赖于对技术进步的特殊性质较为严格的假设。

甘斯曼认为，可以提出更多的类似的例子，这些例子表明，由数理经济理论构建的模型，就澄清一些重要的定理上，对马克思进行的讨论有着重要的作用。这就是为什么反对规范的劳动价值论是对马克思价值理论的充分重新表述的反对，并不能被认为是对数理模型构建的全面反对，在马克思众多的论述都能被公式化之前。对规范的劳动价值论的反对建立在这样一个命题之上，那就是它并没有涵盖马克思价值理论的主要内容。

马克思的价值理论依赖于对社会劳动形式的分析。正是这种形式分析，使人们超越了古典的对劳动决定价值的认识。在马克思那里，把财富从理论上简化为劳动的主张本身并不足以建立一种把资本主义解释为一种历史的、特定的社会形态的理论，因此在马克思那里包含着对古典概念的批判。在甘斯曼看来，“通过对古典劳动概念的形式化处理，并把所有的物质生产体系的要素反映为劳动数量，规范的劳动价值论在另一种意义上具有一种重要的功能：它准确地标明了马克思构建古典劳动思想和针对劳动数量计划生产物理系统所有要素，规范的劳动价值论有一项重要作用：它准确地标明了马克思同古典价值概念相分离的界线”①。

10.2.5　价值形式、均衡和价值数量决定

甘斯曼认为，规范的劳动价值论为给定生产技术的再生产均衡中的经济，提供了一种价值的数量决定。还有一个问题需要讨论，这种数量决定是否（或者在多大程度上）保留了马克思的解释目标。在劳动价值论的论争中，一种立场试图通过强调马克思的价值理论质的一面，并不依赖于规范的劳动价值论对价值数量决定的研究，保护马克思的价值理论不受斯拉法主义和新古典主义批判的冲击。甘斯曼认为，只是简单地抛弃马克思关于经济关系的量的决定的解释，“无法保护马克思的思想的统一性”②。

真正的问题是，价值形式分析是否导致价值的量的决定区别于规范的劳动价值论的量的决定。根据简单的价值概念，价值大小由所包含的劳动时间数量决定。由于价值形式分析是从对这一简单概念的批判性的分解开始的，人们也可能会期望价值量计算会有所修正。甘斯曼指出，在马克思那里，一方面价值是用产品同劳动的关系度量的，另一方面价值也用产品同作为一般等价物的一种产品的关系来度量。最起码人们会希望能够澄清这两种尺度的相对重要性。甘斯曼认为，马克思并没有澄清它们的相对重要性。

甘斯曼指出，初看起来，马克思坚持价值量是由生产商品所必需的社会必要劳动时间决定的。除了偶尔的评论，在《资本论》第一卷和第二卷中马克思没有放松商品按价值进行交换的假设。在阐述利润率作为一种度量“增殖”的尺度的范畴，并引入利润率均等化的要求之后，马克思推论说交

---

① Heiner Ganssmann, Marx without the Labor Theory of Value? *Social Research*, Vol. 50 (2), Summer 1983, P. 299.

② Heiner Ganssmann, Marx without the Labor Theory of Value? *Social Research*, Vol. 50 (2), Summer 1983, P. 300.

换是由生产价格支配的。生产价格，首先只是通过参考产业资本和它的增殖定义的，然后通过系统地引入商业资本、信用体系和地租作出进一步修正的。

另外，甘斯曼认为，马克思没有对交换关系作为价值、生产价格和修正的生产价格的连续的量的决定进行任何直接的描述。马克思甚至没有尝试去把他自己连续的论证结合在一起，以构筑一个所有机制（这些机制把商业资本、生息资本和地主对回报的要求，转化为生产出来的财富的一个份额，进入到价格形成的过程中）同时发生作用的框架。因此，甘斯曼认为，上述情况表明，实际价格“重心”的比喻，不仅意味着价值和价格量需要参照均衡状态，而且还必须加上，由于假定的特殊的前提条件，这些均衡状态与现代一般均衡理论所描述的那些状态，并不具有同样的逻辑地位。这是因为除了它们不具有充分的一般性外，这些隐含的马克思主义的均衡和马克思的研究目标——资本主义经济——之间存在矛盾。因此，简单决定的价值只在私人个别劳动与社会必要劳动普遍相等的状态下才支配价格。假设这样一种普遍的相等，破坏了马克思的研究对象——资本主义经济。如果不预先假定非均衡，或更准确地，如果不预先假定私人劳动和社会劳动的非同一性，就无法理解资本主义经济。

甘斯曼认为，看起来马克思在构筑自己的理论时似乎使用了不一致的方法，一方面，他引入最重要的资本主义经济关系和典型制度，并把它们视为是对非均衡状态的反应；另一方面，他通过参考均衡状态决定量的因素。但是，甘斯曼认为情况并不是这样。甘斯曼认为，问题在于马克思的“叙述方式”。他以博特凯维兹为例说明了这种情况，博特凯维兹对马克思的连续主义的指责是不恰当的。博特凯维兹称为连续主义的东西，只不过是马克思主义的“从抽象上升到具体”的方法。这种方法既不应当和常见的“降低抽象性”（一步步地放松最初的限制性假设）的程序，也不应当与公理性的演绎程序相混淆。就这里关心的均衡状态假设而言，可以把马克思的方法描述为对这个假设的特殊应用。他使用均衡状态作为一种反事实的假设，以解释那种结果对假定的均衡状态而言非常重要的结构的出现。

比如，在《资本论》第二卷的第三篇，马克思通过证明给定交换按照价值进行时均衡再生产的可能性，证明资本主义经济能够自动地进行再生产，只有在证明这一点之后，对马克思而言，引入利润率作为所有个别资本的一种典型关系才是有意义的。考虑到价值和剩余价值回到了他们的出发点，利润率才使得资本看起来是“结果实的”。这种作为一种普遍形式的运动，预先假定了资本主义经济的可再生性。这就是为什么利润率只有在马克思分析过总量再生产之后才能恰当地引入的原因。但是，一旦引入，把增殖尺度应用于所有个别资本改变了均衡状态（用按照价值进行交换定义的），进入到非均衡状态（如果增值条件不相同，比如周转周期和资本的价值构成等通常并不相同）。只有通过利润率的均等化（意味着交换按生产价格进行），这种非均衡状态才可以转化为一种新的均衡状态。

甘斯曼认为，马克思反复应用这种程序，在这种程序中均衡状态的引入只是作为一种“启发式的参照点”（Heuristic Reference Point）[①]，这种参照点因新范畴的概念发展而消失。在这样一种程序中，容易出现问题的论证是假定某个命题在一个解释层面（从不同条件下产生的更早的解释层面衍生出来的）持久有效。在这些论证中，最重要的，也是影响最深远的，当然是表明所有形式的资产阶级财富只不过是社会劳动的许多形式。实质上，这个论证是马克思价值理论的核心，它将会与马克思的连续主义共命运。

10.3 吉蒂斯和鲍尔斯对劳动价值论“结构”和“实践”的探讨

1981年，吉蒂斯和鲍尔斯在《激进政治经济学评论》上发表的《劳动价值论的结构和实践》一文，针对新古典学派和斯拉法学派经济学家对马克思劳动价值论的批评，提出了他们自己对劳动价值论地位的一种解释。新古典学派和斯拉法学派经济学家认为，马克思劳动价值论对分析资本主义经济是多余的。吉蒂斯和鲍尔斯认为，对劳动价值论的一般阐述与辩护确实是错误的，但这一理论本身还是必要的。[②] 他们对劳动价值论的辩护，是建立在以下见解基础之上的，即无论劳动还是劳动力都不能归结为普遍化的商品关系。

吉蒂斯和鲍尔斯指出，马克思主义的社会理论包含了两种迥然不同的倾向，每一种倾向都以方法论上信奉一种特定的历史因果关系的概念为标志。一种倾向认为，社会生活的动力是由结构决定的，社会总体服从于一些运动

① Heiner Ganssmann, Marx without the Labor Theory of Value? *Social Research*, Vol. 50 (2), Summer 1983, P. 303.

② Herbert Gintis, Samuel Bowles, Structure and Practice in the Labor Theory of Value, *Review of Radical Political Economics*, Vol. 12, No. 4, 1981, P. 1.

规律，这些规律独立于，或者甚至是构成了标志着社会斗争内容的政治实践；另一种倾向认为，这些动力是自我构成的阶级、阶级成分和社会中的联盟的政治实践的产物，“结构”的概念仅仅是整理人们有关社会冲突的后果的知识上的一种形式主义。吉蒂斯和鲍尔斯提出，这种二分是无意义的，并建议发展一种更加统一的方法，在这种方法中，“无论是‘实践’还是‘结构’都不能简化为对方的结果”①。他们对劳动价值论的重新评价，正是按这种思路进行的。实际上，吉蒂斯和鲍尔斯是打算从他们自己认为的“新的角度”定义和理解劳动价值论的。

吉蒂斯和鲍尔斯指出，“按照经典的表述，劳动价值论是经济主义的”②，“经济主义，在于主张把所有社会结构的非经济的事例完全简化为经济基础的反映、变换或现象”③。吉蒂斯和鲍尔斯认为，劳动价值论是在另一种不同的、不太为人所知的意义上是经济主义的，即通过从“经济的”内在构成中撇开政治的和文化的实践，把资本主义生产场所简化为一种有限的——实际上也是贫乏的——各种实践的子集，这些实践共同决定了积累的动力。劳动价值论经典公式中的经济主义，至少在论述经济以及分析经济同社会其他事件的相互关系中，都得到了同样的体现。

吉蒂斯和鲍尔斯认为，经典马克思主义劳动价值论中的经济主义，源于两个毫无根据的简化：“第一，经典理论把劳动作为劳动力对资本家而言的使用价值，因此，它就抽象掉了工人阶级的政治和文化实践，并把资本主义生产的动力简化为所有权和商品交换关系的结构性强制；第二，它把劳动力说成是商品。这样，它就抽象掉了根本上不同的结构——家庭和国家——同资本主义生产结构在理论上存在的必然的接合”④。

吉蒂斯和鲍尔斯认为，经典劳动价值论不适用于它自己确定的分析对象，因而是表现不佳的经济学。实际上，就其经济主义的形式而言，劳动价值论仅仅是一种有关生产的技术条件和工资结构、价格与利润之间关系的繁琐理论。用斯拉法或冯·诺依曼体系正式地删除或取代它，对马克思的理论体系不会造成太大的影响。

吉蒂斯和鲍尔斯认为，按非经济主义的术语对它进行重新表述后，劳动

---

① Herbert Gintis, Samuel Bowles, Structure and Practice in the Labor Theory of Value, *Review of Radical Political Economics*, Vol. 12, No. 4, 1981, P. 1.

②④ Herbert Gintis and Samuel Bowles, Structure and Practice in the Labor Theory of Value, *Review of Radical Political Economics*, 12 (1), 1981, P. 1

③ Etienne Balibar Louis Althusser and Etienne Balibar, *Reading Capital*, N. Y: Pantheon, 1970, P. 306.

价值论就能为分析资本主义生产场所中实践的接合，资本主义生产与其他社会实践场所的接合，提供一个必要的框架。因此，他们认为，需要清除劳动价值论中的经济主义基础，从而提高它的逻辑一致性，提高它阐明发达资本主义社会形态的动力学的能力，提高它同当代马克思主义社会理论的普遍兼容性，提高它在向社会主义过渡中启发政治干预的能力。①

马克思经济学的价值理论，从一开始就是社会主义经济学家及其批评者激烈争论的焦点。鉴于其早期表述的不完善之处，劳动价值论很容易成为批判者的靶子。吉蒂斯和鲍尔斯认为，近些年来，一些有现代数学能力的理论家，靠着现代数学技术的帮助，使价值理论已经获得了与以前相比更加精确、更加内在一致的形式。由此，吉蒂斯和鲍尔斯认为，大部分围绕马克思经济学方法提出的传统的反对意见，不再被人们认真地对待了。

吉蒂斯和鲍尔斯认为，越来越多的对劳动价值论的新的攻击，主要来自社会主义者阵营内部。他们概括的对劳动价值论的批评主要有两种：第一种批评是从斯拉法的《用商品生产商品》所引发的经济思想流派出发，认为即使在对资本主义进行的阶级分析的范围之内，“通过价值的迂回”研究利润、价格和收入分配的决定也是不必要的。虽然并不必然同马克思主义社会理论体系构成竞争，但斯拉法学派却否定劳动价值论能有效地应用于价格和利润分析这一正式的任务；第二种批评认为，人们忽视了价值理论，而不是改变了它。在以摒弃马克思主义社会理论中的经济主义为标志的时代，劳动价值论仍然在很大程度上没有被触及。吉蒂斯和鲍尔斯认为，作为马克思的理论体系中引以为傲的劳动价值论很少出现在过去几十年的马克思主义理论的重要文献中。诸如卢卡奇、哈贝马斯、汤普森、阿尔都塞和葛兰西这些主要的代表人物，实际上他们并没有求助于劳动价值论而创造出了新的强有力的理论工具。

吉蒂斯和鲍尔斯认为，“劳动价值论曾经是马克思主义理论的基石，但它现在在马克思主义思想体系中已经被降到愈来愈边缘化的地位”②。吉蒂斯和鲍尔斯引用了汤普森《理论的贫乏》中的观点，即“《资本论》……一直是对资本的逻辑的研究，不是对资本主义的研究，而历史的社会与政治维度、愤怒和对阶级斗争的理解产生于独立于经济学逻辑的封闭体系的领域……一元化的社会知识……不可能从这样一种科学中得到，在这种科

①② Herbert Gintis and Samuel Bowles, Structure and Practice in the Labor Theory of Value, *Review of Radical Political Economics*, 12 (1), 1981, P. 2.

学中作为其作为一种学科的先决条件，孤立出特定类型的活动进行研究，而没有提供有关其他活动的理论范畴"①。

吉蒂斯和鲍尔斯认为，上述两种类型的批评都是有益的，斯拉法学派提出了这样的挑战：马克思主义者需要证明，在理解价格和利润的动态变化时需要一个与"价格"不同的"价值"概念的正当性。与此相对照，汤普森却怀疑，任何抽象掉阶级实践的价格和利润分析，怎么能够理解资本主义制度的动态变化。吉蒂斯和鲍尔斯赞同汤普森的观点，这样的分析的确无法理解资本主义的动态变化，因此主张根据这种异议重新考察劳动价值论的基本范畴。他们认为，对价值的各个范畴进行的充分的重新解释，能够为多年来有关马克思主义经济学研究中经常引起争论的问题提供令人信服的答案，这个问题就是："就价值理论的专门分析而言，为什么要单把劳动挑出来呢?"②

吉蒂斯和鲍尔斯从对马克思关于劳动和劳动过程的论述的考察着手，对汤普森和斯拉法学派的斯蒂德曼的观点进行了回复。遵循并扩充了马克思的理论，吉蒂斯和鲍尔斯提出："把劳动表示为由资本主义社会生产关系所构造的实践的集合。在这一构想中，劳动价值论就成为一种在资本主义生产中占有的、分配的、政治的和文化的实践的接合理论。以这种形式表述的劳动价值论，既保持它作为结构性工具的地位，又没有因此把社会实践降格到附带现象的地位。"③

吉蒂斯和鲍尔斯认为，绝大多数马克思主义经济学家——包括多布、斯威齐和曼德尔——都提出过存在相当大差异的劳动价值概念，他们所根据的几乎都是《资本论》第一卷的前几章。在这几章里，马克思试图论证劳动价值论的正确性，马克思的主要论断在于支持把物化的社会必要抽象劳动时间作为价值的基础。吉蒂斯和鲍尔斯认为，马克思的这种观点是很难成立的。事实上，马克思要依靠劳动的商品地位来竭力表明劳动的特性，而这种企图也是不可能实现的。吉蒂斯和鲍尔斯试图直接证明，"从劳动力的生产条件及其在价格形成与资本积累的动态过程中的地位来看，劳动力在资本主义交换体系中的特殊地位在于它并不享有商品的地位"④。接着，他们转而

---

① E. P. Thompson, *The Poverty of Theory*, London: Merlin Press, 1979, P, 257.

② Herbert Gintis and Samuel Bowles, Structure and Practice in the Labor Theory of Value, *Review of Radical Political Economics*, 12 (1), 1981, P. 2.

③④ Herbert Gintis and Samuel Bowles, Structure and Practice in the Labor Theory of Value, *Review of Radical Political Economics*, 12 (1), 1981, P. 3.

论述劳动本身——与作为交换对象的抽象形式对立的雇佣劳动的具体形式。他们想要证明，只要不是严重地误解雇佣劳动的具体形式，只要不是严重地误解雇佣劳动交换以及资本主义劳动过程，就不能把劳动看成是劳动力对资本家而言的使用价值。最后，他们提出，劳动价值论的正确性恰恰来自于雇佣劳动的非商品性质。

吉蒂斯和鲍尔斯指出，正是根据这种表述（劳动力作为商品，劳动作为劳动力在生产中的使用价值），新古典经济学证明了劳动没有任何独特性。一般均衡模型包含着投入与产出的无差别的排列，其中劳动的独特性，或者说实际上资本或土地的独特性都消失了，而马克思对劳动的特殊性进行了广泛的论证。

10.3.1 对马克思的劳动内涵的重新认识

马克思在《1844 年经济学哲学手稿》中，论证了资本主义社会中劳动异化的性质。马克思在这一早期著作中宣称，对资本主义的最终控诉就是它把劳动当作商品——用于资本积累的工具，劳动的商品化尽管令人反感，但却准确地表现了工人阶级状况的本质方面。

马克思坚持认为，无论劳动还是劳动力，实际上都没有被归结为商品的地位。他经常提到劳动力作为商品的“独特性”来说明这种两重性。把一切社会关系转化为交换关系只是积累过程中两种对立倾向之一，另一种是作为资本的顽强的斗争者的工人阶级的形成，资本的扩大推动了工人阶级的团结，工人阶级的斗争根植于生产的“隐蔽场所”中的对抗性社会关系。马克思《资本论》第一卷的大部分章节（如关于劳动日长度，工厂制度的发展，机器的采用和劳动对资本的实际从属的分析），论述的实际上就是资本积累的这个方面。“实际上，正是聚焦于劳动过程中的冲突，以及与这个过程相联系的工人阶级的政治和文化意义上的形成，把马克思经济学方法同其他经济学方法最明显地区别开来。因此，把这种方法的基本原理加以形式化是有益的，因为马克思在《资本论》中只提供了最简单的理论（对应于历史）说明。”①

吉蒂斯和鲍尔斯给出了他们对劳动的说明：如果只是把劳动看作是工人在对自然占有中维持生活的活动，那么就没有抓住与其他类型的占有相对比

① Herbert Gintis and Samuel Bowles, Structure and Practice in the Labor Theory of Value, *Review of Radical Political Economics*, 12 (1), 1981, P. 3.

时雇佣劳动的特性。吉蒂斯和鲍尔斯认为，“雇佣劳动应该表示为包含在占有自然中的社会实践的集合，这些社会实践是由资本主义生产的社会关系所构造的”[①]。这里所说的社会实践，是指个人、集团或阶级对历史的干预，他们的目标在于稳定或改造社会现实的某些方面。可以根据他们的对象——要稳定或改造的方面——来确定实践的范畴。当这种对象是物质世界的方面时，吉蒂斯和鲍尔斯认为，它是一种占有实践。因此，一种占有实践，就是一种社会干预，它的目标是改造自然。当实践对象是社会关系时，它是一种政治实践。同其他实践一样，政治实践也是一种干预，它的目标是稳定或改造某些结构性的社会关系——“游戏规则”之一。最后，对于社会理论而言，吉蒂斯和鲍尔斯把“文化”看成是一套结构化的交际话语工具，这套话语工具服务于定义粘合和疏离的形式，团结和分裂的目的，在此基础上，占有的和政治的实践就可作为集体事业而进行。因此，一种文化实践也是一种干预，它的目标是对话语工具的改造稳定以及它们的结构化。

吉蒂斯和鲍尔斯特别突出了“场所”。“场所”是指由一系列特殊的社会关系定义其特殊性的社会活动的领域。因此，父权制家庭、自由民主国家和资本主义生产都是“场所”的例子。一个场所不是由那里所进行的活动来确定的，而是通过赋予那里所进行的活动以规则性，即其特有的“游戏规则”来确定的。区别场所的不是“各种作用”，而是“各种结构”。

场所在其范围内构造了个人和群体的占有的、政治的、文化的和分配的实践。一般来说，场所构造了实践，但并不决定实践。这就如同语法、句法和语义构造了话语方式，但并没有决定话语方式及其内容。场所的结构限定了发生于其中的实践的范围的大小，以及由此把逻辑强加给再生产和变动过程的程度，这些都取决于那个场所的一般和特殊条件。

吉蒂斯和鲍尔斯认为，一个场所是在其中组织的各种实践的接合。不能把特定的实践同特定的场所联系在一起，诸如不能把占有实践同经济联系在一起，把政治实践同国家联系在一起，把文化实践同家庭联系在一起，每一个场所——家庭、国家、经济等本身，都是占有的、政治的和文化的实践的接合。

劳动是实践的集合，它由资本主义生产场所的社会关系所构造的，是围绕着对自然的占有而组织的。因此，劳动与生产过程中的所有其他投入有着

① Herbert Gintis and Samuel Bowles, Structure and Practice in the Labor Theory of Value, *Review of Radical Political Economics*, 12 (1), 1981, P. 3.

根本性的区别。跟其他投入品一样，劳动对资本家具有使用价值，但是不能只还原到这种地位。此外，它是活的，但它的生物的（乃至人的）身份并不是它的起决定作用的要素。吉蒂斯和鲍尔斯试图表明，劳动价值论的有效性——或者说更好的说服力——取决于劳动的这种独特的性质。①

吉蒂斯和鲍尔斯把劳动价值论表述为“资本主义生产场所的实践接合的理论”②。因此，他们要严格地把自己同那些把劳动价值论描述为价格理论、交换理论，或者甚至描述为利润理论的人区别开来。虽然这些理论的每一个都应包含在任何一种可行的价值理论中。劳动价值论，由于集中在剩余价值可能发生的性质上，便要求人们去分析在资本主义生产场所内允许这种剩余出现并被再生产出来的技术的、政治的和文化的机制。它把生产过程不只是当作纯技术结构，而是当作一种政治结构，在这种结构内，资本的统治是利润存在的条件，它还把生产过程当作一种适合于再生产出粘合或疏离的形式的文化结构，而资本的政治统治取决于这种文化结构。吉蒂斯和鲍尔斯认为，他们的阐述“尽管总体上是忠于马克思的著作中的研究方法的，但它完全不同于大多数马克思主义经济学著作中关于劳动价值论的描述，或者实际上，也完全不同于马克思本人在《资本论》第一卷开头几章中的描述。在那里，劳动力的商品化从积累过程的趋势中被提高到劳动价值论公理基础的地位上”③。

吉蒂斯和鲍尔斯指出，按照这样的做法，马克思坚持认为《1844 年经济学哲学手稿》中的人道主义可以同政治经济学科学相结合。他们认为，有充分的理由可以说明马克思在这几章中的立场以及为什么这几章中表现出来的观点在后来非常流行。“劳动力的商品化——把人当作物——这个形而上学的假定为激发人道主义者对积累过程的批判提供了基础。”④ 吉蒂斯和鲍尔斯指出，“令人遗憾的是，马克思的人道主义与科学的结合的特殊形式是完全不能成立的。因为……把劳动力作为商品以及把劳动作为它对资本家的使用价值，意味着随后就把实践仅仅归结为结构的影响，并迫使马克思采用与他的著作本身相矛盾的本质意义上是人道主义的分析。”⑤

吉蒂斯和鲍尔斯指出，马克思提出了支持劳动价值论的三个论点：第一个论点是如果两种商品等价交换，那么它们就一定具有表示这种相等的某种

①②③④ Herbert Gintis and Samuel Bowles, Structure and Practice in the Labor Theory of Value, *Review of Radical Political Economics*, 12 (1), 1981, P. 4.

⑤ Herbert Gintis and Samuel Bowles, Structure and Practice in the Labor Theory of Value, *Review of Radical Political Economics*, 12 (1), 1981, pp. 4 - 5.

共同属性，而且这种属性一定是物化在其中的社会必要抽象劳动时间。第二个论点是既然商品流通过程以等价交换为特征，所以利润的源泉就一定是在流通领域之外。这样，剥削就是在生产过程中产生的，并且采取了从工人身上榨取剩余劳动时间的形式。第三个论点是劳动是唯一能把大于凝结在它自身生产中的价值转移到产品中去的商品。吉蒂斯和鲍尔斯认为，“这些主张中的每一个都不仅没有被充分地证明，而且也是不正确的”①。

对于第一点，马克思在《资本论》第一卷的前几页中做了证明，他的推理可以节略如下：“第一，同一种商品的各种有效的交换价值表示一个等同的东西；第二，交换价值只能是可能与它相区别的某种内容的表现方式，‘表现形式’……在两种不同的物里面……有一种等量的共同的东西。因而这二者都等于第三种东西，后者本身既不是第一种物，也不是第二种物……这种共同东西不可能是商品的几何的、物理的、化学的或其他的天然属性……如果把商品体的使用价值撇开，商品体就只剩下一个属性，即劳动产品这个属性。”②

吉蒂斯和鲍尔斯认为，上述论证中存有严重的缺陷：一是根本没有讲清楚当两种物品交换时，“有一种等量的共同东西”如何解释它们的交换比率。这种统一体的唯一性与存在性需要有严谨的论证，而马克思只提供了非常肤浅的比拟；二是即使这种统一体存在，也仍然应该证明，这同它们作为“劳动产品”的共同属性的某些数量确定是一致的。尽管马克思排除了一些其他属性（例如物理的属性），但他并没有排除所有属性。

马克思的第二个论点是，利润的源泉在于生产而不在于交换，而只有劳动价值论才抓住了资本主义的这个本质。吉蒂斯和鲍尔斯认为，马克思认为的剥削发生在生产过程中。无论是古典学派还是新古典学派，甚至剑桥学派都不会承认这个论点，因为所有学派的研究方法都把生产当作一种技术过程。马克思的命题对资本主义阶级关系的分析以及对自由主义的社会理论批判而言都是极为重要的。但马克思确立这个命题时，抽象掉资本主义生产自身的阶级本质，是完全不能接受的。

吉蒂斯和鲍尔斯指出，马克思的论证方法是这样的：资本家开始时拥有一定货币总量 M，用这个货币量等价地换回不变资本和劳动力等各种要素。

① Herbert Gintis and Samuel Bowles, Structure and Practice in the Labor Theory of Value, *Review of Radical Political Economics*, 12 (1), 1981, P. 5.

② 《马克思恩格斯文集》第5卷，人民出版社2009年版，第49～51页。

资本家把这些要素结合起来，生产出一种商品 C，等价地出售这种商品，换回货币量 M′。在正常条件下 M′大于 M；$M' = M + \Delta M$，在这里 ΔM 就是剩余价值的货币等价物，等价交换的过程怎么能产生剩余呢？显然，只要不把资本主义作为一种纯粹交换关系体系来分析，那就可以回答这一问题。用马克思的话来说："如果是等价物交换，不产生剩余价值；如果是非等价物交换，也不产生剩余价值。流通或商品交换不创造价值。"马克思观察到："劳动力的消费，像任何其他商品的消费一样，是在市场以外，或者说在流通领域以外进行的。"那么劳动力的消费与它的买和卖有何不同呢？"劳动力的买和卖是在流通领域或商品交换领域的界限以内进行的，这个领域确实是天赋人权的真正伊甸园。那里占统治地位的只是自由、平等、所有权……。一离开这个简单流通领域……就会看到，我们的剧中人的面貌已经起了某些变化。原来的货币占有者作为资本家，昂首前行；劳动力占有者作为他的工人，尾随于后，一个笑容满面，雄心勃勃……一个……像在市场上出卖了自己的皮一样，只有一个前途——让人家来鞣。"①

吉蒂斯和鲍尔斯认为，这个论证有几个方面的缺陷：一是正如在上面看到的，构成这个论证的前提的交换的相等性，并未涉及等量物化劳动时间的交换。实际上，它所涉及的完全是商品内部不存在的东西；二是 M 与 M′发生在不同的时点上，这就引出了从庞巴维克到萨缪尔森的资本的"生产性"或"等待"的理论，这些理论在马克思的理论结构中被否定了；三是这个论据也没有讲清楚，为什么"非等价物"的交换不可能是剩余价值的源泉。

吉蒂斯和鲍尔斯认为，劳动力与工资交换的等价，是以一种隐含的假定为前提的：即劳动力的生产及其增值是由支配其他商品的同样的机制所决定的。劳动力与工资不等价交换引起了人们对"利润在生产中产生，而不是在交换中产生"这种极为重要见解的怀疑。

吉蒂斯和鲍尔斯认为，剑桥学派正是因为感到了马克思体系中的这种不一致性，就以同样显而易见的说服力来避开等价交换的结构。他们通过使工资与利润的相互分离成为资本与劳动之间的主要矛盾，便直接把利润同工资斗争的成果紧紧的联结在一起。吉蒂斯和鲍尔斯认为，马克思主义的方法是优越的，但是它们的优越既不能仅仅表现在逻辑基础上，也不能以《资本论》第一卷前几章论证为基础来加以说明。

吉蒂斯和鲍尔斯认为，下述看法是能成立的，即至少一定程度上可以把

① 《马克思恩格斯文集》第 5 卷，人民出版社 2009 年版，第 204～205 页。

利润的起源确定在资本主义生产过程的特有性质上，而劳动价值论对理解这种特有性质是恰当的。但是，即使是在这里，马克思的论证仍缺乏说服力。为了回答 M－C－M′之“谜”，马克思提出了他说明劳动特性的第三个论点。马克思对这个问题的简要说明就是：资本家“必须按商品的价值购买商品，按商品的价值出卖商品，但他在过程终了时取出的价值必须大于他投入的价值……必须幸运地在流通领域内即在市场上发现这样一种商品，它的使用价值本身具有成为价值源泉的独特属性……在市场上找到了这样一种独特的商品，这就是劳动能力或劳动力。”①

马克思假定劳动显示了这种“特殊属性”。但是，为什么劳动力“具有”这种特殊力量？在这一点上它是唯一的吗？吉蒂斯和鲍尔斯认为，在李嘉图的理论中，当购买了作为种子和工资品的谷物时，谷物不是也会生产剩余谷物吗？为什么没有一种谷物价值论呢？为什么没有一种所有商品都直接间接地用“花生”单位来表示的“花生”价值论呢？只要花生直接或间接地成为工人消费物品束的组成部分，这确实不会引起技术上的难题，而花生也可以具有“特殊”的属性，即它的使用价值也会成为价值的源泉。吉蒂斯和鲍尔斯认为，实际上，劳动的这种“特殊属性”并不是劳动本身的属性，只是在资本主义社会里，甚至是只有在非常特殊的环境下，它才具有这种特殊属性。②

吉蒂斯和鲍尔斯进一步论述到，实际上，如果把基本商品规定为直接或间接地参与到工资物品组合的组成部分的生产中的任何东西，那么就可证明任何基本商品都可以当作价值的尺度。此外，在利润代表从这种商品所榨取的剩余价值的转形的意义上看，这种商品也可以被认为受到了“剥削”。在这里，给剩余价值下的定义与劳动的情况相似，即进入到生产中的商品投入量（它对资本家的使用价值按它本身的单位来确定，这些单位是小时、公斤或立方厘米）超过该商品的生产成本（它的交换价值，也是按其本身的单位来确定）。

吉蒂斯和鲍尔斯指出，如果把雇佣劳动当作一种商品，把劳动当作它的使用价值，那么它就不存在劳动价值论据以能被证明为正确的那样的“特殊属性”。如果要从根本上来捍卫劳动价值论，那就必须借助雇佣劳动的非

① 《马克思恩格斯文集》第5卷，人民出版社2009年版，第194～195页。

② Herbert Gintis and Samuel Bowles, Structure and Practice in the Labor Theory of Value, *Review of Radical Political Economics*, 12 (1), 1981, P.7.

商品方面。但是，劳动力的非商品方面并不足以作为特定的劳动价值论的基础。有许多投入品进入资本主义生产过程，这些投入品对生产来说是社会所必要的，但它不是商品（例如土地）。然而，任何这样一种不能再生产出来资源（如果它是一种基本投入品的话）也都可以充当价值的尺度。而且，按上文规定的准确含义，每种东西都可以被表明受到了“剥削”。吉蒂斯和鲍尔斯认为，马克思在《资本论》第一卷第六章介绍了劳动力的一个关键的非商品方面：劳动本身。

吉蒂斯和鲍尔斯认为，马克思断言，解释在以等价交换为特征的体系中的剩余价值的现象的，正是劳动的非商品身份。但是，很明显，每种商品都具有作为商品的抽象形式和作为从属于生产的有形实体的具体形式。

吉蒂斯和鲍尔斯认为：“马克思对劳动与劳动力在形式上的区别的说明，不足以证明劳动价值论的正确性。我们并不想批评马克思在分析资本主义的利润和阶级关系时对劳动与劳动力区分的强调。相反，我们将首先论证，劳动力并不是商品，而且从理论的必要性与充分性来看，劳动力的非商品属性必须被确定在它的生产过程中的独特的非商品结构的范围内，这个生产过程存在于资本主义生产场所之外的不同场所：家庭和国家。其次，我们还将论证，把劳动说成是劳动力对资本的使用价值，这就掩盖了以下两种投入的根本区别：一是体现在人的社会实践能力上的生产性投入；一是资本的所有权足以保证资本对他们的生产性服务的‘消费’的所有其他投入。‘劳动力的特殊属性’和劳动价值论得以建立的基础正在于此。”①

10.3.2　劳动力不是一种商品

吉蒂斯和鲍尔斯认为，商品是由抽象劳动生产的，劳动力却不是。因此，劳动力不是一种商品，在马克思主义体系中，资本主义的共同表现是“普遍化的商品生产”，这种商品生产是由于劳动力的“商品身份”，而与简单商品生产区别开来的，这是完全不必要的，因为可以通过生产者与生产资料的分离来更好地表示简单商品生产和资本主义商品生产之间的根本区别，这种论述还可以平衡阶级关系的市场与非市场两个方面。吉蒂斯和鲍尔斯指出，通过劳动力的增值作用，劳动力的生产和资本主义生产关系的再生产把劳动力作为一种商品，引起了一些矛盾。

---

① Herbert Gintis and Samuel Bowles, Structure and Practice in the Labor Theory of Value, *Review of Radical Political Economics*, 12 (1), 1981, P. 8.

劳动力是由社会劳动所生产的，并由联系紧密的分工所决定的。对资本主义的分析需要有一种关于劳动力再生产的特殊的社会性质的理论，这是马克思的伟大发现之一。吉蒂斯和鲍尔斯认为，实际上，马克思从马尔萨斯—李嘉图的有关（涉及）工资决定的人口理论出发正是运用了这一思路。吉蒂斯和鲍尔斯没有对按照物化在工资商品中的社会必要劳动时间来表示劳动力的价值的看法提出质疑。他们认为这种表述对劳动价值论把劳动过程与阶级斗争的描述和工资、利润与价格的决定结合起来发挥了关键作用。最后，他们还认为，在工资的决定和社会劳动的配置中不能忽略市场。

但是，吉蒂斯和鲍尔斯认为，劳动力的生产与再生产包含有——对资本主义再生产而言也是如此——根本不同于资本主义形式上或小商品生产形式上支配商品生产的那些社会关系的社会关系。他们认为，把劳动力视为商品就忽视了这些社会关系的不同性质，掩盖了这些社会关系同资本主义生产场所实践的关联，因此应当放弃劳动力商品的概念。吉蒂斯和鲍尔斯提出三点理由，说明为什么把劳动力当作一种商品对马克思的思想本身而言既无必要，又与其不相一致。

吉蒂斯和鲍尔斯在对第一个理由的说明中指出，暂时接受马克思关于劳动力的生产可以作为商品同工人相结合的过程的看法，这些商品虽然其本身是抽象劳动的产品，但当把它们用于劳动力的“生产”时，却不是按照价值规律来分配的。他们把劳动力的生产表示为商品生产过程，并证明它的生产价格——即工资——的决定过程，和在资本主义的或简单商品的生产关系之下所产生出来的商品的生产价格根本不符合。

吉蒂斯和鲍尔斯指出，按照马克思的看法，资本主义生产中的生产价格是成本价格（必要投入品乘以它们各自的价格）加上预付的资本所要赚到的利润，后者等于社会平均利润率乘以成本价格。因此，就资本主义生产来说：

（1）生产价格（资本主义生产）=（成本价格）+（利润率）×（成本价格）

劳动力生产过程的生产价格是工资，它可以表示为工人用工资购得的物品量乘以它们各自的价格。因此，就劳动力的生产来说：

（2）生产价格或工资（劳动力生产）=（工资商品束的成本价格或其货币价值）

吉蒂斯和鲍尔斯指出，这里的不一致在于：社会平均利润率并不是劳动力价格的构成要素。为什么呢？因为劳动的生产不是在资本主义生产场所里进行的，而是在其结构与资本主义生产的结构完全不同的独特场所里进行的。要说明这两种稳定价格的形式是相同的，就需要消除生产场所之间的差别。吉蒂斯和鲍尔斯人为，很明显，这恰恰是新古典学中的人力资本学派的策略，但它很难同马克思的理论相一致。

吉蒂斯和鲍尔斯认为，也许劳动力的生产和简单商品生产是相似的。在资本主义社会结构中，简单商品生产条件下所生产出来的物品的生产价格是由竞争过程和抽象劳动的流动性所决定的。因此，简单商品生产者得到的他自己的劳动收入，必定趋向于他或她作为雇佣工人时所能赚到的收入。为了简单起见，假定这个简单商品生产者所利用的资本的唯一形式，是他或她为了生产过程的持续而赖以生存下去的生活资料的存量，商品的价格必定还要包括这种预付资本的机会成本，当然，这个机会成本正好等于预付资本本身乘以社会平均利润率。因此：

（3）生产价格（简单商品生产）= 每小时现行工资 × 每单位产量的必要劳动时间量 ×（1 + 利润率）

另外，简单商品的生产价格的决定过程与工资决定过程也是不一致的，而且是因为同样的原因。这样，支配劳动力生产的商品配置的结构同决定资本主义生产或简单商品生产的结构是不相同的。

吉蒂斯和鲍尔斯指出，通过对（1）~（3）的比较，不可能完全把握劳动力定价过程和商品定价过程在形式上的差别，因为它们并不能解释价格形成的动态过程。一方面，商品价格是通过市场出清的过程形成的，在这个过程中，商品所有者自发的，非协调的买卖活动导致长期均衡的生产价格。就劳动力来说，这种均衡过程绝未发生。吉蒂斯和鲍尔斯指出，他们并未宣称在工资决定过程中劳动力的供求条件是不相干的。从形式上看，劳动力市场的过度供给是通过它对阶级斗争状况的影响，而不是通过市场出清的自发的和单独的过程来影响工资决定的。实际上，马克思修改了他关于劳动力和商品的定价过程的对称性的早期论断："因此，和其他商品不同，劳动力的价值规定包含着一个历史的和道德的要素。"①

吉蒂斯和鲍尔斯指出，更为现代的表述是用"阶级斗争"作为平均工资的决定因素，来代替马克思的"历史的和道德的因素"。实际上，决定因素之间的实际联系甚至比这个还要复杂。但决不能把工资率当作市场出清的价格。实际上，如果是这样的话，马克思的经济理论就会面临这样一个难以理解的结果：在劳动力市场存在长期过度供给（存在产业后备军）的情况

① 《马克思恩格斯文集》第5卷，人民出版社2009年版，第199页。

下，所观察到的工资率永远超出相当于市场出清的工资，即以消费品价值来表示的劳动力价值的货币等价物。更一般地说，在长期过度供给下，把劳动力当作一种具有非零价格的商品，这显然是不合逻辑的。这种令人困惑的悖论，在经典马克思主义价值理论的范围内是无法解答的。

吉蒂斯和鲍尔斯认为，马克思关于劳动力再生产的想法，可以用图 10 – 1 表示。

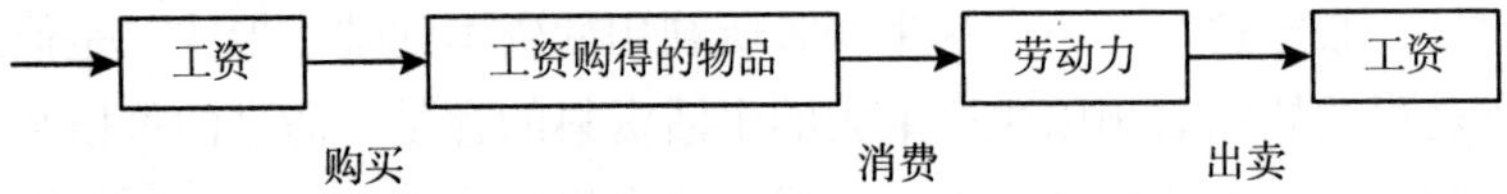

图 10 – 1　劳动力的生产：第一种看法

吉蒂斯和鲍尔斯指出，在图 10 – 1 中，有一个难以处理的问题：如何描述劳动力再生产过程中既不采取商品形式，又不采取抽象劳动形式的必要劳动投入呢？在图 10 – 2 中，考虑了扩展的，而且无疑是更加精确的图示。

吉蒂斯和鲍尔斯据此提出了关于劳动力不是商品的第二个理由：在很大程度上，生产劳动力的必要劳动并不是抽象劳动。马克思的理论的错误正在于把家庭作为一个独立的单位，这样就忽视了它与实践的内在接合。

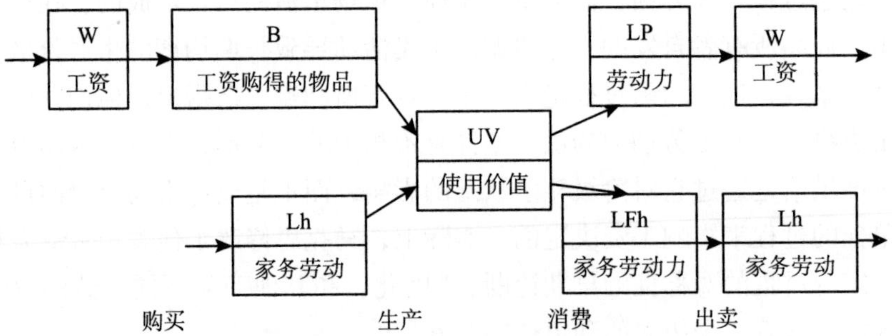

图 10 – 2　劳动力的生产：扩展了的看法

吉蒂斯和鲍尔斯再一次从形式上比较了资本主义生产和劳动力的生产。汉弗莱斯（J. Humphries）1977 年在《剑桥经济学杂志》9 月号上发表的《阶级斗争和工人阶级家庭的延续》一文指出，马克思本人对这一问题的分析存在明显的不对称性："就其他商品来说，马克思通过考虑生产它们的方法来决定其价值。但是，就劳动力来说：他却采取完全不同的研究方法，不是从生产，而是从消费开始。一般工人的工资都用于购买一定量的、按资本主义方式所生产的商品。生产这些数量的生活资料需要有一定量的劳动力。因此，与其他商品的价值形成相比，劳动力价值的确不用考虑它自己的生产（再生产）条件。相反，它是以同它相交换的商品的生产条件为基础的。”①

吉蒂斯和鲍尔斯指出，如果把劳动力的生产与再生产表示为劳动过程（而不是消费过程），那么，就一定要考虑到家务劳动者的劳动。不能把这种劳动说成是抽象劳动，因为它的配置并不是由支配资本主义生产（或简单商品生产）场所的劳动配置的市场调节所支配的。商品的价值是由物化在其中的直接和间接劳动所构成的。因此，商品的价值等于死劳动，或间接劳动，或不变资本加活劳动或直接劳动，或可变资本加剩余价值，或有酬劳动时间加无酬劳动时间。

吉蒂斯和鲍尔斯提出了一个问题：能用同样的方法来表示劳动力的价值吗？劳动力的价值是组成工人用工资购得的物品的商品乘以每种商品构成部分的单位价值。因此，劳动力的价值等于物化在工资购得的物品中的劳动时间。这里又存在了一个不一致之处：劳动力的价值的表达不需要参考直接的劳动投入（与商品生产中活劳动的投入相似）。为什么不需要呢？因为直接劳动投入是由家务劳动者从事的，它是非抽象劳动。劳动力的价值是资本家为了得到对劳动力的支配所交出的价值。从资本家的立场来看，它是生产成本的一个组成部分。这种表现方式适当吗？为了理解它为什么是不适当的，吉蒂斯和鲍尔斯建议，区分劳动力的价值（按上述定义）和再生产劳动力的成本（生产一单位劳动力社会必要的直接和单位劳动时间）。哪个是合适的概念呢？吉蒂斯和鲍尔斯认为，这是一个没有什么意义的选择。一方面，可以选择劳动力价值，而只不过是忽略劳动力的生产和再生产所必要的非商品形式的使用价值，这样就算保持了劳动力是抽象劳动产品的定义。但是，这种方法是简单地把劳动力的生产表示为商品的消费过程，因此，它把资本主义生产场所与其他场所割裂开来了，而且正如将要看到的，它不能说明劳动力的生产和定价的基本方面。此外，还可采取范围更广的再生产劳动力成本的表述，因而可以把所有必要的生产形式（无论它们是否代表了抽象劳动）结合在一起，虽然这种方法看来也许很有吸引力，但它却破坏了工资率与再生产劳动力成本之间的关系，从而摧毁了劳动价值论的主要计划，即

① Jane Humphries, *Class struggle and the persistence of the working-class family*, Cambridge. Journal. Economics, 1977, 1, P. 243.

对资本主义剥削（价值观念）与利润（货币概念）之间关系的精辟论述。此外，它作为理解家庭场所的指南也同样是不适当的，因为它把劳动力的生产归入商品生产的一般理论范畴内，因而就消除了家庭场所和国家场所的实践结构的差异。

吉蒂斯和鲍尔斯强调，“应当否定两个概念——劳动力的价值和再生产劳动力的成本——在形式上等同的看法”①。为了理解为什么这种看法是错误的，可以假定，工资购得的物品是由工人和与家务劳动有关的非雇佣工人共同地消费。因此，劳动力的价值是雇佣工人和家务劳动者消费的商品束的价值。这个量能够测度再生产雇佣工人的劳动力所必要的劳动时间吗？在什么条件下，这两个量，即劳动力的价值和它的再生产的社会必要成本一致呢？只有当家务劳动者向雇佣工人所提供的使用价值的时数与她或他以商品形式从雇佣工人那里所得到的相等时，这两个量才是一致的。但是，如果是这种情况的话，那么家务劳动者所工作的时数就总会等于他所享受的消费量的（无论是商品还是家庭生产的使用价值）时数。一个明显的结论是：劳动力的价值等于雇佣工人的社会必要的生产成本的条件就是家务劳动没有花费无报酬的劳动时间。吉蒂斯和鲍尔斯指出，由于把劳动力的价值和再生产工人的社会必要劳动时间等同起来，马克思的价值理论就容许得出这样的答案：虽然雇佣工人受剥削，可是家务劳动者却不受剥削！如果是这样，家庭的内部关系就会通过劳务同商品的等价交换表现出来。这正是新古典学派的家庭经济学提出的表述，但是，在把这种隐喻的“婚姻契约”作为一种文字上的分析表现时，它就表示出，“劳动价值论和任何一种要展开对家庭场所的支配结构进行分析的尝试都是不相容的”②。如果否定了家庭等价交换的观点，就必定得到这样的结论。工资购得的物品的价值不可能是生产劳动力社会所必要的总劳动时间的代用尺度。因此，涉及劳动力生产的家庭生产出的非商品性使用价值的重要作用，使得劳动力作为抽象劳动的产物，从而作为一种商品的观点失去了效力。

在吉蒂斯和鲍尔斯看来，上述分析还有另外的深层含义。工人阶级家庭通常的生活标准既包括家庭生产的使用价值，又包括用工资购买的商品。但是，雇佣工人的生活标准是他或她的工资购买的物品中的份额，加上他或她的家庭生产的使用价值的份额，这相应地也适用于家务劳动者。由于照这样

①② Herbert Gintis and Samuel Bowles, Structure and Practice in the Labor Theory of Value, *Review of Radical Political Economics*, 12 (1), 1981, P. 12.

提出并承认家庭中的性别分工，性别斗争和阶级斗争的复杂接合就能够与价值框架相容。但是，把家庭作为在商品和家庭生产的使用价值分配上的冲突场所的分析所必要的条件并不是劳动价值论的条件，除非它考虑到家庭场所的结构特点及其特殊的实践接合、它的支配方式等。

吉蒂斯和鲍尔斯关心的问题远不像上面分析得这么微观，他们指出，“我们关心的不是经典的马克思主义劳动价值论会曲解家庭结构、它的动态和特有的斗争，而宁可说它会曲解自己的对象，即资本主义生产的社会关系的演变”①。吉蒂斯和鲍尔斯指出，如果他们的分析是正确的话，那就意味着资本主义生产的社会关系不能再生产。因为，如果劳动力的生产是根据简单商品生产或资本主义生产所描述的价值维持过程而决定的话，那么就可以认为，像其他商品一样，劳动力会有过度需求与过度供给的交替时期。这种商品的过度供给会由生产的削减来抵消，这样，生产性投入就会从劳动力生产部门转入其他行业。因此，没有什么更多理由可以认为劳动力的长期过剩会大于任何其他商品。但是，失业工人后备军的存在对正利润率的维持和资本主义生产的社会关系的再生产是极为重要的。然而，可以先假定，劳动力市场上的过度供给仍然可以通过对非资本主义场所（小商品生产、借债租佃生产、家庭等）不断的渗透和瓦解，或通过资本主义生产场所中节省劳力的技术进步倾向来保证。但是这种观点并不能成立，因为这意味着，劳动力的生产者在作出他们的生产决策时特别不了解积累过程中的倾向，而这些倾向给人带来的印象深刻的规律性是如此明显，以至于到了人们认为它们是资本主义制度的“运动规律”的程度。实际上，如果劳动力生产者错误估计了非雇佣工人流入和技术进步的影响，从而生产了过多的劳动力，那么，他们怎么能在长期的发展中不意识到自己的错误呢？

吉蒂斯和鲍尔斯的结论是，“作为一种商品的劳动力的生产同资本主义生产的社会关系是前后矛盾的。这是积累过程的不完善的性质造成的，即它未能把家庭场所转变到使资本主义生产的社会关系再生产成为可能的商品生产这一事实。社会实践不同场所的存在，是资本主义生产社会关系再生产的必要条件。除了以一种存在内部矛盾的方式，把各种场所之间的关系简化为商品关系的理论，不可能把再生产过程概念化”②。

① Herbert Gintis and Samuel Bowles, Structure and Practice in the Labor Theory of Value, *Review of Radical Political Economics*, 12 (1), 1981, P. 12.

② Herbert Gintis and Samuel Bowles, Structure and Practice in the Labor Theory of Value, *Review of Radical Political Economics*, 12 (1), 1981, pp. 12 – 13.

吉蒂斯和鲍尔斯提出了关于劳动力不是一种商品的另一个理由是：劳动不是劳动力的使用价值。马克思的确有时把劳动表示为劳动力的使用价值。吉蒂斯和鲍尔斯指出，在这种方法中存在一些方法论上的困难。其中之一是，由于把劳动当作劳动力对资本家的使用价值，我们既抛弃了工人阶级的观点，又抛弃了把资本主义作为一种制度加以研究的比较客观的观点，而赞成透过资本的视角看待雇佣劳动。因此，在分析剩余价值的榨取方面，机械论的曲解就是必然的。另外，“使用价值”的概念是从效用和消费理论推导出来的。于是，劳动就被当作一个消费的过程。

吉蒂斯和鲍尔斯对为什么劳动不是劳动力的使用价值进行了详细的阐释。其中重要的是，劳动力的使用价值“转到资本家的手中”是什么意思呢？变换的实质是一种法律意义上强制实施的补偿。如果供给者没有交出已约定的物品或劳务，买者就无需付账；如果账已付出了，他就可以取得法庭授予的追索权。劳动力与工资的交易并不是这种情况，在这一交易中，工人为了换取工资只是同意在一定时期内服从资本家及其代理人的政治权力。为了给资本家带来利润，工人必须尽力的大大超出法律上契约规定的条款，一般来说，这些条款规定了工作时数、工资率、保健与安全条件、养老金等，但并没有规定工人所应该完成的劳务量，在确保从劳动力榨取劳动方面，国家的强制力量是比较无效的。因此，资本主义生产场所中资本家的支配是极为重要的：生产场所的权力必须能够使工人履行无法被雇佣劳动契约保证的行为。从而，劳动力的“使用价值”转到资本家手中，只是作为生产场所的阶级斗争的结果，这种使用价值才是关键性的。

吉蒂斯和鲍尔斯指出，这才是劳动力的真正特性。对任何一种其他商品的使用价值的享受都是不成问题的：面包不能拒绝被吃掉，劳动力却不是这样。它的“使用价值”没有被提供出来，它没有被消费，它必须被榨取。这个榨取过程耗费了许多监工、调度员、守卫、密探和各种工头的精力。

这种占有也的确不单独取决于劳动力的“物质属性”，它同样取决于资本家诱导工人进行工作的能力。这种观点直接意味着，工人的使用价值并不局限于他或她的“技术属性”，比如技能。此外，在劳动过程中所榨取到的剩余还取决于工人的觉悟状况、与其他工人的团结程度、后备军的多少和劳动过程的社会组织，经典的马克思主义关于资本主义生产不仅生产出商品，而且也生产出人自身的见解，可以说是以对剩余价值的榨取过程为基础的。资本家运用什么手段可以确保工人的觉悟状况、动机反应、对权力的态度以及与其他工人的团结程度和社会距离能有助于剩余价值的榨取呢？当然，资本家可以力图影响家庭生活结构、学校课程、有关劳动组织的法律结构以及宣传工具。但同样重要的是，资本家将企图组织对劳动过程本身的体验，以培育他们所希望的信念、态度、价值观和知识。吉蒂斯和鲍尔斯认为，在这里，“可以清楚地看到在资本主义生产场所中文化实践的重要性”①。

那么，资本主义文化实践效力的基础是什么？为了从劳动力中榨取劳动，资本家必须有引起部分工人的“正当行为”的对策是什么？——一种答案就在于企业的政治结构。在资本主义法律结构既定的条件下，答案只不过是解雇、提升或改变工人工资的能力。精明的资本家将力图破坏工人之间任何形式的社会联系，这种联系制约了制裁与奖励的权力。对资本家权力最明显的威胁是工人之间的串通。个别工人因不顺从可以被解雇，但解雇整批工人的代价却是非常高的。因此，为了把工人的团结降到最低限度，分化劳动大军就是必要的。把分工变为不同的和对抗性的分割的等级制，是提高劳动强度、减少工人工资议价力量的一种有效手段。

吉蒂斯和鲍尔斯指出，简言之，由“劳动力作为一种商品的特殊属性”意味着：生产的组织一定要反映阶级斗争的基本组成部分。不仅应该根据对剩余价值的榨取来理解劳动日长度以及收入在资本与劳动之间的分配这些传统问题，而且还应该把等级制的权力结构、工作分割、种族主义和性别歧视作为资本主义企业的基本方面。

吉蒂斯和鲍尔斯认为：“把劳动表述为劳动力的使用价值，不仅与马克思自己的定义相矛盾。也没有为资本主义生产场所的文化和政治实践以及它们的结构化的理论提供发展余地，从而使劳动价值论失去了对剥削的主要机制——从劳动力中榨取劳动——的洞察力。”②

10.3.3 劳动是实践

吉蒂斯和鲍尔斯指出，把劳动力表述为一种商品、把劳动表述为劳动力的使用价值支持的是一种与民主的、群众性的社会主义运动的创造相对立的政治视角。首先，由于把政治和文化排除出工作场所，劳动被表述为劳动力的使用价值，就助长了单单从技术视角看待劳动过程的观点，从而破坏了对

① Herbert Gintis and Samuel Bowles, Structure and Practice in the Labor Theory of Value, *Review of Radical Political Economics*, 12 (1), 1981, P. 15.

② Herbert Gintis and Samuel Bowles, Structure and Practice in the Labor Theory of Value, *Review of Radical Political Economics*, 12 (1), 1981, P. 17.

资本主义日常生活中独裁的批判。此外，在这一视角中，这就是产权关系，而不是资本家对劳动过程的全面的支配，担负起了关键的分析功能。这样，经典马克思主义经济学就接近于新古典学派的竞争模型，在这个模型中，正如萨缪尔森所观察到的：“无所谓是资本家雇用工人，还是工人雇佣资本家。”① 因此，工人在生产场所上为争取民主而进行的斗争，就丧失了它们在社会主义实践中的主要战略，而被降格为只发挥一种纯粹战术作用的地位。

吉蒂斯和鲍尔斯认为，经典的劳动价值论的政治负债并不仅局限于此。吉蒂斯和鲍尔斯指出，通常的劳动力价值的表述，并没有为概念化相互重叠但又彼此区别的群体——劳动力的生产者和雇佣工人——之间的联盟提供一个基础。吉蒂斯和鲍尔斯指出，从分析的视角看，这个缺点可以追溯到在劳动力“商品”的价值和价格表述中缺少一个表示直接劳动时间（家务劳动时间）的术语，反过来，这种缺乏可以追溯到在马克思的理论中缺少一个家庭场所的概念，而占有、分配和其他的实践正是在家庭场所里进行的。

吉蒂斯和鲍尔斯还认为，“‘劳动力是一种商品’这一表述，同样无助于作为批判自由派的社会理论和思想体系的基础。新古典派经济学、自由派法学和其他类型自由派的思想和实践。实际上都把劳动力当作和其他任何商品一样的商品。因此，劳动在交换的形式上与实质上，都等同于其他契约关系。马克思的理论的特点正在于强调这些关系的不等同。但是，马克思却错误地只详细研究了这种不等同的一个方面（劳动不是一种商品），而忽视了另一个方面（劳动力不是一种商品）。而且，由于把劳动表述为劳动力的使用价值，马克思就动摇了他对自由派理论批判的基础。”②

吉蒂斯和鲍尔斯指出，如果这种表述——劳动是劳动力的使用价值——把资本主义生产过程描述为一个技术地决定了的“黑箱”的话，那么，与之相伴的表述——劳动力是一种商品——就把家庭描述为了一个“黑箱”。这两种表述都掩盖了人们关心的场所中内在的社会关系。吉蒂斯和鲍尔斯的理由是：“经典马克思主义理论强调了商品关系并引起了消费的隐喻，同样重

① Paul Samuelson, Wages and Interest, A Modern Dissection of Marxian Economic Models, *The American Economic Review*, Vol. 47. No. 6, 1957, P. 844.

② Herbert Gintis and Samuel Bowles, Structure and Practice in the Labor Theory of Value, *Review of Radical Political Economics*, 12 (1), 1981, P. 17.

要的是，它遮蔽了非商品的社会关系和有变革能力的实践的隐喻”①。为了打开这两个“黑箱”，吉蒂斯和鲍尔斯认为，需要这样一种理论，它将集中关注在资本主义企业内部和家庭内部所发生的事情，以及家庭和企业之间所发生的事情。当然，对这些内在的非商品的社会关系的探讨应当与商品关系的理论结合起来。因此，吉蒂斯和鲍尔斯断言：把劳动表述为占有的、政治的、文化的和分配的实践的集合，更好地把握了劳动价值论的实质。②

最后，吉蒂斯和鲍尔斯对汤普森和斯拉法学派作出了回答。他们对前者的答复是，一种正确阐述的劳动价值论不会因汤普森在《理论的贫乏》中所指出的机械主义的、经济主义和法则论缺陷而受到损害。此外，劳动价值论为对资本主义生产场所进行系统分析提供了一个理论基础，尽管在劳动价值论的这种表述中从阶级斗争出发进行的分析（纯粹的和简单的）明显是缺乏的。资本之间的竞争概念，以及一般社会利润率（连同有关的生产价格）的表述仍然是任何分析结构的必要组成部分。

对于斯拉法学派，吉蒂斯和鲍尔斯的答复是，劳动力的非商品身份，以及劳动作为各种实践的集合，证明了把它单独列出来进行具体的分析是正当的。吉蒂斯和鲍尔斯认为，斯蒂德曼非常正确地注意到：如果利润是由生产矩阵、工资购得的物品和劳动投入的向量所决定的，那么，不用求助于价值范畴也必然可以导出价格和利润——只要我们有关于利润的这些直接的决定因素的社会决定的适当的理论。吉蒂斯和鲍尔斯认为，劳动价值论正好是发展出这样的社会理论的理论基础。斯拉法学派的方法是把生产矩阵和劳动投入向量当作“用商品生产商品”的技术条件。而劳动价值论则推动了把生产过程作为各种社会实践的集合的概念的形成。斯拉法学派的方法把阶级斗争看成是集中在工资分配上的冲突，而劳动价值论却提倡这样的表述，通过它既在生产方面又在家庭场所与资本主义生产场所之间的“交换”方面，把阶级斗争加以概念化。

吉蒂斯和鲍尔斯指出，斯拉法学派的理论由于没有把劳动作为社会实践，并且缺乏关于不同的实践和不同的社会场所相接合的理论，便跟经典马克思主义价值理论一样，不可能对诸如技术选择、劳动市场分割、工资决定，对劳动过程的控制和劳动供给的条件等资本主义生产过程的基本方面提供令人信服的解释。

①② Herbert Gintis and Samuel Bowles, Structure and Practice in the Labor Theory of Value, *Review of Radical Political Economics*, 12 (1), 1981, P. 17.

吉蒂斯和鲍尔斯对劳动力商品概念的批判，对劳动作为一种实践的结合的解释，其根源在于他们对马克思主义中经济主义的批判。他们试图整合经济、政治、文化分析，在一定程度上消除经济决定论的影响。与此同时，他们的另一目标在于扩展马克思主义的分析内容，从而引入"实践"、"接合"等概念，以使马克思主义分析能够扩展到家庭和工作场所。这种思路在他们的研究中一直存在，比如，鲍尔斯对马克思主义的经济主义和阶级分析存在深深的不满，在和吉蒂斯合著的著作中，他们指出，马克思主义"把社会生活的不同方面视作在理论上不可分割的构成部分的倾向，也表现在它把支配、剥削和阶级等术语简缩到单一的应用上。结果，致使大多数支配形式——帝国主义、对妇女的暴力、国家专制主义、种族主义、宗教上的不宽容、对同性恋的压迫等，或者陷入晦暗之中，或者落入阶级分析的模子之中。这种在马克思主义话语中存在的术语的坍塌，要么会使我们无视以诸如战争掠夺、对于妇女和儿童劳动的家长制控制和强制纳税等机制为基础的剥削形式；要么会使我们只把这些形式的剥削看作是阶级关系的结果，或者可能是阶级关系长久存在的必要条件。从而，官僚制和家长制得以免遭批判。"①。

① Samuel Bowles and Herbert Gintis，*Democracy and Capitalism*，Basic Books Inc，1986，P. 19.

第 11 章　同质劳动与异质劳动、简单劳动与复杂劳动

“劳动一般”是马克思劳动价值论中的一个重要概念。马克思指出：“对任何种类劳动的同样看待，适合于这样一种社会形式，在这种社会形式中，个人很容易从一种劳动转到另一种劳动，一定种类的劳动对他们来说是偶然的，因而是无差别的。”“在资产阶级社会的最现代的存在形式——美国，这种情况最为发达。所以，在这里，‘劳动’、‘劳动一般’……才成为实际上真实的东西。”[①] 准确把握“劳动一般”的内涵，对于理解马克思劳动价值论中抽象劳动和具体劳动、简单劳动和复杂劳动等问题有着重要的意义。关于劳动“分割”中的同质劳动和异质劳动问题、复杂劳动与简单劳动的“折算”问题，就是基于马克思“劳动一般”概念论证的延伸。

11.1　鲍尔斯和吉蒂斯对异质劳动的探讨

1977 年，鲍尔斯和吉蒂斯在《剑桥经济学杂志》第 1 期上发表的《马克思的劳动价值论与异质劳动》一文，试图对马克思的劳动价值论作出“修正”，使之能容纳资本主义经济中劳动阶级“分割”的事实。他们认为，通过技术差异和技术发展中物化劳动的差异，无法充分地理解劳动阶级的分割问题。马克思对资本主义分析的重要观点之一就是，资本积累趋向于消除工人之间的社会差别。如马克思和恩格斯在《共产党宣言》中论述的那样：“在过去的各个历史时代，我们几乎到处都可以看到社会完全划分为各个不同的等级，看到社会地位分成多种多样的层次。”“但是，我们的时代，资产阶级时代，却有一个特点：它使阶级对立简单化了。整个社会日益分裂为两大敌对的阵营，分裂为两大相互直接对立的阶级：资产阶级和无产阶级。”“资产阶级在它已经取得了统治的地方把一切封建的、宗法的和田园

① 《马克思恩格斯文集》第 8 卷，人民出版社 2009 年版，第 28 ~ 29 页。

诗般的关系都破坏了。它无情地斩断了把人们束缚于天然尊长的形形色色的封建羁绊，它使人和人之间除了赤裸裸的利害关系，除了冷酷无情的‘现金交易’，就再也没有任何别的联系了”。[①]

鲍尔斯和吉蒂斯认为，马克思认为的资本积累趋向于消除工人之间的社会差别的结构，就体现于“劳动一般”成为资本主义现代形式中的重要现象。在劳动价值的标准论述中，“劳动一般”就是假定劳动的异质性采取了技能差异的形式，这一假定能够使所有的劳动都简化为共同的单位，如熟练劳动就成为“倍加”的非熟练劳动。马克思在《资本论》第一卷中谈到：“比较复杂的劳动只是自乘的或不如说多倍的简单劳动，因此，少量的复杂劳动等于多量的简单劳动。”[②]

鲍尔斯和吉蒂斯指出，“当代资本主义分析揭示了相反的趋势的存在”[③]，这就是，“工人阶级内部存在着建立在种族、性别、国籍、伦理差异、教育和在生产等级基础上的分割”[④]。这种分割被称为“劳动分割”(labour segmentation)。他们认为，劳动分割是非常重要的，不能只为了分析的简化而把它们视为技术差异的结果。尽管由马克思最初描述，并由布雷弗曼（H. Braverman）和其他人进一步加以阐述的，在积累过程中工人阶级同质化的趋势无疑是很强的，但是与这种趋势相伴的是另一种强有力的相反的趋势。鲍尔斯和吉蒂斯认为劳动分割的物质基础是劳动过程自身。劳动同质化和劳动分割，实质上都是积累过程的组成部分。

鲍尔斯和吉蒂斯还认为，有关“分割”理论和马克思经济学理论存在很大的差异，这主要体现在两个方面：一是这些理论远离了劳动价值论的基本范畴，对它们的分析无法建立在剩余价值的创造和占有的基础之上；二是劳动价值论的支持者无法修正他们的标准理论，把分析“分割”现象所需的概念工具融入他们的理论体系中。鲍尔斯和吉蒂斯指出，劳动价值论的赞同者不是试图去解释生产场所中工人阶级内部“分割”的再生产，而是倾向于把这些问题降格到“文化”领域，当作是独立于价值形成过程的文化过程中的问题。鲍尔斯和吉蒂斯认为，上述两种看法都是不完善的。他们的

① 《马克思恩格斯文集》第2卷，人民出版社2009年版，第31～34页。

② 《马克思恩格斯文集》第5卷，人民出版社2009年版，第58页。

③ S. Bowles and H. Gintis, The Marxian Theory of Value and Heterogeneous Labour: A Critique and Reformulation, *Cambridge Journal of Economics*, Vol. 1, No. 2, 1977, P. 173.

④ S. Bowles and H. Gintis, The Marxian Theory of Value and Heterogeneous Labour: A Critique and Reformulation, *Cambridge Journal of Economics*, Vol. 1, No. 2, 1977, pp. 173 - 174.

目标是："试图提出一种能够整合和完善上述两种见解的理论框架"①。

鲍尔斯和吉蒂斯指出，他们的分析得出三个主要命题："第一，资本主义社会关系的再生产和剩余价值的榨取，依赖于以劳动分割为基础的系统性的工人阶级分裂的再生产；第二，马克思主义者通常使用的把异质劳动整合进价值理论的方法和劳动过程的本质极不吻合，而且模糊了资本主义体系动态方面的核心特征；第三，相反，异质劳动问题不像有些人说的那样是马克思经济体系的致命的缺陷。"② 鲍尔斯和吉蒂斯打算找到一个标准方法的替代方法，这种方法不仅使异质劳动成为价值理论的核心，而且可以驳斥庞巴维克、萨缪尔森、森岛通夫等对劳动价值论提出的循环论证和矛盾论证的指责，此外，还可以保证传统的有关剩余价值和利润关系的命题在异质劳动的情况下仍然成立。

鲍尔斯和吉蒂斯指出，对与劳动力被分解为不同部分相关的任何特定问题的分析，取决于对作为研究对象的社会形态进行的历史的和阶级的分析。劳动的不同部分，不能被简化为共同的描述单位。鲍尔斯和吉蒂斯指出，商品的价值应该被定义为物化在商品中的间接的或直接的不同类型的劳动。从而，在他们看来，价值不是一个单一的数量，而是一系列数量（一个价值量对应一种劳动）。或者说，从技术上看，价值是一个向量。他们认为，这种方法允许不同的劳动"分割"部分存在不同的利润率，这种方法也可以避免假定不同的劳动时间之间的可通约性。

11.1.1　抽象劳动和异质劳动

抽象劳动和异质劳动的关系，是鲍尔斯和吉蒂斯论述的主要问题之一。他们认为，遵循了马克思的劳动价值论的标准方法认为，工人之间的劳动的差异，是没有什么重要的理论意义的。鲍尔斯和吉蒂斯引用《资本论》第一卷中的以下论述证明了他们的看法。马克思认为："如果把生产活动的特定性质撇开，从而把劳动的有用性质撇开，劳动就只剩下一点：它是人类劳动力的耗费……商品价值体现的是人类劳动本身，是一般人类劳动的耗费。"③ 用斯威齐的话说，价值理论满足于"一切使这种劳动有别于那种劳动的特点都撇开了"④。马克思还说："因此，假定资本使用的工人是从事简

①② S. Bowles and H. Gintis, The Marxian Theory of Value and Heterogeneous Labour: A Critique and Reformulation, *Cambridge Journal of Economics*, Vol. 1, No. 2, 1977, P. 174.

③ 《马克思恩格斯文集》第5卷，人民出版社2009年版，第57页。

④ 保罗·斯威齐著，陈观烈等译：《资本主义发展论》，商务印书馆1997年版，第47~48页。

单的社会的平均劳动，我们就能省却多余的换算而使分析简化。”①

鲍尔斯和吉蒂斯提出，为什么这种抽象是合适的？按斯威齐的说法就是，“把一切劳动归结一个同名数……这并不是研究者心血来潮，随意作出的武断抽象。它倒是像卢卡奇所正确看到的一样，是‘从属于资本主义实质’的一种抽象”。② 鲍尔斯和吉蒂斯认为，如果抽象劳动的概念是从所有劳动历史地变化为雇佣劳动得到它的有效性的，那么，抽象劳动显然就不是同质劳动。如果劳动力商品的使用价值取决于工人的技能，一种类型的劳动力的价值取决于生产和再生产他自身技能的成本，那么抽象劳动可能是异质的，但是却可以用同单位度量（Commensurable）——马克思用熟练劳动时间代表倍加的简单劳动时间。马克思指出：“同任何其他商品的价值一样，劳动力的价值也是由生产从而再生产这种独特物品所必要的劳动时间决定的。”③

鲍尔斯和吉蒂斯认为，虽然马克思直接把这种一般原则应用于熟练劳动问题，但围绕熟练劳动问题还是产生了很多争议和困惑。鲍尔斯和吉蒂斯指出，对此存在的一个标准的批判，是由庞巴维克在《马克思的体系及其终结》提出的，这种批判一再出现在萨缪尔森和其他一些当代经济学家的著作。庞巴维克错误地认为，马克思试图通过交换过程本身，使用相对工资作为适当的权重，把熟练劳动简化为简单劳动。庞巴维克也阐述了他自己的反对马克思的“物化劳动时间”的解决办法，认为作为一种经验问题，两种类型的劳动的物化时间的比率通常与相对工资不成比例。后来，萨缪尔森在1971年的文章中对上述观点作了阐述，认为相对工资一般地取决于利率。鲍尔斯和吉蒂斯认为萨缪尔森自己的观点虽然是正确的，但却偏离了主题，因为“马克思从来没有说劳动力的价值是由它的工资率决定的，更不用说商品的价值是由它的价格决定的”④。

鲍尔斯和吉蒂斯认为，森岛通夫在1973年出版的《马克思经济学》一书中，做了更为尖锐的批判，但是却不一定更有说服力。森岛通夫认为，如果工人之间存在技能差异、且不同技能水平的劳动之间存在统一的剥削率的条件是：相对工资等于物化这些技能生产中的相对劳动时间。森岛通夫认

① 《马克思恩格斯文集》第5卷，人民出版社2009年版，第231页。
② 保罗·斯威齐著，陈观烈等译：《资本主义发展论》，商务印书馆1997年版，第48~49页。
③ 《马克思恩格斯文集》第5卷，人民出版社2009年版，第198页。
④ S. Bowles and H. Gintis, The Marxian Theory of Value and Heterogeneous Labour: A Critique and Reformulation, *Cambridge Journal of Economics*, Vol. 1, No. 2, 1977, P. 176.

为，异质劳动问题使马克思经济学面临一个困境："当考虑劳动的异质性时，价值理论看起来和马克思的整个社会的剥削率均等化规律相矛盾，除非不同类型的劳动按照与它们的工资率成比例的方式被简化为同质抽象人类劳动。"① 森岛通夫指出，这种方法与马克思试图得到"完全独立于市场的内在的价值体系的打算"相矛盾。另一方面，把不同劳动化约为简单物化劳动意味着不同种类的劳动范畴有不同的剥削率。森岛通夫认为，这就"与马克思认为的社会极化为两个阶级的观点无法兼容……不存在走出这一困境的出路"。森岛通夫指出，"我们的解决办法，就是没有劳动价值论的马克思经济学"②。

鲍尔斯和吉蒂斯认为存在"一种出路"，而且这种出路能够加深和丰富对资本主义生产方式及其动态过程的理解。他们指出，首先，抽象劳动的概念并不要求把劳动的同质化视为一种历史趋势；其次，把劳动化约为共同的度量单位不需要去证明劳动价值理论的最基本的命题；最后，历史唯物主义并不要求一个相等的剥削率的假定，而且也和马克思的不平衡发展的重要概念不一致。基于上述理由，鲍尔斯和吉蒂斯特别指出，森岛通夫对马克思关于异质劳动论述的批判是不适当的，但这并不意味着他们赞同马克思向简单劳动进行的标准简化观点。他们认为，把工人之间的差异化约为物化在技能生产中的劳动的不同，是非常错误的。

11.1.2　劳动"分割"和剩余价值榨取

鲍尔斯和吉蒂斯认为，劳动"分割"的形式同劳动的技能差异无关，而是通过生产领域的剩余价值的榨取过程再生产出来的。进一步说，劳动"分割"通过分化工人阶级，影响价格和利润的决定因素，这种影响既表现在生产领域也表现在作为整体的社会形态上。那种从异质劳动中抽象出来的价值理论或者只把异质劳动简化为技能问题，是不利于作为理解剩余价值本身的基础。马克思指出："劳动力这种独特商品的特性，使劳动力的使用价值在买者和卖者缔结契约时还没有在实际上转到买者手中。"③ 这种"特性"使得劳动力商品区别于其他商品，把劳动视为劳动力对资本家而言的使用价值也是错误的。劳动力的使用价值不仅仅取决于工人的技术特征，而且取决

① Morishima, M., *Marx's Economics*, Cambridge, CUP, 1973, P. 180.
② Morishima, M., *Marx's Economics*, Cambridge, CUP, 1973, P. 181.
③ 《马克思恩格斯文集》第5卷，人民出版社2009年版，第202页。

于资本家诱使工人完成任务的能力。在劳动力交易中，工人为了获得工资回报，答应在某个特定的时期服从企业的行政权威。为了能够实现资本家的利润，工人工作的时间必须超过法律契约规定的条款。工人并没有得到他所提供的劳动的全部回报。上述情形说明，工人的使用价值不仅仅局限于他们的技术特征（比如技能），劳动过程中剩余价值的榨取还受到意识状态、工人们的团结程度、产业后备军的大小、劳动过程的社会组织等因素的影响。生产的组织必须反映阶级结构的本质特征，鲍尔斯和吉蒂斯指出，“不仅诸如工作日的长度和资本与劳动之间的收入分配这些传统的问题，需要用剩余价值榨取的术语去理解；而且等级制权威的结构、工作分割、种族主义和性别歧视，也是资本主义企业的基本方面”①。

在对工人之间的差异是如何影响利润率和剩余价值榨取过程的分析中，鲍尔斯和吉蒂斯进一步关注的是异质劳动对剥削率的影响问题。这里的剥削率，被定义为“无酬劳动时间”和“有酬劳动时间”之间的比率，或者$e=\frac{(T-v)}{v}$，T表示家庭成员每天从事雇佣劳动的时间，v是家庭工资商品束的价值，或者说是直接或间接物化在家庭日总消费商品中的抽象劳动时间。b和Λ分别是代表工资商品束和商品束中每种商品的价值单位的向量，那么$v=\Lambda b$，可以把剥削率写为$e=\frac{(T-\Lambda b)}{\Lambda b}$。显然，e会随着T的上升、b中商品种类的减少，或者物化在工资商品束中某种商品上的劳动时间的减少而上升。给定投入产出关系，工资商品束中某种商品价值的下降只能通过增加劳动强度来获得。

显然，T、Λ和b会受到生产力和生产关系的影响。这两者都在过去和现在的阶级斗争中展现出来并发生变化。T和b或多或少都直接受阶级斗争的影响。劳资双方的力量对比建立在社会形态的特定的物质条件之上。鲍尔斯和吉蒂斯认为，“在这里，工人之间的差异才有直接的意义，尤其是通过它们对工人阶级团结的影响程度、采取集体的经济和政治行动的能力以及在社会形态中同其他阶级和阶层联合的能力表现出来”②。

鲍尔斯和吉蒂斯认为，劳动异质性对剥削率的三个方面的影响尤其重要。

① S. Bowles and H. Gintis, The Marxian Theory of Value and Heterogeneous Labour: A Critique and Reformulation, *Cambridge Journal of Economics*, Vol. 1, No. 2, 1977, P. 177.

② S. Bowles and H. Gintis, The Marxian Theory of Value and Heterogeneous Labour: A Critique and Reformulation, *Cambridge Journal of Economics*, Vol. 1, No. 2, 1977, P. 178.

首先，工人阶级的分割使资本家得以分而治之：分别同不同群体的工人进行谈判，个别资本家或资本家阶级整体可以和一个群体的工人联合而反对另一个工人群体。由于工人之间的分裂，资本家可以降低一部分工人的工资，而把由此增加的一部分利润分给那些与之合作的工人。为了达到上述目的，资本家不惜利用种族、性别、国籍、文凭或者其他的分裂情绪，或在工人阶级文化中创造这些情绪。这种类型的策略如果成功，其结果就是劳动力的分割、资本家的高利润和不同工人之间剥削率的不等。

其次，通过同产业后备军的大小和构成的联系，劳动异质性间接地影响剥削率。产业后备军通过其制约工资要求和提高劳动强度的能力影响剥削率。产业后备军是积累过程本身产生的。对资本家而言，问题是保证资本品的利用接近其最高产能，同时把失业导致的爆炸性的潜在政治行动限制在可控的范围内。对实现上述目标而言，劳动分割是非常关键的。不同劳动分割群体之间的不同的失业率，妨碍了就业者和失业者之间的团结，从而使得资本家把最严峻的工作安全的负担，集中在那些最不容易给资本家增加政治和经济成本的群体身上。

最后，异质劳动通过劳动强度直接影响剥削率。鲍尔斯和吉蒂斯认为，在现代企业中，对异质劳动的分析比马克思那个年代的分析更为深入。在19世纪的工厂，资本家直接监督少数技工、管理人员和生产工人；而现代公司制企业表现为更加复杂的社会分工，资本家对生产过程的控制来自他处于权威关系等级体系的顶点。这时候劳动力无法被直接监督，尤其是在某些迅速增长的服务部门，工人的产品难以度量。在这种新的框架下，异质劳动问题变得非常重要。

那么，在上述情况下，为了从劳动力中榨取劳动，资本家采用什么方法使得不同部分的工人各自“行为得体”（proper behaviour）呢？鲍尔斯和吉蒂斯认为，资本家采用的方法就是，在资本主义法律体系下，解雇工人，提高或改变工人的工资能力。对资本家最明显的威胁就是工人之间的合谋。个别工人在反抗时可以被辞退，但是辞退整个工人集团的成本却是巨大的。要使工人的团结程度最小化，使工人阶层化是非常必要的。把劳动力分割为不同的和相互敌对的部分，是增加劳动强度的一种有效的方法。

在一般意义上，在生产企业中，资本家决定和哪个工人群体合谋，这是由反映工人阶级历史发展地位的等级结构决定的。在日常工作中，这是非常明显的。工人分为白人与黑人、男人与女人、受过教育的与没有受过教育的群体。这个过程实质上完全独立于正在讨论的劳动分割中的技术差异，在社会整体中，这种不同工人群体的经济地位的差异将会和他们的身份地位相一致，这遏制了试图打破这种地位的力量，并使这种地位一直维系下去。

在某种程度上，劳动异质性导致了更高的剥削率，从而间接地提高了积累率。总体而言，这将加速生产力的发展。但是也存在重要的相反力量。劳动力分割约束劳动供给，通过不平等的教育和培训限制劳动力的发展，在对工作分配以及工作结构组织施加无效约束的意义上，代表着对生产力扩张的阻碍。通过延迟生产力的发展，从而提高了单位工资商品中物化劳动的数量，工人阶级的分割对剥削率既有积极的效果，也有消极的影响。

劳动“分割”是许多影响积累过程的因素之一，但现有的理论讨论都没有告诉人们，在一个给定的历史时段、在一个特定的资本主义社会形态中，劳动“分割”所具有的独特的重要性。许多学者对美国经济中劳动分割作过实证的和历史的研究。鲍尔斯和吉蒂斯简单回顾了这些研究，并认为大量的研究表明，无论是资本主义对劳动的组织还是个人在公司等级结构中位置的分配，都不能用生产效率的术语去说明。鲍尔斯和吉蒂斯指出，这些结果也使得人们十分怀疑马克思价值理论对异质劳动的通常的处理方式。他们认为，改进传统的对异质劳动的分析，可以从两个方面着手：首先，即使抽象掉国家机器的影响，资本主义的本质关系也不能仅从生产领域的技术关系和经济主体之间的市场关系去理解。这正是劳动价值论试图分析异质劳动的常见方式。鲍尔斯和吉蒂斯认为，事实上“与工人生产率相联系的特征上的差异，是劳动分割的结果而非劳动分割的原因，这种差异当然无法用来解释这种分割的再生产”①。其次，不同类型的工人和经济体不同部门的剥削率不必趋于均等化。“不等的剥削率是资本主义生产方式动态变化的延续和不断再生产的表现”②。

11.1.3 存在异质劳动的劳动价值论

鲍尔斯和吉蒂斯的模型对相关的劳动分割、不同类型雇佣工人的工资商品束、经济的不同商品间的投入—产出关系矩阵、商品生产中直接劳动投入矩阵等问题进行了说明。他们强调，劳动分割是在经济领域再生产出来的，适合于特定研究的劳动分割及其边界，总体上取决于与阶级关系和阶级斗争相联系的政治、意识形态和经济方面的情况。他们把工资商品束视为是由模

①② S. Bowles and H. Gintis, The Marxian Theory of Value and Heterogeneous Labour: A Critique and Reformulation, *Cambridge Journal of Economics*, Vol. 1, No. 2, 1977, P. 181.

型外生因素决定的。但是，在传统的马克思主义方法中，工资商品束被视为是内生的，因为劳动力的价值是由再生产劳动力这种商品的成本决定的。鲍尔斯和吉蒂斯认为，这样的方法至多是一种同义反复，因为这些再生产的成本取决于反映在积累过程、技术变化、阶级斗争和产业后备军大小的生产力和生产关系的结构中。所有上述因素，都超出了鲍尔斯和吉蒂斯的模型。他们把投入产出矩阵和直接劳动投入系数视为给定。但是他们声明："这不代表技术事实，而是反映在使用的技术和阶级关系的状态上的，社会生产关系和生产力相互作用的产物"①。劳动投入系数是资本家试图从劳动力中榨取劳动的特定结果。

鲍尔斯和吉蒂斯认为，他们的模型保持了价值关系的正式结构和价值向价格和利润的转形。他们通过模型证明：第一，利润率可以通过剥削率和资本有机构成向量表示；第二，通常，在工资和利润率之间存在严格的反向关系；第三，假定劳动价值是正的，利润率有且只有在所有的剥削率都是正的时候才是正的；第四，用"共同劳动时间"衡量的剥削率可能是负的，利润的存在要求至少有一个正的剥削率；第五，在一个简单扩大再生产经济中，利润率等于剩余价值和必要劳动时间的比率，劳动时间被认为是一个向量。

鲍尔斯和吉蒂斯的模型如下：假定一个生产 n 种商品的经济，资本在生产周期内周转一次。在这个经济中，生产一单位的商品 j 消耗 c_{ij} 单位的商品 i 和 l_{rj} 单位的 r 型劳动（把这称为 r－劳动），r＝1，…，m，假定每小时每种类型工人的工资商品束是给定的，b_{ir} 是 r－工资商品束中商品 i 的数量，$C=(c_{ij})$，$L=(l_{ij})$，$B=(b_{ij})$，如果 $x=(x_1,\ \cdots,\ x_n)$ 是经济体的总产出，F 是代表资本家获得的每种商品的数量的向量（剩余产品），生产条件为非劳动资源充分利用：

$$x=(C+BL)x+F,\ x\geqslant 0,\ F\geqslant 0$$

由这种生产条件可以得到商品价值如下，商品 i 的价值 $\lambda_i=(\lambda_{1i},\ \cdots,\ \lambda_{mi})$，表示 m 种劳动中物化在每单位商品 i 中的任一种劳动的直接或间接劳动时间。使 $\Lambda=(\lambda_{ri})$，从而有 $\Lambda=\Lambda C+L$，因此有：

$$\Lambda=L(I-C)^{-1}$$

鲍尔斯和吉蒂斯把 λ_{ri} 商品 i 的价值设为 r。在这个模型中，劳动力的价

① S. Bowles and H. Gintis, The Marxian Theory of Value and Heterogeneous Labour: A Critique and Reformulation, *Cambridge Journal of Economics*, Vol. 1, No. 2, 1977, P. 181.

值显然是一个矩阵，因为有 m 个工资商品束，而且每一个工资商品束的价值都是 m 向量。把 v_{rs} 定义为 s－劳动的工资商品束的 r－价值，且 $V=(v_{rs})$，很明显，$V=\Lambda B$。

接下来构建对必要和剩余劳动、剥削率和资本有机构成的表达。使 $y=(y_1, \cdots, y_n)$ 是 n 种产业的任一非负产出集。鲍尔斯和吉蒂斯把这种在 y 水平上运作的经济称为 y－经济，把先前的定义扩展为 y－经济中的总量。y－经济产出的价值为 $\lambda(y)=\Lambda y$；y－经济的不变资本为 $k(y)=\Lambda Cy$，可变资本为 $v(y)=\Lambda BLy=VLy$。鲍尔斯和吉蒂斯认为，在上述定义的基础上，马克思的概念可以得到很好的拓展：

必要劳动时间：$n(y)=k(y)+v(y)=\Lambda(C+BL)y$

剩余劳动时间：$s(y)=\lambda(y)-n(y)=(I-\Lambda B)Ly$

11.2 麦肯纳对异质劳动理论的评论

鲍尔斯和吉蒂斯试图提出一种涵盖异质劳动在内的马克思主义经济学模型。E. 麦肯纳（E. McKenna）在1981年《剑桥经济学杂志》上发表的题为《对鲍尔斯和吉蒂斯关于马克思劳动价值论的评论》的文章①，对鲍尔斯和吉蒂斯的文章进行了评价。麦肯纳认为，鲍尔斯和吉蒂斯重新定义了马克思经济学的许多概念，引入价值向量概念取代了通常使用的实数值度量标准。麦肯纳对鲍尔斯和吉蒂斯的“异质”一词的含义，以及这个术语的应用同他们的观点的联系进行了评价，鲍尔斯和吉蒂斯相信他们的框架对分析资本家与各种分割的工人之间存在的剥削是很有意义的。

麦肯纳认为，在马克思看来，技术差异问题可以按照简单抽象劳动的倍数予以考虑。但是，有一点很重要，这种技术差异正是由将简单抽象劳动转变为熟练劳动的训练和教育过程完成的。用马克思的话来说就是：“为改变一般人的本性，使它获得一定劳动部门的技能和技巧，成为发达的和专门的劳动力，就要有一定的教育或训练，而这又得花费或多或少的商品等价物。劳动力的教育费用随着劳动力性质的复杂程度而不同”②。因此，熟练劳动是通过一定量的商品的花费（可以用简单劳动术语估算价值）和简单劳动

① E. McKenna, 1981, A Comment on Bowles and Gintis' Marxian Theory of Value, *Cambridge Journal of Economics*, Vol. 5 (3), pp. 281－284.

② 《马克思恩格斯文集》第5卷，人民出版社2009年版，第200页。

自身生产出来。从这一见解出发，森岛通夫认为可以通过下述公式推出熟练劳动与简单劳动之间的转换率：

$$\Theta = \Lambda Q + \Theta T + m$$

这里，Θ 是转换率向量；Λ 是商品价值向量；T 是一个矩阵，其中 t_{ij} 表示生产一单位 j 类劳动需要用的 i 类劳动的数量；Q 是一个矩阵，其中 q_{ij} 表示生产一单位 j 类劳动需要用的 i 类商品的数量；m 是一个向量，包括生产每一类熟练劳动所需简单劳动的数量。

找到了这样一个转换率，实际上也就找到了一个度量所有类别劳动的共同单位，计量单位当然是基本或简单抽象劳动时间，也可以称为“共同劳动时间”。在上述基础上，可以通过比较每一类劳动在工作相同的时间得到的“共同劳动时间量”，计算不同类型的劳动之间是否存在互相剥削。然而，必须认识到，能否找到“共同劳动时间量”依赖于能否找到度量所有类型劳动的标准单位。如果能找到这样一个标准单位首先就表明劳动不是异质的，反而是同质的。

认为劳动具有异质性的第二个原因可以在二元劳动力市场理论中找到，根据这种观点，劳动力分割是由许多新古典经济学家所说的“非市场力量”造成的，比如种族主义，性别歧视等等。在这里，重要的是要认识到，从生产的观点来看，坚持的不是劳动是异质的观点，而是认为尽管在生产意义上来说劳动是同质的，但却要区别对待。这样，可以再次发现劳动不是异质的。

鲍尔斯和吉蒂斯认为工人阶级分割的原因是种族主义、性别歧视、民族主义、种族划分、生产等级中的地位和教育。麦肯纳认为，非常明显，所有这些原因要么落在二元劳动市场理论上，要么落在熟练劳动化为倍加的简单劳动理论上，这两种理论中都不存在劳动的异质性。另外，只有当劳动是同质的但是被区别对待时，鲍尔斯和吉蒂斯认为的他们的论文清楚地说明的工人的剥削争论的观点才是正确的，而当劳动真正是异质时则不然。另外，很明显没有必要采用鲍尔斯和吉蒂斯的分析结构，并且将商品价值当作向量事实上也是错误的。在存在技术差异的情况下，应用森岛通夫提出的转换率，加总这个向量所有的元素得到一个数字。确实，在处理技术差异以及简单劳动的实际情况时，森岛通夫的分析是充分的。但是森岛通夫自己拒绝这种方法，因为不同劳动的剥削率会变化。但鲍尔斯和吉蒂斯并不认为这存在什么困难。

关于二元市场假设的重要事实之一，就是以异质的方式对待同质的劳动。这样，可以给定商品的价值一个简单的数值使其等于商品所包含的劳动时间。不需要像鲍尔斯和吉蒂斯那样设定 m 种劳动。只需要一个理论解释工资为何不同，二元市场假设正说明了这个问题。根据二元市场假设工资是由非市场理论决定的，这种方法并不会遇到价值是取决于市场力量的指责。在任何情况下，不是价值计算改变了，因为它们来自假定对所有分割劳动是同质的简单劳动时间，改变的价格体系，它们是从价值体系中得到的。

因此，在鲍尔斯和吉蒂斯论述中，既不存在异质劳动也不需要提供多种类型劳动的结构。这样就存在另一种可能性。假定劳动异质性确实存在，也就是说，没有一个标准单位来衡量各种类别的劳动。那么这种观点的真正意义是什么，也就是说，这样的情况真的存在吗？无论如何，假定存在这种异质性，那么很明显鲍尔斯和吉蒂斯采用的结构就是贴切的，并且价值现在也可以被看作向量。但是，可以证明，这种情况与马克思的剥削概念根本不符，这与鲍尔斯和吉蒂斯的观点正好相反。也就是说，如果真的存在劳动的异质性，那么一种劳动对另一种劳动的剥削甚至资本家对劳工的剥削就都无从获得了。

鲍尔斯和吉蒂斯假设存在 m 种不同类型的劳动。根据这个假设，就不存在一个独立于市场力量的单位，通过这个单位可以说一个小时的 i 类劳动等于半个小时的 j 类劳动。如果真的存在这样一个单位，可以很简单地将所有类型的劳动定义为这个单位的倍数，这就像马克思将技术差异定义为抽象劳动时间的简单倍数一样。这样就又回到了同质劳动的假设。因为鲍尔斯和吉蒂斯坚持劳动的异质性具有重要意义，那么就必须假定可以将不同类的劳动进行比较的单位并不存在。因此，假定了劳动异质性之后，多少 i 类劳动等于多少小时的 j 类劳动的问题在鲍尔斯和吉蒂斯的模型中就难以回答了。

鲍尔斯和吉蒂斯进一步做出假设：在每一件商品的生产中都直接或间接地用到每一类劳动，任何商品的价值都是一个 m 向量，此向量的每一个分向量代表在商品生产中所用到的每一类直接或间接的劳动量。由以上两个假设所得到的结果如下。因为根据假设每一件商品都直接或间接地用到了每一类劳动，所以每一单位的每一件商品都混合了一定数量的各类劳动时间。在同质劳动的传统情况下，如果劳动得到的价值等于工作时间的话，那么剥削为零。很明显，这个概念在鲍尔斯和吉蒂斯的模型中是毫无意义的。取任何一类劳动，比如 j 类劳动，j 类劳动得到了它们自己所工作的劳动时间就意味着它们已经得到了生产出来的所有产品，就像已经证明的一样，每一单位的每一件商品包含了一定的 j 类劳动量。当然，这是一个滑稽荒唐的结果，因为这样一来，其他（m－1）类劳动就什么也得不到了。有人可能试图用别的方法说明 j 类劳动并没有得到生产出来的所有产品，因为每一件商品中还包含其他（m－1）类劳动的劳动时间。然而，这也是不可能的，因为，各类劳动之间的换算单位并不存在，因此就没有办法知道一类劳动是否已经得到与它们实际工作时间相等的劳动时间。在异质劳动模型中定义某种特定劳动的剥削率的任何尝试似乎都是不可能的。

第12章　价值判断和商品拜物教问题论争

在《资本论》第一卷第一章“商品”过渡到第二章“交换过程”时，马克思发现，社会组织形式和其所依据的社会关系之间，常常存在一种模糊的、也是颠倒的关系，这是意识形态作用的突出表现。由此，马克思引入了他的著名的有关商品拜物教问题的讨论。

马克思指出，在商品生产和交换中人与人之间存在着一定的社会关系，“但它在人们面前采取了物与物的关系的虚幻形式”，这种社会关系的物化，就是马克思商品拜物教学说的核心。“商品形式在人们面前把人们本身劳动的社会性质反映成劳动产品本身的物的性质，反映成这些物的天然的社会属性，从而把生产者同总劳动的社会关系反映成存在于生产者之外的物与物之间的社会关系。由于这种转换，劳动产品成了商品，成了可感觉而又超越感觉的物或社会的物。”“在那里，人脑的产物表现为赋有生命的、彼此发生关系并同人发生关系的独立存在的东西。在商品世界里，人手的产物也是这样。我把这叫做拜物教。劳动产品一旦作为商品来生产，就带上拜物教性质，因此拜物教是同商品生产分不开的。”① 马克思进一步指出，商品世界的这种拜物教性质，“是来源于生产商品的劳动所特有的社会性质。使用物品成为商品，只是因为它们是彼此独立进行的私人劳动的产品。这种私人劳动的总和形成社会总劳动。因为生产者只有通过交换他们的劳动产品才发生社会接触，所以，他们的私人劳动的特殊的社会性质也只有在这种交换中才表现出来。换句话说，私人劳动在事实上证实为社会总劳动的一部分，只是由于交换使劳动产品之间、从而使生产者之间发生了关系。因此，在生产者面前，他们的私人劳动的社会关系就表现为现在这个样子，就是说，不是表现为人们在自己劳动中的直接的社会关系，而是表现为人们之间的物的关系

① 《马克思恩格斯文集》第5卷，人民出版社2009年版，第89～90页。

和物之间的社会关系”①。

12.1　对商品拜物教性质的一般理解

纳波里奥尼（C. Napoleoni）在1975年出版的《斯密、李嘉图和马克思》一书中，对马克思商品拜物教问题作了探讨。按照纳波里奥尼的说法，马克思关于商品拜物教的论述意在表达：“在资本主义社会中，人与人之间的社会关系通过商品之间的交换关系来表示，即社会关系不再是直接的表现、而是要经由物的媒介。而当人们之间的社会关系开始是一种在物的媒介下的关系时，也就是说，当社会关系成为一种独立于个人的物的联系时，个人交换的实现也就成为相互之间抽象劳动交换的表现。”②

对于马克思所指出的这种“社会关系的物化”的影响，斯威齐曾认为，它至少在两个重要方面，深刻地影响着传统的经济思想：

第一，把资本主义经济的一些范畴——价值、地租、工资、利润、利息等——看作仿佛是一般经济生活所不可避免的范畴。先前的种种经济制度，被看作是现代资本主义的不完全的或胚胎的形态，并据此加以论断。这种手法，掩盖了各种社会形态之间的重大差别，助长了一种非历史的和无益的分类法，并且还导致使人误解的、有时甚至是荒唐的判断。就像马克思所批评的，“劳动产品的价值形式是资产阶级生产方式的最抽象的、但也是最一般的形式，这就使资产阶级生产方式成为一种特殊的社会生产类型，因而同时具有历史的特征。因此，如果把资产阶级生产方式误认为是社会生产的永恒的自然形式，那就必然会忽略价值形式的特殊性，从而忽略商品形式及其进一步发展——货币形式、资本形式等等的特殊性”③。斯威齐作出的判断就是：“近代经济学一贯走这条路子，这就是它屈从于商品生产所固有的拜物教的最好证明。”④

第二，赋予物体以独立力量的说法，最清楚地莫过于把“生产要素”分为土地、劳力和资本的传统分类法，它认为这三者均可以为它的主人“生产”一笔收入。显而易见，这种结论来自于新古典学者，它使资本主义社会真实的阶级性质被所谓的一般商品生产方式所掩盖。也就是说，在新古

① 《马克思恩格斯文集》第5卷，人民出版社2009年版，第90页。
② Napoleoni, C., *Smith*, *Ricardo*, *Marx*, Blackwell Oxford, 1975, pp. 130 – 146.
③ 《马克思恩格斯文集》第5卷，人民出版社2009年版，第99页。
④ 保罗·斯威齐著，陈观烈等译：《资本主义发展论》，商务印书馆1997年版，第55页。

典经济学的教科书中，每个人首先是作为一个拥有某种东西可以出售的单纯商品所有者出现——地主、资本家和劳动者都是如此。作为商品所有者，他们都站在一个完全平等的地位上，彼此间的关系不是人格身份制度里的主仆关系，而是“自由平等的人与人间的契约关系”①。这样一来，对于原本是资本主义生产关系下的雇佣劳动工人来说，似乎已经不再是由于他自己无权支配生产资料而一直被迫按照生产资料垄断者所制定的条件从事劳动；正相反，这里的商品世界仿佛是一个平等的世界，其中工人的劳动力是工人让渡于资本家的，而只要别人付出实价，工人就会出卖它，交易似乎也就具备公平的条件。显然，这只不过是一种外观而已，那些把资本主义方式视为天然的和永恒的人，也就是把这种外观当作社会关系的真正表现来接受的。斯威齐指出，实际上，“只有通过某种对商品生产的批判性分析，即透过表象而分析它下面的人与人的关系，我们才能看清资本主义的正义和资本主义的法律的历史相对性，正如我们只有通过这种分析才能看出资本主义本身的历史性质一样……拜物教学说的含义远超过经济学和经济思想的寻常界限”②。

12.2 霍奇斯论《资本论》中的价值判断和商品拜物教

1965年，霍奇斯在发表的《〈资本论〉中的价值判断》一文中指出：“在《资本论》出版后的一百多年间，马克思的经典著作因被认为存在不科学的和形而上学的内容而备受指责。”③ 霍奇斯认为，虽然马克思承认曾经应黑格尔的术语进行了改造，但马克思的批判者认为，《资本论》中存在的是一种形而上学的价值理论，而不仅仅是叙述方式上的形而上学。霍奇斯认为，马克思对规律必然导致不可避免的结果的论述，提到否定之否定和对立面相统一的问题，使用传统的形而上学的现象和本质范畴谈论社会因果关系，这些都被指责为把形而上学的用语和相应的哲学范畴引入社会科学。“同样地，他的价值理论的用语，在不改变它们原来意思的情况下，是无法转化为经验性的术语的。”④ 霍奇斯认为，马克思的历史唯物主义也受到严

① 保罗·斯威齐著，陈观烈等译：《资本主义发展论》，商务印书馆1997年版，第57页。

② 保罗·斯威齐著，陈观烈等译：《资本主义发展论》，商务印书馆1997年版，第57~58页。

③④ D. C. Hodges, The Value Judgment in Capital, *Science and Society*, Vol. 29 (3), 1965, pp. 296 - 311. In *Karl Marx's Economics: Critical Assessments*, Edited by Cunningham Wood, Volume Ⅱ, P. 64.

厉的批评，因为马克思依赖于颠倒了的黑格尔辩证法。马克思对剩余价值之谜的解释也被许多人认为是一种形而上学。霍奇斯指出，“如果在理解《资本论》上存在什么主要的理论障碍的话，那么，所谓的马克思的价值理论的非经验的和主要为了服务于说服的特征应当承担主要责任”[①]。霍奇斯认为，对马克思《资本论》的脉络和文本的分析可能会支持熊彼特的一种解释，熊彼特认为，可以放弃马克思表达中的黑格尔主义，而不影响马克思论点的主旨。用熊彼特的话来说就是，马克思“喜欢证明他的黑格尔主义，喜欢使用黑格尔的术语。但事情仅止于此。他的任何地方都没有背叛实证科学去玩弄形而上学”[②]。

霍奇斯认为，马克思在《资本论》中对“价值”术语解释的主要问题是，价值到底是商品的一种独特的特征，或者只是对标准劳动的一种笨拙的表达方式。霍奇斯对这两种解释作了评价。第一种解释认为，马克思的价值微分学产生的知识，是不能用马克思的劳动微分学获得的。这种解释被大多数自称为马克思主义的经济学家不加审查地接受了，并认为理所当然是正确的。因为他们假定，马克思的价值理论如果没有某种功能的话，它就不会在《资本论》中得到使用，霍奇斯认为，这种假定只是一种“信条”。第二种解释为许多马克思的所谓“善意”的批判者所赞许，其中包括伯恩施坦、兰格、罗宾逊夫人和鲁道夫·施莱辛格（Rudolf Schlesinger）等，他们反对所谓的马克思价值理论中的形而上学的特征，尤其是反对《资本论》第一卷中对价值的论证。罗宾逊夫人认为，马克思对价值的证明只是一个对教条的、任意的、纯粹形式的定义的掩饰，此外，马克思的价值微分学没有给《资本论》增添任何内容，它只是一个具有误导性，而且无法证明的累赘。[③]

霍奇斯认为，《资本论》第一卷的开头部分，把价值、标准劳动产品和花费在商品上的标准劳动联系起来。先是价值等同于标准劳动产品，然后是价值等于这些产品所代表的标准劳动。在第一种情况下，劳动产品被认为是“社会实体的结晶，就是价值——商品价值”[④]；在第二种情况下，这种社会

---

① D. C. Hodges, The Value Judgment in Capital, *Science and Society*, Vol. 29 (3), 1965, pp. 296 – 311. In *Karl Marx's Economics*: *Critical Assessments*, Edited by Cunningham Wood, Volume Ⅱ, P. 64.

② 约瑟夫·熊彼特著，吴良健译：《资本主义、社会主义与民主》，商务印书馆1999年版，第50~51页。

③ Joan Robinson, *An Essay on Marxian Economics*, New York, 1957, pp. 12 – 13.

④ 《马克思恩格斯文集》第5卷，人民出版社2009年版，第51页。

物质，“在商品的交换关系或交换价值中表现出来的共同东西，也就是商品的价值”。[①] 霍奇斯进一步谈到，标准劳动的产品是价值，价值反过来又是标准劳动的产品。花费在商品上的标准劳动是它们的价值，价值反过来又是标准劳动。霍奇斯认为，从这两个等同中可以推论，标准劳动产品虽然区别于它所代表的标准劳动，但却等于它。问题在于如何解释价值、标准劳动及其产品之间的联系。

霍奇斯认为，在《资本论》第一卷中，马克思费了很大力气去区别商品所值的价值判断市场判断。价值判断呈现为下述两种方式中的一种：商品 x 是价值 y，商品 x 有价值 y，但“这两种形式是不能互换的”[②]。尽管可以说商品的价值是由货币形式表达的，但是说一种商品是一种有着货币表达的价值是什么意思呢？霍奇斯认为，商品的价值和市场判断是很容易混淆的，因为它们都是对商品所值的一种模糊的判断。在市场判断的情况下，商品的价值等于价格。有价值和有价格之间的差异在于，价格表达了在所有可能的情况下商品的市场比率，价值专门地表达了用人力耗费衡量的商品的成本。虽然它们都以货币为等价物，但它们的货币形式在事实上很少相等。

那么，什么是价值呢？霍奇斯指出，如果价值或者与标准劳动的产品相同，或者与花费在产品上的标准劳动相同。那么，至少可以用上述表达中的一种，替代价值判断中使用的“价值”术语，而不改变被替代的价值判断陈述的意思。如果对《资本论》第一卷中以下的简单陈述作出替代就是：只有劳动创造和保存价值，劳动工具的价值是被转移到它们的产品中去的，商品的价值与劳动生产率呈反向变动关系，劳动是价值的内在尺度，但是它自己没有价值。霍奇斯认为，“对这些陈述中的‘价值’无论作出怎样的替代，都会发现作为结果的转化不可能和以前同样有效。无论是‘标准劳动产品’还是‘花费在商品上的标准劳动’，都无法始终如一地被用来保证原有陈述的含义，或者避免误导和多余，甚至在某种程度上会产生没有意义的判断”[③]。

霍奇斯指出，对《资本论》用语的详细考察表明，马克思一直在两种相互抵触的“价值”术语之间游移不定。在一些地方商品“是”（are）价

① 《马克思恩格斯文集》第5卷，人民出版社2009年版，第51页。

② D. C. Hodges, The Value Judgment in Capital, *Science and Society*, Vol. 29 (3), 1965, pp. 296 – 311. In *Karl Marx's Economics*: *Critical Assessments*, Edited by Cunningham Wood, Volume Ⅱ, P. 65.

③ D. C. Hodges, The Value Judgment in Capital, *Science and Society*, Vol. 29 (3), 1965, pp. 296 – 311. In *Karl Marx's Economics*: *Critical Assessments*, Edited by Cunningham Wood, Volume Ⅱ, P. 66.

值，在其他一些地方商品“有”（have）价值。此外，在有些地方，价值术语又不能用上述两种方式加以理解。霍奇斯提出，马克思提供了价值的确切定义吗？如果没有，那么我们如何去确定价值？霍奇斯接着仔细考察了马克思是怎样使用价值术语的。

霍奇斯罗列的马克思有关价值的说法主要有：价值作为商品的非自然属性（non-natural property）；价值作为看待商品的一种方式；价值作为隐藏在商品交换比率背后的一种属性；价值作为拥有自己独立和奇妙生命的神秘存在；作为一种投射在商品上的品质，作为历史地局限在商品生产中的资产阶级政治经济学范畴；作为现实的商品生产世界的抽象和反映；作为掩盖隐藏在商品生产之后的真实的社会关系的神秘面纱；等等。霍奇斯认为，从上述各种说法中可以推论出，价值归于商品，但它不是任何事物的客观属性。如果价值是一种主观性的东西，那么与规范性的讨论相比，它就具有了主观看法上的意义。霍奇斯指出，“价值的说不清的特征，使它无法用普通的语言加以表达，也无法在不改变它的意思和把它转化为其他东西时，把它转变为一种自然的或真实的术语。但是，如果价值不是一个科学的范畴，那么它在政治经济学科学中就没有位置”①。

霍奇斯指出，为了支持马克思的价值理论，马克思主义经济学家一般都赞同边际效用理论量化和主观的特征。但是，霍奇斯认为，不是价值而是标准劳动时间为价值神秘的和主观的性质提供了一个客观的尺度。事实上，价值的客观性只能在商品拜物教的理论框架下得到。价值的客观特征是想象而不是真实的，是主观地把某种所值投射或归算到被评价的客体上的结果。由于价值不是商品的自然属性，那么它在任何字面意义上都不是客观的。

霍奇斯认为，与边际效用理论中的价值相比较，马克思经济学中价值范畴的主观性，表现出不同的含义。首先按边际主义的观点来看，商品是一种能满足某种客观需要的物品，它们的主观价值是很明显的。同时，由物理特征构成的商品的使用价值，满足了人们的某种需要。换句话说，它们的价值能转化为自然的术语，并相应地被加以描述。在马克思看来，商品作为价值的客体，与它们能满足人的某种需要并不成比例。进一步说，价值不是商品的自然属性，从而它们本身不能被感觉到。霍奇斯指出，“无论是哪一种情况，价值都无法以描述性的术语加以表达，如果价值不是一种描述性的术

① D. C. Hodges, The Value Judgment in Capital, *Science and Society*, Vol. 29 (3), 1965, pp. 296 - 311. In *Karl Marx's Economics: Critical Assessments*, Edited by Cunningham Wood, Volume Ⅱ, P. 66.

语，那么它在某种意义上必定是规定性和规范性的，它的主观性就不是直接的、明显的。然而由于所有规定性都是主观性的，因此价值也是主观性的”①。

那么，马克思怎么能使用规范性的语言作为科学研究的工具呢？霍奇斯认为，为了对马克思的价值语言作为一种分析工具做出辩护，就必须给出论证：在一个资本主义商品生产模型中，除非借助于像价值这样模糊的术语，否则无法完全揭示出资本主义不科学的一面。马克思相信，资本主义自我灭亡的特征，在最终的发展趋势上，只能通过其自身的相反的规律才能够被说明。马克思说：“只有当社会生活过程即物质生产过程的形态，作为自由联合的人的产物，处于人的有意识有计划的控制之下的时候，它才会把自己的神秘的纱幕揭掉”②。只有在进入到其他形式的生产中时，资本主义条件下围绕劳动产品的神秘的性质才会消失，只有“当实际日常生活的关系，在人们面前表现为人与人之间和人与自然之间极明白而合理的关系的时候”③，经济理论的宗教反映才会消失。

然而，对经济世界的理论反映并不是资本主义世界被动的附属物。霍奇斯指出，在马克思看来，理论的一般特征是受经济基础调节的，原则上，经济理论可以揭示资本主义生产的神秘性。他自己的理论能够看穿价值的神秘性和资本主义商品关系的拜物教性质。霍奇斯认为，除了接受这个事实，即马克思从来没有真正摆脱古典政治经济学的影响之外，别无选择。具有讽刺意味的是，马克思的价值理论的模糊性和不确定性恰好表明了他的一个主张，政治经济学家的语言和表述“是属于生产过程支配人而人还没有支配生产过程的那种社会形态的”④。

霍奇斯指出，对于价值的规范性解释而言还存在其他的选择。抽象的、社会必要劳动时间被描述为和价值术语具有同样的意思，这意味着它们只是对同一事物不同的表达。就像《资本论》第一卷中的“价值”，“标准劳动”被认为是商品的非实质性的实体，是一种通过商品的交换价值展现它自己的实体，尽管它不具有几何的、化学的或自然的特征。霍奇斯提出，“价值可以同花费在商品上的标准劳动相互交换，当我们把商品看作是标准

① D. C. Hodges, The Value Judgment in Capital, *Science and Society*, Vol. 29 (3), 1965, pp. 296 - 311. In *Karl Marx's Economics: Critical Assessments*, Edited by Cunningham Wood, Volume Ⅱ, P. 67.

②③ 《马克思恩格斯文集》第5卷，人民出版社2009年版，第97页。

④ 《马克思恩格斯文集》第5卷，人民出版社2009年版，第99页。

劳动的结晶时，商品在一种隐含的和衍生的意义上成为价值”①。

霍奇斯提出，要在《资本论》的整体意义而不是从孤立的和抽象的陈述中，去理解马克思提出的劳动创造并保存价值的含义。霍奇斯的理解是，马克思认为，只有劳动力有能力把劳动耗费在商品上，并在新商品中保存已经耗费在原材料和其他生产资料中的劳动。进一步说，劳动力有特别的能力产生比维持和再生产他们自身的更多的劳动。霍奇斯认为，只有劳动创造价值是一种高度简约的表达，通过转化可以成为，只有劳动力创造和保存花费在产品中的标准劳动。考虑《资本论》中其他简单的陈述，劳动工具的价值转移到它们的产品中，商品的价值与劳动生产率成反向关系，当我们机械地用“花费在商品上的标准劳动”去代替价值时就显得多余。“当我们在更富自由度和更加明智的基础上进行上述转化，并牢记目标而不仅仅是马克思使用的表述时，这种多余就会消失。”②

使用同样的方法，也可以对马克思的另一个陈述作出转化，即劳动是价值的内在尺度，但它自身没有价值。机械的转化导致一种或多或少没有意义的判断：劳动是花费在商品上的标准劳动的内在尺度，但是对它自己而言没有标准劳动花费在其上。但马克思的意思却是，如果价值和花费在商品上的标准劳动可以互换，那么一种形式的标准劳动就变成另一种形式的标准劳动的尺度。“对花费在商品上的标准劳动大小的度量是标准的工时。从而，价值尺度本身没有价值只是意味着标准劳动或工时的数值区别于实际度量的标准工时的数量。”③

霍奇斯认为，虽然上述研究不够彻底，但是那些试图转化上述表述方式的人可能会推论出价值与花费在产品中的标准劳动是一致的。价值像标准劳动一样，是商品的非自然属性。进一步说，像标准劳动，价值与商品有物理联系，并且有由工时数量代表的客观尺度。这些表述使得恩格斯把价值解释为只是非规范性的术语，价值只是劳动的另一种表述，价值是体现在特定商品中的社会必要劳动时间。如果在《资本论》中还有其他的价值定义，那么它是耗费在产品中的标准劳动而不是标准劳动产品。霍奇斯认为，仍然存在一个问题，即马克思是否赞同恩格斯的解释。

霍奇斯认为，马克思在1858年的一封信中谈到，他自己对价值的含义

①②③ D. C. Hodges, The Value Judgment in Capital, *Science and Society*, Vol. 29 (3), 1965, pp. 296 - 311. In *Karl Marx's Economics: Critical Assessments*, Edited by Cunningham Wood, Volume Ⅱ, P. 68.

并不是特别确定。马克思在描述他计划写作的政治经济学批判时提到，价值“纯粹归结为劳动量”①，没有什么神秘的内容，“价值本身除了劳动本身没有别的任何‘物质’”②。马克思把这看作是对价值的定义。霍奇斯认为，对《资本论》文本的仔细分析可以看到，马克思从来没有坚持认为，价值是耗费在商品上的社会必要劳动时间的反映或对象化，或价值只是这种重要的能力的简约表述③。

价值被归于人的劳动产品，是人的能力的物质化。具体说来，是人在生产商品的体力和脑力的耗费，用工时度量。“在这里，价值是主观地被定义的，虽然它在想象中被具体化了，并且有一种客观的尺度。”④ 霍奇斯认为，价值属于规范性讨论中的话语，属于现象领域，而不是科学领域，属于马克思所称的对现实世界的意识形态的反映，属于社会意识领域而不是社会行为领域。“因此，价值只有像‘权力’、‘义务’和‘正义’等的想象的和虚构的存在。”⑤

价值是一种描述，不是一种想象的事物状态。虽然马克思所指的标准劳动是从特定的、有用的劳动中抽象出来的，抽象劳动在缺乏特定的形式这一意义上，是商品的一种非自然属性。这种劳动的产品，代表了花费在产品上的一定数量的重要的社会必要能量。霍奇斯指出，在这一点上，我们想知道，马克思是否只是在表明，他在价值含义与古典政治经济学的区别。马克思研究了其他经济学家并试图去批判他们。霍奇斯认为，对《资本论》第一卷第一章的考察表明，马克思对价值存在不同的解释。马克思从分析交换比率开始，然后用第三者标准（tertium comparationis）解释了这种比率：价值是对象化在商品中的标准劳动，或者如果不是对象化的，至少是耗费在商品上的。最后，马克思用商品拜物教理论，在第一种意义上解释了价值。在这一解释中，商品价值是一种与资本主义生产关系的非科学和不合理的特征相对应的理论构建。霍奇斯认为，一方面，马克思坚持交换比率必须反映包含在商品中的一些共同特征；另一方面，马克思声称这种共同的特征是一种妄想和欺骗。霍奇斯指出，“除非我们能够发现一些出路，离开这种困境，否则我们注定会推论出，通过价值对交换比率的解释，用商品拜物教解释价

①② 《马克思恩格斯全集》第29卷，人民出版社1973年版，第300页。

③④⑤ D. C. Hodges, The Value Judgment in Capital, *Science and Society*, Vol. 29 (3), 1965, pp. 296 – 311. In *Karl Marx's Economics*: *Critical Assessments*, Edited by Cunningham Wood, Volume Ⅱ, P. 69.

值，意味着马克思体系中的矛盾”①。

霍奇斯认为，从表面上看来，马克思是矛盾的。然而，在他使用“属性”和“非自然属性”时存在一定的不明确之处，这种不明确，使得马克思可以否定他的第一个前提，这个前提坚持认为商品中存在某种共同的东西。在20码麻布和一件上衣的例子中，20码麻布等于一件上衣，值一件上衣或者有一件上衣的价值，在这种有关麻布的价值表达中，上衣被马克思称为价值的等价形式。上衣作为麻布的价值表达，“代表这两种物的超自然属性，即它们的价值，某种纯粹社会的东西”②。霍奇斯认为，问题是是否存在某种不是社会属性或社会性质的关系。霍奇斯引用了马克思的表述：“不同种劳动的相等这种社会性质，反映在这些在物质上不同的物即劳动产品具有共同的价值性质的形式中。”③ 霍奇斯认为，在这里，人与人之间的社会性质或关系表现为事物的非社会或非关系的特征。马克思明确地赞成价值是人与人之间的关系，或者更准确地说，价值是一种通过物之间的关系表达的人之间的关系，那么，价值看起来就是想象中的商品中的共同本质。“如果所有社会性质是关系，或者他们可以这样构建为关系，那么，在马克思的论据中不存在矛盾，在马克思对属性的使用中不存在矛盾，存在的是不明确性。”④

霍奇斯认为，把价值视为商品的非自然属性和产品之间的社会关系，仍然需要考察价值作为经济决策的范畴。商品被认为有价值或与经济决策相关，表现在至少两种意义上：商品满足了人的需要，代表了人的成本或牺牲。商品对消费者的价值，采取了一种先于消费的有效需求的形式；商品对制造者的价值，采取了一种供给价格或作为补偿可以交换到其他商品的形式。用马克思的术语就是说，商品有使用价值和交换价值。为了得到对满足和牺牲之间平衡的一般性判断，为了得到把有关生产和消费活动结合在一起总体的收益或损失的一般性判断，第三个术语“价值”无条件地把上述商品价值的两个方面联系在一起。劳动分工把人简单而广泛地分为生产者和消费者简化了它们的判断，排除了人们在用人的能量衡量客观成本时的主观偏好。“价值判断作为一种可获得的剩余的指标，旨在克服个体与人类社会之

①④ D. C. Hodges, The Value Judgment in Capital, *Science and Society*, Vol. 29 (3), 1965, pp. 296 – 311. In *Karl Marx's Economics: Critical Assessments*, Edited by Cunningham Wood, Volume Ⅱ, P. 70。

② 《马克思恩格斯文集》第5卷，人民出版社2009年版，第72页。

③ 《马克思恩格斯文集》第5卷，人民出版社2009年版，第91页。

间的分裂”[1]。

霍奇斯认为，《资本论》第一卷第一章中的价值判断具有整合功能。作为必要条件，一种商品必须满足某种需要，并且作为交换的目的被生产出来。但是，如果给定商品的供给超过了对它的需求，那么，花费在这种商品上的一部分劳动是无用的。由于使用价值是交换价值的条件，那么，总产品中的一部分没有价值。不能混淆需求和有效需求。在资本主义生产条件下，消费不足和相对的生产过剩趋势，使得对商品的需求总是大于有效需求。这部分商品是有用的，虽然缺乏对它们的有效需求。结果，它们拥有价值，虽然这种价值不能通过交换来实现。

霍奇斯认为，《资本论》第一卷中价值判断的整合功能表明，马克思受青年恩格斯《国民经济学批判大纲》的影响。恩格斯认为，在实际价值和简单价值范畴下，第一，价值在某种意义上是一种生产成本；第二，价值在某种意义上是一种效用；第三，价值在某种意义上是一种投入和产出的比较。价值判断包括：首先，“决定一种物品是否应当被生产出来，或者说效用是否能补偿生产成本”；其次，价值判断包括为什么应当生产这一种商品而不是那一种商品，在两种商品的生产成本相同的时候，决定它们比较价值的因素是效用。恩格斯反对资产阶级政治经济学，是因为它们很少把这两个方面结合在一起考察，相应地，每一方面都被认为是整体，并等同于价值本身。

霍奇斯认为，在进行经济决策时，至少三种不同的判断是需要的，“问题是这些判断是否需要用价值术语来表达”[2]。由于价值用语强化了商品拜物教的倾向，那么，是否存在其他类型的用语，能够起到同样的作用而不产生误导呢？从上述两个问题看，霍奇斯基本上认为劳动价值论是多余的。霍奇斯考察了马克思在《政治经济学批判》第一分册第一章中对商品的讨论。“值得注意的是，《资本论》第一卷第一章中的论据，是马克思早期著作的相应章节中，对商品论述内容的概要的和改进的表述。”[3] 霍奇斯认为，马克思在其早期著作中，没有使用价值术语，只是在同样的意义上使用了使用价值和交换价值。在霍奇斯看来，在不破坏原来意义的情况下，使用价值和

①② D. C. Hodges, The Value Judgment in Capital, *Science and Society*, Vol. 29 (3), 1965, pp. 296 – 311. In *Karl Marx's Economics*: *Critical Assessments*, Edited by Cunningham Wood, Volume Ⅱ, P. 71.

③ D. C. Hodges, The Value Judgment in Capital, *Science and Society*, Vol. 29 (3), 1965, pp. 296 – 311. In *Karl Marx's Economics*: *Critical Assessments*, Edited by Cunningham Wood, Volume Ⅱ, P. 72.

交换价值分别可以为描述性术语（descriptive term）——有用性和可交换性所替代。“在早期著作中，如果不合格的术语——价值，在阐明资本主义商品生产的神秘性时是不必要的，那么，在《资本论》第一卷第一章中，对这种神秘性进行概要讨论也是多余的。”①

最后，霍奇斯对马克思早期著作中的交换价值、创造价值的劳动和价值拜物教，分别进行了分析。

霍奇斯认为，马克思在其早期著作中，对价值拜物教的表述是清晰的，而且在那里价值也不是作为第三者标准。在《政治经济学批判》第一分册中，马克思对商品的双重性质，即它既是使用价值、又是交换价值，用人类劳动的双重性质对其作了解释。具体有用劳动生产了使用价值，抽象标准劳动制造交换价值。马克思在1867年给恩格斯的一封信中称，这种人类劳动不同方面的区别，是他《资本论》中的两个最重要的贡献之一。霍奇斯认为，“《资本论》第一卷第一章的基础部分，不是从交换价值中引出价值，而是对价值在其中只是多余的对两种劳动的讨论”②。马克思的另一大贡献，是认为剩余价值独立于它的特定形式——利润、利息、地租等，同样独立于从交换价值中得出价值。霍奇斯指出：“虽然有人会说没有具体意义上的价值，剩余价值无法存在，但马克思的观点是剩余价值代表了先于实际交换的交换价值的一部分。剩余价值是标准劳动的剩余，换句话说，为了说明这一点，不需要把第三个术语‘价值’引入到《资本论》中。”③

霍奇斯认为，把价值看作是具体化在商品中的属性，这是对价值的一种解释。在这种解释中，使用价值表示商品的有用性，交换价值表示商品的可交换性，而价值则表示花费在商品上的标准劳动。把价值只看作是对商品的一种简单表达，作为消费的对象，作为交换的方式，作为人类能力的储存，这是对价值的另一种解释。很明显，在《资本论》中从来没有作过这样明确的讨论。霍奇斯认为，虽然马克思确定价值是商品的一种共同属性，商品同时拥有使用价值和交换价值，但我们仍然需要知道，这两种表述中的“价值”是否可以和价值互换。“可能的是，价值被认为是商品的共同属性，

---

①③ D. C. Hodges, The Value Judgment in Capital, *Science and Society*, Vol. 29 (3), 1965, pp. 296 – 311. In *Karl Marx's Economics: Critical Assessments*, Edited by Cunningham Wood, Volume Ⅱ, P. 72.

② D. C. Hodges, The Value Judgment in Capital, *Science and Society*, Vol. 29 (3), 1965, pp. 296 – 311. In *Karl Marx's Economics: Critical Assessments*, Edited by Cunningham Wood, Volume Ⅱ, P. 73.

而不需要同时被认为是商品价值的共同属性。”①

霍奇斯指出，马克思虽然对与他同时代的经济学家进行了批判，但他从来没有完全从他同时代的话语和预设中解脱出来。“这正像他不断地嘲笑黑格尔的术语，但自己却从来没有完全从费尔巴哈的词汇中解放出来一样，因此，我们可以认为，马克思受到斯密和李嘉图话语的限制。”② 霍奇斯最后指出，《资本论》中使用的价值用语，至少存在三种似是而非的不同的解释：“对《政治经济学批判》第一分册中观点的有些笨拙的和模糊的重新表述；对围绕价值作为第三种标准这一全新主题的表述；上述两种解释兼而有之的解释，该解释包含着马克思体系的内在矛盾。有关这三种解释的证据没有任何一个是决定性的。由此可以断定，价值用语的使用，最起码与马克思早期著作中的科学目标是矛盾的，在任何情况下，都可以完全不用参考价值而保证《资本论》第一卷第1章内容的完整性。”③

12.3 莫里斯对霍奇斯关于商品拜物教理解的批评

针对霍奇斯《〈资本论〉的价值判断》一文的主要观点，莫里斯（J. Morris）1966年在《科学和社会》上发表的《商品拜物教和价值概念》一文中提出：霍奇斯确信《资本论》第一卷的价值概念应归入主观价值判断范畴（因此应该排除在政治经济科学之外），这表明霍奇斯难以理解马克思深奥的商品价值分析。④ 霍奇斯开始是批判马克思价值概念的实质性内容，很快他就转而批判马克思表达这些内容时的用语，莫里斯认为，这正是霍奇斯对马克思的价值概念理解中出现困难的主要原因之一。“对价值概念的历史发展没有深刻的理解，以及对商品拜物教理论的严重误解，使霍奇斯教授不可避免地出现理解上的困难。”⑤ 莫里斯对霍奇斯的主要观点，做了以下一些方面的评价。

---

① D. C. Hodges, The Value Judgment in Capital, *Science and Society*, Vol. 29 (3), 1965, pp. 296 – 311. In *Karl Marx's Economics: Critical Assessments*, Edited by Cunningham Wood, Volume Ⅱ, P. 73.

②③ D. C. Hodges, The Value Judgment in Capital, *Science and Society*, Vol. 29 (3), 1965, pp. 296 – 311. In *Karl Marx's Economics: Critical Assessments*, Edited by Cunningham Wood, Volume Ⅱ, P. 74.

④⑤ J. Morris, Commodity Fetishism and the Value Concept: Some Contrasting Points of View, *Science and Society*, Vol. 30 (2), 1966, pp. 206 – 212, In *Karl Marx's Economics: Critical Assessments*, Edited by Cunningham Wood, Volume Ⅱ, P. 93.

12.3.1　关于价值概念的历史发展问题

莫里斯指出，霍奇斯的批判要旨在于他认为，马克思发明“价值”一词，似乎是为了宣传其反资本主义的偏见。但是，应该看到，“价值”这个词，是马克思从古典经济学家前辈那里继承来的。

莫里斯认为，在所有的语言中，人们都会说到某些物体拥有力量、能力、功效或价值等。当他们说某些物体是强壮的、强大的、有效力的、或是有价值的，他们的意思其实就是说，这些物体代表了力量、能力、功效或者价值。莫里斯列举出这些显而易见的事实，是因为霍奇斯在对马克思的很多批判中，都假定这些不同的表达在含义上存在实质性的区别。

当人们想要一个物品时，他们就说这个物品“有价值”。为了得到想要的东西，人们会去打猎、工作、战斗甚至杀人。但是随着历史的进展，到了人们都愿意通过劳动得到想要的大部分东西的时期，这种通过劳动获取想要的、有用的东西的方式，就使得价值（使用价值）概念成为力量、能力或功效的一种表达方式，由此使得有用的产品可以满足人们的欲望或需求。随着岁月的推移，人们发现通过分工以及交换不同行业的物质产品可以增加有用物品的产出。非直接的物物交换，利用一种具有适当特性的特殊媒介物，这种交换体系的发展逐渐克服了直接物物交换引发的困难。这种特殊媒介物逐渐地被称为货币。用一件物品换取货币称为卖，而用货币换取一件物品称为买。

莫里斯认为，随着直接的物物交换逐渐转变为买和卖，生产使用价值直接用来消费，只是偶尔有剩余产品用来交换的生产（自然生产），逐渐转变为生产使用价值在市场上出售（商品生产）的生产。随着社会的这种变化，产品就有了另一种新的客观能力、力量、功效或价值——“即一件商品在市场上吸引货币的能力，转变为货币的能力以及通过货币转变为其他使用价值的能力”①。

莫里斯指出，商品的这种新的能力、力量、功效或价值被含糊不清地理解为一种源于人类劳动的力量，在某种程度上这种能力与商品的使用价值有关联。这种能力开始被认为是商品的一种内在属性，类似于使商品成为使用

① J. Morris, Commodity Fetishism and the Value Concept: Some Contrasting Points of View, *Science and Society*, Vol. 30 (2), 1966, pp. 206 - 212, In *Karl Marx's Economics: Critical Assessments*, Edited by Cunningham Wood, Volume Ⅱ, P. 94.

价值的自然或人为的属性。这种“认为商品天生可以获取货币以及认为货币天生可以赚取利息的习惯思维，就是马克思所说的商品拜物教”①。莫里斯指出，因为市场提供充足的客观经验证据，可以证明商品拥有一种稳定的获取货币的能力，所以这种拜物教式的习惯思维是非常自然的。

当政治经济学在交换价值或货币获取能力的意义上考察商品价值时，就引申出许多结论。比如，两种商品在一段时期内获取货币能力的平均比率，并不是偶然的。古典经济学家认为，这个比率是由生产这两种商品所需的相对劳动量决定的。马克思用一般意义上的劳动概念，代替了含糊的“劳动”概念。这个一般意义上的劳动，指的就是无差别的、抽象的、社会必要劳动。

从一些经验价格数据和可观察到的生产者或市场经营者的活动中，可以得出这些结论。商品生产者和销售者总是不断地改变生产和经营策略，使其收入最大化、劳动耗费最小化。马克思清楚地看到（他的前辈差不多也很清楚地看到），商品在市场上的交换，隐藏了劳动交换，因此也隐藏了劳动者之间发生的交换，即人与人之间的关系。人们之间的关系是间接的，商品价值代表劳动，价值大小代表劳动时间长短。人们彼此为对方劳动，他们的劳动产品之间的交换比例，在长时期内将证实他们的劳动的社会平等。

莫里斯指出，马克思以辩证的观点来考察价值现象，他并不满足于他所发现的交换价值的概念。经济学家过分关注价值的相对形式，忽略了价值的等价形式，尤其是一般等价形式——货币形式的重要性。显然，一旦一个商品被确定为货币商品，货币形式就可以以一般的或抽象的形式表达商品的价值，相对价值也就转变为绝对价值。

莫里斯指出，人们以为货币对于他们来说就是绝对价值，马克思则认为这种拜物教意识是经济学家没有认真考虑过的问题。要想追溯这种拜物教的根源，要想证明货币实际上代表社会劳动，就必须从严格意义上的价值概念开始。这里的价值，指的是由物化在商品中的社会劳动创造的商品的一种基本能力或力量。交换价值和货币价值可以被解释为这种严格意义上的价值和社会劳动的经验的或现象层面的表达。因为社会劳动，或者更确切地说，社会必要抽象劳动是一种纯粹的存在的社会形式，严格意义上的商品的价值，

---

① J. Morris, Commodity Fetishism and the Value Concept: Some Contrasting Points of View, *Science and Society*, Vol. 30 (2), 1966, pp. 206 - 212, In *Karl Marx's Economics*: *Critical Assessments*, Edited by Cunningham Wood, Volume Ⅱ, P. 94.

应该被描述为商品的一种社会属性。

12.3.2　霍奇斯对马克思表达意思的诋毁

莫里斯认为，霍奇斯列举的马克思对价值描述和解释的多种表达方式并不全面，通过对这些表达的断章取义的诠释，霍奇斯企图证明马克思关于价值表达的词意上的矛盾，这就破坏了马克思对价值论述的整体的内容。莫里斯认为，霍奇斯得出这些结论的思路就是：首先，他断言马克思关于“价值”的有意义的解释只是“价值归于商品”，但是，它并不是任何物品的一种客观属性；其次，霍奇斯认为，“如果价值不是客观的，那它就是主观的；如果是主观的，那它就是规范的；如果是规范的，那它就是判断一个物体应该是什么的范畴，这样的一个范畴根本就不属于研究客观事实的科学范围”①。最后，霍奇斯得出的结论就是，应该把价值概念抛出政治经济学之外！

莫里斯指出，霍奇斯从《资本论》第一卷的丰富内容中挑出了两个有关价值的表述，并在其文章的开始对这两种表述作了比较。从这里，可以更清楚地看到霍奇斯的方法。这两种表述就是：价值是商品的一种独特的属性；价值是标准劳动的一种表达方式。在霍奇斯看来，如果价值作为商品的属性，就像重量和弹性这些可测量的性质一样，那么，它就不能同时又是言语上的、抽象的、概念性的和非物质的（比如说标准劳动的表达）。如果坚持价值既是前者又是后者，那么，在逻辑上就存在不一致，在术语上就存在矛盾。因此，霍奇斯认为，无论价值是什么，它只能与其中的一种表述相符合。

莫里斯指出，霍奇斯之所以得出这种逻辑上的不一致，是因为他“破坏性的分析模式，歪曲了马克思复杂的表述想要传达的意思”②。马克思认为，价值是交换价值的源泉，是商品的一种客观社会属性，是由生产商品所需的社会必要抽象劳动的数量决定的，同时也是这种劳动的一种表达方式。

莫里斯强调，“在阅读马克思的著作时，必须记住，马克思给他自己安排的是一个空前艰巨的任务——全面研究人与自然之间辩证对立的社会学意义上的方方面面。这种辩证对立在每一种新的生产方式下，具有新的社会学属性和意义。如果将马克思著作中所有关于价值的词语，只是严格地按字典

①② J. Morris, Commodity Fetishism and the Value Concept: Some Contrasting Points of View, *Science and Society*, Vol. 30 (2), 1966, pp. 206－212, In *Karl Marx's Economics: Critical Assessments*, Edited by Cunningham Wood, Volume Ⅱ, P. 96.

含义进行解释，那我们就会歪曲马克思想要传达的新思想”①。霍奇斯根本都没有考虑到马克思的这层意图。

12.3.3 霍奇斯对商品拜物教的误解

霍奇斯将马克思关于商品拜物教的理论与所谓的“资本主义生产关系的非科学性与不合理性”联系在一起。莫里斯认为，霍奇斯忽视了一个明显的事实，即存在于所有商品生产体系中的商品拜物教，是早于资本主义生产而出现的；在资本主义生产关系与生产力发展水平相适应的时候，资本主义生产关系并没有什么不合理的和不科学的。

霍奇斯的误解在于，马克思对拜物教理论的详细论述，似乎就是为了证明商品价值是源自有关资本主义的不合理性和不科学性的“异化的智力构想”，是“一种欺骗或是陷阱”。霍奇斯认为，尽管马克思对商品拜物教理论作了详述论述，但是，他自己也被困在了“商品拜物教”的话语中，困在斯密和李嘉图的话语中。

莫里斯指出，理解“商品拜物教”概念的简单方法：对培养液里细菌的生长和储蓄账户中货币的增长作一比较。用同一个代数等式——复利法，就可以表达以上两种增长。但是，当这个法则应用于细菌时，就代表了细菌的生物学特性，这与细菌学家、数学家或任何其他人类的存在毫无关系。当这个法则应用于货币时，就是纯粹的商品拜物教。这种观念认为货币具有增殖的能力，似乎货币会自我扩张并且独立于社会关系之外。这个复利法则没有任何线索说明，在剥削劳动和在资本主义各个阶层之间分配剩余价值中存在的货币增殖的社会基础。

莫里斯指出，马克思在解释商品拜物教概念时曾经强调：“私人劳动在事实上证实为社会总劳动的一部分，只是由于交换是劳动产品之间、从而使生产者之间发生了关系。”② 注意产品之间的关系是直接关系，而生产者之间的关系是间接关系。两种关系都是客观存在。任何一种都不是一种幻想，虽然只有第一种关系作为一种经验事实可以观察到，而第二种只能作为一种科学结论被推断出来。马克思进一步指出：对于生产者来说，“不是表现为人们在自己劳动中的直接的社会关系，而是表现为人们之间的物的关系和物

① J. Morris, Commodity Fetishism and the Value Concept: Some Contrasting Points of View, *Science and Society*, Vol. 30 (2), 1966, pp. 206 - 212, In *Karl Marx's Economics: Critical Assessments*, Edited by Cunningham Wood, Volume Ⅱ, P. 96.

② 《马克思恩格斯文集》第5卷，人民出版社2009年版，第90页。

之间的社会关系”①。在现实经验层面上，这些关系并不表现为直接社会关系的原因，在于它们不是直接的关系，像马克思所说的，它们是间接的社会关系。现实经验层面上的直接表现，是人们之间商品和货币的交换，在这里，人只是作为商品和货币的代表进行交换，而商品之间的交换比例是由人们无法控制的社会力量预先决定的。

当马克思应用词语“表现”或者“表象”时，他并不是指虚假的现象，他指的是实证主义意义上的真实的现象、经验上可以测量的现象。莫里斯认为，认识到这一点是非常重要的。然而，作为一位科学家，马克思并不满足于现象所表现出来的直接关系，他发掘得更深，以发现间接的、但却是更为基本的社会关系。

莫里斯的结论是，对马克思的商品拜物教理论意义的分析证明，霍奇斯做出的商品拜物教产生了有关异化的智力构想或虚妄的想法的结论，是没有任何根据的。以实证主义或经验主义的观点来看，商品拜物教不仅是绝对现实的，而且是现实的最终的结果。②

12.4　杜菲尔德从分析方法上对霍奇斯的批评

杜菲尔德（J. Duffield）1970 年在《科学与社会》上发表了题为《〈资本论〉中的价值概念：对近期的批判的考察》的一文③。对那些对马克思的价值概念进行“善意的批判”的学派的观点，进行了批判性的考察，同时也对马克思的价值概念作了进一步的阐述和说明。杜菲尔德认为，仅仅阐述《资本论》第一卷第一章中马克思的价值概念，对于理解价值概念以及对价值概念的经济学批判都是不够的。马克思在《资本论》第一卷德文第一版序言中谈到理解价值概念的条件：“除了价值形式那一部分外，不能说这本书难懂。当然，我指的是那些想学到一些新东西、因而愿意自己思考的读者。”④ 马克思虽然没有对读者提出更明确的要求，但是，仅仅凭借部分的阐述而忽视已经有的全部的解释说明，得到的就只能是支离破碎的理论观

① 《马克思恩格斯文集》第 5 卷，人民出版社 2009 年版，第 90 页。

② J. Morris, Commodity Fetishism and the Value Concept: Some Contrasting Points of View, *Science and Society*, Vol. 30 (2), 1966, pp. 206 – 212, In *Karl Marx's Economics*: *Critical Assessments*, Edited by Cunningham Wood, Volume Ⅱ, P. 98.

③ J. Duffield, The Value Concept in Capital in Light of Recent Criticism, *Science and Society*, 1970, Vol. 34, pp. 293 – 302.

④ 《马克思恩格斯文集》第 5 卷，人民出版社 2009 年版，第 8 页。

点，增加的就只是学术垃圾。

杜菲尔德认为，从某种意义上说，所谓“善意的批判”学派可以追溯到庞巴维克对马克思的批判。该学派的现代代表包括琼·罗宾逊和唐纳德·克拉克·霍奇斯。罗宾逊夫人认为，马克思的价值概念是“简单的教条主义”①、“纯粹是一个定义问题”②，并得出了价值概念“证明了马克思的解释也很费解，而他用价值概念表达的各重要概念，没有哪个不可以在不用价值概念的情况下表达得更好”③ 的结论。霍奇斯为巩固该学派的地位，提供了新的论据。

杜菲尔德指出，霍奇斯的论点是以对马克思价值概念公认的两种分歧见解的讨论为基础的，即价值是商品的一个独特的属性，还是只是标准劳动的一种笨拙的表达方式。杜菲尔德对霍奇斯的分析过程作了概述。

首先，非常清楚的是，霍奇斯将这一分歧转化为价值 A 和价值 B 之间的差别，价值 A 等同于标准劳动的产品，价值 B 指的是耗费在商品上的标准劳动。霍奇斯认为，价值 A 的解释与马克思描述的商品拜物教的现象是一致的，因为“只有在商品拜物教的理论框架中才能得出价值的客观性”④。这样，在用价值 A 的方式阐述的马克思的价值概念与他的商品拜物教理论之间就出现了一个相矛盾的地方，因为把价值“视为是商品的一种属性”完全是一种幻觉和神秘化，这似乎和马克思认为的价值是标准劳动的产品发生了内在的矛盾。霍奇斯认为价值 A 中阐述的价值是一个规范性范畴，不属于政治经济学的范围。马克思关于价值的规范性解释，表明他从未挣脱古典政治经济学的制约。

其次，价值 B 被等同于耗费在产品上的标准劳动；因此，“价值”就成为了一个“描述性”的范畴，这样它就在政治经济学中获得了一席之地。霍奇斯通过说明用“耗费在产品上的标准劳动”代替“价值”的含义，证明价值 B 是对价值的正确解释。马克思关于只有劳动创造和保存价值的观点，变为“只有劳动者创造和保存耗费在产品上的劳动”，因此是富有意义的。霍奇斯认为，马克思提出的含义隐晦的观点——劳动是价值的内在尺度、但是其本身不具有价值，“想要说的是，如果价值和耗费在商品上的标准劳动是可以互换的，那么一种形式的标准劳动就可以成为另一种形式的标

① Joan Robinson, *Essays on Marxian Economics*, New York, 1950, P. 10.

② Joan Robinson, *Essays on Marxian Economics*, New York, 1950, P. 13.

③ Joan Robinson, *Essays on Marxian Economics*, New York, 1950, P. 20.

④ D. C. Hodges, *The Value Judgment in Capital*, *Science and Society*, XXIX, 3, 1965, P. 300.

准劳动的尺度。耗费在商品上的标准劳动的数量就是标准工时数量”①。

最后，霍奇斯提出，尽管价值 B 的解释被认为是科学上前后一致的，但是马克思是否同意这种观点还不能肯定。霍奇斯认为，在《政治经济学批判》第一分册（马克思认为《资本论》第一卷开头是这一分册内容的概要总结）中可以发现与价值 B 解释相一致的阐述（这种阐述中明显缺乏把“价值”视为是第三者标准的内容）。这样，霍奇斯认为，《资本论》第一部分的必要的方面，在《政治经济学批判》第一分册中都已经存在了，因此“价值”作为一个独立的概念事实上是多余的。

杜菲尔德认为，以霍奇斯为代表的这一学派所进行的上述批判，重要的意义就在于，它认为价值概念从理论上讲对于经济科学是毫无意义的。这个学派之所以认为价值概念是无意义的，归根到底是因为他们对于形成价值概念的理论过程或分析方法缺乏理解。②

杜菲尔德指出，马克思似乎预料到以上批评家可能会提出的批判，这反映在马克思对他对叙述方法与研究方法之间的区别的解释中。在《资本论》第一卷德文第二版的“跋”中，马克思指出：“当然，在形式上，叙述方法必须与研究方法不同。研究必须充分地占有资料，分析它的各种发展形式，探寻这些形式之间的内在联系。只有这项工作完成以后，现实的运动才能适当地叙述出来”③。关于他自己方法的性质，马克思首先简单地说是分析的方法。杜菲尔德指出，马克思的方法之所以是分析的方法，是在康德的意义上对一个概念的内包意义（intensional meaning）的解释。与马克思的辩证法的唯物主义基础一致，被分析的概念来自经验（或者说对经验的反映）。马克思认为其研究方法“必须充分地占有材料，分析它的各种发展形式，探寻这些形式之间的内在联系”，杜菲尔德认为，从马克思的方法中得出的命题是，对内包意义的分析性表述事实上要么是与“描述性”范畴相对立的，要么是与“规范性范畴”相对立的，而这一命题在霍奇斯解释马克思的价值概念时，把它视为是马克思那里存在的不足。

杜菲尔德认为，马克思在《资本论》第一章接近结尾的部分“阐明了

---

① D. C. Hodges, *The Value Judgment in Capital*, *Science and Society*, XXIX, 3, 1965, pp. 302 - 303.

② J. Duffield, The Value Concept in Capital in Light of Recent Criticism, *Science and Society*, 1970, Vol. 34, pp. 293 - 302. In *Karl Marx's Economics: Critical Assessments*, Edited by Cunningham Wood, Volume Ⅱ, P. 154.

③ 《马克思恩格斯文集》第5卷，人民出版社2009年版，第21~22页。

经济科学中唯物辩证法的本质”①，马克思说：“对人类生活形式的思索，从而对这些形式的科学分析，总是采取同实际发展相反的道路。这种思索是从事后开始的，就是说，是从发展过程的完成的结果开始的。给劳动产品打上商品烙印，因而成为商品流通的前提的那些形式，在人们试图了解它们的内容而不是了解它们的历史性质（这些形式在人们看来已经是不变的了）以前，就已经取得了社会生活的自然形式的固定性。”②

杜菲尔德对马克思的上述引文进行了解释。他认为：“首先，研究过程有一个明确的、认识论的顺序（与历史相反）；因此，其次，对社会形式的分析是以该形式成熟的、实际的存在为基础的；再次，破解社会形式的含义（也就是分析概念的发展了的含义）——这个方法是从形式的概念一直分析到其含义，或者它的可能性的理由的；最后，分开来看，后者必然是一个分析上的先验的过程（与经验的或历史的相反），因为对形式的含义的任何科学认知是以形式的成熟为基础的……从而，在一个充分发展了的社会形式的后验基础之上，马克思的分析才是通过‘抽象力’向前推进的”③。

杜菲尔德指出，只有理解了马克思独特的分析方法，才能理解《资本论》第一卷第一章的理论证明，而马克思的理论概念的重要意义和关联性才会越来越清晰地展现出来。比如在《资本论》第一卷第一章中，价值的表面形式，或者交换价值，或者马克思指出的价值形式，就是“20码麻布值一件大衣”等诸如此类的形式。马克思认为，这种表面交换关系是一种等量关系；下一步就是分析表面形式概念并探明其含意，或者其基础；要分析的问题是：“两个迥然不同的产品或者使用价值怎么可以形成一个对等的关系?”初步的答案是，二者至少在一个方面是相同的。那么以使用价值，或者自然属性来比较，则不能以相同的单位度量；我们暂且认为“价值”能以同种单位度量。这个形式不能是具体的物质本身，而只能与抽象的、非自然的属性相关。但是与非自然属性相关的物质构成了一种社会关系，可以想到的此类人类关系就是社会产品与生产社会产品的社会物质之间的关系。这种社会物质就是抽象的、一般劳动，或者是耗费的相等的抽象一般劳动。这就是马克思在搞清“20码麻布值一件大衣”的内在含义时使用的基本分析方法。

---

①③ J. Duffield, The Value Concept in Capital in Light of Recent Criticism, *Science and Society*, 1970, Vol. 34, pp. 293 - 302. In *Karl Marx's Economics*: *Critical Assessments*, Edited by Cunningham Wood, Volume Ⅱ, P. 155.

② 《马克思恩格斯文集》第5卷，人民出版社2009年版，第93页。

杜菲尔德在文章的结尾指出："通过考察马克思从上述分析方式的立场出发进行的理论构建，我希望能够说明《资本论》第一卷第一章中的理论构建不仅在理论分析上是有意义的，从而也是马克思的理论体系必要的构成部分。交换价值——作为价值的现象形式，为马克思的分析提供了出发点，而价值概念作为交换关系和等式关系中的必要的可通约性的社会含义发挥作用。价值概念是作为价值的现象形式——交换——和它的必要的、以现象为基础的条件——标准劳动（脑力、精神和体力的耗费，存在于生产性有机体当中）之间纯粹的理论桥梁发挥作用的。从交换的现象，经由等同的概念完成的理论循环在必要的可通约性概念（即价值范畴）中达到了理论的高潮，并转化为抽象人类劳动的概念，抽象的人类劳动存在作为有机体的劳动力或能量能力中。《资本论》第一卷第一部分第一章中的理论结构，不需要任何批判性的装饰，只要被正确地理解，它就是反对把马克思的价值构建'修正'出政治经济科学之外的最可靠的论据。"①

12.5 霍奇斯对杜菲尔德批评的回复

针对杜菲尔德的批评，霍奇斯在1970年的《科学与社会》杂志上发表了《马克思价值概念和价值拜物教批判》一文②。在文中，霍奇斯指出，在《〈资本论〉中的价值判断》一文中，他提出的观点是：马克思运用"价值"一词，并不是前后一贯地表示同一个意思。事实上，马克思用"价值"一词表达了不同的意思。霍奇斯强调，马克思使用价值一词有两种可能的解释：或者是规范性的表述，或者是标准劳动的简略表达。霍奇斯指出，杜菲尔德做出了第三种解释，这就是"价值"就等同于"可通约性"。霍奇斯提到，杜菲尔德对他自己有关马克思的"价值"术语的使用的先前研究的批判从文本上看是能成立的，但是和马克思自己有关商品拜物教和价值作为商品的一种拜物教属性的表述联系起来看，杜菲尔德自己的解释是错误的③。

---

① J. Duffield, The Value Concept in Capital in Light of Recent Criticism, *Science and Society*, 1970, Vol. 34, pp. 293 –302. In *Karl Marx's Economics*: *Critical Assessments*, Edited by Cunningham Wood, Volume Ⅱ, P. 158.

② Hodges, D. C., Marx's Concept of the value and Critique of value Fetishism, *Science and Society*, 1970, Vol. 34, pp. 342 – 346. In *Karl Marx's Economics*: *Critical Assessments*, Edited by Cunningham Wood, Volume Ⅱ, pp. 160 –164.

③ Hodges, D. C., Marx's Concept of the value and Critique of value Fetishism, *Science and Society*, 1970, Vol. 34, pp. 342 – 346. In *Karl Marx's Economics*: *Critical Assessments*, Edited by Cunningham Wood, Volume Ⅱ, P. 160.

霍奇斯指出，在杜菲尔德的解释中，度量或可通约性的单位不是价值，而是标准劳动。霍奇斯指出，标准劳动不仅是商品意义上的价值的尺度，而且也可假定为无价值的或者是不流通的产品或服务的价值尺度。在后一种应用中，可通约性不是由市场关系决定的，而是直接由专业的、科学的公认的性能和效率标准决定的。由于这些非市场价值可以以同样的劳动单位的形式等同于价值，所以它们也是可通约的。那么，这“是不是就意味着非市场价值也就是价值呢？这不是一个显而易见的矛盾吗？”① 霍奇斯认为，不是这样的。因为“价值”不仅是与其他产品相通约的人类劳动的产品，同时还是一件商品。因此，可以很肯定地认为，非市场价值不是交换价值，但是，同时非市场价值与交换价值可以用同一标准衡量。

霍奇斯指出，恩格斯在《资本论》第二卷的序言中提到，剩余价值是马克思分析的起点，可以推测，这是在研究的顺序意义上而不是在以交换价值作为出发点的理论的形式化的意义上是成立的。恩格斯告诉人们，为了解释剩余价值，马克思必须先研究价值。马克思说，价值是一种特殊的劳动，但是劳动不是价值。在霍奇斯看来，简单地说，对马克思而言，价值和商品的劳动成本并不是等同的，后者只是前者的内在尺度。

然而，与杜菲尔德的意见相反，价值不能简化为任何一种共同的社会实质的原因，就在于商品价值的拜物教特征。这种特征起因于商品价值只能通过劳动成本间接衡量。商品之所以具有拜物教的特征，是因为人类劳动成果的社会配置采取的是独立于劳动之外的交换形式。反过来，标准劳动成本（在很大程度上）只是通过货币形式表达的价值的中介才间接地、近似地相等。恩格斯在《反杜林论》中强调了价值表面上独立于标准劳动的现象以及商品的拜物教特性：“社会一旦占有生产资料并以直接社会化的形式把它们应用于生产，每一个人的劳动，无论其特殊用途是如何的不同，从一开始就成为直接的社会劳动。那时，一件产品中所包含的社会劳动量，可以不必首先采用迂回的途径加以确定；日常的经验就直接显示出这件产品平均需要多少数量的社会劳动。社会可以简单地计算出：在一台蒸汽机中，在一百公升的最近收获的小麦中，在一百平方米的一定质量的棉布中，包含着多少工作小时。因此，到那时，由于产品中包含的劳动量社会可以直接地和绝对地

---

① Hodges, D. C., Marx's Concept of the value and Critique of value Fetishism, *Science and Society*, 1970, Vol. 34, pp. 342 – 346. In *Karl Marx's Economics: Critical Assessments*, Edited by Cunningham Wood, Volume Ⅱ, P. 160.

知道，它就不会想到还继续用相对的、动摇不定的、不充分的、以前出于无奈而不得不采用的尺度来表现这些劳动量，就是说，用第三种产品，而不是用它们的自然的、相当的、绝对的尺度——时间来表现这些劳动量。”① 霍奇斯指出，商品有价值的条件之一，就是人们并不能直接知道该商品生产所需的标准劳动数量，更不用说需要多少标准工时，而只能使其间接地等同于另一商品中所包含的劳动内容。假定商品都以其价值进行交换，那么，商品的相对价格就是多余的了，它通过交换媒介估算凝结在一种商品中的相对于所有其他商品的社会劳动时间。虽然不清楚商品劳动成本的绝对数值，但仍可以通过市场机制的运行，知道一种商品相当于另一种商品总劳动成本的两倍或三倍，这样，我们至少可以了解商品的相对的、或成比例的劳动内容。霍奇斯指出，恩格斯认为，货币是使得这种估算成为可能的媒介物，而不是标准劳动成为市场上的直接的可通约单位。货币概念隐含在价值概念之中；只有在较成熟的形态而不是萌芽形态，货币才是价值。

霍奇斯指出，不幸的是，恩格斯的前提是错误的，因为即使是在完全竞争中，商品也不是按价值进行交换的，而是以马克思所说的生产价格进行交换的。价格相等的商品之间交换，即使在粗略的意义上，也并不意味着他们各自以标准劳动计算的成本是相等的，在不完全竞争的和人为规定价格的情况下，更是如此。霍奇斯认为，关键问题在于，是否能够完全理解市场经济条件下的价格面纱及和其对应的价值拜物教。假定马克思是正确的——即只有在直接社会生产和直接分配的情况下，产品才无需以第三种产品——货币来间接地度量。它仍然不意味着，在资本主义条件下具体商品的社会成本无法被科学地估算，而只是意味着它们不能通过价格机制的中介被精确地估算。

霍奇斯重申，对于马克思来说，“商品 x 的价值等于商品 y 的价值”，这句话包含的意思，不是对此两种商品比较价值的规范的和态度上的评价的客观化，而是对它们的交换价值的估算，即对独立于人们的判断以及人与人之间关系的简单数据的估算。但是，杜菲尔德轻视了价值的拜物教作用，误将商品拜物教视为是生产者盲目心理的社会投射，而非对他们劳动产品的社会反应。霍奇斯认为，马克思在这两点上的观点是很清晰的，马克思说：“后来科学发现，劳动产品作为价值，只是生产它们时所耗费的人类劳动的物的表现，这一发现在人类发展史上划了一个时代，但它决没有消除劳动的

① 《马克思恩格斯全集》第20卷，人民出版社1971年版，第334页。

社会性质的物的外观。"① 霍奇斯对这段引文的理解是，价值不仅是作为商品内在属性的劳动成本的物化的例子；同时还表示出劳动者同他自己的产品和其他劳动者相异化的表现。

霍奇斯指出，他和杜菲尔德在假定如果价值是商品的一种拜物教特征，那么"价值"一词实际上就只是一个毫无用处的理论概念上都犯了错误。霍奇斯认为，他们的区别在于，在先前的论文中，他自己确认了上述假定的前提，而杜菲尔德则否定了结论。在同样的假定条件下，霍奇斯考虑的是"价值"一词在经济科学中的有用性问题，而杜菲尔德却忽视了价值作为商品的拜物教特征。霍奇斯指出，他和杜菲尔德都犯了错误。作为价值拜物教的结果，商品的可通约性取代了商品生产中耗费的劳动成本或个人牺牲的可通约性。问题在于哪一个术语在解释这种日常生活的宗教般的反映、这种人类能量的异化和物化中最为有用。霍奇斯认为，由于"价值"与"神圣"一样属于同一语言序列，它在揭露表现为不神圣的形式的自我异化时特别有用。霍奇斯认为，事实上，《资本论》是对价值以及资本的批判，因此将"价值"转化为非拜物教用语，就相当于将市场行为的拜物教特征最小化。因此，霍奇斯认为，"在认为马克思的价值理论和术语对政治经济科学而言是非常重要的这一点上，杜菲尔德是正确的，只不过这并不是基于他提出的原因才成立的"②。

霍奇斯认为，由于忽略了马克思应用"价值"一词的一个关键含义，杜菲尔德将"价值"等同于"可通约性"并不是对马克思的含义的完整的转化。杜菲尔德认为，马克思的价值理论的内容实际上就是劳动的可通约性理论，在这种理论中，马克思的价值概念只是一个中间变量，这个中间变量用某种标准劳动解释交换比率。霍奇斯认为，相反，如果认为它是以标准劳动表示的对经济价值的解释或可通约性拜物教，则更为确切。"马克思的劳动价值论与其古典经济学家前辈的理论之间的差别，不仅在于后者没有用标准劳动对经济价值作出完整的解释，而且也在于他们没有揭开价值的神秘性质的面纱。因此，古典价值理论在一定程度上是为了辩护，而马克思的理论却是为了进行根本性的批判。"③

---

① 《马克思恩格斯文集》第5卷，人民出版社2009年版，第91页。

② Hodges，D. C.，Marx's Concept of the value and Critique of value Fetishism，*Science and Society*，1970，Vol. 34，pp. 342 – 346. In *Karl Marx's Economics*：*Critical Assessments*，Edited by Cunningham Wood，Volume Ⅱ，P. 162.

③ Hodges，D. C.，Marx's Concept of the value and Critique of value Fetishism，*Science and Society*，1970，Vol. 34，pp. 342 – 346. In *Karl Marx's Economics*：*Critical Assessments*，Edited by Cunningham Wood，Volume Ⅱ，P. 163.

霍奇斯认为，事实上，“马克思的善意的修正者”[①]，从琼·罗宾逊到斯坦利·穆尔（Stanley Moore）都把“对马克思的批判误解为辩护”[②]。他们认为马克思为了拯救价值概念，武断地排除了在解释商品交换比率时，抽象有用性或者效用也是一种“比较物”。霍奇斯认为，但是，在《资本论》第一卷第一篇，马克思并没有否认商品也可以根据抽象有用性通约的可能性，马克思说的只是，如果抽象掉对有用性的考虑，商品唯一的共同的属性就是它们是抽象人类劳动的产品。对抽象效用作为一种比较指数的批判与马克思对古典政治经济学尤其是其劳动价值论的批判毫无关系。

霍奇斯指出，由于他认为价值概念不属于政治经济学的范畴，所以杜菲尔德将他与那些持有同样意见的“善意的”马克思的修正者归为一类。但是，霍奇斯认为，他和其他一些“善意的修正者”之间是有区别的。他指出，“那些善意的修正者的批判是为了废除劳动解释单位，而我的批判则是为了拯救它”[③]。霍奇斯把自己和琼·罗宾逊做了比较，他说罗宾逊对马克思的批判指向了马克思价值概念的实质或内容，而他本人的批判指向的却只是它的形式，也就是说，价值语言是一种具有误导性的、多余的表达方式。罗宾逊批评说劳动价值论是马克思关于资本主义发展的理论体系中不必要的累赘，而霍奇斯则认为这只是因为马克思使用的语言是多余的。

霍奇斯认为，马克思的表述丧失了它的理论针对性，“主要是因为在行为主义和当代科学哲学的影响下，职业经济学家不再认真地对待劳动价值论。为了提升马克思的政治经济学贡献的重要意义，继续强调他对古典价值理论的批判是没有意义的。尽管我现在认为，我在《〈资本论〉中的价值判断》一文中的结论（《资本论》第一章中的内容可以在不使用价值语言的情况下完整无损）是不成立的，但我将仍然选择对马克思进行语言改造，因为今日的马克思主义者通过用非价值的术语重新表述马克思的理论，能够提供对劳动解释单位更好的说明”[④]。

---

①②③④　Hodges, D. C., Marx's Concept of the value and Critique of value Fetishism, *Science and Society*, 1970, Vol. 34, pp. 342 –346. In *Karl Marx's Economics: Critical Assessments*, Edited by Cunningham Wood, Volume Ⅱ, P. 163.

第 13 章　价值决定与技术选择和联合生产

1960 年斯拉法《用商品生产商品》一书出版后，依据斯拉法来解读马克思的劳动价值论成为西方国家的马克思经济学研究的重要论题。其中，价值决定与技术选择和联合生产问题，引起大量的讨论和论争。在这里，单一产品、单一技术被认为是马克思价值理论得以成立的前提。也就是说，马克思抽象掉了同一产品生产中多种工艺或技术选择的问题，也抽象掉了同一生产过程可产生两种或两种以上产品的联合生产。一旦放弃这两个前提，价值量的决定就不再具有唯一性或非负性。由此，在存在多种技术选择和联合生产的情况下，价值如何被确定的问题，就成为很多马克思价值理论研究者论争的一个重要问题。在对这一问题的具体论争中，通常采用了繁杂的数学分析方法，或者使用一些简单的数字例子。

13.1　存在技术选择时的价值决定问题

森岛通夫在《马克思的经济学：价值和增长的二元理论》第十四章“再谈劳动价值论”中①，通过一个简单的数字例子，试图说明存在技术选择时的价值决定问题。

森岛设定，存在两种生产方法生产同一种商品，两种生产方法的投入产出关系如表 13－1 所示（表中商品和劳动用同一价值单位计量）。

在表 13－1 中，假设商品价值为 λ，生产方法 1 的投入产出关系就是 $\lambda=0.5\lambda+0.25$。解此方程得出 $\lambda=\frac{2}{3}$，即生产方法 1 生产出的商品价值等于$\frac{2}{3}$价值单位。同样，生产方法 2 的投入产出关系式 $\lambda=0.5\lambda+0.25$ 得出

① Michio Morishima, *Marx's Economics: A Dual Theory of Value and Growth*, Cambridge University Press, 1973.

表 13－1　　两种生产方法的投入产出关系

生产方法 / 生产要素	投入	产出	投入	产出
商品	0.25	1	0.5	1
劳动	0.5	—	0.25	—

商品价值 $\lambda=\frac{1}{2}$价值单位。森岛通夫用上述数字例子说明了同一商品采用不同的生产方法会产生不同的商品价值。

这就产生了一个典型的问题：如果两种生产方法都被采用，森岛例子中的商品的价值是等于$\frac{2}{3}$价值单位，还是$\frac{1}{2}$价值单位？或者是这两个价值单位中的某个数字？霍华德和金在论及这一问题时指出，"进一步的概括就是，价值定义为商品生产中所需的最少劳动量？最多劳动量？或者是一个平均量？"①

霍华德和金在《卡尔·马克思的政治经济学》一书中认为，价值转化为生产价格后，同一商品具有多个价值的情况会进一步被掩盖起来。这可从利润率相等和不等两种情况来分析。森岛的数字例子是利润率相等的情况。设 p 为商品的生产价格，w 为货币工资率（用货币来表示的劳动力的生产价格），r 为用价格表示的利润率。竞争使得两种生产方法生产的商品具有统一的生产价格和利润率：

$$(1/4p+1/2w)(1+r)=p \tag{13.1}$$

$$(1/2p+1/4w)(1+r)=p \tag{13.2}$$

用 W 同除方程（13.1）和方程（13.2）的两边，得：

$$(0.25p/w+1/2)(1+r)=p/w \tag{13.3}$$

$$(0.25p/w+1/4)(1+r)=p/w \tag{13.4}$$

解方程（13.3）和方程（13.4），得到 $r=\frac{1}{3}$，$p/w=1$。也就是说，在 p/w（用劳动表示的商品的价格）等于单位 1 时，$r=\frac{1}{3}$，两种生产方法的利润率相同。同样的生产价格和利润率掩盖了用两种生产方法生产出的商品

① M. C. Howard and J. E. King, *The Political Economy of Karl Marx*, 2nd edn. London: Longman, 1985, P. 151.

具有不同的价值量（λ 分别等于$\frac{2}{3}$和$\frac{1}{2}$）。

霍华德和金认为，上述简单的计算并不说明两种不同的生产方法总是有相同的获利程度，它们有可能相等，也有可能不等。当利润率不等时，将会是什么情况呢？这种情况会对价值决定有什么影响呢？技术革新使得一些新技术、新设备不可能被全部资本家普遍采用，所以同一产品的生产中各资本家的获利程度会很不相同。假定 r_1 和 r_2 分别是两种生产方法中不同的利润率，则公式（13.3）和公式（13.4）可改写为：

$$(0.25p/w + 1/82)(1 + r_1) = p/w \tag{13.5}$$

$$(0.25p/w + 1/4)(1 + r_2) = p/w \tag{13.6}$$

假定 $p/w = 2$，公式（13.5）和公式（13.6）的解分别为：$r_1 = 100\%$，$r_2 = 60\%$。采用生产方法 1 的资本家获得了高于平均利润的利润。这被马克思称为“超额利润”。当然，竞争使得使用生产方法 1 的资本家，只是暂时地获得这种高额利润。但在这种利润差别消失之前，人们自然会倾向于把这种利润率的不同归于所用技术的不同，而不会在不同的价值量决定（λ 为$\frac{2}{3}$和$\frac{1}{2}$两个不同的量）和不同的利润率之间建立起联系。

霍华德和金得出的结论就是：在价值转化为生产价格时，无论是出现利润相等或不等都无法察觉。两种不同的生产方法所生产出的同一商品的不同价值量，对商品的价格还有哪些决定作用？多种技术选择不但使价值失去了唯一性，价值决定也变得模糊不清了。

霍华德和金进一步对马克思关于价值量决定问题的分析方法作了评论。他们认为，马克思在《资本论》第三卷第十章的论述说明，马克思对多种生产方法并存时商品的市场价值和它的个别价值是作了区别的。同时也说明，在价值量的决定上，马克思有两种不同的观点。马克思指出：“市场价值，一方面，应看做一个部门所生产的商品的平均价值，另一方面，又应看做是在这个部门的平均条件下生产的并构成该部门的产品很大数量的那种商品的个别价值。只有在特殊的组合下，那些在最坏条件下或在最好条件下生产的商品才会调节市场价值，而这种市场价值又成为市场价格波动的中心，不过市场价格对同类商品来说是相同的。”① 霍华德和金认为，马克思的这

① 《马克思恩格斯文集》第 7 卷，人民出版社 2009 年版，第 199 页。

一论述是不清楚的。他们认为，这里有两个有关价值量决定的概念，马克思所说的“一方面”可以被理解为由平均值来决定价值量（不管这种平均值是加权的还是不加权的）；马克思说的“另一方面”，可以理解为占主流的值（价值或个别价值）决定价值量。但是，这两个概念并不总是一致的。

有的学者认为，对马克思价值决定理论来说，多种生产方法的并存带来的难题，远远不限于价值量上的不确定性。金认为，多种技术的选用，在价值决定问题上还会得出一个和马克思的逻辑分析顺序相反的结果，即价值不是如马克思所说的那样先于利润率而决定，而是利润率和某种生产技术的选定先于价值量的决定。金在 1982 年的一篇关于马克思的价值和剥削问题的文章中提出①，多种技术的并存会造成各种生产方法的利润率不等。利润率不等时，就应该引进“边际”的概念，以保持价值的唯一性。虽然这种边际分析，是以最不利条件下某种商品，如谷物生产中最大劳动耗费来决定价值，而不是最少劳动耗费，但还是比马克思的平均劳动耗费明确。利润率相等时，价值不存在唯一性，因为不同的生产方法会使商品具有不同的价值，追求利润的资本家对不同的生产方法并无偏爱，价值量的决定是在生产方法选择的基础上进行的。基于上述情况，金认为，生产技术的选用和利润率的决定先于商品价值的决定，这与马克思的逻辑顺序是相反的。

13.2　联合生产情况下的价值决定

当同一生产过程生产出两种或两种以上的产品时，即在联合生产条件下，价值量的决定会受到什么影响呢？这里的联合生产和联合产品是联系在一起的。帕西内蒂（L. L. Pasinetti）把联合产品定义为“联合产品就是那些彼此之间不能分别生产出来的产品”②。当未提折旧的固定资本也被看作是一种副产品时，即生产过程只有一种产品产出时，也被看作是一种联合生产。因此，联合生产是一种普遍现象。在联合生产或存在联合产品的情况下，如何把同一生产过程总的劳动耗费量（直接的和间接的）物化（或分配）在两个或两个以上的产品上？

首先考察一种简单情况，即生产过程只使用流动资本（假定固定资本

① J. E. King, Value and exploitation: some recent debates, In Bradley, I. and M. C. Howard *Classical and Marxian Political Economy*: *Essays in Honour of Ronald L. Meek*, London: Macmillan, 1982.

② Luigil. Pasinetti, *Essays on Joint Production* 931 *Essays on the Theory of Joint Production*, London: Macmillan, 1980.

不存在）的联合生产，或者说纯联合生产。典型的例子就是斯蒂德曼提出的数字例子，说明纯联合生产是怎样得出负价值结果的。假定生产过程 1，用 5 单位商品 1 和 1 单位劳动投入，产出 6 单位商品 1 和 1 单位商品 2；生产过程 2，用 10 单位商品 2 和 1 单位劳动投入，产出 3 单位商品 1 和 12 单位商品 2。再假设商品 1 和商品 2 的价值，分别是 λ_1 和 λ_2，那么，这两种生产方法的投入产出关系就是：

$$5\lambda_1 + 1 = 6\lambda_1 + \lambda_2$$

$$10\lambda_2 + 1 = 3\lambda_1 + 12\lambda_2$$

解此组方程得 $\lambda_1 = -1$，$\lambda_2 = 2$，即商品 1 的价值为负 1，商品 2 的价值为 2。并且可以看到，生产过程 1 的不变资本价值也是负数（$5\lambda_1 = -5$）。这个数字例子不但可使商品的价值和不变资本的价值成为负数，而且只要坚持马克思的价值加总计算方法，即按 C + V + S 来计算商品价值的方法，就会得出负的剩余价值来。负价值和负剩余价值的出现、负剩余价值与正利润的并存，动摇了马克思的劳动价值论和剩余价值是利润的基本定理。

在存在固定资本的非纯联合生产情况下，情况比纯联合生产更加复杂。斯蒂德曼在《按照斯拉法思想研究马克思》一书中给出了一个数字例子，来说明马克思加总计算价值的方法是错误的。他假定一个社会的简单再生产周期为三年，存在两种产品：谷物和机器。第一年，该社会用谷物和劳动生产出新机器；第二年，用新机器、谷物和劳动生产出旧机器和谷物（该年是一种联合生产）；第三年，旧机器、谷物和劳动，生产出谷物。经过两年使用后，机器报废。在第二年和第三年的机器使用中，机器的效率并不相等。表 13 - 2 是一组特定的数字所表示的这三年谷物、新旧机器、劳动之间的投入产出关系。

表 13 - 2　　三年间谷物、新旧机器、劳动之间的投入产出关系表

	谷物	新机器	旧机器	劳动		谷物	新机器	旧机器
第一年	1	0	0	5	→	0	5	0
第二年	9	5	0	10	→	10	0	5
第三年	15	0	5	25	→	25	0	0
总计	25	5	5	40	→	35	5	5

从表 13－2 中第二年和第三年这两行的数字上可以看到，这两年每单位劳动投入所得到的谷物产出是一样$\left(\frac{10}{10}=\frac{25}{25}\right)$的。但第三年，为了得到一单位谷物所投入和使用的谷物和机器，都低于第二年$\left(\frac{15}{25}<\frac{9}{10}, \frac{5}{25}<\frac{5}{10}\right)$，这是因为旧机器比新机器的效率高，或因为新机器在使用的第二年才进入正常运转。斯蒂德曼假设 l_c、l_n、l_o 分别是谷物、新机器和旧机器的价值。由于总计这一行的数字中总的劳动投入量是 40 单位，净产出是（35－25）＝10 单位谷物，故 I_c 的计算公式应是 $10l_c=40$，也即：

$$l_c=4 \tag{13.7}$$

将公式（13.7）代入第一年的投入产出关系式 $l_c+5=5l_n$ 中，得到：

$$4+5=5l_n\text{，或 } l_n=1.8 \tag{13.8}$$

在固定资本折旧问题上，马克思采取了固定不变的线性折旧率，在机器只使用两年的假设下，旧机器的价值应是新机器的一半，即 $l_o=\frac{1}{2}l_n=0.9$。在第二年和第三年的生产中，新旧机器转移到产品中去的价值，都应按每单位等于 0.9 来计算。按照马克思加总计算价值的方法和表中有关数字来计算第二年和第三年的谷物价值时，就会分别得出：$9l_c+(5)\times(0.9)+10=10l_c$，或者：

$$l_c=14.5 \tag{13.9}$$

和 $15l_c+(5)(0.9)+25=25l_c$，或者（修改）：

$$l_c=2.95 \tag{13.10}$$

根据公式（13.8）、公式（13.9）、公式（13.10）所计算出的结果，谷物的价值不是一个、而是三个，相互之间并不一致。固定资本的存在，不但使商品的价值决定丧失唯一性，还可能会造成负价值的出现。斯蒂德曼接下去进一步分析，如果坚持马克思的加总计算价值的方法，但放弃线性折旧，在用联立方程组来求出 l_c、l_n 和 l_o 的值时，按照表 13－2 中三年生产过程的数据，可以得出：

$$l_c+5=5l_n \tag{13.11}$$

$$9l_c+5l_n+10=10l_c+5l_o \tag{13.12}$$

$$15l_c+5l_o+25=25l_c \tag{13.13}$$

l_c 和 l_n 的值与线性折旧时相同，通过计算可知 l_o 的值，与线性折旧方法得出的 0.9 不同，而且 $l_o>l_n$（3＞1.8）。在计算新机器的折旧时会得到

一个负数 $l_n - l_o = 1.8 - 3 = -1.2$。由此可以得出，只要坚持马克思的价值加总的计算方法，无论是否对固定资本采用线性折旧方法，结果都会使价值失去唯一性，并使得负的折旧值出现。

斯蒂德曼通过上述数字例子，得出了他认为十分明显的结论，即“马克思加总计算决定价值的概念应该被放弃”①。

① Ian Steedman, *Marx after Sraffa*, London: Verso, 1977, P. 150.

第 14 章　劳动价值论的哲学和方法论问题

20 世纪，西方学者对马克思劳动价值论的论争，在许多方面都涉及劳动价值论的哲学基础和方法论的问题。在对这些问题的研究中，像米克这样的马克思主义经济学家，对马克思劳动价值论与唯物史观的哲学基础和方法论的关系，有过深刻的认识。在《劳动价值学说的研究》一书中，米克指出，马克思接受劳动价值学说的历史过程，同他成为一个马克思主义者的历史过程是不可分割地联系在一起的；而马克思在劳动价值学说上实现的科学革命，最先表现在《哲学的贫困》中。正是在这部著作中，马克思实现了劳动价值学说与唯物史观的密切结合。米克认为，在《哲学的贫困》中，马克思已经清楚地指出，李嘉图和蒲鲁东都犯有一个“通病”，这就是“把资产阶级的生产关系当作永恒范畴”。马克思在运用唯物史观对“交换价值”范畴的最初分析中，得出了两个重要的结论：第一，价值是历史现象。价值是以交换和分工为前提的，而这两者都是以一定的物质生产条件的发展为前提的；第二，价值是一定社会中人与人之间生产关系的表现。市场上作为“个人交换”客体的货物所体现的关系，实质上只是这些货物的各个生产者之间关系的表现。[①] 米克所陈述的这两个理论结论，只是马克思主义政治经济学的基本常识；但是，他是从唯物史观同政治经济学理论结合的角度来阐述这一问题的，这就突出了马克思政治经济学据以建立的世界观的科学性，以及马克思实行劳动价值论上的革命变革的坚实基础，从而阐明了马克思的劳动价值论同他之前出现过的各种价值学说的根本区别，以及马克思去世后对他“责难”的种种理论观点产生的世界观上的根由。我们可以看到，西方学者对这些问题论争中的不同观点，实际上也是他们各自对马克思劳动价值论不同理解的延伸。

---

① 米克著，陈彪如译：《劳动价值学说的研究》，商务印书馆 1979 年版，第 161 页。

14.1 抽象劳动和价值形式

莫宏（S. Mohun）在1984～1985年《科学和社会》冬季号上发表的《抽象劳动和价值形式》一文中认为，初看上去，马克思的价值理论的基本要素和结构似乎简明易懂。商品是用来交换的劳动产品，这两个特征蕴含着“商品有价值，或商品是价值”的陈述。①

莫宏提出，商品在市场上出售，买者购买它们是因为人们发现，商品在某些方面是有用的。不同商品的有用性是不相同的，具体劳动过程所生产出来的产品特征造成有用性上的差异。这种劳动，马克思称之为具体劳动。莫宏指出，具体劳动在质上是有区别的，是异质且不能在量上的做出比较的。② 但是，另一方面，所有商品都有一种共同的属性，即它们能够被用来交换到（不同数量的）货币，这是所有商品都具有的统一属性。这一属性是同质的，只是在量上有差别，而且可以相互比较。所有商品都是劳动产品，从纯粹的抽象的视角来看，劳动都耗费了人力，与他们努力的方向或目的无关。马克思把这种劳动称为抽象劳动，价值就是凝结、物化或体现在商品中的抽象劳动。

莫宏认为，无论是价值的实质还是它的度量，都有其表现形式，这些表现形式都脱离不了一定的市场。③ 商品的价值必须通过另一种商品，通过它们的交换来表达。从这个角度说，一种商品的价值需要借助另一种商品（等价物）相对地表现出来。因此，“交换的历史就是一种商品如何独占价值表现形式的历史”④。这种商品就是货币，一般来说，用另一种商品表示的商品的价值就是商品的“交换价值”，用货币来表示的话就是价格，价格等于商品的价值除以货币的价值。

在一般商品经济中，价值关系占据主导地位。由于价值关系只有在市场上才能表现出来（交换价值是价值的唯一形式），价格波动是随着时间的推移社会总劳动分配到不同生产领域的变化的方式，“在实践中，这种变化是如何进行的是马克思资本积累和经济危机理论的研究主题”⑤。

①②③④ S. Mohun, Abstract Labor and the Value-Form, *Science and Society*, Vol. 48, No. 4, Winter 1984－85, pp. 388－406. In *Karl Marx's Economics: Critical Assessments*, Edited by Cunningham Wood, Volume Ⅵ, P. 68.

⑤ S. Mohun, Abstract Labor and the Value-Form, *Science and Society*, Vol. 48, No. 4, Winter 1984－85, pp. 388－406. In *Karl Marx's Economics: Critical Assessments*, Edited by Cunningham Wood, Volume Ⅵ, P. 69.

在上述简单回顾的基础上，莫宏认为，马克思价值理论的结构看起来非常清晰。价值规律是关于耗费在商品生产上的劳动时间最终如何决定商品的价格的规律，由于价格是唯一的对劳动时间可比的表达，价格波动成为对资本主义生产进行事后调节的方式。这可能是对生产和交换之间关系的一种更为灵活的阐述，生产的首要地位得到根本的确立，人类劳动的目的性特征改变了社会和自然环境，从而改变了生产者自身。

莫宏认为，“对生产和流通之间的相互关系、价值作为耗费在生产中的物化劳动与在流通中价值的货币表达之间的相互关系，以及价值内容和价值形式之间的相互关系的详细说明，是马克思经济学中争论不断的根源之一”①。莫宏认为，在一定程度上，这是由《资本论》第一卷第一章中的论述造成的，“首先，看起来马克思是通过考察交换价值得出价值的内容，然后用价值内容得出交换价值是价值的唯一形式，这种价值形式的充分发展的形式就是货币”②。莫宏认为，在这里，马克思面临的困难是，他的论述看起来像是一种逻辑上的循环，“对马克思的辩护只有通过辩证法的方法，而这种方法最终是唯心主义的或形而上学的，或者说（事实上）是令人费解的”③。

莫宏指出，解决这一难题最常用的（至少在英美国家的文献中）处理方法，是一再重申马克思经济学的独特性在于它的劳动价值论。当然，尽管马克思主义汲取了法国社会主义和德国哲学的思想，但是，在此发挥作用的是英国古典政治经济学——基于生产中耗费的劳动的价值量理论。这里所关注的焦点包括详细说明马克思如何成功地解决李嘉图所阐述的一些难题的，这个解决李嘉图价值论的方法与“主观主义”价值理论形成了鲜明的对照。主观主义价值论在时下的正统新古典经济学发展中达到了顶峰。前者把焦点放在生产的价值的客观内容上，后者则忽视了马克思的价值形式的分析，把精力完全放在交换价值的形式上，排除了交换形式之外的任何价值内容。

莫宏认为，这两种立场都难以令人满意。对马克思主义者来说，下述新古典经济学的观点是明显的，在把资本主义视为只是商品生产世界时，竞争性均衡价格理论不需要花费大量精力解释资本主义的现实。因为，“除了交

①②③ S. Mohun, Abstract Labor and the Value-Form, *Science and Society*, Vol. 48, No. 4, Winter 1984 - 85, pp. 388 - 406. In *Karl Marx's Economics*: *Critical Assessments*, Edited by Cunningham Wood, Volume Ⅵ, P. 69.

换的表象，资本主义还有很多内容"[①]。莫宏指出，另一种相对的立场也是难以成立的，因为集中于价值的内容而排斥了对价值形式的分析，无论从逻辑上还是从方法论上，都难以自圆其说。

因此，莫宏试图以唯物辩证法为基础，提出一种对价值理论的解释：这种解释既避免李嘉图学派只聚焦于物化劳动的做法，又摒弃了新古典主义只关注均衡价格的市场决定的观点，并通过对价值形式演化的分析去阐明价值理论。

14.1.1 转形问题和劳动力商品

莫宏指出，在给定的剩余价值率下，资本有机构成不同的部门有着不同的利润率。竞争使利润率往往趋于均等。马克思提出了一个转化过程，在这个过程中，通过价格调整，剩余价值在不同部门之间进行再分配，直到每个部门获得的利润率都等于用加总的货币价值术语表示的定义的最初的平均利润率。实现这种再分配后的价格，马克思称之为生产价格。在这一过程中，既然不变资本和可变资本并没有调整，剩余价值也只是进行了再分配，马克思对资本主义进行的价值分析在总体层面仍然有效。从整个社会来看，价值规律仍然成立：总利润等于用货币表示的总剩余价值，总价格等于总价值除以货币的价值。

然而，马克思提出的这一转化过程多年来一直受到批判，批判者指出马克思在改变商品产出的价格时，并没有改变同样的商品在作为投入时（不变资本）或者作为工人的消费资料（可变资本）的价格。如果作为产出的商品的价格发生了变化，那么作为投入的同样的商品的价格也必然发生变化。上述情况使价值分析出现了问题。对于工人消费的任何使用价值，假定这些消费资料组合的价格相当低，从而存在剩余产品，在部门利润率均等化时价格就会形成。但是，这种价格是实际工资和技术数据的函数，并且该数据对价格的决定而言是充分的，对价值决定来说也是必要的。因此，在没有详细的有关经济的技术结构的知识的情况下，不能从价值中推导出价格。由于技术数据就可以单独决定价格，价值就无足轻重了。

但是，考虑对劳动力商品的分析。劳动力是一种在市场上买卖的商品，

---

① S. Mohun, Abstract Labor and the Value-Form, *Science and Society*, Vol. 48, No. 4, Winter 1984 - 85, pp. 388 - 406. In *Karl Marx's Economics: Critical Assessments*, Edited by Cunningham Wood, Volume Ⅵ, P. 70.

其价格是工资。工资被用于生存商品束上，在等价交换的情况下，生存商品束的价值总体上必然等于劳动力价值。如果这些生存商品束的价格，不同于它们的货币价值，那么，工资也必然不同于劳动力的货币价值。所有这些都是内在地相一致的，而且同马克思对劳动力价值的定义也是相符合的。

莫宏认为，现在价格和货币价值之间存在差异的唯一原因，成了竞争使不同部门的利润率往往趋于均等。利润率的差异，源自不同部门的生产过程的资本有机构成的不同。“但是，和其他商品不同，劳动力商品不是在资本主义生产关系下被生产出来的，事实上，它完全不是被生产出来的商品。”① 莫宏认为，这表明，认为劳动力商品的货币价值需要转化为生产价格，它的投入成本结构同样需要转化是错误的。因为在“生产”劳动力时并没有获得平均利润率。“由于劳动力不是一种被生产出来的商品，它没有物质的投入结构，没有生产技术。”② 从而，认为由于生产的投入产出系数在货币价值转化为生产价格时是不变的，因而维持生存水平的消费资料以同样的方式保持不变是没有意义的。“从本质上说，不变资本不同于可变资本，从而不能以处理不变资本的方式来处理可变资本。”③

那么，如何处理可变资本呢？莫宏认为，支付给工人的是货币而非商品。支付给工人们的不是固定数量的商品，工人根据他们自己的需要（社会地形成的）自由决定如何花费的工资。因此，劳动力价值是一定数量的有酬劳动，等于货币工资。由于有酬劳动的数量是总工作时间的一部分，而不是具体的商品束（假定工作的时间和强度给定），因此劳动力的价值是总的增殖的价值的一部分，总增殖价值的分配决定了经济的剩余价值率，这种分配是由工人和资本家之间的阶级斗争决定的。显然，工资作为劳动力价值的货币等价物，必须足以保证通过以生产价格购买消费品使得工人能够再生产自身。工资限制了可能的商品消费集合，但不会限制商品束的多样性。或者说，工人获得货币支付，而不是货物支付，因此，他们可以以不同的方式花费所得到的货币。在这里，把一种可能的消费束定义为劳动力价值的等价

① S. Mohun, Abstract Labor and the Value-Form, *Science and Society*, Vol. 48, No. 4, Winter 1984 - 85, pp. 388 - 406. In *Karl Marx's Economics*: *Critical Assessments*, Edited by Cunningham Wood, Volume Ⅵ, pp. 71 - 72.

② S. Mohun, Abstract Labor and the Value-Form, *Science and Society*, Vol. 48, No. 4, Winter 1984 - 85, pp. 388 - 406. In *Karl Marx's Economics*: *Critical Assessments*, Edited by Cunningham Wood, Volume Ⅵ, P. 69

③ S. Mohun, Abstract Labor and the Value-Form, *Science and Society*, Vol. 48, No. 4, Winter 1984 - 85, pp. 388 - 406. In *Karl Marx's Economics*: *Critical Assessments*, Edited by Cunningham Wood, Volume Ⅵ, P. 72.

物，是毫无意义。“在货币价值向生产价格转化时，作为价值增殖的一部分，工资保持不变，但是，其他商品的货币价值却不是这样，因此，以货币形式度量的工资所购买的使用价值是可以改变的。”①

莫宏认为，上述分析表明，抽象劳动和物化劳动不是一回事。“因为被当做特定商品束的物化劳动时间的等价物的工资会改变，而被认为是社会必要劳动时间——抽象劳动的尺度——的特定部分的等价物的工资却保持不变。”② 因此，“无论是从价值的劳动内容和它的货币形式之间的关系看，还是从对资本主义进行概念上的理解的角度看，把价值理解为物化劳动和把价值理解为抽象劳动之间的区别有着重要的意义”③。

14.1.2 物化劳动：假定和抽象

莫宏指出，李嘉图的物化劳动价值理论差不多成了一种常识，而且这种理论在单独使用物化劳动系数的情况下，无法解释相对价格的决定，因为除了在特定的情况下，部门利润率的均等化，要求相对价格是由流动资本和固定资本以及使用期限不同的固定资本之间的物化劳动时间的结构决定的。莫宏认为，李嘉图的理论无法克服把物化劳动价值理论和价格的成本加总解释结合在一起时的困难。正是这一基本问题，使得马克思的转形过程成为必要。根据对李嘉图提出的现代批判，要求放弃物化劳动系数，从而放弃价值。“但是，把马克思的方法置于李嘉图的难题中，就无法认识马克思对资本主义分析的独特性”④。这主要表现为以下两种方式：

第一种方式，考虑李嘉图试图通过平均利润率的竞争性决定，既坚持物化劳动价值理论，也坚持对价格成本的加总解释，从逻辑上看，两者是不能同时成立的。如果基于不同的假设，李嘉图的难题可以解决的，那么，基于这不同假设而构建的理论，应当被视为一种“完善”，因为作为对现实世界无限逼近的公理式的方法而言，逻辑一致性是必须要考虑的。例如，在劳动价值论中，把劳动作为尺度，事先假定了劳动是同质的，而事实上不是这回

①② S. Mohun, Abstract Labor and the Value-Form, *Science and Society*, Vol. 48, No. 4, Winter 1984 - 85, pp. 388 - 406. In *Karl Marx's Economics*: *Critical Assessments*, Edited by Cunningham Wood, Volume Ⅵ, P. 72.

③ S. Mohun, Abstract Labor and the Value-Form, *Science and Society*, Vol. 48, No. 4, Winter 1984 - 85, pp. 388 - 406. In *Karl Marx's Economics*: *Critical Assessments*, Edited by Cunningham Wood, Volume Ⅵ, P. 72 - 73.

④ S. Mohun, Abstract Labor and the Value-Form, *Science and Society*, Vol. 48, No. 4, Winter 1984 - 85, pp. 388 - 406. In *Karl Marx's Economics*: *Critical Assessments*, Edited by Cunningham Wood, Volume Ⅵ, P. 73.

事。如果假设异质劳动可以还原为同质劳动，则是更为合理的假设，因为这是对现实世界的最好的逼近，并且明确地承认劳动的异质性可能更为准确。但是为什么要特别把劳动放在首要地位呢？如果价格能够通过把所有生产要素的贡献和消费者的心理状态结合在一起而度量，那么成本加总的价格理论就是有合理的逻辑基础的。从而古典经济学在19世纪被新古典经济学取代就是合理的。莫宏指出，“新古典经济学（依据均衡分析框架，事先假定了个体化的小商品生产的竞争性条件的存在，依赖于偏好、技术和最初禀赋的外生性）可以做到逻辑一致性，但是它的一致性是以牺牲现实性为代价的”①。逻辑的一致性，并不是说假设和理论与理论所指的对象——现实世界之间存在一一对应的关系。当然，尽管这也是一个方法论的标准，但是，“如果理论不能说明该理论如何与现实世界相关，解决的办法往往是沿着理论与现实的完全脱离的方向发展”②。在莫宏看来，这就是存在内在缺陷的新古典方法的特征。

更为明显的第二种方式是，物化劳动阻碍了马克思对资本主义现实的分析。莫宏认为，现实世界从属于理论显然是唯心主义的，唯物主义的答案与此恰好相反，理论必须反映社会现实。理论的核心范畴必须反映与理论不同的物质世界的真实过程。劳动价值论的合理性在于它反映了如下的真实过程，即不同的工人在不同的劳动过程中的活动变为同质的、可以比较的实际过程。换言之，抽象劳动是对交换的真实过程的理论反映，它撇开了具体劳动和私人劳动的异质性，而把它们视为同质的、可以比较的社会劳动。

14.2　真实的抽象和异常的假定

有关马克思经济学基本范畴的辩论，在马克思经济学问世以来一直存在着。20世纪70年代，第二次世界大战结束后世界经济长期景气终结，西方正统经济学开始失效，对马克思经济学基本范畴辩论的兴趣再度兴起。虽然这一辩论实质上触及了马克思经济学的所有领域，但是主要的还是围绕着劳动价值论的性质和地位，以及劳动价值论与工资、价格和利润等概念的关系

---

① S. Mohun, Abstract Labor and the Value-Form, *Science and Society*, Vol. 48, No. 4, Winter 1984－85, pp. 388－406. In *Karl Marx's Economics: Critical Assessments*, Edited by Cunningham Wood, Volume Ⅵ, P. 73.

② S. Mohun, Abstract Labor and the Value-Form, *Science and Society*, Vol. 48, No. 4, Winter 1984－85, pp. 388－406. In *Karl Marx's Economics: Critical Assessments*, Edited by Cunningham Wood, Volume Ⅵ, P. 74.

展开的。在其他问题上的立场，诸如生产性和非生产性劳动，或利润率的波动是否显示出某种趋向等，都不能越过对劳动价值论这一根本性争论的理解。希姆尔韦特（S. Himmelweit）和莫宏在真实的抽象和异常的假定《真实的抽象和异常的假定》[①] 一文主要分析了对马克思劳动价值论所作的现代“新李嘉图主义”批判所涉及的问题。希姆尔韦特和莫宏指出，“尽管对这些问题进行的讨论是为了回答这种批判，但并不打算不加批判地捍卫马克思的每一个词句”[②]。

在详细讨论希姆尔韦特和莫宏的文章的内容之前，需要对他们使用的某些术语进行说明。希姆尔韦特和莫宏说：“在术语的使用上我们碰到某些困难。我们提出的主要观点之一是马克思把某些范畴区分开来，而其他人则觉得这些范畴没有什么不同”[③]。比如，马克思区分了“交换价值”和“价值”，而李嘉图则把两者都称为“价值”。希姆尔韦特和莫宏指出，在一般情况下，他们都努力使用正在讨论的作者的术语。“但当要对范畴本身的详细内容进行具体的批判时，显然我们就不得不使用马克思所用的术语了”[④]。另外，对于马克思而言，商品之所以具有价值是因为它们是为了在一个商品关系已经变得很普遍的社会中进行交换而生产的。这就使得它们区别于一般的劳动产品，并且意味着“每一种商品（因而也包括构成资本的那些商品）的价值，都不是由这种商品本身包含的必要劳动时间决定的，而是由它的再生产所需要的社会必要劳动时间决定的”[⑤]。希姆尔韦特和莫宏指出，社会劳动时间只有通过市场交换才能实现。它是商品据以交换的交换价值。货币变成了价值尺度，所以交换价值的确定同时也就是价格的确定。因此，有关其中一个的理论也就是关于另一个的理论。所以他们交替使用“价格理论”和“交换价值理论”。

另一对马克思进行了区分，而李嘉图没有进行区分的范畴是抽象劳动和具体劳动。“因此，当使用李嘉图所说的‘劳动’时，指的既不是抽象的也不是具体的劳动，而是一个未加区分的范畴。这一点是重要的，因为人们很容易误认为李嘉图只是没有进行马克思的那种抽象，并且认为马克思所说的‘具体劳动’就是李嘉图所说的‘劳动’”[⑥]。希姆尔韦特和莫宏在文中对为

---

① Susan Himmelweit, Simon Mohun, Real Abstractions and Anomalous Assumptions, In *The Value Controversy* edit by Ian Steedman, Verso Editions and NLB, 1981.

②③ Susan Himmelweit, Simon Mohun, Real Abstractions and Anomalous Assumptions, In *The Value Controversy* edit by Ian Steedman, Verso Editions and NLB, 1981, P. 224.

④⑥ Susan Himmelweit, Simon Mohun, Real Abstractions and Anomalous Assumptions, In *The Value Controversy* edit by Ian Steedman, Verso Editions and NLB, 1981, P. 225.

⑤ 《马克思恩格斯文集》第7卷，人民出版社2009年版，第157页。

什么这种看法是错误的进行了解释。

希姆尔韦特和莫宏指出，重要的是要注意到一般所讲的“抽象的”并不意味着是“理论的”；具体的范畴也是理论的，而“事实”本身也是抽象的。但是，只考虑经验事实（表面现象）是不会有什么结果的。“只有精心的构思产生了对具体的范畴的理解，抽象才能有效地成为分析的出发点”①。他们认为，这正是马克思的下面一段话的意思，马克思说：“具体之所以具体，因为它是许多规定的综合，因而是多样性的统一。因此它在思维中表现为综合的过程，表现为结果，而不是表现为起点，虽然它是实际的起点，因而也是直观和表象的起点”②。

在《真实的抽象和异常的假定》中，希姆尔韦特和莫宏也谈到某些理论和抽象也是不科学的含义是指，“它们把历史上的特例假定为理论范畴，即它们把要求加以解释的范畴视为是资本主义生产关系的一个侧面并使之永恒化，把它当做是既定不变的，而不管人、自然和一般生产”③。为此，在《真实的抽象和异常的假定》中，希姆尔韦特和莫宏首先考察了李嘉图的劳动价值论及其根本矛盾；其次，考察了马克思的劳动价值论，说明马克思运用了完全不同的方法，吸收和改造了李嘉图的价值理论，并且使李嘉图的理论摆脱了两难处境。同时，也概述了马克思对李嘉图的批判，更清楚地阐明马克思和李嘉图在方法论上的根本差别，并根据对李嘉图矛盾采取的不同的立场，对各种观点作了区分；最后，对各种指责马克思价值理论的观点做出分析，诸如指出马克思的劳动价值论的“冗余性”、内部的不一致等，同时阐明在回答这些问题中出现的对价值理论的不同理解。

14.2.1 李嘉图和物化劳动

希姆尔韦特和莫宏提出，“现代的针对马克思的价值论的批判，起源于李嘉图的价值论。因而必须先对后者作出考察，以方便后续的讨论”④。希姆尔韦特和莫宏希望首先确定马克思对李嘉图的发展的准确意义，然后表明尽管所谓的“新李嘉图主义”常常被滥用，但它的确还是有一定的说明意义和正确的地方。

---

① Susan Himmelweit, Simon Mohun, Real Abstractions and Anomalous Assumptions, In *The Value Controversy* edit by Ian Steedman, Verso Editions and NLB, 1981, P. 225.

② 《马克思恩格斯全集》第46卷上，人民出版社1979年版，第38页。

③④ Susan Himmelweit, Simon Mohun, Real Abstractions and Anomalous Assumptions, In *The Value Controversy* edit by Ian Steedman, Verso Editions and NLB, 1981, P. 226.

希姆尔韦特和莫宏指出，李嘉图对自己理论的阐述，是为了批评斯密的成本决定的价格理论。正如李嘉图理解的，斯密认为，在以私有财产为特征的社会，商品的价格是由三个构成部分——工资、利润和地租之和决定的。斯密写道："工资、利润和地租，是一切收入和一切可交换价值的三个根本源泉"①。斯密的确承认，"在资本积累和土地私有尚未发生以前的初期野蛮社会，获取各种物品所需要的劳动量之间的比例，似乎是各种物品相互交换的唯一标准"②。但是，斯密认为，这种"劳动价值论"在私有财产和生产资料的积累出现之后就显得欠缺了，因为它没有考虑地租和利润。因而斯密抛弃了他的劳动价值论，转而赞成后来马克思称之为"三位一体的公式"的理论。

希姆尔韦特和莫宏指出，在这种背景下，李嘉图的贡献在于，"他把斯密的劳动价值论从'初期野蛮社会'扩展到涉及使用积累起来的货品（资本）和私人拥有土地进行生产的社会"③。李嘉图反对所有认为商品的价值是由付给劳动、资本和土地这些生产它的东西的所有者的报酬所决定的观点。相反，李嘉图认为，商品的价值是由生产它的必要的劳动数量决定的，包括直接劳动和物化在生产资料中的间接劳动。因此，李嘉图的劳动价值论实质上是一种物化劳动理论（embodied-labour theory）。

李嘉图十分清楚他自己和斯密的区别，他指出："我是说，亚当·斯密认为由于社会早期阶段中一切劳动产品都属于劳动者，并且由于资本积累以后有一部分归于利润，因而积累过程便不论资本的耐久程度如何，也不问任何其他条件怎样，都必然会使商品的价格或交换价值上涨，因而其价值便不再由生产所需的劳动量决定。和他的意见相反，我认为交换价值发生变化不是由于利润和工资的这种划分——不是由于资本积累，而是在所有各社会阶段中都只是由于两种原因：一种是所需劳动量的多寡，另一种是资本耐久性的大小；前者决不会被后者所代替，而只是受后者的限制。"④ 在1918年12月28日李嘉图致穆勒的信中，李嘉图提出了和当前的争论密切相关的问题。

① 亚当·斯密著，郭大力、王亚南译：《国民财富的性质和原因的研究》上卷，商务印书馆1983年版，第47页。

② 亚当·斯密著，郭大力、王亚南译：《国民财富的性质和原因的研究》上卷，商务印书馆1983年版，第42页。

③ Susan Himmelweit，Simon Mohun，Real Abstractions and Anomalous Assumptions，In *The Value Controversy* edit by Ian Steedman，Verso Editions and NLB，1981，P. 227.

④ 彼罗·斯拉法主编，郭大力、王亚南译：《李嘉图著作和通信集》第一卷，商务印书馆1981年版，第46页。这种观点在1918年12月28日李嘉图致穆勒的信中有详细的解释，参见斯拉法主编，于树生译：《李嘉图著作和通信集》第七卷，商务印书馆1982年版，第363页。

一方面，李嘉图提出了一种产品的价值独立于和先于产品的阶级分配的理论。换句话说，李嘉图坚持认为商品有一种固有的价值，然后才按照每一个阶级在生产中的作用而在他们之间分配。这种观点和斯密提出的源自生产关系的对补偿的需求（即成本）之和构成商品本身的价值的观点是对立的。另一方面，李嘉图并不总是连贯一致，他通常把“可交换的价值”和“价值”看成是同义概念，并且他在否认斯密的价值是由成本之和确定的观点的同时，仍然要求二者的等同。希姆尔韦特和莫宏指出，在任何“均衡价格”理论中（均衡价格是现代庸俗经济学即新古典经济学给“可交换的价值”起的名字），价格（按同义反复的定义）必须等于所支付的全部成本，因为为商品付出的货币一定会是某些人的报酬，并且全部成本的定义就是全部报酬。

希姆尔韦特和莫宏认为，“这正是为什么李嘉图被迫承认资本的耐久性会影响到物化的劳动数量对价值的决定的原因。”① 因为如果商品确实是按它们的物化劳动时间比例交换的话，那么一个其资本不得不投资较长时期的资本家的年利润率会比一个资本较快使用的资本家的年利润率低，即使在两种情况下整个物化劳动的数量是相等的也是如此。然而，价格显然不能保持在这个比例上。在均衡条件下，较缓慢地生产出来的商品的价格肯定要高于另一种商品的价格，否则的话就不会有资本家会用他的资本去从事前一种商品的生产。由于并不是所有的商品所涉及的资本都投资相同的时间，因此，如果价值等同于均衡价格（交换价值）的话，它不可能在没有修正的情况下由物化劳动时间决定。

针对资本耐久性问题，李嘉图阐述了两个存在密切联系的观点。他把所考虑的时间间隔内至少周转一次的资本称为流动资本（即如果资本在那段时期内被完全消耗掉），而把周转更长时间的资本称为固定资本（即如果它不会在所提到的这段时期中被完全消耗掉）。现在，考虑包含着同样数量总劳动的两个资本。首先，它们分为固定资本部分和流动资本部分的比例可能不同；其次，它们划分的比例可能相同，但它们各自的固定资本部分的耐久性可能不同。在两种情况下，尽管对每个资本来说所包含的劳动总量都是一样的，由于每个资本中的不同部分投资的时间不同，它们生产出来的产品的交换价值肯定不同。在竞争使每个资本在所考察的时期中利润论相等的经济

① Susan Himmelweit, Simon Mohun, Real Abstractions and Anomalous Assumptions, In *The Value Controversy* edit by Ian Steedman, Verso Editions and NLB, 1981, pp. 228 – 229.

中，情况必然会如此。因为固定资本和流动资本之间的区分仅取决于选择时间的间隔，两种情况可以用一个一般的论断归在一起：由于在均衡时每个资本都必须获得同样的利润率，不同的周转时间肯定要影响物化劳动决定的交换价值的决定。

上述问题给李嘉图带去了不少麻烦。在1820年6月13日在给麦克库洛赫的信中，李嘉图提到："我有时想，我若重写我书中关于价值的那一章，我应当承认，商品的相对价值不是由一个原因而是由两个原因来调节，即生产商品所必须的相对劳动量，以及商品送往市场前资本处于静止时期的利润率。"① 在四个月后写给马尔萨斯的信中，李嘉图仍然坚持物化劳动价值论。他写道："你说我的命题'除了少数例外，投入商品的劳动量决定它们互相交换的比率，是没有充分根据的'。我承认，它不是严格地正确的。但我说，作为衡量相对价值的尺度，它是我所听说过的最接近于真理的。"②

李嘉图拒绝向物化劳动时间可能不是交换价值最主要的决定因素的想法妥协。希姆尔韦特和莫宏指出，"然而为了证明他的拒绝有道理，李嘉图应该首先提出在价值本身的确定过程中价值和价格之间存在着必然差别这一问题。然而，以这种方式提出问题，要求找到在并未在李嘉图的著作中连贯一致地被说明的价值和交换价值范畴之间的区别。找到了物化劳动价值论与价格是成本之和的看法之间存在的矛盾，也就找到了李嘉图的科学成就本身的局限性。"③

14.2.2 马克思和抽象劳动

希姆尔韦特和莫宏指出，"李嘉图的矛盾有两种可能的解决办法。一种方法是抛弃作为第一级近似的物化劳动价值论转而赞同对交换价值数量的其他看法。从历史上看，这条道路标志着从科学倒退回庸俗经济学。另一种解决办法涉及完全重新定义价值概念，把重新建立的价值论看做是一种抽象而不是某种具体的假设，就其意义和地位来讲这里面明显相互冲突的地方可以被看作资本主义社会中真实矛盾的体现。这正是马克思所做的工作，他把他所发展的价值理论视为是在分析资本主义生产关系时历史唯物主义方法的具

---

① 斯拉法主编，寿进文译：《李嘉图著作和通信集》第八卷，商务印书馆1987年版，第177页。

② 斯拉法主编，寿进文译：《李嘉图著作和通信集》第八卷，商务印书馆1987年版，第216页。

③ Susan Himmelweit, Simon Mohun, Real Abstractions and Anomalous Assumptions, In *The Value Controversy* edit by Ian Steedman, Verso Editions and NLB, 1981, pp. 230 – 231.

体应用。”①

希姆尔韦特和莫宏认为，“历史唯物主义的方法通过在从事生产的人和占有剩余的人之间建立的阶级关系而确定了不同历史时代的特点。”② 也就是说：“从直接生产者身上榨取无酬剩余劳动的独特经济形式，决定了统治和从属的关系，这种关系是直接从生产本身中生长出来的，并且又对生产发生决定性的反作用。但是，这种从生产关系本身中生长出来的经济共同体的全部结构，从而这种共同体的独特的政治结构，都是建立在上述的经济形式上的。任何时候，我们总是要在生产条件的所有者同直接生产者的直接关系——这种关系的任何当时的形式必然总是同劳动方式和劳动社会生产力的一定的发展阶段相适应——当中，为整个社会结构，从而也为主权关系和依附关系的政治形式，总之，为任何当时的独特的国家形式，发现最隐蔽的秘密，发现隐藏着的基础。”③

把这个理解应用于资本主义社会，首先就要求研究这个社会中的生产形式的特点，即它是一种商品生产。希姆尔韦特和莫宏认为做不到这一点，就无法描述定义资本主义生产方式的剩余价值榨取的特殊形式。之所以如此，是因为资本主义剥削是一种与商品生产和交换关系，尤其是包括作为商品的劳动力的交换关系密切相关的剩余榨取的形式。“剩余价值的榨取自然就是一种商品关系，它使资本主义和其他有阶级存在的生产方式区别开来。因此，尽管马克思在他的分析中可以有许多不同的出发点，但他还是把商品作为他最终研究的开端”④。

商品的特点在于它们是为了交换而被生产出来的。在这种交换过程中，两种商品按确定的比例相互比较，从而获得一定量的一种商品和一定量的另一种商品之间的等价关系。因此，只要考虑到它们的交换价值，商品之间就存在着一种对等关系，尽管这些商品具有不同的使用价值。交换价值不过是在商品被生产出来之后，在纯粹的交换活动中体现在商品中的、被用于对等衡量的东西。希姆尔韦特和莫宏认为，由于这里涉及资本主义生产关系，因此“分析工作不能抽象掉生产过程，而是必须研究把商品生产和一般的产品生产区分开来的东西”⑤。

①② Susan Himmelweit, Simon Mohun, Real Abstractions and Anomalous Assumptions, In *The Value Controversy* edit by Ian Steedman, Verso Editions and NLB, 1981, P. 231.

③ 《马克思恩格斯文集》第7卷，人民出版社2009年版，第894页。

④⑤ Susan Himmelweit, Simon Mohun, Real Abstractions and Anomalous Assumptions, In *The Value Controversy* edit by Ian Steedman, Verso Editions and NLB, 1981, P. 232.

因为一种商品的生产既是使用价值的生产也是交换价值的生产，所以类似的区分也存在于生产使用价值的劳动和生产价值的劳动之间。生产商品的个别有用性质的劳动是有用的或具体的劳动，这种劳动生产出产品，而这些产品只有在一定的社会中才能变成商品。在这种社会中，除了生产出使用价值的劳动的一面，还存在着另一方面的劳动把使用价值变成商品，这就是抽象劳动。马克思的“价值”是抽象劳动的产物。希姆尔韦特和莫宏指出，“价值是一种商品生产的范畴，它的形式是交换价值；使商品具有交换价值的是生产出使用价值的劳动的抽象。由于这种抽象是真实的，是在资本主义社会的历史中产生的，因此对于是什么赋予商品以交换价值这个问题的答案已经寓于问题本身之中了，马克思所要做的一切就是去规定生产出商品的劳动的性质，对这样一种规定再谈什么证据是无意义的。但是按照历史唯物主义的框架，可以确保马克思的答案不是任意的，而是由交换本身的性质决定的，因为作为一个真实的过程，它影响到在商品生产的条件下劳动产品的可通约性”①。

希姆尔韦特和莫宏指出，因此不可能存在对抽象劳动的预先确定，因为直到个别生产者的产品满足了他人的需要，从而商品在市场上被实际交换时才有可能确定抽象劳动。“因此，价值不是以物化劳动时间单位度量的。劳动只有通过市场才能转化为抽象劳动：只有在交换发生之后，商品的价值才能且只能用其他商品的使用价值表现出来。”② 希姆尔韦特和莫宏认为，无论是价值的实质——抽象劳动，还是其尺度——社会必要劳动时间，都体现不了价值。“价值出现的唯一形式，或者说它能够显现的唯一途径，只能依据货币商品及其数量尺度。所谓价格就是一种交换的货币商品的数量，既然价格是交换价值表达的唯一形式，则显然它也是表达价值的唯一形式。”③

马克思对自己使用的方法做了如下总结：“我不是从‘概念’出发，因而也不是从‘价值概念’出发，所以没有任何必要把它‘分割开来’。我的出发点是劳动产品在现代社会所表现的最简单的社会形式，这就是‘商品’。我分析商品，并且最先是在它所表现的形式上加以分析。在这里我发现，一方面，商品按其自然形式是使用物，或使用价值，另一方面，是交换价值的承担着，从这个观点来看，它本身就是‘交换价值’。对后者的进一

①② Susan Himmelweit, Simon Mohun, Real Abstractions and Anomalous Assumptions, In *The Value Controversy* edit by Ian Steedman, Verso Editions and NLB, 1981, P. 233.

③ Susan Himmelweit, Simon Mohun, Real Abstractions and Anomalous Assumptions, In *The Value Controversy* edit by Ian Steedman, Verso Editions and NLB, 1981, P. 234.

步分析向我表明，交换价值只是包含在商品中的价值的‘表现形式’，独立的表达方式，而后我就来分析价值”①。

希姆尔韦特和莫宏认为，“马克思的出发点并不是某个任意的假设，而是现实，即商品被视为是社会性的、具有历史特殊性的产品形式。对商品形式的考察这种抽象是一种现实的抽象。抽象劳动的理论发现的过程不仅仅是一种思想概括，而是体现在现实的交换过程中的真实存在”②。

因此，对商品形式的分析揭示出交换的含义不仅限于产品的对等交换。“在资本主义条件下人类劳动的对等只能采取商品价值对等的形式；根据社会必要劳动时间对抽象劳动的度量，只能采取劳动产品之间定量的价值关系的形式；生产者之间的社会关系，只能采取他们的产品之间的社会关系的形式。这正是马克思的价值理论的核心思想”③。因为“私人劳动在事实上证实为社会总劳动的一部分，只是由于交换使劳动产品之间、从而使生产者之间发生了关系。因此，在生产者面前，他们的私人劳动的社会关系就表现为现在这个样子，就是说，不是表现为人们在自己劳动中的直接的社会关系，而是表现为人们之间的物的关系和物之间的社会关系”④。

希姆尔韦特和莫宏指出，从对商品拜物教的上述理解出发，马克思进而分析并揭示了隐藏在平等的交换关系背后的资本主义生产关系的不平等。一旦直接劳动者的工作能力（劳动力）具有了商品的形式，这种形式中固有的矛盾运动就构成了资本主义中榨取剩余的方式。只要实现了劳动力变为一种商品的条件，那么它能够创造多于它自身的价值的独特的使用价值就足以解释剩余的生产以及它作为价值被资本家所榨取。通过对资本主义生产关系的这种认识，不用借助某种所谓的不平等交换理论就能够理解剩余价值的榨取。

然而这只是第一步。在以前的生产技术的基础上，劳动还只是资本的逻辑前提，它还需要开通道路成为资本主义关系的真正的前提，并使这种关系影响到劳动过程的每一个方面，使生产方式发生“革命性”的变化。然后，就可以详尽地阐述资本主义发展的运动规律。但是在这时，资本仍被作为资本一般加以考察，“必须同价值和货币相区别的关系来考察的资本，是资本

① 《马克思恩格斯全集》第19卷，人民出版社1963年版，第412页。

② Susan Himmelweit, Simon Mohun, Real Abstractions and Anomalous Assumptions, In *The Value Controversy* edit by Ian Steedman, Verso Editions and NLB, 1981, P. 234.

③ Susan Himmelweit, Simon Mohun, Real Abstractions and Anomalous Assumptions, In *The Value Controversy* edit by Ian Steedman, Verso Editions and NLB, 1981, P. 235.

④ 《马克思恩格斯文集》第5卷，人民出版社2009年版，第90页。

一般，也就是使作为资本的价值同单纯作为价值或货币的价值区别开来的那些规定的总和。价值、货币、流通等等，价格等等，还有劳动等等也一样，都是前提。但是我们研究的既不是资本的某一特殊形式，也不是与其他各单个资本相区别的某一单个资本，等等。我们研究的是资本的产生过程。这种辩证的产生过程不过是产生资本的实际运动在观念上的表现。以后的关系应当看作是这一萌芽的发展”①。

希姆尔韦特和莫宏认为，只有通过对“以后的关系”的阐述才能认识到，不仅资本主义生产不是为了使用价值而是为了（剩余）价值而生产，而且资本本身就是在发生着变化的价值。在这一变化中某一给定的价值在它自我扩张的过程中具有不同的使用价值的形式。只有通过这种价值与使用价值的分离，即社会的分离而不仅仅是理论上的分离，才能讲清楚在资本起作用时的剥削关系。在此基础上，通过对不同使用价值的生产和流通的综合，资本一般可以被个别化为不同的资本。“但是，现在商品不再被认为以对应于资本一般水平的价格相交换，价值表现形式的某种进一步发展是必须的”②。

希姆尔韦特和莫宏指出，马克思在推导上述结果时，根据他自己的分析逻辑预先要求了不同的行业中具有不同的利润率。他们认为，“马克思至少在分析个别资本时，实际上是把‘价值利润率’放到了一边”③。马克思说：“对不同产业部门来说，平均利润率的差别实际上并不存在。而且也不可能存在，除非把资本主义生产的整个体系摧毁。所以，在这里，价值理论好像同现实的运动不一致，同生产的实际现象不一致，因此，理解这些现象的任何企图，也好像必须完全放弃。”④ 希姆尔韦特和莫宏指出，马克思当然不会放弃理解真实现象的想法。“承认了不相容意味着承认商品肯定不能按它们的价值进行交换，因为这是在资本主义竞争条件下价值分析扩展到它的逻辑结论的直接结果”⑤。

竞争产生的影响，是通过“价值”转化为生产价格表现出来的。这里

---

① 《马克思恩格斯全集》第46卷上，人民出版社1979年版，第270页。

② Susan Himmelweit, Simon Mohun, Real Abstractions and Anomalous Assumptions, In *The Value Controversy* edit by Ian Steedman, Verso Editions and NLB, 1981, P. 237.

③ Susan Himmelweit, Simon Mohun, Real Abstractions and Anomalous Assumptions, in *The Value Controversy* edit by Ian Steedman, Verso Editions and NLB, 1981, P. 238.

④ 《马克思恩格斯文集》第7卷，人民出版社2009年版，第171页。

⑤ Susan Himmelweit, Simon Mohun, Real Abstractions and Anomalous Assumptions, In *The Value Controversy* edit by Ian Steedman, Verso Editions and NLB, 1981, P. 239.

的要点是在更具体的利润形式中表现剩余价值的存在。希姆尔韦特和莫宏认为，在某种更具体的形式中表现某种东西一般被称为转形过程。而这里谈到的特殊的转形是把剩余价值表现为利润，并且在这样做的时候揭示了价值和它的形式即交换价值（用价格表示）之间的矛盾。

根据上面的判断，希姆尔韦特和莫宏对“历史的转形问题”和“作为再分配的转形”两种观点进行了评价。他们认为：“这两种说法，都在对资本主义历史的理解以及逻辑上走错了路。正如一般资本的运动必然以资本之间竞争的形式表现出来一样，货币形式的剩余价值必然以货币形式的利润表现出来。矛盾的任一方都不能表示为另一方的简单的数量关系，企图去这样表达是不理解抽象的性质和转形的意义。因此，‘转形’问题是资本主义生产关系的矛盾性质的必然结果；它是现实中的矛盾，而与反映这种现实的马克思的理论没有关系。”①

14.2.3 马克思劳动价值论的方法论

希姆尔韦特和莫宏进一步对马克思和李嘉图的方法论进行了比较，目的是为了进一步阐明马克思的抽象过程和他对李嘉图的物化劳动价值论的批判。希姆尔韦特和莫宏指出，“之所以要包括后一点，是因为我们所看到的可悲现实是，现在仍有许多人继续按着李嘉图的理论框架进行研究，并且的确有大量的现代‘马克思主义理论’不仅未能超越李嘉图的理论，甚至实际上还从他的理论已取得的实质性成就上倒退”②。

马克思对他认为的古典政治经济学的最杰出的代表李嘉图的最根本的批评，是认为李嘉图“从来也没有提出过……为什么劳动表现为价值，用劳动时间计算的劳动量表现为劳动产品的价值量”③。因此，对资本主义来讲，“这种劳动的形式——作为创造交换价值或表现为交换价值的劳动的特殊规定，——这种劳动的性质，李嘉图并没有研究”④。因为这里的问题是，劳动和劳动时间为什么在资本主义条件下会采取这些特殊的形式？不能解决这个问题，也就不能弄清资本主义生产方式的历史特殊性。因此，马克思指出：“古典政治经济学的根本缺点之一，就是它从来没有从商品的分析，特

① Susan Himmelweit, Simon Mohun, Real Abstractions and Anomalous Assumptions, In *The Value Controversy* edit by Ian Steedman, Verso Editions and NLB, 1981, P. 241.

② Susan Himmelweit, Simon Mohun, Real Abstractions and Anomalous Assumptions, In *The Value Controversy* edit by Ian Steedman, Verso Editions and NLB, 1981, pp. 241 – 242.

③ 《马克思恩格斯文集》第5卷，人民出版社2009年版，第98～99页。

④ 《马克思恩格斯全集》第26卷第Ⅱ册，人民出版社1973年版，第181页。

别是商品价值的分析中，发现那种正是使价值成为交换价值的价值形式，恰恰是古典政治经济学的最优秀的代表人物，像亚·斯密和李嘉图，把价值形式看成一种完全无关紧要的东西或在商品本性之外存在的东西。这不仅仅因为价值量的分析把他们的注意力完全吸引住了。还有更深刻的原因。劳动产品的价值形式是资产阶级生产方式的最抽象的、但也是最一般的形式，这就使资产阶级生产方式成为一种特殊的社会生产类型，因而同时具有历史的特征。因此，如果把资产阶级生产方式误认为是社会生产的永恒的自然形式，那就必然会忽略价值形式的特殊性，从而忽略商品形式及其进一步发展——货币形式、资本形式等等的特殊性。"[①] 希姆尔韦特和莫宏认为，尽管李嘉图明白无误地谈论着资本主义，但他却不能解释资本主义的历史特殊性。由于这一方面的失误，李嘉图陷入了在他的理论框架中的无法解决的矛盾之中。那种试图沿着庸俗经济学的方向解决矛盾的，必然陷于对历史的特殊性的忽视之中，从而把历史特殊的范畴看作是普遍的因而是自然的范畴。这样做的结果，就是不加批判地使用这些范畴，往往倾向于赋予对资本主义有效的社会特殊性以超社会的、自然的因而是永恒的性质。

马克思认为，不承认这一点，就不会有科学的理论。李嘉图的"伟大的对科学的历史功绩"就在于，他证明"资产阶级制度的生理学——对这个制度的内在有机联系和生活过程的理解——的基础、出发点，是价值决定于劳动时间这一规定。从这一点出发，李嘉图迫使科学抛弃原来的陈规旧套，要科学讲清楚：它所阐明和提出的其余范畴——生产关系和交往关系——同这个基础，这个出发点适合或矛盾到什么程度；一般说来，只是反映、再现过程的表现形式的科学以及这些表现本身，同资产阶级社会的内在联系即现实生理学所依据的，或者说成为它的出发点的那个基础适合到什么程度；一般说来，这个制度的表面运动和它的实际运动之间的矛盾是怎么回事"[②]。

但是，李嘉图的分析方式却是错误的。如马克思所指出的："李嘉图的方法是这样的：李嘉图从商品的价值量决定于劳动时间这个规定出发，然后，研究其他经济关系（其它经济范畴）是否同这个价值规定相矛盾，或者说，它们在多大程度上改变着这个价值规定。人们一眼就可以看出这种方法的历史合理性，它在政治经济学史上的科学必然性，同时，也可以看出它

---

① 《马克思恩格斯文集》第5卷，人民出版社2009年版，第98～99页。

② 《马克思恩格斯全集》第26卷第Ⅱ册，人民出版社1973年版，第183页。

在科学上的不完备性，这种不完备性不仅表现在叙述的方式上（形式方面），而且导致错误的结论，因为这种方法跳过了必要的中介环节，企图直接证明各种经济范畴相互一致。”①

希姆尔韦特和莫宏指出，“在李嘉图的著作中，各范畴之间缺乏中介，是他的理论框架中一个难以逾越的障碍。面对价值的物化劳动理论和成本总和价格学说之间在逻辑上的矛盾，李嘉图的科学精神体现在他面对着后者顽强地坚持了前者，而不是随波逐流地顺从对现象的消极反映而取消这个矛盾”②。希姆尔韦特和莫宏指出，物化劳动的范畴，当然是一种抽象。这种抽象的内容纯粹是使具有不同物理特性的对象成为可通约的。因此，物化劳动成为一种加总手段，它可以毫无限制地适用于任何一种社会类型。但是仅仅承认可通约性，并不足以使这个概念历史地规定资本主义。也就是说物化劳动还不是抽象劳动。“这并不是说物化劳动的概念不涉及抽象，而是说它不是一种对应于特殊社会过程的社会的抽象，它只是一种任意的观念上的方便约定，一种劳动是同质的假设，但事实上却不是这样。李嘉图的劳动概念不具有历史的规定性，因为它不是抽象的社会过程的产物。由于这个原因，他的理论完全无法解释历史特殊性”③。

“所以李嘉图的理论只是一个建立在假设之上的模型，而不是凭借抽象得出的有关现实过程的理论。假设是不具备现实存在的思想构建，只是被发明出来借以简化和理顺分析的复杂性”④。

相反，“马克思的抽象方法，即他的辩证方法，恰恰是证明了资本主义的表象形式只是其表象形式。通过对这些形式及其在资产阶级思想中的反映进行的批判分析，马克思首先证明这些反映未能辨别出它们所表达的社会形式，相反把它们当作了自然存在的现象（商品拜物教）；其次证明了资本主义的表象形式总是暂时性的，因为它们构成了资本自身进一步发展的障碍。这不是神秘的唯心主义，而是对通过矛盾进行运动的过程的唯物主义认识，这样一个过程贯穿于整个人类历史”⑤。

希姆尔韦特和莫宏对李嘉图和马克思的价值理论以及它们使用的不同的

---

① 《马克思恩格斯全集》第26卷第Ⅱ册，人民出版社1973年版，第181页。

② Susan Himmelweit, Simon Mohun, Real Abstractions and Anomalous Assumptions, In *The Value Controversy* edit by Ian Steedman, Verso Editions and NLB, 1981, P. 244.

③④ Susan Himmelweit, Simon Mohun, Real Abstractions and Anomalous Assumptions, In *The Value Controversy* edit by Ian Steedman, Verso Editions and NLB, 1981, P. 245.

⑤ Susan Himmelweit, Simon Mohun, Real Abstractions and Anomalous Assumptions, In *The Value Controversy* edit by Ian Steedman, Verso Editions and NLB, 1981, P. 246.

方法论进行了总结。首先，李嘉图的物化劳动的价值概念会导致无法解决的矛盾。价格就是而且必须等于成本，因而成本决定的价格“理论”是正确的（但缺乏内容）。然而这样一来，就无法以任何方式把物化劳动价值赋予一般的商品，同时又在物化劳动价值与均衡价格之间以及它们的变化率之间保持有意义的对应关系。这一点很早以前就被认识到了，“这也是为什么新古典经济学不是李嘉图主义经济学的原因之一”①。这里需要的是转形程序，以在对价值自身的真实抽象中的固有矛盾做出详尽阐述的基础上推导出价值的表现形式。资本关系是一种价值关系，但价值作为抽象劳动的数量只能以商品的形式存在，而商品又为了价格在市场上买卖。“以这种方式价值和使用价值之间的根本矛盾找到了最完整的表现形式，事实上它是通过作为资本主义发展的运动规律的竞争表现出来的”②。价值的数量是社会关系的体现，在某一物品与整个社会劳动时间中生产它所需的一小部分劳动时间之间存在着一种必然的联系。正是市场造成了这种联系，并且必然是通过一种被扭曲的方式造成了这种联系。只有市场过程实现了抽象劳动的量的表达，而这种量的表达只能具有一种价格形式。“正如已经看到的那样，按简单的抽象，价值直接获得价格的形式，但是一旦考虑竞争，就不能直接把抽象劳动赋予商品了。从这种意义上说，所有马克思所举的数字例子，由于直接地赋予商品以价值数值，都潜在地会引起误解。同样地，他对‘转形问题’提出的形式上的解决办法也是不成功的”③。

希姆尔韦特和莫宏认为，李嘉图的失败在于他认识了资本主义生产的特殊性及其价值形式，这使他坚持他的物化劳动价值论和价格的决定有着直接的联系，尽管他的理论和资本主义的矛盾都不支持这种联系。希姆尔韦特和莫宏说，他们之所以把这段插曲包括在政治经济学的历史中，并讨论马克思对它的批判，“原因就在于大多数自称采用马克思对价值的理解的现代著述事实上并没有超越李嘉图”④。他们认为，事实上困扰着李嘉图的物化劳动价值论与成本加总的价格理论之间的矛盾，可以用于现代政治经济学中的这些著作进行划分。“在‘李嘉图主义’的标题下，包括哪些仍然陷在李嘉图的问题里而没有超越它的研究著述。‘斯拉法主义’这个术语则适用于片面地对待这个两难问题，从而通过整个抛弃价值范畴解决这个问题，也因此在

①② Susan Himmelweit, Simon Mohun, Real Abstractions and Anomalous Assumptions, In *The Value Controversy* edit by Ian Steedman, Verso Editions and NLB, 1981, P. 248.

③④ Susan Himmelweit, Simon Mohun, Real Abstractions and Anomalous Assumptions, In *The Value Controversy* edit by Ian Steedman, Verso Editions and NLB, 1981, P. 249.

一百多年后重蹈后李嘉图主义的覆辙，从政治经济学退回到庸俗经济学的流派”。[①] 希姆尔韦特和莫宏认为，斯拉法主义分析构成庸俗经济学的一部分，而李嘉图主义则不是，一般通常把二者统称为“新李嘉图主义”。“它们的确具有某些共同点。对这两个学派而言，劳动既不是抽象的也不是具体的，价值（不管后来是否拒绝了这个概念）是物化的劳动，资本主义没有被赋予历史特殊性，偶尔添加上某种阶级斗争的社会学理论以便保证‘马克思主义’的权威性和公正性（仿佛阶级斗争是马克思发现的，尽管在李嘉图和其他许多人的著述中都明确地表述过阶级斗争）……新李嘉图主义照样陷在困扰李嘉图的矛盾之中，这种情况并不出乎意料”[②]。

另一个学派被称为“原教旨主义者”，他们不承认李嘉图的难题及其所产生的后果。“原教旨主义”这个词很符合他们试图证明马克思所说的每一句话都是正确的这种愿望，但更重要的是他们忽视了根本性的问题。他们在采纳对价值的基本上是马克思主义的理解的同时，认识到要在此基础上对现实世界的现象进行说明，他们坚持把转形问题解释为有关再分配的过程，即使不考虑他们向对立的方法论的妥协，这实际上也意味着他们认为价值是一个可以持续地用于更低的抽象层次的分析工具。“因此他们要求现象和现实即使不重合一致（像李嘉图认为的那样），至少不需要转形而能直接用同样的分析工具加以分析”[③]。

14.2.4　对劳动价值论的现代攻击

质疑马克思对转形过程的论述，往往是马克思劳动价值论的大多数现代批判的出发点。希姆尔韦特和莫宏认为“这样的现代批判的鼻祖，至少可追溯到波特凯维兹和庞巴维克，而目前的批判则大多是基于斯拉法的著作的批判”[④]。很多批判走得很远，以至于宣称：“如果说对资本主义社会进行唯物主义的分析还依存于马克思的价值理论的话，那只能是从否定的意义上来理解的，即继续依附于后者只是前者发展的一个主要桎梏。这种说法一点都

---

① Susan Himmelweit, Simon Mohun, Real Abstractions and Anomalous Assumptions, In *The Value Controversy* edit by Ian Steedman, Verso Editions and NLB, 1981, pp. 249 – 250.

② Susan Himmelweit, Simon Mohun, Real Abstractions and Anomalous Assumptions, In *The Value Controversy* edit by Ian Steedman, Verso Editions and NLB, 1981, P. 250.

③④ Susan Himmelweit, Simon Mohun, Real Abstractions and Anomalous Assumptions, In *The Value Controversy* edit by Ian Steedman, Verso Editions and NLB, 1981, P. 251.

不过分。”①

上述看法有两个依据：一是认为马克思的价值概念是一个内部不一致的概念；二是认为马克思的价值概念是一个“冗余”的概念，就如斯蒂德曼断言的：“已经证明马克思的价值分析通常是内在地不一致的，完全不能提供那种马克思所企求的对资本主义经济的基本特征的阐述。相反，只要摆脱价值分析，人们就有可能作出对资本主义经济特征的逻辑上一致的分析。”②

1. 价值的冗余性。

希姆尔韦特和莫宏摘录了斯蒂德曼关于价值的“冗余性”指责的一些说法。如斯蒂德曼提出：“如果每种商品的生产只有一种生产方法可加采用，每种生产方法仅仅使用流动资本并且仅仅生产一种产品，那么：（1）由这些生产方法规定的生产中所需的商品投入的物质量和劳动投入，以及既定实际工资所特定的工资商品的实物量，足以决定利润率（和与此相关的生产价格）；（2）生产任何商品（直接地和间接地）所需的劳动时间——从而任何商品的价值——由与关生产方法相联系的物质量决定；因此，在利润率（和生产价格）的决定中价值量完全是多余的；（3）传统的价值图式中，所有生产活动中的不变资本要素和可变资本要素分别被加总而由单个 C 和 V 的值来表示，这种价值图式决不适合于决定利润率（和生产价格）。”③

总之，利润率、价格以及价值都能计算出来，只要生产方法和工资都做了规定；另一方面，单单从有关价值的知识出发却不能计算出所有这些其他变量中的任何一个。因而价值不过是从生产方法中得出的统计数据，是全部数据的浓缩，是失去了很多重要内容的一种简括。

希姆尔韦特和莫宏指出，对斯拉法主义者来说，“价值”肯定是冗余的：价值是从物质投入产出中推导出来的，而不是相反。单从价值不能得出交换比率和利润率，而物质投入产出则可以直接做到这一点。

希姆尔韦特和莫宏指出，“自然应该搞清楚的是，这里所讲的‘价值’是总的物化劳动，是李嘉图的概念”。④ 而只有通过产品交换个别劳动才能

① 扬·斯蒂德曼著，吴剑敏、史晋川译：《按照斯拉法思想研究马克思》，商务印书馆 1991 年版，第 181 页。

② 扬·斯蒂德曼著，吴剑敏、史晋川译：《按照斯拉法思想研究马克思》，商务印书馆 1991 年版，第 181 页。

③ 扬·斯蒂德曼著，吴剑敏、史晋川译：《按照斯拉法思想研究马克思》，商务印书馆 1991 年版，第 177 页。

④ Susan Himmelweit, Simon Mohun, Real Abstractions and Anomalous Assumptions, In *The Value Controversy* edit by Ian Steedman, Verso Editions and NLB, 1981, P. 253.

通约并且确立社会必要劳动时间，这是极为重要的。上述分析中“产生的对立在于一方面把价值理解为生产所需要的物质量的产物，另一方面抽象地把价值理解为生产所要的社会确定量”①。

那么斯蒂德曼是怎么“发展”李嘉图的呢？希姆尔韦特和莫宏指出：“李嘉图承认缺少价格以及利润率和物化劳动时间之间的函数相关性。而斯蒂德曼遵循斯拉法解决了李嘉图提出的这个问题，向我们证明了价格、利润率等变量之间的函数相关性。然而在这样做的同时，斯拉法和斯蒂德曼走的却是一条老路，一条通向庸俗经济学和成本价格论的道路。”② 因此，希姆尔韦特和莫宏认为，“斯拉法经济学明显地不同于李嘉图经济学。它所讲的是物质产品和它在阶级之间的分割，而不是社会总劳动和它的分割。然而，斯拉法派和李嘉图派都要依靠一个假定，即投入需求是给定的（无论是特殊使用价值的物质投入还是所需劳动量的投入）。但马克思主义者则认为投入需求的规定是一个社会的过程。这并意味着像新李嘉图主义者所说的那样，投入需求的规定简单地由阶级斗争和利润最大化所决定。它的意思是当规定生产什么（产出的构成）和怎样生产（生产的技术系数）时，如果抽象掉劳动过程的组织方式，抽象掉生产作为一种通过市场对生产什么进行的普遍比较的社会活动，会变得毫无意义。因此，不能把生产什么和怎样生产当作现成的东西”③。

2. 价值的不一致性。

斯拉法派对马克思的价值理论提出的另一个重要批判是认为价值概念本身存在内部不一致。这种批判通常被披上技术性的外衣。“当给定的计算价值的方法得出不确定的或负的结果时，所谓的价值概念的内部不一致性就出现了。当在生产同一种商品的两种同样盈利的技术之间存在一个选择问题时就会出现前者，而当同一生产过程同时生产出两种不同的产品而产生怎样在二者身上分配物化劳动时间时就会出现后者”④。从根本上讲，两种问题都是出于同一原因：控制生产什么和怎样生产的资本家，他们的决策是基于最大化他们的利润率，而对一种给定商品的生产，这意味着使成本为最小。但是成本是价格而不是价值，使一个变为最小，并不一定且通常不会使另一个

---

①② Susan Himmelweit, Simon Mohun, Real Abstractions and Anomalous Assumptions, In *The Value Controversy* edit by Ian Steedman, Verso Editions and NLB, 1981, P. 254.

③ Susan Himmelweit, Simon Mohun, Real Abstractions and Anomalous Assumptions, In *The Value Controversy* edit by Ian Steedman, Verso Editions and NLB, 1981, P. 255.

④ Susan Himmelweit, Simon Mohun, Real Abstractions and Anomalous Assumptions, In *The Value Controversy* edit by Ian Steedman, Verso Editions and NLB, 1981, P. 256.

也为最小。因此，矛盾就出现了。

希姆尔韦特和莫宏指出："对上述问题人们曾提出各种各样的解决办法，这些解决办法主要是出自那些打算成就斯拉法派的价值概念的人提出的，但是所有提出的解决办法都包含对价值概念的某种修正"①。

希姆尔韦特和莫宏强调，"总之，李嘉图的框架为攻击价值是冗余的和内部不一致的奠定了基础。通过对概念作出某些修改从而使物化劳动的概念避免遭到内部不一致性的攻击的企图，如果像李嘉图的想法一样要为某种价格理论提供基础的话，是注定要失败的。然而，在这个框架内，又没有别的办法来证明对物化劳动的计算（无论这种计算采取何种形式）"②。

14.2.5 冗余、不一致和马克思的价值理论

针对现代西方一些学者对马克思劳动价值论的两个责难，希姆尔韦特和莫宏做出了回答。他们考察了"关于冗余和不一致的指责在指向抽象劳动这个范畴时是否仍然有效"③。

首先，希姆尔韦特和莫宏对指责劳动价值理论是"冗余的"的观点已经有了回答。希姆尔韦特和莫宏认为，在马克思经济学理论中，价值理论不是"冗余的"，因为对于理解资本主义生产关系的本质来说，劳动价值论是完全必要的。不能通过只是从生产条件的规定中，用投入产出数据能够导出价格，就"证明"劳动价值论是"冗余的"。正是劳动价值论的分析才揭示了资本主义生产方式的特殊性，我们要论证的就是价值具有真实的社会存在。价值的现实性取决于商品交换的现实性，商品交换的普遍化就是资本主义社会。在这样的社会中，抽象劳动必然总是在起作用；由于抽象劳动并不纯粹是理论的产物，所以它的"冗余"与否也不是纯粹的理论问题。希姆尔韦特和莫宏认为，必须彻底否定所谓"冗余的"的指责。

其次，对指责劳动价值论不能前后一致，是自相矛盾的观点的回答。希姆尔韦特和莫宏认为，所谓自相矛盾的说法，主要和一些反常的情况相关。在反常的情况下，所讲到的是抽象劳动和具体劳动的分离。在这些情况下，问题起因于一种商品可以通过两种不同的生产过程生产出来，或者两种不同的商品由同一个生产过程生产出来。两种商品只是由于使用价值的不同而产

---

① Susan Himmelweit, Simon Mohun, Real Abstractions and Anomalous Assumptions, In *The Value Controversy* edit by Ian Steedman, Verso Editions and NLB, 1981, P. 257.

②③ Susan Himmelweit, Simon Mohun, Real Abstractions and Anomalous Assumptions, In *The Value Controversy* edit by Ian Steedman, Verso Editions and NLB, 1981, P. 259.

生性质上的不同。因此，两种生产过程生产的商品之间的等同，和一种生产过程生产的两种商品之间的区别，首先是一个使用价值方面的问题。

马克思用使用价值之间的不同来区分具体劳动。希姆尔韦特和莫宏认为，如果我们只考虑在任何时候都只用一种技术生产出唯一的一种使用价值，在这种情况下使用价值和具体劳动之间则是一一对应的。异常情况下的问题是，这种一一对应关系遭到破坏。在联合生产情况下，一种具体劳动生产出一种以上的使用价值，另一种情况是不同的技术方法即不同的具体劳动生产出同样的使用价值。这些特殊的现象，都起因于商品的使用价值方面，对于商品的价值方面却没有什么意义，因为体现在交换中的并不是使用价值的异同。联合生产出的不同使用价值，将各自单独出售，一般是以不同的价格售出。反过来，如果两种不同的生产过程生产相同的使用价值，它们肯定用同一价格出售。在反常情况下，生产过程和它们的产品的交换过程的一一对应是不成立的。

这里问题又回到随着价值抽象本身的逐步出现而产生的价值与它的形式即交换形式的矛盾的必然性问题上去了。但是，通过交换的商品形式的发展带来了资本主义竞争。一旦这一点变得明显起来，生产价格肯定一般地会区别于价值。尽管我们可以继续认为价值是生产过程的属性，但是我们不再给联合生产过程中生产出的不同商品分配价值，也不能赋予两种生产过程所生产的同种产品以唯一的价值。生产价格仍是价值的表现。然而最重要的是它们成为价值的唯一的表现。对前者来说，唯一性和可分性是极为重要的，而对后者来说则不然。

为了给大多数有关价值论的性质和意义的争论提供一个统一的分析框架，希姆尔韦特和莫宏在李嘉图主义的物化劳动价值论和基于抽象劳动范畴的马克思的价值论之间做了区分。希姆尔韦特和莫宏指出，前者打算直接成为一种价格理论，而后者要成为一种价格理论还要经过几个中间阶段或中介。这些中介，对两种理论方法之间的存在的根本差别而言是至关重要的。

李嘉图不区分价值和使用价值，毫无结果地要求他自己的理论成为对表面现象的直接解释。他之所以失败，是因为资本主义关系是内在矛盾着的，它们所采用的形式的确产生一组与其根本决定因素相矛盾的现象。对李嘉图的失败有两种可能的反映：一种是庸俗经济学，干脆抛弃了寻求解释的努力，只看事物的现象，把所有的理论都限制在内部协调一致的范围内。另一种是马克思的理论，承认资本主义的矛盾现实，试图以能够深入阐明资本主义世界矛盾的方式来构建理论体系。因此，马克思的方法能恰当地把握现实运动，把握资本主义生产方式的历史规定性以及它的暂时性。希姆尔韦特和莫宏表明，马克思的抽象方法是不同于在假设的基础上构建理论的方法的，失败了的李嘉图的和庸俗的经济学共同使用的都是后一种方法。

随后，希姆尔韦特和莫宏考虑了某些对价值的现代反对意见，并且表明当这些反对意见针对李嘉图时还是说得过去的。但是在它们反对的是交换价值与价值相分离所产生的结果的意义上，这些反对意见中的内容并不是什么新东西。诸如此类的反对意见与马克思的价值论毫不相干，因为价值和价格之间的矛盾，以及由此而引起的异常，都可以作为承认价值这种生产出来的商品的属性只有通过交换才能实现，而从价值理论本身中得到解释。

14.3 价值形式和资本逻辑

A. 卡岭（A. Carling）1986 年在《科学和社会》春季号上发表的《价值形式和资本的逻辑》一文①，对马克思《资本论》第 1 卷第 1 章《商品》中论述劳动价值论的方法论问题作了研究，他的研究成果成为这一时期关于马克思劳动价值论方法论问题探讨的有影响的观点。

14.3.1 关于《资本论》第一卷第 1 章的两种观点

在对马克思劳动价值论的探讨中，很多人都认同，《资本论》第一卷开篇第 1 章中，马克思对商品和价值形式的叙述，理解起来比较困难。

一种观点认为，《资本论》第一卷第 1 章在最差的意义上只是比较晦涩的黑格尔式的消遣，在最好的意义上，可以看作是马克思开始认真考察劳动过程和社会历史之前的某种准备工作。隐含在这种观点中的常识是，在迅速转向后面的内容之前，先给予第 1 章短暂的认可。

另一种观点认为《资本论》第一卷第 1 章恰恰是整部著作的关键部分，甚至可以说它就代表了整部著作，至少是整部著作的“硬核”。在《资本论》第一卷第 1 章中，我们可以发现对资本的本质的说明，而且是在纯粹的意义上，在没有与外部的经验材料相混杂的意义上被加以说明。由于所有与资本相联系的关系是以商品形式为先决条件，或者说是商品形式造就的。

---

① A. Carling, Forms of Value and the Logical of Capital, *Science and Society*, Vol. L (1), Spring 1986, pp. 52 – 80. In *Karl Marx's Economics: Critical Assessments*, Edited by Cunningham Wood, Vol. Ⅱ. P. 243.

因此，准确地把握了《资本论》第一卷第1章，就可以理解《资本论》的其他的部分，此外，还可以从中阐发出很多有关社会主义策略的观点。《资本论》其他部分的“所有的内容，无非是这种浓缩的源泉的展开”①。

卡岭的《价值形式和资本的逻辑》一文试图调和以上两种观点。卡岭认为，首先，虽然《资本论》第一卷第1章的论述理解起来确实很困难，但它并非完全无法理解，并不是无法理解马克思试图做的事情。卡岭认为，理解马克思在这一章中的论述，完全不必转向黑格尔的形而上学的高台，懂得普通的逻辑就足够了；其次，卡岭反对那种试图忽略这一章的观点，并极力强调这一章的主旨和后续各章观点之间的连续性。卡岭认为：“在第1章，马克思提出了价值形式的序列，随后把这种序列扩展到社会结构的序列。”② 表现这种连续性的第一个实例，可以在它的一些同样的要素（如使用价值）和一些同样的关系（如交换）贯穿始终中得以理解。但是，随着新关系（如生产、消费）和新要素（如人）的加入，结构逐渐变得复杂起来。由此，《资本论》的整个理论上的统一性，以对结构形式表现（一种赋予物质要素以由各种各样的关系构成的社会形式的表现）的连续应用建立起来。在这种一般视角中，研究的顺序非常合乎逻辑地从最简单的形式扩展到非常复杂的形式。在马克思的文本中，这准确地蕴含着从简单价值形式，经由“资本总公式”和简单商品生产，到产业资本自身的循环的运动。

卡岭对《资本论》第一卷第1章是马克思整部著作“硬核”观点的异议在于，“硬核”的观点意味着早期的形式在某种意义上“包含”着后来的形式，无论这种包含是逻辑意义上的，还是生物学隐喻意义上的。卡岭认为从逻辑意义上看，认为早先的形式包含后来的形式的观点是错误的；事实上，相反的情况倒是真实的。比如，产业资本的循环包含了“资本总公式”，而资本总公式自身包含了三种“最初的”双边商品交换。

在生物学隐喻的意义上，是在诸如坚果包含坚果树或者鸡蛋包含小鸡的目的论的含义上，先前的形式包含着后来的形式。卡岭认为，“尽管这种隐喻并不完全错误（事实上，隐喻本身无所谓正确或错误），但毫无疑问它是极其单调乏味的”③。因为在坚果和小鸡的例子中，隐喻明显要诉诸于预先

①② A. Carling, Forms of Value and the Logical of Capital, *Science and Society*, Vol. L (1), Spring 1986, pp. 52 – 80. In *Karl Marx's Economics: Critical Assessments*, Edited by Cunningham Wood, Vol. Ⅱ. P. 243

③ A. Carling, Forms of Value and the Logical of Capital, *Science and Society*, Vol. L (1), Spring 1986, pp. 52 – 80. In *Karl Marx's Economics: Critical Assessments*, Edited by Cunningham Wood, Vol. Ⅱ. P. 244.

被视为理所当然的自然发展的原则，但是对商品而言，这恰恰是一个重大的任务。

卡岭指出，对《资本论》第一卷第一章作出黑格尔式构建的不幸后果之一就是，鼓励了人们对上述隐喻不加思考的应用，在这种隐喻中，形式在历史的斗争中找到了它们最完美的表现；在这种隐喻中，增长和转变的原理内在于对形式的描述中，好像只要对形式进行正式的描述就足够了。用卡岭的话说，“似乎人们只需要以正确的方式描述物物交换的实践，资产阶级生活和思想的全景图式就会昭然若揭了”①。这种解释方式因为《资本论》第一卷第一章中对形式序列的叙述几乎完全是形式上的（在抽象的意义上）而得以进一步强化。形式序列罗列出来被加以考察，但是对序列中的转变没有给出任何原因、理由和机制上的解释。比如，从一般价值形式到货币形式的转变，“只是简单的断言，而不是解释”②。

但是，卡岭指出，马克思同黑格尔的形而上学明确的决裂可以从一个事实中看出来，即在马克思随后对特定的结构转变的分析中，总是花费大量的精力对它作出历史的解释。马克思首先是在向机器大生产的转变的分析中这样做的，工厂制度是劳动过程中的一次结构性转变，但是这种转变是以支配性的资本主义社会形式和资本家的驱动力量为先决条件的。

卡岭指出，无论对结构转变的历史解释是否成功，“但这些解释的目的都在于说明坚果是为什么以及如何转变为大树的”③。那些以一种拜物教的方式看待《资本论》第一卷第一章的人们的错误在于，认为诸如这种历史解释的意义是可有可无的。

14.3.2 逻辑和历史

卡岭指出以上的说明，并不能解决形式展开的逻辑和真实历史过程之间的关系问题。从哲学意义上的实在论立场看，最直接的立场是黑格尔的叙述顺序只是一种简要的形式的对历史中真实发生的事物进行的复述，因为历史恰好展示出一种逻辑演进，而辩证唯物主义是对这种逻辑严谨进行研究时最适合的理论。对这种观点最有力的表述，可以在恩格斯的《反杜林论》中

①② A. Carling, Forms of Value and the Logical of Capital, *Science and Society*, Vol. L (1), Spring 1986, pp. 52 – 80. In *Karl Marx's Economics*: *Critical Assessments*, Edited by Cunningham Wood, Vol. Ⅱ. P. 244.

③ A. Carling, Forms of Value and the Logical of Capital, *Science and Society*, Vol. L (1), Spring 1986, pp. 52 – 80. In *Karl Marx's Economics*: *Critical Assessments*, Edited by Cunningham Wood, Vol. Ⅱ. pp. 244 – 245.

发现，恩格斯说“因此，当马克思把这一过程称为否定的否定时，他并没有想到要以此来证明这一过程是历史的必然的。相反地，在他历史地证明了这一过程部分确已实现，部分还一定会实现以后，他才指出，这还是一个按一定的辩证规律完成的过程。这就是一切”①。卡岭则指出，“这不可能是一切”②。在这里，辩证法扮演了令人惊讶的被动的角色，因为它的存在只是为了使先前的历史发展确定下来，而这必然假定历史发展已经内在的（可能是无意识的）是辩证的了。如果是这样的话，没有任何线索表明辩证法是某种理解历史的独立的指南。卡岭认为，更明显的是，恩格斯的这种立场与马克思在《资本论》中的实践相矛盾，至少和马克思对章节的陈述相矛盾。

在《资本论》中，形式呈现的顺序，很大程度上是由形式上的和理论上的考虑，而非出于对经验的考虑决定下来的。显而易见，它并不是被作为一种历史序列呈现的。它也不是一种坚果变成大树的序列。无论想象力多么丰富，价值形式自身都不能被认为代表了社会的缩影。比如，货币形式的充分展开要求雇佣劳动关系；简单商品生产并不是一个历史阶段等。显然，无论“按一定的辩证规律”意味着什么，它都是对历史过程的重构。

在《政治经济学批判大纲》中，马克思对土地租金和资本家的利润之间的关系进行了思考。卡岭认为，在思考这个问题时，马克思走得如此之远，甚至提出了逻辑序列是对历史序列的颠倒。在这样做时，马克思引入了一种非常不同的逻辑形式和历史过程之间的关系：“因此，把经济范畴按它们在历史上起决定作用的先后次序来排列是不行的、错误的。它们的次序倒是由它们在现代资产阶级社会中的相互关系决定的，这种关系同表现出来的它们的自然次序或者符合历史发展的次序恰好相反”③。卡岭指出，在这里，“马克思提供的理论不是对社会形式的长期演化过程的重现，而是为分析一种本质上是稳定（可再生的）的社会形式的单个社会提供的有用的模型”④。

卡岭认为这种转变有几个后果：

第一，它使一种功能主义的解释逻辑成为可能，这就像在对一块手表进

---

① 《马克思恩格斯全集》第20卷，人民出版社1970年版，第147页。

② A. Carling, Forms of Value and the Logical of Capital, *Science and Society*, Vol. L (1), Spring 1986, pp. 52 – 80. In *Karl Marx's Economics*: *Critical Assessments*, Edited by Cunningham Wood, Vol. Ⅱ. P. 245.

③ 《马克思恩格斯全集》第46卷上，人民出版社1979年版，第45页。

④ A. Carling, Forms of Value and the Logical of Capital, *Science and Society*, Vol. L (1), Spring 1986, pp. 52 – 80. In *Karl Marx's Economics*: *Critical Assessments*, Edited by Cunningham Wood, Vol. Ⅱ. P. 246.

行解释时，为了建立对手表的整个工作机制越来越完整的理解，在对齿轮和弹簧进行分析之前，首先从一个摆轮开始分析。卡岭认为，这明显是马克思在详细阐述交换要素向产业资本循环分析的转变时所做的。

第二，由于社会形态既不像手表那样简单，也不像手表那样确定，它就开启了经验分析选择的大门。在一个极端，“有用的模型”可能用来描述一些假定的情形以阐明某些理论要点（鲁滨逊·克鲁索式的国家）。在另一个极端，如果仍然主张恩格斯的观点，模型必须反映“思想具体”，问题就产生了，应当把哪一种“具体”包括进来呢？虽然模型试图反映的现实总是在历史中发生的，但它最终不再是宏大的历史过程本身。从纵向的意义上说，模型反映了历史，尽管历史过程最终是与在模型中被定义为不变的社会形式的改变相联系的。也就是说，如果模型反映了社会的内在联系，这种联系必然存在于产生它们的历史过程的某个切面上，或者刚好超越它们。卡岭指出，我们可以从一个事实中看到这种张力的存在，比如马克思对资本主义社会关系促进生产率持续提高的描述要比他对为什么持续提高的生产率会威胁资本主义社会关系的描述好得多，这两个问题明显属于不同的理论。

卡岭的基本观点可以概括如下：“马克思进一步拉伸了已经拉紧了的把逻辑和历史相分离的绳索，它可以断裂在任何一端。在一端，历史可能跌落进逻辑中，而陷入黑格尔的怀抱。在另一端，逻辑可能跌落进历史中，而投入恩格斯的怀抱。不存在保持平衡的黄金法则。也不存在什么方法肯定地知道什么时候某个人会扯断这根绳子。”①

卡岭认为，与形式展开的逻辑同历史之间的精确关系相比，更易于确定的是《资本论》中采用的形式展开的逻辑：“任何解释必须从使用价值和商品——马克思把它们当成《资本论》和资本的细胞——开始。”②

14.3.3 使用价值和商品

在《资本论》第一卷的开始，马克思对使用价值作了如下定义：“物的有用性使物成为使用价值。”③ 卡岭认为，毫无疑问使用价值属于马克思的物质词汇（对应于社会词汇）。物品是因为它们作为自然物的特征，在很大程度上才被认为是使用价值，这和它们同人或其他使用价值之间的关系无关。

①② A. Carling, Forms of Value and the Logical of Capital, *Science and Society*, Vol. L (1), Spring 1986, pp. 52 – 80. In *Karl Marx's Economics*: *Critical Assessments*, Edited by Cunningham Wood, Vol. Ⅱ. P. 246.

③ 《马克思恩格斯文集》第5卷，人民出版社2009年版，第48页。

卡岭指出，有人可能会对上述说明感到惊讶，因为对于一个物品的使用价值而言，它必须进入使用价值和人之间的消费关系中才能体现出来。尽管通过使用价值满足欲望的方式和程度包括了这种关系（属于社会情形），但是使用价值满足欲望的能力只依赖于物品的内在属性。

使用价值处在构成人和使用价值之间的关系——无论是经济还是社会结构——之外。在这些关系中，有使用价值之间的交换关系（或交换能力）。使用价值通过进入这种关系成为商品。在后来为《资本论》第一卷增加的一个注释中，恩格斯说："要成为商品，产品必须通过交换，转到把它当做使用价值使用的人的手里。"①

交换第一次把独立的使用价值联系起来。使用价值保持着商品"日常的自然形式"②，它是商品的物质实体或者商品实体。借助于与其他使用价值的关系，商品成为交换价值。交换价值是价值形式，是商品的社会形式。从而"它们具有二重的形式，即自然形式和价值形式"③。

卡岭指出，有时候，使用价值和交换价值相对照，只是说根据定性和定量的标准，它们之间存在差别。一种商品的交换价值是它自身自然度量的使用价值与另一种自然度量的使用价值之间的交换比率。使用价值的量化对作为整体的马克思经济学而言具有重要意义。

卡岭指出，马克思经常用以下类似数学公式的方式表达上述观点：

20 码麻布 =1 件上衣 (14.1)

这个公式是一个准数学表达式，因为从字面意思上看它是没有任何意义的。它是四个表达式的速记形式：

(一个固定数量的）麻布交换（或可以交换）到（固定数量）上衣 (14.1A)

这个公式赋予麻布和上衣以商品的地位。(14.1）和（14.1B）表达式是不同的（具有真实的数学意义）：

20 码麻布用上衣表示的交换价值等于一件上衣 (14.1B)

一件上衣用麻布表示的交换价值等于 20 码亚麻 (14.1C)

(14.1D）表达式是另一个数学陈述：

20 码麻布的价值等于一件上衣的价值 (14.1D)

在这里，价值是抽象劳动量。

① 《马克思恩格斯文集》第 5 卷，人民出版社 2009 年版，第 54 页。

②③ 《马克思恩格斯文集》第 5 卷，人民出版社 2009 年版，第 61 页。

卡岭指出，颇有争议的陈述（14.1D）将不会在下面的讨论中被展开，但是需要注意的是第四式在逻辑上独立于陈述公式（14.1A）~公式（14.1C）。因此，下面的讨论将既不会反对、也不会支持古典劳动价值论。这不同于将四个表达式包含在一起的简单的表达式“20码麻布＝1件上衣”所表现出的含义，从这个简单公式中，似乎可能会误认为劳动价值论和“劳动的价值理论”共命运。

14.3.4　简单的价值形式和复杂的价值形式

卡岭把马克思对价值形式的分析总结在图14－1中。

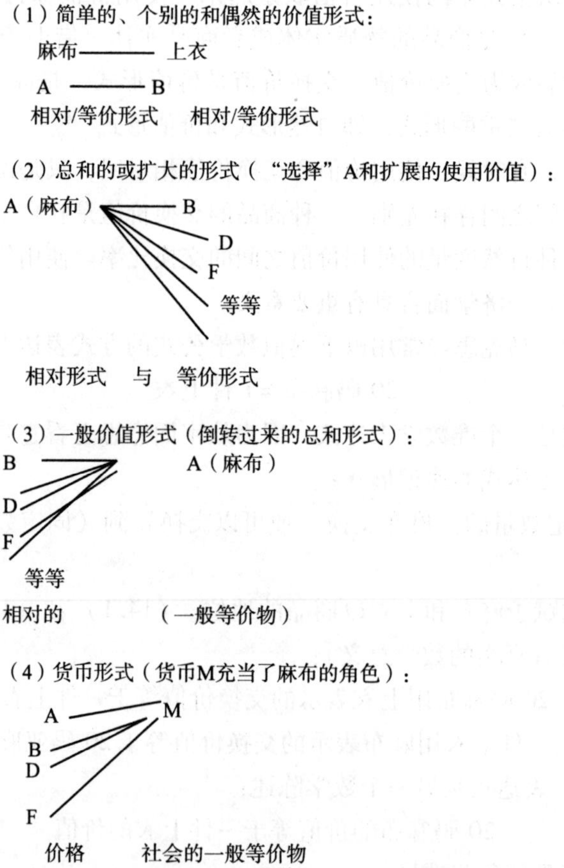

图14－1　价值形式序列

卡岭指出，货币形式是价值发展最完备的最终的形式：第一，使用价值的一般意义上的真正的可交换性，在货币完全出现之前无法形成的。货币克服了存在于物物交换经济中商品流通中的障碍。货币统一了商品流通，也简化了商品流通；第二，货币同非货币使用价值之间的分离，掩盖了使用价值和交换价值之间的社会分离。非货币使用价值不再发挥其他非货币使用价值等价物的功能，只作为特定数量货币的“特殊的等价物”。相对价值形式最终发展为价格形式。此外，当黄金不再被用来镶金牙，银行券不再被用来点雪茄的时候，货币就从商品的世俗世界中脱离出来。它就只在交换进行中被定义，并被认为只反映为其他使用价值的等价物。在重要的概括的意义上，货币只是一种交换价值。另一方面，如果货币不再具有直接的使用价值，它就具有了普遍的间接的使用价值，因为用它可以获得任何其他使用价值。卡岭指出，马克思说过是形式上的使用价值，这种表达是合理的，因为它凭借价值关系所呈现的社会形式才具有了使用价值。

14.3.5 资本总公式

在一种单一的社会关系——交换中，价值形式包含了单一的物质要素——使用价值。为了理解资本主义结构，有必要加入一个新的物质要素——人和四种新的社会关系：所有权、贸易、生产和消费。卡岭认为，马克思所说的资本总公式是一种给价值形式的交换关系加入了人、所有权和贸易，但没有加入生产和消费的社会形式。从而“资本总公式”起到了一种中间结构的作用，它连接了价值形式和产业资本循环的分析。

和人一道，资本总公式第一次引入了交易的序列。复杂的价值形式中商品的数目不受限制，而资本总公式则不同，它只包括三种商品：货币和其他两种非货币商品（马克思使用的是谷物和衣服）。在资本总公式中，“剧中人”包括这些商品的最初的拥有者，他们分别被称作商人、农民和裁缝。随后这些因素进入图 14－2 给出的关系序列（采取动态的社会形式），从而可以很便利地把行动分解为四个连续的交易阶段。卡岭首先指出，尽管与先前的情形相比更为复杂，但是，这种形式和价值形式完全是同一类型——物质要素之间的一组关系。

资本总公式把人引入到分析图景中。但是，人在先前的价值形式分析中真的是缺失的吗？说在整个对价值形式的讨论中，人是隐含在他们的商品中（或者说通过人）的难道是不正确的吗？换句话说，《资本论》中的研究顺序反映了资本表现的形式，在资本的表现形式中，似乎商品有自己的观点，它们自己的发展规律。但是这种表面上的东西是异化的力量的结果。明确地引入所有者不只是意味着结构上的差别，而是从表现形式到社会关系的本质的运动。在此过程中，商品之间的关系，表现为人与人之间的关系。

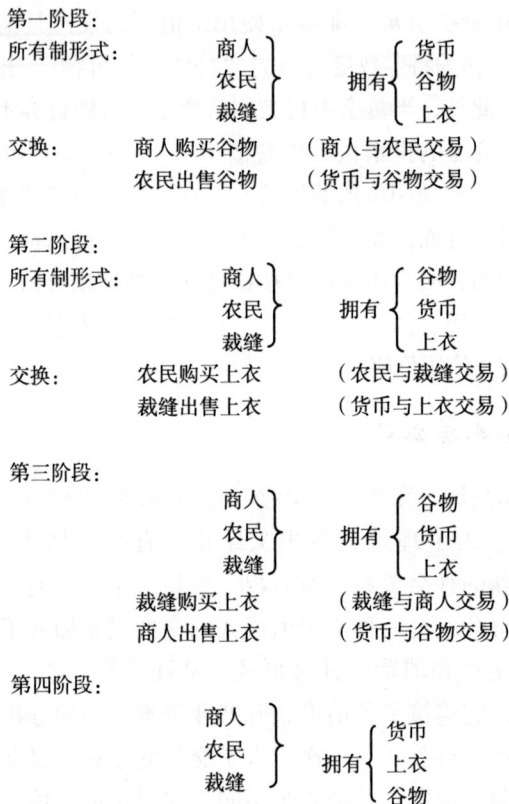

第一阶段：

所有制形式：商人、农民、裁缝 拥有 货币、谷物、上衣

交换：商人购买谷物（商人与农民交易）

农民出售谷物（货币与谷物交易）

第二阶段：

所有制形式：商人、农民、裁缝 拥有 谷物、货币、上衣

交换：农民购买上衣（农民与裁缝交易）

裁缝出售上衣（货币与上衣交易）

第三阶段：

商人、农民、裁缝 拥有 谷物、货币、上衣

裁缝购买上衣（裁缝与商人交易）

商人出售上衣（货币与谷物交易）

第四阶段：

商人、农民、裁缝 拥有 货币、上衣、谷物

图 14－2 资本总公式

对图 14－2 的考察表明，商人为了获得货币，在开始和结束的时候都拥有货币，其他商品只是经过他的手而已，这是一个 M－C－M 的链条。农民交易是为了得到他交易开始之前所没有的上衣使用价值。与此类似，裁缝得到谷物。他们的链条是 C－M－C。“事实上，如果把最初的所有权和最终的所有权相比较，整个序列的结果和不存在货币和商人时，农民与裁缝直接进行实物交易的情况相同”①。换句话说，资本总公式可以还原出简单价值形

---

① A. Carling，Forms of Value and the Logical of Capital，*Science and Society*，Vol. L（1），Spring 1986，pp. 52－80. In *Karl Marx's Economics*：*Critical Assessments*，Edited by Cunningham Wood，Vol. Ⅱ. P. 255.

式的硬核。C－M－C 变成了 C－C。因此，卡岭认为，可以在很轻微有害的程度上把资本总公式重新命名为“价值的货币形式的简单形式”①。这种缩略形式可以用图 14－3 表示。

所有制形式：	商人 农民 裁缝	拥有	货币 谷物 上衣
交换	农民交换谷物		（农民与裁缝交易）
	裁缝交换上衣		（谷物与上衣交易）
第二阶段（等价于总公式的第四阶段）			
	商人 农民 裁缝	拥有	货币 上衣 谷物

图 14－3　资本总公式的缩略形式

卡岭认为，马克思使用这种结构特征是为了说明两点，即“《资本论》和资本的组织”②。第一点，商人的地位只是更加突出地表明了潜藏在商品形式中的可能性，即一个拥有商品的人可以进行交换，也可以通过交换而拥有商品。由于“拥有”的一般动机是使用（消费），这有效地再现了与交换价值和使用价值之间的对比。因此，流通领域和消费领域的真正的社会分离，商人和其他主体之间兴趣和取向的不同，可以直接回溯到最初的商品形式的二重性。第二点与农民和裁缝有关。由于流通和消费相分离，我们可以从农民或者裁缝开始分析，并认为不存在商人和货币。虽然这看起来令人奇怪，但卡岭认为，这正是马克思把资本主义生产引入分析图景中的方式。“当两种非货币商品是谷物和劳动力时，农民和裁缝之间的关系是资本主义本质性的阶级关系的萌芽形式”③。

卡岭认为，不是为了得到货币的商人，而是农民才是《资本论》第一卷中产业资本家的原形。这使得裁缝成为无产阶级的原形。在资本总公式图 14－3 中，农民和裁缝之间的实物交易，发展为资本的交易体系。

卡岭认为，上述结果服务于建立构成性的生产/消费领域与流通领域之间的理论分离。但是，这种分离衍生出《资本论》的主体架构。“它使得在

①②③ A. Carling, Forms of Value and the Logical of Capital, *Science and Society*, Vol. L (1), Spring 1986, pp. 52 – 80. In *Karl Marx's Economics: Critical Assessments*, Edited by Cunningham Wood, Vol. Ⅱ. P. 255.

《资本论》第一卷中对生产/消费和《资本论》第二卷中对流通的单独分析成为可能”①。“这表明资本总公式不仅是《资本论》第一卷的枢纽，也是整个《资本论》的枢纽”②。卡岭认为，从文本上说，正是在这点上，《资本论》第一卷的前面几章为随后的几卷和《资本论》第一卷的其余部分写下了序言。正是在这一点上，典型资本家的灵魂分解为组织物品生产（为了货币）和组织获取货币（从物品中）。

14.3.6 商品生产

不是所有的使用价值，都可以不通过制造而获得。使用价值需要制造，人们需要用其他使用价值去制造它们。简单商品生产可以用图 14－4 描述。

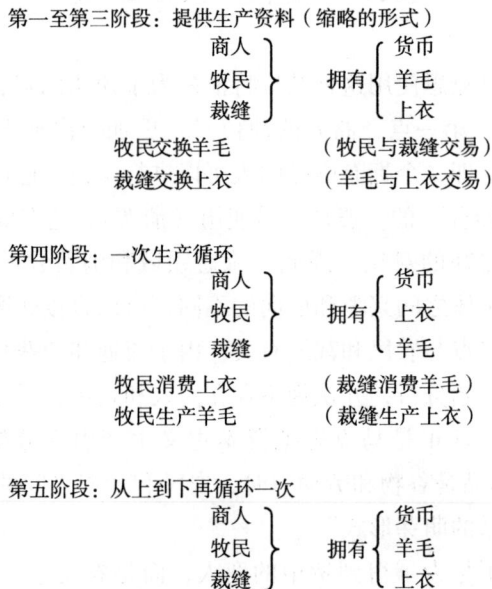

第一至第三阶段：提供生产资料（缩略的形式）

商人、牧民、裁缝 拥有 货币、羊毛、上衣

牧民交换羊毛　（牧民与裁缝交易）

裁缝交换上衣　（羊毛与上衣交易）

第四阶段：一次生产循环

商人、牧民、裁缝 拥有 货币、上衣、羊毛

牧民消费上衣　（裁缝消费羊毛）

牧民生产羊毛　（裁缝生产上衣）

第五阶段：从上到下再循环一次

商人、牧民、裁缝 拥有 货币、羊毛、上衣

图 14－4　简单商品生产

---

① A. Carling, Forms of Value and the Logical of Capital, *Science and Society*, Vol. L (1), Spring 1986, pp. 52－80. In *Karl Marx's Economics*: *Critical Assessments*, Edited by Cunningham Wood, Vol. Ⅱ. P. 255.

② A. Carling, Forms of Value and the Logical of Capital, *Science and Society*, Vol. L (1), Spring 1986, pp. 52－80. In *Karl Marx's Economics*: *Critical Assessments*, Edited by Cunningham Wood, Vol. Ⅱ. P. 256.

卡岭认为，交换为两种生产过程提供了生产资料，这一过程可以作为资本总公式的例证。这一点也可以通过发生在一个单一交易阶段的两个生产者之间直接的实物交易达到。现在需要做的是加入第二个交易阶段。在这一阶段，牧羊人消费上衣、制造羊毛，裁缝消费羊毛、制造上衣。这一阶段具有颠倒先前的一系列交易，恢复最初的所有权情况的效果，从而生产过程再次开始。

卡岭指出，这种简单商品生产体制具有以下几个特征：

第一，简单商品生产，可以被认为是一个代表关于整个社会的有用的模型（类似于钟表而不是一堆零件）的形式序列中最初的术语。因为它包含了所有权的再生产（重复）循环，而且第一次正视了人和他们周围的自然环境具有本质意义的相互交换。

第二，虽然它的确既考虑了物质的也考虑了社会的交易，但是这种物质形式的交易采取的形式在某些决定性的方面仍然是无法确定的（这个有用的模型是不完善的）。一个人在第四阶段开始时拥有生产资料，在结束时拥有产品。可以很自然地假定，这个人可以通过自己的努力去完成这种物质转换，因此简单商品生产成为工匠生产，但这在模型中是不明显的。模型可能只是代表了两个奴隶主或封建领主之间的交换，而忽视了劳动者。同样的模型无法描述包括劳动力自身的再生产在内的人们和自然之间的基本交换，因此，它也可能代表了相对自给自足家户生产的农业经济的商品部门。

卡岭认为，上述观察对简单商品生产是否存在的争论有所帮助。它表明不存在简单商品生产阶段，这不是因为我们在寻找但没有找到这么一个阶段，而是因为我们不知道自己在寻找什么。确切地说，虽然我们有可能从广泛的社会和历史场景中搜集到简单商品生产的例子，但简单商品生产并不足以构建一个有用的经济模型，以说明某一特定类型的社会。卡岭指出，在马克思的方法中，没有哪一种形式在描述的意义上或历史的意义上一直是完善的。只是一些形式比另一些形式更为完善而已。

简单价值形式是孤立的或偶然的，它甚至不是交换关系体系的一部分。简单协作因为一些联合劳动过程的真正的特征而被引入到分析中。在很多历史环境下，包括在资本主义社会中，这些联合劳动过程都发挥了作用。但是，引入这个术语，只是为了突出资本主义劳动过程的特殊性。简单再生产也存在于资本主义社会中，有关资本主义真正值得注意的是扩大再生产——资本积累。简单商品生产只是忽略了定义资本主义特征或其他任何生产体制所必需的东西，它是对直接生产者的社会和物质关系的描述。在所有这些情形下，重要的是紧随简单商品生产之后的是什么。

卡岭认为，马克思所做的就是在构成简单商品生产的交易序列中，用劳动力代替一种非货币商品（见图 14－5）。卡岭认为，这种物质内容的替代，同在价值的货币形式中用黄金代替亚麻很相似。简单商品生产和定义产业资本循环的序列之间的关系，和一般价值形式与货币形式之间的关系差不多。

第一阶段：进入市场

商人、资本家、工人 } { 商人、农民、工人 拥有 货币、谷物、劳动力

农民出售谷物　（农民与商人交换）

商人购买谷物　（谷物与货币交换）

第二阶段：雇佣

商人、农民、工人 } 拥有 { 谷物、货币、劳动力

工人出卖劳动力　（工人与农民交换）

农民购买劳动力　（货币与劳动力交换）

第三阶段：购买

商人、农民、工人 } 拥有 { 谷物、劳动力、货币

商人出售谷物　（工人与商人交换）

工人购买谷物　（工人生产或再生产劳动力）

第四阶段：工作和消费

商人、农民、工人 } 拥有 { 货币、劳动力、谷物

农民消费劳动力　（工人消费谷物）

农民生产谷物　（工人生产或再生产劳动力）

第五阶段：从头开始再循环一次

商人、农民、工人 } 拥有 { 货币、谷物、劳动力

图 14－5　产业资本的循环

在两种情况下，对人、使用价值和社会关系的安排是一致的。“也可以说，价值一般形式在等待黄金，同样地，简单商品生产在等待劳动力”①。

从图14－5可以看到，产业资本循环完全改变了先前形式的重要性。首先，形式被“歪曲”了，成为不对称的了。在一般价值形式中，在上衣和亚麻之间，没有什么好选择的，黄金作为货币支配了上衣。在牧羊人和裁缝之间，也没有什么好选择的，劳动力的购买者支配了劳动力的出售者。

其次，具有具体物理特征的新物质要素被引入进来。同其他商品相比较，黄金因为其本身的特性是一种比较适合做货币的材料。劳动力明显地与其他商品不同，因为它牢牢地依附于人身。即使它的所有权发生了变化，它的物质属性仍不会变化。因而，作为一种非货币商品的劳动力的特殊性，就在于为物质劳动过程的安排赋予了简单商品生产所决定的社会关系的形式。为生产劳动力而对谷物的消费描述了劳动力的再生产，这是在简单商品生产中缺乏的另一种一般性要素，由此可以引申出马克思的工资理论。

最后，马克思的方法提供了资本主义情形下社会空间布局的轮廓。资本主义存在的开放的公共领域——市场，交换和流通发生在这里。市场和具有私人属性的两个领域——作为生产场所的工厂和作为生产劳动力的家庭共存。马克思分析了资本主义的社会形式，并详细研究了资本主义物质转形的特征和它们的发展方向。通过表14－1中概括的艰辛的道路（只有通过这种道路），马克思认为，简单价值形式蕴含了社会主义所有制的萌芽。

① A. Carling, Forms of Value and the Logical of Capital, *Science and Society*, Vol. L (1), Spring 1986, pp. 52－80. In *Karl Marx's Economics: Critical Assessments*, Edited by Cunningham Wood, Vol. Ⅱ. P. 258.

表 14 -1 **资本逻辑关系简表**

社会形式	类型	物质构成	构成个数	社会关系的类型	社会关系个数	运行中的转变/特征
商品形式	简单价值形式	使用价值	2	交换（使用价值之间）	1	增加了使用价值的个数
	总和价值形式	″	个数不限	″	个数不限（在一次交易中）	“倒转”视角
	一般价值形式	″	″	″	″	同构：黄金历史性替代，如亚麻
	货币价值形式	″	″	″	″	
资本总公式		使用价值与人	3 种使用价值 3 类人	交换、所有制（使用价值的所有者之间）、交易（人与人之间）	10（同时考察：4 个所有者，3 次贸易，3 次交换）	使用价值数目减少到 3 个（货币和 2 个非货币）；引入了人与人/所有制，交易先后次序
商品生产形式	简单商品生产 产业资本循环	使用价值与人	3 种使用价值 3 类人	交换、所有制、贸易、（使用价值所有者之间的）消费与生产	13（同时考察：5 个所有者，3 次贸易，3 次交换，1 次生产，1 次消费）	引入生产与消费 同构：劳动力历史性替代，如上衣

第四篇 货币理论

货币理论无疑是马克思经济学最重要的理论之一。在经济学说史上，马克思从商品价值的内在规定上，在对价值形式从简单的价值形式到扩大的价值形式、再到一般的价值形式、最后到货币形式发展序列的分析中，揭示了货币的起源和本质，从而使货币理论第一次建立在科学的劳动价值论基础之上。

从《1857~1858年经济学手稿》到《政治经济学批判》第一分册，再到《资本论》第一卷，马克思对货币理论作了逐渐深入和日臻完善的阐释。在马克思看来，货币作为同其他一切商品相对立的特殊商品，作为其他一切商品的交换价值的化身的规定性，使货币具有价值尺度、交换手段、在契约上作为商品的代表，以及同其他一切特殊商品并存的一般商品的特征和职能。货币是商品内在存在形式外在化的结果，是交换过程中商品内在矛盾发展的必然结果。同时，货币的产生也进一步发展了商品的内在矛盾。

马克思在对价值形式的分析中认为，在一般价值形式中，只要一种商品被其他一切商品排挤出来作为等价物，这种商品也就成了一般等价物。随着商品交换的发展，最后有一种特殊的商品固定地充当一般等价物。这时，“商品世界的统一的相对价值形式才获得客观的固定性和一般的社会效力。”① 这种固定地充当一般等价物的特殊商品就成了货币商品，即执行货币的职能。显然，作为一般等价物的这种特殊商品，必然是等价形式的社会关系和这种特殊商品自身所具有的自然属性的统一。最后，在商品交换的不断发展中，金最终取得了这种充当一般等价物的特权地位。一旦金取代其他商品，固定地充当一般等价物，一般价值形式也就过渡到货币形式了。

马克思认为，货币形式的特点主要在于：首先，一般价值形式到货币形式的发展，并没有本质的变化，这两种价值形式的唯一区别就是，在货币形

① 《马克思恩格斯文集》第5卷，人民出版社2009年版，第86页。

式中，金代替其他商品取得了一般等价形式，金固定地充当了一般等价物。其次，金充当一般等价物是人们的社会习惯和金本身所具有的自然形式相结合的结果。一方面“只有社会的行动才能使一个特定的商品成为一般等价物”①。另一方面一般等价物作为表现商品世界的一切商品价值的材料，不仅要表现出各个商品的质的等同性，而且还要以金的自然形式表现出各个商品的不同价值量。这就要求作为一般等价物的商品，在物质形态上能随意分割，而且被分割的每一部分必须具有均质性。而金（或者银）商品在物质上正好具有这种可分割和均质的特点。再次，金能够作为货币与其他商品相对立，只是因为在人们的长期交换过程中，金早就起过等价形式的作用；或者是在简单价值形式中，起过个别等价物的作用，或者是在扩大的价值形式中，与其他商品一起发挥过特殊等价物的作用；最后，它在或大或小的范围内起着一般等价物的作用。当它一旦在商品世界中独占了一般等价物的地位时，金商品就成了货币商品，一般价值形式也就转化为货币形式了。

价格是价值的货币表现形式。在货币形式中，金固定地充当了一般等价物。这时，商品世界的一切商品都在金上表现出它的各自的相对价值量。一种商品（如麻布）在已经执行货币职能的金上所表现出的相对价值量，就是这一商品（如麻布）的价格形式。在价格形式中，商品由社会必要劳动时间决定价值量的内在规定性，表现为商品同货币的外在的交换比例关系。由于供求等方面因素的影响，这种交换比例既可表现为价格同价值的一致，也可能表现为同价值的偏离。价格同价值的偏离正是价值规律作用的结果。即使在无政府状态的商品生产和商品交换中，商品价格盲目地上下波动着，价格也总是以价值为轴心上下波动。这时，价值规律依照没有规律性的盲目起作用的平均数规律来为自己开辟道路。

马克思认为：“只要理解了货币的根源在于商品本身，货币分析上的主要困难就克服了。在这个前提下，问题只在于清楚地理解货币所固有的形式规定性。”② 货币本质决定了货币职能的主要方面，同时，货币职能的具体形式也表现了货币本质的内在规定性。以货币为媒介的商品交换就是商品流通，货币各种职能的产生和发展和商品流通本身的发展相适应。马克思认为：“一种商品变成货币，首先是作为价值尺度和流通手段的统一，换句话

---

① 《马克思恩格斯文集》第5卷，人民出版社2009年版，第105页。
② 《马克思恩格斯全集》第13卷，人民出版社1962年版，第54页。

说，价值尺度和流通手段的统一是货币。”① 在价值尺度和流通手段规定的基础上，货币作为货币进一步具有了作为财富的物质代表的规定，即分析货币作为贮藏手段、支付手段和世界货币的职能，这三种职能是随着商品生产和商品交换的发展而逐渐产生的。

“货币作为支付手段的职能包含着一个直接的矛盾。”② 这一矛盾就是，在各种支付互相抵销时，货币只是观念地作为计算货币或价值尺度发生作用，但在必须进行实际支付时，需要的却是实在的货币，这时货币不是充当流通手段，“而是充当社会劳动的单个化身，充当交换价值的独立存在，充当绝对商品。”③ 这个矛盾发展到一定阶段，就会导致货币危机。“在危机时期，商品和它的价值形态（货币）之间的对立发展成绝对矛盾。因此，货币的表现形式在这里也是无关紧要的。不管是用金支付，还是用银行券这样的信用货币支付，货币荒都是一样的。”④ 在资本主义生产方式产生以前，这种由货币作为支付手段而酿成的货币危机，仅具有潜在的可能性，只有在资本主义生产方式中，由此而酿成的货币危机才由潜在的可能性转化为现实性。

货币作为支付手段是商品经济发展的结果，同时，货币作为支付手段又对商品经济发展产生一定的影响，引起一些经济后果。首先，货币作为支付手段直接产生了信用货币。信用货币，如期票、汇票、银行券等支付形式，都是由货币作为支付手段发展的结果。随着商品经济的发展，这些信用货币占据了大规模交易的领域，而以金银铸币作为支付手段只存在于小额贸易领域中。关于信用货币的问题，马克思在《资本论》第三卷论述信用在资本主义生产中的作用时作了进一步的论述。其次，在商品生产达到一定水平和一定规模时，不仅在商品流通领域中货币支付手段发生着信用，而且在非商品关系中也发生着作用，货币成了契约上的一般商品，如地租、赋税等由实物缴纳形式转变为货币支付形式。最后，在商品经济的进一步发展中，如在资本主义商品经济发展阶段，货币作为单纯的财富的贮藏手段的职能消失了，而作为支付手段的准备金的形式的货币贮藏却增长了。

在《1857～1858 年经济学手稿》中，马克思就已经把货币进一步发展的矛盾归结为四个方面：一是商品内在的二重形式，一旦外在地表现为商品

---

① 《马克思恩格斯全集》第 13 卷，人民出版社 1962 年版，第 113 页。
②③ 《马克思恩格斯文集》第 5 卷，人民出版社 2009 年版，第 161 页。
④ 《马克思恩格斯文集》第 5 卷，人民出版社 2009 年版，第 162 页。

和货币的对立形式，商品内在的可交换性就以货币形式存在于商品之外，从而货币就可能成为某种与商品不同的，对商品来说是“异己的东西”。二是商品的交换行为也因此而分为两个互相独立的行为，即分为在空间上和时间上彼此分离的、互不相干的卖和买两个存在形式，商品交换行为的直接同一已经消失了。三是随着交换价值脱离商品而在货币形式上独立化，随着卖和买在空间上和时间上的分离，整个交换过程也开始同交换者、生产者相分离，在生产者之间出现了一个商人阶层。商人阶层的产生，形成了交换的“二重化”：为消费而交换，为交换而交换。后一种新的“不协调”的形式，已经包含了“商业危机”的可能性。四是交换价值一旦采取货币这一独立的形式，它就不再作为商品的一般性质而存在，它必然在与商品的并列中“个体化”，即成为一种与其他商品并列的“特殊商品”。从商业中分离出来的“货币经营业”，就是专门经营这种“特殊商品”的。[①] 马克思认为：“如果撇开商品流通的物质内容，撇开各种使用价值的交换，只考察这一过程所造成的经济形式，我们就会发现，货币是这一过程的最后产物。商品流通的这个最后产物是资本的最初的表现形式。”[②]

值得注意的是，在《资本论》第二卷和第三卷手稿中，马克思对货币理论也作了多方面的论述。特别是在货币内在矛盾的展开形式上，作了进一步的具体的论述。例如，在《资本论》第二卷手稿中，对信用问题、货币在社会资本再生产过程中的回流问题；在《资本论》第三卷手稿中，在对银行资本、虚拟资本和借贷资本的研究中，也对货币理论作了多方面的展开论述。

货币理论贯通于马克思经济学体系之中，马克思在《1857～1858年经济学手稿》中曾设想，在专门论述资本问题时，要从“由货币变成资本”这一资本的“一般性”规定出发，最后达到“资本作为信用”、“资本作为股份资本”和“资本作为货币市场”的“个别性”的规定，形成从货币作为资本到资本作为货币的体系结构。显然，货币理论是马克思经济学理论体系最重要的组成部分之一，也是马克思经济学中最富有创造性的理论部分之一。

但是，马克思的货币理论一直处在被冷落的境地，有的西方学者如希克森（W. F. Hixson）曾经抱怨地指出：货币理论一开始就进入了马克思对资

---

① 《马克思恩格斯全集》第46卷上，人民出版社1979年版，第92～96页。

② 《马克思恩格斯文集》第5卷，人民出版社2009年版，第171页。

本主义分析的视野，按马克思经济学的本意也应当如此。《资本论》第一卷第一篇的标题就是“商品和货币”，第一卷中有超过 50 个索引是关于各式各样的货币理论的，《资本论》第二卷和第三卷合在一起也有超过 200 个这样的索引。希克森指出，随手从他书架上拿起三本马克思主义经济学著作，几乎没有一本有关于货币、黄金、银行券和信用的任何索引①。希克森指出，“在马克思曾经如此关注过的主题中，没有哪一个主题被自称为马克思主义的学者忽略到这般程度”②。在这一意义上，20 世纪为数不多的关于马克思货币理论论争的著述，就特别值得我们关注和重视了。

① 希克森提到的三本马克思主义经济学著作是：Freedman R. Ed. , *Marx on Economics*, New York：Harcourt, Brace & World, 1961；Heilbroner. R, *The Twilight of Capitalism*, New York：Simon and Schuster, 1976；Sweezy P. M, *The Theory of Capitalism Development*, New York：Modern Reader Paperbacks, 1942.

② W. F. Hixson, Marxism and ‘Monetary Policy’, *Economies et Societies*, Vol. 21, No. 9, September 1987, pp. 43 – 63. In *Karl Marx's Economics：Critical Assessments*, Edited by Cunningham Wood, Volume Ⅶ, P. 312.

第15章　阿诺对马克思货币理论形成史的探讨

在西方学者关于马克思经济学研究中，对马克思货币理论的研究很少有关于这一理论在经济思想史上地位及其意义的探讨。1984年，阿诺（A. Arnon）在《政治经济学史》杂志冬季号上发表的《马克思货币理论：形成的年代》一文认为，虽然有很多著作研究了马克思的生平、他的经济思想的发展过程和他的著作的不同方面的内容，但对马克思货币理论的形成和发展的研究时常被忽视。阿诺能在这些方面有所研究，一是因为，马克思关于货币理论的论述分散在他的大量著作和手稿中，随着这些著作和手稿的陆续发表，人们对马克思货币理论及其形成史研究的兴趣也不断增长；二是因为，马克思的货币理论同当时各经济学流派的货币理论，特别是古典经济学派对货币问题的分析有着密切的联系，对马克思货币理论形成和发展的研究对那一时期货币理论的理解和研究有着重要的意义。

阿诺赞同罗斯多尔斯基（R. Rosdolski）的观点，也认为在1846年到1847年间，马克思在对蒲鲁东理论的批判中，接受了李嘉图的劳动价值论和货币理论。① 尽管马克思政治经济学研究的第一本著作《政治经学批判》第一分册直到1859年才正式出版，但是他自认为对政治经济学的研究早在1951年就接近完成。② 马克思在1857年之前完成的两部著述，对评价他的货币思想的发展是非常重要的，其中一是写于1851年3～4月的《作为整体的货币体系》手稿，另一是写于1854年11月到1855年1月的《货币体系、信用体系、危机》手稿。

阿诺认为，写于1857年8月至1858年3月的《政治经济学批判大纲》（即《1857～1858年经济学手稿》），是马克思“第一部包含完整的货币分

① Rosdolsky, R, *The making of Marx's Capital* (1968), London, 1977, P. 2.
② 《马克思恩格斯全集》第27卷，人民出版社1972年版，第246页。

析的重要著作”①。《政治经济学批判大纲》的《货币章》和《作为资本的货币章》，构成1859年出版的《政治经济学批判》第一分册关于货币问题论述的主要内容。《政治经济学批判》第一分册中的货币理论，后来成为1867年出版的《资本论》第一卷德文第一版关于货币问题论述的核心。阿诺认为，在马克思货币理论的发展中存在三个里程碑：《政治经济学批判大纲》、《政治经济学批判》第一分册和《资本论》第一卷②。阿诺关注的是马克思前两部著作，因为《资本论》第一卷基本上是对前两部著作中原理的重新表述。但阿诺对《资本论》第三卷关于货币和信用问题的论述作了分析，这些内容写于《资本论》第一卷德文第一版出版之前，是恩格斯在马克思去世之后整理而成的。

阿诺认为，1857年，马克思对货币理论作了初步的、粗略的表述；1859年，马克思的货币理论已经得到相当完备的表述。对这一时期马克思货币理论发展的分析，可以“澄清马克思对古典学派的态度，揭示他与银行学派和托马斯·图克（Thomas Tooke）之间的渊源关系，以及搞清马克思受到银行学派和图克影响的程度”③。

15.1 1857年马克思货币思想的提出

阿诺指出，同大多数古典学派经济学家不一样，马克思的理论同他的方法是不可分离的。马克思认为，正确的方法本身能够明辨正确的理论和错误的理论之间的差异。在写作《政治经济学批判大纲》时，马克思确立了自己的方法，这种方法能够正确理解复杂的现实。马克思得出的方法论结论，决定了他分析资本主义的出发点——商品。进而决定了马克思对货币问题的讨论起始货币理论一般。在马克思看来，货币是一般等价物，一种相对于其他商品的商品。因此，货币必然是一种同其他商品类似的商品，但同时区别于其他商品，这两方面是本质的且是互补的。

阿诺认为，马克思把货币理论一般看来是理解资本主义货币的前提条件，这一观点形成于1857年。在马克思的著作中，经济学理论一般的阐述，

①② A. Arnon, Marx's Theory of Money: The Formative Years, *History of Political Economy*, Vol. 16 (4), Winter 1984, pp. 555 – 575. In *Karl Marx's Economics: Critical Assessments*, Edited by Cunningham Wood, Volume Ⅳ, 1988, P. 330.

③ A. Arnon, Marx's Theory of Money: The Formative Years, *History of Political Economy*, Vol. 16 (4), Winter 1984, pp. 555 – 575. In *Karl Marx's Economics: Critical Assessments*, Edited by Cunningham Wood, Volume Ⅳ, 1988, P. 331.

通常是从政治经济学批判开始的，在讨论货币问题时也是如此，“劳动货币”就是当时广为流行的观点。在写于1857年的《政治经济学批判大纲》的《货币章》一开始，马克思就对蒲鲁东主义者达里蒙（A. Darimon）提倡创造一种可以代表劳动时间的货币的观点作了批判。这种“劳动货币”观点产生的根源以及流行的原因，在于认为劳动是价值的唯一创造者和价格的决定因素。“劳动货币”的支持者认为，这种货币可以消除现存货币体系的缺陷及其对资本主义社会的根本扭曲。

达里蒙的“劳动货币”观点主张，货币应当和商品享有同等的地位，或者说货币不应当拥有什么特权。这种观点在蒲鲁东主义者中十分流行。他们认为，法国的经济危机主要是由黄金短缺导致的货币市场的压力造成的。在他们看来，克服这种短缺的方法是提供自由信用。蒲鲁东主义者达里蒙认为，代表劳动时间的信用的供给，可以消除经济危机的诱因和社会不平等的基础。这当然同蒲鲁东主义者的价值理论和有关理想社会（一个自己拥有生产资料并和谐相处的独立劳动者构成的共同体）的一般观点相一致。

马克思对达里蒙“劳动货币”的批判，建立在两个基本观点上：第一，由于没有任何形式的货币可以改变生产和流通之间的基本关系，因此不可能通过某种新的货币形式消除危机。马克思指出：“货币的不同形式可能更好地适应社会生产的不同阶段；一种货币形式可能消除另一种货币形式无法克服的缺点；但是，只要它们仍然是货币形式，只要货币仍然是重要的生产关系，那么，任何货币形式都不可能消除货币关系固有的矛盾，而只能在这种或那种形式上代表这些矛盾。任何雇佣劳动的形式，即使一种形式能够消除另一种形式的缺点，也不能消除雇佣劳动本身的缺点。一种杠杆可能比另一种杠杆更能克服静止的物质的阻力。但是，每种杠杆都是建立在阻力起作用这一点上的。”① 第二，在马克思看来，用纸币而不是黄金代表劳动时间，并不能像蒲鲁东主义者设想的那样能够解决价格波动问题。蒲鲁东主义者设想的“小时券”的价值和价格相等是错误的。价值是价格背后的决定因素，是特定价格的直接原因，但是价值并不等于价格，代表劳动时间的纸票无法解决流通过程中出现的问题。马克思指出：“主张实行小时券的人的第一个基本错觉在于：他们以为只要消除实际价值和市场价值之间，交换价值和价格之间名义上的差别——也就是说，不用劳动时间的一定物化，比如说金和银，而用劳动时间本身来表现价值，——同时也就消除了价格和价值之间的

---

① 《马克思恩格斯全集》第46卷上，人民出版社1979年版，第64页。

差别和矛盾。这样说来，不言而喻，单是实行小时券，就把资产阶级生产的一切危机，一切弊病都消除了。”①

蒲鲁东主义者认为，现存货币体系的主要缺陷在于黄金的独特地位。流通手段和黄金之间的严格关系制约了银行政策的灵活性，并产生一种态势，使得社会在很大程度上无法控制它的流通，因为固定数量的流通手段阻碍了这种控制能力的实现。另一方面，蒲鲁东主义者反对不受限制地发行纸币。他们认为，在最终的意义上，价格代表了投入在生产中的劳动时间，因此，货币包括纸币应当代表劳动时间，并极力主张成功地创造这种货币是建立新社会的关键。达里蒙最为直接地表达了这种观点，认为所有的商品与黄金相比应该改享有同等的地位，所有的商品在作为交换媒介时应当享有同样的权力。对此观点，马克思的评价就是：这是实际上一种“保留教皇，但是要使每个人都成为教皇”② 的想法。

从货币理论一般的角度看，马克思否定了达里蒙的观点，认为黄金作为货币，不可能同其他商品一样。资产阶级体系需要一种特殊的交换工具，这种工具应当是一种唯一的商品形式。如果有人认为没有商品应当是唯一的，那么他实际上是在建议“废除货币而又不要废除货币！你们要废除金银作为货币这种排他物而具有的排他的特权，但是你们又要把一切商品变成货币，也就是说，你们要是一切商品都具有这种离开排他性就不再存在的性质”③。

阿诺认为，马克思在对达里蒙的批判中，很好地概括了他自己的货币理论一般，即货币既是一般商品也是一种特殊商品。作为一般等价物，货币是一种特殊商品和一般交换价值。阿诺还对罗斯多尔斯基关于马克思货币理论研究的一个观点作了评述。罗斯多尔斯基在专门论述马克思《政治经济学批判大纲》的《马克思〈资本论〉的形成》一书中认为，在《政治经济学批判大纲》中，马克思认为货币与商品相比“在理想的、一般的和唯一的意义上是一种价值的体现”。这反映了黑格尔对马克思的影响，它导致马克思错误地认为“货币是价值的本身的符号”。罗斯多尔斯基认为马克思的错误在于把代表和符号的概念混为一谈。罗斯多尔斯基声称，在《政治经济学批判》第一分册出版之前，在马克思著作中不存在“符号理论”（symbol

① 《马克思恩格斯全集》第46卷上，人民出版社1979年版，第81～82页。
② 《马克思恩格斯全集》第46卷上，人民出版社1979年版，第68页。
③ 《马克思恩格斯全集》第46卷上，人民出版社1979年版，第69页。

theory）的痕迹。阿诺的观点是：“货币的符号理论是正确的，而且马克思自己在各种论述信用的手稿中都没有放弃它，它没有出现在《资本论》第一卷中，是因为马克思明确地指出，那里分析的是没有信用的体系。”①

货币在生产过程和交换过程中以不同的方式发挥功能。阿诺认为，马克思的货币分析认为货币的第一种职能是度量价值的一般等价物。每种商品的价值，体现在商品中的社会抽象劳动时间，等于货币商品（黄金）的价值。这一思想出现在《政治经济学批判大纲》对“劳动货币”批判的部分。马克思指出：“货币的属性是：（1）商品交换的尺度；（2）交换手段；（3）商品的代表（因此作为契约上的东西）；（4）同特殊商品并存的一般商品。所有这些属性都单纯来自货币是同商品本身相分离的、物化的交换价值这一规定。”②

当货币作为价值尺度发挥作用时，它作为交换媒介的职能就已经存在。马克思对这两种职能之间的关系进行了讨论，并对两者之间可能存在的矛盾作了分析。当货币发挥价值尺度职能时，货币自身需要有价值而且是可变的价值。货币作为价值尺度，它为质上存在不同的商品的价值度量提供了共同标准，之所以说这些商品存在质的差异，是因为商品中物化了不同的具体劳动。阿诺认为，这时，马克思没有提出抽象劳动的概念，但对应于李嘉图的一般劳动的概念，抽象劳动作为价值的基础的观念已经存在。阿诺指出，抽象劳动概念出现在1859年。在货币发挥价值尺度的职能时，货币的实际数量并不是特别重要，真正重要的是货币商品的价值，作为一种交换媒介，流通中的货币数量是重要的，而价值不再重要。

与流通中交换媒介的实际数量的重要性相联系的，是价格决定（绝对价格）的问题。李嘉图赞同流通中的货币数量决定价格的观点。马克思反对这种观点，他认为，在一般意义上，要抽象掉商品价格围绕商品价值波动，而且价格先于交换过程决定。马克思使用实在的货币和会计货币的术语解释了价格决定的过程。这种解释的关键之处在于，这一过程中真实货币是不需要的。马克思说：“货币使之流动的商品，不仅在单个人的头脑中，而且在社会的观念中（直接地在买卖双方的观念中）已观念地转化为货币。

① A. Arnon, Marx's Theory of Money: The Formative Years, *History of Political Economy*, Vol. 16 (4), Winter 1984, pp. 555 – 575. In *Karl Marx*, *s Economics*: *Critical Assessments*, Edited by Cunningham Wood, Volume Ⅳ, 1988, P. 333.

② 《马克思恩格斯全集》第46卷上，人民出版社1979年版，第90页。

而观念的转化为货币和实在地转化为货币不是由同一些规律决定的。”① 因此，“这里需要货币只是作为范畴，作为想象的关系”②。

在马克思看来，货币流通由商品流通决定，但这不意味着前者不能影响后者。马克思的推论是：“有一点是清楚的，价格的高低，并不取决于流通中货币的多少，相反，流通中货币的多少，是取决于价格的高低。”③ 阿诺认为，在这里，“银行学派的影子尤其是图克的表述，在这种反对数量理论的原理中是显而易见的”④。

阿诺认为，危机的可能性是马克思《货币章》中的一个难点。货币的存在带来了生产和实现之间的矛盾。货币的第三种职能成为解决流通中需要的货币量和实际存在的货币量之间差异的方法，这种差异受到货币自身价值的影响，作为一种商品，货币的价值是在生产中决定的，也就是说先于流通被决定的。这种矛盾产生自 M－C－M 的循环，马克思从这种循环中得出货币的第三种职能：买商品是为了卖它们。对货币第三种职能所作的货币脱离了流通的解释，只出现在《政治经济学批判大纲》中而没有出现在《政治经济学批判》第一分册中。当流通媒介出现剩余时，马克思认为，这种剩余被积累起来，马克思使用货币积累（piling up）这个术语。货币脱离流通并代表了一般财富。在马克思看来，这种“积累”的货币并不是资本。阿诺认为，当马克思在 1857 年分析流通的“最初形式”C－M－M－C 时，货币的第三种职能并不存在。“贮藏”的术语大约在 1858 年的《政治经济学批判大纲》中被引入，阿诺认为这个术语借用自桑顿（H. Thornton）的说法。桑顿在 1802 年伦敦出版的《大不列颠信用货币的性质和影响的研究》一书中提到：“在丧失信用的时期，基尼都被贮藏起来了。”撇开货币贮藏所表现的令人惊异的形式不说，那种使货币作为独立价值发挥职能的贮藏原则本身，是以货币流通为基础的交换必不可少的要素之一，这正如亚当·斯密所说的，每个人除了他自己的商品之外，还必须有适量的、一定份额的“一般商品”。⑤

阿诺的结论是，在《政治经济学批判大纲》中，马克思仍然在讨论货

---

① 《马克思恩格斯全集》第 46 卷上，人民出版社 1979 年版，第 135 页。

② 《马克思恩格斯全集》第 46 卷上，人民出版社 1979 年版，第 139 页。

③ 《马克思恩格斯全集》第 46 卷上，人民出版社 1979 年版，第 143 页。

④ A. Arnon, Marx's Theory of Money: The Formative Years, *History of Political Economy*, Vol. 16 (4), Winter 1984, pp. 555－575. In *Karl Marx's Economics: Critical Assessments*, Edited by Cunningham Wood, Volume Ⅳ, 1988, P. 340.

⑤ 《马克思恩格斯全集》第 46 卷下，人民出版社 1980 年版，第 343 页。

币的第三种职能，即货币不表现为媒介和尺度，而是目的自身，货币处于流通之外，就像某种特殊商品停止流通一样。阿诺认为，在1859年的《政治经济学批判》第一分册中，马克思以与上述分析非常不同的方式解释了货币贮藏。这种新解释，服务于《资本论》第一卷中完成的货币理论。这种转变明显地受到托马斯·图克成熟的银行学派观点的影响。①

15.2 1859年马克思货币理论的形成

在《政治经济学批判》第一分册中，马克思第一次使用抽象劳动概念，完成了他最初版本的劳动价值论②。阿诺认为，抽象劳动概念的提出，清楚地表明马克思已经离开李嘉图的价值理论，而不只是停留在对后者的调整或修正上。马克思认为，抽象劳动概念对正确的货币概念是必需的，如果没有抽象劳动和具体劳动的区分，就难以理解货币是交换价值的产物。另一个重要变化出现在1858年，这一变化与马克思对货币的第三种职能的理解相联系。阿诺对马克思1859年成熟的表述和1857年手稿中的表述进行了对比，试图通过对两种表述的比较分析，探索这一转变中托马斯·图克对马克思的影响。

在《政治经济学批判》第一分册和《资本论》第一卷中，分析的出发点都是商品。货币随着"作为一般的社会劳动"的出现而出现，也就是说，随着对劳动的区分，当交换价值而不是使用价值变得更加重要时出现的。为了理解"货币流通的内在规律"，必须研究完整的货币形式。因此，只研究纸币或其他形式的诸如硬币等"价值符号"，是不充分的。对货币完整形式的分析，需要从货币的基本形式——商品货币开始。阿诺认为，调节纸币的规律需要在马克思称为"真正的货币（即商品货币）"的正确的理论框架下理解。马克思谈到了商品货币，有时称之为真正的货币，和黄金作为同义语使用。黄金作为其他商品与之进行比较的价值的尺度成为货币。从而黄金既作为价值尺度也作为价格标准发挥作用。这就如马克思所指出的："金作为物化劳动时间是价值尺度，金作为一定的金属重量是价格标准。当金作为交换价值同作为交换价值的商品发生关系的时候，它是价值尺度，而在价格标

①② A. Arnon, Marx's Theory of Money: The Formative Years, *History of Political Economy*, Vol. 16 (4), Winter 1984, pp. 555 – 575. In *Karl Marx's Economics: Critical Assessments*, Edited by Cunningham Wood, Volume Ⅳ, 1988, P. 335.

准中，金的一定量成为金的其他量的单位。金所以是价值尺度，因为它的价值是可变的，金所以是价格标准，因为它被确定为不变的重量单位。”①

流通中黄金数量的决定发生在两个阶段：商品的总价格由生产和商品的流通决定，货币流通速度由货币流通自身决定。这两个过程决定了流通中的黄金数量：“因此，价格的高或低，不是因为有较多或较少的货币在流通，相反，有较多或较少的货币在流通，倒是因为价格高或低。这是最重要的经济规律之一，根据商品价格史对这个规律作详细的证明，也许是李嘉图以后的英国经济学的唯一贡献。”“既然流通的金量以变动的商品价格总额和变动的流通速度为转移，金属的流通手段量就必须有紧缩和扩张的能力，简言之，金必须适应流通过程的需要，时而作为流通手段进入这个过程，时而再退出这个过程。”②

阿诺认为，马克思对货币数量论的批评有银行学派和托马斯·图克的特征。马克思在 1859 年通过对贮藏和反贮藏的分析，说明了黄金数量变动从而适应商品流通的机制。阿诺认为，马克思在 1857～1859 年发展这个概念时，明显地受到图克成熟著作的影响。

1857 年和 1859 年，马克思是在“作为货币的货币”的标题下讨论货币的第三种职能的。阿诺认为，“作为货币的货币”表明，只发挥前两种职能的货币仍不是货币，当货币作为一种价值标准时，黄金以一种想象的形式存在；当货币发挥流通媒介的功能时，它是一种硬币的形式或一种符号。货币作为货币，即黄金作为货币源自货币的独立存在：“因此，一种商品变成货币，首先是作为价值尺度和流通手段的统一，换句话说，价值尺度和流通手段的统一是货币。可是，作为这样的统一，金又有了一个独立的、同它在两个职能上的存在不同的存在。作为价值尺度，金只是观念上的货币和观念上的金；作为单纯的流通手段，金只是象征性的货币和象征性的金；但在它的简单的金属实体形式上，金是货币，或者说，货币是实在的金。”③

阿诺认为，马克思 1859 年在对“货币作为货币”问题的论述中，试图从 C－M－C 的循环中得到、而不是从 M－C－M 中得到它。只有在 C－M－C 的循环中，才可以发现在 M－C－M 循环中开始和结束时 M 的差别的可能的唯一源泉。马克思在《政治经济学批判》第一分册中写道：“必须从商品

① 《马克思恩格斯全集》第 13 卷，人民出版社 1962 年版，第 61 页。
② 《马克思恩格斯全集》第 13 卷，人民出版社 1962 年版，第 96～97 页。
③ 《马克思恩格斯全集》第 13 卷，人民出版社 1962 年版，第 113～114 页。

流通的直接形式 W－G－W 中引出不同于流通手段的货币”①。在 1858 年 4 月 2 日给恩格斯的信中，马克思描述了他的整个“计划”，计划分成六本著作，《资本》、《土地所有制》、《雇佣劳动》、《国家》、《国际贸易》、《世界市场》，第一册《资本》进一步分为四篇：“（a）资本一般（这是第一分册的材料）；（b）竞争或许多资本的相互作用；（c）信用，在这里，整个资本对单个的资本来说，表现为一般的因素；（d）股份资本，作为最完善的形式（导向共产主义的），及其一切矛盾。”② 阿诺指出，在整个计划中，只有第一部分“（1）价值；（2）货币；（3）资本一般”马克思按计划实现了。在 1859 年出版的《政治经济学批判》第一分册中，对货币的第三种职能的分析仍没有出现。

价值是劳动的数量，首先由配第提出，并由李嘉图作了详细说明。在名为“货币”的标题下，马克思区分了作为一种尺度的货币和作为交换手段的货币。在马克思给恩格斯的信中，“货币作为货币”的第三种职能来自货币流通。然而，在这封信的最后部分，马克思已经暗示一个论点：在流通过程中货币量的变化——它会扩张。这个论点的根源应当在更高级的 C－M－C 循环中找寻。

在 1859 年《政治经济学批判》第一分册中，对货币第三种职能的讨论，放在三个副标题下进行：贮藏、支付手段和世界货币。贮藏是“货币作为货币”的第一种形式，无论是从历史还是从逻辑上看，它都建立在买卖分离的基础之上。贮藏是交换价值作为货币独立存在的第一种形式。“在这种意义上，贮藏在 1859 年以一种非常不同于 1957 年的意义被使用”③。在 1857 年的手稿中，贮藏是处于流通之外的货币的积累；在 1859 年的著作中，贮藏是超过消费的更多的使用价值。“金作为货币独立起来，首先是流通过程或商品的形态变化分裂为两个彼此孤立的、互不相关的行为的明显表现。”④ 这与图克给出的贮藏的定义是一致的。马克思进一步论证，贮藏不应当和铸币的储存相混淆，储存铸币是为了随时都可以拥有购买的能力（流动性）。“流通手段变成货币的这个第一种转化，仅仅是货币流通本身的

① 《马克思恩格斯全集》第 13 卷，人民出版社 1962 年版，第 113 页。

② 《马克思恩格斯全集》第 29 卷，人民出版社 1973 年版，第 299 页。

③ A. Arnon, Marx's Theory of Money: The Formative Years, *History of Political Economy*, Vol. 16 (4), Winter 1984, pp. 555－575. In *Karl Marx's Economics: Critical Assessments*, Edited by Cunningham Wood, Volume Ⅳ, 1988, P. 338.

④ 《马克思恩格斯全集》第 13 卷，人民出版社 1962 年版，第 115 页。

一个技术因素”①。

货币作为货币是随着超过消费的剩余的价值出现而出现，也就是说，出现了超过了直接的需要的剩余，这些剩余的使用价值由货币来代表，“每种使用价值本身都是由于被消费，即被消灭而起使用价值的作用，但是，作为货币的金的使用价值，是去充当交换价值的承担者，是作为无定形的原料充当一般劳动时间的化身”②。流通中的商品转化为黄金是为了保留财富，黄金转化为货币不只是作为流通手段。黄金作为货币的重要特征在于，它不可能像铸币一样回到流通中。贮藏形式的黄金，“被阻止作为流通手段去变成只是商品的瞬息间的货币形式”③。当然，贮藏经常和流通处于一种矛盾关系中，否则它就成了一堆无用的金属。贮藏提供了一种机制，通过这种机制铸币的数量、流通的手段可以适应流通的需要，反过来这也是“商品形态变化的表现”④。

“如果价格跌落或流通速度提高，贮藏货币的蓄水池就吸收从流通中游离出来的那部分货币；如果价格上涨或流通速度降低，贮藏的货币便开放，有一部分就回到流通中去。流通中的货币凝结为贮藏货币和贮藏货币注入流通，是一种不断交替的摆动；在摆动中哪一个方向占优势，完全是由商品流通的摆动决定的。”⑤ 在这一点上，马克思完全赞同图克成熟著作中的立场：价格是流通变化的原因而不是结果。马克思认为，发达资本主义国家的银行非常关注贮藏，银行扮演着流通媒介数量调节者的角色。

随着资本主义生产方式的发展，在流通过程中产生了新的交往关系。这些关系突显在债权人和债务人关系之中，一些人卖出商品以便在未来得到货币，一些人为过去购买的商品支付货币，这些交易通过货币的支付手段职能得以实现。这种职能是前面讨论的货币职能的补充，并且它使得对货币的分析变得复杂了。有很多学者认为，这种职能不仅是货币的基本职能，而且是对货币的定义。

马克思强调货币作为流通手段（有时称为购买手段）和支付手段之间的区别。“购买手段和支付手段的差别，会在商业危机时期令人非常不快地显露出来”⑥。在发挥贮藏职能时货币处在流通之外，发挥它的支付手段职

---

① 《马克思恩格斯全集》第13卷，人民出版社1962年版，第116页。
② 《马克思恩格斯全集》第13卷，人民出版社1962年版，第117页。
③ 《马克思恩格斯全集》第13卷，人民出版社1962年版，第119页。
④⑤ 《马克思恩格斯全集》第13卷，人民出版社1962年版，第126页。
⑥ 《马克思恩格斯全集》第13卷，人民出版社1962年版，第131页。

能时货币仍处于流通之中。在这里货币完成了两种必须的但相互矛盾的职能，如果所有的支付相互抵偿，那么，货币只是在发挥价值尺度职能；如果支付不能相互抵偿，货币发挥了流通手段职能，但不是一种“暂时性的”流通手段（像铸币），而是一种绝对商品。

到目前为止，已经研究了同样的物质——黄金，以三种不同的方式发挥职能，并采取三种不同的形式。第一，它采取铸币的形式发挥交换手段的职能（流通手段）；第二，它采取铸币储存的形式，发挥由于买卖数量不一致导致的未来交易的职能；第三，黄金以一种纯粹物质的存在，发挥流通外贮藏的职能。为了能够理解货币在流通过程中和流通之外的作用，必须分析不同形式的黄金所发挥的功能。

马克思在世界货币的标题下讨论了货币的第四种职能。黄金突破国内流通的限制，就发挥商品世界一般等价物的职能。在第四种职能中，只有在买卖分离的情况下黄金被作为购买手段，否则交易只是某种形式的易货贸易，用商品交换商品。

阿诺通过上述分析指出，1857 年和 1859 年马克思货币理论的区别在于有关货币第三种职能的观点的变化。在 1857 年，马克思认为货币作为货币来自货币循环，在 1859 年马克思的结论是它来自商品循环。这种新方法保证货币商品超越了所有其他的职能，甚至包括第三种职能。这种表述与马克思在《资本论》第一卷中对货币理论一般的成熟阐述是相同的。

曼德尔在《卡尔·马克思经济思想的形成》一书中指出：“马克思货币理论的完成，只是劳动价值论在货币方面的逻辑应用”①。根据曼德尔的观点，这种应用发生在 1857 年秋季和 1859 年年初之间。阿诺认为，曼德尔的隐约的假定是，马克思 1857 年的文本中缺少的是对货币数量论的批判。曼德尔认为，把劳动价值论应用于商品货币同孟德斯鸠、休谟和李嘉图假定的流通中的通货数量和价格之间的关系相矛盾。由于贵金属是商品，它们有交换价值或“内在价值”，它们无法通过自身的运动调节其他商品的价格波动。阿诺不赞同曼德尔的隐含的假定，因为马克思对货币数量论的批驳，在 1857 年已经以一种与 1859 年差不多相同的方式被清晰地表达出来了。

阿诺认为，曼德尔如下的陈述是正确的，即“马克思对图克有关价格历史的伟大著作的研究，给他对李嘉图货币理论的批判提供了材料”②，但

① Mandel, E., *The formation of the economic thought of Karl Marx*, New York, 1971, P. 89.
② Mandel, E., *The formation of the economic thought of Karl Marx*, New York, 1971, P. 90.

是，阿诺认为，这发生在1857年以前，“马克思货币理论的完成的标志不是对数量论的反对，而是对源自C－M－C的循环，以及与之相伴的对贮藏概念的新的分析”①。阿诺认为，马克思对货币理论的完善是在1857年4月到1859年年初之间完成的。

15.3 马克思货币理论和图克货币理论的关系

阿诺认为，在完成1857年手稿之后，马克思对他自己的关于国内和国际流通中黄金角色的解释仍然不满意，他重新回到图书馆去研究经济史。马克思对货币起源的探索使他回到了早期对此问题进行论述的经济学家，尤其是关注了那些对货币数量论进行批判的经济学家，关注了那些像马克思自己一样把货币循环视为次等重要的经济学家。1845年，马克思在曼彻斯特图书馆研究政治经济学时第一次碰到图克的名字，这一期间马克思阅读了配第、汤普森和图克等人的著作。1850年，马克思在大英博物馆重新开始经济学研究时，对19世纪经济学家包括詹姆斯·穆勒等人的著述的相关内容作了摘录。马克思继续对经济史最新发展的研究，阅读了图克的《价格史》第三卷。虽然图克的著作中存在很多和马克思的观点发展相关的内容，但这时候，马克思关注的只是图克有关货币的商品这一面的观点，而且马克思完全赞同图克的观点。

阿诺认为，马克思在阅读图克著作时，触及了通货学派和银行学派争论的关键点——金属铸币流通和国际机制之间的关系。阿诺认为，马克思毫无保留地接受了图克和银行学派的立场，这一点，在他1851年2月3日给恩格斯的一封信中可以看出来。在这封信中，马克思提到：“我在这里要谈的是有关这个问题的基本原理。我断定，除了在实践中永远不会出现但理论上完全可以设想的极其特殊的情况之外，即使在实行纯金属流通的情况下，金属货币的数量和它的增减，也同贵金属的流进或流出，同贸易的顺差或逆差，同汇率的有利或不利，没有任何关系。图克提出了同样的论断，但是我在他1843～1847年出版的《价格史》一书中没有发现任何的论述。你知道，这个问题是重要的。因为这样一来，从根本上推翻了整个的流通理

① A. Arnon, Marx's Theory of Money: The Formative Years, *History of Political Economy*, Vol. 16 (4), Winter 1984, pp. 555－575. In *Karl Marx's Economics: Critical Assessments*, Edited by Cunningham Wood, Volume Ⅳ, 1988, P. 340.

论。”①

阿诺认为，马克思说没有找到证据是奇怪的，因为在1848年出版的这卷《价格史》，已经包含了图克的与这一主题相关的证据。阿诺认为，这表明马克思还没有全面和深入地阅读图克的著作，而只是为了增加他自己黄金作为货币首先是商品的观点的分量，而使用他从图克著作中领会到的东西。另外，阿诺认为，看起来马克思是在充分理解图克著作之前，完成《政治经济学批判大纲》第Ⅰ和第Ⅱ笔记本写作的。在1857年4月之前，马克思写信给恩格斯说他将最终不得不研究交换和金块之间的关系，以及货币在决定利息率中扮演的角色等问题，图克的著作在理解这些问题上有一定的价值：“一个伦敦交易所的老手肯定地对他说，在他四十年的经历中，还没有看到过象现在这样的慢性危机。直到现在我还没有空闲，但什么时候总要详细研究一下汇率与贵金属储备量之间的关系。货币本身在决定利率和金融市场方面所起的作用是很惊人的，是与政治经济学的所有规律完全矛盾的。刚出版的图克写的两卷《价格史》是很重要的著作。可惜，这个老头子因为要把自己的观点与‘通货原理’派的观点直接对立起来，使自己的全部研究变得完全片面了。”②

阿诺指出，在1857年这一时期，马克思对图克《价格史》两卷本著作进行了阅读和摘要，图克的理论给马克思留下了深刻的印象。在图克去世时，马克思向恩格斯提到了这件事，并使用了这样的语言：“托马斯·图克老头死了，而英国的最后一个多少还有点出色的经济学家也随之一起消失了。”③ 阿诺认为，图克在这里获得很少积极评价他人著作的马克思的肯定的评价是不容易的，马克思对图克的欣赏不在于马克思对他著作的参考，而在于图克的观点对马克思自己的理论造成的影响。马克思站在图克的立场上反对李嘉图。不同形式的黄金在交换中扮演了不同的角色，它们各自的数量由它们帮助进行的不同类型的交换所决定。1859年，马克思完成自己的表述之后，把注意力转向讨论先前的作者有关货币主题的观点。这表明在货币理论史上，马克思开始用他自己有关货币的不同职能和不同形式之间的详细区别去考察一些著名的有关货币的观点。马克思从斯图亚特开始，他比较同情斯图亚特，斯图亚特认为对货币的需求是由流动性需求引起的，斯图亚特

---

① 《马克思恩格斯全集》第27卷，人民出版社1972年版，第193页。
② 《马克思恩格斯全集》第29卷，人民出版社1973年版，第126页。
③ 《马克思恩格斯全集》第29卷，人民出版社1973年版，第286页。

称之为“现款需求”。然而，这种需求对价格没有影响。流通中黄金的剩余或短缺将由“贮藏”或“奢侈商品”来平衡，马克思指出：“实际上，他是第一个提出流通中的货币量决定于商品价格还是商品价格决定于流通中的货币量这个问题的人。虽然，由于他关于价值尺度的奇怪观点、关于一般交换价值的摇摆不定的解释和重商主义的残余，他的阐述模糊不清，但他还是发现了货币的各种基本的形式规定性和货币流通的一般规律，因为他不是机械地把商品放在一边和把货币放在另一边，而是实事求是地从商品交换本身的各种因素中来说明货币的各种职能。”①

随后，马克思转向了数量论，并站在货币体系批评家持有的极端立场上解释它的起源，这些极端立场关心货币的第二种职能而忽略了货币的第三种职能。马克思认为，货币体系的支持者只是对货币的职能作了片面的说明，因为他们认为货币只是货币。但是，无论如何这不能成为得出另一个片面的观点理由，即货币只有作为流通手段的职能。阿诺认为，马克思给出的批判李嘉图理论的例子，将会有助于理解马克思和图克之间的相似性。图克还处于银行学派时期，他反对数量论并阐述了黄金在国内和国际货币体系中实现的不同职能之间的区别。他反对建立在休谟机制基础之上的1844年的银行法案。马克思在第一次提到“1844年银行法案”时指出，这个法案建立在李嘉图的“发现”.即“黄金和票据”一起决定通货价值上的。然后，马克思转向了著名的谷物歉收的例子。李嘉图认为，谷物歉收导致的谷物进口和黄金输出，是由于黄金与其他商品相比较为充足而变得廉价的结果。马克思认为：“同这种怪论相反，统计材料证明，从1793年到最近，每逢英国遇到荒年的时候，流通手段的现有数量不是过多，而是不足，因此就有并且必须有比从前更多的货币流通。”② 阿诺指出，这个评论的脚注是图克《价格史》和詹姆士·威尔逊的《资本、通货和银行业》。阿诺认为，在批判李嘉图理论时，马克思赞同图克的许多观点。在讨论建立在金属通货基础之上的内部和外部流通关系时，马克思认为，李嘉图的货币理论是一种同义反复，而不是解释。价格的上升由货币价值的变化加以解释，同时货币价值的变化又归因于价格变化。李嘉图对货币分析的失败在于，他不理解货币不同形式和职能之间的区别。李嘉图把货币看作“通货—流动形式的货币”，马克思把图克描述为斯图亚特观点的继承者，马克思把图克1823年的观点描述为

① 《马克思恩格斯全集》第13卷，人民出版社1962年版，第155～156页。
② 《马克思恩格斯全集》第13卷，人民出版社1962年版，第167～168页。

仍然完全局限于李嘉图的理论，并毫无意义地试图使事实和这种理论相吻合。阿诺认为，图克并不是从理论中，而是从认真分析 1793 ~ 1856 年价格史中得出自己的结论的。

马克思指出："这个理论所假定的那种价格和流通手段量之间的直接联系完全是臆造出来的……货币流通只是居于第二位的运动；货币在实际生产过程中还取得与流通手段这一形式规定性完全不同的其他的形式规定性。"① 阿诺认为，马克思在这里没有详细地分析图克的思想，是因为马克思还没有分析信用问题。马克思对银行学派一般观点的研究和对图克特殊观点的研究，是富有启发性的。首先，马克思认为，银行学派的支持者"都不是片面地而是从货币的不同要素上来理解货币，可是仅仅注重材料，而无视在这些要素之间或它们同经济范畴的总体系之间的任何生动的联系"②。其次，银行学派体系中的主要困难在于他们对通货、货币和资本之间的关系处理上。银行学派把作为货币但不仅仅是通货的黄金输出，看作是资本的输出，然而有关黄金输出重要性在于它是货币而不仅仅是商品。

同样的事情在内部流通中也是存在的，在内部流通中黄金和银行券既作为支付手段同时也是资本。马克思的批判概括如下："因此，金成为支付手段，是由于它作为货币不同于商品，而不是由于它作为资本的存在。就在资本直接作为资本输出的时候，例如，把一定的价值总额按一定利息贷给国外的时候，还要看市场的情况才能决定这笔资本是用商品的形式还是用金的形式输出，如果用金的形式输出，那末这是由于贵金属作为货币具有不同于商品的特殊形式规定性。一般说来，这些著作家观察货币，不是首先从抽象的形式上，看货币怎样在简单商品流通内部发展和怎样从那正在经历发展过程的商品本身的关系中成长起来。因此，他们经常动摇于同商品对立的货币所具有的抽象的形式规定性和隐藏在像资本、收入等更具体的关系中的货币的规定性之间。"③

阿诺认为，马克思的这种结论性评价是不清晰的，马克思在一个脚注中答应在未来研究"货币转化为资本"的章节中阐述这一点。虽然马克思的确写下了这些章节（《资本论》第一卷第4、5 章），但事实上却没有包含对这些评价的阐述。对此的进一步的澄清，可以在《资本论》第三卷的第五

① 《马克思恩格斯全集》第 13 卷，人民出版社 1972 年版，第 175 ~ 176 页。
② 《马克思恩格斯全集》第 13 卷，人民出版社 1972 年版，第 176 页。
③ 《马克思恩格斯全集》第 13 卷，人民出版社 1972 年版，第 177 页。

篇中发现，事实上，这些内容的写作早于《资本论》第一卷。这些有关资本和通货之间的区别，以及与它们相联系的货币的不同类型，出现在“流通手段和资本。图克和富拉顿的见解”的标题下。马克思认为，图克完全忽视了同样形式的货币有时候被作为收入，有时候被作为资本使用。在货币的形式、它实现的职能和收入与资本之间的区别上不存在一一对应关系。马克思认为，在图克的例子中，混淆上述问题的原因在于图克只是把自己放在“发行自己的银行券的银行家的位置”。马克思认为，图克的观点是这样的，即对银行家来说硬币或英格兰银行的票据是通货，它们自身不能扩张，然而银行券是收入的源泉，对银行家来说它们发挥了资本的职能，也就是说银行券能够扩张。马克思认为，做出这样的区分是错误的。然而，在作为流通手段从而主要发挥转移收入职能的货币（硬币）和作为支付手段主要发挥在商业世界转移资本的货币（票据）之间，确实存在一般性对应关系，图克在硬币和票据之间做的区分，不同于货币和资本之间的区分。

根据图克1844年的小册子的一段引文，马克思提到：“银行家的业务，除了发行凭票即付的银行券以外，可以分成两部分，这同（亚当·）斯密博士指出的商人与商人之间的交易和商人与消费者之间的交易二者的区别是一致的。银行家的业务，一部分是从那些不能直接运用资本的人那里收集资本，把它分配给或转移给能够运用它的人。另一部分是从顾客的收入接受存款，并在顾客需要把它用于消费的时候，如数付给他们……前者是资本的流通，后者是货币的流通。”[①] 这段引文表明，图克把资本和收入之间的区别定位在参与交易的不同人身上。交易者之间的交易是资本的转移，然而交易者和消费者之间的交易是收入的转移。

马克思认为，在繁荣时期，商人和消费者之间的交易（类型1）需要更多的货币，而商人和商人之间的交易（类型2）需要更少的货币。在危机时期，类型1的交易需要更少的货币，而类型2的交易需要更多的货币，因为信用在危机时期经常崩溃。类型2所需货币的增加被马克思称为“贷款的需求”，阿诺认为这是一个非常接近现代的“流动性”概念的概念。即使是在危机时期，这种需求也要由同样数量的通货来满足执行职能，正是基于这个事实，图克、富拉顿和其他一些学者推论出“作为支付手段的货币（银行券）的流通不会增加和扩大”。马克思认为他们得到这个错误的结论是因

① 《马克思恩格斯文集》第7卷，人民出版社2009年版，第501～502页。

为他们把“贷款”视为和“接受借贷资本，接受追加资本”[①] 是一回事造成的。相反，正确的是，因为在危机时期对作为支付手段的货币的需求事实上在上升。因而，在这个时期真正必要用更多的货币去满足“贷款需求的上升”，而不是更多的资本。

阿诺最后指出：“不论马克思的货币理论如何发展，马克思在他的一生都忠于他最初的出发点：货币理论一般和商品货币是货币的基本形式。”[②] 这些讨论都说明，马克思对货币职能概念的精炼，尤其是有关源自商品循环的货币的第三种职能的发展的思想的重要变化。阿诺认为，无论是早期建立在反对数量论基础上的表述还是最终对货币职能的表述上，马克思都受到图克的影响。

① 《马克思恩格斯文集》第7卷，人民出版社2009年版，第520页。

② A. Arnon, Marx's Theory of Money: The Formative Years, *History of Political Economy*, Vol. 16 (4), Winter 1984, pp. 555 - 575. In *Karl Marx's Economics: Critical Assessments*, Edited by Cunningham Wood, Volume Ⅳ, 1988, P. 346.

第16章　马克思货币理论在经济思想史上的地位

基于马克思经济学对经济理论发展和人类实践的重大影响，在不同时期，把马克思和其他思想家或经济学家的有关理论进行比较分析，始终是马克思主义经济学研究的重要取向之一。在货币理论研究中，这表现为把马克思的货币理论和其他类型的货币理论进行比较分析，在比较中理解马克思货币理论的独特价值或发现其潜在的不足。在经济思想史研究中，分析过去的经济理论，发现这种经济理论和后来发展出来的理论之间的联系或相似之处，以期在更完整的历史线索中把握后来的理论的发展，与此同时，突出过去的理论的价值是一种较为常见的分析方法。这种方法适用于对马克思的货币理论进行分析，因为在马克思的货币理论中，留下了大量的能够启发货币理论发展的线索，属于奥地利学派的拉沃伊（D. Lavoie）进行了这种尝试。

16.1　萨默维尔论马克思的货币理论

萨默维尔（H. Somerville）1933年在《经济学杂志》发表的《马克思货币理论》一文①认为，大家很少提及马克思的货币理论，但马克思的货币理论确有其独到之处，因为马克思货币理论所处理的问题在今天仍有其现实性，仍能给人们带来启发。萨默维尔认为，马克思对货币纯理论的最完整的阐述出现在《政治经济学批判》第一分册中，相关的内容在《资本论》第一卷中有一个摘要性的重新表述，在《资本论》其他各卷中包含了马克思的货币理论特别有意义的应用。

马克思认为，货币的价值是由生产的货币中所包含的社会必要劳动时间

① Henry Somerville, Marx's Theory of Money, *The Economic Journal*, Vol. 43, No. 170, Jun., 1933, pp. 334 – 337.

数量决定的。萨默维尔提出，如果马克思的意思是货币的价值是由它的生产成本来衡量的，那么就不会存在什么争论，也会听到更多对马克思赞成的说法。一定时期的货币必然受到硬通货：金银、标准硬币以及可兑换票据的限制。在马克思看来，李嘉图认为货币的价值是由货币生产所需的劳动时间决定的，但是有一个附加条件，即这只适用于货币数量与待交换的商品数量及价格之间比例适当的情况。萨默维尔指出："马克思对这一限制条件持反对意见。"① 马克思完全否认价格水平取决于流通中的货币数量，马克思相反坚持认为，流通中的货币数量取决于价格水平，随价格的上升或下降而上升和下降。流通中所需的货币数量取决于其流通速度、交易量以及在社会必要劳动时间数量意义上货币的"价值"。

如果流通中的货币数量取决于价格水平，那么这个数量是如何调整的？又是什么使得货币根据需要发生扩张或收缩？在回答这些问题时，马克思谈到贮藏和非贮藏。萨默维尔认为，在一个发达资本主义国家，贮藏往往比较小，但在比较原始的社会，货币贮藏是剩余财富的常规形式，财富被贮藏而不是被消费掉。投资的机会、愿望或两者都是缺乏的。萨默维尔认为，这种原始的状况，当时在世界的许多国家都存在，比如印度和中国。

萨默维尔指出，贮藏不只表现为隐藏财富。货币材料可能从流通中脱离出来并被转化为奢侈品，而且这些物品经常在加工过程中增加相对较少的附加价值，这些物品能轻易地转化为金属货币。马克思坚持认为，用于奢侈品金子的量很大，他引用雅各布（W. Jacob）的话：在1829年的英格兰，用于奢侈品中的金银数量是用于货币形式的两倍。马克思论述了是由于财富的增长，而不是由于贵金属价值的下降引起了奢侈品中贵金属用量的增加。贮藏的倾向有着强有力的心理和经济原因，"货币不仅是致富欲望的一个对象，并且是致富欲望的唯一对象。这种欲望本质上是 auri sacra fames（万恶的求金欲）"②。堆积剩余数量的其他使用价值可能是无意义的，但是，没有人会嫌积累的货币太多。货币这种商品具有长久的一般性的可交易性，其使用价值在于它的交换价值。不仅个人，从农民到国王，都有自己的贮藏，纵观历史，也存在国家对贵金属，世界货币的贮藏。无论不投资而直接贮藏的结果带来什么样的经济损失，从贮藏者的立场出发，总会有可以理解的原因。

---

① Henry Somerville, Marx's Theory of Money, *The Economic Journal*, Vol. 43, No. 170, Jun., 1933, P. 334.

② 《马克思恩格斯全集》第13卷，人民出版社1962年版，第122页。

马克思指出，和其他方法一样，贮藏在动荡和不确定性较大的时期趋于增加。在这些时期，大家倾向于储蓄而不是投资，或者如马克思所讲的，流通的中断，两方面的原因造成流通的中断：生产和消费都减少了。储备不是贮藏；储备是为了用来满足到期的支付，储备仍在流通范围内，贮藏离开了流通范围。“在资本主义条件下贮藏通常处于最小的水平的原因在于它阻碍了货币转化为资本和剩余价值的生产”。

萨默维尔认为，流通中的货币数量取决于价格的学说并不否定新货币可能来自金矿的事实，且从这种源泉产生的货币的增加，随后可能导致价格上涨。虽然价格水平不依赖于货币数量，但它的确取决于货币的价值。也就是说，取决于金的生产中所包含的社会必要劳动时间数量。金矿产量增长的可能是由其价值的下降引起的，或说金矿的劳动生产率的增长。萨默维尔认为，马克思的货币价值就是货币生产所需的社会必要劳动时间。如果生产金的成本降低，它的价值下降，就有更多的金子被用于其他价值没有下降的商品。当一般价格上升时，货币价值可能也上升；当包括货币商品在内的所有商品生产成本增加时，这种情况就会发生。

货币是价值的尺度，之所以这样，是因为它自身拥有价值，价值是凝结在商品中的社会必要劳动时间。辅币可被用来代替真正的货币，但是辅币不是价值的尺度。只要辅币在流通中仅仅是代替金，那么辅币的使用不会带来价格的变化。如果辅币超过了将要流通的金，用金衡量的辅币就逐渐贬值，用辅币表示的价格上升。存在强制性的辅币，这种情况下购买力意义上的辅币的价值，的确取决于辅币的数量。马克思曾指出：“金因为有价值才流通，而纸票却因为流通才有价值。已知商品的交换价值，流通的金量决定于金自己的价值，而纸票的价值却决定于流通的纸票的数量。流通的金量随着商品价格涨跌而增减，而商品价格却似乎是随着流通中纸票数量的变动而涨跌。商品流通只能吸收一定量的金铸币，因而流通的货币量交替地紧缩和扩张是必然规律，而纸票却似乎不论增加多少都可以进入流通。”①

马克思考虑了黄金的强制流通的可能性，在黄金的实际流通量可能高于由黄金的价值所决定的正常流通量的情况下，价格稍后将会上涨，这将会导致出现黄金从强制流通中脱离的趋势，会出现黄金产量下降的趋势，从而使黄金恢复到正常数量。

马克思的理论对为什么在美国和法国剩余黄金的接受者成为贮藏者给出

---

① 《马克思恩格斯全集》第13卷，人民出版社1962年版，第111～112页。

了一种解释。这些国家不希望将黄金转化为消费商品，而且它们也看不到黄金转化为资本的安全渠道。如果它们强制流通的黄金数量，比在现存价格水平下所需的黄金数量大，那么它们将很快失去这些黄金。它们可以将黄金用于交换其他使用价值，但是在所有贮藏条件下，它们更倾向于保留一般交换价值。

萨默维尔认为，虽然信用可以作为货币的替代物，但它实际上是无法和货币相比的，这在经济危机时期，每个人都需要货币时表现得尤为明显。在危机时期对黄金的需求是疯狂的，但这是资本主义体制运行中必然发生的信用体系崩溃的必然结果。信用体系是过度生产和过度投机的主要杠杆，“这是因为信用体系把本质上具有弹性的产业生产率推至它的极限”①。萨默维尔指出，在马克思看来，货币体系本质上就是天主教，信用系统就是新教。马克思认为，信用体系不能从货币制度的基础中解放它自己，就如不会比新教从天主教的基础中解放自身做得更好一样。

16.2　费瑟尔对马克思货币理论的评价

费瑟尔（H. Visser）在1977年发表的《马克思论货币》中，对马克思货币理论在经济思想史上的地位作了详细评价。他认为，从货币理论的角度来看马克思经济学，就会发现资本主义经济关系无非是建立在市场经济基础上的人与人之间的交换关系，这种关系在资本主义生产条件下体现为资本主义的货币经济关系。马克思的货币理论的形成和发展，深刻地揭示了隐藏在表面现象背后的经济关系的本质。这是因为，首先，从交换的基础看，它来自于不同商品相交换所依据的一个同质的东西——劳动，而由劳动时间凝结的价值是通过货币来表现的。其次，在交换经济中，买卖双方必须拥有货币以签订契约保证交易的进行。当然，正是因为这种契约性质的存在，使得货币成为一种特殊的信用关系或最简单、最直接的信用关系。这样，人们所占有的货币或信用关系将决定其签约的能力或支配能力。最后，更为重要的是，在资本主义经济中，货币在资本家和雇佣工人之间买卖的不是劳动、而是劳动力这种特殊的商品。它不仅使得在拥有货币资本的资本家与不拥有任何生产资料而只有可出卖劳动力的工人之间的交换关系得以维系，并且能够

① Henry Somerville, Marx's Theory of Money, *The Economic Journal*, Vol. 43, No. 170, Jun., 1933, P. 337.

为资本家带来利润，即货币的增殖，整个资本主义经济的运行和发展又都是围绕着资本家要求取得这个货币利润的生产目的展开的。所以，从这一意义上说，资本主义经济关系实质上是一种货币经济关系。马克思经济学强调的是人们之间的社会关系，尤其是“资本家雇用劳动进行生产的目的只是为了利润”这样一种资本主义经济关系。显然，在这一点上，马克思的论述远远超过了古典学派与新古典学派的分析。

费瑟尔认为，马克思的《资本论》从讨论商品和货币开始，进而考察货币转化为资本的过程，以此说明劳动过程中剩余价值的生产是资本获取收益（货币增殖）能力的基础。通过由简单的价值形式到扩大的价值形式，再到一般的价值形式，最后到货币形式的历史发展过程的探索，马克思论证了货币的产生及其本质。马克思认为，成为货币的商品在进入流通之前已具有价值，而这个价值由生产货币所需要的劳动时间决定。货币一旦形成，商品的交换过程就体现为商品流通公式“W→G→W”，在这里，商品是单纯作为商品而出现的，货币是单纯作为货币而出现的，这就是简单的商品经济形式。但是，当出现了雇佣劳动和资本主义商品生产，即当资本家用一笔货币雇佣劳动和购买生产资料时，他所支付的不是劳动的价值而是劳动力的价值，目的是要获取剩余价值（货币的增殖）。这时，商品交换公式就成为“G→W→G′”的流通公式，这种流通形态成为资本流通的一般形态。作为这一运动的有意识的承担者，货币所有者变成了资本家。所以，只有当资本家能够从中得到一笔数目更大的货币时，他才有理由投资于劳动力和生产资料；而这个增加的货币，即 G 与 G′的差额，就是马克思所说的剩余价值，其货币表现即为利润，它构成资本家的收入，也为资本家提供了“生产的直接目的和决定性动机”。同时，也正因为货币增殖（$G' > G$）的出现，使得这个形态中的货币不再是单纯的货币，而是成为资本形态的货币，即货币资本。“因此，决不能把使用价值看做资本家的直接目的，他的目的也不是取得一次利润，而只是谋取利润的无休止的运动。”① 这样，货币的增殖即利润的获得，就成为资本流通的推动力，这也是整个资本主义经济体系得以运转的动力。

费瑟尔认为，通过上述价值形态到货币形态的发展，马克思强调了货币对商品生产，尤其是资本主义商品生产的重要性，“在马克思看来，货币决

① 《马克思恩格斯文集》第 5 卷，人民出版社 2009 年版，第 178 ~ 179 页。

不仅仅是一种‘面纱’。在某种程度上，货币起着非常重要的作用”①。马克思认为，货币的普遍性使得一切不同的劳动彼此发生联系。马克思将货币理论与其价值理论联系在一起。在讨论劳动价值论时，马克思把货币的本质视作为一种社会关系，并强调只有货币才能表示劳动时间的价值，即货币是具体化在商品中的劳动的衡量标准。当只有货币能够作为价值尺度来计量价值总量时，它将与只具有相对价格意义的一般商品相区别，而马克思这样表述货币的性质，也正是为了说明资本主义的经济关系。按照霍奇森的解释，在马克思经济学中，货币和劳动力分别作为一种商品的存在是资本主义制度不可缺少的一部分，没有货币，资本主义就不可能存在；没有雇佣劳动，就没有货币。总之，在马克思看来，各种劳动就是通过货币交换而同一化和具体表现为货币的。②

费瑟尔指出，需要强调的是，马克思在这里所论述的资本主义经济中的货币，是与古典学派的资本概念相联系的，即资本不是物，而是一种预付，并且这种预付的资本并不是生产资料和工人的消费品，而只是一笔货币，同时资本家所要获得的利润也是一笔货币价值。在资本主义经济中，当为了利润而采用雇佣劳动的生产形式时，资本就不再是一种普通的生产要素，而是支配劳动的手段。所以，当资本家用货币购买资本品或生产资料时，也只是对生产资本品的劳动和以前的劳动的工资所进行的一种预付，其目的是为了获取这种以货币价值表示的利润。当然，这些都是由资本主义的生产目的所决定的，即资本家预付资本来雇用劳动和组织生产的目的只是为了获取利润，而不是使用价值。作为预付的资本就不仅要在价值上得到补偿，而且还要得到利润，并至少要得到与自己的量成比例的一份利润。所以，这里的资本作为一种“社会权力”，就使得每个资本都要求按照它在社会资本中所占的份额来分享这份权力，显然它代表的就是一种社会关系。正如曼德尔所指出的那样：“或许，在前资本主义社会中，利润（剩余价值、价值的增殖）可能源于生产领域之外，那时它实质上代表了价值的转移（即所谓原始资本积累）；但是，在资本主义生产方式下，资本已经渗透到了生产领域的各个方面并起着主导作用，雇佣劳动随时随刻都在生产着剩余价值，它代表的就是货币价值的不断增殖，体现的是资本主义特有的经济关系。”③

---

① Visser, H., Marx on Money, *Kredit and Kapital*, 1977 (10), pp. 226 – 287.
② 霍奇森：《资本主义、价值和剥削》，商务印书馆 1990 年版，第 142 页。
③ 《新帕尔格雷夫经济学大辞典》第 3 卷，经济科学出版社 1992 年版，第 406 页。

16.3 拉沃伊关于马克思的非均衡货币理论的评论

拉沃伊（D. Lavoie）1983年在《剑桥经济学杂志》上发表的《马克思非均衡货币理论的优点》一文①，从熊彼特对马克思的货币理论的评价开始，对马克思的货币理论和后来的非均衡货币理论之间的联系作出分析。拉沃伊认为，作为经济思想史方面的权威，熊彼特承认马克思在经济学的下述领域做出了原创性的贡献，这些领域包括资本理论和商业周期理论，熊彼特明确地宣布在货币领域马克思“表现得很差”。拉沃伊力图反对熊彼特这种占支配地位的新古典观点，并对马克思货币理论做出重新评价。

拉沃伊指出，马克思的货币理论不能说没有瑕疵，但是马克思货币理论在许多方面的成就不能抹杀。马克思的货币理论包含一些真正的能量，而且这些能量在很大程度上和现代非均衡文献是非常相似的。这里讲的非均衡货币理论，作为对主流新古典货币理论的某些方面的回应，形成于20世纪60年代。

马克思的理论和现代非均衡理论都认为，任何尝试把货币融入本质上的静态均衡模型做法，都会模糊我们对货币的一些重要方面的理解。在许多“均衡”货币文献中，货币很少和其他商品区分开来，当货币表现出有什么不同时，人们通常被迫在模型内部找出某些原因去解释为什么人们愿意持有货币。拉沃伊认为，阅读这些文献，我们有时候会思考为什么这种制度一开始会出现，这种制度的目的是什么，如果我们完全放弃货币制度会有什么不同？几乎难以指责的货币“两分法”看起来似乎把货币隔离出来，使得它几乎对“真实”部门没有什么特别的影响。许多理论家例行公事地从货币在长期均衡中是中性的理论陈述中，得到在真实世界货币是中性的结论。很大程度上，货币通常被简约为一般均衡价值理论大厦的一个无关紧要的脚注。从实物模型中得到的推论，通常被不加批判地应用于真实世界，而很少关注实际的制度，这种制度中的货币变化，事实上对真实部门产生了重要的影响。

在现代文献中出现非均衡理论之前，马克思经济学非常关注和强调经常

① D. Lavoie, Some strengths in Marx's Disequilibrium Theory of Money, *Cambridge Journal of Economics*, Vol. 7 (1), March 1983, pp. 55 – 68. In *Karl Marx's Economics: Critical Assessments*, Edited by Cunningham Wood, Volume Ⅳ, 1988, pp. 284 – 300.

被忽视的货币制度方面的问题。拉沃伊特别指出，马克思的货币理论强调贮藏—非贮藏的关系，使得它能够检视在何种条件下经济危机是可能的，马克思的货币理论包含了构建对危机是如何和为何继续困扰现代资本主义进行因果分析的基石。“新古典经济学模型总是使用毫无意义的货币概念，从而排除了对我们通常称之为危机的总的宏观经济无序状态进行充分解释的发展”①。拉沃伊认为，只有在新凯恩斯主义的宏观文献中，才能发现向马克思商业周期理论核心部分有关货币在经济危机中发挥的作用的理解的回归。事实上，像熊彼特所说的一样，马克思在现代周期研究的先驱者中居于很高的地位，但“正是马克思的非均衡货币理论表明了危机为什么是可能的，并构成任何有关商业周期理论的第一原理”②。拉沃伊的目标是简要地指出，马克思货币分析中的某些力量可以被视为对新古典均衡货币理论方法无效性的证明。

16.3.1　新古典货币模型的现代批判

随着对正式的一般均衡理论兴趣的增加，越来越多的经济学家认为，他们的任务在于提高均衡的数学分析的严格性，他们留给特定的非均衡货币现象的空间越来越少。虽然瓦尔拉斯认识到他的计价单位和实际的交换媒介之间的差别，但现代均衡理论家并不总能够意识到这一点，像哈恩所表明的那样，他们精心描述的一般均衡世界没有给货币留下空间。③ 从希克斯（J. R. Hicks）在《价值和资本》中建议把宏观经济分析和一般均衡理论工具统一起来，到兰格④和帕廷金（P. Patinkin）⑤ 真正尝试这样做，货币理论被塑造成可以融合到一般均衡的严格的框架内，达到了这样的程度，即这些模型中的货币不再和真实世界中的货币有任何的关联。克洛尔（R. W. Clower）指出⑥，在帕廷金的模型中，个体超额需求函数得自最大化下述效用函数：

---

①② D. Lavoie, Some Strengths in Marx's Disequilibrium Theory of Money, *Cambridge Journal of Economics*, Vol. 7 (1), March 1983, pp. 55 – 68. In *Karl Marx's Economics: Critical Assessments*, Edited by Cunningham Wood, Volume Ⅳ, 1988, P. 285.

③ Hahn, F. H., On some problems of proving the existence of an equilibrium in a monetary economy, in Clower, R. W. (ed), *Monetary Theory: Selected Readings*, Baltimore, Penguin, 1969.

④ Oskar Lange, *Price Flexibility and Employment*, Bloomington, Ind., Principia Press, 1945.

⑤ Patinkin, D., Money, Interest and Price, New York, Harper and Row, 1965.

⑥ Clower, R. W., A Reconsideration of the Microfoundations of Monetary Theory, *Western Economics Journal*, December, 1967.

$$U_j\left(d_{1j},\ \cdots,\ d_{nj},\ \frac{M_j}{p}\right)\text{受约束于：}\sum_{i=1}^{i=n} p_i(d_{ij}-s_{ij})+M_j-M_j=0$$

商品变量 s_{ij} 以和货币变量 M_j 相同的方式进入预算约束等式，这意味着商品作为有效需求的源泉和货币是没有区别的。更进一步，克洛尔指出这种预算等式允许任何可能形式的在经济体中进行交易的商品的组合进入交易，因此帕廷金的模型从根本上说等同于古典实物经济。然而，与同代人相比，马克思认识到这种做法的错误之处，并一再强调货币和其他商品之间的差异。

拉沃伊认为，一般均衡理论发展过程对货币理论的影响造成的上述症状是把“真实”部分和货币部分进行两分，并分别单独进行分析的习惯造成的。帕廷金认识到对真实平衡效果的分析应当从纠正这种极端的两分法开始，但他仍然没有考虑被早期理论家强调的货币的重要的分配效果。“马克思虽然在某种程度上忽略了分配效果，但他还是小心地避免了两分法，并经常强调货币使用的内在的实际效果”①。兰格试图把共产主义和货币使用统一起来，使所有的价格成为参变量，从而没有哪个个体可以影响价格而只能受到价格的指导。② 相对地，在真实的非均衡世界，企业家的活动持续地对价格产生影响。如同马克思认识到并强调的那样，货币的直接使用无法和共产主义生产相协调，而只能出现在分散决策的环境中，只能出现在“无政府”状态的商品生产中。

现代货币学家强调货币的长期中性，而且从更多对货币本质特征做出理论性的定义，转向对货币所作的统计学定义。芝加哥学派的长期均衡视角，把注意力从短期过程中货币对真实部门的影响中转移出去，它的实证方法倾向于避免任何对交换媒介的本质特征做出理论综合。耶格尔（L. Yeager）写道：“为什么一些数量和另一些数量紧密相关值得给予重要的关注的原因不明显。它可能既不是最有趣的，也不是最容易控制的。海滩上沐浴者的数目可能和停在那儿的小车的数量相关，而不是和温度与准入价格紧密相关，但是前一种相关性与后面两者中的任何一个相比，既没趣，又没什么用处。”③ 拉沃伊认为，马克思的分析避免了货币学派缺乏对货币理论分析和意义不大

① D. Lavoie, Some strengths in Marx's Disequilibrium Theory of Money, *Cambridge Journal of Economics*, Vol. 7 (1), March 1983, pp. 55 – 68. In *Karl Marx's Economics: Critical Assessments*, Edited by Cunningham Wood, Volume Ⅳ, 1988, P. 286.

② Oskar Lange, *On the Economic Theory of Socialism*, New York, McGraw Hill, 1938.

③ Leland Yeager, *Essential properties of the medium of exchange*, KYKLOS, 1968, P. 46.

的实证分析这两个方面的弱点。

拉沃伊特别提到，在货币思想中存在的另一种倾向，即有时候经济学家会“凯恩斯主义式”地过分强调货币作为一个人资产组合中的一种资产，而不把它一般性地接受为一种交换媒介。这样的做法易于模糊货币和准货币之间的差别，而且掩盖了货币作为交换媒介和其他商品之间的重要区别。这对凯恩斯主义的商业周期分析有着深远的影响，使得分析的焦点从本质上的货币解释转向一般性的资产流动性解释。正如耶格尔论述的，非货币并不存在日常的流动被中断或收缩的情况，只有货币，才如此彻底地渗透到所有市场，货币具有的特征使得对它的过度需求能导致一般性的广泛的具有萧条特征的中断。拉沃伊认为，马克思通过强调货币在所有交易中的广泛性和货币与商业周期之间的紧密联系，从而避免了上述缺陷。

16.3.2　马克思的非均衡分析的视角

在真实的资本主义世界，存在秩序和混乱的因素。在古典劳动价值论、主观的边际效用和归算理论中，都反映出在价格和生产成本之间有着广为人知的一般规律。但是，在所有真实的经济中，也都存在缺乏协调的因素。不是所有的企业家都能收回自己的投资，不是所有可以实现的销售价格都能弥补他的生产成本。因为所有的生产计划都需要时间去完成，即使商业投机在开始时看起来是有利可图的，仍无法保证在它的产品走向市场时会表现的和预计的一样好。拉沃伊认为，马克思把市场看作是相互独立的决策者之间存在部分程度协调的体系，这些决策者之间的相互“异化”，成为市场经常性地缺乏协调的源泉。生产者的生产计划是独立于消费者设计出来的，消费者随后的选择可能有助于生产者的计划实现或者破坏了生产者的计划。斯密强调市场的长期和谐，纯利润的最终消失，强调市场倾向于产生的秩序和规律性，马克思强调持续的短期协调的缺乏，强调没有任何市场制度从它们的本质上能够消除这种不协调。从存在成千上万的独立的私有产权所有者，在时间过程中独立地决定他们的资源投向各种各样的项目，他们无法事前察觉他们计划之间不可避免的冲突的事实来看，“经济必然是非均衡的”①。

对马克思而言，生产者之间的相互“异化”使得内在的完全协调是不

① D. Lavoie, Some strengths in Marx's Disequilibrium Theory of Money, *Cambridge Journal of Economics*, Vol. 7 (1), March 1983, pp. 55 – 68. In *Karl Marx's Economics: Critical Assessments*, Edited by Cunningham Wood, Volume Ⅳ, 1988, P. 288.

可能的，但这并不意味着只有混乱。“随着这种异化的发展，在它本身的基础上，人们试图消除它：行情表、汇率、商业经营者间的通信和电报联系等（交通工具当然同时发展），通过这些东西，每一单个人可以获知其他一切人的活动情况，并力求使本身的活动与之相适应。就是说，虽然每个人的需求和供给都与一切其他人无关，但每个人总是力求了解普遍的供求情况；而这种了解又对供求产生实际影响。”①

异化并没有因马克思提到的上述手段而被克服，而只是一定程度上降低了异化的影响。按价值规律和利润率均等化运行的市场过程足以引导生产并使大量独立的生产计划构成的复杂的经济网络得以发展。拉沃伊指出，马克思并不否认市场的协调功能，他只是认为人类能够使这个体系运转得更好，共产主义能够使我们对生产活动进行更完整的协调。马克思也不认为资本主义是完全混乱的，只是认为资本主义的协调是粗糙的和事后的。重要之处在于，马克思认识到了（有时候是夸大了）经济中的非均衡因素，而这些因素恰恰是经常被当代经济学文献忽视的真实经济的一个方面。拉沃伊认为，马克思有关资本主义生产无政府性的思想并不意味着马克思对市场竞争性协调功能的无知，而是反映了（可能是乌托邦式的）一种试图超越它的愿望。如马克思认为的：“人们说过并且还会说，美好和伟大之处，正是建立在这种自发的、不以个人的知识和意志为转移的、恰恰以个人互相独立和毫不相干为前提的联系，即物质的和精神的新陈代谢上。毫无疑问，这种物的联系比单个人之间没有联系要好，或者比只是以自然血缘关系和统治服从关系为基础的地方性联系要好。”②

拉沃伊认为，只有在把这种体制与个体“把这种联系置于自己支配之下”，把社会关系“服从于他们自己的共同的控制的”理想的经济体制（迄今为止并没有实现）的对比中，马克思谴责了市场秩序。很明显，商品生产既不是完全混乱的，也不是一种完全协调的均衡，而是如哈耶克所说的是一种“自发秩序”，是有意识地选择的结果，而不是马克思批评的人为的设计：“这种联系尽管来自自觉个人的相互作用，但既不存在于他们的意识之中，作为总体也不受他们支配。他们本身的相互冲突为他们创造了一种凌驾于他们之上的他人的社会权力；他们的相互作用表现为不以他们为转移的过

① 《马克思恩格斯全集》第46卷上，人民出版社1979年版，第107页。
② 《马克思恩格斯全集》第46卷上，人民出版社1979年版，第108页。

程和强制。”①

商品生产模式就其自身本质而言，无法获得一般均衡模型所描述的计划之间的完全协调，并不意味着经济危机是不可避免的。作为对一般均衡的一种替代，非均衡完全和实际存在的秩序相一致，这可以被称为“均衡过程”或在某种意义上可以被认为是一种更加抽象的“均衡”。② 拉沃伊认为，一个成熟的危机理论不仅要能够解释为什么协调和均衡的力量无法实现完全的均衡状态，而且要解释为什么他们会周期性地丧失作用，甚至破坏抽象的秩序，把经济推入到非均衡的状态。提供这样一个理论超过了拉沃伊的文章的范围，但他认为对货币非均衡本质的清晰认识是提供一个全面成熟的危机理论的必要条件。但是为了明白货币是如何和非均衡与危机发生紧密联系的，有必要首先表明是什么在一般意义上使得货币成为独特的商品。

16.3.3　货币不同于普通商品

马克思用 C－C 的模式描述了实物交易，一个商品直接交换到另一个商品，用 C－M－C 描述真实的商品流通，为了买到其他商品，首先要出售商品以获得货币。拉沃伊指出，马克思把相当多的理论注意力，放在了货币交换和实物交换的比较上与货币和一般商品的比较上。

马克思讨论了货币的三种主要职能，这些职能使得货币区别于市场上的一般商品。货币是价值的尺度，交换的媒介和财富的储藏，这些职能之间存在着相互依赖的关系。

第一，作为价值的尺度，货币可以作为经济计算的一般单位，使得生产者可以比较许多不同商品的交换价值。即使在不存在货币的情况下多边交换在广泛的基础上也是可能的，因为通过使得其他商品和一种商品进行比较而使得它们得以度量也会促使人们决定接受同一种交换媒介。一旦这种一般单位给定，所有其他商品的交换价值可以被一系列的价格所表示，这些价格标明了商品的交换价值和货币的关系。

“商品的交换价值，这样地用一种特殊商品，或者说，用商品同一种特殊商品相等的唯一等式，作为一般等价同时也作为这个等价的程度表现出

① 《马克思恩格斯全集》第46卷上，人民出版社1979年版，第145页。

② D. Lavoie, Some strengths in Marx's Disequilibrium Theory of Money, *Cambridge Journal of Economics*, Vol. 7 (1), March 1983, pp. 55－68. In *Karl Marx's Economics: Critical Assessments*, Edited by Cunningham Wood, Volume Ⅳ, 1988, P. 289.

来，就是价格。价格是商品交换价值在流通过程内部出现时的转化形式。”①

马克思明确地攻击，甚至是奚落了那种观念，即认为发达的商品交换可以在没有把复杂的交换的内部联系归结到一个一般等价物的情况下发生。假定不可能把交换价值化约为一般的价值尺度，那么现在被称为“标定指数问题”，即用一种维度表达货币价值，就无法解决对所有商品的价值进行估计的问题。马克思明确地提出，在共产主义条件下，生产者可以不需要这种一般等价物，因为在共产主义条件下，交换关系被完全取消。但马克思认为，在资本主义情况下，交换关系居于主导地位，相互隔离的资本家不可能不需要货币作为价值尺度，去理解价格和进行会计计算。除非个体生产者可以容易地比较它们应用于生产过程中的商品的相对价值，否则价值规律就无法调节市场秩序。

第二，马克思阐述的货币的第二种职能是实际交换中货币的流通媒介职能。第一种职能在某种意义上可以被认为是观念上的，是一种在货币作为度量手段时对相对交换价值的概念化，第二种职能是真实交换中货币的实际使用。货币不再是一种观念上的会计单位，不再是一种计价单位，而是多边交换的实际工具。拉沃伊认为，对马克思而言，记账单位不能是想象的影子价格或会计价格，而必须是真实商品流通中能动的因素。为了履行货币的第二种职能，它必须体现在 C－M－C 的流通中。

第三，货币的第三种职能是财富的贮藏职能。这种功能再一次和货币的其他职能存在紧密地关联。一种货币不能维持以作为财富的贮藏，那么它作为价值的尺度是没有用处的，因为价值计算不得不经历很长的生产周期，它作为流通媒介同样也是没有用处的，因为货币必须连续地在进一步的交换周期中被投入到市场中去。

马克思一再地强调货币这三种职能的统一性，每一种都是另一种的条件。其他某种商品可能在某些场合可以扮演这三种角色中的某一个（比如，凯恩斯的资产作为价值储藏，瓦尔拉斯计价单位作为会计单位）。人们渴求货币是因为它可以作为价值尺度和未来交换的手段，也就是说货币可以被投入到流通中，但是人们渴求货币也可能是因为它的财富贮藏功能，从而人们贮藏货币，使得它退出流通。拉沃伊认为，对马克思而言，这种贮藏和非贮藏明显地把货币和其他商品区别开来。“马克思强调商品流通和货币流通之

① 《马克思恩格斯全集》第 13 卷，人民出版社 1962 年版，第 56 页。

间的比较"①。商品流通从最初生产开始的时候就是一个有目的性的过程，对于生产者而言，他在乎的不是商品的使用价值，只有经过若干生产性变形和交换关系后，最终卖给消费者，而消费者则在意商品的使用价值。与此相对，货币的流通看起来更像是经济中不能控制的、派生的运动。人们习惯性地接受货币，但并不是为了某个特定的购买目标，而仅仅是打算获得一些商品。经过商品循环，使用价值成为社会生产的目标，货币循环明显是无目标的，货币只是为了被再次地投入到流通中以获得商品。

马克思把货币的贮藏看成是经济中经常发生的事情，一个人暂时地增加他的现金平衡，另一些人就暂时失去平衡。这种意义上的货币需求不同于对其他商品的需求，因为货币在交换中被接受只是暂时的，只是因为它可以被再次投入流通中用于进行不确定的未来的交易。在任何时候，货币可以是某个人的暂时贮藏，等待机会脱离贮藏而增加另一个人的贮藏。在正常情况下这些贮藏—非贮藏决定可以粗略地平衡不同人的需要，因此"一方面表现为货币资本的积累，另一方面表现为不断的实际的货币支出"②。拉沃伊认为，这表明马克思认为市场秩序是非均衡的。

16.3.4　货币作为一种必然的非均衡现象

马克思说："有些经济学家先是再好不过地向我们指明，两种行为合而为一的物物交换是不能满足较发达的社会形式和生产方式的，然后他们突然又把以货币为媒介的物物交换看作直接的物物交换而忽视了这种交易的特殊性质。他们先是向我们指明，同商品相区别的货币是需要的，然后他们突然又断言，货币和商品之间没有区别。"③ 拉沃伊认为，在货币需求中内在地包含着矛盾的因素。持有货币是为了花费它，花费货币是为了另一个持有。不存在终结，没有均衡结果，只存在不断的贮藏和非贮藏的变化。从而均衡分析明显地不适合处理货币问题，因为这里的关键不是最终的均衡结果看起来是什么样的，而是一种非均衡的过程。"但是，如果象有些经济学家那样，当货币制度的矛盾一旦暴露出来，便突然仅仅抓住最终结果而忽视促成结果的过程，抓住统一而忽视区别，抓住肯定而忽视否定，那

---

① D. Lavoie, Some strengths in Marx's Disequilibrium Theory of Money, *Cambridge Journal of Economics*, Vol. 7 (1), March 1983, pp. 55 – 68. In *Karl Marx's Economics: Critical Assessments*, Edited by Cunningham Wood, Volume Ⅳ, 1988, P. 292.

② 《马克思恩格斯文集》第6卷，人民出版社2009年版，第386页。

③ 《马克思恩格斯全集》第46卷上，人民出版社1979年版，第146页。

完全是错误的。"①

拉沃伊指出，脱掉黑格尔的外衣，马克思指出需要的不仅是集中研究长期（最终结果、统一或肯定），而且也应当集中研究短期（过程、区别或否定），也就是说"不仅研究均衡，也研究非均衡"②。拉沃伊认为，马克思用三个相互联系的"矛盾"表达了货币的非均衡方面：

第一，"一旦货币成为同商品并存的外界的东西，商品能否换成货币这一点，马上就和外部条件联系在一起，这些条件可能出现可能不出现；要受外部条件的支配。在交换中需要商品，是由于商品的自然属性，由于需要（商品是需要的对象）。相反地，需要货币只是由于它的交换价值，只是由于它是交换价值。因此，可能出现这样的情况：商品在它作为产品的一定形式上，不再能同它的一般形式即货币相交换和相等同"③。举例来说，任何会改变货币交换价值的因素都可能中断商品的可交换性，也就是说，货币并非和真实部门无关。这正如布朗霍夫（de Brunhoff）在解释马克思的货币理论时指出的，货币不仅是非中性的，而且在本质上是处于无政府性的生产中，它也不可能中性化："货币……是非中性的而且不可能完全中心化（无论是通过信用的发展还是通过货币政策），因为它对一定的私人决策产生了影响。"④

第二，交换媒介的使用必然使商品交换分离成为两个相互独立的行为，马克思写到"交换行为也分为两个互相独立的行为：商品换货币，货币换商品；买和卖。因为买和卖取得了一个在空间上和时间上彼此分离的、互不相干的存在形式，所以它们的直接同一就消失了。它们可能互相适应和不适应；它们可能彼此相一致或不一致；它们彼此之间可能出现不协调"⑤。这种协调的缺乏并不意味着完全的混乱。"它们总是力求达到平衡"，但是，"现在代替过去的直接相等的，是不断的平衡的运动，而这种运动正是以不断的不相等为前提的。"⑥ 拉沃伊认为马克思在这里完全反对任何在均衡框架下对货币进行分析的尝试。

---

① 《马克思恩格斯全集》第46卷上，人民出版社1979年版，第146页。

② D. Lavoie, Some strengths in Marx's Disequilibrium Theory of Money, *Cambridge Journal of Economics*, Vol. 7 (1), March 1983, pp. 55-68. In *Karl Marx's Economics: Critical Assessments*, Edited by Cunningham Wood, Volume Ⅳ, 1988, P. 294.

③ 《马克思恩格斯全集》第46卷上，人民出版社1979年版，第92~93页。

④ de Brunhoff, *Marx on Money*, Translated by M. Goldbloom, New York, Urizen Books, 1973, P. 43.

⑤⑥ 《马克思恩格斯全集》第46卷上，人民出版社1979年版，第93页。

第三，拉沃伊指出，在简单商品生产条件下，商品生产的循环 C－M－C 意味着同时也在经历着货币循环 M－C－M，但是，这并不构成该体系的驱动力量，而仅仅是对商品循环施加了偶然的影响。但是，当商品生产发展到资本主义的商品生产时，该体系的基本驱动力量就变为货币资本扩张：M－C－…P…C′－M′，所有生产活动的最初动机就是货币利润。这正如凯威（P. Kenway）表明的，马克思危机“成熟的可能性理论”强调资本主义生产周期必然“从购买开始并以销售结束”。这意味着，与李嘉图相反，资本家消费和出售他生产的商品上别无选择：他必须卖。这种情况，并没有改变交换分离为买卖两种行为给资本主义条件下独立生产者的计划带来不稳定性增加的基本逻辑。如果在这种情况下，爆发了严重的危机，使得一些资本家无法销售自己的产品，这个事实将会破坏在生产循环中生产出来的商品（C）的价值，从而导致要素（C）市场的衰退，从而削弱了其他资本家的销售能力，等等。[①] 这种累积性的衰退和有效需求不足并无本质的差异。

货币成为经济活动的目标与货币“单纯表现为商品交换手段，表现为中项，表现为推论中的小前提的那种形式”，有了“特殊的区别”，现在“货币既不是仅仅充当尺度也不是仅仅充当交换手段，又不是同时仅仅充当这两者，货币还有第三种规定。货币在这里首先表现为目的本身”，其次，货币在流通之外获得了“一种独立的存在”。[②] 拉沃伊指出，这“第三种规定”不仅对货币作为一种“贮藏”的需求背后的一种重要力量，而且给经济活动带来了一种全新的贪婪的动机。出售商品是为了购买完全不同于购买是为了销售：“在第一种情况下，货币只是获得商品的手段，商品是目的；在第二种情况下，商品只是获得货币的手段，货币是目的……有人会说，商品同商品交换是有意义的，因为商品作为价格虽然是等价物，但在质上是不同的，所以商品交换归根到底是满足质上不同的需求。相反，货币同货币交换就毫无意义，除非量上出现差额。”[③]

拉沃伊指出，在货币本身成为目的后，在市场经济中，对货币利润的追求、贱买贵卖、利用市场中的不均衡的因素变得非常普遍。马克思不仅从贪婪、享乐主义等角度批判货币的积累，而且他认为货币的积累成为资本主义运动规律中一种重要的机制。同时，货币发挥了双重的功能，它既是均衡过

① Kenway, P., Marx, Keynes and the possibility of Crisis, *Cambridge Journal of Economics*, Vol. 4. March, 1980, pp. 29－31.

② 《马克思恩格斯全集》第46卷上，人民出版社1979年版，第150～151页。

③ 《马克思恩格斯全集》第46卷上，人民出版社1979年版，第150页。

程中的一个要素，通过货币市场中的秩序可以一定程度上粗略地被建立起来，但是它也是隐含在一般均衡概念中市场的完全协调持续和必然缺乏的反映。马克思认为："由此可见，货币的内在特点是，通过否定自己的目的同时来实现自己的目的；脱离商品而独立；由手段变成目的；通过使商品同交换价值分离来实现商品的交换价值；通过使交换分裂，来使交换易于进行；通过使直接商品交换的困难普遍化，来克服这种困难；按照生产者依赖于交换的同等程度，来使交换脱离生产者而独立。"①

拉沃伊认为，经济学研究中过度关注一般均衡的状态，必然地把对货币独特功能进行的分析排除了出去，这种情况转移了新古典经济学家的注意力，使他们忽略了作为马克思的货币理论的重要内容之一的内在的货币非均衡方面的研究。拉沃伊指出，由此推断说对货币分析中现代非均衡方法的最初起源在马克思而不是恩格斯可能是不合理的，但是至少非常明显的是，初步的非均衡货币分析早在凯恩斯之前很久就存在了。"可以肯定地说，熊彼特和其他一些新古典经济学完全放弃马克思的货币理论被证明为时过早"②。拉沃伊的研究突出了马克思的货币理论中蕴含的对货币进行非均衡分析的思想，在马克思的货币理论和现代非均衡货币理论的联系中，客观地指出了马克思货币理论的现代价值，同时，拉沃伊在对马克思的货币职能分析的研究中，凸显了马克思对货币功能的科学理解，即货币在市场经济中既有助于构建秩序又增加了资本主义市场经济的无政府性。尤其是，拉沃伊的研究为反驳熊彼特以及一些新古典经济学家对马克思货币理论进行的错误评价提供了理论素材。拉沃伊的研究从一个独特的角度考察了马克思货币理论的价值，为人们更深入、更全面地把握马克思的货币理论以及它的继续发展的方向提供了参考。

---

① 《马克思恩格斯全集》第46卷上，人民出版社1979年版，第96~97页。

② D. Lavoie, Some strengths in Marx's Disequilibrium Theory of Money, *Cambridge Journal of Economics*, Vol. 7 (1), March 1983, pp. 55-68. In *Karl Marx's Economics: Critical Assessments*, Edited by Cunningham Wood, Volume Ⅳ, 1988, P. 298.

第 17 章　沙姆萨瓦里论马克思货币理论的基础

马克思经济学的显著特点在于他所坚持的经济学方法论，在这一方法论的基础上，马克思的经济学理论表现出区别于其他古典学者的特征，也异于后来新古典经济学的理论。但是，这并不排斥马克思经济学理论早已预见到后来的理论发展中的某些观念，只不过是他使用了不同的方法得出与后来的经济学理论观点类似的理论而已。沙姆萨瓦里（A. Shamsavari）1986 年在《英国经济问题评论》杂志上发表的《论马克思货币理论的基础》一文[①]，重点论述了如何从方法论的角度探讨马克思货币理论的发展，如何回应后来的学者对马克思货币理论批评的问题。沙姆萨瓦里还考察了马克思在价值形式分析上同黑格尔方法之间的关系。

17.1　对《资本论》第一卷货币理论基础的探讨

沙姆萨瓦里指出，相对于马克思经济学的其他方面（价值理论、危机理论、转形问题等），人们往往忽视了对一般意义上马克思的价值形式理论的分析，尤其是对马克思货币理论的分析。现在人们逐渐恢复了对价值形式和货币理论的研究兴趣，在某种程度上，这确实是理论健康发展的一种表现。沙姆萨瓦里认为，上述两个问题研究的进展，主要体现在以下三个方面：

第一，与古典理论相比，马克思货币理论具有原创性。关于这一点，也有相反的观点，如布劳格（M. Blaug）在论述经济思想史的著作中指出："《资本论》第一卷第二章和第三章中，包含了马克思的货币理论。这是一

---

① A. Shamsavari, On the Foundations of Marx's Theory of Money, *British Review of Economic Issues*, Vol. 8, No. 18, spring 1986, pp. 75 - 98. In *Karl Marx's Economics: Critical Assessments*, Edited by Cunningham Wood, Volume Ⅵ, pp. 324 - 339.

个马克思在《政治经济学批判》第一分册（1859）中花费了大量精力予以阐述的主题。但是，在这些章节中没有什么东西在李嘉图和穆勒那里找不到。”①

第二，马克思的货币思想，对现代货币理论发展的某些方面（如非均衡经济学家的著作的观点）的预见。

第三，马克思的价值形式分析，对于马克思著作中其他方面（如劳动价值理论和转型问题）具有的意义。

虽然所有上述三个方面存在一定的关联，但沙姆萨瓦里指出，围绕第三方面的讨论提出的问题，在理论上是有益于马克思主义经济理论进一步发展。沙姆萨瓦里在文章的第一部分，首先讨论了伊藤诚1980年的《价值和危机》和克劳斯（Krause）1982年的《货币和抽象劳动》著作与第三方面有关的问题。② 在文章的第二部分，沙姆萨瓦里试图表明，在《资本论》第一卷之前的某些著作（如《政治经济学批判大纲》）中，已经包含了一些与古典观点形成鲜明对比的货币理论的因素，并且包含着预见到了现代货币理论中某些观点的内容，预见到了伊藤诚在《价值与危机》中和克劳斯在《货币和抽象劳动》中提出的问题。

伊藤诚和克劳斯独立地，但几乎同时提出了一个重要的问题，即认为马克思《资本论》第一卷第一章中对价值理论的分析存在不一致之处。抛开两位作者的风格和表述方式的差异，他们在很大程度上存在相同之处。伊藤诚和克劳斯都把马克思《资本论》第一卷对价值的分析进行的批判性考察作为自己的研究的出发点，都认为在马克思的方法中存在基本矛盾，即在把价值定义为抽象劳动和马克思的价值形式分析之间存在矛盾。伊藤诚和克劳斯都对这种矛盾在马克思理论的其他方面造成的影响进行了研究，克劳斯集中研究了对价值理论的影响，伊藤诚集中研究了对转形问题的影响。

沙姆萨瓦里首先对伊藤诚和克劳斯所说的《资本论》第一卷第一章中的矛盾作了简单的概括。这一章在把商品定义为使用价值和交换价值的统一体后，马克思试图把交换价值和抽象劳动（价值的本质）的概念以下述方式联系起来：“如果把商品体的使用价值撇开，商品体就只剩下一个属性，即劳动产品这个属性……各种劳动不再有什么差别，全都化为相同的人类劳

① Blaug, M., *Economic Theory in Retrospect*, 4th edition, Cambridge university Press, 1985, P. 269.

② Itoh, M., *Value and Crisis: Essays on Marxian Economics in Japan*, Pluto Press, London, 1980; Krause U, *Money and Abstract Labour*, New Left Books, London, 1982.

动，抽象人类劳动。”①

沙姆萨瓦里认为，马克思得出抽象劳动概念的推理方式，与马克思在1857年《〈政治经济学批判〉导言》中建立的方法论不相符。即使我们接受了这种推理方式，它也不是真实的，因为对不同具体形式的商品的抽象得出结论认为唯一的相同因素是这些商品都是劳动产品，是不正确的。进一步说，马克思的陈述是同义反复，因为先于上述简化程序，马克思把商品定义为劳动产品。考虑到这些困难，克劳斯做出下述表述就不那么令人惊讶了：“然而，在我看来，马克思的表述是无法令人满意的：它是不完整的、矛盾的、在方法论上是令人怀疑的”②。伊藤诚也表达了对马克思程序的不满意，并把它和李嘉图的方法做了对比：“与《资本论》第一卷第一章第三节中马克思表述的价值理论的原创性相比，第一节对价值的解释反映出古典经济学对马克思产生的重大的影响，尤其是李嘉图价值理论的影响。《资本论》第一卷第一章第一节中的劳动价值论，同李嘉图在《赋税原理》开头对这些方面的讨论的方法几乎完全一样。李嘉图在考察了商品的使用价值后，把交换价值作为不同使用价值的商品之间的直接交换率，然后，通过从交换关系中抽象掉使用价值，把交换价值的确定归为体现在每一个商品中的人类劳动量”③。

马克思价值形式分析和价值分析之间到底存在什么样的矛盾呢？根据伊藤诚的观点，“在交换价值到价值实体的逻辑简化过程中，必须注意三点：（1）马克思假定商品是直接用来交换的；他没有考虑这些交换的困难性；（2）马克思抽象掉使用价值，不考察它们；（3）商品的本质属性体现为抽象的人类劳动”④。与上述观点相对照，对《资本论》第一卷第一章第三节对价值形式的论述，伊藤诚认为：“（1）马克思不再假设商品的直接交换一般而言是很容易发生的。马克思说明的恰恰相反，以相对价值形式表现其价值的商品并不具有直接的可交换性。同时，（2）在这里，马克思不再把使用价值放在思考范围之外。抽象掉使用价值并不像在第一节里所认为的那么容易。最后，（3）在这部分，马克思不再认为商品的共同属性只是人类抽象劳动的体现。马克思强调‘商品具有同它们使用价值的五光十色的自然

① 《马克思恩格斯文集》第5卷，人民出版社2009年版，第50～51页。

② Krause U., *Money and Abstract Labour*, New Left Books, London, 1982, P. 161.

③ Itoh, M., *Value and Crisis: Essays on Marxian Economics in Japan*, Pluto Press, London, 1980, P. 51.

④ Itoh, M., *Value and Crisis: Essays on Marxian Economics in Japan*, Pluto Press, London, 1980, P. 49.

形式成鲜明对照的、共同的价值形式'。"①

沙姆萨瓦里认为，伊藤诚和克劳斯批判《资本论》第一卷中马克思对价值理论的表述的核心在于：交换中的价值可以独立于价值形式（即商品之间的货币关系）被决定吗？如果对这个问题的回答是否定的，那么，（1）马克思定义的抽象劳动作为价值的本质独立于货币关系就不能成立；而且（2）马克思的价值向生产价格的转形不能被认为是劳动价值向以生产价格形式表现的对这种价值系统的偏离的转变。

以下的马克思《资本论》第一卷中的引文有助于理解第一点："可见，人们使他们的劳动产品彼此当做价值发生关系，不是因为在他们看来这些物只是同种的人类劳动的物质外壳。恰恰相反，他们在交换中使他们的各种产品作为价值彼此相等，也就使他们的各种劳动作为人类劳动而彼此相等"②。在这里，马克思提出"相等"行为导致抽象劳动不再是脑力简化的程序，而是作为交换过程的必然结果。克劳斯的方法遵循这种推理方式，使用现代数学工具从商品之间的货币关系得出抽象劳动的概念。

伊藤诚分析了上述矛盾对转形问题具有的含义。对转形问题的传统表述，包含把价值等同于物化在商品中的劳动数量。用伊藤诚的话说，这"预先规定价值实体是商品中包含的劳动量，它直接是一种价格，也就是价值价格"③。从而转形问题成为一个把直接劳动比率转变为生产价格的问题。根据伊藤诚的观点："一旦我们搞清了价值形式和价值实体这两种不同尺度的区别，生产价格理论就不再是一种劳动时间由相等到不相等进行交换的交换比率理论。生产价格不是价值规律的修正，而是价值规律自身运动的具体形式"④。从而，生产价格不能被认为是"价值关系的扩展"。价值形式分析应当被扩展到这些价格，生产价格应当被视作发展了的、具体的价值形式而不仅仅是对价值的偏离。

沙姆萨瓦里对伊藤诚和克劳斯的一般方法进行了评论。

（1）无论他们重建马克思价值理论和转形程序的真正本质是什么，他们对《资本论》第一卷中价值理论的批判都被证明是合理的。

（2）他们当中没有任何一个对《资本论》第一章中的基本矛盾进行过

---

① Itoh, M., *Value and Crisis: Essays on Marxian Economics in Japan*, Pluto Press, London, 1980, P. 50.

② 《马克思恩格斯文集》第5卷，人民出版社2009年版，第91页。

③④ Itoh, M., *Value and Crisis: Essays on Marxian Economics in Japan*, Pluto Press, London, 1980, P. 68.

充分的解释。伊藤诚把问题归结于马克思著作中存在的“某种古典剩余”而没有进行进一步的阐述。克劳斯根本就没有尝试提供任何解释。

(3) 他们的分析都主要集中于《资本论》第一卷，很大程度上忽略了马克思先前的著作，尤其是《政治经济学批判大纲》。考虑到他们所强调的价值形式分析的源泉可以追溯到这些早期的著作，他们的这种忽略是令人惊讶的。

随后，沙姆萨瓦里集中于马克思《政治经济学批判大纲》和《剩余价值理论》等著作中的价值形式分析，通过分析试图表明：(1) 马克思在批判李嘉图货币观点的基础上，阐述了自己的货币理论；(2) 马克思在这些早期著作中的分析，预见到了克劳斯和伊藤诚提出的问题；(3) 马克思的货币观点，预见到了货币理论的某些现代发展。

17.2 对马克思和李嘉图货币理论基础的探讨

在《政治经济学批判大纲》和《政治经济学批判》第一分册中，马克思批评了“劳动货币”的概念，这种概念在像格雷这样的“李嘉图社会主义者”中非常流行。对于这些社会主义者来说，这种概念是李嘉图价值理论的自然推论。如果劳动是交换价值的源泉和原因，且花费的劳动数量是它的度量，那么，就没有必要使一种特殊商品成为交换媒介。首先，劳动量可以被认为是价值的尺度，发挥资本主义条件下货币所发挥的职能。其次，作为一种媒介，“小时券”银行可以发行代币给每个劳动者，使得代币的价值等于劳动者花费在生产商品上的劳动。劳动者可以通过使用这些代币或劳动货币购买他需要的商品。

沙姆萨瓦里指出，可能是因为这种“独创性”的观点，使得马克思意识到李嘉图对劳动价值理论的阐述中存在的困难。马克思对劳动货币概念的批判，与马克思对李嘉图价值理论一般和特殊的货币概念的批判紧密相关。马克思对劳动货币批判的要点在于强调，在资本主义商品生产条件下，货币实体职能的分离并区别于劳动时间的必然性。

劳动货币计划的根本前提是认为，商品生产者的私人劳动和社会劳动之间存在同一性。然而，正是商品生产中内在的私人劳动和社会劳动之间的矛盾，使得私人劳动的结果转化为代表社会劳动结晶的货币成为必要。马克思认为：“个人的产品或活动必须先转化为交换价值的形式，转化为货币，才能通过这种物的形式取得和表明自己的社会权力，这种必要性本身表明了两点：(1) 个人只能为社会和在社会中进行生产；(2) 他们的生产不是直接的社会的生产，不是本身实行分工的联合体的产物。个人从属于像命运一样存在于他们之外的社会生产；但社会生产并不从属于把这种生产当作共同财富来对待的个人。因此，正像前面谈到发行小时券的银行时看到的那样，设想在交换价值，在货币的基础上，由联合起来的个人对他们的总生产实行监督，那是再错误再荒谬不过的了。”①

由此可见，要求发行劳动货币假定劳动是直接具有社会性的，但这是一个明显无法被商品生产所满足的条件。在商品生产条件下，劳动并不是内在地分配的，个体工人的活动不是协调的，而且他们的活动并不是按照计划在一开始就发挥社会劳动的功能。相反，只有通过商品交换过程，个体私人劳动才能获得社会形式的存在。这种社会形式必须像商品自身一样具有客观属性。由于交换的不是活动而是产品，活动几乎消失于产品中，这种活动的社会形式必然是产品自身，这种产品是货币。这就如马克思指出的：“货币是这样一种物质媒介，交换价值隐藏在它身上，从而取得了一种符合自己一般规定的形态。亚当·斯密说，劳动（劳动时间）是用来购买一切商品的最初的货币。如果考察的是生产行为，那么这始终是正确的（就相对价值的规定来说，也始终是正确的）。在生产中，每个商品总是不断地同劳动时间相交换。与劳动时间不同的货币的必然性，正是由于下述原因产生的：一定量的劳动时间不应当表现在自己直接的和特殊的产品上，而应当表现在某种间接的和一般的产品上，即表现在与含有同一劳动时间的其他一切产品相等和可以相兑换的那种特殊产品上；——这种劳动时间不是包含在一种商品中，而是同时包含在一切商品中，因而包含在代表其他一切商品的一种特殊商品中。劳动时间本身不能直接成为货币（换句话说，这等于要求每个商品应当直接成为它自己的货币），正是因为劳动时间（作为对象）实际上始终只是存在于特殊产品中：作为一般对象，劳动时间只能象征性地存在，它恰好又存在于成为货币的那种特殊商品中。劳动时间并不是作为一般的、与商品的自然特性相脱离和相分离（相隔绝）的交换对象而存在。然而，要直接实现货币的条件，劳动时间又必须作为这样的交换对象而存在。”②

沙姆萨瓦里认为，劳动货币概念是斯密和李嘉图价值规律表述的自然推论，马克思批判了这种观点。沙姆萨瓦里认为，马克思批判的基本要点如

① 《马克思恩格斯全集》第46卷上，人民出版社1979年版，第105页。
② 《马克思恩格斯全集》第46卷上，人民出版社1979年版，第114～115页。

下：(1) 商品生产内在的私人本质和必然内在于这种生产形式的社会关系导致的矛盾，在货币中找到自己的客观表现。(2) 在商品生产条件下，劳动的社会形式在私人劳动产品和货币的可交换的基础上得以实现。只有通过产品的社会交换过程，商品才实现了一种社会形式的存在。

马克思在《政治经济学批判》第一分册中对第二点做了明确的说明："商品直接是彼此孤立的、互不依赖的私人劳动的产品，这种私人劳动必须在私人交换过程中通过转移来证明是一般社会劳动；或者说，在商品生产基础上的劳动只有通过个人劳动的全面转移才成为社会劳动。"①

沙姆萨瓦里认为，商品和货币的绝对可交换性，用货币形式表达包含在商品中的个体劳动的必然性，是马克思商品生产条件下社会劳动概念的本质部分。马克思在《政治经济学批判》第一分册中对劳动货币的批判和对李嘉图货币理论的批判是并行在一起的。沙姆萨瓦里认为，李嘉图和整个古典学派和谐相处，认为货币只是一种发明物，一种便利的工具，如果没有这种工具商品交换过程将会变得非常费力、冗长和麻烦。"马克思价值理论的一个最重要的原创性贡献在于他否定了这种观点"②。因为在马克思看来，货币作为价值尺度和交换手段的必然性源自内在于商品交换中的矛盾。

马克思认为，李嘉图"不懂货币"的原因在于："一切商品都可以还原为劳动即它们的统一体。李嘉图没有研究的，是作为商品的统一体的劳动赖以表现的特殊形式。因此他不懂得货币。因此，在他那里，商品转化为货币，纯粹是形式的、没有深入到资本主义生产内部实质的东西。"③ 李嘉图把商品生产者的具体劳动当成价值的源泉。用货币形式表示的这种劳动，只是形式上的，也就是说，在这种表示中和在商品转化为货币的实际过程中对商品中所包含的劳动的质和量的决定没有什么影响。在李嘉图和格雷看来，价值和劳动花费是一致的，从而用货币代表它是形式上的和不必要的。

马克思把李嘉图缺乏对货币的理解，归因于李嘉图对劳动作为价值共同本质的特定形式分析的缺乏。马克思指出："商品表现为货币，不仅包含这样的意思，即商品的不同价值量，是通过它们的价值在一种特殊商品的使用价值上的表现来衡量，同时也包含下面的意思：所有商品都表现为一种形

---

① 《马克思恩格斯全集》第13卷，人民出版社1962年版，第75页。

② A. Shamsavari, On the Foundations of Marx's Theory of Money, *British Review of Economic Issues*, Vol. 8, No. 18, spring 1986, pp. 75–98. In *Karl Marx's Economics: Critical Assessments*, Edited by Cunningham Wood, Volume Ⅵ, P. 331.

③ 《马克思恩格斯全集》第26卷第Ⅲ册，人民出版社1974年版，第149页。

式，在这种形式中，它们作为社会劳动的化身而存在，因而可以同其他任何商品交换，可以随意转化为任何使用价值。所以，它们表现为货币——价格——最初只是观念的，只有通过实际的出卖才能实现。

李嘉图的错误在于，他只考察了价值量，因而只注意不同商品所代表的、它们作为价值所包含的物体化的相对劳动量。但是不同商品所包含的劳动，必须表现为社会的劳动，表现为异化的个人劳动。在价格上，这种表现是观念的。只有通过出卖才能实现。商品中包含的单个人的劳动转化为同一的社会劳动，从而转化为可以表现在所有使用价值上，可以同所有使用价值相交换的劳动——这种转化，交换价值的货币表现中包含的这个问题的质的方面，李嘉图没有加以阐述。商品中包含的劳动必须表现为同一的社会劳动即货币，这种情况被李嘉图忽视了。”①

在以上引文中，马克思首先在价值的数量和质量方面做出了重要的区分。数量方面和商品交换到其他商品的相对比例紧密相关。李嘉图有关货币的错误观点，最终有关价值关系的错误观点可以追溯到他对价值数量方面的过分关注。价值作为数量，或从数量的视角看价值，可以被任何商品，被货币度量，或者直接用劳动时间自身度量，从而用货币代表商品价值只是纯粹偶然的和形式上的。在这种代表中不存在什么必然的和本质的东西。另一方面，质的方面包含用货币代表包含在商品中的劳动的必然性和它们在交换过程中转化为货币的必要性。马克思在《政治经济学批判大纲》、《剩余价值理论》中一再提到这一点。

沙姆萨瓦里认为，马克思对李嘉图货币和价值观点的批判，非常接近于他对劳动货币概念的批判。马克思批判这两种观点存在共同的问题，认为花费在商品生产上的劳动是不变的本质，这种本质不会受到任何形式的影响。形式从而表现为只是偶然和形式上的，只是外在于本质。马克思对这种观点的反对在于他认为，本质与形式之间不可能是一种无关紧要的关系，本质可以被形式否定，而且在某个时刻表现出形式和本质的高度统一。

马克思观点的本质在于，在商品生产体系中，商品生产中劳动花费，并不直接包含在交换过程中。交换过程不是活动的交换而是它们结果的交换，这种活动是一种短暂的存在。用货币表现商品的价值的必然性，完全源自商品不能用非商品来表达它的价值。举例来说，一般劳动时间并不作为商品存

① 《马克思恩格斯全集》第26卷第Ⅲ册，人民出版社1974年版，第140~141页。

在，劳动时间不能直接是货币。在产品进入交换过程后，花费在产品上的劳动量和商品能够支配的社会劳动量（也就是货币）之间存在差异，从而商品必须通过转化为货币才能证明它自己的社会可接受性。

沙姆萨瓦里对马克思的论点摘要如下：

第一，马克思的讨论明显地表现出对古典货币观点的批判。

马克思批判的基础在于实物经济和货币经济之间质的区别，可以用三点概括这种区别：（a）在货币经济中商品不直接和其他商品相交换；（b）在货币经济中，货币拥有“绝对的可交换性”；（c）商品和货币的可交换性首先只存在于观念上的价格中。这种观念上的代表只有通过真实的买卖才能实现，商品必须在交换过程中证明它们是一般社会劳动。沙姆萨瓦里认为，马克思的方法的原创性在于他表明了货币的存在是如何必然和商品生产和交换体系联系在一起的。从而对于经济体系而言，货币是内生的而不是外生的（一种只是便利交换过程的中介物）。

第二，马克思的货币观点明显地预见了货币理论现代发展的某些方面。

沙姆萨瓦里是通过把克洛尔（R. Clower）和马克思进行对比说明这一点的。克洛尔在1967年的《货币理论微观基础的再思考》一文中对试图在“瓦尔拉斯基础上建立货币和价格一般理论的现代尝试”进行了批评，他认为这种尝试“令人怀疑地回想起有关实物经济的古典理论”。克洛尔推理的主线包括对实物经济和货币经济进行的明显的区分，这种区分使他认为建立在实物经济基础之上的货币理论模型对于货币经济而言是不充分的。在克洛尔的分析中可以发现实物经济和货币经济之间的不同。克洛尔认为实物经济是一种“所有商品都是货币商品”的经济。另一方面，货币经济是一种“不是所有商品都是货币商品”的经济。克洛尔给出了货币经济的三个特征：（1）商品不直接和商品交换；（2）货币和商品是可交换的（货币买商品）；（3）商品和货币是可交换的（商品买货币）。沙姆萨瓦里认为，这三点和马克思的（a）（b）（c）三点分别相对应，除了克洛尔的观点（3）比马克思的观点（c）更加确定之外。也就是说，在马克思看来，不保证所有商品总是能够“买到货币”。沙姆萨瓦里特别指出这表明马克思“在《资本论》第一卷中明确地表明了危机的可能性”①。

---

① A. Shamsavari, On the Foundations of Marx's Theory of Money, *British Review of Economic Issues*, Vol. 8, No. 18, spring 1986, pp. 75 – 98. In *Karl Marx's Economics*: *Critical Assessments*, Edited by Cunningham Wood, Volume Ⅵ, P. 335.

第三，马克思的论证明显地预见了伊藤诚和克劳斯的批评。

伊藤诚和克劳斯的批评建立在独立于交换过程的抽象劳动的定义和抽象劳动的决定建立在价值形式分析的基础之上之间存在的根本矛盾。下面的话可以清楚地表明马克思在早于《资本论》第一卷的分析中避免了“根本矛盾”。

“商品中包含的劳动必须表现为同一的社会劳动即货币，这种情况被李嘉图忽视了。”[①] 沙姆萨瓦里认为，在这里，马克思实际上把货币等同于同一的社会劳动。后者是马克思随后的抽象劳动概念的先驱。从而，从货币关系中引出抽象劳动是马克思明确地指出了的。马克思的观点非常清晰，在商品生产体系中，是商品而不是活动（劳动）被交换，社会抽象劳动不能被直接表达。这种表达必须在商品形式即货币中实现。

17.3 对货币本质与职能的辩证思考

沙姆萨瓦里认为，上述分析并没有完全消除有关“根本矛盾”的困惑。随后，沙姆萨瓦里对这个问题提出了他自己的看法。他认为，马克思在《资本论》第一卷第一章第一节中应用的分析程序在于：首先试图提出价值的本质，即价值实体，也就是抽象劳动；然后，马克思提出了价值尺度，即价值的量的尺度，也就是劳动时间。

沙姆萨瓦里认为，马克思所使用的术语是黑格尔《逻辑学》中的范畴。马克思讨论的顺序不完全和黑格尔《逻辑学》中的顺序一致。后者被细分为三个部分：存在论（有论[②]）、本质论和概念论。“尺度”（measure）是“存在论”中的范畴，“实体”（substance）是“本质论”中的范畴。“形式”（form）既是本质论中的范畴，也是概念论中的范畴。沙姆萨瓦里认为，如果忽略掉这些概念之间的细微差别，我们可能会认为马克思大体上追随了黑格尔《逻辑学》的范畴顺序。

沙姆萨瓦里认为，与黑格尔《逻辑学》中的分析程序进行对比，可以发现马克思《资本论》第一卷中的分析程序存在的不足。在黑格尔的《逻辑学》中存在从一种水平向另一种水平的“辩证”发展：存在在本质中得到否定，本质在概念中得到否定。换句话说，在某个时刻，“本质”吸收了

① 《马克思恩格斯全集》第26卷第Ⅲ册，人民出版社1974年版，第141页。
② 黑格尔著，杨一之译：《逻辑学》上册，商务印书馆1982年版，第49页。

(absorbs)“存在”，而“概念”在某个时刻吸收了“本质”。为了弄清楚黑格尔的这种分析程序，沙姆萨瓦里对这些概念和它们之间的关系进行了简单的讨论。在“存在”的层面概念只是“是”(are)，它们相互之间不具有任何内在关系。“存在”的范畴，例如，“纯粹存在”(pure being)决定存在、量、质和尺度，它们彼此共存且相互抵消。这些范畴在彼此之间保持了一种外在的存在。这种外在性在“本质”的层面上被克服了，但并不是完全的克服。在这个层面，概念互相联系，比如形式和实体、原因和结果等。然而，这些关系仍然保留着某种程度的外在性。比如原因和结果在一种不对称的关系中保持了一定程度的差别，而且它们之间不对称的关系再制了这种差别（如原因在时间上先于结果）。以一种类似的方式，形式外在于实体或内容以及它的“功效”，因为后者被概念化为“限度”(limitation)或“界限”(delimitation)也就是说，形式可能或者限制了实体的发展或者移除了对它的发展存在的限制。但是不存在形式变成“实体性的”或实体变成“形式的”。但是，就像在文学作品中，在这种情况下，人们能够区分内容（如小说的叙事）和表现形式（如媒介、书、磁带等)，在两者不能彼此分离的程度上，文学形式和实体之间有一种内在的关系。只有在“概念”的层面，“本质”范畴的外在性才能够被完全克服。比如，原因和结果成为更高一级的概念的“环节”(moments)，结果它们限制性的和外在的（固定的）关系转变为一种动态的和内在的关系。

沙姆萨瓦里认为，在古典劳动价值理论中，价值和劳动之间明显的是结果和原因的关系，也就是说劳动是价值的原因，或价值的本质。这种分析停留在“本质”的层面，因为劳动和价值之间是外在的关系。“马克思的价值形式分析明确地试图克服这种外在性，并提出价值关系或价值形式决定价值决定原因的本质”①。沙姆萨瓦里认为，这是唯一的马克思的抽象劳动概念可以被认为是正当的理由。这个概念表达了一个事实，劳动作为价值决定的实体，只能被视为是价值形式或交换过程的某个“环节”。如果马克思在《资本论》第一卷中遵循了黑格尔的分析程序，价值的本质即抽象劳动（不同于古典经济学把劳动作为价值的原因的劳动概念）将是资本主义生产方式交换过程的一个结果，一个环节，从而在马克思那里并不存在根本矛盾。

① A. Shamsavari, On the Foundations of Marx's Theory of Money, *British Review of Economic Issues*, Vol. 8, No. 18, spring 1986, pp. 75 –98. In *Karl Marx's Economics*: *Critical Assessments*, Edited by Cunningham Wood, Volume Ⅵ, pp. 324 –339.

沙姆萨瓦里认为，尽管马克思在他年轻的时候批判了黑格尔哲学的某些方面，但是黑格尔的《逻辑学》在马克思反对古典学派、表述他自己的经济学理论方面发挥了重要的辅助作用。在他1858年1月给恩格斯的信中写到："不过我取得了很好的进展。例如，我已经推翻了迄今存在的全部利润学说。完全由于偶然的机会……我又把黑格尔的《逻辑学》浏览了一遍，这在材料加工的方法上帮了我很大的忙。"① 一个月后，马克思给拉萨尔的信中对自己的经济学做了如下说明："应当首先出版的著作是对经济学范畴的批判，或者，也可以说是对资产阶级经济学体系的批判。这同时是对上述体系的叙述和在叙述过程中对它进行的批判。"②

沙姆萨瓦里认为，马克思在这里清楚地表明他的目标是批判古典政治经济学，同时是对政治经济学的批判性叙述。"批判"和"批判性叙述"可以追溯到从康德到黑格尔的德国古典哲学中的"批判"概念。沙姆萨瓦里认为，显然，在1857～1859年马克思形成自己的经济理论时，受到了黑格尔的影响，这种影响一直持续到1867年《资本论》第一卷出版及其随后一段时期。

沙姆萨瓦里指出，有关《资本论》第一卷中"根本矛盾"的解释，可能在马克思对他自己的方法和黑格尔方法之间的不同所作的辩护中找到。马克思非常强调下面这个问题："我的辩证方法，从根本上来说，不仅和黑格尔的辩证方法不同，而且和它截然相反。"③ 沙姆萨瓦里的困惑在于，为什么马克思会做出这种辩护？沙姆萨瓦里认为，对马克思对黑格尔的这种态度的唯一解释，在于19世纪后半叶的知识环境。在这一时期，英国获得了世界工业的霸权，与这种工业霸权相伴的是在所有方面有关霸权的幻想，包括智力成就方面。由于古典经济学的故乡变成了欧洲工业的领导国，诸如斯密和李嘉图等的古典经济学家的观念在欧洲的某些知识分子中被认为是最后的科学成就。对于这些知识分子而言，产生于19世纪早期德国落后条件基础上的黑格尔主义显得相对落后了。从而在这些知识分子中产生了对英国政治经济学的兴趣和对德国哲学的厌恶。沙姆萨瓦里认为，马克思是"时代之子"④，他必然会调和他和黑格尔的紧密联系，而走向古典经济学的"科学

---

① 《马克思恩格斯全集》第29卷，人民出版社1973年版，第250页。

② 《马克思恩格斯全集》第29卷，人民出版社1973年版，第531页。

③ 《马克思恩格斯文集》第5卷，人民出版社2009年版，第22页。

④ A. Shamsavari, On the Foundations of Marx's Theory of Money, *British Review of Economic Issues*, Vol. 8, No. 18, spring 1986, pp. 75－98. In *Karl Marx's Economics: Critical Assessments*, Edited by Cunningham Wood, Volume Ⅵ, P. 338.

性”。沙姆萨瓦里指出，在马克思的早期经济学著作中（如《政治经济学批判大纲》中）在存在明确的黑格尔《逻辑学》影响的情况下，不存在有关“根本矛盾”的证据，在马克思试图把他自己的方法和黑格尔的方法相区别时，在《资本论》第一卷中出现了“根本矛盾”。这种对待黑格尔的矛盾的态度被沙姆萨瓦里称为“马克思的害羞的黑格尔主义”①。沙姆萨瓦里认为，这在《资本论》第一卷德文第二版的“跋”中表现得最为明显：“将近30年以前，当黑格尔辩证法还很流行的时候，我就批判过黑格尔辩证法的神秘方面。但是，正当我写《资本论》第一卷时，今天在德国知识界发号施令的、愤懑的、自负的、平庸的模仿者们，却已高兴地像莱辛时代大胆的莫泽斯·门德尔松对待斯宾诺莎那样对待黑格尔，即把他当做一条‘死狗’了。因此，我公开承认我是这位大思想家的学生，并且在关于价值理论的一章中，有些地方我甚至卖弄起黑格尔特有的表达方式。”②

沙姆萨瓦里最后推论道：“‘死狗’黑格尔的幽灵，仍然萦绕在每一种对马克思价值理论进行的严肃的解释中。”③

① A. Shamsavari, On the Foundations of Marx's Theory of Money, *British Review of Economic Issues*, Vol. 8, No. 18, spring 1986, pp. 75 – 98. In *Karl Marx's Economics: Critical Assessments*, Edited by Cunningham Wood, Volume Ⅵ, P. 338.

② 《马克思恩格斯文集》第5卷，人民出版社2009年版，第22页。

③ A. Shamsavari, On the Foundations of Marx's Theory of Money, *British Review of Economic Issues*, Vol. 8, No. 18, spring 1986, pp. 75 – 98. In *Karl Marx's Economics: Critical Assessments*, Edited by Cunningham Wood, Volume Ⅵ, P. 339.

第 18 章 莫里斯论马克思的货币理论

J. 莫里斯（J. Morris）1967 年在《科学和社会》杂志发表了《作为货币理论家的马克思》一文,[①] 对马克思的货币理论作了周详的分析。莫里斯以对熊彼特关于马克思货币理论的评价为起点，对马克思货币理论中劳动价值论的基础、价值形式的发展和货币的行程及其本质、货币与生产价格转形的关系、马克思货币理论和信用关系的理解等问题作了探讨。莫里斯认为，马克思货币理论依然有其当代发展的空间和价值。但他也认为，在对马克思信用关系理论的发展上，“不幸的是，虽然马克思主义者继承了对资本主义生产运动规律中信用功能进行深入分析的概念性工具，但他们从来没有考虑到做这个工作。”莫里斯指出：“当然，存在希法亭和列宁对资本的积聚和集中以及垄断形成中银行的角色和资本市场信用（金融资本）的重要研究，但除了这些，对当今的马克思主义者而言，意义深远的信用动力学（比如，对信用在周期性运动的形成和利润率的长期趋势中发挥的作用的研究）很大程度上仍是一本尚未打开的书”[②]。

18.1 熊彼特对马克思货币理论的评价

莫里斯在对马克思的货币理论分析之前，首先对熊彼特把马克思视为一位金块主义者的观点提出异议。莫里斯认为，熊彼特对作为货币理论家的马克思的成就评价偏低。熊彼特把马克思视为金块主义者之一[③]，表明熊彼特

---

① J. Morris, Marx as a Monetary Theorist, *Science and Society*, Vol. 31 (4), 1967, pp. 404 – 427. In *Karl Marx's Economics*: *Critical Assessments*, Edited by Cunningham Wood, Volume Ⅳ, 1988, pp. 81 – 100.

② J. Morris, Marx as a Monetary Theorist, *Science and Society*, Vol. 31 (4), 1967, pp. 404 – 427. In *Karl Marx's Economics*: *Critical Assessments*, Edited by Cunningham Wood, Volume Ⅳ, 1988, P. 91.

③ 参见 Joseph A. Schumpeter, *History of Economic Analysis*, New York, 1954, pp. 289 – 290. 熊彼特著，朱泱等译：《经济分析史》第一卷，商务印书馆 1991 年版，第 433、435 页。在中文版《经济分析史》第一卷中，Metallism 译为“金属论”，Cartalism 译为“名目论”，metallist 译为“金属论者”。

在货币问题上是相当“过时和狭隘的”[①]。尽管熊彼特对金块学派的大多数政策措施表示同情，但认为金块学派理论从总体上看是站不住脚的。

莫里斯认为，为了更好地理解金块主义，需要阅读法国经济学家瑞斯特（C. Rist）的著作，他是金块学派的著名领导者。根据瑞斯特的观点，货币首先必须是一种稳定的价值储藏，由于各种各样的原因，黄金能够最好地发挥这种功能。瑞斯特在货币和信用之间做出了严格的区分，只有金币或金块能够被称为货币。银行票据、纸币、可以通过支票转换的银行存款只是信用的形式，一种对真实货币的要求权而不是真实货币本身。对瑞斯特而言，货币和信用之间的混淆是一个重大的错误。瑞斯特认为，只有把法定的、不能兑换的纸币视为货币，因为税收和债务都是由法定货币来支付的。只有在世界经济的层面，真理才能显现出来——黄金是基本货币，是现金的最终形式，是国家纸币的价值的度量。

在金块学派看来，信用只是加速真实货币流通的一种设计。熊彼特认为可以把这种银行或信用货币概念称为“信用的货币理论”（money theory of credit），这意味着信用只是货币流通速度的一种表现形式。[②]

与金块学派相对的是名目论学派（cartalist school），货币管理理论家属于这个学派。这一学派把注意力放在作为一种国家的创造物的货币上。名目论者认为，由银行创造的借贷给商人购买商品或服务的支票货币，同由政府创造的可以购买商品和服务的官方通货之间，很少有理论上的差异。他们认为，所有形式的货币必须被国家控制或管理用以维持货币和商品之间的适当的平衡。在这种观点中，货币是一种对商品的要求权，它自身不需要有内在价值。由于这一学派在同等程度上对待货币和银行信用，可以称之为“货币的信用理论”（credit theory of money），以与金块学派的“信用的货币理论”相对照。

熊彼特的目标是调和相互竞争的货币和信用理论，虽然在他出版的著作中未做到这一点，但为了达到这一点，熊彼特要求明白“任何令人满意的货币理论都应暗含有关于整个经济过程的理论”[③]。莫里斯认为，奇怪的是，熊彼特没有认识到，在这一方面马克思是一个先驱者，马克思认为货币理论

---

① J. Morris, Marx as a Monetary Theorist, *Science and Society*, Vol. 31 (4), 1967, pp. 404 –427. In *Karl Marx's Economics*: *Critical Assessments*, Edited by Cunningham Wood, Volume Ⅳ, 1988, P. 81.

② J. Morris, Marx as a Monetary Theorist, *Science and Society*, Vol. 31 (4), 1967, pp. 404 –427. In*Karl Marx's Economics*: *Critical Assessments*, Edited by Cunningham Wood, Volume Ⅳ, 1988, P. 82.

③ Joseph A. Schumpeter, *History of Economic Analysis*, New York, 1954, P. 292.

是资本主义生产过程整体理论的有机组成部分。“正是马克思，指出资本积累是资本主义生产的核心和灵魂，用货币形式 G－W－G’定义了资本关系”①。莫里斯认为，在《资本论》中，马克思从两个范畴——商品和劳动——开始对资本主义进行考察，在对商品作为劳动产物的分析中，阐述了价值和货币范畴。“这为定义资本关系和开始资本积累分析提供了所有的逻辑元素，很难发现有比马克思的资本积累理论更好地把货币融入经济中的理论了”②。另一个奇怪之处在于，熊彼特没有认识到，在本质上马克思对关于金本位这个基本问题给出了和他自己一样的回答。熊彼特问道，为什么“‘自动的’金本位制在一些地方几乎都是奋斗和祈求的理想”？熊彼特自己的答案是“自动的黄金通货（automatic gold currency）是一种自由放任和自由贸易的经济的重要组成部分”③。莫里斯认为，如果这种答案可以确定一个人是一个金块主义者，那么马克思的确是金块主义者，但熊彼特自己也是。

莫里斯认为，马克思货币理论的独特价值在于为商品和货币的两分作了深刻的阐释，对这种两分在商品生产中的功能，把货币管理计划应用于不受管制的商品生产体系时存在的矛盾，以及作为一般性的商品拜物教的构成部分的货币拜物教等问题作了深刻的分析。应该说，莫里斯对马克思货币理论的评价基本上是正确的，马克思的确受到金块主义一定程度的影响，但是马克思更关注货币的发展带给自由放任的市场经济的影响，以及在资本主义发展过程中，货币成为生产活动的目的而产生的不良后果。

18.2 马克思商品和货币极化理论探讨

马克思批评古典学派持有肤浅的货币观点。古典学派认为，货币只是用来克服直接实物交易中不便的一种聪明的设计。古典学派一些著述者认为，货币问题可以从政治经济学中排除出去。根据熊彼特的看法，古典学派做出了一个有害的区分，即所谓的真实过程和货币面纱之间的区分，后者被认为模糊了经济学家对真实过程的理解。莫里斯认为，马克思在这点上也许会同

①② J. Morris, Marx as a Monetary Theorist, *Science and Society*, Vol. 31 (4), 1967, pp. 404－427. In *Karl Marx's Economics: Critical Assessments*, Edited by Cunningham Wood, Volume Ⅳ, 1988, P. 82.

③ Joseph A Schumpeter, *History of Economic Analysis*, New York, 1954, pp. 405－406. 中文版参见熊彼特著，杨敬年译：《经济分析史》第二卷，商务印书馆1992年版，第43页。

意熊彼特的看法。在马克思看来，大规模的直接实物交易不仅是不方便的，而且明显是不可能的，因为缺乏一系列把私人生产协调进社会生产体系中去的力量。

从历史唯物主义视角来看，每一种独特的社会生产体系都有它自己特殊的方法来协调和指导私人劳动，从而在社会可接受劳动与社会需求相对应的意义上，使私人劳动成为社会劳动。商品生产体系通过市场施加的惩罚或奖励来进行上述协调，当私人生产和拥有的产品进入市场成为商品时，体现在商品中的私人劳动在商品能够被售出并得到货币的意义上成为社会劳动。莫里斯认为："最能辨别马克思货币理论的特征在于，马克思对货币和商品极化与对立的强调。"① 马克思运用黑格尔的论证方式，阐述了这种观点，但由于这种方式不被现代思维方式所熟悉和接受，使得它难以把握。用黑格尔的形式表述的这种观点的实质在于：商品有一种内在的矛盾，它既是使用价值也是交换价值，或者更准确地说，既是使用价值也是价值。商品既是私人、个体、具体劳动的产品，也是社会、一般、抽象劳动的产品。商品的内在矛盾通过社会行为把内在矛盾转化为外在矛盾而得以解决。"在新矛盾的一极是除一种商品外的所有商品，在另一极是被排除出去的商品——货币商品"②。

莫里斯举例对货币和商品之间的极化和对立作了详细的说明。假设一个有26个个体生产单位的不协调的生产体系，每个生产者（用A到Z标示它们）完全使用自己的劳动或利用自己生产单位的员工的劳动生产单一产品，产品也用A到Z标示，从而A生产A，B生产B，依次类推。考虑生产者A，物化在100单位由A生产的A中的特定形式的具体劳动数量为100A。A希望用这100A的产品（或劳动）去交换3单位的B，15单位的C……4单位的Z，6单位的A留作自用，从而可以用下面的等式表示A的需要、期望或希望：

$$100A = 6A + 3B + 15C + \cdots + 4Z$$

即100单位产品的A，有交换价值或能力得到一定数量的复合或平均社会产品，这也表明A希望他的100A劳动单位价值，值一定数量的花费在生产体系中的各种劳动的特定的复合或平均劳动。同样的方式，B的愿望可能

①② J. Morris, Marx as a Monetary Theorist, *Science and Society*, Vol. 31 (4), 1967, pp. 404-427. In *Karl Marx's Economics: Critical Assessments*, Edited by Cunningham Wood, Volume Ⅳ, 1988, P. 83.

表示如下：

$$50B=5A+1B+9C+\cdots 10Z$$

按照上述逻辑，可以确定26个等式，每一个等式分别代表生产体系中的一个生产者。

莫里斯指出，“除了在极不可能发生的偶然事件的情况下，这26个等式必然是不协调的”①。它们代表26个独立个体的不协调的主观愿望，甚至不存在社会力量使得单一产品的供给和需求相等，更别说26种了。现在假定，在26种产品中，有一种产品G具有下述特征，它是耐用的、同质的、每单位物质实体有相对较高的劳动内容。任何数量的G，能够在物质上被分成任意的比例，任何两个数量的G能够被统一到一起，这些行为不会损害G的单一原子的使用价值。从而G是一种物理特征不会因时间和易手而受到损害的，并且能够很容易和安全地被储藏任意长时间的产品。假定26个生产者建立了一个管理团体，这个管理团体执行合同、保护产权、确立所有产品的度量标准，它给给定数量的G一定的惯例标示。如1盎司G的1/20被标示为“1美元”，1盎司被标示为“20美元”等。可以设想26个生产者中的每个生产者有一个G美元的供给。现在假定26个生产者达成共识，每个生产者可以自由地生产和交换他希望并能生产的任何产品，不存在来自管理团体的指导和干预。在这种情况下，任何一个生产者都可以用他的产品交换到G美元或者用G美元交换到其他产品。

有关商品G美元价格的知识，可以使得生产者使用G美元作为价值单位去计算它的生产成本。从而商品可以带着用G美元标示的价格标签进入市场，同一商品标示的价格标签在市场上可能一致也可能不一致，但是它们对生产者做出调整价格和生产计划的理性决策是必不可少的。“当调整在理性思考的基础上做出来后，这就赋予了整个生产和交换过程一种稳定的特征”②。

货币和商品的极化与对立，不仅仅克服了直接实物交易的不便，极化首先是社会协调和规训过程的核心。极化使得货币商品的生产和货币商品本身产生了新的社会属性。除了货币商品的生产者之外，所有商品生产者卖出他

① J. Morris, Marx as a Monetary Theorist, *Science and Society*, Vol. 31 (4), 1967, pp. 404 – 427. In *Karl Marx's Economics*: *Critical Assessments*, Edited by Cunningham Wood, Volume Ⅳ, 1988, P. 84.

② J. Morris, Marx as a Monetary Theorist, *Science and Society*, Vol. 31 (4), 1967, pp. 404 – 427. In *Karl Marx's Economics*: *Critical Assessments*, Edited by Cunningham Wood, Volume Ⅳ, 1988, P. 85.

们的产品以获得货币，随着出售的展开，价格和有效需求得以调节以使得产出和有效需求相等。货币生产者不必售卖，他一直是一个购买者，因为他的商品是直接的购买力。货币是唯一的不存在过度生产的商品。莫里斯认为，那些把货币视作一种克服直接实物交易不便的方式的人，倾向于把货币的这种独特性归结为贵金属的物理属性。“然而，货币独特的力量在于它对商品生产过程的社会协调和规训，贵金属只是这种过程可以利用的最有效的工具”①。马克思认为，不能看到隐藏在货币的社会属性背后的社会过程，是商品生产拜物教一个最明显的例子。莫里斯指出，虽然可以认识到拜物教的存在，但在处理商品生产问题时不可避免地会使用拜物教式的语言，当我们说商品、货币、资本的力量而不是人类的力量时，我们就是在使用拜物教的方式谈论问题。“没有人比马克思更理解商品生产的拜物教了，然而《资本论》的大部分内容中不可避免地使用了拜物教式的语言”②。莫里斯认为，可以从上面的分析中推论出，贵金属货币是由不受政府管制和干预的自我管制的独立生产单位构成的商品生产体系的一个重要的标志。

商品和货币的极化与对立可以应用于对许多问题的研究。可以提出一个问题来理解这一点，这个问题就是是否能够对经济的其他方面不加不管理经济的其他方面而只对货币进行管理呢？只对货币进行管理的一个极端例子就是蒲鲁东和格雷的货币幻象（monetary crank）。蒲鲁东和格雷被马克思称为小资产阶级社会主义者，因为他们想建立作为资本主义生产体系一部分的社会主义货币体系。蒲鲁东和格雷希望商品的价值直接由政府的机构确认，这个机构使用劳动券，购买所有提供给它的商品，每种商品的劳动券价格由这个政府机构确定，它将以固定的价格买卖每一种商品。从而所有商品实质上拥有直接的购买力，事实上所有商品都成为货币因为它们向货币的转化可以被保证。这种安排取消了货币和商品的分化，但是保留了商品生产者生产商品的种类和数量的独立性。马克思说这就像试图保留没有教皇的教会。在这种安排中缺乏的是规训生产者和协调生产的力量。那些认为固定价格有利可图的生产者将会用商品淹没政府机构，那些发现固定价格无利可图的生产者将会停止生产，或发展黑市。莫里斯认为，格雷意识到了上述问题的存在，不断地修改上面提到的安排，以至于最后使得政府机构调节所有商品的生

①② J. Morris, Marx as a Monetary Theorist, *Science and Society*, Vol. 31 (4), 1967, pp. 404 - 427. In *Karl Marx's Economics: Critical Assessments*, Edited by Cunningham Wood, Volume Ⅳ, 1988, P. 86.

产，从而不知不觉地表明，在理论上纯粹的社会主义生产体系中所有商品生产是按照中央计划调节的，不存在商品和货币的极化。在这种情况下，货币其实什么都不是，只成为一种方便商品分配的凭证。马克思认为，这种货币不是货币，而更像是进入剧院的入场券。

18.3 马克思的金块主义

瑞斯特和蒲鲁东与格雷的前辈劳（J. Law）得出了和马克思相似的结论，货币幻象（和货币管理者）的标志在于只把货币作为流通中介的概念，在于认为货币只是转移和分配商品的凭证。瑞斯特把对肤浅的货币理论的批判，建立在货币的价值储藏功能上。如果商人能够把货币作为资本使用，他们必须能够自由地变换他们投资的场所、时机等，这种变换要求未来作为资本使用的货币必须储藏起来，从而货币必须作为购买力的价值储藏起来。它必须是有真实生产成本和真正的使用价值的某种东西。莫里斯认为，瑞斯特的金块主义和马克思的是一致的，但前者的金块主义缺乏对货币和商品的极化作为资本主义生产的社会协调和规训过程的关键的强调。

莫里斯对马克思的所谓的金块主义进行了评价，“马克思认为金属货币是商品生产体系自然发展的货币形式，并不使得马克思比得出同样结论的熊彼特更像一个金块主义者”①。莫里斯认为，像瑞斯特一样的真正的金块主义者有一种强烈的黄金拜物教。他指出，真正的金块主义者使用拜物教式的语言，像前面提到的这是不可避免的。他们也使用拜物教式的思维，“这种指责是不能指向商品拜物教理论的创始人马克思的”②。

莫里斯认为，在对黄金为什么成为一种独特的货币商品的正确回答中，总能发现一些零碎的、不适当的评论，如因为黄金是如此稀少、如此美好、如此强势，等等。这样做使得“货币的特征决定于黄金的品质，应该被解释的反而被假定掉了”③。莫里斯认为，马克思的解释摆脱了拜物主义。由于内在的必然性，不受管制的商品生产体系产生了物质的非人化的规训主体，这种主体的力量在于它是体系自身自发出来的，在很大程度上是无意识的自我约束过程的表现形式。既然表面的东西（直接的经验上的）主宰了

①②③ J. Morris, Marx as a Monetary Theorist, *Science and Society*, Vol. 31 (4), 1967, pp. 404 - 427. In *Karl Marx's Economics: Critical Assessments*, Edited by Cunningham Wood, Volume Ⅳ, 1988, P. 87.

人类的思维，人类拜物教式地赋予了物质主体以社会力量，而社会力量恰是主体本身。

规训主体是一种物质商品，由于它的物理特征，它最适合用来表现其他商品中包含的社会劳动。因为黄金和社会劳动一样是同质的，它能够作为观念上的价值表达和价值尺度。从物质上看，它能够在不改变自身使用价值的情况下很容易地被分解和融合，它能够作为一种物质化观念上的价值表达和价值尺度的手段。由于黄金和进行劳动的社会一样持久，它能够表现为价值的储藏。因为大量的社会劳动被浓缩进很小的物质空间，黄金相对较容易储藏、保存和隐藏。把所有这些特征结合在一起，黄金可以成为一种交换和流通的媒介。“简单说来，马克思主义者的概念认为货币的社会本质使得黄金由于它的物理特征，能够最好地满足社会要求。在马克思主义者的概念中不存在一丁点的拜金主义”①。

马克思主义者的分析会把大家引向名目学派或货币管理学派观点中的真理要素。如果政府能够使人民为它工作，政府在税收支付中接受的纸币代表了供政府自己使用的社会劳动的一部分，通过使用自己的财政权力和对银行信用的适当控制，至少在理论上，政府能够在货币即使是不可兑换的通货的情况下，保持货币和商品之间可行的分化。当然，如果使用不兑换通货的政府试图使通货单位代表的社会劳动维持在适当的水平，这是可行的分化和正常规训所要求的，那么看起来不兑换通货就没有什么意义了。因为在这种情况下，不兑换通货和国外可兑换通货之间的交换比率以及黄金市场的价格（由自由的黄金市场决定），将足以稳定地建立实际上的可兑换性，这使得正式的不可兑换性变得毫无意义。从实践的角度看，很少有不可兑换通货有效发挥作用的例子。历史表明资本主义政府通常并不拥有正直、知识、意愿和技术在不损害资本主义生产的规训过程的基础上操作不可兑换通货。他们关于规程过程的观念最多是模糊和令人困惑的。“他们关注的是找到弥补赤字的方法，简单的方法是印不兑现纸币和通过银行票据扩张制造不兑现纸币的等价物”②。

①② J. Morris, Marx as a Monetary Theorist, *Science and Society*, Vol. 31 (4), 1967, pp. 404 – 427. In *Karl Marx's Economics*: *Critical Assessments*, Edited by Cunningham Wood, Volume Ⅳ, 1988, P. 88.

18.4 价格与生产价格

莫里斯认为，马克思的价格水平决定理论，从而货币的购买力理论，包含在《资本论》第一卷论货币的章节中。莫里斯指出，价格水平决定问题的分析受三个假定的限制，马克思明确地说明了其中的两个，没有注意到第三个，并且只在《资本论》第三卷中对第三个假定进行了不完全的修正。

第一个假定是基本框架是简单商品生产体系。第二个假定是纯粹黄金通货——没有银行，没有银行信贷或银行票据等。或者说从理论上看，货币只是由现金构成。两个条件联系在一起，因为没有信用货币尤其是银行信用货币的资本主义生产是无法想象的。“因此，无论多么完整的马克思的价格水平理论，都无法在不进行修正的情况下应用于资本主义生产体系”①。第三个假定是生产价格和价值之间不存在区别。从逻辑上看，生产价格完全由正常的劳动生产成本决定的，也就是说生产价格严格地与物化在商品中的社会必要同质劳动时间成比例，与用劳动单位计算的生产成本成比例。莫里斯认为，马克思的生产价格和后来的经济学家称为“长期正常生产成本”或“均衡生产成本”有着同样的含义，其中包含把正常利润作为生产成本的一部分。②

在上述假定的基础上，价格水平将围绕由所有商品（包括黄金）的劳动生产成本决定的均衡点波动，假定用一组特定类型和数量的商品表示价格指数，均衡价格水平可以定义为特定商品束的劳动生产成本与特定数量黄金的劳动生产成本的比率。如果黄金的劳动生产成本下降50%，而上述特定商品束的劳动生产成本保持不变，那么，均衡价格水平将会加倍。在这种分析的基础上，马克思猛烈地抨击了休谟——李嘉图理论所认为的价格水平与流通中的货币严格成比例。莫里斯指出，在马克思看来，“影响个别商品价格和整体的价格水平趋向用劳动数量定义的均衡点的力量（概括为价值规律）也是影响货币的流通速度（无论给定的货币数量是多少）的力量，这种力量使得货币数量变化的效果被中和或抵消”③。莫里斯指出，无论其他人怎么评价马克思的价格理论，马克思是第一个在始终如一应用同一套经济

①②③ J. Morris, Marx as a Monetary Theorist, *Science and Society*, Vol. 31 (4), 1967, pp. 404－427. In *Karl Marx's Economics: Critical Assessments*, Edited by Cunningham Wood, Volume Ⅳ, 1988, P. 94.

力量的框架下把个别价格的形成和货币购买力（即价格水平）的形成系统地联系在一起的经济学家。直到19世纪末，瓦尔拉斯形成他的商品生产体系的静态均衡理论的时候，李嘉图的后继者们才设计出类似的连贯一致的方法。

18.4.1　生产价格

莫里斯指出，在马克思的某些著作中，他说自己的价值规律是在“土地为零”的假定下发展出来的。莫里斯认为，这是马克思经济范畴发展方法所必须的，地租作为剩余价值的一部分，从逻辑上看不能先于资本、工资和剩余价值的范畴被发展出来。莫里斯认为，取消“土地为零”的假定，将会使马克思的简单的价格水平理论变得非常复杂。但这并不意味着在《资本论》较早的章节中商品生产不需要土地作为生产要素。事实上，《资本论》第一卷中的价值规律是在资本为零和土地为零的基础上发展起来的，在马克思的分析方法中，从逻辑上说，资本范畴是在价值范畴的基础上发展出来的，从而不能在价值范畴发展中假定资本的存在。这也不意味着可以认为在《资本论》较早的章节中商品生产不需要工具和建筑物。这意味着“首先，维持和修理工具与建筑所需的劳动包含在劳动生产成本中；其次，在所有的生产领域替换全部工具和建筑物存货所需的劳动转移同样比例的劳动到劳动生产成本中”①。

在《资本论》第一卷第一篇之后，马克思阐述了资本、工资（或可变资本）、剩余价值、不变资本和资本有机构成等范畴。在这种情况下，可以放弃“资本为零”的条件了。但是在假定所有生产领域（包括黄金生产）的资本有机构成相等时，在所有生产领域生产价格仍然等于用黄金表示的价值。莫里斯认为，在《资本论》第三卷，马克思放弃了资本有机构成相等的假定，从而产生了著名的“转形问题”。马克思自己的转形问题的解决方法被认为证明了价值在不等于生产价格的情况下，向生产价格的转形或转变。莫里斯认为，马克思自己的解决方法“从逻辑上和数学上看都是不充分的，虽然大体上是正确的”②。莫里斯认为，塞顿提供了从数学上看是充分的解决方法，塞顿的解决方法确认了马克思有关生产价格在价值是独立变

①② J. Morris, Marx as a Monetary Theorist, *Science and Society*, Vol. 31 (4), 1967, pp. 404–427. In *Karl Marx's Economics: Critical Assessments*, Edited by Cunningham Wood, Volume Ⅳ, 1988, P. 96.

量的情况下是由价值的函数决定的。

马克思没有系统地思考当“土地为零”的假定被放弃时生产价格如何进行进一步的调整。为了和马克思的级差地租和绝对地租理论相一致，生产价格需要足以涵盖“最劣等的土地”上的生产成本加正常的资本家利润和绝对地租。但是又是由什么决定了那些土地是“最劣等的土地”？如果存在十个等级的土地，在一定的需求水平上，等级 1 ~ 8 的土地得以利用，那么第 8 等级的土地就是最劣等的，但是在更高水平的需求水平上，第 10 等级的土地可能是最劣等的。这看起来似乎表明，在（土地）需求水平（价格产生的需求水平）和为了满足这种需求水平而必须进入到生产中的最劣等的土地上的生产价格之间可能存在一致性。

在马克思阐述自己的价值规律时，作为对市场价格变化反应的需求的变化是促使商品的市场价格围绕均衡价格波动的力量之一。但是需求和市场价格之间的关系，从逻辑上看，不是决定均衡价格的要素之一，只有劳动成本是。“然而，一旦我们放弃‘土地为零’的假设，就有必要把需求和市场价格之间的关系作为均衡价格决定的一种逻辑因素”①。莫里斯认为，这促使人们把现代均衡经济学的需求函数作为均衡价格的一个决定因素。现代均衡经济学的生产函数已经存在于马克思《资本论》第三卷第六篇有关不同形式的级差地租的具体例子中了。莫里斯认为，“看起来无法逃避一个结论：马克思起源方法的逻辑连续性，把我们引向一种均衡价格理论，这种理论与现代新古典型的均衡价格理论并无本质的差异”②。

18.4.2 马克思价格水平理论再思考

莫里斯指出，如果把马克思均衡价格水平理论中“土地为零”的假定，应用于黄金生产，为了理论的目的，这意味着所有金矿的劳动生产率相同，即所有金矿的单位黄金产出所需的劳动投入相同。现在，如果实际价格水平高于劳动决定的均衡水平，理论要求人们去找到在所有金矿中黄金生产同等程度的下降和劳动从黄金生产转向其他商品生产的原因。这个过程要一直持续到黄金生产的下降和其他商品生产的上升足以使其他商品和黄金的交换比率下降并回到均衡点。从而，这个过程使得实际价格回到均衡价格水平。

①② J. Morris, Marx as a Monetary Theorist, *Science and Society*, Vol. 31 (4), 1967, pp. 404 - 427. In *Karl Marx's Economics: Critical Assessments*, Edited by Cunningham Wood, Volume Ⅳ, 1988, P. 97.

当放弃“土地为零”的假设时，需要用一系列不同的生产率去替代原来的相等的生产率。为了简化思考，假定有26个金矿A～Z，按生产率的降序排列。A的单位劳动产出十倍于Z的单位劳动产出。假定从价格水平低到足以使A～Z仍然有利可图的程度开始，如果金矿Z仅仅获得资本主义产业的正常利润，那么A～Y除了正常产业利润外，会为金矿的所有者带来级差地租。现在为黄金假定一个用法定通货度量的固定价格，由于某种原因价格水平上升了，用法定通货计算的黄金的生产成本上升到Z不得不被关闭的程度。这使得总的黄金生产减少了一个固定的数量，但不会产生“土地为零”假定下所有金矿黄金生产持续和无限的减少。如果价格水平持续上升，金矿Y将被关闭，等等。如果条件允许货币流通速度增加，价格水平继续上升而不会产生相反的过程是可能的。如果有力量使得货币流通速度有一个最大值，价格水平的上升将会在最大值被达到时停止。这将会决定金矿序列中哪个是边际金矿。与边际金矿的生产价格相一致的价格水平是这里所描述的情况下唯一的均衡价格水平。莫里斯用这个例子试图说明的观点其实很简单，即当“土地为零”的假设被放弃时，马克思的分析就指向了瓦尔拉斯类型和新古典类型的均衡价格水平决定。

莫里斯指出，仍然需要考虑的一个问题是，当分析从简单商品生产框架转向资本主义生产框架时会产生什么结果。为了简化分析，重新回到“土地为零”的假定和它的推论：均衡价格水平由劳动成本单独决定。假定把所有金币放在银行并给金币的拥有者同等数量的银行存款支票。银行可以折现并接受资本主义公司的商品票据，最多到支票货币十倍于银行黄金储备。在上述安排中存在围绕均衡价格水平波动的空间。下降的黄金生产和与它相联系的价格水平上升导致的对商品需求的下降压力在某个时点会被银行信贷、银行票据的扩张而抵消。基于上述判断，莫里斯指出：“银行信贷和银行票据只是商业周期产生的必要而不是充分条件，利用银行信用扩张作为工具之一的资本主义积累过程是商业周期的充分必要条件。”①

莫里斯指出，只要货币和信用体系与黄金之间存在联系，就存在价格水平无法超越的最大值，但这种最大值是如何决定的，商业周期的长度和振幅以及价格水平波动是如何决定的等问题的解决，需要对资本积累中相互作用

① J. Morris, Marx as a Monetary Theorist, *Science and Society*, Vol. 31 (4), 1967, pp. 404－427. In *Karl Marx's Economics: Critical Assessments*, Edited by Cunningham Wood, Volume Ⅳ, 1988, P. 98.

的力量体系和制度安排进行分析。货币和信用只是这个体系的一部分，但都是本质的、活跃的部分。莫里斯认为，马克思的立场和熊彼特的立场是一致的，即货币理论是作为整体的经济过程的货币方面的理论。

莫里斯在文章的最后对马克思对货币理论的贡献进行了总体的概述。他认为，马克思对货币理论的独特贡献由他对货币和商品的极化、这种极化在商品生产内部规训中发挥的作用、在不受管制的商品生产体系中应用管理货币的计划中存在的矛盾、作为一般商品拜物教的一个方面的货币拜物教的敏锐的洞察力构成。“所有这些贡献深深地扎根于马克思的历史唯物主义的基础之上”①。马克思不是唯一的从生产性劳动开始阐述他自己的理论的经济学家，这样一个出发点是自然的，因为在所有形式的社会，生产性劳动都是人类存在的必要条件。“马克思的独特性在于，他坚持作为劳动产品的商品代表了一个不断变化的社会生产关系特殊的、短暂的形式，生产关系是由历史地不断发展的生产性劳动过程决定的”②。

马克思分析了历史地存在的简单商品生产体系、资本主义生产体系和它们的货币形式。莫里斯认为，马克思没有也不可能分析在未来的历史中产生的社会主义商品生产体系。马克思对社会主义非商品生产进行了一定的推测，但是，这种推测只是一种帮助澄清一般商品生产和它的货币形式的本质的分析工具。无论如何，这与是否可以从非社会主义商品生产直接过渡到社会主义非商品生产，或者社会主义商品生产是不是一个必要的中间阶段没有任何的联系。马克思的货币理论发展，源自他对劳动产品的商品形式的深刻分析。他有关货币的观点与他对商品形式作为历史暂时形式的分析是不可分割的。“因为这种分析对资产阶级政治经济学来说是陌生的，即使是伟大人物熊彼特，也没有在马克思论述货币的著作中发现比金块学派狭隘的货币理论模糊地表达更多的内容”③。

18.5 马克思的信用观点

莫里斯认为，马克思有关信用和信用货币的观点分散在他大量的著作中，因此充分地理解马克思有关这些方面的理论是有困难的。要理解信用、

①②③ J. Morris, Marx as a Monetary Theorist, *Science and Society*, Vol. 31 (4), 1967, pp. 404 – 427. In *Karl Marx's Economics: Critical Assessments*, Edited by Cunningham Wood, Volume Ⅳ, 1988, P. 99.

信用和现金之间的极化是如何适合于商品和货币之间的基本极化的，必须考虑简单商品生产（C－M－C，卖是为了买）和资本主义商品生产（M－C－M'，买是为了卖，并获得利润）体系之间的差异。在C－M－C体系中，购买阶段M－C无论从时间还是逻辑的角度看都紧随售卖阶段C－M。然而，购买可能是由信用工具进行的，即承诺用未来售卖活动的预期现金收入来支付，而没有违反简单商品生产的逻辑。商品购买也可能和商品出售没有联系，如对个人消费品的购买。然而，这种暂时性的颠倒与资本主义生产体系的常规时间模式M－C、C－M相符合。莫里斯认为，这表明虽然信用工具是在简单商品生产的基础上历史地出现的，但资本主义生产才是它最适合的经济环境。

在理论上的纯粹简单商品生产体系中，只有最终商品进入市场，在市场上不存在任何类型的生产资料的预先购买。此外，所有这种生产体系的历史例子，至少在西方世界，表明存在大量不是商品生产的社会，这些社会的许多产出由生产者、他们的主人在产品不进入市场的情况下被消费了。从而市场的规模相对于总体生产是很小的，现金通常能够满足简单商品生产体系所需要的流通媒介。简单商品生产和资本主义商品生产之间的质的差异，导致市场销售规模相对总体生产发生巨大的量的方面的差异。在资本主义生产体系中，所有的生产资料、劳动力、原材料、工具、机器、建筑和土地，都在市场上买卖。事实上，所有非商品生产要素消失了。简单商品生产向资本主义生产的转化，有一个明显的先决条件——在售卖之前购买能力的根本性的增加。在马克思的资本主义历史发展理论中，这种先决条件很大程度上被认为是由资本的原始积累满足的。在熊彼特的理论中，这种先决条件是由信用工具的发展满足的。莫里斯自己认为，从纯粹逻辑的视角看，信用制度的充分发展为购买能力的迅速增加提供了条件。

资本主义生产过程M－C－M'要求M'大于M，当整个体系在经历扩大再生产时，支付的货币总量也必须扩张。如果现金是唯一的货币形式，体系扩张的潜力将会受到现金的数量和流通速度增加的可能性很小的限制。信用货币制度在很大程度上能有助于增加体系的扩张潜力。这就是为什么有人把信用看作是一种提升现金流通速度的方式或看作新的货币形式。

在简单商品生产体系中，商品和货币的极化包括商品形式的价值向现金形式的价值的转化和随后从现金向商品的转化。在资本主义生产体系中，这种极化包括信用工具向商品的转化和随后商品向信用工具的转化。在这种情况下，现金典型地扮演了最后的支付手段准备金的角色，在信用工具丧失更新能力的情况下，这种准备金被称为清算信用工具。现金准备金在物质的意义上是制度安排的结果，它的大小为建立在现金基础之上的信用上层建筑设定了基本界限。在资本积累的动态过程中，周期性地到达并超越这种界限，产生抑制和约束进一步积累的反应。资本积累的过程以一种周期性的上升和衰退的方式发展，这部分是信用体系的结果，商品和货币之间不稳定的关系，通过在周期的上升阶段信用追逐商品和周期的下降阶段商品追逐信用得以表现。

莫里斯认为，从马克思主义的这种视角看，“名目学派和金块学派的信用理论都是片面的。前者完全是从资本主义生产繁荣时期的现象得出来的，在这个时期，信用上层建筑与现金和法定货币基础相比扩张得很快，现金和法定货币几乎无法对信用施加什么约束性影响。信用看起来几乎是自动地源自生产的增长和商品的流通。商品和货币之间的极化、以及货币内部信用和现金的极化，表现为融为一体而不存在内在的对抗”①。另一方面，金块学派的观点，源自资本主义生产处于麻烦时期的表现，在这个时期，商品不是那么容易售出，银行贷款无法更新和扩张。信用上层建筑倾向于收缩，对现金的需要大范围地急剧上升。功能上相联系的商品和货币之间的极化，信用和现金的极化表现为对抗关系。这证实了金块学派的观点：信用货币和现金之间存在明显的对立。莫里斯认为，“现金与信用货币的共存和相互影响是商品和货币之间复杂的极化的一部分”②。名目学派和金块学派的信用理论，都只涉及这种极化不同表现形式的某个方面。

①② J. Morris, Marx as a Monetary Theorist, *Science and Society*, Vol. 31 (4), 1967, pp. 404 - 427. In *Karl Marx's Economics: Critical Assessments*, Edited by Cunningham Wood, Volume Ⅳ, 1988, P. 91.

第 19 章　希克森论马克思的货币政策理论

一般来说，货币政策研究至少涉及两个层面的问题：第一，使用私人货币制度还是采取国家货币制度，或者说在资本主义经济体系中，这两种货币制度到底产生什么样的不同后果；第二，在不同的货币制度中，各种各样的货币理论，是如何成为具体的货币政策建议的基础的。显然，货币理论研究是服务于对货币政策的探讨的。希克森（W. F. Hixson）沿着上述第一层面的思路对马克思的货币政策理论作了考察。

希克森 1986 年在《经济与社会》杂志上发表的《马克思主义和货币政策》一文①开头就指出："与古典资产阶级经济学家和大多数的马克思主义经济学家的信条相反，马克思认识到，只使用现实的术语而没有对货币制度的深入理解，对资本主义体制是无法作出令人满意的分析的。"② 希克森认为，马克思已经意识到资本主义体系的繁荣与严格的金本位制是无法相融的，它内在地要求产生纸币和信用。马克思更认识到，货币产生过程应当是政府的一项职能，而不应交给私人银行体系。最后，马克思认识到资本主义经济运行存在的许多荒谬之处的原因，在于政府把货币产生的特权授予私人银行，本来可以在无息的情况下产生货币，但却在支付利息的情况下从私人银行体系借款。希克森的观点非常明确，他认为对马克思的资本主义生产过程和货币的角色进行总体的回顾是非常必要的，因为无论是那些自称为马克思主义者的经济学家，还是那些虽然欣赏马克思的深刻的洞察力但不接受马克思做出的非常重要的推论的经济学家，以及那些无条件地反对一切马克思主义观点的经济学家，都需要关注这样的事实：货币在马克思的分析中扮

---

① W. F. Hixson, Marxism and 'Monetary Policy', *Economies et Societies*, Vol. 21, No. 9, September 1987, pp. 43 – 63. In *Karl Marx's Economics*: *Critical Assessments*, Edited by Cunningham Wood, Volume Ⅶ, pp. 311 – 329.

② W. F. Hixson, Marxism and 'Monetary Policy', *Economies et Societies*, Vol. 21, No. 9, September 1987, pp. 43 – 63. In *Karl Marx's Economics*: *Critical Assessments*, Edited by Cunningham Wood, Volume Ⅶ, P. 311.

着重要的角色。“马克思对货币论述的内容基本上都是正确的，应当引起普遍的赞同”①。

19.1 马克思货币政策理论的基本框架

希克森认为，人们都会赞成，长期经济增长过程的本质在于，有价值的商品量以日益增加的数量被生产出来。马克思认为，进入生产过程的价值是C+V，C代表不变资本价值，V代表可变资本价值。生产过程结束时，创造出来的产品的价值为C+V+S，S代表剩余价值或者说在生产过程中创造出来的新价值。在马克思看来，资本主义体制游戏的实质，就是这种在生产过程中创造的剩余价值的实现。剩余价值的实现发生在所有商品进入和离开生产过程时交换到货币，商品以等于它们价值的价格被交换。希克森强调，马克思假定这种情况发生在供给和需求处于平衡状态时。

希克森指出，马克思强烈地反对詹姆斯·穆勒、萨伊、李嘉图和其他人著作中有关商品交换商品的内容，商品交换商品实际上是均衡理论和新古典综合理论无根据的假定的基础。希克森认为，马克思坚持的观点截然相反。在马克思看来，本质上，资本主义体制中发生的所有的商品交易，首先进入生产然后进入流通，都不是易货交易，都是通过货币进行的买卖交易。“没有人买，也就没有人能卖。但谁也不会因为自己已经卖，就得马上买。流通所以能够打破产品交换的时间、空间和个人的限制，正是因为它把这里存在的换出自己的劳动产品和换进别人的劳动产品这二者之间的直接的同一性，分裂成卖和买这二者之间的对立。”② 马克思认为，易货交易用c∶c表示商品直接交易商品，但资本主义商品流通的特征在于它是c∶m∶m∶c，货币作为中介环节使得这一过程得以完成。另一方面，资本主义生产是m∶c∶c′∶m′，m是用货币表示的最初的资本，它转化为商品c构成生产过程中的要素（C+V）。生产过程最终产出商品c′，而且可以被售卖获得货币m′，m′要大于m，因为c′因生产过程中创造的剩余价值S的存在而有比c更大的价值。虽然剩余价值是在生产过程中创造的，但它必须通过c′∶m′的交易发生而得以实现或变现。希克森认为，“马克思所说的是给定的生产循环，给定的数量

① W. F. Hixson, Marxism and ‘Monetary Policy’, *Economies et Societies*, Vol. 21, No. 9, September 1987, pp. 43 –63. In *Karl Marx's Economics*: *Critical Assessments*, Edited by Cunningham Wood, Volume Ⅶ, P. 312.

② 《马克思恩格斯文集》第5卷，人民出版社2009年版，第135页。

的剩余价值S被创造出来，那么，剩余价值实现的必要条件，就是货币供给M等于剩余价值，即M=S"①。这就意味着，如果货币供给是由黄金硬币构成的，那么黄金供给必须像S一样增加。换句话说，马克思认为，只要资本主义仍然是继续发展的剩余价值创造体系，货币供给就必须持续增加，这种增加需要和剩余价值创造成比例或者至少应当和产出超过投入的价值增加的步调相一致。希克森认为，"马克思预见到了当前货币主义者本质上正确的一个论点"②。但是，马克思和货币主义者的区别在于，马克思认为货币供给增加的后果不是由于高的价格所导致的，而是在当前的价格下更大数量的商品流通所造成的。马克思绝不赞同如下的顽固成见：货币供给增加的唯一后果是更高的价格。

希克森认为，需要注意的是，根据马克思的观点，剩余价值在资本家之间进行了分配，利润p是产业资本家获得的剩余价值，利息i是货币借贷资本家获得的剩余价值，土地租金r是拥有土地的资本家获得的剩余价值，即S=p+i+r。此外，在一些场合，马克思谈到作为"产业总利润"（P）的S，在产业总利润中减去作为生产成本的i和r就是净利润p。从上面可以看出，M增加的数量必须等于S，那么，也可以说，M的增加必须等于P或等于p+i+r。"在所有这些情况下，马克思从根本上说是正确的，无论货币供给是由黄金构成还是其他什么东西构成"③。

19.2 货币本质与黄金供给、黄金价格

希克森认为，一个经济体中的货币供给量，必然随着产出或S或P的增加而成比例地增加，这一事实促使马克思的研究超越了他自己最初感兴趣的问题，即从"剩余价值从哪里来"的问题，转向另一个非常重要的"货币从哪里来"的问题：从而使剩余价值可以转变为货币，并使剩余价值的实现成为可能。为了得到问题的答案，马克思首先考察了斯密的答案，马克思像斯密一样，假定金币本位的简单的两部门经济，他用自己的语言重新作了如下叙述："因此，如果资本家阶级中的一部分人投入流通的商品价值，大

①② W. F. Hixson, Marxism and 'Monetary Policy', *Economies et Societies*, Vol. 21, No. 9, September 1987, pp. 43 – 63. In *Karl Marx's Economics: Critical Assessments*, Edited by Cunningham Wood, Volume Ⅶ, P. 313.

③ W. F. Hixson, Marxism and 'Monetary Policy', *Economies et Societies*, Vol. 21, No. 9, September 1987, pp. 43 – 63. In *Karl Marx's Economics: Critical Assessments*, Edited by Cunningham Wood, Volume Ⅶ, P. 314.

于他们预付的货币资本（多了剩余价值），那么，另外一部分资本家投入流通的货币价值，大于他们为生产金而不断从流通中取出的商品价值（也是多了剩余价值）。如果一部分资本家不断地从流通中抽出比他们预付的更多的货币，那么，那部分生产金的资本家，则不断地投入比他们以生产资料的形式从流通中取出的更多的货币”①。在马克思看来，“以商品形式生产出来的剩余价值之所以能在流通中找到自己货币化所需要的货币，是因为另一方面剩余价值每年以金的形式生产出来。”②

马克思还认为，“金银从产地分散到整个世界市场，……是以实现在商品上的本国劳动和实现在贵金属上的金银出产国的劳动之间的直接交换为中介的”③。因此，“把那种为制造奢侈品而生产的金银撇开不说，每年生产的金银的最低限量必须等于因每年货币流通而磨损的货币金属。其次，如果每年生产和流通的商品总量的价值额增大了，但流通商品的已经增大的价值总额及其流通（以及与此相适应的货币贮藏）所需的货币总量，并没有因货币流通速度的加快和货币支付手段职能的扩大（也就是更经常地不用实在货币，而由买卖双方实行抵账）而被抵销，那么，每年的金银生产也就必须增加”④。

希克森认为，忽略这些陈述的绝对本质，其中有一些在金币本位的假定下完全没有说服力，“照字面意思，把它们理解为马克思关于成熟体制是如何运行的最后的结论是一个错误”⑤。它们只是有关在金币本位下资本主义体制不得不采取的运作方式的推测。希克森认为，事实上，马克思不相信下述奇迹，即黄金总是能被生产出来，并在数量上刚好等于能完全出清精力旺盛的资本主义体制能够轻易生产出来的所有商品。或者说，能够在生产成本加平均利润率的商品价格上出清市场。换句话说，马克思不赞同一个荒谬的观点，即黄金供给的增加会刚好允许生产出来的任何剩余价值得以实现。

在对黄金供给的增长率和黄金价格关系问题上，希克森指出，如果地壳的构成使得世界货币黄金的供给总能以经济潜在真实增长率增长，而且在不明显增加黄金的生产成本的情况下保持这种增长率，那么，上述引用的斯密

① 《马克思恩格斯文集》第6卷，人民出版社2009年版，第372页。
② 《马克思恩格斯文集》第6卷，人民出版社2009年版，第373页。
③ 《马克思恩格斯文集》第5卷，人民出版社2009年版，第169页。
④ 《马克思恩格斯文集》第6卷，人民出版社2009年版，第360～361页。
⑤ W. F. Hixson, Marxism and ‘Monetary Policy’, *Economies et Societies*, Vol. 21, No. 9, September 1987, pp. 43－63. In *Karl Marx's Economics*: *Critical Assessments*, Edited by Cunningham Wood, Volume Ⅶ, P. 315.

和马克思的说法可能就是真实的，而且金币本位制可以令人相当满意地发挥其功能。或者说，如果黄金生产能够总是轻微地超过剩余价值的生产，那么黄金价格将会缓慢地下降，一个温和的商品价格的通货膨胀将会出现，从而一个金本位制将既能刺激生产，同时又能解决剩余价值的实现问题。假设相反的情况存在，黄金供给的增长率通常低于很容易达到的商品生产和剩余价值生产的增长率，正常的趋势是黄金的价格上升，商品的一般价格水平下降。价格水平的下降增加了债务负担，抑制了企业家的“动物精神”，抑制了投资和生产，使得生产出来的剩余价值的实现变得困难或变得不可能。

希克森认为，马克思最终相信的是，当 M 是由黄金构成时，M 的增长不可能和 S 一样快。也就是说，受到使用金币约束的交换手段的流通，增加的速度不可能比黄金供给的增加得快。就像上面所表明的那样，黄金的供给通常增加的比商品总量增加的慢或比剩余价值 S 的创造慢。例如，黄金增加以每年不到 1% 的比率增加，那么纯粹金本位制下的经济（剩余价值创造）不可能增长的比每年 1% 高，除非经济能在价格下降和债务负担增加的情况下增长，但这是不大可能发生的事情。如果经济受到只使用金币的限制，这将会产生像马克思所说的，给社会生产力带去无法忍受的限制。“所有经济体很久以来甚至放弃了国内货币供给的金本位制借口的事实，证明这些经济体受到贵金属生产有限规模的限制”①。

19.3　关于 POMPM 与 GOMPM 的探索

通常认为，马克思反对货币供给只有贵金属构成的观点。希克森认为，从他自己的分析来看，马克思的观点并非完全如此。他引用了马克思的一段论述作为证明。马克思在《资本论》第三卷中提到：“全部现代产业史都表明，如果国内的生产已经组织起来，事实上只有当国际贸易平衡暂时遭到破坏时，才要求用金属来结算国际贸易。国内现在已经不需要使用金属货币了，这已由所谓国家银行停止兑现的办法所证明”②。

随后，希克森从分析国内货币而非世界货币的角度，对这一问题作了探讨。他认为，银行券或信用货币成为货币，是“货币的生产资料私人所有

---

① W. F. Hixson, Marxism and ‘Monetary Policy’, *Economies et Societies*, Vol. 21, No. 9, September 1987, pp. 43 - 63. In *Karl Marx's Economics: Critical Assessments*, Edited by Cunningham Wood, Volume Ⅶ, P. 317.

② 《马克思恩格斯文集》第 7 卷，人民出版社 2009 年版，第 585 页。

制”（Private Ownership of The Means of Production of Money，POMPM）的结果，他把法定货币成为货币，看作是“货币的生产资料政府所有制”（Government Ownership of the Means of Production of Money，GOMPM）的结果。希克森认为，在成熟的资本主义经济中，95%的货币来自POMPM，5%的来自GOMPM。绝大多数的货币供给是由私人银行体系提供的，即他们在贷款给企业家或政府过程中创造了存款。希克森认为，马克思反对POMPM为企业家而创造货币，马克思甚至更加激烈地反对GOMPM为政府创造货币。无论借款者是政府还是企业家，隐含的观念都是银行家可以合法地创造货币，从而制造者可以不劳而获，马克思认为这是令人无法容忍的。希克森引用了马克思对英格兰银行的评价，对信用体系的一些负面评价，表明马克思既反对POMPM，也反对GOMPM。马克思指出：“英格兰银行不用它的地库内的金属贮藏作准备金而发行银行券时，它创造了一些价值符号，它们不仅是流通手段，而且对英格兰银行来说，它们还按没有准备金的银行券的票面总额，形成了追加的——虽然是虚拟的——资本。并且这一追加的资本，会为它提供追加的利润。”①

19.3.1 POMPM体系和企业家

希克森认为，在马克思看来，在POMPM体系中，不发挥特定职能作用的货币资本家，得到发挥职能作用的产业资本家（企业家）的部分剩余价值，更糟糕的结果是，职能资本家从属于货币资本家：“那种以所谓国家银行为中心，并且有大的货币贷放者和高利贷者围绕在国家银行周围的信用制度，就是一个巨大的集中，并且它给予这个寄生者阶级一种神话般的权力，使他们不仅能周期地消灭一部分产业资本家，而且能用一种非常危险的方法来干涉现实生产——而这伙匪帮既不懂生产，又同生产没有关系。”②

19.3.2 POMPM体系和政府

马克思确实反对银行资本家因为拥有创造货币的特权而能够逼压产业资本家，但他更加反对的是，如果允许银行资本家创造货币、贷款给政府，银行资本家就可能从政府那里榨取利润。马克思强调：“还有什么比1797年至1817年的英格兰银行的下述做法更荒谬的吗？它的银行券只是因为国家

① 《马克思恩格斯文集》第7卷，人民出版社2009年版，第614页。
② 《马克思恩格斯文集》第7卷，人民出版社2009年版，第618页。

的支持才具有信用；它能把这些银行券由纸变为货币，然后贷给国家，也是国家给予它的权力；但是它却要国家，也就是公众，以国债利息的形式对这种权力付给报酬。”①

希克森认为，在马克思看来，他所处的时代的经济和政治的所有方面几乎都存在疯狂的事情。他单独列出通过 POMPM 体系为政府创造货币是最疯狂的有重要的意义。希克森认为，马克思肯定会认为没有什么比第二次世界大战期间美国政府允许私人商业银行发行总数达 679 亿美元（等于 1943 年 GNP 的 35%）货币更疯狂的事情了，政府借款并支付利息，而且利息持续上升。在马克思看来，确信无疑的是，如果战争的成本需要通过创造货币来支付，那么政府应当为它自己创造所需要的货币。

19.3.3　POMPM 体系与危机或萧条

虽然 POMPM 从企业家的视角看是疯狂的，从政府的角度看是更为疯狂的，另一种反对这种体系的观点显得更有分量：POMPM 体系倾向于不可避免的自我毁灭或引起无法忍受的严重的金融危机或大萧条。希克森认为，“这把我们带到一个奇怪的、马克思的论述不那么令人满意的主题”②。危机理论是马克思主义的核心，但是马克思对危机理论的研究不怎么充分，希克森引用马克思主义经济学家的两个观点进行了说明。一个观点是认为：“贯穿于《资本论》三卷和《剩余价值理论》三册，危机问题一再出现。然而在马克思的著作中却找不到对这个问题完整的、系统的处理。”③ 另一个观点是认为：“考虑到经济危机在整个马克思主义结构中的中心性，非常不幸的是马克思从来没有完成对危机理论的系统阐述，更不用说论及资本主义崩溃了。后来的马克思主义者和其他经济学家也没有成功地把一直出现在马克思著作中的有关危机理论的不同线索整合在一起。”④

希克森认为，在马克思的著作中确实可以发现一些矛盾的地方，马克思有一系列强调 POMPM 体系在危机理论中扮演重要角色的论述，而另一些陈

---

① 《马克思恩格斯文集》第 7 卷，人民出版社 2009 年版，第 614 页。

② W. F. Hixson, Marxism and ‘Monetary Policy’, *Economies et Societies*, Vol. 21, No. 9, September 1987, pp. 43 – 63. In *Karl Marx's Economics*: *Critical Assessments*, Edited by Cunningham Wood, Volume Ⅶ, 1993, P. 320.

③ Sweezy P., 1942, *The Theory of Capitalist Development*, New York: Monthly Review Press, 1970, P. 133.

④ Alcaly, An Introduction to Marxian Crisis Theory, In *Capitalism in Crisis*, *U. S.* New York: URPE, 1978, P. 17.

述则贬低通过取消 POMPM 体系去防止危机的作用。同时，马克思在其他地方又说，在存在发达的信用体系时，危机会采取更加严重和猛烈的方式。

希克森认为，马克思从来没有从细节上讨论银行货币的创造和借贷是如何最终导致严重的萧条的。马克思没有强调先于萧条的危机的本质是产业资本家对银行资本家的过度负债造成的，或者表明 POMPM 体系是如何把一个 POMPM 体系转换为改变经济繁荣与萧条的交替循环的信用周期的。马克思也没有表明，POMPM 体系事实上是一个只有在债务逐渐扩散，银行创造的货币的利息负担比 GNP 增加得快，且最终占居 GNP 无法忍受的份额的情况下才能增长。从而，马克思没有说明 POMPM 体系在长期和在金本位制下一样不切实际。

希克森认为，马克思没有能全面地研究银行创造债务货币的体系的缺点不仅仅是他个人的错误，马克思的门徒们更应受到指责，因为自马克思的时代以后现实的发展使得银行货币或债务货币体系的缺陷更加明显，而且 20 世纪 30 年代巨大的债务流动性危机几乎没有能向他们传递任何适当的信息。希克森认为，根据马克思自己的观点为了减轻严重的危机，应当毫不含糊地号召改造或取消信用体系——POMPM 体系，但“马克思在这个问题上是含糊的”①。

19.3.4　马克思对货币改革重要性的忽视

希克森认为，马克思在很多场合表达了他对货币改革重要性的蔑视，马克思在评价蒲鲁东时指出：试图使得利息的取消（或信用体系的取消）成为社会转型的基础是彻底的庸俗的幻想。马克思还认为，资产阶级社会的邪恶不能通过改造银行或建立合理的货币体系而得以矫正。

希克森指出，自己所处的时代的马克思主义者持有同样的立场。值得争论的是，如果在 POMPM 体系下，不可避免要发生的过度负债的危机和债务流动性萧条可以被克服，那么马克思所说的产业危机将被证明不再那么重要。西蒙斯（H. C. Simons）就认为：“假定资本主义从荒谬的金融结构（POMPM 体系）中脱离出来，资本主义（POMPM 体系）说不定能够忍受它

---

① W. F. Hixson, Marxism and ‘Monetary Policy’, *Economies et Societies*, Vol. 21, No. 9, September 1987, pp. 43 – 63. In *Karl Marx's Economics*: *Critical Assessments*, Edited by Cunningham Wood, Volume Ⅶ, 1993, P. 322.

自己的其他痛苦。"[①] 希克森指出如果马克思写的是：资产阶级社会最大的邪恶无法通过银行转型或建立合理的货币体系得以矫正，那么所有的马克思主义者将可能赞同这种观点，认为当前资本主义最大的邪恶在于 POMPM 体系。许多非马克思主义者在这点上也可能赞同马克思。希克森认为通过用 GOMPM 体系替代 POMPM 体系事实上可以矫正资本主义的大多数邪恶。

希克森认为，马克思和恩格斯关注的是工人而不是产业资本家，恩格斯说的不完全正确，很难说 20 世纪 30 年代由于 POMPM 体系的存在而导致的工人经历 25% 的失业率是为了工人的利益。用马克思的话说，是公众支付了利息，工人是公众的一部分。希克森认为，用 GOMPM 体系替代 POMPM 体系并不意味着资本主义的终结，然而，如果 POMPM 体系试图能够避免债务流动性危机的恶化，并使资本主义（虽然不完善）成为一种人们能够容忍的体系，那么，用 GOMPM 体系替代 POMPM 体系是必要的。"马克思没有说明这一点，可能是因为他没有兴趣把力量指向如何使资本主义成为一个人们可以容忍的体系"[②]。希克森指出，无论在马克思所处的年代是否明显，当前明显的事实是没有任何一个发达资本主义国家会在尝试过所有可能的改革之前用 GOMPM 体系去替代 POMPM 体系，然而在所有改革中最重要的是用 GOMPM 体系替代 POMPM 体系。

19.3.5 对 GOMPM 体系的进一步评价

希克森认为，所有人都会接受一个观点，即马克思相信社会主义政府的第一个行动将是把货币创造体系收归国有。在所有事情中，这将意味着银行的转型和更合理的货币体系，也就是说社会主义政府将为它自己和它的企业创造无利息的货币。事实上，所有社会主义国家或共产主义国家确实是这样做的。希克森说，如果当政府花费新创造的货币成为必要和可能时，它花费的新创造的货币应当由自己创造，这应当被马克思主义者和非马克思主义者当成公理。

---

① Henry C. Simons, *Economic Policy for a Free Society*, Chicago: University of Chicago Press, 1948, P. 80.

② W. F. Hixson, Marxism and 'Monetary Policy', *Economies et Societies*, Vol. 21, No. 9, September 1987, pp. 43 – 63. In *Karl Marx's Economics: Critical Assessments*, Edited by Cunningham Wood, Volume Ⅶ, 1993, P. 324.

第 20 章　马克思的货币、信用和资本积累理论

马克思的资本积累和增长理论，通常被认为是一种熊彼特意义上的“真实的分析”。[①] 在这种“真实的分析”中，就业、分配和增长的均衡值的决定，可以在不考虑货币变量的影响下进行。在货币分析中，货币变量一开始就进入经济理论中，从而无法在不考虑货币或货币利率的情况下决定真实的均衡。因此，有关马克思的经济分析是真实的分析还是货币的分析，或者两种分析兼而有之就成了一个有争议的问题。海恩（E. Hein）指出[②]，在马克思主义的积累和危机理论中，集中关注“消费不足”、“利润挤压”或“利润率下降”的问题，货币或货币利率只在已经从真实的分析中得出一般趋势之后才进入研究之中。[③] 在这种情况下，在有关现代分配和增长的讨论中，马克思的理论与后凯恩斯主义货币分析相比，被认为更像古典的真实的分析就不奇怪了。

凯恩斯在 1936 年出版《就业利息和货币通论》后，有大量的文献试图分析马克思和凯恩斯对货币、有效需求和利率问题上分析的相似性。海恩引入熊彼特的“实际分析”和“货币分析”，阐述了马克思的经济理论的主要内容可以归入货币分析的阵营，并分析了马克思的货币分析对马克思资本积累理论的意义[④]。

海恩认为，首先，抽象劳动作为社会价值实体，离开社会价值标准将无

---

① Schumpeter, J. A., *History of Economic Analysis*. New York: Oxford University Press, 1954, pp. 277－278.

② Eckhard Hein, Money, Interest and Capital Accumulation in Karl Marx's Economics: a Monetary Interpretation and Some Similarities to Post-Keynesian Approaches, *European Journal of the History of Economic Thought*, 2006, Vol. 13, issue 1, P. 113.

③ Shaikh, A., *Political economy and capitalism: notes on Dobb's theory of crisis*, *Cambridge Journal of Economics*, 1978 (2): pp. 233－51.

④ Eckhard Hein, Money, Interest and Capital Accumulation in Karl Marx's Economics: a Monetary Interpretation and Some Similarities to Post-Keynesian Approaches, *European Journal of the History of Economic Thought*, 2006, Vol. 13, issue 1, pp. 113－140.

法衡量，所以马克思的劳动价值论必然是货币价值理论。马克思的微观理论开篇讨论的就是作为社会价值载体的货币。然而，马克思本人并未得出完整的结论推断，因为他认为货币系统是基于一个特定的货币商品——黄金。不过他并未严格遵循他自己的分析，马克思强调，货币的流通和支付职能是非生产性的，从而不是商品，由此来批判李嘉图对萨伊定律的解释。从马克思的再生产模型中，可以看出：资产阶级利润的实现总体上要求货币信贷，并且在一个增长的经济中通过信用的扩张满足必需的信贷扩张。实际储蓄量的增加并非经济增长的先决条件，而是资本家货币支出增加的结果；资本家的支出不依赖于储蓄，这要求存在一个信用体系支持资本家借贷。在马克思经济学中，信用的价格——利息——属于货币范畴，它由金融资本家与职能资本家的力量对比决定。而古典经济学和新古典经济学认为，利率是一个由生产率和节俭度决定的自然率。从长期来说，利率与利润率是不同的。因此，马克思的生产价格模型包含涉及分配的两个自由度：实际工资率和利润率之间、利息率和企业利润率之间的反向关系。

海恩讨论了马克思的货币经济学在马克思的分配和积累理论中的应用。资本积累需要货币信贷，对于投资和积累来说，信贷需求是内生变量，而利率是外生变量。收入分配由劳资双方的力量对比、商品在市场上的竞争力，以及资本积累率决定。在一定条件下，利率改变可以影响劳资间的分配。资本积累率由预期利润率和利率决定，积累路径主要受货币利率和有效需求的影响。因此，马克思的货币分析并不能解释任何“危机”和“停滞”这些真实量，如“利润率下降的危机理论”。在分配和增长方面，马克思的积累和危机理论的货币解释，同以罗宾逊、卡尔多、卡莱斯基为代表的后凯恩斯主义有很大的相似性。

20.1　海恩论马克思经济学的货币、利率和信用理论

海恩认为，马克思理论的价值范畴必然包含货币范畴，价值理论从而也必然包含货币理论。马克思的价值理论不能被看作是“物化劳动”价值理论，他的货币理论也不能看作是“商品货币论”；相反，他的价值理论必须被解释成“货币价值论”，他的货币理论应解释为“符号货币论”或“信用货币论”。

在《资本论》第一卷中，马克思在分析资本主义再生产的开篇就分析

了商品——资本主义社会最基本的财富形式。在资本主义市场经济中，通过劳动分工，私人劳动产品表现为商品，通过协调市场条件下的商品交换，社会分工得以协调。在社会市场中，私人劳动的消费必须是社会劳动消费的一部分，私人劳动必须是社会必要劳动。

在资本主义市场经济中，私人劳动的社会化需要一个一般等价物，它体现与私人劳动相联系的抽象劳动和社会价值，所有商品的价值量在交换的过程中决定，价格和作为价值实体的抽象劳动同时形成。在交换中，任何商品都与一般等价物发生联系。这个一般等价物是货币，货币就是抽象劳动的具体表现，并且，货币甚至是抽象劳动的唯一表达。虽然在这个问题上目前还存有争议，但海恩认为，从这种意义上看，马克思的价值理论同时包含着货币理论。

在《资本论》第一卷中，马克思阐述了货币形式的发展过程，从初级的偶然的价值形式到扩大的价值形式，最后到一般的价值形式，明确了一般等价物对资本主义再生产的必要性。货币是价值形式发展的结果，古典经济学中的经济属于物物交换经济，因此货币对商品交换没有促进作用，但对于资本主义商品生产和交换过程，货币是不可缺少的条件。价值形式的发展不是一个从总是以物物交换为基础的简单商品生产到资本主义再生产的历史过程。相反，价值形式的发展过程应该是一个逻辑过程，它是资本主义商品生产必然需要一般等价物的内在逻辑要求。

马克思进一步研究了价值形式，认为黄金作为一种商品，使自身的价值外在化，黄金可以充当货币，从而变成了一般等价物。但是，通过上述的货币价值理论框架很难证明一种货币商品的必然性，在最抽象的程度上，具体的劳动产品（黄金）这一个体的东西如何能代表抽象劳动这一社会的事物，这令人怀疑。因为一般等价物属于社会的上层建筑，它不一定是一种商品，一般等价物——货币——所必须的是得到社会的接受，这一点可以通过社会契约得以保证。黄金之所以能成为货币，并不是因为它是一种商品，而是因为它代表了或者说是符号化了价值，得到了社会的普遍接受。因而，黄金成为一种货币是历史的偶然，并非逻辑的必然。总之，海恩认为，马克思的货币理论中并不存在一个理论上的金属货币理论，就像下面将要表述的，一个可再生产的货币商品，可能与马克思经济学的一些主要假设相矛盾，会与马克思对萨伊定律的批判相矛盾。

海恩认为，货币是一种社会普遍接受的价值符号，这种理解和现代社会的信用货币体系完美兼容。信用货币体系是一种承诺支付系统，它彻底地增强了有效性和流动性。通过第三方的支付承诺，交易双方的支付以更高的有效性和流动性发生。在一个国家内，最终的支付承诺自然是来自国家机构——中央银行的货币；在国际环境下，主要国家中央银行发行的货币体现着最终的支付承诺。因此，马克思所认为的服务于国际交易的国际货币必须是一种商品是没有根据的。

20.2　海恩论马克思的货币供给内生论

海恩指出，对马克思价值理论的货币价值论的解释，是为了研究资本主义再生产过程中货币的职能和影响。货币的第一个职能是价值尺度或者说是价格标准。价格是由货币单位来度量的。根据马克思的商品货币论，价格水平用货币商品的单位来衡量，等于物化在商品中的平均劳动量和单位货币商品中的劳动量之比。然而，如果摒弃了货币商品存在的必要性，那么，价格水平必须用另外的方法确定。弗利提出：价格水平和货币价值可由企业定价给定，企业定价依赖于积累的趋势和资本与劳动间的分配斗争。① 因此，货币工资率在价格水平确定过程中发挥了重要作用。② 另外，在一个货币符号体系中，价格水平与货币供给无关，而是由非货币因素决定。

货币的第二个职能是流通手段。在资本主义经济中，商品（C）必须通过交易转化为货币（M）。货币因此可以打断这个循环（C－M－C）中连续的卖（C－M）和买（M－C）的过程。对货币的这种职能的分析，为马克思在《剩余价值理论》中反驳李嘉图版本的萨伊定律的观点奠定了基础。货币的流通手段职能构成了马克思的“危机可能性理论”的基础，因为它打破了C－M－C这一循环过程。货币有潜在的价值贮藏功能，它是货币的第三个职能“作为货币的货币”所包含的子职能。货币囤积将引起总需求不足，从而整体上可能引发全面危机。如果货币价值的贮藏导致无法形成产品的需求，则将发生全局性的生产过剩。如果货币是可再生产的商品，对其的需求增加可能由于需求的比例遭破坏而引发局部的危机，萨伊定律的支持者们也承认这一点，但是决不认为会导致总需求不足而引发全局危机；只有当生产这种货币产品的资源耗尽时才可能引发总需求不足。因此，货币必须

① Foley, D. K., On Marx's theory of money. *Social Concept*, 1983 (1), pp. 5－19.

② Matthews, P. H., The modern foundations of Marx's monetary economics. *The European Journal of the History of Economic Thought*, 1996 (3): pp. 61－83.

是非商品货币，才可以批判萨伊定律，才可以发生资本主义经济的有效需求不足问题。在《就业、利息和货币通论》出版前的草稿中，凯恩斯对此有过清晰的表述。他指出，也许与生产要素有关的任何东西都要求获得回报。从某种意义上，货币既不是生产的产品，也不能获得回报，它只能用于购买产品，如果确实如此而没有其他可能的话，货币的使用是有效需求波动的必要条件。

马克思反对萨伊定律的第二个论点，来源于对货币支付手段职能的分析。当商品的出售和它的价格的实现相分离时，货币就发挥了支付手段的职能。卖者和买者构成了一种信用关系；卖方是债权人，买方是债务人，货币是一种标准和信用合同的标的。因此，货币的支付功能导致了现代信用货币体系的出现。在这种体系中，一方面，商品的需求不再受限于收入，投资因而也不再受限于储蓄。在李嘉图、萨伊定律中的花费和收入之间，投资和储蓄之间的重要约束性联系不复存在。另一方面，货币的支付手段职能增加了该体系的脆弱性。资本家不必开始就找到其产品的需求，但是为了履行自己的支付义务，必须在某一时期内实现对其产品的需求。如果在原材料购买和最终产品出售期间，市场价格发生了意想不到的变化，资本家可能不能实现其支付合约，个体资本家的违约可能破坏信用链条而引发全面危机。在对货币流通职能的讨论中，马克思认为，流通所必须的货币数量 M_c 由交易商品量 Y^r，平均价格水平 p 和单位货币流通速度 q 决定：$M_c=\frac{pY^r}{q}$。因此，货币数量对价格水平没有直接影响。如前所述，价格水平由分配斗争和积累倾向决定。为了使资本主义再生产顺利进行下去，货币量必须被动地调整到满足流通需要的水平。由此可见，对于收入生产和增加的过程来说，货币必须是外生的。

海恩认为，在《资本论》第二卷讨论资本主义简单再生产和扩大再生产的章节中，马克思以资本主义经济的货币外生和有效需求理论批驳了萨伊定律。马克思采用两部类模型（不考虑国际贸易和政府参与经济）分析了资本主义再生产的条件。第Ⅰ部类生产生产资料，第Ⅱ部类生产消费品；假定价格稳定。每个部类的供给价格由不变资本 D、工资成本 W 和利润 $\prod$ 给定，第Ⅰ部类的产出等于两个部门的不变资本总投资 I^g；对第Ⅱ部类的产出的需求由利润（$C_{\prod}$）和工资（Cw）产生的消费需求构成。假定工人消费掉所有的工资收入，供求平衡时，我们将得到：

第Ⅰ部类：$D_1 + W_1 + \prod_1 = I_1^g + I_2^g$

第Ⅱ部类：$D_2 + W_2 + \prod_2 = Cw_1 + C\prod_1 + Cw_2 + C\prod_2$

在简单再生产条件下，比例协调的条件下，没有净投资发生，第Ⅰ部类对第Ⅱ部类的不变资本投资 I_2^g 必须等于第Ⅱ部类对第Ⅰ部类的消费供给 $Cw_1 + C\prod_1$，即：

$$I_2^g = Cw_1 + C\prod_1$$

马克思认为资本主义经济扩大再生产和此后的平衡增长一般条件下是可能的，并且他推导出了扩大再生产的均衡条件。

除了人们熟悉的比例协调的条件外，再生产模型也包含了对有效需求的分析。假定工人没有储蓄，总需求和总供给将满足：

$$\prod_1 + \prod_2 = I_1^n + I_2^n + C\prod_1 + C\prod_2$$

这里 $I_n = I_g - D$ 表示净投资。

由此可知，既然资本家不能决定他们的销售和利润，仅能决定他们净投资和消费支出，这种支出必须保证被生产出来的利润能够实现。这个观点，卡莱斯基在1968年解释马克思再生产模型时已经提出。在总体的意义上，资产阶级的支出决定了利润的实现。因此，马克思的再生产模型认为净投资决定储蓄。由于资本家的投资需求和消费需求不足，导致商品不能以预先确定的价格出售，则利润就不能实现。因此，应当对投资进行进一步的分析，因为它是有效需求构成的重要因素，然而马克思的再生产模型并没有投资需求理论，从而也就没有经济的增长率或产出水平的决定。① 但是海恩认为，马克思相当清楚有效需求问题，在《资本论》研究由于资本有机构成的提高引起利润率下降的影响时，马克思指出：“进行直接剥削的条件和实现这种剥削的条件，不是一回事。二者不仅在时间和空间上是分开的，而且在概念上也是分开的。前者只受社会生产力的限制，后者受不同生产部门的比例关系和社会消费力的限制。”②

资本家的支出作为其收入和利润的特殊原因，要求他们的支出独立于他们的当期收入。这必然要求他们的投资能获得不受储蓄制约的资金支持。资

① Kalecki, M., The Marxian equations of reproduction and modern economics, *Social Science Information*, 1968 (7): pp. 73 – 79; Sebastiani, M, Observations on Marx's and Kalecki's approaches to the theory of effective demand. In G. A. Caravale (ed.), *Marx and Modern Economic Analysis*, Vol. Ⅱ. Aldershot: Edward Elgar, 1991.

② 《马克思恩格斯文集》第7卷，人民出版社2009年版，第272页。

本家只有获得必要的货币才可使再生产过程得以继续。在再生产模型中，对相关的货币流有一个详细的分析。马克思认为：简单的再生产中，资本家也需要货币信贷。在给定生产周期结束后，当产品生产出来后，资本家带着生产出来的商品和流通所需的一定数量的货币进入流通环节，就整个资产阶级来说，为了实现剩余价值（当然也为了实现不变资本和可变资本的流通），必须有一定数量的货币直接投入到流通过程中。这不仅很正常，而且是整个机制的必要条件，因为模型中只有两个阶级：工人阶级仅有劳动力，资产阶级垄断着社会生产资料和货币。当然，如前所述，资本家需要的货币信贷量由商品产量、商品的平均价格及货币流量速度决定。经过一系列的商品流通后，货币又流回了资本家手中，然后准备进入下一个生产周期。

为了简化分析，假定商品价格不变，则经济增长必然要求信贷增加。马克思讨论了通过贮藏转移和流通速度的增加，可以提供更多的货币供给。但是，这种途径只能满足短时间的经济扩张。马克思认为，从长期来看，必须增加商品货币的产量才能满足经济扩张的需求。然而，马克思经济学中的货币商品并不是必须的，正如今天货币创造并不再依赖于黄金这一货币商品。在资本主义经济中，通过信用货币的创造和减少来调整货币供给量以适应经济的增长率。正如弗利描述的那样，经济的持续增长率依赖于借贷水平，借贷水平越高，再生产的经济扩张就越快。①

既然经济扩张的前提是信用扩张，那么信贷状况对资本积累和增长至关重要。信贷的难易和信贷价格将对有效需求产生重要的影响，尤其是对资本家的投资更是如此。海恩认为，这些已经隐含在马克思《资本论》第二卷讨论资本循环的章节中：资本家投入货币（M）是为了购买用于生产过程（P）的生产资料和劳动力（C），这些都进入了最终产品（C′）中，最终产品必须卖出以换取更多的货币（M′），即：

$$M - C \cdots P \cdots C' - M'$$

M′和 M 的差就是利润。在增长的经济中，资本家前期投入的货币至少部分通过信贷获得。只有预期利润大于信贷成本，资本家才会投资。前期货币投资对资产阶级的利润实现十分重要，利润取决于期望利润和信贷成本，或者说取决于期望利润率和利率之间的关系。因此，这种关系对于马克思的有效需求理论、增长和危机理论的形成十分重要。

① Foley, D. K. , Say's law in Marx and Keynes. *Cahiers d' Economie Politique*, 1986 (10 – 11), P. 89.

20.3 海恩论马克思关于信用和资本积累的理论

海恩指出，根据马克思的观点，信用源自货币作为支付手段的职能。信用关系形成于商品出售与价格支付期间。马克思把信用分为商业信用和银行信用。如果商业银行减少了商业信用或者是社会产生了更多的信用需求，则银行信用要增加；马克思认为商业银行的信用供给并不受限于私人储蓄，原则上，它可以无限制的创造信用，从而增加流通中的信用货币。银行可以提供各种形式的信用，如跨行承兑汇票、支票、信用财产、银行钞票（如果银行被授权发行）。银行券只是一个银行的自我承兑汇票，可以随时向持有者支付，银行券十分重要，尤其是非专业人士比较关注。因为，首先银行券打破了商业流通的限制，而进入了一般的流通，被当作了货币；此外，在许多国家，那些可以发行钞票的银行为国家和私人共有；实际上发钞银行得到了国家的信用支撑，而钞票不同程度有法定货币的意味。银行券本身是一个信用流通符号，但却是银行解决其信用问题的重要手段。因此，再生产过程中信用货币的数量是内生的，它由资本家的信用需求决定，正如上面分析的那样：流通中钞票的数量由生产量决定；过剩的部分会很快回到发行者手中。

这种合约和信用体系的发展，形成了生息资本的产生，生息资本的利息是由劳动创造的剩余价值的一部分。资本主义再生产过程要求货币投入，货币具有生息的功能。货币为了追求利息从而被“出卖”。再生产过程中的资本循环形成了：$M - M'$，它可以扩展为 $M - M - C \cdots P \cdots C' - M'' - M'$。

M''与 M 的差，即 $M'' - M' = \prod$ 就是利润，而 M'与 M 的差，即 $M' - M = Z$ 就是利息，总利润分成企业利润 $\prod^{h}$ 和利息 Z，即 $\prod = \prod^{h} + Z$。根据扩展循环中资本职能的不同，资产阶级可以划分成金融资本家和职能资本家，当然，这两种职能也可以集中于同一人或同一个企业。资本使得生产过程开始，通过与劳动结合，在生产过程形成了剩余价值，职能资本家愿意向金融资本家借贷并支付利息，利息是剩余价值的一部分，最终被金融资本家占有。即使职能资本家无需借贷，拥有货币资本，其生产仍然产生了附加利息。从而，总预付资本的利润率（r）总是企业利润率（r^{n}）与利率（i）加总，即 $r = r^{n} + i$。为了使职能资本家愿意为生产投入资本，总利润必须大于利率，以保证企业利润为正值。

海恩指出，按照马克思的分析，利息和企业利润呈反向关系。利率的变化并不影响商品的价值或价格，只是影响金融资本家与职能资本家间剩余价值或总利润的分配，也不影响总利润率，但却影响企业利润率。假定平均利润率不变，则企业利润率不是由工资决定，而是由利率决定，且与利率呈反向关系。由此，马克思认为，应从两个阶段决定收入的分配：第一阶段，马克思认为利润率由资本和劳动之间的斗争决定，在技术不变的条件下，实际工资率决定利润率；第二阶段，利率影响金融资本家和职能资本家之间的分配，从而决定企业利润率这一余下的可变量。由以上两个阶段，马克思生产价格模型中的两个自由度得以确定。

海恩认为，在马克思经济学中，虽然也认为企业利润率是对资本家投资的风险补偿，但是，必须把它和斯密、李嘉图的古典观点加以区别。古典主义认为利率和企业利润率彼此独立，互不影响，两者的加总即是利润率。在马克思的经济学中，不能用利率去决定利润率。

海恩指出，在马克思的收入分配两阶段决定中，假定利率对于生产和经济增长是一个外生变量。利率由货币市场决定，但并不存在作为实际利率波动中心的自然利率。实际上，利率由历史的、制度的和政治的具体因素决定，这些因素影响货币资本家和产业资本家的相对力量。然而从长远来看，利润率决定了利率的上限，但后者对前者并无影响。如果利率接近或超过利润率，将诱使产业资本家转向金融投资，从而增加货币供给，结果利率又降到了利润率以下的某个合理水平。在马克思的观点中，单从利润率为利率设定了长期的最高限度而言，可以说利润率决定了利率。

总之，在马克思的理论框架中，利率由货币资本家和产业资本家的相对力量决定，属于货币范畴，一旦给定两类资本家的相对力量，则利率对于收入分配的决定，对于资本积累和经济增长而言是一个外生变量。然而，如上所述，信用和货币量是内生的。这和当代的后凯恩斯广义的货币理论有许多相似的地方：利率作为一个决定分配的参数，不仅由货币持有者的流动性偏好和风险规避决定，而且也由中央银行的货币政策决定，而货币和信用的数量则部分的由信用需求决定。信用需求必须和中央银行的贴现率政策相一致；中央银行的基准利率和商业银行的流动性和风险贴水共同决定了利率水平，信用供给被动的调整，以和这个利率水平下的信用需求相适应。

海恩指出，在马克思的货币分析中，中央银行被看作是一种制度，是社会阶级分配斗争中的工具。正如中央银行的政治经济模型中所表述的那样：中央银行的政策受制于阶级联盟及它们的相对力量。根据这个模型，资本家和工人、金融资本家和产业资本家的斗争关系，央行与政治经济间的独立程度，以及本国货币在国际货币体系中的地位，共同决定了央行的政策。海恩指出，在上述所概括的马克思的货币分析中，尚未明确（在生产技术不变条件下）工人的收入份额或者说实际工资率是否独立于央行或货币财富所有者发起的利率变动。在货币经济中，在生产技术不变条件下，实际工资率和利润率可能不只受劳动力市场上资本和劳动的相对力量的影响，劳动力市场中，出卖劳动是为了获得货币，仅确定了名义工资率，实际工资率还受商品市场的物价影响，同时，还要考虑到利率对此产生的直接或间接影响。

因此，最终的模型应当包括马克思和新李嘉图主义的利率变化对分配的影响。提高利率可能影响劳动的收入，因此，对于产业资本家，当利率提高被认为是长期性的时候，他们便通过提高生产率以降低劳动成本，从而补偿利率成本的提高或者通过提高价格转移利率成本。资本家是否能够通过提高商品价格降低实际工资率，取决于商品市场的竞争程度和当物价或生产率提高后劳动力市场上工人要求增加名义工资的力量。临时性的利率提高并不能使资本家提高价格，因而对实际工资率没有影响。当利率长期提高时，如果商品市场的激烈竞争迫使资本家不能提高价格或者即使物价提高，但强大的工会迫使资本家提高名义工资，使得资本家无法把利率增加的成本转嫁到工人头上。这时，利率提高的结果就是通货膨胀率的提高。随后，海恩利用马克思的货币理论分析资本积累和危机，讨论利率变化对分配的影响。

马克思资本积累的传统分析是基于“真实的分析”的：它认为技术的进步和分配的发展决定了积累路径。实现问题可能会在短期发生，但是它对长期的经济增长没有影响。长期的积累率，即资本存量（K）的增长率：

$$g = \frac{\Delta K}{K}$$

由利润率 r，r 由年利润和资本存量的比率定义 $r = \frac{\prod}{K}$ 和资本家的积累倾向 α 决定，利润积累倾向 $\alpha = \frac{\Delta K}{\prod}$，从而可得积累模型：

$$g = \alpha r$$

如果资本积累是有限的，它受到资本家利润的限制，如果积累率由资本家的储蓄率决定，那么这个模型中的因果关系是从用真实量表示的分配的决定到资本积累的决定。而货币、信用和货币利率对于该模型无关紧要，经济危机是使利润率呈下降趋势的因素所引起的，利润率为：

$$r = \frac{\prod}{K} = \left(1 - \frac{W}{Y}\right)\frac{Y}{K} = \left(1 - \frac{W^r}{Y}\right)\frac{1}{v}$$

劳动收入份额（W/Y）的提高，即实际工资率 w^r 比劳动生产率 y 上升得更快，或者是由于利润资本化率（v）的提高，都可以使利润率下降。前者引起收益率下降，产生“利润挤压”的危机；后者是由于资本有机构成提高引起利润率下降产生危机。当然，马克思在其《资本论》第一卷，特别是第23章“资本主义积累的一般规律”中已建立了这样的模型，阐明了分配和资本积累的相互关系。在《资本论》第三卷第三篇“利润率趋向下降的规律”中，马克思分析了生产力的发展对利润率的影响。海恩认为，在所有这些章节中，马克思为了分析收入分配和技术变化对利润率和资本积累的纯粹影响，抽象掉了货币因素并且假定萨伊定律成立。正如索尔（B. Shoul）评价的那样，“马克思在这些章节中的内容不能被当作积累和危机的完备的理论，它只是关注了引起危机的特定因素”①。

海恩从熊彼特的“真实的分析”和“货币分析”的区分入手，指出马克思的经济理论为货币分析提供了一个统一分析框架。认为马克思的货币价值理论可以与后凯恩斯的货币经济学中的货币信用论完美地统一在一起。海恩认为，在马克思批判萨伊定律的过程中，提出了一个基本框架，无论简单再生产还是扩大再生产，资本家都必须提前获得货币以实现生产利润，因此，资本产生利润、投资决定储蓄，形成了马克思的资本积累和增长理论，这一理论也以有效需求理论为基础。马克思的讨论与罗宾逊夫人、卡尔多和卡莱斯基的后凯恩斯增长理论在一定程度上有相似性。在马克思经济学中，信用状况对于资本循环和增长至关重要。马克思认为，资本积累过程中的信用数量是内生的，由需求决定，然而利率是外生的，由历史的、制度的、政治的这些反映金融资本家和职能资本家相对力量的因素决定。如果我们可以认为央行的政策就是这种斗争的结果，那么马克思在这方面的观点和后凯恩斯理论就信用货币内生和利率外生方面有一致性，后凯恩斯理论认为利率和货币持有者的流动性偏好和风险厌恶程度及央行的政策有关。在马克思的货币理论框架中，并不能确定提高利率是否将降低真实工资率或工资分配份额，因为劳资冲突仅决定了劳动力市场上的名义工资率，实际工资率也与企业在商品市场上的定价有关，而市场定价受利率的影响。

① Shoul, B., Karl Marx and Say's law, *Quarterly Journal of Economics*, 1957 (71), pp. 611 – 629.

海恩认为，“马克思的积累和危机理论不仅与‘真实量’有关，而且还需考虑‘货币’量和‘真实’量的相互作用，应该对其进行一个具体的、历史的分析，用这种分析方法，不可能像传统的‘真实量’分析方法那样，得出一个与具体历史环境无关的积累的一般规律”①。

20.4　罗切论马克思关于货币与危机过程的探讨

在研究马克思的危机理论时，存在一种情况，即对马克思主义危机理论的讨论通常把货币过程从危机形成的过程中抽象掉，或者说，货币在马克思主义危机理论中的地位没有被很好地加以分析。造成这种情况的重要原因之一在于，“马克思把货币过程视为只是根本的生产过程的反映”②，这种认识货币的方式存在于许多对马克思的货币理论进行的解释中。比如，弗利在《资本论》第一卷第一篇分析的基础上指出，马克思的货币理论中的一个重要理论结论是，“货币领域能够反映生产领域的事情，但不能决定生产中的事情，尤其是就业和产出”③。弗利的这种观点显然和马克思自己的观点存在不一致之处，马克思认为，尽管货币的起源并不神秘，但是一旦货币成为一般等价物，它就获得一种“独立的存在”，从这种意义上说，那种坚持认为货币过程只是生产过程的外在表现的观点，是有问题的。尤其是，在《资本论》第一卷中，马克思在第三章的一个脚注中明确地讨论了货币危机的可能性。马克思指出：“本文所谈的货币危机是任何普遍的生产危机和商业危机的一个特殊阶段，应同那种也称为货币危机的特种危机区分开来。后一种货币危机可以单独产生，只是对工业和商业发生反作用。这种危机的运动中心是货币资本，因此它的直接范围是银行、交易所和金融。”④

1985年，罗切（J. Roche）在《激进政治经济学评论》上发表的《马克思的货币理论：一个再解释》一文⑤，批判了那种认为马克思只是把货币过程视为根本的生产过程的反映的观点。罗切论证了马克思的货币理论提供

---

① Eckhard Hein, Money, Interest and Capital Accumulation in Karl Marx's Economics: a Monetary Interpretation and Some Similarities to Post-Keynesian Approaches, *European Journal of the History of Economic Thought*, 2006, Vol. 13, issue 1, P. 132.

②⑤ J. Roche, Marx's Theory of Money: A Re-Interpretation, *Review of Radical Political Economy*, Vol. 17, No. 1/2, 1985, In *Karl Marx's Economics: Critical Assessments*, Edited by Cunningham Wood, Volume Ⅵ, 1993, P. 185.

③ Duncan Foley, *Towards a Marxist Theory of Money*, The Economic series, Technical Report No. 181. Stanford University: Institute for Mathematical Studies In the Social Science, P. 3.

④ 《马克思恩格斯文集》第5卷，人民出版社2009年版，第162页。

了货币过程是相对独立的这一思想的基础，指出正是由于货币过程的相对独立性，决定了在马克思主义危机理论研究中应该考察货币过程。

罗切考察了《资本论》第一卷第一篇阐述的商品—货币理论，认为这种货币理论和马克思的危机理论无法兼容。在此基础上，罗切认为，《资本论》第一卷第一篇中的货币理论应当被理解为一种初步的货币理论。这是一个重要的观点，因为一些马克思主义者，如弗利[①]，正是使用这种初步的货币理论说明货币过程本质上和对危机的解释是无关的，而如果马克思主义者坚持认为货币过程和危机理论是无关的，那么在解释金融化程度日渐提高的时代的危机时，马克思主义危机理论会表现出很大的局限性。既然认为《资本论》第一卷中的货币理论是一种初步的货币理论，那么对罗切来说，在马克思的著作中发现区别于这种初步理论的马克思的货币理论就成了一个具体的任务，罗切在这样做时，转向《资本论》第二卷中马克思对简单再生产中货币的功能的论述。罗切认为，在这里，马克思隐含地运用了一种货币理论，而这个理论与《资本论》第一卷第一篇中的初步的货币理论是不同的。简单地说，马克思的货币理论在《资本论》的完成过程中不断得到“改善”。这个改善了的货币理论能够说明，马克思的货币理论与那种认为在危机形成过程中货币过程只发挥一种纯粹被动作用的观点是不相符的。

在《资本论》第一卷第一篇中，马克思展示了货币贮藏的可能性。接着，他指出贮藏可能导致危机：“流通所以能够打破产品交换的时间、空间和个人的限制，正是因为它把这里存在的换出自己的劳动产品和换进别人的劳动产品这二者之间的直接的同一性，分裂成卖和买这二者之间的对立。说互相对立的独立过程形成内部的统一，那也就是说，它们的内部统一是运动于外部的对立中。当内部不独立（因为互相补充）的过程的外部独立化达到一定程度时，统一就要强制地通过危机显示出来。”[②] 马克思拒绝在简单流通的基础上阐述危机理论，也就是说，不打算在对资本主义生产关系进行详细说明前就提出危机理论，马克思指出：“因此，这些形式包含着危机的可能性，但仅仅是可能性。这种可能性要发展为现实，必须有整整一系列的关系，从简单商品流通的观点看，这些关系还根本不存在。”[③]

① Foley Duncan, *Toward a Marxist Theory of Money*, the Economic Series, Technical Report No. 181, Stanford University: Institude for Mathematical Studies in the Social Science, 1975.

② 《马克思恩格斯文集》第5卷，人民出版社2009年版，第135页。

③ 《马克思恩格斯文集》第5卷，人民出版社2009年版，第135～136页。

尽管马克思在《资本论》第一卷第一篇指出了危机的可能性，但他对危机的实际解释推迟到后来才进行。[1] 罗切的观点是，尽管马克思指出了危机的可能性，《资本论》的这一篇也阐述了货币理论，但这时的货币理论与马克思的危机理论是不相符的。

罗切认为，在思考马克思的初步的货币理论前，有必要解释一下有关术语。首先，马克思将总的货币数量分为两个部分。一部分在一段给定的时间内发挥流通中介物的职能，即在商品流通过程中不断流经交易人之手。总货币数量中余下的另一部分被贮藏起来不进入流通。基于流通的货币数量和贮藏的货币数量之间的区别，马克思提到了“货币流通的速度”[2]，罗切将之称为“流通中的货币速度”：即实际流通中的货币易手次数的平均数。贮藏的那部分货币没有速度，因此当理论上计算流通中的货币速度时，不考虑贮藏的货币。理解马克思的这些术语，对马克思的货币理论将会有一个更清楚的认识。

作为这一理论的一个切入点，马克思提出的问题就是：是什么决定了实际作用的发挥作为流通中介物的货币的数量？马克思对这一问题给出的基本答案是：流通中的货币数量由生产的需要决定。

考虑到货币的价值尺度的职能，每一件商品的价格可以被假定为等于它的价值和货币商品的价值之间的比率。用行向量 P 表示这些价格，假设给定每种商品的产出水平，这些产量用列向量 Q 来表示。那么 PQ 也就是马克思所说的“实现的价格总额”。在马克思关于流通中货币数量的决定因素的最初论断中，马克思隐含地假定流通中的货币速度等于 1。考虑到这一假设，马克思坚持流通中的货币数量将随着需要实现的价格总额的变化而调整。用 M_c 表示流通中的货币数量，那么这一论断可用等式表示出来：

$$M_c \equiv PQ$$

其中 PQ 是自变量，M_c 是因变量。

根据马克思的观点，贮藏的货币数量将会一直处于调整中，以确保流通中的货币数量与价格总额相等。例如，如果价格总额增加，那么，将会产生必需的贮藏的货币回到流通中，以确保流通中的货币数量能够随着价格总额调整。另一方面，如果价格总额减少，将会发生货币贮藏。这是很明显的，

---

① Kenway Peter, Marx, Keynes and the Possibility of Crisis, *Cambridge Journal of Economics*, 1980: 4 (1), pp. 23 - 26.

② 《马克思恩格斯文集》第 5 卷，人民出版社 2009 年版，第 142 页。

在这个过程中，贮藏与反贮藏发挥了一种纯粹被动的职能——确保流通中的货币量总能随着价格总额的变化而调整。

当马克思考虑流通中的货币速度时，他基本上没有改变他的论断。他继续坚持流通中的货币总量将随着价格总额和流动中的货币速度的比值的变化而调整。如果我们将流通中的货币速度用 c 表示，可用下列等式表示马克思的观点：

$$M_c \equiv \frac{PQ}{c}$$

同上面的分析一样，价格总额的变化将导致相应的流通中的货币数量的变化。另外，流通中货币速度的变化将导致流通中货币数量的相对变化。此外，贮藏货币的数量将被动地调整以确保流通中货币量总是等于价格总额除以流通中的货币速度。罗切的观点是，上述初步的货币理论事实上排除了危机的可能性。可以重新将上面的等式写为：

$$M_c c \equiv PQ$$

PQ 度量的是总供给，且 $M_c c$ 度量的是总需求。因此，可以认为，马克思对货币理论的最初表述意味着总供给决定总需求。如果总供给增加，流通中的货币数量将也会增加，以便使得总需求与总供给相等。正是在这种意义上，罗切认为，“马克思对货币理论的最初阐述，意味着总需求总是能够随着总供给的调整而调整，从而实现危机被排除掉了”①。

基于上述分析，罗切认为，《资本论》第一卷第一篇关于货币贮藏职能的观点明显存在一个矛盾。一方面，马克思把货币贮藏和危机联系起来。另一方面，在马克思对流通中的货币数量的决定因素的论述中，认为货币贮藏扮演了纯粹被动的职能，货币贮藏又具有了消除实现危机的可能性。

其他学者也指出了在马克思的初步的货币理论中存在的不一致之处，在《马克思论货币》的研究中，布朗霍夫清楚地认识到《资本论》第一卷第一篇存在的这个矛盾。然而，她强调马克思在《资本论》第一卷第一篇中阐述了一个“完整的货币理论”。用布朗霍夫的话说，在这里“商品的流通被货币储藏打断、保全和调节”②。如果打算解决这一矛盾，那么一个明显的方向是，有必要说明《资本论》第一卷第一篇的货币理论只是一个初步的

---

① J. Roche, Marx's Theory of Money: A Re-Interpretation, *Review of Radical Political Economy*, Vol. 17, No. 1/2, 1985, In *Karl Marx's Economics: Critical Assessments*, Edited by Cunningham Wood, Volume Ⅵ, 1993, P. 188.

② De Brunhoff, Suzanne, *Marx on Money*, New York: Urizen Books, 1976, P. 42.

货币理论，罗切正是这样做的，他转向马克思对简单再生产中危机可能性的论述，以说明马克思的货币理论在《资本论》形成的过程中是不断得到完善的。

根据马克思的术语，生产出来的商品的总价值可被表示为：

$$W = C + V + S$$

其中 C 表示不变资本，V 表示可变资本，S 表示剩余价值。或者表示为：$W = d + k + V + S$

d 表示固定资本的折旧，k 表示生产中不变的流通资本的价值。

如果假定商品的价格受到它们的价值和货币商品的价值之间的比率的调节，那么通过把每一项分别除以货币商品的价值（V_m），可以把这些价值量转化为货币量。从而得到：

$$\frac{W}{V_m} = \frac{C + V + S}{V_m}$$

以及

$$\frac{W}{V_m} = \frac{d + k + V + S}{V_m}$$

简化这些符号，但是要表明它们的大小现在是用货币度量的，可以写为：

$$\$W = \$C + \$V + \$S$$

以及

$$\$W = \$d + \$k + \$V + \$S$$

罗切认为，马克思是用这两个等式中的第一个（尽管马克思一般研究价值量）论述简单再生产的条件的。马克思将总生产分为两个部类：第Ⅰ部类生产资本品，第Ⅱ部类生产消费品。第Ⅰ部类和第Ⅱ部类生产的 \$值可分别用如下方式表示：

$$\$W_1 = \$C_1 + \$V_1 + \$S_1$$

$$\$W_2 = \$C_2 + \$V_2 + \$S_2$$

如果生产期间内不变资本的产量恰恰能够补偿生产期间内耗费的不变资本，那么，$\$W_1 = \$C_1 + \$C_2$ 必须成立。如果这个等式成立，那么，$W_2 = V_1 + V_2 + S_1 + S_2$ 也必须成立。罗切根据自己研究的重点，假设这一条件成立，从而把他自己分析的精力集中到简单再生产能够持续时所必需的需求条件。

对于第Ⅰ部类来说，对不变资本的需求（$\$D_1$）必须等于生产的不变资本（$\$W_1$）。简言之，下列等式必须为真：

$$\$D_1 = \$W_1 = \$C_1 + \$C_2$$

对于第Ⅱ部类来说，消费品的需求（$\$D_2$）必须等于生产的消费品（$\$W_2$）。简言之，下列等式必须为真：

$$\$D_2 = \$W_2 = \$V_1 + \$V_2 + \$S_1 + \$S_2$$

总的说来，简单再生产的需求条件是：$\$D_1 = \$W_1$，$\$D_2 = \$W_2$。然而，将这两个等式加起来表明 $\$D_1 + \$D_2 = \$W_1 + \$W_2$，或更为简单地，$\$D = \$W$。这说明如果简单再生产发生的话，总需求必须等于总产出。

如果设定一个固定的货币流通速度，如果总需求等于总产出，那么一个确定的货币数量必须在实际中用作流通媒介。总需求 $D 完全等于流通中的货币数量乘以货币流通速度 $M_c c$。假如总需求 $D 等于总产出 $W，那么，$M_c c$ 必须等于 $W，且流通中的货币量必须等于总产量除以货币流通速度 $\frac{\$W}{C}$。也就是说，为了使简单再生产能够发生，下列等式必须为真：

$$M_C = \frac{\$W}{c}$$

正如上面讨论的，马克思的初步的货币理论意味着以上条件总是成立。在这个条件中，$W 是价格总额 PQ 且 $D 等于流通中的货币量乘以货币流通速度 $M_c c$。很明显的，如果按照马克思在《资本论》第一卷第一篇所作的那样，流通中的货币量由价格总额除以流通中的货币速度来决定，且总是等于它，那么，$M_c c$ 将总是等于 PQ。这也就意味着 $D 将总是等于 $W。

因此，可以看出马克思的初步的货币理论没有考虑实现问题和实现危机的可能性。确实，只要假定生产条件成立，那么简单再生产中可能出现的唯一的问题是一个比例失调的问题。如果 $\$D_1$ 小于（或大于）$\$W_1$，且根据相同的$价值，$\$D = \$W$ 将暗示 $\$D_2$ 大于（小于）$\$W_2$。然而，困难在于这个比例失调的问题如何转变为一个比例失调的危机的，除非与简单再生产相伴的是总需求的下降。罗切认为，由上述分析可以推论出马克思对货币理论的最初阐述与他的危机理论是不相符的。这种不相符需要对《资本论》第一卷第一篇中论述的货币理论进行某种程度的改造。马克思的货币理论的转变在马克思对简单再生产中危机可能性的论述中表现得更为明显。

为了阐明这种分析，把社会生产划分为三个部类是有用的。第Ⅰ部类现在只表示固定资本的生产，第Ⅱ部类像前面一样生产消费品，使第Ⅲ部类表示不变的流通资本要素的生产。那么用等式来解释以上 $\$W = \$d + \$k + \$V + \$S$ 可写出：

第Ⅰ部类：$\$W_1 = \$d_1 + \$k_1 + \$V_1 + \$S_1$；

第Ⅱ部类：$\$W_2 = \$d_2 + \$k_2 + \$V_2 + \$S_2$；

第Ⅲ部类：$\$W_3 = \$d_3 + \$k_3 + \$V_3 + \$S_3$。

简单再生产的生产和需求条件在某种程度上变得更加复杂，但是本质上并没有发生变化。首先，生产的固定资本的$值，必须等于固定资本折旧的$值。$\$W_1 = \$d_1 + \$d_2 + \$d_3$，且必须等于对固定资本的需求 $\$D_1 = \$W_1 = \$d_1 + \$d_2 + \$d_3$。其次，生产的不变的流通资本的价值必须等于在生产期消耗掉的不变流通资本的$值 $\$W_3 = \$k_1 + \$k_2 + \$k_3$，且必须等于固定流通资产的需求 $\$D_3 = \$W_3 = \$k_1 + \$k_2 + \$k_3$。最后，生产的消费品的$值必须等于可变资本的$值加上剩余价值的$值 $\$W_2 = \$V_1 + \$V_2 + \$V_3 + \$S_1 + \$S_2 + \$S_3$。综上所述，为了实现简单再生产，总需求 $\$D_1 + \$D_2 + \$D_3$ 必须等于总产出 $\$W_1 + \$W_2 + \$W_3$。或者，更简单的：$\$D = \$W$。

以上显示的条件，需要一个确定的货币流通量（假定流通中的货币有一个固定的速度）和一个确定的货币贮藏量（假定一个固定的货币总量）。另外，它显示马克思对货币理论的最初设想意味着这些条件总是成立的，在简单再生产中产生的问题的唯一表现形式是一个比例失调问题。然而，正如将要展示的，在马克思对简单再生产中实现危机可能性的论述中，他表明在一定的情况下，上述条件将不能成立。因此，马克思对简单再生产中危机可能性的论述与他最初的货币理论设想相抵触。与此相联系，马克思通过建立货币储藏和危机之间清晰的联系，建立了一种不同的货币理论的基础。

在继续进行分析之前，必须考虑马克思对流通中的货币量与贮藏中的货币量之间进行的区分的有用性。一方面，“流通货币”使这些货币在一个特定的时期至少易手一次。另一方面，“贮藏货币”使那些货币在一定的时期完全不易手。这个方法，导致一个非常有局限性的对贮藏概念的定义。例如，想象特定数量的货币在一个时期内易手 10 次，假定这是平均货币流通速度。现在假定同样数量的货币在下个阶段的开始时易手 1 次，然后保留下来直到这个阶段结束。由于关于贮藏的严格的定义，将无法贮藏发生了或贮藏的货币量增加了。相反，假设其他条件保持不变，流通中货币的流通速度降低了。

罗切认为，上述的分析在技术上不存在任何问题。但是，只把在某段时期内完全不参与流通的货币而不包括 9/10 的时间不参与流通的货币定义为贮藏是有点武断的。尽管它看上去是明智的，在这一点上，需要抛弃马克思认为的流通中的货币量和贮藏的货币量之间的固有差别。基于此，从整个货币供给的角度定义货币流通速度，可能要更好一些。如果这样做，总需求将与（总）货币量乘以总货币供给的平均流通速度相等。反过来，贮藏的增加现在将在货币流通速度的降低中反映出来，在假定一个固定的货币供给时，将在总需求中的下降中反映出来。类似地，贮藏的减少将在总需求的增加中反映出来。现在可以重新再思考马克思的在简单再生产中对危机可能性的论述了。

马克思对简单再生产中危机可能性的论述，集中关注的是对固定资本商品需求的不稳定的本质上。明显地，如果在一定时期内固定资本的需求小于生产的（以及用完的）$值，那么，危机的潜在可能性是存在的。尤其是，如果这并没有因为对其他形式商品的更大的需求所弥补时。危机将首先在固定资本品部门明显表现出来，而且将或多或少迅速地扩展到经济的其他部门。然而，马克思分析中最有趣的地方在于他建立的贮藏和危机之间的因果联系。为了阐明这一关系，有必要首先从个体资本家的视角讨论贮藏和固定资本的替代之间的关系；然后再将资产阶级视为一个整体加以考察。

固定资本的明确的特性是它们在一系列阶段中被逐步地消耗掉。因此，在对相同的规模上持续生产而言固定资本变得无用之前，个别资本家要经历很多生产的阶段。不过，在这些阶段，资本家将从商品销售中积存基金，它们代表同样时期内固定资本折旧的$值。在马克思看来，单个资本家将贮藏这种货币直至固定资本不得不被替代，那时资本家为了替代固定资本将不会贮藏累积的资金。这个过程包括资本家以一种特定的方式进行贮藏、非贮藏，同时以一种特定的方式对固定资本或投资进行支出。

如果现在从作为一个整体资产阶级的视角来看问题，在任何给定的时期，资本家为将来替代固定资本进行的总贮藏将恰恰被一部分资本家为当前的固定资本的替代而进行的非贮藏相抵消，将变得很明显。如果真是这种情况，那么，从一个阶段到另一个阶段，总净贮藏将为0，而且固定资本的需求从一阶段到下一阶段将保持稳定。在这种情况下，简单再生产将能够顺利进行。

然而，正如马克思指出的，为了替代固定资本而进行贮藏和非贮藏的模式，以每个阶段中总净贮藏等于0这样一种方式进行，这将是不大可能的。或者，以不同的方式表述同样的观点，固定资本的需求从一个阶段到下一个阶段保持稳定将是不大可能的。由于这个原因，马克思表明，即使是简单再生产也受到危机的影响。

假定在一些时期对简单再生产而言，所有必要的条件都是成立的。根据上面的分析，这必然包含确定的货币流通速度（假定货币供给给定）。想象在下一时期中，为未来的固定资本的替代进行的总贮藏，比用于当前的固定资本替代的总非贮藏大。现在，如果从货币的视角来理解这种情况，货币流通速度将下降且总需求现在不能充分地实现价格总额。或者说固定资本的需求不能充分地用来购买生产出来的固定资本。在任何情况下，生产固定资本商品的资本家面对的实现问题，显然将扩展到经济的其他部门，因为销售的下降限制了购买的能力。因此，如果贮藏中最初的增加是巨大的，实现的危机就将发生。

罗切对马克思的货币理论的分析，现在变得很容易理解了。也就是说，马克思的货币理论是如何在《资本论》的逐渐形成和完善中不断发展的可以很好地加以理解了。在《资本论》第一卷第一篇中，贮藏扮演了一个纯粹被动的角色——它满足了调节流通中的货币量以适应生产过程的需要。另一方面，在《资本论》第二卷对简单再生产的论述中，这个观点被否定了。从简单再生产所需的条件都成立的情况开始，马克思说明了总净贮藏将导致实现的危机。用这种方法，贮藏摆脱了它纯粹被动角色，马克思说明了贮藏和危机之间的因果联系。更重要的是，马克思表明，假定货币供给给定，总净贮藏是简单再生产中危机的更直接的原因。在这种情况下，危机最根本的原因是固定资本周转的不同方式，而且严格地说来，这不是一种货币现象。虽然如此，很明显地，一旦认识到危机发展中总净贮藏的决定性意义，那么，总净贮藏在特定时期是货币不稳定的结果的可能性是无法被排除的。也可更进一步，清楚地看到，在马克思的分析框架内，货币供给的大量削减产生的影响，如果没有因货币流通速度的增加来抵消，也将导致危机。这并不是说危机时时处处都是货币问题的结果。换句话说，马克思主义者没有理由坚持认为危机不能从货币问题中产生。

罗切对《资本论》第一卷第一篇马克思的货币理论的分析，以及他联系《资本论》第二卷进行的分析是一种值得提倡的研究方法，同整个经济思想的演变一样，经济学家个体的思想或理论观点也有其产生、转变、成熟的过程。抽取马克思某一个阶段中对特定经济问题的分析，指明其中存在的矛盾之处，并以此为基础对马克思主义经济学进行整体的批判，是一种不可取的倾向。但是，从积极的意义上说，这种对矛盾或不一致之处的探讨有助于后来者探索创新马克思主义经济学的出发点，并把人们的分析引向马克思自己的观点的发展变化和不断完善上。

第21章　马克思的货币、利率及利润率理论

基奥迪（G. Chiodi）和梅索里（M. Messori）1984年在《剑桥经济学杂志》上发表了《马克思对利率与利润率关系的分析：一个评论》一文①。在该文中，基奥迪和梅索里认为，卡罗·帕尼科（C. Panico）在《马克思对利息率和利润之间关系的分析》一文中的分析对象设定错误，指出帕尼科得出的利息率决定因素等同于他本想否定的因素，将货币的职能仅限于流通方式。其对先前经济学家的思想进行的历史重建自相矛盾——尽管仅仅限于马克思、恩格斯和斯拉法三位作者，而且他所理解的三位作者的思想也和他们本人的思想存在一定的差异。基奥迪和梅索里评价了帕尼科对马克思利息率与利润率理论的发展，从银行家、货币资本家和产业；信用的创造和经济以及新哈耶克方法三个方面做了进一步阐述。

21.1　马克思对利率和利润率关系的分析

马克思没有将银行家与金融资本家明确区分开来，帕尼科认识到了马克思在利润率与利息关系上观点的模糊。在其1980年发表的《马克思对利息率和利润率之间关系的分析》一文中，帕尼科试图将马克思分析融入斯拉法的明确区分了银行部门的价格体系内②，其目的是阐明利息率、利润率和工资率的关系。帕尼科的另一个目的是解救随着新古典经济学出现而被抛弃的古典理论，新古典经济学认为利息率是由和决定利润率相同的“实际的”力量决定的。

---

① G. . Chiodi & M. Messori, Marx's Analysis of the Relationship between the Rate of Interest and the Rate of Profits: A Comment, *Cambridge Journal of Economics*, 1984; 8: 93 – 97. In *Karl Marx's Economics: Critical Assessments*, Edited by Cunningham Wood, Volume Ⅴ, 1993, pp. 328 – 334.

② C. Panico, Marx's Analysis of the Relationship Between the Rate of Interest and the Rate of Profit, *Cambridge Journal of Economics*, Vol. 4 (4), December 1980, pp. 363 – 78. In *Karl Marx's Economics: Critical Assessments*, Edited by Cunningham Wood, Volume Ⅲ, 1993, P. 684 – 703.

21.1.1 银行家、货币资本家和产业

基奥迪和梅索里认为，从马克思的货币分析开始，帕尼科考察了货币资本家和银行家的职能。认为它们之间的区别在于：一是为经济中支付手段的流通提供便利；二是银行家经营活动获得利润，而不是利息。① 第一点似乎代表了银行家的独特职能，这正是帕尼科分析的重点。根据第二点，产业资本家和银行家之间的关系和前者与商业资本家的关系相似。因此，帕尼科认为银行部门与其他行业处于同等地位。

帕尼科从来没有对在没有提及银行家与货币资本家的共同特点情况下，即提供用于生产的货币资本，界定银行家的职能的逻辑基础进行解释。基奥迪和梅索里认为，帕尼科的观点与马克思和凯恩斯著作中的观点都相反。如果帕尼科在这点上正确地理解了马克思或凯恩斯，他就会认识到真正的货币经济的基本问题，包括货币资本是如何进入经济体系的，以及前者和“真实”资本的差别。基奥迪和梅索里认为，马克思实际上重点澄清了这个问题。马克思认为：“从以上的说明自然可以得出结论说，最荒唐的看法莫过于把商人资本——不管它以商品经营资本的形式或货币经营资本的形式出现——看做是产业资本的一个特殊种类，就像采矿业、农业、畜牧业、制造业、运输业等等是由社会分工造成的产业资本的分支部门，从而是产业资本的特殊投资领域一样。只要简单地看一看这样一个事实，即每个产业资本，当它处在自己的再生产过程的流通阶段时，作为商品资本和货币资本所执行的职能，恰好就表现为商人资本在它的两个形式上的专门职能，——只要看一看这个事实，就必然会使这种粗陋的见解站不住脚。”②

马克思还认为，“在庸俗经济学家那里，这种混淆还有以下两点作为基础。第一，他们没有能力就商业利润的特性来说明商业利润；第二，他们力图进行辩护，要把那些首先以商品流通、从而以货币流通为基础的资本主义生产方式的特有形式所产生的商品资本形式和货币资本形式，从而商品经营资本形式和货币经营资本形式，说成是生产过程本身必然产生的形态。”③由此可见，“如果商品经营资本和货币经营资本同谷物栽培业的区别，不过像谷物栽培业同畜牧业和制造业的区别一样，那就很清楚，生产和资本主义

① C. Panico, Marx's Analysis of the Relationship Between the Rate of Interest and the Rate of Profit, *Cambridge Journal of Economics*, Vol. 4 (4), December 1980, P. 372.

② 《马克思恩格斯文集》第7卷，人民出版社2009年版，第360页。

③ 《马克思恩格斯文集》第7卷，人民出版社2009年版，第361页。

生产也就完全是一回事了，特别是社会产品在社会各成员之间的分配（无论是用于生产消费还是用于个人消费），也就永远必须有商人和银行家作中介，就像要吃肉必须有畜牧业，要穿衣必须有服装业一样了”①。

凯恩斯也在不同地方强调了货币经济的独特性。在《通论》关键的第17章中，可以发现如下阐述：“货币不能很容易就生产；当其价格（用工资单位计算）提高时，雇主们不能随意用其所雇劳力，转而增加货币之生产。……设货币而可以象农作物一样生长，或象汽车一样制造，则不景气可以避免或减少；盖在此种情形下，当其他资产之价格（用货币计算）下降时，劳力可转而生产货币。”②

21.1.2 信用创造和经济

基奥迪和梅索里认为，上述对马克思和凯恩斯著作的引述表明，他们在对银行活动的分析上和帕尼科没有多少共同之处，特别是帕尼科没能将预付货币资本当成是银行职能之一，并将银行家等同于产业资本家。基奥迪和梅索里认为，帕尼科没能指出马克思和凯恩斯的自身缺陷——没有将具有创造信用能力的银行家同金融资本家相区分，金融资本家只将现有的闲置货币贷给产业资本家。事实上，马克思在《资本论》第三卷之前也将银行家的职能等同于金融资本家。而在《货币论》中，凯恩斯仅强调银行系统的独特地位。

基奥迪和梅索里认为，帕尼科仅对马克思和凯恩斯进行了历史考察，而忽视了20世纪初处于边缘地带的非正统货币理论的重大突破——即维克塞尔和熊彼特的著作。在维克塞尔的理论框架中，企业家的融资需求直接来源于“自然”利率和银行利率之间的差异。在其“纯信贷”假设下，银行体系确定对银行有信贷需求，而且企业家也对他们对银行的要求感到充分满意（相对于提供货币资本）的利率水平。在这种模式中，银行体系根本没有任何利润。根据这种观点，企业家支付的利率的最终接受者是商业资本家。

在熊彼特的理论框架中，尽管银行体系从其为创新型企业家提供的信贷中获得正利息，但银行的目标绝对不是利润最大化。在决定对何种创新进行融资时，银行体系会同时假定该创新的风险。由此而来的信用创造被货币利

① 《马克思恩格斯文集》第7卷，人民出版社2009年版，第361页。

② Keynes, J. M., *The General Theory of Employment, Interest and Money*, London, Macmillan, 1936, pp. 230 - 231. 凯恩斯著，徐毓枬译：《就业、利息和货币通论》，商务印书馆1983年版，第174页。

率的确定和信贷配给同时调节。[①] 基奥迪和梅索里认为，“维克塞尔和熊彼特分析的共同点是利率是生产体系之外决定的”。[②]

基奥迪和梅索里认为，既然维克塞尔和熊彼特的分析结构（以及马克思《资本论》第三卷第33章和凯恩斯的《论货币》的分析结构），都没有将银行家与产业资本家，甚至没有将金融资本家与产业资本家等同起来，他们也自然不支持帕尼科关于利润率能够取代利息率的观点。帕尼科本人认识到马克思在此取代问题上的含糊态度，但他却认为马克思的观点与斯拉法体系相容。[③]

21.1.3　新哈耶克方法

基奥迪和梅索里把帕尼科关于银行部门的方程，改为下面的方程(21.2)，初看起来仅是一个普通等式。“其唯一特别之处是银行将‘支付手段’作为‘基本商品’生产”[④]。基奥迪和梅索里认为，这使得帕尼科体系仅仅在名称上不同于最初的斯拉法体系，因为前者指的是用商品和“支付手段”生产商品和“支付手段”。

两个公式分别是：

$$(Ap+l)(1+r)+\tau, i=p \tag{21.1}$$

$$(K_b+l_b)(1+r)Br+D\tau=Qi \tag{21.2}$$

基奥迪和梅索里认为，将银行与其他产业放在同等地位进行考察，限制了帕尼科从一般利润率中得出银行部分的份额。“这种等同是在不现实和自相矛盾的假设下得到的”[⑤]。帕尼科假设 τ（存款利率）与 i（贷款利率）没有关系。[⑥] 这是不现实的，尤其是在帕尼科银行仅仅发挥中介功能的例子中。然而该假设是确定其体系所必须的，他需要增加等式 $\tau=\bar{\tau}$，但该等式也导致错误。τ，i 分别是银行产品的成本和价格，它们在其他产业的生产中是“净”成本。于是，τ，i 必须与其他价格同时被决定，而 τ 不能被视为给定的。

基奥迪和梅索里还认为，帕尼科的麻烦还在于其公式的成立实际上取决

① Schumpeter, J. A., *The Theory of Economic Development*, New York, Oxford University Press, 1961, P. 125 – 126.

②④⑤ G. Chiodi and M. Messori, Marx's Analysis of the Relationship Between the Rate of Interest and the Rate of Profits: A Comment, *Cambridge Journal of Economics*, Vol. 8, No. 1, March 1984, pp. 93 – 97. In *Karl Marx's Economics: Critical Assessments*, Edited by Cunningham Wood, Vol. V, 1993, P. 331.

③ C. Panico, Marx's Analysis of the Relationship Between the Rate of Interest and the Rate of Profit, *Cambridge Journal of Economics*, Vol. 4 (4), December 1980, P. 375.

⑥ C. Panico, Marx's Analysis of the Relationship Between the Rate of Interest and the Rate of Profit, *Cambridge Journal of Economics*, Vol. 4 (4), December 1980, P. 376.

于n+2个等式和n+3个未知数（价格、一般利润率、贷款利率和存款利率）。替代方法是将贷款利率i或进入实际工资中的商品束（维持生活的最低水平）固定下来。为了与其先前的理论框架相一致，基奥迪和梅索里认为，帕尼科不能在生产体系以外来确定贷款利率，因为它必须与其他产品的价格同时决定。帕尼科因此转移到第二种方法，从而无法在其体系中将劳动份额融入剩余价值中。

基奥迪和梅索里认为，帕尼科试图通过斯拉法体系来说明马克思—凯恩斯的利率决定，他却以与后者相反的结果而结束，帕尼科没能将斯拉法所提出的两个假设融入他自己的理论框架：(1) 工资应该被视为生产出的剩余的一部分；(2) 利润率应该是在生产体系之外决定的。将银行部门的职能当成便利支付手段的流通使帕尼科回到了过时的将货币视为交换媒介的新古典主义理论观点。基奥迪和梅索里认为，帕尼科没有觉察到1932年斯拉法对哈耶克《价格和生产》的评论中对这种类型的方法提出的批评："货币经济和非货币经济的差别只能在论货币的教科书开头的讨论中找到。这就是说货币不仅仅是交换媒介，而且是价值储存，是债务、其他法律义务、习惯、意见、惯例，总之是人们之间的各种关系都能被或多或少严格加以确定的标准……如果不是哈耶克博士完全忽略了它们，那就没有必要来重复这些。他所考察的货币实际上纯粹而且仅仅是被当成是一种交换媒介。"①

21.2 利息成本、利润和定价问题

马克思区分了银行家提供银行贷款和便利支付手段流通两种职能，认为银行家必须从其贷出的资本中获得一般利润。马克思认为，公司支付给银行的部分利息直接进入了商品成本之中，因此影响了价格决定和收入分配的决定。利息的直接"利息成本"，部分是公司由于银行便利了支付手段流通而支付给银行的。

帕尼科在1984年发表的《利息成本、利润和定价》一文对基奥迪和梅索里文章中的观点作了回复②。基奥迪和梅索里对帕尼科1980年的论文提出了几点不同意见，质疑帕尼科对马克思观点的再解释中假设的经验相关

---

① Sraffa, P., Dr Hayek on Money and Capital, *Economic Journal*, Vol. XLⅡ, 1932, pp. 43 – 44.

② Panico, C., Interest Costs, Profit and Pricing: A Reply (Marx's Analysis of the Relationship between the Rate of Interest and the Rate of Profits), *Cambridge Journal of Economics*, 1984; 1: 99 – 104. In *Karl Marx's Economics: Critical Assessments*, Edited by Cunningham Wood, Volume Ⅴ, pp. 335 – 342.

性、分析的逻辑一致性和分析取向的意义等。帕尼科认为，基奥迪和梅索里误解了他的目的，而且由于基奥迪和梅索里太过于追随维克塞尔和熊彼特的“有害”假设，将帕尼科的论文局限性地理解为对过去的经济学家的思想的重构，没有认识到这些分析中所包含的观点，也忽略了马克思著作中这些因素的重要性。帕尼科阐述了自己的观点，从四个方面对基奥迪和梅索里的误解进行了澄清，指出利息和价格是正相关的，因此利率的减少将降低价格水平。

第一，基奥迪和梅索里认为，帕尼科没有考虑银行家与货币资本家的共同点，就定义了银行家的功能。帕尼科否定了这点，认为基奥迪和梅索里忽略了他的一段引文：“银行家的活动是以下述方式组织的，他不仅扮演货币资本家的角色，即为生产过程提供预付资本，而且也为经济中支付手段的流通提供便利。”①

基奥迪和梅索里认为，这两种职能的划分不合理，因为便利支付手段流通（帕尼科认为包括存款转账、透支和汇票贴现等短期贷款）是无关紧要的职能。帕尼科指出这忽略了根据银行交易额，便利支付手段流通是最重要的银行职能的事实。帕尼科认为他们忽视了这种区分在研究利率变化如何影响收入分配、商品生产成本和价格方面时的重要性。帕尼科指出，基奥迪和梅索里认为这种差别，加上银行业务同其他任何企业家业务同样获得利润的“错误”假设，都具误导性。为了证明他们的观点，基奥迪和梅索里引用了《资本论》第三卷第四篇中马克思对商业资本家和银行家如何从他们所花费的用于开展它们的业务，但不创造剩余价值的资本上获得和产业资本家一样的一般利润率的论述。帕尼科认为，马克思在这段文字中表明商业和货币交易资本不同于产业资本，而且马克思是从剩余价值创造的角度进行这种区分的。马克思认为，与庸俗经济学家的“错误观念”相反，商业和银行活动并不增加任何剩余价值，因为其利润只是产业部门创造的剩余价值中“扣除”的部分。帕尼科引用马克思将斯密和李嘉图与庸俗经济学家进行比较的段落，来反驳基奥迪和梅索里。马克思指出：“考察产业资本时直接得出的关于价值形成、利润等等的原理，并不直接适用于商人资本……在他们特别论述商人资本的场合，例如在李嘉图……，他们总是力图证明，它不创造价值（因而也不创造剩余价值）”②。帕尼科认为，上述引用表明基奥迪和梅

① C. Panico, Marx's Analysis of the Relationship between the Rate of Interest and the Rate of Profit, *Cambridge Journal of Economics*, Vol. 4 (4), December 1980, P. 372.

② 《马克思恩格斯文集》第7卷，人民出版社2009年版，第362页。

索里认为的马克思将会对他文章中银行活动持不赞同的观点，是不成立的。

帕尼科还指出，基奥迪和梅索里的“银行体系根本不赢利”的观点需要进一步考虑。因为它否认银行收益是其贷款利息和其存款利息之差。另外，它还否定了该收益必须包括银行运转成本和银行家从事业务时预期要获得的正常利润。“非常奇怪现代经济如此明显的特征竟然被认为是错误的”①。帕尼科认为他们引用著名经济学家支持他们的观点就更奇怪了。帕尼科认为尽管他们也提到熊彼特和马克思，但基奥迪和梅索里唯一明确的证据来自维克塞尔的著作。②

帕尼科认为，在基奥迪和梅索里所提及的内容中，维克塞尔并没有否认银行的贷款利息与其存款利息的差别，必须弥补银行运转费用，而且必须回报银行家的麻烦和风险。然而维克塞尔在描述市场和平均利率差别对价格水平的影响时（维克塞尔称市场利率为货币利率），平均利率被同样称为货币利率或自然利率，他假设银行运转成本和贷款与存款利率之间的差别为零，认为这些假设尽管并不现实，却是“几乎无害的”并有助于简化分析：“这些假设源于简单和清楚的目的……明显的，正如我在其他场合指出的那样，从我们的假设到现实的转变将不只在一个方面表现出来，增强我们的结论的说服力。”③

帕尼科认为，这些假设并不是“无害的”。它们一定程度上使得考察货币因素和政策对商品生产成本的影响，从而使得考察对价格和收入分配的影响成为不可能。更有甚者，可以认为，它们是被用来满足维克塞尔的分析要求的——在均衡中，产品被消耗，资本利率等同于它的实际回报率。据此，帕尼科认为，绝对不能说维克塞尔认为“银行体系根本不获得任何利润”。

第二，基奥迪和梅索里认为，存款利率 τ，正如在帕尼科1980年论文的等式 $\tau=\bar{\tau}$（1）中是既定的，是贷款利率 i 被当成一个独立变量，他的方程组成立的“严格必要”条件。帕尼科认为这种理解是错误的。在模型中，等式 $(K_b+l_b)(1+r)Br+D\tau=Qi$ 能轻易被另一种将 τ 作为 i 的函数所取

① C. Panico, Interest Costs, Profit and Pricing: A Reply (Marx's Analysis of the Relationship Between the Rate of Interest and the Rate of Profits), *Cambridge Journal of Economics*, Vol. 8. No, 1, March 1984, pp. 99 - 104. In *Karl Marx's Economics*: *Critical Assessments*, Edited by Cunningham Wood, Volume V, 1993, P. 336。

② Wicksell, K., *Interest and Price*, London, Macmillan, 1936, P. 136.

③ C. Panico, Interest Costs, Profit and Pricing: A Reply (Marx's Analysis of the Relationship Between the Rate of Interest and the Rate of Profits), *Cambridge Journal of Economics*, Vol. 8. No, 1, March 1984, pp. 99 - 104. In *Karl Marx's Economics*: *Critical Assessments*, Edited by Cunningham Wood, Volume V, 1993, P. 337。

代。这样的模型会更有吸引力，但它也会造成一些假象，似乎 τ 的决定以及它与 i 的相关性不需要进一步的研究。

基奥迪和梅索里还认为，帕尼科的分析模型不能支撑斯拉法利润率能由货币利率决定的观点。基奥迪和梅索里认为，帕尼科的体系只能在实际工资既定条件下成立。说“i 可以被视为一种价格”，基奥迪和梅索里指出：帕尼科不能在生产过程之外确定贷款利率，因为它必须与其他产品的价格同时决定。

帕尼科却认为，即使按照基奥迪和梅索里的看法，将 i 当成是一种价格，仍然没有逻辑理由来认为i，如同其他价格，不能被视为一种独立变量。正如帕西内蒂指出的，是出于经济而非逻辑理由，最好将斯拉法价格体系中的分配变量，而不是价格当成是给定的。[①] 而 i 竟确实是一种分配变量。

第三，帕尼科认为，基奥迪和梅索里的另一观点更多的是支持一种研究思路而非对他文章本身的批判。他们试图说服读者为了提出一个“非正统”货币理论，更有意义的是去研究维克塞尔和熊彼特的著作，而不是重建马克思、凯恩斯和斯拉法之间的联系。他们认为，维克塞尔和熊彼特的研究优于马克思和凯恩斯的研究，因为首先维克塞尔和熊彼特不同于马克思，没有忽略银行部门在“创造”可贷货币资本中发挥的作用。其次维克塞尔和熊彼特明确指出“利率本来就是在生产体系之外确定的”而不是在“货币”体系中决定的。帕尼科认为第一个看法不能成立，由于马克思可贷货币资本形成的观点分布在众多未完成的注释中，这些观点有时还存在自相矛盾，并经常被经济学文献所忽略，因此，有关结论必须基于对其内容进行深入的重建而得出。基奥迪和梅索里却没有这样做。至于第二个看法，众所周知在维克塞尔的著作中，如同许多其他主流经济学家一样，货币讨论只涉及市场利率的决定（而这并不是帕尼科 1980 年论文所注重的）。平均利率或自然利率完全独立于任何货币影响之外，等同于资本实际回报率。因此，与基奥迪和梅索里认为的主流传统相比，维克塞尔并非“非正统”。

第四，帕尼科认为，基奥迪和梅索里主要关注的似乎是过去经济学家进行理论重建的最合适的序列结构。因此，他们认为帕尼科论文的基本目的是对马克思——凯恩斯——斯拉法的序列进行重构。而帕尼科认为并非如此，指出他自己关注的是利息理论如何能与“剩余”价值和分配理论相联系。帕尼科认为这对考察生产者对其商品的价格加成定价、对实际工资的态度

① Pasinetti, L. L., *Lectures on the Theory of Production*, London, Macmillan, 1977, P. 73.

和对商品价格形成怎样受货币因素和政策影响有用。对此，马克思的观点十分重要，它使分析模型的产生成为可能，即部分公司支付给银行的利息直接进入了商品成本之中，因此影响了价格决定和收入分配的决定。而马克思认为成为直接“利息成本”的利息部分是公司为得到银行提供的便利的支付手段流通而支付的。实际上只有这部分回报了银行为产业资本家提供的服务。

帕尼科认为，高利息成本导致高价格在经济理论中并不是完全新鲜的观点，尽管它从来没有被认真分析过。提出该观点是图克的《价格史》。马克思也曾经提到过。凯恩斯在其《货币论》中讨论了价格和利息之间这种正相关关系。

凯恩斯关注的是这种相关性并不支持货币政策对价格水平影响的观点：因为它们对需求的消极影响，高利率趋于降低价格，而低利率趋于提高价格。凯恩斯因此断定经济理论中的这种相关并没有得到很好的解释，由于其与主流经济学理论相对立，称之为“吉布森悖论”：“‘吉布森悖论’——正如我们所称的——尽管理论经济学家大多都忽略了它，却是计量经济学领域最完整地被表达出来的经验主义事实。它……应当……能得到一般性解释。”①

帕尼科认为，对这种相关性的解释可通过他1980年论文中的模型得到。有两点结论：首先，由于公司会立刻和直接感受到获得“运行资本”的金融成本变化。利息费用上涨不能被转移到（价格），他们会挤压利润。其次，如果高利息成本转移为高价格，工人的购买力会下降。“真实工资阻力”导致更高货币工资需求并导致通货膨胀。

帕尼科进一步发展了其1980年的模型，因为他必须解释利息和价格间的相关性。帕尼科得到两个马克思的著作中没有的发展。首先，i和τ的关系可以由等式 $(K_b + l_b)(1 + r)Br + D\tau = Qi$ 表达。这种关系，应该由银行内部扩大存款的竞争来解释。这样就可以进一步分析这两种利率是如何相联系的，而忽略等式 $\tau = \bar{\tau}$。其次，应该考虑持有银行存款是另一种“金融”或“真实”资产。这些资产的回报率是与货币市场的竞争力相联系的。

帕尼科得出结论是：基奥迪和梅索里紧紧追随维克塞尔和熊彼特，质疑马克思分析的重要性，片面地理解了自己的论文，他们的评论并没有解决任何问题。

① Keynes, J. M., *A Treatise on Money*, Vols Ⅴ and Ⅵ, London, Macmillan, pp. 177 – 179.

21.3　马克思论银行部门和利率

在研究19世纪英国货币体系的演变时，马克思注意到银行和金融界变得越来越重要，他认为金融交易的增长和金融创新及立法正在增加社会结构、权力分配和资本主义制度运行的复杂性（马克思认为金融创新影响了经济中一般利润率产生趋势的机制），并导致了大规模生产的自由竞争。[①]此外，马克思认为股份公司的发展和合作工厂甚至使资本主义体制可能被另一种体制所代替。马克思仔细研究了货币银行理论和国家对金融市场干预的运行机制，特别是1844年皮尔法案出台前后专业人士和国会对此的争论，由此得出结论，金融业已对影响政策制定和利率水平起了一定作用。作为剩余价值的一部分的利息，因此能够独立地改变生产中所产生的剩余价值。但马克思并没有完成对这些问题的分析与研究。而这正是帕尼科1980年发表的《马克思对利息率和利润率之间关系的分析》一文所讨论的问题，而本·法因曾撰文对帕尼科的文章作出评论。

为回应法因的评论，帕尼科1988年在《科学和社会》杂志上发表了题为《马克思论银行部门和利率》[②] 的文章。帕尼科首先指出，马克思主义研究文献中货币和银行问题的研究与价值问题的研究严重比例失调，但马克思著作中并不存在这种比例失调，马克思对于货币和价值问题同样的重视。鉴于货币问题是1830年以来经济学文献中最具有价值的部分之一，马克思透彻地分析了其所称的“银行家经济学”，既因为该领域大多数主要经济学家本人是银行家或银行董事，同时——根据马克思的观点——该理论对银行部门职能的观点有利于银行资本家集团。在货币和银行问题讨论中，马克思观察到金融发展增加了经济和社会关系及政策制定过程的复杂性。另外，他指出资本主义体制的历史演变与金融发展有密切的关系，马克思认为，这甚至有可能使得现存体制被另一种不同的经济形态所取代。

帕尼科指出，对马克思主义者而言，金融发展与资本主义体制历史演进分析的联系使得对货币和银行问题的研究变得特别重要。法因在《科学和

---

① Clifton, J., Competition and the Evolution of the Capitalist Mode of Production, *Cambridge Journal of Economics*, 1977 (1), pp. 137 – 151.

② Panico, Carlo, Marx on the Banking Sector and the Interest Rate: Some Notes for a Discussion, *Science and Society*; 52 (3), fall 1988, pages 310 – 25. In *Karl Marx's Economics: Critical Assessments*, Edited by Cunningham Wood, Volume Ⅷ, 1993, pp. 151 – 164.

社会》上发表的有关货币和银行问题的一篇论文非常重要。①

帕尼科讨论了法因的某些观点，特别是法因对帕尼科1980年论文的几点看法。法因认为，帕尼科1980年论文中关于马克思流通成本对利润率和生产价格影响的分析不正确。帕尼科指出，根据马克思的著作可以证明法因的这种认识有误。帕尼科讨论法因关于劳动价值论的观点——这些观点被著名的马克思主义学者认为是错误的。帕尼科指出，法因的论文中有一段含糊的对转形问题的讨论，解决了这个问题就可以为考察银行体系如何获取其剩余价值提供分析基础。最后帕尼科简略地分析了自己被法因误解的观点。在这部分中，帕尼科概括了银行对决定利率的影响。帕尼科试图用现代术语，根据马克思的著作，以不同于法因的观点，阐述货币和银行问题分析的特点。

首先，法因认为“有确凿的证据”② 表明，帕尼科1980年关于马克思流通成本对利润率和生产价格影响的分析是不正确的，并提出了他所认为的正确表述。帕尼科援用了马克思的两个数字例子对此问题进行分析。马克思从假定 $C+V+S=W^*$ 单位劳动进行商品生产（马克思用字母C、V和S分别代表不变资本，可变资本和剩余价值）出发，认为“流通成本”的存在需要进一步增加被称为“商人资本”的资本预付。为了简化初始阶段的分析，马克思第一个数字例子有一个限制性假设：流通成本的预付资本等于B单位劳动，只代表从事商业活动的货币资本，它并不由于使用而被耗尽。B不包括流通过程中的生产资料和商业部门工资支付的费用。

在没有流通成本的情况下，利润率为 $r=\frac{S}{(C+V)}$。B单位作为流通成本的商人资本影响了利润率的决定，$r_1=\frac{S}{(C+V+B)}<r$。生产者将商品以 $W_1=(C+V)(1+r_1)$ 出售给商人。商人以没有流通成本的商品价值 $E_1=W_1+Br_1=(C+V)(1+r_1)+Br=C+V+S=W^*$ 进行再销售。在第一种计算结果中，马克思认为商人：“没有高于商品的价值或高于商品的生产价格出售商品，而正是因为他是低于商品的价值或低于商品的生产价格从产业资本家那里购买商品的。”③

马克思认为，商人的活动不产生剩余价值，而是吸收一部分生产过程中

① Fine B., Banking Capital and the Theory of Interest, *Science & Society*, XLIX: 4, 1985 - 1986, Winter, pp. 387 - 413.

② Fine B., Banking Capital and the Theory of Interest, *Science & Society*, XLIX: 4, Winter, 1985 - 1986, P. 392.

③ 《马克思恩格斯文集》第7卷，人民出版社2009年版，第318页。

产生的剩余价值。结果，商人利润 $Br_1 = E_1 - W_1$，是剩余价值和产业资本利润的扣除。马克思准确地认识到 E_1 和 W^* 相等是由于商人预付的货币资本 B 是在使用中没有被消耗的固定资本，因此其价值并不是商品价值的组成部分。"但是这里所说的，只有在我们以前假定的情况下才是正确的：商人不花任何费用，或者说，他除了向生产者购买商品而必须预付货币资本以外，无须在商品的形态变化过程中，在买卖的过程中，预付任何别的流动资本或固定资本……事实并不是这样"①。当商人在货币资本 B 之外投入流通资本或固定资本时，E_1 和 W^* 就不再相等。"如果这个成本要素是由流动资本构成的，它就全部作为追加要素加入商品的出售价格，如果这个成本要素是由固定资本构成的，它就按照自己损耗的程度，作为追加要素加入商品的出售价格"②。

帕尼科认为，马克思引入了第二个数字例子以说明这点，帕尼科假设 B 之外，增加预付了 K 单位劳动的资本，用来在流通费用中支付工资和其他生产资料。随后的分析与法因的不同（法因的公式为 $r_2 = \frac{(S-K)}{(C+V+B+K)}$，这样一来，就保持了 E_2 和 W^* 相等），马克思以新流通成本计算利润率：$r_2 = \frac{S}{(C+V+B+K)} < r_1 < r$。商人以 $W_2 = (C+V)(1+r_2)$ 购买商品，而以 $E_2 = W_2 + K(1+r_2) + Br_2 = (C+V+K)(1+r_2) + Br_2$ 出售。根据这些计算，$E_2 = C+V+S+K = W^* + K > W^*$。流通成本 K 因此增加了商品的交换价值。但马克思认为，即使是交换价值增加了，却不会因此创造额外的剩余价值。这种情况下，商人利润 $(K+B)\ r_2$ 只是对生产过程中产生的剩余价值的扣除。

帕尼科认为，上述两个例子充分证明法因对马克思流通成本对利润率和生产价格影响分析进行的阐述是不正确。同时它们也证明了他本人 1980 年论文中的观点，即流通成本确实影响生产价格，并与法因的观点相反，而且"它们降低利润率"和"是对生产过程中产生的剩余价值的扣除"③ 是成立的，法因的分析因此被证明有误。

其次，关于流通成本对利润率和生产价格产生的影响的分析，为研究银行家如何获取剩余价值份额提供了基础。该分析充实了价值转化为生产价格

①② 《马克思恩格斯文集》第 7 卷，人民出版社 2009 年版，第 321 页。

③ Fine B.，Banking Capital and the Theory of Interest，*Science & Society*，XLIX：4，winter，1985－1986，P. 392.

和剩余价值率转化为利润率的理论，因此，也遭到了在转形问题争论中出现的一些责难。确实，流通成本增加商品交换价值加剧了这些责难。

法因将“转形问题”视为一个争论性的问题。如一般都认为，马克思将价值转化为价格的过程存在错误，因为它假设生产者以与其销售价格不同的价值购买他们的投入（马克思试图同时保持总价格与总价值，总利润与全部剩余价值之间的相等，这也通常被认为是错误的）。这正是法因流通成本分析中所假设的，但法因指出转形问题的争论并不是其所关注的，这就带来了一些混乱。在法因的论文及其先前的著作中，他承认马克思的方法中存在某些不一致之处，但他却认为这些与流通成本分析无关。在其他著作中，法因却宣称马克思的转形理论是正确的。①

经济学界都认识到马克思最初的理论需要修改，但在对要修改多少以及修改什么对于马克思的理论具有的含义上，却存在异议。这是斯威齐讨论的中心，他指出，博特凯维兹分析的正确之处后，讨论了是否仍然可以认为生产价格源于价值，或者利润率源于剩余价值率的问题。经济学家们对此发表了多种不同看法，如德赛②、多布③、莱伯曼④、米克⑤和谢赫⑥，谢赫讨论了“生产价格”源于“直接价格”的问题。对与之相关的问题，马克思主义学者也持有不同观点。许多学者讨论了转形分析是否是一种“重要的迂回（relevant detour）”，也就是说，讨论劳动价值论是否能在不偏离马克思主义阶级分析和资本主义社会和剥削概念的前提下放弃。如斯威齐、布伦霍夫、多布、法因和哈里斯、久南卡（Junankar）、莱伯曼、莱博维兹（M. Lebowitz）、曼德尔、梅迪奥、米克和罗松（R. Rowthorn）⑦ 等。

帕尼科认为，法因似乎没有明白有关马克思观点产生的分歧的目标，并不在于马克思转形理论本身的正确性，而在于如何在不违背其历史和唯物主义基本方法前提下，可以在多大程度上修改并发展马克思的理论。由于马克

① Fine B., *The Value Dimension*, London: Routledge & Kegan Paul, 1986, pp. 212 - 213.

② Desai, M., *Marxian Economics*, Oxford: Basil Blackwell, 1979, pp. 94 - 95.

③ Dobb, M., A Note on the Transformation Problem, On *Economic Theory and Socialism: Collected Papers*, London: Routledge & Kegan Paul, 1955, pp. 273 - 281; Dobb, M, *Theories of Value and Distribution Since Adam Smith*, Cambridge University Press, 1973, pp. 158 - 159.

④ Laibman, D., Values and Prices of Production: The Political Economy of the Transformation Problem, *Science & Society*, Winter, 1973 - 74, P. 407.

⑤ Meek R. L., *Smith, Marx and After*, London: Chapman & Hall, 1977, pp. 117 - 119.

⑥ Shaikh A., Marx's Theory of Value and the Transformation Problem, In J. Schwartz, ed., *The Subtle Anatomy of Capitalism*, Santa Monica: Goodyear, 1977, pp. 106 - 107, 128 - 133.

⑦ Rowthorn, R., Neo-Classicism, Neo-Ricardianism and Marxism, *New Left Review*, 86, July-August, 1974, pp. 75 - 87.

思主义的分析方法、意识形态和政治方法之间相互联系，上述问题才是马克思主义作家关注和强调的。遗憾的是，斯拉法发展了马克思主义理论后，激烈的讨论变成了“尖锐的争吵”，这阻碍了有益的沟通和交流。相反的意见被冠以“资产阶级意识形态”而遭到摒弃，只有微弱的努力偶尔仍在正确地提出问题。德赛就是其中之一，他认为：“不能用生硬的术语将他们简单地归为资本主义意识形态和狭隘的自私自利。”①

帕尼科认为，法因的论文就有这种倾向。在他含糊的表述了转形问题争论之后，也使用了“资产阶级”一词。而在其他作品中，他甚至宣称多布和米克“持有资产阶级的立场”，而且发现马克思在转形理论方面“甚至是错误的”。帕尼科认为，这些观点不能对解决货币和银行问题提供条理清楚的分析基础。

第三，帕尼科认为，法因对其论文中有关银行部门和利息率的分析的评价也需要商榷，因为这种评价中包含着对马克思著作的误解。与同时代其他大多数经济学家不同的是，马克思将利息当成是生产过程中剩余价值的一部分。他主要强调两个问题：这一部分剩余价值是如何被占有的，它是否能够独立地改变生产过程中产生的剩余价值额。从借贷者与贷款人之间的冲突关系来探讨他们的分配份额和关系，马克思认为它们根据不同的占支配地位的生产方式和历史演进而采取不同形式。

帕尼科认为，法因并没有正确地陈述他对马克思著作特征的分析。他忽略了 1980 年的论文对利率和利润率关系的讨论。另外，法因还忽略了帕尼科 1980 年论文一开始所叙述的：“没有对马克思的市场利率进行评述”，因而没有对任何决定因素进行分析。帕尼科认为，法因论文中的这些忽略阻碍了通过斯拉法价格体系发展马克思的观点的有益的探索，这些讨论强调了马克思的货币理论是相当先进的，尽管其某些思想需要更新，但仍对现代经济具有重要意义。马克思对凯恩斯的平均利率决定受传统和制度因素的影响，以及明斯基②（H. P. Minsky）有关商业和银行经营中资金流引起的信用体系不稳定的观点，都起到了启发作用。

帕尼科认为，马克思的货币和银行理论值得受到更多关注。马克思的研究能为货币问题分析引入新视角，并能促进“收入分配的货币理论”的发展，如收入分配不仅受影响实际工资率的事件的影响，而且受直接影响利率

① Desai, M., *Marxian Economics*, Oxford: Basil Blackwell, 1979, P. 97.

② Minsky, H. P., *John Maynard Keynes*, New York: Columbia University Press, 1975.

的因素（如货币政策变化）的影响。这种新理论也有助于澄清通货膨胀过程是如何对货币政策变化作出反应，并调节收入分配中的冲突的。

帕尼科指出，其先前的论文曾有过类似的阐述，并试图沿多布和其他作者的观点发展马克思的理论。这些作者一方面强调经济和社会团体的压力对国家干预的影响，另一方面强调国家对收入分配和“正常”经济条件的影响。这与马克思的历史和唯物主义的观点相一致。帕尼科认为，这也对斯拉法后来的理论著作产生了影响。多布也认为它将经济理论领域扩展到包括社会、制度和历史等“被后杰文斯经济学排除出去”的相关领域[①]，对于斯拉法的利润率应当由货币利率水平决定的观点，多布认为：“后者主要是由中央银行，出于自身的动机或作为政府货币政策的工具手段，所决定的。如果我们将国家政策作为一种工具，或阶级利益或统治阶级内部强大的压力集团的利益反映，人们就会将货币政策当成是代表资本所有者整体的利益，在现存社会环境许可条件下的生产过程中，获取（或多或少有意识地）利润份额的方式。”[②]

帕尼科最后指出，从现有相关文献来看，似乎可以采用马克思的方法论来处理不同问题以发展马克思理论，而无需像庞巴维克在其 1883 年和 1896 年批判马克思时所做的那样，将马克思的政治经济学的有效性与劳动价值论紧密联系在一起。马克思的著作因此能够被看成是不断演进的思想和分析的源泉，而非没有自我矛盾的已经完成的理论。这非常可能会带来对马克思经济思想史上贡献的进一步理解。

21.4 马克思对利率和利润率关系的分析

马克思在大量的注释中讨论了利率和利润率的关系，但这些并未受到关注，主要的马克思主义作家，布伦霍夫、多布、曼德尔、罗斯多尔斯基和斯威齐都只用几页篇幅讨论这些注释。帕尼科 1980 年在《剑桥经济学杂志》上发表了《马克思对利息率和利润率之间关系的分析》的文章[③]。该文主要

---

① Dobb, M., *Theories of Value and Distribution Since Adam Smith*, Cambridge University Press, 1973, P. 261.

② Dobb, M., *Theories of Value and Distribution Since Adam Smith*, Cambridge University Press, 1973, P. 271.

③ Panico, C., Marx's Analysis of the Relationship between the Rate of Interest and the Rate of Profits, *Cambridge Journal of Economics*, Vol. 4 (4), 1980, pp. 363 – 378. In *Karl Marx's Economics: Critical Assessments*, Edited by Cunningham Wood, Volume Ⅲ, 1988, pp. 684 – 702.

研究了马克思所说的一般利润率（资本竞争导致的统一的利润率）和平均或中等利息率（货币市场现行利率）之间的关系，马克思指出平均或中等利息率在相当长时间内是一个不变的量。“中等利息率在每个国家在较长期间内都会表现为不变的量，因为一般利润率——尽管特殊的利润率在不断变动，但一个部门的变动会被另一个部门的相反的变动所抵销——只有在较长的期间内才会发生变动。并且一般利润率的相对的不变性，正是表现在中等利息率的这种或大或小的不变性上”。①

首先，帕尼科梳理了经济学家有关利率和利润率关系问题的观点的发展。在考察社会剩余价值分配时，斯密、李嘉图和约翰·斯图亚特·穆勒将利率当成是利润率的一部分，并试图描述决定这个比例的因素以及阻止利润率下降到利率水平的因素。随着新古典理论的发展，19 世纪末古典理论被摒弃后，一般认为利率最终是由与决定利润率的因素相同的因素决定的。“利率和利润率在均衡分析中被认为是等同的”②。如果它们之间存在差别，也通常被解释为不同投资决定所包含的风险差异导致的。基于上述原因，对这两种比率之间的关系分析并不受重视。

凯恩斯在《通论》中重新讨论了利息问题，明确地将作为“纯货币现象”的利率与利润率区分开。帕西内蒂提出均衡中的利率水平与利润率水平之间存在差别。斯拉法对古典政治经济学的表述中更进一步地提出利润率，而非工资率，应该被当成社会剩余产品分配中的独立变量，因而“完成了”该体系：“作为一种比率的利润率，具有独立于任何价格的意义，并且在价格决定之前很可以被‘给定’。因此，它可以从生产体系以外决定，特别是可以为货币利息率水平所决定”③。加雷格纳尼（P. Garegnani）在对斯拉法的引用中指出，平均利润率和长期贷款的平均利率虽然不同，但它们却在相当长时期内趋于同步变动。那么凯恩斯关于长期贷款平均利率水平由传统因素决定，而最终是由货币当局政策决定的观点可以为价值和分配理论

① 《马克思恩格斯文集》第 7 卷，人民出版社 2009 年版，第 410 页。

② Panico, C., Marx's Analysis of the Relationship between the Rate of Interest and the Rate of Profits, *Cambridge Journal of Economics*, Vol. 4 (4), 1980, pp. 363 – 378. In *Karl Marx's Economics: Critical Assessments*, Edited by Cunningham Wood, Volume Ⅲ, 1988, P. 684.

③ 斯拉法著，巫宝三译：《用商品生产商品》，商务印书馆 1991 年版，第 39 页。

提供一种新的连贯的分析基础。①

帕尼科认为，马克思的分析是对李嘉图利率本质和其决定因素分析的重大发展，马克思对利率决定因素的分析，清晰地预见了70年后凯恩斯《通论》中的观点。根据马克思的观点，利率的决定应当建立在对特定国家、特定历史阶段中经济、传统和制度因素对有关未来利率是多少的公众观念的影响的定性描述的基础之上。马克思对资本主义再生产条件下的信用制度进行了分析，认为当货币资本家转化为金融资本家时，利率和利润率之间的关系具有了更系统化的形式。帕尼科认为，马克思分析中的一些要素，可以被形式化到斯拉法的价格体系中，斯拉法价格体系明确包括银行部门，并建立了利率、利润率和工资率之间的关系。帕尼科从货币资本家的地位和利息的本质，利率的决定，马克思分析的历史发展的理解，以及金融资本家和信用制度的作用四方面进行了分析。

21.4.1 货币资本家的地位和利息的本质

帕尼科认为，在《资本论》第三卷的第二十一章～二十四章，分析了生产过程中货币资本家的职能和利率的本质，而且是以一种成熟的方式论述的。在这些章节中，马克思提出了三个范畴，或者说三个阶级在生产过程中的行为：货币资本家、产业资本家和工人。

货币资本家拥有生息资本，生息资本具有特殊的使用价值："能够作为资本执行职能，并且作为资本在平均条件下生产平均利润。"② 货币资本家借出生息资本，得到的收益被称为利息。因为有使用价值，生息资本可以作为一种商品在市场上提供。然而，正如马克思说的，它是"特种商品"③。一方面："一个普通商品的买者所购买的，是这个商品的使用价值；他支付的，是这个商品的价值。同样，借款人所购买的，是货币作为资本的使用价值；但他支付的是什么呢？那当然不是像在购买别的商品时那样，是它的价格或价值。"④ 另一方面，作为商品的生息资本，只存在于流通领域，在这

① Garegnani, P., Notes on Consumption, Investment, and Effective Demand: Ⅰ, *Cambridge Journal of Economics*, 1978 (2), pp. 325 - 53; Garegnani, P, Notes on consumption, investment, and effective demand: a reply to Joan Robinson, *Cambridge Journal of Economics* 1978 (3), pp. 181 - 187; Garegnani, P, Notes on Consumption, Investment, and Effective Demand: Ⅱ, *Cambridge Journal of Economics*, 1979 (3), pp. 63 - 82.

② 《马克思恩格斯文集》第7卷，人民出版社2009年版，第394页。

③ 《马克思恩格斯文集》第7卷，人民出版社2009年版，第411页。

④ 《马克思恩格斯文集》第7卷，人民出版社2009年版，第395页。

里作为资本，它被产业资本家或其他人借得。一旦产业资本家借到并在生产领域中使用它们以“剥削劳动”和生产以利润形式表达的剩余价值，生息资本就转化为生产资本。不像生息资本，生产资本从来不作为资本流通，而只是作为特定的商品或货币。也就是说，在交换过程中，货币资本家让渡了他的资本，产业资本家的资本则只是在这个过程中改变了形式。他的资本并没有让渡出去，而是保留了下来。“在现实的运动中，资本并不是在流通过程中，而只是在生产过程中，在剥削劳动力的过程中，才作为资本存在。”①在产业资本家并不是使用自己的资本在进行生产活动时，他必须支付利息给货币资本家，留在自己手中的收益被称为“企业利润”。第三个阶级由出售自己的劳动力并赚取工资的人们构成。

帕尼科认为，根据这三种阶级分类方式，再生产过程可以表述为：

$$M \to M \to C \to M' \to M''$$

在第一步 $M \to M$，生息资本从货币资本家流向产业资本家；在第二步 $M \to C$，产业资本家使用生息资本购买商品（生产资料和劳动力），生产真正的开始了。在第三步，$C \to M'$，（$M' > M$）剩余价值生产出来并以利润的形式保留在产业资本家手中；在第四步 $M' \to M''$（$M' > M'' > M$）产业资本家偿还他从货币资本家那里借到的资本并把利润的一部分作为利息支付给货币资本家。

帕尼科认为，可以在这个简单的图式中理解货币资本家的职能以及他获得的收益的本质。剩余价值或利润是在生产领域产生的。在 $M \to C \to M'$ 的过程中，资本增值了。但是为了实现资本的增值，必须首先有这样一个资本。货币资本家的职能就在于使产业资本家能够得到这个资本。在 $M \to M$ 这一过程中，资本并未增值，货币资本家未曾创造任何价值或剩余价值，他只是在过程结束时获得了一部分的剩余价值（利润），因此货币资本家的职能以及他参与分配的方式是在资本主义生产方式的基础上被定义的：“货币作为资本贷放——以在一定时期后流回为条件而放出货币——要有一个前提：货币实际上会当作资本使用，实际上会流回到它的起点。”②

帕尼科认为这明显意味着，并不是所有借出的货币都实际上被作为资本使用。它也可以被用于消费。然而，货币资本家在事实上仍然得到利息的原因在于他让渡了具有可以潜在地作为资本的使用价值的商品，也就是说，可

① 《马克思恩格斯文集》第7卷，人民出版社2009年版，第384页。
② 《马克思恩格斯文集》第7卷，人民出版社2009年版，第391页。

以在生产过程中使用的使用价值并在这个过程中增值："劳动力也只有当它在劳动过程中被使用，被实现的时候，才表明它有创造价值的能力；但这一点并不能排除：劳动力自身，在可能性上，作为一种能力，是创造价值的活动，并且作为这样的活动，它不是从过程中才产生的，而相反的是过程的前提。它是作为创造价值的能力被人购买的。购买它的人也可以不让它去从事生产劳动，例如，把它用于纯粹私人的目的，用于服务等。资本也是这样。借入者是不是把它作为资本来用，也就是说，是不是实际上使它所固有的生产剩余价值的属性发挥作用，那是借入者自己的事情。在这两种场合，他为之支付的，是那个自在地，在可能性上已经包含在资本商品中的剩余价值。"①

帕尼科认为，马克思的立场区别于同时代的经济学家，也就是说区别于利润率是资本的特定的果实，是从生产过程中获得的。在马克思看来，他不赞同的观点是在货币资本家和产业资本家之间的关系表现出一种特殊的形式时产生的。这种关系是一种对抗性的，因为使用借入资本的产业资本家，获得的并不是在生产过程中同时使用资本得到的总利润（剩余价值），而是总利润减去他不得不支付给货币资本家的利息。"因此，这部分利润，对他来说必然表现为执行职能的资本的产物"②。它对应于利息，表现为总利润的一部分，而这是因为资本的所有权造成的。

另一方面，货币资本家获得他从让渡自己的资本中能够获得的东西。利息对他而言表现为仍然处于生产领域之外就能够得到的东西。"对于用借入的资本从事经营的产业资本家和不亲自使用自己的资本的货币资本家来说，总利润在两种不同的人，即在两种对同一资本，从而对由它产生的利润享有不同合法权的人之间的单纯量的分割，都会因此转变为质的分割。"③

帕尼科指出，这种利息和企业利润之间质的区分也适用于使用自有资本的产业资本家："不管产业资本家是用自有的资本还是用借入的资本从事经营，都不会改变这样的情况，即货币资本家阶级是作为一种特殊的资本家，货币资本是作为一种独立的资本，利息是作为一个与这种特别资本相适应的独立的剩余价值形式，来同产业资本家相对立的。"④

帕尼科指出，马克思的这种分析的意义在于，说明了恰恰是两类资本家

① 《马克思恩格斯文集》第7卷，人民出版社2009年版，第428页。
② 《马克思恩格斯文集》第7卷，人民出版社2009年版，第418页。
③ 《马克思恩格斯文集》第7卷，人民出版社2009年版，第420页。
④ 《马克思恩格斯文集》第7卷，人民出版社2009年版，第422～423页。

之间的对抗掩盖了他们获得都只是对剩余价值进行量的分割的事实。“这种对抗的存在消除了资本和劳动之间的对抗。利息和企业利润之间的关系似乎只是两类资本家之间的关系，而不是资本家和工人之间的关系”①。

21.4.2 利率的决定

帕尼科指出，马克思认为利率决定于利润率和全部利润在借贷者与借款人之间分配的比例。如果利息与总利润之间的比例保持不变，平均利率将完全由平均利润率调节。马克思认为利率一直占利润率的相当比例，甚至在某种程度上可成为利润率的经验指数。“并且一般利润率的相对的不变性，正是表现在中等利息率的这种或大或小的不变性上。”② 但马克思认为，没有理由认为借贷者应该总得到相同比例的总利润，这个比例可以也确实从一个阶段到另一个阶段在发生变化。因此，平均利率的变化并不总是反映一般利润率的变化。

马克思研究了决定作为利息支付的利润比例的因素，提出了一些和他对劳动力的价值和工作日的长度的分析相关的类比。首先，马克思确定了在资本主义生产体制中这个比例大小变化的最终限度；其次，马克思试图说明调节这个比例的平均值的规律。

马克思把平均利润率视为是平均利息率的最高界限。尽管马克思意识到人们会从总利润中减去一个被视为“监督工资”的部分。另一方面，利率的最低界限是无权无法确定的。在这方面，马克思对利率的分析不同于对劳动力价值的分析，劳动力价值的最低界限是由生存资料的价值决定的。帕尼科指出，劳动力价值和利率之间的根本区别可以在调节它们的平均值的规律中发现。马克思认为，竞争影响总利润利息和企业利润之间的分割，也影响包括劳动力在内的所有商品的市场价格。然而，对劳动力和所有其他商品而言，竞争引起的只是市场价格同生产价格的偏离，在讨论利率的情况下，竞争并不决定利率和对给定水平的偏离，这是因为：

“没有任何理由可以说明，为什么中等的竞争条件，贷出者和借入者之间的均衡，会使贷出者得到他的资本的3%、4%、5%等等的利息率，或得到总利润的一定的百分比部分，例如20%或50%。当竞争本身在这里起决

① Panico, C., Marx's Analysis of the Relationship between the Rate of Interest and the Rate of Profits, *Cambridge Journal of Economics*, Vol. 4 (4), 1980, pp. 363 – 378. In *Karl Marx's Economics: Critical Assessments*, Edited by Cunningham Wood, Volume Ⅲ, 1988, P. 689.

② 《马克思恩格斯文集》第7卷，人民出版社2009年版，第410页。

定作用时，这种决定本身是偶然的，纯粹经验的，只有自命博学或想入非非的人，才会试图把这种偶然性说成必然的东西。”① 事实上，“一个国家中占统治地位的平均利息率——不同于不断变动的市场利息率——，不能由任何规律决定。在这方面，像经济学家所说的自然利润率和自然工资率那样的自然利息率，是没有的”②。

帕尼科认为，马克思的结论是，可以说平均利息率，但不能说自然利息率，他认为这一点值得进行进一步的讨论。在古典经济学家的分析中，劳动的自然价格和一般利息率在生产规律的基础上决定。作为商品的劳动力的自然价格“劳动力的价值也是由生产从而再生产这种独特物品所必要的劳动时间决定的”③。帕尼科的疑问是：生产过程是否也能够决定利率的“自然”水平？

根据马克思的观点，利息是支付给生息资本的价格，生息资本是一种“特殊商品”，因为它从不进入生产过程。在它通过货币资本家之手转给产业资本家的时候，它只存在于流通领域。一旦后者在生产过程中使用它，它就改变了形式，在这种意义上，它不再作为资本流通，而是作为货币或特定商品。因此，不存在“自然”利息率，因为根据马克思的观点，资本主义生产的物质规律无法调节这种商品的价格，它只存在于生产领域之外：“为什么中等利息率的界限不能从一般规律得出来，那么答复很简单：由于利息的性质。利息不过是平均利润的一部分。同一资本在这里有双重规定：在贷出者手中，它是作为借贷资本；在执行职能的资本家手中，它是作为产业或商业资本。但它只执行一次职能，本身只生产一次利润。在生产过程本身中，资本作为借贷资本的性质不起任何作用。”④ 因此，对平均利息率决定的分析，不建立在任何自然或物质规律的基础之上，而职能是纯粹经验上的，也就是说，应当建立在对不同时期影响它的因素的质的描述的基础之上。马克思列举了一些影响平均利息率的因素。他引用马西说：“在这里唯一会产生的疑问是，在这个利润中，多大一部分归借债人，多大一部分归放债人才算合理；这一般地只有根据借贷双方的意见来决定；因为，在这方面合理不合理，仅仅是双方同意的结果。”⑤

帕尼科指出，这里的分析和凯恩斯在《通论》第15章对利率的分析非

① 《马克思恩格斯文集》第7卷，人民出版社2009年版，第407页。
②⑤ 《马克思恩格斯文集》第7卷，人民出版社2009年版，第406页。
③ 《马克思恩格斯文集》第5卷，人民出版社2009年版，第198页。
④ 《马克思恩格斯文集》第7卷，人民出版社2009年版，第408页。

常相像。凯恩斯也认为平均利率的任何变化只能通过公众有关的它的价值的意见的变化而变化。“与其说利率现象中之心理成分甚大，恐怕不如说利率是一个非常因循成规的现象，倒反而更正确一些。盖今日之实际利率水准，大部分乃定于一般人对于未来利率水准之预测。任何利率水准，只要公众充分相信该利率水准会继续维持下去，就会继续维持下去。当然，在一个动荡社会中，利率可以因为种种理由，围绕着这个预期的经常水准上下变动”①。帕尼科指出马克思最先指明了影响共识的因素，如借债人和放债人之间的平均竞争条件。这些竞争条件可能因两个原因而发生变化，首先，一个国家变得富裕，加入货币资本家阶级的人增加，生息资本也随之增加。这种相对丰富的生息资本倾向于降低平均利率。其次，“信用制度发展了，以银行家为中介，产业家和商人对社会各阶级一切货币储蓄的支配能力也跟着不断增大，并且这些储蓄也不断集中起来，达到能够起货币资本作用的数量，这些事实，都必然会起压低利息率的作用。”② 随后，马克思在分析中增加了其他一些传统因素，如习惯和法律传统。

最后，和凯恩斯一样，马克思提到了制度因素在影响共同的意见以及平均利率方面发挥的作用。帕尼科认为，马克思和凯恩斯不同的地方在于，认为货币制度的行为反映了社会结构中分配的力量。在《剩余价值理论》第三册中，马克思主张：“对生息资本使用行政权力（国家），强行降低利率，使生息资本再也不能把条件强加于产业资本。”③

帕尼科对马克思的分析进行了概括，他认为在马克思对决定利率的因素的分析中，反对将平均利率决定以“必然法则”为基础进行解释。相反，他建议通过定性分析来考察影响利率的经济、传统和制度因素。

21.4.3　马克思的分析的历史发展

为了理解马克思分析的发展并将它与对经济演进的考察联系起来，帕尼科将马克思的分析放入特定历史条件下，并与以李嘉图为代表的马克思的前人进行比较以寻找新线索。

马克思对利息本质的分析直接源于李嘉图。李嘉图并没有认为利息是资本的特殊产物，而只是将其作为生产领域利润的扣除部分。不同于马克思，

① 凯恩斯著，徐毓枬译：《就业、利息和货币通论》，商务印书馆1983年版，第174页。
② 《马克思恩格斯文集》第7卷，人民出版社2009年版，第405页。
③ 《马克思恩格斯全集》第26卷第Ⅲ册，人民出版社1974年版，第519页。

李嘉图从未提出过为什么工业资本家必须对货币资本家支付利息的问题，也从未试图分析资本主义经济中货币资本家的地位。李嘉图认为平均利率最终并始终受一般利润率制约。李嘉图的利率理论始终没变。帕尼科认为，李嘉图比马克思更狭隘，他只强调利润率决定利率的重要性。利润率被当成是利率的唯一调节。因此，李嘉图没有分析利息占总利润比例变化的影响因素。

21.4.4 金融资本家和信贷体系的地位

《资本论》第三卷对银行家的活动和职能分析是从两个层面进行的。马克思在《资本论》第三卷第四篇考察了没有信贷的经济体制中金融资本家的活动，进而分析其在利润率平均过程中的作用。马克思从第五篇开始研究信用制度下银行家的活动。在没有信用制度时，金融资本家只是产业资本家的出纳。为了继续生产活动，产业资本家必须不断地向许多人支出和收入，这种纯粹技术性的收付货币业务，本身形成一种劳动，它在货币执行支付手段职能的时候，使结算和平衡的工作成为必要，此外资本的一定部分，必须不断作为贮藏货币，这也使贮藏货币的保管成为必要。银行家的部分职能就是以自身劳动和费用从事这种专门的工作。

随着商品贸易的发展，这种技术性的专门工作的数量和质量都在增加。而随着信用制度的发展，银行家不再仅仅是产业资本家的出纳，货币借贷成为他们特殊业务。他们变成了资本实际贷款者和借款者的中间人。一方面，银行是贷款者货币资本的集中地，另一方面它又是借款者的集中地。其利润一般来自存款利率比贷款利率低。

银行家区别于货币资本家有两个特点：（1）银行家不仅具有为生产提供资本的货币资本家职能，而且为经济中支付手段的流通提供便利。（2）作为产业资本家的银行家从其经营中获得利润，而不是利息。金融资本家以三种方式参与再生产过程：首先，他们为促进个体消费者和零售商间的交易提供部分的货币流通。其次，他们为促进商人和生产者之间、生产者和生产者之间、商人和商人之间的交易，将资本从一种形式（如汇票或其他信贷形式），转化为另一种形式（如货币或其他流动支付形式）。第三，他们向从事产业活动的工业资本家提供资本。只有第三种职能与以上描述的货币资本家相似。也只有在这种情况下，银行家为产业资本家提供新资本。在其他两种情况下，银行家只是将产业资本家手中已有的收益或资本从流动性不太强的形式转化为流动性较强的形式。而货币资本家在 $M-M-C-M'-M''$的再生产过程中，只出现在第一和第四阶段（即 $M-M$ 和 $M'-M''$阶段），而银行家则在四个阶段中全部出现。

履行前两种职能时，金融资本家在生产过程中与商人资本家发挥相同的作用，即便利商品资本到货币资本的转变，反之亦然。金融资本家和商人资本家的活动是从事生产所必须的。产业资本家离开了买卖和收支就无法进行生产。“在商品生产中，流通和生产本身一样必要，从而流通当事人也和生产当事人一样必要。”①

既然是必要的，产业资本家自身可以从事这些流通活动。但是，他们通过劳动分工把任务分配给特定类型的资本家，没有这种专门化：“流通资本中以货币准备金形式存在的部分，同以生产资本形式使用的部分相比，必然会不断增大，与此相适应，再生产的规模就会受到限制。而现在，生产者能够把他的资本中较大的部分不断地用于真正的生产过程，而把较小的部分用作货币准备金。”② 在金融和商人资本家使得所有产业资本家的货币准备金降低的意义上，他们提高了资本积累。但是，他们的职能只在流通中体现，因此他们的活动只是改变了价值的形式，并不创造剩余价值。

为了开展他们的业务，商业或金融资本家，使用他们自己或借到的货币资本：“因为产业资本的流通阶段，和生产一样，形成再生产过程的一个阶段，所以在流通过程中独立地执行职能的资本，也必须和在各不同生产部门中执行职能的资本一样，提供年平均利润。”③

因此，尽管他们自身并不创造任何剩余价值，商人（金融资本家和商人资本家）获得与产业资本家成比例的利润。那么商人资本怎样从生产资本所生产的剩余价值或利润中获得归它所有的那一部分呢？帕尼科指出，马克思在《资本论》第三卷第五篇第十七章，通过提供一个数字例子试图回答这个问题。帕尼科认为马克思的回答同样适用于银行家的活动。

马克思的例子，假设所有生产资本都是流通资本。经济中所适用的以抽象劳动计算的全部资本由 C 单位不变资本和 V 单位可变资本组成，给定剥削率，有 S 单位剩余价值。生产的商品的价值 W 为：

$$r_1 = \frac{S}{C + V + B} W^* n \qquad (21.3)$$

一般利润率 r 为：

---

① 《马克思恩格斯文集》第6卷，人民出版社2009年版，第143页。
② 《马克思恩格斯文集》第7卷，人民出版社2009年版，第306页。
③ 《马克思恩格斯文集》第7卷，人民出版社2009年版，第314页。

$$r = \frac{S}{C} + V \tag{21.4}$$

这意味着：

$$(C + V)(1 + r) = W \tag{21.5}$$

商品生产过程还需要流通，而这就涉及进一步的资本投入。为了使分析简化，马克思最初假定：为了实现买卖，没有追加费用，也不需要其他物质投入。这种情况下，正如马克思指出的，预付的资本并没有在再生产过程中被耗尽，可以将其视为折旧率为零的固定资本。

在第一步，假定产业资本家投入了一定量的用抽象劳动度量的 B 单位的货币资本，为了实现必须的商品流通活动，方程（21.3）变为：

$$B + C + V + S = W + B \tag{21.6}$$

产业资本家得到的利润率不再能用方程（21.4）计算，为了得到同样数量的剩余价值，他们多投入了 B 单位的资本，这部分资本要获得和其他投入资本相同的利润率。新的利润率 r_1 为：

$$r_1 = \frac{S}{C + V + B} \tag{21.7}$$

流通活动意味着产业资本家利润率的下降。很明显地，只要他们能够获得 r_1 的利润率，他们就非常乐意把这种需要额外追加资本的流通活动转交给商人资本家。在后一种情况下，产业资本家将只会投入 C + V 单位的资本，并把他们的商品以 W_1 的价格卖给商人资本家：

$$(C + V)(1 + r_1) = W_1 \tag{21.8}$$

商人资本家将投入 B 单位的资本以价格 W_1 购买商品，并把它们以价格 W^* 出售，他们投入的资本 B 也要得到同样的利润率 r_1，因为在这个例子中没有考虑在商业活动中使用劳动力的情况，因此 W^* 可以等于 W，可以得到与商业活动相联系的方程：

$$B(1 + r_1) = W - W_1 + B \tag{21.9}$$

帕尼科认为，根据马克思的观点，商业资本得到由产业资本生产的一部分剩余价值是因为商品生产必然要求流通活动，因此，投入在这个活动中的资本必须和投入在产业部门的资本得到同样的利润率。同样的分析也使用于银行家。假定银行家获得一个固定的在生产周期结束时支付的补偿 H，方程（21.7）仍然决定一般利润率 r_1。银行家的收入 H，以及商品的出售价格 W，由下面的方程决定：

$$(C + V)(1 + r_1) + H = W \tag{21.10}$$

$$B\ (1 + r_1) = B + H \tag{21.11}$$

用方程（21.10）和方程（21.11）表示的银行家活动的模型可以被进一步扩展到考察这样一个事实，即把银行家预付的其他类型的资本包括进来，或者说考察银行家预付资本的构成。

一部分是上文中用B表示的银行家自己提供的货币储备金。另一部分，可以用 K_b 表示，是银行家预先支付以得到开展业务所需的物质材料，如家具和文具等。第三部分 l_b 用于购买开展银行活动所需的劳动力。对所有这些资本而言，银行家必须获得一般利润率。K_b 和 l_b 可以被视为为了开展银行业务技术性地需要的资本。帕尼科认为，这意味着它们和银行家的活动之间存在一种技术关系。

在B和活动水平之间并不存在这样一种关系。马克思对这个问题并未涉及，帕尼科认为，可以认为B的水平是由制度规则或习惯规则决定的。如果没有这种规则存在，银行家可以完全依赖于他们从存款人那里借得的存款开展活动。在这种情况下，B也可以为零。此外，对给定水平的活动而言，把这个量尽可能降到最低是符合银行家利益的。因此，假设B的水平是由制度规则或习惯规则决定的是合理的。尽管这个问题需要进一步探讨，但是可以把它作为出发点分析银行家的活动对利率和利润率关系的影响。帕尼科指出，马克思没有进行过类似的分析，因此为了做到这一点，他使用斯拉法的价格体系，并做出适当的修改以考察信用经济中银行部门的活动。

在这样做时，首先需要放弃银行家只是产业资本家的出纳的假定。此外，帕尼科只考察银行家提供部分流通服务的职能，不考虑他们像货币资本家那样提供新资本的职能。此外，产业资本家不再向银行家提供固定支付，而是为从银行家那里得到的贷款支付利率i，同时，产业资本家的存款利率为τ，产业资本家支付的和他们得到的之间的差异是利息，表示产业资本家进行生产活动的成本。它必须被加入到产业资本家购买物质投入，雇佣劳动力预付的资本中去，以完整地决定商品的生产价格。另一方面，银行家得到和支付的利息之间的差异表示银行家的总收益，而且这个收益是银行家的资本和产业资本家的资本以同样的一般利润率获得的。

为了形式化地表述上述内容，帕尼科做出了一些假设：（a）经济生产n种商品；（b）为了简化，不考虑联合生产和耐用资本；（c）所有价格用工资术语表达；（d）产业部分在每一个生产周期结束时和银行部门进行结算；（e）一些货币工具，如纸币被用于进行支付。从而可以用矩阵形式得到下述方程：

$$(Ap+l)(1+r)+qi-d\tau=p \tag{21.12}$$

$$(K_b+l_b)(1+r)+Br+D\tau=Qi \tag{21.13}$$

其中，A 为产业部门的投入矩阵，p 是价格向量，l 是产业部门的劳动向量，q 为产业部门的信用投入向量，即不同产业每单位产出的所需贷款数量，i 为贷款利率，d 为产业部门的存款向量，即每单位产出的存款数量，τ 为存款利率，K_b 为信用部门的物质投入向量，l_b 为信用部门使用的劳动向量，D 为总存款，Q 为总贷款。

因为目标在于考察 i 和 r 的关系，可以在分析的第一阶段固定 τ，假定它和 i 不相关，因此可以得到另外一个方程：

$$\tau=\tau \tag{21.14}$$

在方程（21.12）、方程（21.13）、方程（21.14）构成的系统中，有 n+2 个方程和 n+3 个未知数，因此存在一个自由度，但是，如果把 i 视为自变量，或者说把一个给定的商品束作为真实工资，在后一种情况下，可以增加一个方程：

$$wp=1 \tag{21.15}$$

w 表示商品束向量。

这个方程组的解必须遵循下述条件：

$$r>\tau$$

$$r>i$$

它们表示产业部门和银行部门必须有正的活动水平。长期处于 $r\leqslant\tau$ 的位置将必然导致产业活动为零，因为把全部产业资本存在银行是合适的。如果 $r\leqslant i$，银行家将会结束他们的业务而变成货币资本家，借出货币而不是组织银行。

帕尼科认为，马克思关于信用制度和金融资本家在利润率平均化中发挥的作用的评价似乎包含了一些对相对价格和分配份额（包括利率）有用的建议。从马克思的评价中得到的分析模型首先反映了马克思这样的观点，即随着资本主义社会的发展，生息资本的管理倾向于与商品生产遵循同样的规律。其次，它把货币变量和实际变量分析联系在一起。货币经济的存在和解决货币流通问题的方式，事实上直接与利润率和相对价格的决定相关。最后，它启发了一种有趣的发展货币分析，更进一步货币制度分析的方法，而这在再生产体系研究中是不能被忽略的。“货币应该被视为是一系列发挥特定功能和追求自身利息的制度”。①

根据上述分析，帕尼科认为，马克思关于平均利率决定不能基于任何自然或物质法则与在由再生产条件决定的利率、利润率和工资率之间存在联系的结论之间似乎存在自相矛盾。一旦工资率被当成一个自变量，利率就是在再生产的物质条件下被决定的。帕尼科认为，马克思显然没能觉察到这样的矛盾，因为他并没有完成在利润率平均化中对信用制度和金融资本家作用的分析。但只要将马克思的评价作进一步的发展，这种矛盾就会显现出来。斯拉法的理论观点解决了马克思的矛盾：利率可以被当成是个自变量，在这种情况下，在给定利率时，上面一部分的分析可以设定工人索取权和再生产条件之间的相容性的界限。帕尼科认为，同时，利率分析仍需要沿马克思指出的方向发展，即在特定国家和特定历史阶段，经济、传统和制度因素的定性分析对决定未来利率水平具有影响。

① Panico, C, Marx's Analysis of the Relationship between the Rate of Interest and the Rate of Profits, *Cambridge Journal of Economics*, Vol. 4 (4), 1980, pp. 363 - 378. In *Karl Marx's Economics: Critical Assessments*, Edited by Cunningham Wood, Vol. Ⅲ, 1988, P. 701.